*Egypto*mania

L'Égypte dans l'art occidental
1730-1930

Paris
Musée du Louvre
20 janvier - 18 avril 1994

Ottawa
Musée des beaux-arts du Canada
17 juin - 18 septembre 1994

Vienne
Kunsthistorisches Museum
15 octobre 1994 - 15 janvier 1995

*Egypto*mania

L'Égypte dans l'art occidental

1730-1930

Réunion
des Musées
Nationaux
• • • • • • • • • • •

Musée des beaux-arts
du Canada

National Gallery
of Canada

Cette exposition a été organisée par
la Réunion des musées nationaux/musée du Louvre,
le Musée des beaux-arts du Canada,
avec la collaboration du Kunsthistorisches Museum de Vienne.

Sa présentation à Paris a été conçue par Adeline Rispal, architecte,
en liaison avec le Service des travaux muséographiques du musée du Louvre :
divisions des Expositions, de la Signalétique et des Ateliers,
sous la direction de Christophe Clément.

Les séquences audiovisuelles présentées à Paris ont été réalisées par Renan Pollès,
à partir de son film « Egyptomania »,
coproduit par le musée du Louvre, la Réunion des musées nationaux et Artefilm.

L'exposition a été organisée à Paris, en association avec la Fondation Electricité de France.

FONDATION ELECTRICITE DE FRANCE

ISBN : 2-7118-2834-4 (RMN)
ISBN : 0-88884-636-3 (MBAC)

Couverture :
Statuette funéraire de Ptahmès (cat. 210), Assiette à dessert (cat. 217),
Console aux Antinoüs (cat. 23), Pharaon (cat. 286), Aiguière (cat. 172)

Commissaires de l'exposition et auteurs du catalogue :

Jean-Marcel Humbert
Conservateur au musée du Louvre

Michael Pantazzi
Conservateur au Musée des beaux-arts du Canada

Christiane Ziegler
Conservateur en chef chargée du département des Antiquités égyptiennes
du musée du Louvre

Que toutes les personnes qui ont permis,
par leur généreux concours, la réalisation de cette exposition
trouvent ici l'expression de notre gratitude :
M. Michel Bloit, M. Benoît Brejon de Lavergnée †,
Mme Alan M. May, Mme et M. Charlotte et David Zeitlin
ainsi que toutes celles qui ont préféré garder l'anonymat.

Nos remerciements s'adressent également aux responsables
des collections suivantes :

Collections publiques

Allemagne

Augsbourg, Städtische Kunstsammlungen, Deutsche
  Barockgalerie im Schaegler Palais
Berlin, Antikenmuseum
  Plansammlung der Universitätsbibliothek
  der Technischen Universität
  Kunstgewerbemuseum
Carlsruhe, Badisches Landesmuseum
Cassel, Staatliche Kunstsammlungen, Hessisches
  Landesmuseum
Munich, Deutsches Theatermuseum
  Staatliche Sammlung
Potsdam, Stiftung Schlösser und Gärten

Australie

Sydney, The Powerhouse Museum

Autriche

Vienne, Bundesmobiliensammlungen
  Historisches Museum der Stadt
  Österreichische Galerie

Belgique

Anvers, musée royal des Beaux-Arts
Gand, musée des Beaux-Arts

Canada

Montréal, Centre Canadien d'Architecture
  musée des Beaux-Arts
Ottawa, Musée des beaux-arts du Canada

États-Unis

Boston, Museum of Fine Arts
Brooklyn, The Brooklyn Museum
Chicago, Art Institute
New York, Cooper-Hewitt Museum
  The Metropolitan Museum of Art
  Museum of the City of New York
Santa Monica, Getty Center for the History of Art
  and Humanities
Washington, National Museum of American Art
  (Smithsonian Institution)

France

Amiens, musée de Picardie
Angers, musée des Beaux-Arts
Autun, musée Rolin
Besançon, musée des Beaux-Arts et d'Archéologie
Chartres, musée des Beaux-Arts
Compiègne, Musée national du château
Dijon, musée Magnin
Fontainebleau, Musée national du château
Grenoble, musée des Beaux-Arts
Lyon, musée des Arts décoratifs
Marseille, musée des Beaux-Arts
Mulhouse, musée de l'Impression sur étoffes
Nice, musée des Beaux-Arts
Orléans, musée des Beaux-Arts
Paris, bibliothèque de l'Arsenal
  bibliothèque Forney
  bibliothèque centrale des Musées nationaux
  Bibliothèque nationale
  bibliothèque de l'Opéra
  Mobilier national
  musée de l'Armée
  musée des Arts décoratifs
  musée Carnavalet
  musée Cognacq-Jay
  musée du Louvre
  - département des Antiquités égyptiennes
  - département des Arts graphiques
  - département des Objets d'art
  - département des Peintures
  - département des Sculptures
  musée Marmottan
  musée d'Orsay
  Opéra de Paris, palais Garnier
Poitiers, musée Sainte-Croix

Provins, bibliothèque municipale
Quimper, musée des Beaux-Arts
Rixheim, musée du Papier peint
Rouen, musée des Beaux-Arts
Rueil-Malmaison, Musée national des châteaux
        de Malmaison et Bois-Préau
Sèvres, Manufacture nationale
        musée national de Céramique
Strasbourg, musée des Arts décoratifs
Toulouse, musée des Augustins
Valence, musée de Valence
Vesoul, musée Georges Garret

Grande-Bretagne
Barlaston, The Trustees of the Wedgwood Museum
Birmingham, Birmingham City Museum
        and Art Gallery
Bournemouth, Russel-Cotes Art Gallery and Museum
Brighton, The Royal Pavilion Art Gallery
        and Museums
Burnley, Towneley Hall Art Gallery and Museum
Cambridge, The Fitzwilliam Museum
Édimbourg, National Gallery of Scotland
Hull, Ferens Art Gallery
Londres, British Museum
        Royal Institute of British Architects
        Victoria and Albert Museum
        Wellington Museum, Apsley House (V & A)
        Guildhall Art Gallery

Italie
Bologne, Biblioteca comunale dell'Archiginnasio
Florence, Palazzo Pitti, Museo degli Argenti
        e Galleria d'Arte Moderna
Milan, Museo teatrale alla Scala
Rome, Galleria Nazionale d'Arte Moderna
Turin, Biblioteca Civica
Venise, Museo Civico Correr

Pays-Bas
Amsterdam, Rijksmuseum

République Tchèque
Prague, Galerie nationale

Russie
Moscou, musée de Céramique de Kuskowo

Collections privées

Autriche
Salzbourg, Benediktiner-Erzabtei St. Peter

Canada
Toronto, Mme et M. Joey et Toby Tanenbaum

France
Marly-le-Roy, M. Jean-Marie Martin-Hattemberg
Paris, cristalleries de Baccarat
        Collection Cartier

Grande-Bretagne
S.M. la Reine Elizabeth II
Dunbar, East Lothian, M. et Mme Timothy Clifford
Édimbourg, The Supreme Grand Royal Arch Chapter
        of Scotland

Suisse
Genève, S.A. Prince Sadruddin Aga Khan,
        Collonge Bellerive
        Collection Cartier
La Tour de Peilz (Montreux), GS Art & Collections SA

À l'issue de ces années de préparation, nous avons plaisir à remercier tous ceux, conservateurs, documentalistes, collègues, collaborateurs et amis, qui nous ont aidés à réaliser cette exposition, en particulier le professeur Jean Leclant qui a suscité puis favorisé en France l'étude de l'égyptomanie, Michel Laclotte qui a soutenu le projet, ainsi que :

Antoine d'Albis, Daniel Alcouffe, Daniel Amadei, Donald Anderle, Robert Anderson, Guillemette Andreu-Lanoé, Pierre Arizzoli-Clementel, Marie-France Aubert, Jean-Dominique Augarde, Didier Avond, Jean-Pierre Babelon, Victoria Baker, Monique Baker-Wishart, Frédéric Balourdet, David Barclay, Melvyn Barnes, Laure Beaumont-Maillet, Sophie Beckouche, Stella Beddoe, Jean-Claude Belard et son équipe, Christian Belaygue, Sir Geoffrey de Bellaigue, Claude Bellarbre, Marie-Agnès Benoit, Claire Bergeaud, François Bergot, Malika Berri, Christine Besson, Alain-Daniel Bibrac et son équipe, Irène Bizot, Gaye Blake Roberts, Jean-Pierre Blanc, Bernard Blistène, Michel Boesveld, Jean Sutherland Boggs, Jacques Bontillot, François-Xavier Bouchart †, Susan Bourne, Violaine Bouvet-Lanselle, Jean-Luc Bovot, Elisabeth Broun, Françoise Broyelle, Véronique de Bruignac, Robert T. Buck, Ann Bukantas, Maurice Bureau, Jean F. Buyck, Françoise Cachin, Jean-Jacques Canovas et son équipe, André Cariou, Anne-Louise Cavillon et son équipe, Commandant Gérard-Jean Chaduc, René de Chambrun, Nicole Chanchorle, Bernard Charpin, Bernard Chevallier, Dott. Marco Chiarini, Michaël Clarke, Christophe Clément, Timothy Clifford, Jean-Paul Cluzel, Marie-France Cocheteux-Hardouin, Catherine Collcutt, Gemma Cortese, Pierre Coural, Joël Courtemanche et son équipe, Philippe Cousin, Philippe Couton, R.A. Crighton, Marie-Laure Crosnier-Leconte, Ladislav Daniel, Aline Dardel, Evelyne David, Dr W. Vivian Davies, Aileen Dawson, Patrick Devendeville, Jacques Deville, Michaël Diamond, Anne Dion, Brigitte Donon, Sylvie Dubois, Béatrice Dubost, Cécile Dubruel, Brigitte Ducrot, Marie-France Dupuy-Baylet, Sonia Edard, Jacqueline Ensminger-Fontseré, G. Epinay, Elena Eristian, Elisabeth Esteve-Coll, Jean Estève, Colleen Evans, Wendy Evans, Andrea Fajrajsl, Jane Farrington, Richard Fazzini, Larry J. Feinberg, Jean Fénelon, Dr J.P. Filedt Kok, Claire Filhos-Petit, Patrick Florentiny, Franck Folliot, Jean Forneris, Général Gilbert Forray, Danièle Fouache, Jacques Foucart, Claude Fournet, Dr Gerbert Frodl, Jean-René Gaborit, Jean Galard, Josette Galiègue, Sabine Gangi, Jean-Claude Garreta, Marie-Noël de Gary, Jean-Jacques Gautier, Laurent Gendre, Marie-Thérèse Genin, Joachim Giersberg, Danièle Giraudy, Catherine Goeres, J. Smith M. Graham, Béatrice Grandchamp, Josette Grandazzi, Marie-Noëlle de Grandry, Gilles Gratté, Paul-Marie Grinevald, Fabienne Grollière, Sylvie Guichard, Jean-Luc Guillot et son équipe, Anne-Marie Hadbi, Adolf Hahnl, Antoinette Hallé, Dr Barry R. Harwood, Arnaud d'Hauterives, Pr Dr Wolf-Dieter Heilmeyer, Jean-Paul Herbert, Kathryn B. Hiesinger, Charles Hill, Pr Dr Wolker Himmelin, Erica E. Hirshler, Niall Hobhouse, Robert Hoozee, Viviane Huchard, Colette Humbert, Frédéric Illouz, Colta F. Ives, Bernard Jacqué, Jacqueline Jacqué, Betty Jais, Simon Jervis, Françoise Jestaz, Catherine Johnston, Joan Jones, Martine Kahane, Clio Karageorghis et son équipe, Jean-François Keller, Anna Kindl, Danielle O. Kisluk-Grosheide, Vivien Knight, Tim Knox, Pr Dr Dietrich Kötzsche, Dr Gode Krämer, Christian Labrande, Frédéric Lacaille, Geneviève Lacambre, Raymond Lachat, Albert Lacour et son équipe, Jacqueline Lafargue, Anne Lajoix, Phyllis Lambert, Bertille Lanne, Pascal de La Vaissiere, Florence Le Corre, Denise Ledoux-Lebard, Professeur Guy Ledoux-Lebard, Marie-Thérèse Legendre, Catherine Legrand, Anne-Claude Lelieur, Isabelle Le Masne de Chermont, Serge Lemoine, Jean-Marc Léri, Emmanuel Le Roy Ladurie, Jill Lever, Henri Loyrette, Jean-Daniel Ludman, Gérard Mabille, Robert R. MacDonald, Pr Dr Ludof von Mackensen, Phyllis Magidson, Françoise Maison, Anne de Margerie, Benoit Mariotte, Étienne Martin, Georges Martin, Anne Marzin, Umberto Mastroianni, Brigitte Maurice, Ludovica Mazzola, Terence Measham, Roland Mellinger et ses collaborateurs, R. S. Merrillees, Dottssa Paolo Messina, Guénola de Metz, Philippe-Alain Michaud, Régis Michel, Denis Milhau, Lynn Miller, Elisabeth Mognetti, Eric Moinet, Dottssa Augusta Monferini, Christophe Monin, Catherine Monnier, Valerio Montanari, Philippe de Montebello, John Moors Cabot, Hélène Moulin, Jean-Marie Moulin, Patricia Mounier, Joachim Muckenberger, Lynda Muir, Pr Dr Barbara Mundt, Helen Murphy, Michel Née et son équipe, Eckehart Nölle, Odile Nouvel, Eric Nussbaum, Simon Olding, Nicholas Olsberg, Martine Oswald, Eva B. Ottillinger, Mark Ouderkirk, Karen Oxorn, Dr Peter Parenzan, Caroline Paybody, Philippe Payelle, Jacques Perot, Eric Persyn, Bruno Pfäffli, Dr Cristina Piacenti, Marielle Pic, Michèle Pierron, Dianne Pilgrim, Matthieu Pinette, Anne Pingeot, Renan Pollès, Julia Pool, John R. Porter, Evelyne Possémé, Andrée Pouderoux, Norbert Pradel et son équipe, Tamara Préaud, Marguerite Prinet, Galerie Paul Prouté, Dieter Radicke, Olga Raggio, Patrick Ragot, Roland Recht, Thomas Reese, Michel Rérolle, Nicole de Reyniès, Patricia Rigault, Adeline Rispal, Régine de Robien, Anne Roquebert, Pr. Giandomenico Romanelli, Dottssa Valeria Roncuzzi, Pierre Rosenberg, Marie-Françoise de Rozières, Ksenija Rozman, Judy Rudoe, Russell W. Baker, Jessica Rutherford, Marie-José Salmon, Paul Salmona, Jean-Pierre Samoyault, Françoise Sauval, Brigitte Scart, Frederick G. Schab, Ghilhem Scherf, Ekkehard Schmidberger, Dr Ulrich Schmidt, Philippe Schmitt-Kummerlee, Lydia M. A. Schoonbaert, Sylvia Schoske, Anne et Jean Séris, Pr Dr Jürgen Settgast, Vincent Seveno, Fabienne de Sèze, Alan Shestack, Hsio-Yen Shih, Pr Dr Harald Siebenmorgen, Elisabeth Smallwood, Grahame J. Smith, Sotheby's, Daniel Soulié, Dott. Ettore Spalletti, Guy Spindler et son équipe, Sara Staccioli, Robert B. Stacey, Emmanuel Starcky, Monsieur Stayton, Theodore E. Stebbins, Claire H. Stewart, Claudio Strinati, Peter Sutton, Marilyn Symmes, Katerine Tavantzi, Pierre Théberge, Serge Thériault, Philippe Thiébaut, Gary Tinterow, Giampierro Tintori, Georges Touzenis, Denise Tran, Françoise Treppoz, Pierrette Turlais, Eric Turner, Maïthé Valles-Bled, Eric Valton et son équipe, Pr Dr Ludof Van Mackensen, Pr Dr H. W.Van Os, Serge Vareille et son équipe, Paolo Veneziani, Francesco Venturi, Françoise Viatte, Maija Vilcins, Marie-Sophie Vincent-Clemot, Jean Vittet, Jonathan Voak, Pierre-Hervé Walbaum, Matthias Waschek, Anne Watson, Nicole Wild, Christopher Wilk, James N. Wood, Eric Zafran.

Nous remercions également tout particulièrement pour leur aide les documentalistes et assistants des divers départements et services, tant au musée du Louvre qu'au Musée des beaux-arts du Canada :
Sandrine Bernardeau, Catherine Bridonneau, Audrey Doyle, Sophie Labbé-Toutée, Graham Larkin, Emmanuelle de L'Ecotais, Nadine Palayret, ainsi que tous les personnels administratifs et techniques de ces deux musées.

Sommaire

Il y a quelques années, un canon de l'épave du *Patriote*, navire de l'Expédition d'Égypte naufragé devant Alexandrie, fut remis solennellement à l'École polytechnique par l'État égyptien. La restauration de ce canon, grâce aux procédés d'électrolyse développés dans les laboratoires d'Électricité de France, avait auparavant marqué le premier pas des interventions de l'entreprise au service de l'égyptologie. Près de deux siècles après les savants embarqués sur le *Patriote*, les chercheurs d'EDF ont en effet apporté leur contribution pour découvrir et déchiffrer les traces de l'ancienne Égypte, en utilisant une panoplie de techniques, telles que la prospection géophysique sur les sites de Saqqarah et de Tanis, la microgravimétrie pour ausculter la pyramide de Chéops, la conception assistée par ordinateur pour reconstituer le temple de Karnak...

La Fondation Électricité de France s'est naturellement attachée à mieux faire connaître les effets heureux de ce rapprochement entre le monde industriel et l'archéologie. Elle soutient la vaste rétrospective proposée en ce début d'année 1994 par Christiane Ziegler et Jean-Marcel Humbert, parce que l'Égypte millénaire léguée par les grands explorateurs et restituée aujourd'hui par les écrans d'ordinateurs n'a cessé d'attirer les scientifiques et d'influencer artistes et créateurs.

Fondation Électricité de France

Lorsque nous avons défini les thèmes d'exposition que les nouveaux espaces sous la pyramide permettraient désormais d'organiser au Louvre, il nous a semblé nécessaire de fixer quelques critères de choix propres à notre musée et distincts de ceux adoptés, par exemple, au Grand Palais. Regrouper autour de nos collections des œuvres venues d'ailleurs et illustrant un artiste (*Euphronios*, *Clodion*, plus tard *Pisanello*), un ensemble (le *Trésor de Saint-Denis*) ou une école (*Sculptures allemandes du Moyen Âge*, *Arabesques d'Islam*, *Byzance*, bientôt *Émaux limousins*) particulièrement bien représentés au Louvre, telle est la ligne de sujets que nous suivons le plus souvent.

Il en est une autre, inaugurée avec *Polyptyques* et poursuivie avec *Copier-Créer*, qui évoque les rapports entre l'art « moderne » et l'art « ancien », le fait que les artistes n'ont jamais cessé de s'inspirer des créations du passé pour nourrir leurs propres inventions. Les phénomènes de « renaissance », de « revival » à travers l'évolution et les soubresauts des styles et les bourgeonnements souvent fugaces des modes appartiennent à ce type de sujets et, plus légitime qu'aucun autre, dans ce qui fut la maison de Denon et de Champollion, l'*Égyptomanie*.

Le hasard a voulu qu'en visite à Ottawa en 1990, je fisse part à Michael Pantazzi de nos différents projets d'exposition, parmi lesquels l'égyptomanie. À cette annonce, il se contenta d'ouvrir un tiroir contenant une masse de dossiers : il avait minutieusement préparé, lui-aussi, une exposition sur ce thème, sans pouvoir y donner suite. L'accord enthousiaste de Shirley L. Thomson, directeur du Musée des beaux-arts du Canada avec lequel les musées français avaient déjà réalisé plusieurs expositions mémorables, devait conduire à un projet commun, auquel adhéra un égyptologue, resté égyptomane dans ses fonctions de Directeur général du Kunsthistorisches Museum de Vienne, Wilfried S. Seipel. Le hasard continuant son œuvre, il s'est trouvé que le spécialiste le plus autorisé du sujet, Jean-Marcel Humbert, devienne conservateur au musée du Louvre et n'ait donc plus à figurer dans le commissariat comme un expert extérieur, mais comme le responsable de l'exposition aux côtés de Christiane Ziegler, conservateur en chef chargée du département égyptien, et de nos amis d'Ottawa et de Vienne. On nous pardonnera le récit de ces rencontres qui, dans une préface qui se devrait de respecter le ton officiel, semblera sans doute bien anecdotique. Il nous paraît éclairer très simplement le climat de sympathie et de complicité internationale qui anime la vie des musées.

Michel Laclotte
Président-Directeur du musée du Louvre

en accord avec

Shirley L. Thomson
Directeur du Musée des beaux-arts du Canada

Wilfried S. Seipel
Directeur général du Kunsthistorisches Museum de Vienne

D'une égyptomanie à l'autre :
l'héritage de l'Antiquité romaine

L'égyptomanie n'est pas fille de la campagne d'Égypte, mais ses manifestations éclatantes peuvent être recensées tout au long du XVIIIe siècle ; c'est là un des propos de cette exposition. Jouant sur des registres différents, on pourrait tout aussi bien étudier le phénomène jusque dans l'Antiquité. Pour comprendre les raisons d'une telle pérennité, il convient de rappeler combien les racines de l'égyptomanie puisent dans le monde romain[1]. Ce rôle de premier plan, la Rome antique l'a joué tant pour l'émergence d'un certain goût de l'Égypte que pour l'élaboration d'un vocabulaire formel qui, jusqu'au début du XIXe siècle, époque de la redécouverte de l'Égypte, demeure l'un des fondements du style égyptisant. Demeurés en place ou exhumés lors de fouilles successives, les monuments « égyptiens » de Rome, œuvres pharaoniques, copies et interprétations, offrent aux artistes européens une riche source d'inspiration en des temps où le voyage sur les bords du Nil demeure une exception.

L'Égypte des Romains : le cadre culturel

Si la tradition grecque, essentiellement littéraire, occupe une place de choix dans la création du mythe égyptien et dans les spéculations qui précèdent l'approche scientifique du XIXe siècle, celle transmise par les Romains est tout aussi fondamentale mais d'une autre nature. Observateurs attentifs et parfois passionnés, souvent fort bien informés, les Grecs eurent de la terre des pharaons une vision extérieure de voyageurs et presque de « journalistes[2] ». Pour les Romains qui contrôlent la vallée du Nil à partir du Ier siècle avant J.-C., il s'agit d'une expérience vécue ; dans le domaine politique et administratif, ils appliquent une routine déjà rodée et étendue à leur vaste Empire. Mais, confrontés avec un pays dont depuis 3 000 ans la religion est la clef de voûte, ils découvrent une tout autre culture : un concept du pouvoir qui conduira à l'assimilation de l'empereur au pharaon, des croyances et des pratiques funéraires qui leurs sont étrangères, un panthéon et des rites qui provoquent la répulsion et la moquerie tout en exerçant une trouble séduction, enfin une religion qui se veut universelle. Cette religion, qui se répand dans tout le bassin méditerranéen, unit hommes et femmes de toutes conditions dans la foi en une possibilité de salut qu'offre le culte d'Osiris-Sérapis et de son épouse Isis. On a bien étudié la diffusion de ces cultes « isiaques[3] » qui, dès l'époque des Ptolémées, avaient quitté leur terre d'origine : favorisés par le jeu des alliances princières, on les trouve alors implantés à Chypre, en Sicile, à Antioche, à Athènes et Délos. C'est semble-t-il de cette île de la mer Égée, fréquentée par les marchands italiens, que les nouvelles divinités sont importées en Italie, recevant un accueil particulièrement fervent en Campanie. À Pouzzoles, port ouvert au commerce avec l'Orient, un Sérapeum est attesté dès l'an 105 avant J.-C. Peu après, Herculanum et Pompéi possèdent un temple consacré à Isis, dont les peintures murales représentent des scènes de culte mettent en valeur, par leur répertoire iconographique, le caractère exotique des divinités. Bien que cette nouvelle religion reflète les exigences du cosmopolitisme hellénistique, le thème central reste pharaonique : le mythe d'Osiris, roi légendaire ayant été assassiné puis dépecé par son frère Seth avant d'accéder à la résurrection grâce à l'intervention de son épouse Isis. Son culte, qui promet aux fidèles une même résurrection, arrive à point dans le monde romain où, selon les conceptions classiques, la vie était une fin en soi ; celle-ci acquiert dès lors une valeur de prélude à l'éternité, où tout acte sera compté. On comprend les raisons de la rapide diffusion de cette religion pleine d'espérance qui se propage par les voies commerciales et accompagne le déplacement de troupes armées où les conversions se multiplient. À Rome même, un premier Collège isiaque est attesté à l'époque de Sylla (vers 80 avant J.-C.) ; les statues des divinités sont installées au Capitole. La rencontre des deux religions est orageuse. À plusieurs reprises, le Sénat fait abattre statues et sanctuaires isiaques. Leur rapide reconstruction, le fait qu'en 50 avant J.-C. aucun ouvrier n'était prêt à commettre le sacrilège d'abattre à nouveau l'édifice, traduit la ferveur des nouveaux adeptes, en particulier des esclaves affranchis qui s'y réunissaient ; il témoigne aussi d'une protection venue de beaucoup plus haut. Si, à la chute de la République, César ne se montre pas favorable au nouveau

---

1. Les égyptologues reconnaîtront aisément les ouvrages traitant des *Isiaca* que nous avons utilisés. Nous nous contentons de citer ici une courte bibliographie qui permettra aux non-spécialistes de se familiariser avec la question : Baltrusaitis, 1967 ; Iversen, 1968 ; Müller, 1969 ; Malaise, 1972 ; Roullet, 1972 ; Leclant-Clerc, 1985 ; Syndram, 1990.
2. *Cf.* Donadoni, Curto et Donadoni-Roveri, 1990, p. 27.
3. *Cf.* Leclant, vol. I (A-D), 1972 ; vol. II, (E-K), 1974.

culte, l'attitude officielle change rapidement. Les triumvirs donnent l'ordre d'ériger un temple isiaque au Capitole, se conciliant ainsi la faveur populaire. En dépit d'une forte opposition, la défaite de Cléopâtre et Marc Antoine à Actium en 31 avant J.-C. ne donne pas un coup d'arrêt à la faveur dont jouissent les cultes égyptiens. Certes, la propagande qui attribue aux vaincus le projet de transformer l'Empire romain en un Empire alexandrin nourrit la défiance vis à vis de l'Égypte et de ses divinités. On en juge à travers les écrits de Virgile et d'Horace qui met en scène dans sa description de la bataille «des divinités monstrueuses en tout genre et Anubis qui hurlait, brandissant leurs armes contre Neptune, Vénus et Minerve... ». Exclu de la ville et rejeté dans ses faubourgs, le culte magnifié par ces modestes persécutions n'en est que plus prisé des milieux populaires. Pour une partie de l'aristocratie romaine, il devient de bon ton d'adopter une religion combattue par l'État, conjuguant des impératifs moraux élevés avec une mise en scène qui frappe l'imagination et la sensibilité, et où l'exotisme trouve sa part. Les poètes à la mode, Tibulle et Properce, ne font pas mystère de la dévotion de leur bien-aimée, tandis qu'Ovide décrit les processions de fidèles chantant dans les rues de la ville interdite. Après une période de répression due à un grave scandale dont le temple d'Isis aurait été le théâtre – en 19 avant J.-C., un chevalier romain déguisé en divinité égyptienne y aurait séduit une noble jeune fille ! – les cultes isiaques s'installent à Rome avec l'approbation et le soutien de la plupart des empereurs. Mettant l'accent sur sa filiation avec Marc Antoine, Caligula rebâtit l'Iseum du Champ de Mars et son règne voit se multiplier les témoignages d'égyptophilie : c'est sans doute alors que furent exécutés les décors égyptisants de la Maison de Livie sur le Palatin. Le cartouche de Claude est gravé sur la fameuse *Mensa Isiaca*[4]. Éduqué par Sénèque et Chérémon, Néron cotoie dès l'enfance deux personnages dont les liens sont fort étroits avec l'Égypte : les ouvrages de Sénèque, qui a séjourné dans la vallée du Nil au cours de sa jeunesse, traduisent une connaissance des conceptions cosmogoniques égyptiennes ; à Chérémon, prêtre égyptien qui dirigea la bibliothèque d'Alexandrie, nous devons une riche littérature sur l'histoire, la religion et l'écriture de son pays. Nul doute que ces deux pédagogues inspirent la bienveillance de leur élève envers l'Égypte : Néron n'introduit-il pas les fêtes isiaques dans le calendrier romain ? Ses successeurs accomplissent un projet qu'il n'a pas eu le loisir de réaliser : le voyage en Égypte. Vespasien visite le Sérapeum d'Alexandrie, Titus celui de Memphis et préside aux funérailles d'un taureau Apis. En dépit des oppositions violentes à cette égyptophilie – on cite souvent la diatribe de Lucain[5] s'insurgeant contre la présence dans les temples de Rome, d'Isis, d'Osiris, des demi-dieux canins, et des «sistres qui imposent les pleurs » – le temple d'Isis au Champ de Mars devient un des théâtres des célébrations impériales : Othon, vêtu du traditionnel lin blanc, y exécute les rites ; Vespasien et Titus y passent la nuit à la veille de leur triomphe des guerres judaïques ; Domitien, sous le règne duquel sont probablement construits l'Iseum de Bénévent et le temple de Préneste, rebâtit le sanctuaire après l'incendie de 80 avant J.-C. Le même empereur se fait figurer sous l'aspect d'un pharaon dans l'Iseum de Bénévent et pare de copies égyptiennes les jardins de sa villa du Monte Circeo. C'est sur Hadrien que l'Égypte exerce sans doute la plus grande fascination. On connaît bien la curiosité universelle de l'empereur et son intérêt pour les cultes orientaux. Deux voyages en Égypte, en 117 et 129-130 après J.-C., le familiarisent avec la civilisation pharaonique. Les travaux entrepris sous son règne témoignent de son goût de l'Égypte : l'érection d'un complexe égyptien dans sa villa de Tivoli, connu sous le nom de Canope ; la dédicace d'un Sérapeum à Ostie. Son second voyage sur les rives du Nil est le théâtre d'un événement tragique. Avant d'arriver à Thèbes, son jeune favori, le bel Antinoüs se jette volontairement dans le fleuve. Le drame donne lieu à deux initiatives traduisant l'ambivalence de l'attitude romaine : en Égypte, sur les lieux du suicide, la fondation d'Antinoé, cité perpétuant le nom du bien-aimé ; à Rome, l'adoption des croyances égyptiennes selon lesquelles les noyés accédaient au rang des dieux. Ainsi, pour Antinoüs, divinisé à titre égyptien et assimilé à Osiris, sont créées des effigies d'inspiration pharaonique qui prennent place aux côtés de statues de style hellénique, immortalisant sa grâce juvénile et mélancolique. À Rome, un obélisque aujourd'hui placé sur le mont Pincio immortalise la mémoire du jeune homme, tandis que ses statues égyptisantes ont été retrouvées en grand nombre dans le Canope de Tivoli. Dès lors, malgré des critiques parfois virulentes – on songe aux clameurs scandalisées de Juvénal, tournant en dérision le culte des animaux et celui des légumes –, la culture égyptienne jouit d'une faveur qui ne se dément pas. *L'Âne d'or,* ouvrage fameux d'Apulée restituant sous forme romancée les expériences mystiques des fidèles d'Isis, est contemporain du règne d'Antonin le Pieux qui entreprend aussi le voyage en Égypte. Son successeur, Marc Aurèle, bâtit un temple pour l'Hermès égyptien, Hermanubis. Commode témoigne d'une dévotion particulière envers les cultes isiaques : les Romains peuvent le voir exécuter les rites, le crâne rasé selon la tradition pharaonique, et admirer une statue d'or le figurant entre une vache et un taureau, groupe généralement interprété comme l'image de l'empereur sous l'aspect du dieu-fils Horus entre Osiris-Apis et Isis[6]. Dans la première moitié du IIIe siècle après J.-C., sous le règne des Sévère, les cultes isiaques et la diffusion de leur imagerie atteignent leur apogée : converti en Égypte, Septime Sévère met l'accent sur sa filiation divine ; Caracalla érige un temple de Sérapis au Quirinal, décore ses thermes de têtes d'Isis et de Sérapis et, à Rome comme à Bénévent, se fait représenter coiffé du *némès* des pharaons.

---

4. *Cf.* cat. 13.
5. Pharsale, VIII, 831.
6. *Cf.* L'Horange, 1947, pp. 70-72.

Jusqu'aux derniers sursauts du paganisme l'Égypte continuera d'être présente dans la culture romaine.

Présente, elle l'est durablement par l'arrivée en Italie et surtout à Rome de monuments égyptiens. Soumise au contrôle romain, l'Égypte livre statues, obélisques et reliefs arrachés en grand nombre aux sanctuaires pharaoniques. Se souciait-on alors de leur signification précise ? Il est souvent difficile de l'établir. L'Égypte fournit aussi ses matériaux les plus nobles : les pierres traditionnellement utilisées, tels le granite d'Assouan et les pierres sombres du Ouadi Hammamat, ou bien celles qui répondent à des goûts nouveaux comme le porphyre du mont Claudianus. Ses artistes et ses scribes créent sur le sol italien des œuvres égyptiennes de commande. Originaux pharaoniques, copies ou œuvres de commande seront repris comme modèles par les artistes locaux, donnant ainsi naissance à un premier courant égyptisant.

Les monuments égyptiens et égyptisants de la Rome antique

C'est ainsi que l'Italie devient le pays d'Europe où l'on peut étudier les originaux transmis par l'antique Égypte, mais aussi les copies et les interprétations égyptisantes des artistes locaux, bien plus nombreuses encore.

Les plus spectaculaires sont les pyramides qui ornent des tombes romaines. L'une d'elles, aujourd'hui disparue, s'élevait dans la nécropole du Vatican où des décors égyptisants sont attestés. Une autre, celle de Caius Cestius, offre encore sa silhouette exotique aux yeux du voyageur qui arrive d'Ostie. Bâtie sous le règne d'Auguste, elle se distingue des modèles égyptiens par sa taille relativement modeste et sa pente accentuée.

Tout aussi imposants, les obélisques de Rome ponctuent les principales places de leur image emblématique[7]. La ville, aujourd'hui, en compte plus que le temple de Karnak ; treize d'entre eux sont encore intacts. Provenant de Karnak, d'Héliopolis près du Caire ou de Saïs et d'Alexandrie dans le delta, ils portent le nom des pharaons les plus illustres : Thoutmosis III, Séthi Ier, Ramsès II, Apriès ou Psamétik II... Auguste, le premier, fit transporter deux de ces énormes monolithes de granite, l'un servant de gnomon pour un cadran solaire colossal installé au Champ de Mars, l'autre ornant la *spina* du Circus Maximus. Symbole de la puissance du souverain, leur érection prend une dimension politique et religieuse, que les papes utiliseront à leur profit 1 500 ans plus tard. Tous deux portent une dédicace latine adressée au soleil, témoignant qu'au Ier siècle, les Romains connaissaient parfaitement la symbolique égyptienne attachée à ces monuments, la rapprochant de la symbolique cosmique conférée à la course des chars autour de la *spina*[8]. Deux autres obélisques vinrent compléter le mausolée d'Auguste, dans le courant du Ier siècle. C'est de l'Iseum du Champ de Mars, dans le quartier de l'actuel Panthéon que proviennent au moins six d'entre eux, successivement érigés et déplacés au cours de la longue histoire de la ville. Si la plupart portent des cartouches pharaoniques, il n'est pas sans intérêt de savoir que les inscriptions hiéroglyphiques en l'honneur de Domitien et d'Antinoüs furent gravées en Italie, tout comme celles des deux obélisques de Bénévent dressés dans un sanctuaire isiaque par un certain Rutilius Lupus.

Ce sont précisément les sanctuaires isiaques d'Italie qui ont livré la majeure partie des œuvres égyptiennes ou égyptisantes : éléments d'architecture, statues et même objets de culte, telles la *Mensa Isiaca* ou une base en bronze décorée d'un bateau, trouvée à Herculanum. Les plus nombreux semblent avoir été à Rome, que les fouilleurs n'ont pas totalement explorée. Le plus important est l'Iseum du Champ de Mars, regroupant les temples d'Isis et de Sérapis ; il occupait un vaste quadrilatère, probablement limité au sud par les rues Pié di Marmo et San Stefano del Cacco, à l'ouest par un axe suivant le transept de Santa Maria sopra la Minerva, au nord par la rue del Seminario et à l'est par la rue San Ignazio. Il associait des portes monumentales, un ou plusieurs dromos, des portiques et plusieurs sanctuaires. Le culte y fut maintenu au moins jusqu'à la fin du IVe siècle après J.-C. D'autres grands sanctuaires d'Isis étaient situés dans la troisième *régio* de Rome et au Capitole, entre Santa Maria in Aracoeli et la via della Consolazione. On a également retrouvé les vestiges de chapelles isiaques plus petites, sur le Caelius, l'Esquilin, l'Aventin, et dans le port d'Ostie, où la déesse était l'objet d'une dévotion spéciale de la part des marchands et des marins. Les temples d'Isis ne sont pas les seuls endroits de Rome où l'on pouvait voir des monuments égyptiens. Les compagnons alexandrins d'Isis, tels que Sérapis et Hermanubis ont leurs propres temples, de dimension modeste mais pourvus d'un décor égyptisant, de même que d'autres divinités associées comme Jupiter-Dolichenus ou Isis-Fortuna.

L'Égypte tient aussi une place non négligeable dans le décor des jardins de plaisance, dont les premiers témoignages sont attestés en Campanie[9]. À Pompéi, les dévots d'Isis ornent les murs de fresques nilotiques, de motifs et statues égyptisants qui parsèment également les bosquets, à la fois motifs religieux et décoratifs. Des thèmes analogues ont été retrouvés à l'intérieur des maisons d'Herculanum et de Pompéi. Un des jardins les plus représentatifs, celui de Loreius Tiburtinus, où furent retrouvées des statuettes de pharaons et de dieux égyptiens, s'étendait le long d'un canal nommé Euripe. Ce goût pour les rivières artificielles, Euripe et Nil « de poche », dont on se moque dès l'époque de Cicéron, est l'un des premiers signes d'une tendance à recréer des paysages égyptiens pour des desseins profanes. De Cam-

---

7. *Cf.* Iversen, 1968.
8. Tertullien, *De spectaculis*, VII.
9. *Cf.* Grimal, 1969.

17

panie, leur mode gagne Rome où les « jardins de Salluste », sur le Pincio, constituent un exemple significatif avec leur pavillon égyptien élevé sous Domitien ou Hadrien, leurs statues égyptiennes et égyptisantes – on y retrouva l'effigie de Touïa, mère de Ramsès II en compagnie de celles de plusieurs souverains ptolémaïques – ainsi que leur obélisque. À Tivoli, le Canope évoque un paysage nilotique peuplé de statues de crocodiles et d'un éléphant de granite. Le remaniement qui y transforme une « Égypte de jardin » en « Égypte de voyage » et qui semble faire allusion à certains épisodes du voyage d'Hadrien[10] donne une large place aux dieux égyptiens. Le long du « corridor » et dans les niches de l'hémicycle, d'innombrables statues égyptiennes et égyptisantes immortalisent Antinoüs en compagnie des divinités de la vallée du Nil.

Les sources accessibles aux artistes européens

Nombre de ces témoignages de l'antique Égypte restent visibles dans la Rome médiévale, en particulier les obélisques, les pyramides funéraires ou les lions de Nectanébo qui ornent longtemps le socle de la statue de Marc Aurèle à Saint-Jean de Latran. Au terme d'une précieuse étude Anne Roullet a recensé les antiquités égyptiennes connues dans la Rome du XVe-XVIe siècle et noté leur accroissement : à celles demeurées en place viennent s'ajouter les objets découverts à la faveur de travaux ou des premières fouilles archéologiques. Qu'ils ornent le palais Carpi ou le palais Farnèse, la villa d'Este-Ferrare ou la villa Médici, les jardins Cési ou ceux du Belvédère, ou bien qu'on les incorpore dans un monument, tels les Antinoüs-télamons du palais épiscopal de Tivoli, ils sont près d'une centaine proposant des modèles d'art égyptien. Interprétés *in situ* par les artistes, ils figurent aussi dans les recueils de gravures qui popularisent leur image[11] ; une autre œuvre fameuse, la *Mensa Isiaca*, fait l'objet de publications spéciales. Dans le courant du XVIe siècle, de nombreux monuments égyptiens du Capitole sont proposés à l'admiration du public[12] : c'est ainsi qu'on peut voir, dans les divers palais comme au pied de l'escalier de la Cordonata, des œuvres aussi renommées que les deux lions au nom de Nectanébo ou les sphinx d'Akoris et de Néféritès[13], transférés plus tard dans les jardins de la villa Borghèse avant de venir enrichir les collections du Louvre. Une telle exposition préfigure les grands rassemblements d'œuvres égyptiennes des XVIIe et XVIIIe siècles, le Museo Kircheriano[14], la Stanza del Canopo au Capitole, mais aussi les nombreuses collections princières – villa Albani, villa Borghèse, palais Barberini à Rome ou palais Borgia à Velletri – fréquentées des archéologues et des artistes. Source inépuisable d'inspiration, les œuvres connaîtront une grande popularité et les pensionnaires de l'Académie de France à

Rome ne sont pas les derniers à favoriser leur diffusion dans toute l'Europe[15].

Mais ces modèles offrent-ils une image fidèle de l'art pharaonique ? Pour l'égyptologue, la réponse est négative. Bien au contraire, ils n'en suggèrent qu'une vision partielle et déformée. Partielle car les œuvres pharaoniques transportées d'Égypte en Italie correspondent à l'époque et au goût des Romains. Autant qu'on en puisse juger, elles véhiculent une certaine image de l'Égypte et ont sans doute été sélectionnées pour une destination essentiellement décorative : les obélisques et les sphinx prédominent ; les effigies de lions, relativement rares dans l'art égyptien, ont été rassemblées avec un soin particulier ; parmi les représentations de divinités, ce sont les animaux qui ont la faveur, et essentiellement le faucon et le singe ; chez les humains, on trouve une importante proportion de rois, et des particuliers présentant un *naos*. Aucune œuvre de l'Ancien Empire, très peu du Moyen Empire. Si les monuments ramessides sont attestés, ceux de la Basse Époque sont bien plus largement représentés, des témoignages de la XXVIe dynastie « saïte », de ceux de la XXXe dynastie inscrits au nom des rois Nectanébo, jusqu'à l'époque ptolémaïque qui est contemporaine de la pénétration romaine. Témoignent-ils d'un choix délibéré de certaines périodes, jugées plus prestigieuses ou plus significatives ? La plupart proviennent du nord de l'Égypte, où abondaient les monuments des Ramsès et des dernières dynasties indigènes. Plus accessible à la flotte de Rome, la région était également le siège d'Alexandrie, la capitale des Ptolémées. Date et provenance s'expriment bien évidemment par le style. Les œuvres de Basse Époque proposent une gamme de thèmes, de formes et de couleurs qui leur est propre : simplicité des lignes, densité des inscriptions hiéroglyphiques, multiplicité des images divines, prédominance des matériaux sombres, tels le dur granite, le basalte, la diorite ou le schiste admirablement polis[16]. L'époque ptolémaïque, ultime étape de tendances exprimées dans l'art pharaonique ou témoignage d'un art mixte, s'écarte en bien des points de la tradition égyptienne ; elle invente une iconographie qui lui est propre : Sérapis barbu coiffé du *calathos* héllénique, « Osiris canopes » au décor complexe, multiples formes d'Isis au corps voluptueusement drapé... Tels sont donc les témoignages qui viennent illustrer à Rome l'art de la vallée du Nil.

Ces œuvres originales ne sont pas, de loin, les plus nombreuses. Un certain nombre de copies véritables sont exécutées en Italie, certaines pour créer un pendant à une

10. *Cf.* Grenier, 1989, pp. 975-977.
11. *Cf.* par exemple Hohenburg, s.d. ; Kircher, 4 vol., 1652-1654 ; Montfaucon, 10 vol., 1719-1724.
12. *Cf.* Enzoli-Vitozzi, 1990, pp. 11-20.
13. *Cf.* cat. 29-30.
14. *Cf.* Leospo, *in* cat. exp. Berlin, 1989, pp. 58-71.
15. *Cf.* Syndram, 1990, pp. 166-184.
16. *Cf.* Bothmer, 2e éd., 1973.

sculpture authentique : c'est le cas de plusieurs statues[17]. Des artistes égyptiens gravent sur les obélisques inachevés des inscriptions pastiches, composant en hiéroglyphes des titulatures à l'ancienne mode pour les empereurs et notables romains[18]. Le spécialiste distingue aisément ces signes relativement maladroits des belles inscriptions que l'on continue de graver dans les sanctuaires de la vallée du Nil.

Mais le nombre de ces copies et de leurs originaux est largement surpassé par celui des œuvres égyptisantes qui se multiplient au cours du IIe siècle après J.-C. Le règne d'Hadrien est exemplaire de cette production qui interprète les thèmes pharaoniques à l'aide de formes nouvelles et de matériaux propres au goût de l'époque. Une cinquantaine de statues ont été recensées, avec plus ou moins de certitude, comme provenant du « Canope » qu'il édifia à Tivoli[19]. À quelques œuvres originales se mêle une majorité de créations romaines qui font de la période une première et importante étape dans l'histoire de l'égyptomanie. Associant les attributs pharaoniques – coiffure némès simplifiée, pagne chendjyt – aux canons de la beauté classique, les effigies d'Antinoüs sont significatives. Bien que figuré de face, le jeune homme, loin d'être figé dans une stricte frontalité, conserve le déhanchement de l'idéal hellénique, tout comme les courbes et la musculature puissante ; point de pilier dorsal, mais parfois un tronc d'arbre noueux emprunté à l'iconographie romaine ; pour des statues jumelles, la position des jambes est inversée, rompant avec la tradition pharaonique qui impose que la jambe gauche soit portée vers l'avant. Les pierres utilisées, marbre blanc, noir ou rosso antico sont absentes du répertoire pharaonique. Leur poli achevé veut sans doute imiter l'éclat des œuvres des XXVIe-XXXe dynasties. De la série des statues de marbre noir illustrant les rites bien égyptiens de l'éveil divin, six exemplaires, découverts en 1736 et aujourd'hui conservés au musée du Vatican, témoignent combien est grande la part de l'interprétation : le porteur d'offrandes ainsi que les prêtresses, musicienne et soliste, coiffées d'un improbable némès dont les traces antiques sont pourtant bien visibles, se penchent vers l'avant dans une attitude inconnue des sculpteurs égyptiens ; inspiré des Hermès, un bifrons humain et taurin placé sur une fleur de lotus illustre la double nature du dieu Sérapis[20]. D'autres types plastiques inconnus de la vallée du Nil sont adaptés, tels les bustes figurant Antinoüs et Isis-Déméter[21]. Tout à la fois inspirés des colosses osiriaques égyptiens et des cariatides grecques, les Antinoüs-télamons couronnés de lotus se répondent symétriquement sans souci des strictes conventions égyptiennes. Un relief d'Arricia figurant l'Iseum Campense montre que ce type de support n'était pas exceptionnel à Rome.

Au-delà de la variété des formes, des matières et des techniques nouvelles, telles que les yeux incrustés d'onyx, il est possible d'évaluer comment s'exprimait plastiquement cette égyptomanie romaine. À travers un choix d'attitudes jugées spécifiques à l'art pharaonique : frontalité des personnages agenouillés ou debout, pied vers l'avant,

bras le long du corps, poings serrés ; grâce à une sélection d'éléments du costume égyptien : coiffure némès royale, pagne chendjyt, tunique féminine dite « isiaque » nouée sur la poitrine ; par l'emphase apportée à certains attributs de la prêtrise : crâne rasé, emploi d'instruments cultuels comme la situle, l'Osiris-canope ou le sistre ; enfin, par une prédilection affirmée pour certains animaux divins ou évocateurs du paysage nilotique : singe, faucon, lion, crocodile, ibis... Au total un vocabulaire restreint dont la signification se perd peu à peu, mais dont la forte puissance évocatrice sera reprise par les artistes de l'Europe moderne. Pyramides exceptées, les modèles architecturaux sont absents de Rome. Longtemps, les peintres devront se contenter des reconstitutions imaginaires de Kircher ou bien d'adapter à leur propos des monuments de l'Antiquité classique. Les premiers dessins de voyageurs – Pococke et surtout Norden – resteront jusqu'à la fin du XVIIIe siècle les références obligées en ce domaine.

Conclusion

Si Rome demeure longtemps le plus important point de contact entre l'Égypte et l'Occident, son rôle est ambigu. Elle impose une certaine vision de l'Égypte qui est confondue avec l'Égypte elle-même. Coupés des traditions pharaoniques, peu familiers du pays, les hommes de la Renaissance et des temps modernes ne peuvent clairement distinguer la part du pharaonique et celle de la copie ou de l'interprétation romaine. On arrive à ce paradoxe : les signes de l'Égypte, tels qu'ils sont reconnus par les artistes du XVIIIe siècle, ne sont pas significatifs aux yeux d'un égyptologue contemporain. Les thèmes les plus populaires sont aussi les plus éloignés de la réalité archéologique. La silhouette des pyramides se confond avec celle des obélisques ou, au mieux, reproduit les formes aiguës du monument de Caius Cestius ; les plus fameux des sphinx, ceux de Néfèritès et d'Akoris, amplement restaurés, éternisent l'image d'un des plus pâles souverains de la Basse Époque ; on érige en emblème les lions de la Cordonata, sculptures magnifiques, certes, mais d'un type peu fréquent en Égypte jusqu'à l'époque tardive. Enfin, Osiris-Antinoüs, objet d'admiration, œuvre de référence, est un témoignage exemplaire de l'égyptomanie romaine, tout comme la Mensa Isiaca tant de fois recopiée. De même que durant des siècles, les discussions sur le déchiffrement des hiéroglyphes ont confondu vraies et fausses inscriptions, l'histoire de l'art se fonde sur les témoignages partiels d'une Égypte vue par Rome. C'est

17. Par exemple des sphinx ; cf. Roullet, 1972, nos 277, 281.
18. Cf. Iversen, 1968 ; Derchain, 1987.
19. Cf. Raeder, 1983, vol. I et III.
20. Cf. Grenier, 1989, pl. XV et XVII.
21. Ibid., pl. XXVII.

sur des bases viciées, associant les œuvres originales de la Basse Époque égyptienne, les copies et les interprétations de l'Antiquité romaine, souvent défigurées par des restaurations abusives, que se développent principalement les théories sur l'art pharaonique. Certains se livrent alors à une critique sévère, tels Quatremère de Quincy et Winckelmann ; d'autres, comme Piranèse, en font l'apologie. L'entreprise est prématurée. Pour la réhabilitation d'un art égyptien authentique, il faut attendre la campagne d'Égypte et l'enthousiasme d'un Denon ; l'arrivée en Europe des premières grandes collections, le voyage de Champollion et ses jugements fulgurants. L'Égyptomanie moderne se tourne-t-elle alors vers ces sources originelles ? rien n'est moins sûr. Tel est le poids de Rome, de sa fascination pour l'Égypte, que ses modèles perdurent, donnant lieu à de nouvelles interprétations[22].

Christiane Ziegler
Conservateur en chef
chargée du département des Antiquités
égyptiennes du musée du Louvre

22. On pense bien sûr au thème d'Antinoüs et aux figures inspirées par la *Mensa Isiaca*.

L'égyptomanie : actualité d'un concept de la Renaissance au postmodernisme

Des siècles d'égyptomanie nous ont légué une quantité et une variété insoupçonnées d'objets et de réalisations diverses, dont les non-initiés ne distinguent parfois que confusément l'appartenance à un art différent de celui de l'Égypte ancienne : copie, adaptation, déplacement, la marge peut paraître à certains étroite entre un sphinx londonien et ses ancêtres d'Égypte, entre le temple rose-croix de San José et le temple de Dendur remonté au Metropolitan Museum of Art de New York, entre certaines créations de Cartier et des bijoux antiques. Mais, dans tous les cas, chacun subit inconsciemment le charme et l'envoûtement de l'Égypte.

De fait, il n'est pas un pays occidental qui n'ait tenté d'acclimater et d'apprivoiser l'art égyptien. Obélisques, pyramides et sphinx sont les plus usités et partout visibles. Mais, en dehors de cette trilogie traditionnelle, il n'est guère d'éléments de l'art égyptien ancien qui n'aient été réutilisés. Reprenant des thèmes empruntés à toutes les périodes, de l'Ancien Empire à la Basse Époque, les artistes occidentaux en ont transformé la finalité pour satisfaire les goûts d'une clientèle avide d'exotisme et d'étrange : les obélisques sont devenus garnitures de cheminées ; les pyramides, fabriques dans les parcs ; les sphinx, chenets, et les temples, surtouts et pendules ; la tête coiffée du *némès* est arrachée aux pharaons pour garnir un nombre infini de meubles et d'objets d'art, tandis que les hiéroglyphes, qui connaissent les adaptations les plus fantaisistes, constituent des frises décoratives.

Égyptomanie, Egyptian Revival, Nile Style, Pharaonisme..., nombreux sont les mots et les expressions, différents selon les époques et les pays, mais qualifiant tous des manifestations variées d'un même phénomène tout à fait particulier. Celui-ci, s'appuyant sur la grammaire ornementale qui fait l'originalité de l'art égyptien antique, reprend à son compte les éléments décoratifs les plus spectaculaires pour leur donner une nouvelle utilisation, et donc une nouvelle vie.

Il convient de définir avec précision ce que recouvre le terme « égyptomanie » ; en effet, il ne faudrait surtout pas désigner ainsi tout ce qui a un quelconque rapport avec l'Égypte : un tableau représentant une vue d'Égypte, des palmiers, une caravane dans le désert est du domaine de l'orientalisme et de l'exotisme, non de celui de l'égyptomanie ; de même, voyager en Égypte, avoir le goût des antiques, en rapporter et en exposer dans un cabinet de curiosités est de l'égyptophilie[1], non de l'égyptomanie.

Le facteur déterminant qui permet de définir une création comme égyptisante est donc avant tout le décor antique : par exemple, un sphinx – ou une sphinge – couché, dont la nature et la position évoquent pourtant l'Égypte ancienne, n'est pas égyptisant s'il n'est pas coiffé du *némès* ; en revanche, un sphinx – ou une sphinge – ailé assis, plus grec qu'égyptien, est égyptisant s'il porte cette coiffure. De même, une simple représentation de la bataille des Pyramides n'est pas égyptisante ; elle ne le devient que si le décor reprend des ruines de temples et d'obélisques sans rapport avec la réalité. Ces mêmes décors, exacts ou non, servant de cadre à des représentations de personnages modernes ou contemporains, n'ont rien d'égyptisant : seule la présence de personnages habillés à l'antique pourra leur donner ce caractère. Enfin, toute création néo-égyptienne moderne peut participer de l'égyptomanie si elle est recréée et réutilisée avec un sens nouveau, comme c'est le cas dans le cinéma ou la publicité. L'égyptomanie est donc loin d'être seulement la manie de l'Égypte. Car il ne suffit pas de copier des formes égyptiennes, encore faut-il que l'artiste les « recrée » avec sa sensibilité propre en liaison avec celle de son époque, ou qu'il leur redonne une apparence de vie, une utilité autre que celle pour laquelle elles étaient faites à l'origine.

L'égyptomanie s'inspire de sources multiples ; d'une part des originaux antiques recopiés, selon les époques, à partir de sources plus ou moins exactes et à leur tour plus ou moins adaptées : relations des voyageurs, croquis des explorateurs, ouvrages documentaires et scientifiques issus des recherches archéologiques d'égyptologues ; d'autre part des formes nées de réalisations égyptisantes antérieures, de l'époque romaine à nos jours : très souvent, l'égyptomanie se nourrit d'elle-même, et engendre ainsi de nouvelles formes et créations égyptisantes. Dans un cas comme dans l'autre, l'égyptomanie peut être l'émanation de sources anciennes ou inexactes et manifester ainsi des décalages par rapport à l'actualité et à la réalité archéologiques.

L'égyptomanie se manifeste donc à travers deux types de créations qui sont souvent difficiles à distinguer : le

1. *Cf.* Leclant, 1985, 4ᵉ fascicule, pp. 630-647. Le Professeur Leclant définit parfaitement les marges de ces termes, contrairement à nombre d'auteurs (*cf.* par exemple Bruno Neveu, qui donne pour titre à une de ses conférences de l'École des Chartes, le 24 février 1977, « L'égyptomanie au début du XVIIIᵉ siècle : le cabinet du cardinal Gualterio », alors qu'il s'agit d'égyptophilie).

style *néo-égyptien*, résurrection de l'art égyptien ancien et réemploi dans un autre cadre des thèmes de cet art, et le style *néo-égyptisant*, réutilisation et adaptation des formes nées d'une égyptomanie antérieure.

La mode joue bien évidemment un rôle important dans le développement de l'égyptomanie : Marie-Antoinette, plus tard Thomas Hope, puis Denon, ont participé à la diffusion du phénomène. Les relations entre les artistes n'ont pas joué un rôle moindre : on retrouve, à travers leurs voyages à Rome ou en Égypte, les origines de leurs productions et les influences réciproques qui s'en dégagent : entre Hubert Robert et Fragonard comme entre Alma-Tadema et Gérôme, des rapports se nouent, encore renforcés par des intérêts communs. Et l'on se rend compte que les sources sont bien souvent les mêmes pour tous : les lions de Nectanébo et ceux de la Cordonata à Rome, les Antinoüs du Vatican sont parmi les plus copiés à Rome au XVIIIe et au début du XIXe siècle, comme le sera le temple de Denderah. Thomas Hope n'ignore rien non plus des publications de Denon et de Percier et Fontaine : dans tous les domaines, les sources et les réalisations se confondent rapidement jusqu'à susciter de nouvelles inspirations.

Bien que l'égyptomanie constitue un phénomène constant et omniprésent, elle connaît au hasard d'événements ponctuels, des moments de recrudescence : l'Expédition d'Égypte de Bonaparte ; le déchiffrement des hiéroglyphes, l'érection d'obélisques dans diverses capitales, l'ouverture du canal de Suez, la découverte de la tombe de Toutankhamon, même les diverses expositions Toutankhamon à travers le monde... Car une autre des constantes de ce phénomène est son aspect international : l'ensemble du monde « occidental », Europe, Amérique, Afrique du Sud, Australie, et même l'Égypte, y a succombé. C'est bien la confirmation que les messages qu'il véhicule ont une portée universelle.

L'extraordinaire fascination qu'a toujours exercée l'Égypte ancienne s'est manifestée dans de nombreuses directions : architecture, décors intérieurs, mobilier, objets d'art, sculpture, peinture, théâtre et cinéma, tous les domaines de l'art ont été touchés. Quant aux finalités de ces réalisations, elles sont tout aussi variées : du monument commémoratif au monument funéraire, de l'édifice utilitaire à la salle de spectacle, de l'immeuble de rapport à la demeure privée, de l'objet fonctionnel à l'objet décoratif, du bijou unique à la production industrielle, il n'est pas un genre qui ait été oublié par l'égyptomanie.

De tous les artistes hantés par le rêve égyptien, les architectes ont été les premiers à copier les modèles antiques, voire même à réutiliser des originaux transportés. La grande variété des édifices ainsi construits et décorés, surtout à partir des années 1800, montre à quel point l'architecture urbaine a été l'un des terrains de prédilection de l'égyptomanie. Que les thèmes égyptiens reproduits l'aient été globalement, au niveau de la conception d'ensemble, ou ponctuellement, en tant qu'éléments décoratifs, leur mode d'intégration à l'architecture d'accueil est fort variable ; mais pyramides, obélisques, chapiteaux et colonnes sur le plan monumental, sphinx, statues, hiéroglyphes et scènes peintes sur le plan décoratif, pour surprenants qu'ils aient pu paraître parfois, ont en règle générale été bien admis. Car, malgré son caractère exceptionnel, l'art égyptien s'intègre plutôt bien aux différents styles des siècles passés et aux ensembles urbains les plus divers, auxquels il apporte une note d'originalité indéniable. La variété de ses formes est telle que chaque époque a su privilégier et adapter celles qui lui semblaient les plus proches de la sensibilité du moment.

Il y a rarement corrélation entre l'extérieur d'un édifice bâti ou décoré à l'égyptienne et la manière d'en aménager l'intérieur ; en effet, alors que souvent un bâtiment égyptisant ne constitue qu'un somptueux écrin vide, on a parfois la surprise de découvrir des pièces entières décorées et même meublées à l'égyptienne, que rien ne laissait prévoir de l'extérieur ; et plus souvent encore, on rencontre dans un ensemble classique un siège, un objet précieux, un bibelot qui rappelle l'Égypte ancienne ou, au second degré, la mode de l'égyptomanie. Préfère-t-on la cacher dans le secret des boudoirs plutôt que de l'afficher au grand jour ? Son caractère ésotérique peut être une des raisons de ce choix mais, plus certainement, la miniaturisation et le réemploi permettent de s'approprier plus facilement l'Égypte en un microcosme. C'est là la source essentielle des meubles et des objets d'art à l'égyptienne qui, par milliers, ont fleuri au cours des siècles dans les intérieurs les plus divers.

En dehors des décors sculptés agrémentant immeubles d'habitation, fontaines et autres édifices publics, l'art statuaire inspiré par l'Égypte ancienne se divise en deux catégories bien distinctes : les sculptures destinées à l'extérieur, presque exclusivement consacrées à des adaptations de sphinx et à des copies de lions et d'Antinoüs, et celles qui participent au décor intérieur, beaucoup plus variées et fantaisistes.

Le sphinx, animal fabuleux hérité de l'Égypte, est à la fois le plus représentatif et le plus répandu des thèmes égyptisants ; immédiatement reconnaissable, tout comme la pyramide et l'obélisque, il est aussitôt associé à l'Égypte ancienne. Il apparaît dans l'art occidental dès la Renaissance, sous quatre formes : le sphinx « à l'égyptienne » – parfois féminisé en sphinge – , couché et coiffé du *némès* ; le sphinx grec, assis et le plus souvent ailé ; le même coiffé du *némès* ; enfin, le sphinx ou la sphinge classique, qui n'a plus rien d'égyptien[2] ; seuls les sphinx coiffés du *némés* correspondent à notre sujet.

Généralement disposés par paires, les sphinx égyptisants occupent des emplacements variés : à l'entrée des maisons, soit en haut du mur de clôture de la cour à l'entrée, soit de chaque côté du perron, où ils jouent essentiellement

2. Pour les différents types de sphinx, dans diverses civilisations, *cf.* Peignot, 1968, pp. 12-21, 82 et Demisch, 1977.

un rôle d'accueil et de protection et ce, de la Renaissance à nos jours. Parfois liés au culte funéraire, ils décorent cénotaphes et tombeaux. Très à l'aise dans les parcs et jardins où ils ont, à leur échelle, la même utilité que les fabriques – décorer et surprendre –, ils adoptent, suivant les époques, des poses hiératiques ou, au contraire, un peu maniérées, tournent parfois la tête, se dressent même sur leurs pattes de derrière comme des félins curieux[3] ; suivant la mode, le *némès* évolue aussi, et se termine parfois en pointes ou en volutes gracieuses. On fait également appel au sphinx pour compléter, dans les lieux publics, des décors à l'égyptienne ; il devient même fontaine et crache de l'eau d'un air impassible et hautain ; enfin, il ne dédaigne pas un rôle didactique, et il n'est pas une Exposition universelle qui n'ait eu de sphinx ou même d'allée de sphinx. On le trouve aussi en complément de sculptures traditionnelles à personnages et en décor d'intérieur, reconditionné en chenet, garniture de bureau, luminaire et même en presse-papiers ou en encrier. Il est aussi présent dans toute l'iconographie égyptisante, dont il reste l'un des meilleurs symboles.

La sculpture à l'égyptienne est peut-être la forme d'art la plus liée à son époque. Tout en gardant les constantes d'inspiration – par exemple le sphinx que l'on sculpte ou que l'on moule encore aujourd'hui, et qui intéresse toujours autant les décorateurs d'intérieurs –, elle s'est attachée à faire revivre des personnages dans une occupation (harpistes) ou un moment grave de leur vie (mort de Cléopâtre) et, ce faisant, ne s'éloigne guère des thèmes préférés des peintres. Les copies exactes de la statuaire égyptienne sont rarissimes et, tout au contraire, les personnages, leurs poses, leurs gestes, leurs vêtements sont recréés à partir de modèles variés, le plus souvent contemporains : les Égyptiennes de Clodion sont tout aussi facilement datables que celles de Chiparus.

L'évolution des représentations iconographiques est peut-être de celles qui permettent le mieux de comprendre l'évolution de l'égyptomanie. Faire revivre le passé, le fixer sur la toile ou sur le papier en accord avec les critères psychologiques et culturels de son époque, transmettre aux autres sa propre vision de l'Antiquité, tels sont les buts poursuivis par les nombreux dessinateurs et peintres qui ont choisi de recréer l'Égypte ancienne.

Dès la fin du XVe siècle, beaucoup s'essayaient à ce jeu difficile qui consiste à illustrer d'images plus ou moins adroites des relations de voyages ou des exégèses de tous ordres : l'*Hypnerotomachia Poliphili* de Francesco Colonna, publié à Venise en 1499[4], le *Missel* du cardinal Pompeo Colonna au frontispice orné de vignettes égyptisantes[5] offrent aux rares lecteurs initiés maints sujets d'étonnement. Le mouvement s'amplifie au XVIe siècle. Pierio Valeriano écrit un *Hieroglyphica sive de Sacris Aegyptiotum Literis Comentarii* et, entre 1636 et 1679, le père Athanasius Kircher publie une dizaine de livres sur les obélisques, les sphinx et les hiéroglyphes. Les spéculations sur la signification des hiéroglyphes vont dès lors bon train, et les multiples essais

de traduction susciteront encore pendant presque deux siècles les études illustrées les plus fantaisistes.

Au milieu du XVIIe siècle, les artistes essaient de donner aux scènes pseudo-antiques un parfum exotique en empruntant des éléments aux ruines et aux monuments qu'ils avaient pu voir à Rome : Jean Lemaire situe la rencontre de Diogène et d'Alexandre à côté de la statue du Dieu Nil[6] et Pierre Patel reproduit dans un paysage italianisant un des lions-fontaines de la Cordanata[7]. Même Poussin ajoute un sphinx à son *Moïse sauvé des eaux*, sujet qui sera souvent repris et connaîtra un succès durable jusqu'au début du XXe siècle.

C'est toutefois surtout à partir de la seconde moitié du XVIIIe siècle que ce mouvement prend son essor. William Hogarth n'hésite pas, en 1746, à représenter un *Moïse sauvé des eaux* entouré de tout un petit monde égyptisant, crocodile momifié, sphinx, pyramide et hiéroglyphes[8] ; peu à peu, les peintres prennent l'habitude d'ajouter, çà et là, une pierre ou une statue égyptienne, pour donner une « couleur locale italienne » aux paysages et aux scènes qu'ils représentent, à croire que la campagne romaine était littéralement jonchée de ruines venues des bords du Nil. Hubert Robert, passé maître dans ce genre de compositions, anime des palais et des ruines classiques de lavandières, de femmes bavardes, de jeunes filles dansant, de colporteurs, d'élégantes, qui évoluent naturellement au milieu d'Antinoüs, de lions et de sphinx souvent transformés en fontaines[9]. Le succès de ses toiles est tel qu'elles circulent à travers toute l'Europe et contribuent à propager la mode de l'égyptomanie. Ses amis Fragonard et Saint-Non l'imitent, d'autres encore, tels Louis-Gabriel Moreau le Jeune et Pierre-Adrien Pâris suivent la mode[10], mais sans que leur production atteigne, loin s'en faut, une telle importance numérique[11].

Parallèlement, d'autres peintres s'intéressent aux caprices architecturaux et recréent un curieux monde ima-

3. Vases de Claude Ballin dans le parc du château de Versailles, vers 1670.
4. *Cf.* Baltrusaitis, 1985, pp. 11-12.
5. *Ibid.*, pl. VIII, p. 137.
6. Vers 1640, *cf.* cat. vente hôtel Drouot, Boscher, 22 mai 1985, n° 37.
7. *Paysages et ruines d'inspiration italienne*, vers 1680 (Montpellier, musée Fabre).
8. *Moïse et la fille de Pharaon*, tableau, 1746 (Court Room of the Thomas Coram Foundation) ; gravure, 1752 (Brighton, The Royal Pavilion, Art Gallery and Museums) ; *cf.* Paulson, 1971, vol. II, p. 44 *sqq.*
9. *Cf.* par exemple *Intérieur de palais antique* (cat. vente Versailles, Chapelle-Perrin, 13 février 1977, n° 23) ; *Caprice égyptien* (Pevsner et Lang, 1956, p. 212) ; *Ruines animées* (cat. vente Drouot, Ader-Picard-Tajan, 14 juin 1983, n° 10) ; *L'Abreuvoir* (cat. vente palais Galliéra, Ader-Picard-Tajan, 6 avril 1976, n° 52).
10. Louis-gabriel Moreau, *Vue d'un jardin animé de personnages* (cat. vente Drouot, Ader-Picard-Tajan, 14 juin 1983, n° 8) ; Pierre-Adrien Pâris, *Antiquités égyptiennes à Velletri (Vues de ma composition avec divers fragments antiques égyptiens et autres)* (Bibliothèque de Besançon, Inv. D.2896 ; voir aussi, en ce qui concerne Pâris, Gruber, 1972, p. 131 et fig. 4, 23, 54, 55, 63, 65 et 87.

ginaire. Joseph Vernet peint en 1751 son *Port avec une pyramide*[12] et Charles de Wailly tente une *Restitution du temple de Salomon*, dont les obélisques sont copiés sur ceux de Rome et la pyramide sur celle de Caius Cestius, également à Rome[13]. Vers 1780, le genre évolue quelque peu ; Desprez, notamment, crée des œuvres originales à la limite du décor de théâtre : dans un curieux mélange de styles, des pyramides, des obélisques et des sphinx surgissent de nuées, et des tombeaux imaginaires, ornés de pseudo-hiéroglyphes, se peuplent de personnages inquiétants coiffés du *némès* (cat. 65-70).

Une telle utilisation de thèmes égyptiens, à la limite de l'ésotérisme, se trouve contrebalancée par les illustrations des relations de voyages, de plus en plus fidèles et réalistes, accompagnant les textes des explorateurs, nombreux à faire le voyage d'Égypte. Au début du XIXᵉ siècle, avec l'extension des sources utilisables, les caprices architecturaux deviennent encore plus descriptifs : on trouve alors sur les toiles, côte à côte, les monuments d'Égypte les plus spectaculaires ; mais des créations intemporelles, comme la pyramide que brossera Victor Hugo[14], ne sont pas pour autant abandonnées.

Les éléments du décor une fois plantés, il ne restait qu'à les animer ; la reconstitution historique proprement dite, qui aurait pu rejoindre le genre très florissant de la « peinture d'histoire » ou de la « peinture de batailles », n'a que fort tard puisé ses sources dans l'Égypte ancienne, peut-être par manque de documentation. Il faut attendre les années 1825 pour qu'une nouvelle école voie le jour, dont Benjamin Haydon est le premier représentant : il utilise la *Description de l'Égypte* et l'ouvrage de Denon, rencontre Belzoni, ne manque pas d'aller voir le sarcophage de Séthi Iᵉʳ et « tout ce qu'il y avait d'égyptien au musée », comme il le rappelle dans son *Journal*[15]. Les scènes de genre « à la manière antique » vont dès lors se développer, où le peintre est à la fois portraitiste, metteur en scène, décorateur, accessoiriste, costumier et, bien sûr, documentaliste. Les scènes bibliques fournissent également des sources d'inspiration qui reviennent le plus régulièrement, et les peintres, tentés de privilégier la mise en scène et la recréation de l'Antiquité, doivent trouver un juste équilibre entre le gigantisme du décor suggéré par les situations et la psychologie des personnages. Rapidement, le thème biblique n'est plus qu'un prétexte pour peindre un tableau exotique en même temps qu'historique et didactique ; ce grand spectacle, à l'espace encore limité, va rapidement connaître une nouvelle carrière dès la naissance du cinéma.

Dans le même temps, des artistes découvrent également combien l'Égypte se prête à l'allégorie : par exemple, dès la fin du XVIIIᵉ siècle, elle représente la science pour Cochin[16] et, plus tard, l'art pour Picot qui reprend les vieilles thèses de Quatremère de Quincy dans la toile qu'il marrouffle au plafond d'une des salles du musée égyptien du Louvre (cat. 200). Elle symbolise aussi le mystère et l'énigme (du sphinx) pour Elihu Vedder (cat. 236) et Gustave Doré

(cat. 332). Enfin, souvent, l'Égypte est liée à la franc-maçonnerie[17] illustrée par Jean-Michel Moreau le Jeune (cat. 72) ; parfois même, une pointe d'humour se glisse au détour d'un tableau, comme dans ce portrait où l'égyptologue Chabas fait un pied de nez au sphinx[18].

Parmi les sujets préférés des peintres et des sculpteurs, Cléopâtre occupe une place à part ; ce personnage hors du commun a en effet suscité, tout au long des siècles, le plus grand nombre d'œuvres et d'interprétations variées. Redevenue égyptienne au milieu du XVIIIᵉ siècle, quand Natoire la fait débarquer à Tarse à côté d'un lion-fontaine du type de celui de la Cordonata, juché sur un socle garni de pseudo-hiéroglyphes[19], elle s'affirme au fil des ans comme l'une des figures marquantes de l'égyptomanie, et ce dans tous les domaines : personnage de roman et de théâtre, elle fait aussi une brillante carrière au cinéma.

Tous les types de spectacles constituent en effet, à travers les siècles, d'autres occasions de recréer une Égypte de rêve, de proposer des adaptations de personnages, de situations, de décors et de costumes qui participent de l'évolution de l'égyptomanie. *La Flûte enchantée* avec Schinkel (cat. 245-249) et *Aïda* avec Mariette (cat. 273-277) constituent dès leur création, puis à l'occasion de très nombreuses reprises, deux des jalons majeurs de toute une série de productions scéniques à l'égyptienne, représentatives à la fois de l'évolution du phénomène et des relations entretenues par leurs concepteurs avec les sources archéologiques. Les thèmes développés, tant au théâtre qu'au cinéma, du XVIIᵉ siècle à nos jours, n'ont en fait guère évolué. Fidèles aux modes du moment autant qu'aux références à une égypto-

11. Les tableaux avec des éléments à l'égyptienne demeurent rares aussi bien chez Fragonard (par exemple *Les Lavandières*, vers 1766, cat. vente hôtel Drouot, Labat, 6 décembre 1984, n° D, ou le tableau de même nom conservé au musée de Picardie, à Amiens et attribué également à Robert) que chez Saint-Non (par exemple *Le Grand Escalier*, cat. vente Drouot, Ader-Picard-Tajan, 14 juin 1983, n° 11).
12. Kansas City, Nelson-Atkins Museum of Art ; *cf. Gazette des Beaux-Arts*, n° 1394, mars 1985, la « Chronique des Arts », p. 37, n° 209.
13. 1766-1771. Bibliothèque de l'École des beaux-arts, Paris (Inv. n° 22706, t. 64) ; *cf.* cat. exp. Paris, 1979, n° 85. Le magistrat Caius Cestius, mort en 12 avant J.-C., s'était fait construire une pyramide couverte de marbre à la forme élancée caractéristique, qui sera souvent copiée dès le XVIᵉ siècle (Rome, à côté de la porte Saint-Paul).
14. Vers 1860 ; *cf.* Massin, 1967, t. 1, n° 204 ; « Victor Hugo visionnaire », *Connaissance des Arts*, n° 355, septembre 1981.
15. *The Diary of B.R. Haydon*, éd. William B. Pope, Cambridge, Mass., 1960, vol. 3, pp. 12, 43, 55, 59, cité *in* cat. exp. Brighton/Manchester, 1983, p. 80, note 23 ; *cf.* aussi French, 1958, pp. 148-152.
16. *Hermès gravant sur les colonnes les éléments des sciences*, par Charles-Nicolas Cochin, 1780 ; *cf.* les éditions successives d'*Émile ou De l'éducation* de Jean-Jacques Rousseau (1762), livre 3ᵉ gravé par Prévost et Helman.
17. Jules Chevrier, *Chabas et le Sphinx*, 1858 (Chalon-sur-Saône, musée Denon).
18. *Débarquement de Cléopâtre à Tarse*, vers 1750.
19. *L'Égyptomanie à l'épreuve de l'archéologie*, Paris, musée du Louvre, 8-9 avril 1994, à paraître.

manie antérieure, ils se contentent le plus souvent d'adapter le spectaculaire aux goûts – parfois discutables – du public.

À l'issue d'un tel panorama, aussi rapide qu'incomplet, il ne faudrait surtout pas se contenter de réduire l'étude de l'égyptomanie à une simple évolution stylistique chronologique, ou encore à sa simple comparaison avec ses sources archéologiques, objet d'un prochain colloque international qui permettra d'étudier notamment les degrés d'adaptation des formes antiques[20]. En effet, en dehors des choix imposés par les techniques choisies, l'artiste empruntant à l'Égypte des thèmes décoratifs pour les réutiliser dans un tout autre esprit, poursuit un but personnel et plie plus ou moins consciemment son expression artistique à l'utilisation qu'il va en faire, de façon qu'ils s'adaptent à l'environnement psychologique et esthétique de son temps. Mais il doit également tenir compte des symboles que véhicule l'Égypte ancienne à travers son architecture, sa sculpture, sa peinture, sa religion, tels qu'ils sont connus et perçus à une époque donnée et qui n'ont, bien sûr, le plus souvent plus rien à voir avec ceux qui étaient les siens dans l'Antiquité.

Symbole de l'art et du modèle architectural, l'Égypte nous a légué des formes simples et rigoureuses qui, déjà appréciées dans les siècles passés, restent parfaitement adaptées à l'art contemporain qui en fait grand usage. L'Égypte devient de ce fait souvent un symbole de l'Antiquité en général, en même temps que celui d'un certain achèvement dans le domaine des arts, des sciences et du savoir, repris dans les décors d'écoles, de musées et d'expositions. L'Égypte symbolise aussi la justice, la sagesse, la loi et l'ordre, et il est intéressant de voir l'usage qui en est fait au XIXe siècle dans l'architecture des palais de justice et des prisons. De par son architecture funéraire caractéristique, elle a été très tôt également le symbole de la mort, en même temps que de la vie éternelle. Quasiment sans interruption depuis l'époque romaine, les formes égyptiennes ont été assimilées par l'architecture funéraire, tandis que la mort même est très souvent présente au XIXe siècle dans la peinture : la momie, notamment, constitue l'un des thèmes les plus directement et immédiatement associés à l'Égypte. Ce pays, qui représente aussi la puissance militaire, la cruauté et le despotisme, reste essentiellement le symbole de la douceur de vivre, de la beauté et de l'amour, où les femmes sont belles et sensuelles. Le mystère des hiéroglyphes et de sciences cachées au profane est également devenu l'un des symboles de l'Égypte, pris en compte par la franc-maçonnerie, les rose-croix, l'ésotérisme et les sciences occultes en général. L'Égypte, enfin, est aussi représentative d'un véritable exotisme qui ne constitue que l'une des composantes de l'égyptomanie. En fait, on se rend compte que si certains symboles issus de l'Égypte sont déjà présents à la fin du XVIIIe siècle, un grand nombre naissent au XIXe siècle, à une époque où le pays et son histoire commencent à être mieux connus. Tous ces symboles sont le plus souvent repris par l'égyptomanie, mais celle-ci véhicule aussi les siens propres, liés aux créations concernées.

La part de l'Égypte dans l'égyptomanie est donc plus complexe qu'il n'y paraît de prime abord, car elle fournit à la fois les modèles, les thèmes et une partie des symboles. Et, si les découvertes archéologiques et les immenses progrès de l'égyptologie ont permis de mieux connaître l'Égypte ancienne, ils n'ont jamais réussi à effacer toute l'aura de mystère et de rêve héritée des siècles passés. Or, plus encore que sur la beauté et l'originalité de l'art égyptien, c'est sur cet irrationnel que s'est bâtie l'égyptomanie. Car tout objet égyptisant a toujours au moins une assise autre qu'égyptienne, qu'elle soit religieuse, ésotérique, politique ou commerciale. En réutilisant des thèmes et des symboles antiques, l'égyptomanie les a habillés d'une signification nouvelle, permettant au public de toujours la percevoir comme une création contemporaine. C'est ainsi qu'on la reliera notamment, suivant les époques, à l'idéologie révolutionnaire, à la campagne d'Égypte, puis au mythe de Napoléon, lui ouvrant ainsi la route de nombreuses lectures parallèles. Elle est enfin liée à des concepts plus généraux de solidité, de rêve, de beauté, de mystère, de peur ou de rire : l'étonnante croissance du nombre d'utilisations de thèmes égyptiens au fil des décennies confirme à quel point ils sont présents et profondément ancrés dans la mémoire collective occidentale.

L'égyptomanie a souvent été réduite à la période du début du XIXe siècle dite « Retour d'Égypte », ou encore considérée comme l'expression de moments privilégiés et fugaces (l'ouverture du canal de Suez, la découverte de la tombe de Toutankhamon). En fait, elle est de toutes les époques, de tous les genres et reste totalement omniprésente : dans l'Antiquité même, à l'époque romaine, puis de la Renaissance au postmodernisme. Particulièrement sensible à l'évolution des styles et des modes, l'égyptomanie se mêle volontiers à l'art du moment et n'est pas forcément sensible aux apports des découvertes archéologiques ni aux développements de l'égyptologie : c'est qu'elle développe parallèlement une vie propre nourrie de mythes, de symboles, de connotations et de rêves ancestraux. Ni la Chine, le Japon, l'Inde ou l'Assyrie, ni dans un autre registre la Grèce, Rome ou les Étrusques, ni encore les styles gothique ou Renaissance n'ont été porteurs de messages comparables. Loin de la simple imitation, l'égyptomanie rejoint l'opposition imitation/assimilation, abondamment étudiée de Quatremère de Quincy à Gombrich. Alors que l'imitation est, parfois, le contraire de la création, on s'aperçoit que, dans le cas d'une réalisation égyptisante, on ne se trouve jamais en présence d'un décor sans âme plaqué sur une forme stérile : la puissance d'évocation de l'Égypte ancienne est toujours augmentée de celle liée aux relectures égyptisantes qui se sont nourries d'apports multiples au cours des siècles. Seule une approche résolument pluridisciplinaire de l'égyptomanie peut donc permettre de mieux comprendre les tenants et les aboutissants d'un phénomène dont la complexité se trouve augmentée en raison de son exceptionnelle durée ; on ne peut, de fait, séparer aucune de ses composantes, qu'elles soient archéologiques, artistiques, sociales, culturelles, historiques, philosophiques, psychologiques, ésotériques, économiques ou même politiques.

Il ne nous appartient pas de porter un jugement de valeur sur les qualités esthétiques de l'égyptomanie, encore moins sur son existence même, mais simplement d'établir un constat le plus impartial possible. Toutefois, en étudiant ses manifestations, il est impossible de ne pas admettre qu'un mouvement d'une telle ampleur n'aurait jamais pu exister sans des motivations solides et profondes. L'égyptomanie, restée longtemps quasiment ignorée des chercheurs, est en effet loin de constituer un phénomène marginal de l'histoire de l'art : le nombre et la variété des bâtiments et des objets touchés sont immenses, et chaque jour apporte de nouveaux éléments – jusqu'alors ignorés car appartenant le plus souvent au domaine privé – au corpus en cours d'élaboration. Quelques rares égyptologues rejettent l'égyptomanie, trouvant ces genres de décors incongrus, presque sacrilèges. C'est oublier que ces adaptations sont nées spontanément du goût pour l'Égypte, qu'elles ont bien sûr bénéficié du succès qu'a toujours connu cette civilisation, mais qu'en retour elles ont participé à sa reconnaissance ; celle-ci, rejaillissant sur l'archéologie égyptienne et sur les égyptologues eux-mêmes, a contribué à placer cette science au rang des plus populaires.

Le but de la présente exposition est donc de proposer un échantillonnage représentatif permettant de découvrir et de comprendre à la fois l'évolution stylistique des « emprunts » à l'art égyptien, par référence à des originaux antiques ou à des manifestations antérieures d'égyptomanie, ainsi que la durée et la permanence du phénomène. L'organisation à la fois chronologique et géographique était de ce fait la seule envisageable : une dissociation au profit de rapprochements esthétiques aurait vite rendu totalement incompréhensible un mouvement qui s'appuie essentiellement sur des formes antérieures et sur l'évolution de la mode. Une abondante iconographie vient confirmer l'étroite relation qui lie ce mouvement à ses formes d'accueil, dont il intègre souvent les composantes les plus originales tout en les mariant à l'art égyptien. Des secteurs thématiques – Denon, l'opéra, Cléopâtre – apportent un éclairage complémentaire à un phénomène qui embrasse tous les domaines de l'histoire de l'art et des mentalités. Une présentation résolument novatrice permet par ailleurs de distinguer sans hésitation les objets égyptisants des œuvres antiques servant de références. Les relations de thèmes, de formes, de couleurs et de sources, mises en valeur par des rapprochements muséographiques, sont suffisamment fortes pour émerger d'elles-mêmes et permettre au visiteur de construire sa propre grammaire stylistique tout en prenant en compte des évolutions locales fort variables.

Par-delà les siècles, l'égyptomanie garde aujourd'hui une force et une vitalité étonnantes. Il y a à cela plusieurs raisons. Elle utilise, copie, repense et recrée les formes empruntées à l'Antiquité égyptienne, qui constituent par leur beauté et leur originalité une des raisons essentielles de son succès. Ce faisant, elle est plus que l'expression d'une mode, plus aussi que la simple expression d'un exotisme. Mais sa plus grande force vient de la puissance d'évocation qui se dégage de toutes ses manifestations. Nourrie des symboles que l'on lie à l'Antiquité égyptienne, et qui sont sans rapport avec ceux qui étaient les siens dans l'Antiquité, elle a su perdurer en offrant, suivant les époques, des lectures différentes de ces formes héritées du passé. Car, plus que jamais, il faut décrypter, derrière son aspect attrayant, les sens cachés qu'elle porte en elle. S'appuyant à la fois sur la connaissance scientifique de l'Égypte, sur l'image qu'ont transmise d'elle voyageurs et écrivains, ainsi que sur l'imaginaire, sur les mythes et les symboles qui en sont issus, l'égyptomanie reste toujours étroitement liée à l'actualité politique, artistique et culturelle du moment : ce n'est pas là le moindre des éléments qui font d'elle un phénomène unique dans l'histoire de l'art. Avec cette exposition, elle affirme avec une force croissante son identité et achève enfin de conquérir une autonomie de fait.

Jean-Marcel Humbert
Conservateur au musée du Louvre

Avertissement

Parfois, les œuvres égyptisantes sont si proches des modèles pharaoniques qu'il devient difficile de distinguer l'original de l'interprétation. Par souci de clarté, nous avons choisi de signaler les œuvres antiques, même si elles n'ont pas toutes été réalisées sur les rives du Nil : le lecteur les identifiera grâce au signe hiéroglyphique qui s'inscrit en filigrane sur le titre de certaines notices.

Auteurs des notices du catalogue :

J. E. **Jean Estève**
Inspecteur principal
du Mobilier national

J.-J. G. **Jean-Jacques Gautier**
Technicien d'art
au Mobilier national

J.-M. H. **Jean-Marcel Humbert**
Conservateur au musée du Louvre
Service culturel

G. M. **Gérard Mabille**
Conservateur en chef au musée du Louvre
département des Objets d'art

M. P. **Michael Pantazzi**
Conservateur au Musée des beaux-arts
du Canada

J.-P. S. **Jean-Pierre Samoyault**
Conservateur général, chargé du Musée
national du château de Fontainebleau

N. W. **Nicole Wild**
Conservateur en chef à la Bibliothèque -
Musée de l'Opéra de Paris

C. Z. **Christiane Ziegler**
Conservateur en chef au musée du Louvre
chargée du département des Antiquités égyptiennes

Préambule

Moïse sauvé des eaux

Manufacture des Gobelins
Jans fils,
d'après un carton d'Antoine Paillet (1626-1701),
d'après le tableau de Nicolas Poussin (1594-1665)
Tapisserie
Vers 1685-1689
H. : 3,35 m ; L. : 4,95 m
Paris, musée du Louvre,
département des Objets d'art
Inv. OA 5705

Historique :
Château de Fontainebleau, en 1789 ;
Mobilier national, avant 1900.

Exposée à Ottawa

Au moment de mourir, en 1590, le pape Sixte V pouvait contempler Rome avec une certaine satisfaction. Pendant la courte durée de son pontificat, commencé cinq ans auparavant, son vaste projet de rénovation urbaine, avec ses nouvelles avenues reliant les principales basiliques de la ville, en avait à jamais changé l'apparence. L'aspect le plus étonnant de ce plan concernait l'érection sur les sites de Saint-Pierre, du Latran, de Santa Maria del Popolo et de Santa Maria Maggiore, près de l'entrée de la villa papale, de quatre obélisques égyptiens qui avaient autrefois décoré la Rome impériale. Entre 1586 et 1589, l'architecte favori du pape, Domenico Fontana, avait déplacé et dressé ces obélisques au rythme d'un par an, une prouesse technique sans équivalent à Rome depuis le travail des architectes qui avaient érigé certains de ces mêmes obélisques en l'honneur des conquêtes d'Auguste en Égypte[1]. Sixte V avait également envisagé tour à tour deux autres grands obélisques pour un cinquième site, l'église Santa Maria degli Angeli, et plusieurs projets – qui ne furent cependant pas menés à bien – avaient prévu d'en placer de plus petits dans des lieux de moindre importance[2].

Depuis le début du XVIᵉ siècle, il y avait eu à Rome des préfigurations de tels aménagements, plus modestes certes, mais significatives. Dès 1519 par exemple, on avait recommandé d'exhumer l'obélisque dressé plus tard à Santa Maria Maggiore, peut-être dans l'intention de l'installer sur la Piazza del Popolo et, en 1567, le cardinal Ricci proposa de placer ce même obélisque, désormais consacré à la Sainte Trinité, à l'entrée de sa propre villa[3]. Le cardinal Ferdinand de Médicis, le nouveau propriétaire de la villa, dota ses jardins d'un obélisque plus petit, trouvé sur le site des sanctuaires d'Isis et de Sérapis à Rome, près du Panthéon. Vers 1555, un petit obélisque de Ramsès II provenant du même site fut érigé sur la Piazza San Macuto[4], tandis que son pendant – dont la première référence moderne date de 1407 –,

après avoir été transporté au couvent de Santa Maria d'Aracoeli, fut à nouveau déplacé en 1582 et érigé dans les jardins de la villa Mattei. Riches en sculptures égyptiennes et égyptisantes, les sanctuaires livrèrent, au cours des années, les lions de Nectanébo Iᵉʳ – qui demeurèrent devant le Panthéon jusqu'en 1586 –, quatre autres obélisques, les deux statues du Nil, de nombreux sphinx, des fragments de colonnes, des statues et, très probablement, le plus mystérieux de tous les objets égyptisants, la Table isiaque (cat. 13). L'église San Stefano del Cacco, construite pratiquement sur le site du temple d'Isis, tenait son nom du cynocéphale égyptien installé à proximité[5]. En 1435, les deux lions égyptiens y furent transportés et y restèrent jusqu'en 1564, date à laquelle un emplacement plus en vue leur fut trouvé, au pied des escaliers du Capitole. Les fouilles de l'Iseum mirent au jour de nouvelles pièces égyptiennes et, en 1883, on découvrit à proximité, dans la via Beato Angelico, un autre obélisque, deux cynocéphales, deux sphinx, un crocodile et une colonne décorée de prêtres isiaques[6]. D'autres secteurs de Rome se sont révélés aussi riches en vestiges égyptiens : notamment le Champ de Mars et le Circus Maximus – où furent exhumés plusieurs grands obélisques –, les jardins de Salluste et les Horti Variani, où l'on trouva les restes d'un autre cirque et l'obélisque dit Barberini.

Exorcisés, consacrés et surmontés des croix proclamant le triomphe de la « vraie » Église sur l'Antiquité païenne, les quatre obélisques de Sixte V ont été célébrés dans des gravures, des publications (en particulier dans la discussion de Michele Mercati, *De gli obelischi di Roma*, en 1589 et l'année suivante dans le propre récit de Fontana, splendidement illustré, *Della trasportatione dell'obelisco Vaticano*), dans les fresques du Salone Sistino de la Bibliothèque vaticane et dans les décorations, aujourd'hui démantelées, de la Salla Grande du Palazzo alle Terme, résidence officielle de la famille du pape. Partie intégrante du nouveau profil de Rome, ils devinrent, avec la pyramide de Caius Cestius, autant d'éléments du répertoire classique d'antiquités, et les peintres des XVIIᵉ et XVIIIᵉ siècles les firent souvent figurer dans leurs tableaux.

Par ailleurs, les inscriptions portées par ces formidables monolithes, qui avaient traversé le temps mais dont la signification n'était plus compréhensible, suscitèrent des tentatives de décodage, premiers balbutiements d'une égyptologie dont la principale préoccupation était alors de déchiffrer les hiéroglyphes. De plus en plus à partir du début du XVIIᵉ siècle, des inscriptions provenant de monuments et de sculptures égyptiens furent copiées, discutées, comparées, théorisées et interprétées à la lumière de toutes les connaissances apprises dans des sources allant de la littérature humaniste aux manuscrits coptes, ainsi qu'à la lumière de toute nouvelle découverte, qu'il s'agisse par exemple d'écriture mexicaine ancienne ou d'idéogrammes chinois.

En 1630, le cardinal Francesco Barberini, neveu du pape Urbain VIII, acheta un obélisque dont on sait aujourd'hui qu'il avait été dédié par l'empereur Hadrien à Antinoüs, son favori déifié[7]. En 1632, des relevés détaillés du monument furent dessinés et Athanasius Kircher – un professeur allemand de langues orientales nouvellement arrivé d'un collège jésuite d'Avignon –, se vit confier l'interprétation des inscriptions. Les Barberini avaient également acheté en 1629 à la famille Colonna la principauté de Palestrina non loin de Rome, sur laquelle se trouvait le site d'un temple de la Fortune où fut découverte une mosaïque ancienne tardive à sujets nilotiques. Tenue pour égyptienne, cette dernière éveilla un grand intérêt et fut transportée à Rome au palais Barberini où elle rejoignit d'autres antiquités égyptiennes, dont une statue d'Horus aujourd'hui à la Glyptothèque de Munich et une stèle, toujours en place dans les jardins. Le cercle autour du cardinal Francesco comptait des savants versés dans l'étude approfondie de l'imagerie antique ainsi que dans les sciences naturelles, les mathématiques, la théologie et l'astrologie. Cassiano dal Pozzo, son secrétaire, travaillait à la constitution de son célèbre *Museo cartaceo* – le « musée des papiers » – vaste collection de dessins commentés de tout ce qui concernait la culture matérielle du monde antique y compris l'Égypte[8]. Grâce à certains jésuites ayant voyagé en Afrique et à sa correspondance avec des savants étrangers, tels que Nicolas Fabri de Peiresc – antiquaire et érudit provençal qui avait rassemblé un nombre important de pièces égyptiennes –, son réseau d'information était considérable[9]. Kircher, recommandé au cardinal Francesco par Peiresc, se lança dans une étude de l'Égypte pharaonique qui allait durer jusqu'à sa mort et faire de lui le grand spécialiste de son époque, mais son ambition principale de déchiffrer les hiéroglyphes échoua. Il en resta toutefois un fonds d'objets égyptiens conservés dans

Fig. 1. *Moïse sauvé des eaux*
Nicolas de Largillière,
huile sur toile, 1728
Paris, musée du Louvre,
département des Peintures.

son Museo Kircheriano à Rome[10] – mais qui furent dispersés par la suite – et un grand nombre de publications sur le sujet, d'ailleurs inégales quant à leur intérêt. Les premières illustrations d'objets égyptiens furent principalement le fruit de relations entre des amateurs enthousiastes[11]. Par exemple, le peintre Rubens envoya en 1626 à Peiresc un dessin détaillé[12] d'un sarcophage avec momie provenant de sa collection d'Anvers, et la reproduction d'une statue égyptienne découverte à Barcelone, fut envoyée à Kircher qui le publia en 1660[13].

L'intégration de cette connaissance spéculative, souvent complexe, dans le vocabulaire visuel des artistes du XVIIe siècle fut lente. Quand le Bernin reçut du pape Innocent X Pamphili la commande d'un obélisque destiné à être placé devant le palais Pamphili Piazza Navone, il dessina la splendide fontaine des Quatre-Fleuves, qui fut inaugurée le 12 juin 1651. Auparavant toutefois, il avait dessiné un projet pour l'installation de l'obélisque Barberini sur le dos d'un éléphant de pierre. L'idée se fondait sur une illustration célèbre de 1499, l'*Hypnerotomachia Poliphili* de Francesco Colonna, lui aussi seigneur de Palestrina, dont l'ouvrage a peut-être été celui qui a le plus tiré parti de la nature allégorique et énigmatique des hiéroglyphes[14]. Le projet ne fut pas réalisé mais le Bernin en fit une adaptation pour un petit obélisque érigé en 1667 Piazza della Minerva par le pape Alexandre VII Chigi, autre amateur d'antiquités égyptiennes qui le premier attira l'attention de Kircher sur la statue de Neshor (cat. 4) qu'il avait remarquée en 1639 à Rignano[15]. Une des inscriptions sur la base de l'obélisque de

Minerve expliquait que de même que le puissant éléphant soutient l'obélisque égyptien, symbole de connaissance, il faut un esprit robuste pour soutenir un savoir solide. Le dessin du Bernin eut des répercussions à travers toute l'Europe : à la fin du XVIIe siècle, Nikodemus Tessin proposa pour l'entrée du palais royal de Stockholm deux éléphants semblables avec des obélisques et une inscription similaires[16].

En peinture, Nicolas Poussin a sans doute été le premier à exprimer le besoin d'une synthèse de l'information connue sur le passé. À son arrivée à Rome, en 1624, il fut introduit auprès du cardinal Francesco Barberini, son premier protecteur important, et auprès de Cassiano dal Pozzo qui devint un ami fidèle et acquit un grand nombre de ses œuvres. La somme des connaissances nécessaires à un artiste pour recréer un environnement antique sur la base des observations archéologiques n'aurait pas pu être mieux servie qu'au sein du cercle Barberini. On ne peut pas affirmer que Poussin a produit des dessins pour le *Museo cartaceo*, mais il en a certainement utilisé la documentation pour ses peintures : une feuille conservée à la Biblioteca Reale de Turin par exemple, représente des antiquités copiées d'après des dessins du musée, parmi lesquelles figurent deux sistres égyptiens[17]. Avec justesse, Poussin a utilisé une imagerie égyptienne pour son traitement de l'histoire de Moïse – son thème biblique favori –, pour la *Fuite en Égypte* et, occasionnellement, dans d'autres sujets tels que *La Peste d'Azoth* et le *Paysage avec saint Jean à Patmos*[18]. Des obélisques, des pyramides, des lions égyptiens et des statues du Nil figurent également dans des peintures d'émules et de contemporains de Poussin, et certaines de celles-ci paraissent clairement avoir été conçues pour un public érudit. On est tenté d'inclure dans cette catégorie des allégories[19] et les vues de ruines attribuées à Jean Lemaire ou le remarquable *Moïse sauvé des eaux* (Fig. 2) attribué à Charles-Alphonse Dufresnoy (1611-1668). Cette dernière œuvre a dû être peinte pour un mécène particulier puisqu'on y voit, avec les références égyptiennes classiques, des serpents mythiques égyptiens ailés, une chasse à l'hippopotame, une transcription reconnaissable de l'obélisque du Latran et un palais égyptien imaginaire (ou un temple) décoré des deux Antinoüs en pied copiés d'après ceux de la villa d'Hadrien à Tivoli.

Le document le plus révélateur sur la façon dont Poussin appréhendait le monde antique est une lettre qu'il écrivit le 25 novembre 1658 à son protecteur, Paul Fréart de Chantelou, à propos d'une *Sainte Famille en Égypte*[20] livrée cette année-là. Cette œuvre avait été commandée en 1655 pour Mme de Montmort – future femme de Chantelou –, qui en avait aussi choisi le sujet. Commencée vers la fin de l'année 1655 et terminée en décembre 1657, la scène (que Poussin appelait la « Vierge égyptienne ») est située dans un paysage classique avec obélisques, bâtiments qui font allusion à l'Égypte et ibis, les oiseaux sacrés. Au premier plan, la Sainte Famille est servie par trois personnages au teint plus sombre qui leur offrent des dattes, fruits d'Égypte, tandis qu'à l'arrière-plan, en contraste avec la scène chrétienne, des prêtres de Sérapis ou d'Osiris en procession portent une arche. Dans sa lettre, Poussin disait : « Voici ce que c'est. Une procession de prestres testes rases couronnées de ver-

dure vestus à leur mode avec tambourins flustes trompettes et espervier sur des bâtons. Ceux qui sont dessous le porche portent le coffre nommé Soro Apin ou estoient enfermés les reliques et ossemens de Soro Apin leur dieu au temple duquel ils s'acheminent. Le demourant qui parest derrière cette fame vestue de jaune n'est autre qu'une fabrique faitte pour la retraitte de l'oiseau Ibin qui est là représenté... tout cela n'est point fait ainsi pour me l'estre imaginé mais le tout est tiré de ce fameus temple de la fortune de palestrine le pavé duquel estoit fait de fine Mosaïque et en icelui dépainte au vrai l'istoire naturelle et morale d'Egipte et d'Etiopie et de bonne main. Jei mis en ce tableau toutes choses là pour délecter par la nouveauté et variété et pour montrer que la Vierge qui est là représentée est en Egipte[21]. »

Poussin connaissait cette mosaïque, soit d'après l'original, soit d'après l'un des dessins qui en avaient été faits, dont une série pour Cassiano dal Pozzo. Comme l'a montré Charles Dempsey dans son essai sur les sources égyptiennes de Poussin, sa description des personnages comme prêtres de Sérapis est une affaire en réalité plus complexe[22]. L'interprétation de la mosaïque qu'à donnée Kircher ne fut publiée qu'en 1669 et, en tout état de cause, il n'y voyait aucun lien avec Sérapis. Toutefois, la description faite par Federico Cesi des dessins appartenant à Cassiano a été citée dans les *Praeneste antiquae* (1655) de Joseph Maria Suarès et, bien que Cesi n'ait pas spécifiquement identifié les personnages du groupe comme étant des prêtres, il mentionne le nom de Sérapis dans le contexte du sanctuaire de Palestrina[23]. Sheila McTighe a attiré l'atten-

Fig. 2. *Moïse sauvé des eaux*
Huile sur toile
attribuée à
Charles-Alphonse Dufresnoy
Londres, collection particulière.

Fig. 3. *Moïse sauvé des eaux*
Nicolas Poussin, huile sur toile, 1647
Paris, musée du Louvre, département des Peintures.

tion sur le fait qu'un détail de la mosaïque de Palestrina fait partie du tardif *Paysage aux deux nymphes*[24], tandis que le motif d'une chasse à l'hippopotame, qui pourrait être réinterprété en termes théologiques chrétiens, figure à l'arrière-plan du *Moïse sauvé des eaux* (Fig. 3 et 4) peint par Poussin en 1647 pour le banquier Jean Pointel[25]. Dans cette dernière œuvre, aujourd'hui au Louvre, l'essai de recréation d'un environnement égyptien convaincant est particulièrement ambitieux. Les palmiers, les obélisques, les pyramides, à peine plus grandes que celle de Caius Cestius, la figure du Nil penchée le long d'un sphinx rappelant ceux de la villa Borghèse (cat. 33-34), la chasse dans le lointain, le sistre censé indiquer que les femmes sont des prêtresses d'Isis, sont autant de moyens originaux de restituer l'« histoire naturelle et morale » du lieu.

Dès 1641, Chantelou avait proposé plusieurs projets de tapisseries à partir des plus célèbres sujets bibliques de Poussin, en premier les *Sept Sacrements*, puis plus tard l'*Histoire de Moïse*, mais aucun ne fut réalisé du vivant de l'artiste. En 1683, après que Louis XIV eut acquis deux des peintures de Poussin dérivées de l'histoire de Moïse, le dernier projet de Chantelou, antérieur de vingt ans, fut mis en route et deux tapisseries furent commandées à la manufacture des Gobelins[26]. Tel qu'il fut finalement exécuté, l'ensemble complet de tapisseries comprenait dix sujets, huit d'après des peintures de Poussin et deux d'après des compositions de Charles Le Brun. Cet ensemble connut un réel succès qui entraîna la commande aux Gobelins de six autres tapisseries entre 1683 et 1711.

Cette tapisserie appartenait au second ensemble, commencé vers 1685 et terminé en 1689 par Lefevre et Jans fils pour Louis XIV. Il différait du premier par l'une des compositions, divisée en deux et tissée en deux sections séparées, portant ainsi à onze le nombre de pièces. Inévitablement, des modifications se produisirent quand elles furent transférées au format de la tapisserie. Dans le cas de *Moïse sauvé des eaux*, la composition de Poussin s'avéra trop large. Dans le carton d'Antoine Paillet, elle fut réduite des deux côtés et la figure du Nil carrément supprimée. L'ensemble est décrit dans l'Inventaire de la Couronne sous le numéro 99 comme « une autre tenture de tapisserie, de laine et de soie, rehaussée d'or, pareille fabrique, manufacture et dessein que la précédente, représentant aussy l'*Histoire de Moyse*, dans une bordure, par les costez, d'un feston de fleurs, fruits et raisins de soye au naturel, entourez de grandes feuilles en forme de panaches couleur de bronze rehaussé d'or ; par les milieux, les chiffres du Roy couronnez sur un fonds bleu, dans un cartouche fonds blanc ; aux coins, quatre grandes fleurs de lis fleuronnées rehaussées d'or[27]... » En 1789, elle se trouvait à Fontainebleau « chez les princesses », c'est-à-dire dans l'appartement des filles de Louis XV, mais seules huit des onze tapisseries étaient au mur.

Michael Pantazzi

Conservateur
au Musée des beaux-arts
du Canada

Fig. 4. *Moïse sauvé des eaux*
Gravure au trait du tableau de Nicolas Poussin, 1647, par Charles Lenormand
Ottawa, Musée des beaux-arts du Canada.

1. Pour les obélisques de Rome, *cf.* D'Onofrio, 1967 ; Iversen, 1968, t. I ; Roullet, 1972, n°s 68-93.
2. Il s'agissait de l'obélisque de Psammétique II, dressé Piazza Montecitorio en 1792 et de l'imitation romaine dite « obélisque de Salluste », installée en 1789 devant la Trinité des Monts.
3. *Cf.* Tiradritti, 1991, pp. 433-439.
4. Cet obélisque demeura au même endroit jusqu'en 1711, date à laquelle le pape Clément XI le déplaça non loin de là, devant le Panthéon.
5. Déménagé en 1562 au musée du Capitole et transféré en 1838 au musée du Vatican. *Cf.* Botti et Romanelli, 1951, n° 181 et Pietrangeli, note p. 141.
6. Pour ces fouilles et celles de 1858-1859, *cf.* Lanciani, 1883 ; Lanciani, 1897, pp. 500-502 et Nota, 1991, pp. 283-287.
7. Trouvé brisé en trois morceaux au XVIe siècle, près de la Porta Maggiore, cet obélisque fut entièrement exhumé en 1570. Après son achat par les Barberini, il resta sur le sol devant le palais et fut gravé ainsi par Piranèse. Au XVIIIe siècle, le président de Brosses et cinq de ses amis bourguignons offrirent de le dresser à leurs frais devant Saint-Louis des Français mais le projet n'aboutit pas. En 1773, Cornelia Barberini en fit don au pape Clément XIV, mais l'obélisque ne fut finalement installé sur le Pincio qu'en 1822.
8. Pour dal Pozzo, *cf. Cassiano dal Pozzo*, actes du Colloque de l'université de Naples, Naples, 1987 ; Herklotz, *in* Cropper, 1992, pp. 81-107 et *The Paper Museum of Cassiano dal Pozzo*, 1993, avec bibliographie.
9. Pour Peiresc, *cf.* Aufrère, 1990, avec références bibliographiques.
10. Pour Kircher *cf.* Reilly, 1974 et Godwin, 1979 ; pour son interprétation des hiéroglyphes, *cf.* Allen, vol. 104, 1960, pp. 524-547 et Iversen, 1961, pp. 92-99 ; pour une description récente du Museo Kircheriano, *cf.* Leospo, 1991, pp. 269-275.
11. *Cf.* Whitehouse, 1992, pp. 63-79.
12. Il est aujourd'hui conservé à Paris, à la Bibliothèque nationale.
13. *Cf.* Padro, 1991, pp. 301-306.
14. *Cf.* Calvesi, 1990, actes du congrès *Innocenzo X Pamphili. Artisti e committenza a Roma nell'età barocca*, pp. 17-25.
15. *Cf.* Whitehouse, 1992, p. 78. On remarquera qu'Alexandre VII a aussi restauré la pyramide de Caius Cestius, qu'il proposa néanmoins de transformer en église. *Cf.* Fagiolo dell'Arco, 1977, pp. 210-217.
16. Voir le dessin de Hans Georg Müller d'après l'idée de Tessin *in* Magnusson, 1980, p. 149.
17. *Cf.* Friedländer et Blunt, vol. V, 1974, p. 327.
18. Ces deux œuvres se trouvent aujourd'hui, respectivement au musée du Louvre et au Chicago Art Institute.
19. Par exemple, le dessin de *Memnon* gravé, retravaillé et publié deux fois au XVIIe siècle, avant 1638 et en 1655, et gravé la seconde fois par un autre artiste du cercle Barberini, Cornelis Bloemaert ; *cf.* McAllister Johnson, 1968, n° 1195, repr. p. 185.
20. Ce tableau se trouve aujourd'hui au musée de l'Ermitage, à Saint-Pétersbourg.
21. *Cf.* Jouanny, éd., 1911, pp. 448-449 ; pour une version de la lettre en français moderne, *cf. Lettres de Poussin*, avec une introduction de Pierre du Colombier, Paris, 1929, pp. 299-300.
22. *Cf.* Dempsey, 1963, pp. 110-111.
23. *Ibid.*, p. 110.
24. Conservé au musée Condé de Chantilly.
25. Pour cette question et pour une discussion approfondie sur l'utilisation et l'interprétation de l'imagerie de la mosaïque de Palestrina par Poussin, *cf.* McTighe, 1987, pp. 217-240.
26. *Cf.* Weigert, 1950, pp. 83-84.
27. *Cf.* Fenaille, 1903, p. 191.

Expositions :
Paris, 1940, n° 81.

Bibliographie sommaire :
Fenaille, 1903, pp. 186-188, 191-192, ill. ; Weigert, 1950, pp. 82-85, ill. pl. 66.

Le voyage d'Italie

En 1710, des ouvriers trouvèrent dans le vignoble de Leone Verospi Vitelleschi à Rome cinq statues égyptiennes dont la plus grande – haute de trois mètres –, se révéla être la seule représentation connue à l'époque moderne de la reine Touia, femme de Séthi Ier et mère de Ramsès II[1]. Trois autres, moins anciennes, représentaient Ptolémée II Philadelphe, sa femme Arsinoé et une princesse non identifiée. La cinquième, dont on sait d'après des documents qu'il s'agissait d'un torse endommagé, a disparu après 1714[2]. Ce vignoble occupait un site où Salluste avait créé un jardin vers l'an 40 avant notre ère et sur lequel, par la suite, l'empereur Hadrien – ou Aurélien – construisit un pavillon égyptien. L'endroit était riche en vestiges anciens : avant 1550 il avait livré un grand obélisque – aujourd'hui identifié comme étant d'époque romaine –, qui attira un moment l'attention du pape Sixte V, mais ne fut pas exhumé. En 1706, l'architecte Carlo Fontana proposa à Clément XI Albani de l'ériger dans une niche sur le site de la fontaine de Trevi mais le pape était alors occupé par d'autres projets concernant un obélisque qui fut inauguré en 1711 devant le Panthéon.

Ce groupe de sculptures égyptiennes, la plus importante découverte de ce type à Rome, suscita l'intérêt du pape qui les acheta toutes les cinq au marchand d'antiquités Francesco de Ficorini et en fit immédiatement don au peuple de la ville afin qu'elles soient exposées au Capitole. Peu après, elles furent transportées au Palazzo Nuovo – plus communément appelé musée du Capitole – et, en 1715, leur restauration fut confiée à Francesco Moratti. Des dessins très précis de Moratti montrant les quatre sculptures (la cinquième ayant, rappelons-le, disparu entre-temps) avant et après intervention, permettent de se faire une bonne idée de

Fig. 1. *Statues égyptiennes du portique de la villa Albani*
Dessin de Charles Percier ; Paris, bibliothèque de l'Institut.

son travail, ainsi que des documents de 1715 qui mentionnent l'achat de blocs de travertin pour servir de socles et de deux variétés de granite pour les restaurations elles-mêmes[3]. Au même moment, le 15 février 1715, les conservateurs de la ville de Rome commandèrent à l'architecte Alessandro Specchi, en charge du Capitole, un plan pour l'installation des sculptures.

Le projet initial de Specchi prévoyait de placer les quatre statues au rez-de-chaussée du portique du Palazzo Nuovo, faisant remarquer que si cela s'avérait nécessaire, elles pourraient être déménagées dans le salon, au premier étage. S'il avait vu le jour, ce projet aurait abouti à la première installation d'œuvres égyptiennes dans la Rome moderne et préfiguré le petit musée égyptien qui sera créé en 1748 dans le même édifice par le pape Benoît XIV, pour les œuvres égyptiennes et égyptisantes exhumées à Tivoli. En l'occurrence, une répartition différente fut retenue : deux des statues, celles de Touia et d'Arsinoé, furent placées entre les colonnes du portique du Palazzo Nuovo, et les deux autres furent intégrées au portique du Palazzo dei Conservatori, remanié dans les années 1720. Ces quatre statues sont restées au même endroit jusqu'en 1838 – date à laquelle elles furent transportées au musée du Vatican – et ont été vues par plusieurs générations d'artistes, dont Natoire et Hubert Robert (cat. 43 et 44). Il est d'ailleurs intéressant de noter que l'un des poèmes lus à l'occasion de la cérémonie de remise des prix clémentins de 1716 établissait un lien symbolique entre l'installation de ces sculptures sur le mont Capitolin et la dernière défaite des Turcs devant Eugène de Savoie, et traçait un parallèle entre le pape Clément XI et les empereurs romains qui avaient décoré Rome de trophées égyptiens. De même, en 1738, le jésuite Ottaviano Giustiniani publia un recueil d'épigrammes dédiés au neveu du pape, le cardinal Annibale Albani, parmi lesquels l'*Idola Aegypta* chantait le nouveau portique Capitolin[4].

En 1738 toujours, Annibale Albani, protecteur éclairé des arts, offrit à sa ville natale d'Urbino un obélisque égyptien. Son frère cadet, le cardinal Alessandro Albani, fut le plus important collectionneur de la Rome du XVIIIe siècle ; il possédait un vaste réseau de relations – notamment en Grande-Bretagne et en Autriche – et recevait de nombreux artistes. Il faut reconnaître que les Albani furent parmi les premiers connaisseurs modernes à considérer la civilisation égyptienne comme l'égale des civilisations grecque et romaine, et qu'ils contribuèrent activement à la faire admirer comme jamais auparavant cela n'avait été vu à Rome. Les sculptures égyptiennes de la collection Albani (Fig. 1) provenaient en grande partie de fouilles effectuées sur leurs propres terres et d'achats à d'autres collections italiennes. Elles attestaient le nombre élevé d'œuvres rapportées d'Égypte sous la Rome impériale, ou taillées en Italie durant cette période[5]. Il n'est cependant pas tout à fait exact de parler de « la » collection du cardinal Alessandro Albani, étant donné qu'il en a constitué plusieurs. En 1728, il vendit au roi de Pologne un premier groupe de trente sculptures –

Fig. 2. *Ptolémée II Philadelphe*
Détail de la décoration du Petit salon de l'appartement
des Bains de la villa Albani.

Fig. 3. *Salle du Bain dans l'appartement des Bains de la villa Albani*
Hubert Robert, sanguine
Bloomington, In., Indiana University Art Museum.

aujourd'hui conservées à Dresde – qui comprenait quelques beaux lions égyptiens. Un second groupe composé principalement de bustes, vendu en 1734 au pape Clément XII, allait former le cœur de la collection de portraits anciens du musée du Capitole. La troisième et dernière collection contribua beaucoup à faire de la villa Albani, achevée en 1763, un véritable musée vivant et l'une des merveilles de Rome sous la direction de Johann Joachim Winckelmann – le plus important historien d'art de l'époque –, dont l'intérêt pour l'Égypte était toutefois limité et dont le credo restait l'art grec. C'est en réalité la controverse internationale des années 1760 sur la prééminence du style grec qui conduisit, en partie à travers le travail de Piranèse, à rehausser l'appréciation des architectures égyptienne, dorique et romaine.

La dispersion de la dernière collection du cardinal Albani, qui comprenait également un obélisque souvent déplacé (cat. 6-9 et 111), eut heureusement lieu longtemps après sa mort, à la fin du siècle. L'une des curiosités de sa villa était un salon Égyptien circulaire (Fig. 2) – qui existe encore de nos jours –, dans les appartements des Bains, décoré avec un mélange d'œuvres égyptiennes et hadrianiques et d'éléments égyptisants, probablement la première reconstitution historique moderne de ce genre. Précédant ce salon, une salle rectangulaire plus grande, à décoration également égyptienne, comprenait deux statues d'Antinoüs placées en symétrie, qui furent admirées et étudiées par Hubert Robert (Fig. 3) et Pierre-Adrien Pâris, lequel devait appliquer en France avec une virtuosité particulière les leçons égyptiennes apprises à la villa Albani[6]. On trouvait des sculptures égyptiennes dans d'autres collections de Rome, notamment à la villa Borghèse et dans le palais Barberini : une figure d'Antinoüs qui était encore au début du XIXe siè-

cle dans les jardins Barberini quelque peu abandonnés, apparaît sur un dessin du peintre danois Christoffer Eckersberg[7] ; les célèbres sphinx des jardins Borghèse (cat. 29 et 30) ont été étudiés par des personnalités aussi diverses que Sir William Chambers et Jacques-Louis David et copiés au XVIIIe siècle pour des décorations extérieures et intérieures dans presque tous les coins d'Europe, des adaptations de Johannes Wiedewelt pour les jardins royaux de Fredensborg (Danemark) aux chenets de Marie-Antoinette à Versailles. Les objets égyptiens et égyptisants découverts lors des fouilles de la villa d'Hadrien à Tivoli nécessitèrent l'ouverture, en 1748 au musée du Capitole, d'une galerie spéciale, la salle dite « du Canope ». À partir des années 1770, un nouvel amateur enthousiaste s'ajouta à la liste en la personne du cardinal Stefano Borgia, antiquaire vorace dont les contacts, à travers un réseau de jésuites, s'étendaient à quatre continents. Dans ses palais de Rome et de Velletri où il accueillait souvent des visiteurs étrangers et des artistes, il constitua une collection variée qui comptait des antiquités égyptiennes et des monnaies, ainsi que l'un des premiers ensembles de bronzes indiens d'Europe[8]. Elle a inspiré différents artistes français et la vente du sculpteur anglais Joseph Nollekens, en 1823, proposait un buste du cardinal Borgia[9] décoré de « hiéroglyphiques ». Le conservateur de cette collection était Georg (ou Giorgio) Zoëga, spécialiste danois de monnaies égyptiennes[10]. Il avait une connaissance directe de la plupart des collections importantes d'Italie et connaissait par exemple les œuvres égyptiennes des collections Vallisnieri, Pisani et Nani di San Trovaso de Venise[11].

La création des salles Égyptiennes du cardinal Albani coïncida avec les années durant lesquelles Piranèse se lança dans deux projets égyptiens liés, les peintures murales du café des Anglais (cat. 14-15) et une série de dessins pour des cheminées égyptiennes publiés en 1769 (cat. 16-21). La parution de ses gravures sous le titre *Différentes manières d'orner les cheminées* marqua un tournant dans l'iconographie de l'égyptomanie cependant que sa préface, le « Dis-

Fig. 4. *Décoration pour une salle de la villa Laurentine*
Projet (plume, aquarelle et gouache) réalisé en 1777-1778
par Vincenzo Brenna
Varsovie, Bibliothèque nationale.

Fig. 5. Palais Massimo
Vue du salon Égyptien du palais Massimo à Rome.

cours apologétique en faveur de l'architecture Égyptienne, et Toscane », représenta une étape nouvelle dans la perception de l'architecture égyptienne. Les projets de Piranèse étaient peut-être trop extravagants pour être facilement réalisés, mais ils constituèrent une véritable mine d'idées pour d'autres. La décoration du café des Anglais, bien que tout aussi fantastique, fut peinte en trompe-l'œil, montrant ainsi qu'une telle exécution était possible. On peut juger de son impact par le nombre d'adaptations qu'elle a inspirées, en Italie comme à l'étranger, jusqu'au début du XIXe siècle. En 1777-1778, le comte Stanislas Kostka Potocki, collectionneur en vue et traducteur de Winckelmann en polonais, proposa de reconstruire la villa de Pline le Jeune à Laurentum, mais le projet fut abandonné. À cette fin, il avait engagé Vincenzo Brenna – jeune architecte florentin qui travailla par la suite en Russie –, pour réaliser les plans de l'édifice[12]. Reconstituer les intérieurs de la villa était le plus difficile, étant donné qu'aucune des décorations antérieures n'avait subsisté. Brenna proposa deux options, l'une d'inspiration romaine, l'autre, égyptienne (Fig. 4) et entièrement dérivée du café des Anglais, ce qui laissait entendre que Piranèse avait acquis une autorité égale à celle des anciens[13]. Tels qu'ils avaient été dessinés, les projets de Brenna devinrent une forme de discours scientifique : ils reconnaissaient l'influence égyptienne dans la Rome antique – première manifestation d'égyptomanie – tout en exprimant l'engouement du XVIIIe siècle pour les motifs égyptiens. L'adaptation imaginative par Jean-Démosthène Dugourc d'une décoration piranésienne pour un prince espagnol en 1786 (cat. 59), malheureusement jamais réalisée, n'aurait certainement pas

déplu au maître, qui y aurait vu une réalisation fidèle à l'esprit de sa propre invention.

En 1771, à la suite de l'ouverture du Museo Pio-Clementino au Vatican, le pape Clément XIV Ganganelli décida d'abriter la collection de papyrus anciens dans une salle spéciale[14]. Le peintre favori de Winckelmann, l'Allemand Anton Raphael Mengs, fut chargé d'en concevoir la décoration, qui devait prévoir de simples murs pour la présentation des papyrus et un plafond peint de scènes symbolisant l'Égypte entourant un panneau principal consacré à une allégorie du musée lui-même. Les quatre angles du plafond étaient ornés de reliefs peints en trompe-l'œil, de télamons égyptiens disposés entre des couples de sphinx et des lions égyptiens. En 1776, la salle était prête et les papyrus furent mis en place. La décoration diffère beaucoup de ce que Piranèse aurait pu faire, mais l'architecture simulée, bien que plus austère, rappelle incontestablement le précédent piranésien. Fort judicieusement, cette salle des Papyrus jouxtait les appartements Borgia, où un essai de décor égyptisant de la fin du XVe siècle visait à établir un lien entre la famille du pape Alexandre VI et le taureau Apis[15].

La conception de Piranèse pour le café des Anglais fut néanmoins adaptée sous une forme très simplifiée pour la décoration du salon Égyptien du palais Massimo à Rome (Fig. 5), et une autre de ses idées fut envisagée pour l'un des principaux projets de la fin des années 1770 : la décoration de la salle Égyptienne de la villa Borghèse. Celle-ci abritait un certain nombre d'œuvres célèbres du Bernin, une importante collection de sculptures anciennes et plusieurs pièces égyptiennes autour desquelles le prince Marcantonio

Borghèse avait l'intention de remanier son intérieur. Une série de salles thématiques furent ainsi dessinées par l'architecte Antonio Asprucci avec l'aide de son fils Mario et certains des peintres les plus doués de la communauté artistique internationale de Rome. Pour la salle Égyptienne, Asprucci s'assura le concours de deux Italiens, Tomaso Conca et Giovanni Battista Marchetti, qui furent chargés de peindre le plafond et une série de panneaux muraux, et celui du sculpteur français Antoine-Guillaume Grandjacquet (cat. 33-37 et 39-40)[16]. La conception de la salle, commencée en 1778 et achevée quatre ans plus tard, traversa au moins trois phases distinctes, qui se sont écartées progressivement du modèle piranésien. Malgré sa grande originalité, le projet définitif d'Asprucci faisait un large usage de marbres de couleur et s'accordait plus avec les pratiques alors en usage à Rome. De fait, certains détails comme les sphinx au-dessus des portes faisaient déjà partie d'une tradition : un arrangement analogue de sphinx avait été imaginé plus d'un siècle auparavant pour l'entrée du grand salon du palais Barberini et d'autres, similaires, ornaient la porte du grand salon de la villa Albani récemment achevée. À la même époque, le prince Borghèse entreprit également de redécorer certains appartements de son palais, dont une salle Égyptienne supplémentaire terminée en 1782, avec des peintures de Labruzzi.

L'effet produit par le décor égyptien de la villa Borghèse en lança la mode en Italie et dans toute l'Europe, mais les résultats furent rarement aussi réussis. Sa postérité la plus proche, tout du moins par l'esprit, doit être cherchée du côté de la salle Égyptienne conçu par Hope au début du XIXe siècle pour sa maison de Londres. Tomaso Conca, le collaborateur d'Asprucci, peignit lui-aussi des décorations égyptisantes dans une pièce du palais Lignani-Marchesani à Città di Castello[17] et un peu plus tard, au début des années 1790, Leonardo Marini dessina des projets pour des intérieurs égyptiens à Turin, dont un pour le casino du marquis de Bairolo[18]. A Bologne, où le goût pour les effets néo-égyptiens s'était développé peu avant 1800, Antonio Basoli proposa en 1797 un projet de décoration égyptienne pour un bureau dans la demeure de l'avocat Monti[19]. Le mobilier de bureau, à la fois rare et peu documenté, ne semble pas avoir été beaucoup adapté hors d'Italie. Les splendides commodes décorées de bronzes réalisées par Luigi Valadier pour la famille Borghèse[20], les commodes fin XVIIIe à motifs néo-égyptiens incrustés, peut-être fabriquées à Rome par les frères Revelli[21], ou l'ensemble – composé d'un canapé, d'un fauteuil et de six chaises à dossier en forme de sistre – livré en 1797 par Carlo Toussaint pour l'appartement du prince Louis de Habsbourg-Lorraine au palais Pitti de Florence[22], sont autant d'exemples de réalisations conformes à un goût typiquement italien. Alvar González-Palacios a toutefois mis en évidence l'influence déterminante de Piranèse sur ce style[23] grâce à un type de console à figures d'Antinoüs qui fut largement imité en Europe tout au long de la période néoclassique et romantique.

En 1748, des fouilles effectuées près de l'église de San Lorenzo in Lucina mirent au jour des fragments du grand obélisque de Psamétik II. On le savait enterré là et, au début du XVIe siècle, son exhumation partielle avait même permis de relever l'inscription latine de sa base. Ce monument, que l'empereur Auguste avait rapporté d'Héliopolis en 10 avant J.-C. et qu'il avait installé sur le Champ de Mars à Rome, était célèbre et avait servi, selon Pline, de cadran solaire. Une deuxième tentative d'exhumation avait eu lieu en mars 1587, à l'initiative du pape Sixte V, et l'obélisque fut redécouvert en 1666 par Athanasius Kircher. À la suite de chaque essai, il fut réenseveli, mais les fouilles de 1748 firent sensation. Elles commencèrent sérieusement à partir du mois de mars et une belle gravure de Jean Barbault (Fig. 6) montre l'obélisque en partie dégagé. Cette même année, l'architecte écossais James Stuart « l'Athénien », qui se trouvait également à Rome, en fit une excellente gravure, qui sera publiée en 1750 dans le traité de Bandini *De obelisco Caesaris Augusto*. Au milieu de la littérature suscitée par l'obélisque, l'abbé Gagliani fit paraître une mystification érudite qui à son tour provoqua la publication de cinglants démentis. En 1787, plusieurs architectes soumirent des projets pour la restauration et l'installation de l'obélisque. Celui de Giovanni Antonio Antolini, qui prévoyait de le placer devant une façade géante de style piranésiano-égyptien avec une fontaine, est sans doute le plus intéressant ; il reste, pour cette période, l'un des rares projets italiens de construction égyptisante[24]. En 1792 cependant, le pape Pie VI ordonna son érection Piazza di Montecitorio, selon les plans de Giovanni Antinori qui maîtrisait parfaitement – comme Domenico Fontana à la fin du XVIe siècle – les techniques de déplacement des obélisques.

En 1789, il avait installé devant la Trinité des Monts l'obélisque trouvé dans les jardins de Salluste et, trois ans auparavant, en 1786, il avait placé près du Quirinal, dans un cadre impressionnant, l'un des obélisques du mausolée

Fig. 6. *Excavation de l'obélisque des Champs de Mars*
Gravure de Jean Barbault.

Fig. 7. Encrier
en forme d'obélisque
de Vincenzo Coaci
Argent, vermeil, lapis-lazuli
et *rosso antico*, 1792
Minneapolis Institute of Arts.

d'Auguste flanqué des deux célèbres statues de dompteurs de chevaux. L'événement fut commémoré par un superbe encrier de Vincenzo Coaci (Fig. 7) donné au pape par le marquis Hercolani ; cet objet, aujourd'hui au Minneapolis Institute of Arts, a peut-être été le premier des nombreux encriers-obélisques, de type plus simple, qui furent fabriqués par la suite[25]. Signalons enfin, dans un tout autre registre, le monumental ouvrage sur les obélisques commandé par le pape Pie VI à Zoëga et terminé en 1797[26].

Paradoxalement, l'abondance d'obélisques authentiques à Rome rendait inutile toute fabrication locale à grande échelle. Une tradition très répandue associait déjà des obélisques à des monuments funéraires ou publics et même à des décorations ornementales depuis le XVIe siècle

et cela dans une grande partie de l'Europe de l'Ouest et du Nord. Au XVIIIe siècle toutefois, les obélisques ornementaux devinrent légion, de l'Irlande jusqu'à Saint-Pétersbourg. Et les obélisques éphémères, dressés pour des occasions cérémonielles, étaient encore plus courants : pour le retour de Vienne du roi et de la reine des Deux Siciles en 1790 par exemple, l'architecte Gaetano Barba proposa d'élever sur la place du palais royal à Naples, un temple de la Fortune, flanqué de deux obélisques égyptiens monumentaux[27].

Le cas de la pyramide de Caius Cestius à Rome était quelque peu différent, puisqu'il s'agissait de l'unique monument ancien de ce type en Europe. Elle avait été construite moins de cinquante ans après la mort de Cléopâtre et constituait l'une des premières preuves de l'in-

Fig. 8. *Jeune Moine à la Grecque*
Gravure d'Énemon-Alexandre Petitot.
Mascarade à la grecque, 1771, pl. 9.

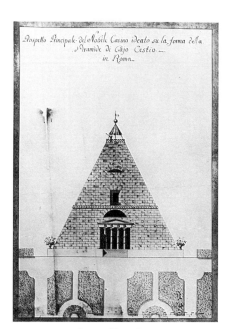

Fig. 9. *Projet d'un noble casino*
Dessin de Luigi Campovecchio dans les
années 1790
Archivio dell' Accademia Virgiliana, Mantoue.

Fig. 10. *Ruines avec la pyramide de Caius Cestius et obélisque*
Giovanni Paolo Panini, huile sur toile
Paris, musée du Louvre.

fluence exercée par l'Égypte sur Rome. Malgré son prestige, une deuxième pyramide proche du Vatican avait été démolie au XVᵉ siècle – victime des nouvelles préoccupations urbaines – et remplacée par une rue et une église. La forme aiguë de la pyramide de Cestius – semblable à celles de Méroé mais si différente des grandes pyramides de Gizeh –, se retrouve dans une multitude de reproductions du XVIIIᵉ siècle (Fig. 8) et en devint pour ainsi dire la caractéristique, particulièrement en Europe du Nord mais aussi en France. Certains architectes utilisaient des modèles de pyramide en liège et même l'inventaire des objets ayant appartenu à Thomas Jefferson a livré, contre toute attente, un modèle de la « pyramide appelée Chéops ». On peut juger de l'effet produit par la pyramide de Cestius sur une imagination poétique par les nombreux dessins qu'en a fait Goethe lors de son séjour à Rome en 1788[28]. Les artistes étrangers présents dans cette ville ont décliné le sujet à l'infini, de manière toujours plus imaginative dès le milieu du XVIIIᵉ siècle, alors que son influence sur les architectes italiens, à la fin du siècle, a participé d'un mouvement plus vaste, qui s'était d'abord étendu en France avant de retourner à sa source. L'exceptionnel *Nobile Casino ideato su la forma della Piramide di Cajo Cestio in Roma* (Fig. 9), conçu par l'architecte mantouan Luigi Campovecchio – peut-être inspiré par un précédent de Vaudoyer –, est un exemple typique du phénomène[29].

Les peintures de fantaisies architecturales spécifiquement romaines à obélisques – en général celui du Latran – et la pyramide de Cestius exécutées par Pannini dans les années 1750 (Fig. 10) pour une clientèle internationale représentent un moment dans la *veduta ideata* où l'Égypte se mêle à la Rome ancienne. Le travail de Pannini a influencé Piranèse (Fig. 11), Hubert Robert et, à travers eux, toute une génération d'artistes actifs, au moins jusqu'à la fin du siècle. L'idée avait été imaginée au XVIIᵉ siècle par des artistes non romains qui étaient peut-être plus sensibles aux paradoxes architecturaux de la ville. Au XVIIIᵉ siècle, le genre voyagea, s'implanta en Hollande, et jusqu'au Japon[30] (Fig. 12). Cer-

Fig. 11. *Pyramide de Caius Cestius*
Gravure de Giambattista Piranesi.
Collection particulière.

Fig. 12. *Les Pyramides d'Égypte*
Gravure sur bois réalisée vers 1800 par Utagawa Kuninaga
Oberlin, Allen Memorial Museum.

tains des meilleurs *capricci* d'inspiration romaine du XVIIIe siècle ont été peints loin de Rome, par des artistes tels que Marco Ricci, un Vénitien qui fit une carrière européenne. Toujours à Venise plus tard dans le siècle, le cas de Francesco Guardi est plus complexe dans la mesure où il semble avoir eu accès à la fois aux œuvres de Pannini et à celles d'Hubert Robert : les fenêtres ouvertes de Piranèse sur une Égypte imaginaire des murs du café des Anglais, vers 1760, aussi bien que les paysages égyptiens imaginaires d'Hubert Robert de la même période prennent une direction nouvelle et prophétique d'où les caractères romains sont absents et dans laquelle c'est une Égypte mentale qui prédomine.

Quatre gravures de temples et paysages égyptiens imaginaires d'après des dessins de Mauro Tesi, artiste bolonais de l'époque, illustrent de façon intéressante cette exploration phantasmatique de l'Égypte. On sait peu de chose sur les peintures et les dessins originaux – aucun n'ayant été retrouvé –, mais on sait que Tesi en a exécuté la plupart pour le comte Francesco Algarotti, auteur et critique qui jouissait d'une réputation considérable en Europe. En 1756, il publia un ouvrage sur l'architecture suivi en 1762 par des lettres sur la théorie de la peinture. Vers 1759, Algarotti eut l'idée de commander une série de fantaisies architecturales sur des thèmes spécifiques requérant des peintres disposés à suivre ses directives. Sa correspondance avec certains des artistes, dont Giambattista Tiepolo – qui exécuta des personnages pour ces compositions –, indique que Tesi s'était lancé dans la production de paysages comportant des édifices romains, orientaux et égyptiens[31]. Il suggéra à l'un des artistes de prendre Pannini pour modèle et poussa Tesi à étudier les premières planches de Piranèse représentant des monuments romains. Dans une lettre du 4 mars 1760, Algarotti écrivait à Tiepolo que Tesi était occupé à copier « les sphinges et les momies [...] conservées ici à l'Institut » et le 20 mai suivant, il demandait à Tesi de lui envoyer « ce dessin dont il manque seulement l'Anubis assis[32] ». Algarotti ne ménageait certainement pas ses efforts pour présenter Tesi à toutes les personnes de quelque importance qu'il connais-

sait : il écrivit à son sujet à Pierre Jean Mariette a Paris et le présenta à l'abbé de Saint-Non lors de la visite de ce dernier à Bologne en 1761. Un an plus tard, le 6 décembre 1762, Algarotti écrivait à Tesi pour lui dire qu'il avait montré certains de ses dessins – dont un *Tombeau égyptien avec des colosses assis* – à William Pitt, consul britannique à Livourne, futur premier ministre et comte de Chattham.

Une série de gravures exécutées d'après les dessins de Tesi, comprenant les quatre sujets égyptiens, ne fut publiée qu'en 1787, plus de vingt ans après sa mort, à l'instigation de l'ambassadeur russe à Turin, le prince Nicolas Youssoupov. Même si elles proposaient une interprétation typiquement rococo – et de ce fait théoriquement dépassée – de l'architecture égyptienne ancienne, ces gravures suscitèrent, dans les années 1790, un grand intérêt chez de jeunes artistes qui en firent des copies, et influencèrent fortement l'art du décor de théâtre[33]. Il existe un portrait à la mémoire de Tesi comportant justement différents éléments égyptiens[34]. Ajoutons qu'à son retour en Russie, le prince Youssoupov devint lui-même un défenseur du style égyptien qu'il appliqua lors de la transformation de sa maison d'Arkhanguelskoye près de Moscou. L'entrée était décorée de lions égyptiens, la cage d'escalier flanquée de cariatides égyptiennes et, par la suite, après un incendie en 1820, la salle à manger d'apparat fut peinte de motifs piranésiens.

Les changements politiques qui secouèrent l'Italie à la fin du XVIIIe siècle marquèrent également la fin de l'importance de Rome en tant que centre artistique international. Dans ce contexte, il est significatif que le texte de Piranèse, *Différentes manières d'orner les cheminées*, ait été publié en trois langues, l'italien, le français et l'anglais. Un examen de ses gravures et de son texte révèle, à n'en pas douter, une connaissance approfondie, non seulement du matériau égyptien disponible à Rome et dans ses environs, mais également des sources écrites, depuis les gravures de la célèbre Table isiaque (cat. 13) jusqu'aux récits plus récents de voyages en Égypte en passant par la littérature théorique française sur la question. Certaines de ses premières esquisses montrent qu'il avait attentivement étudié les incroyables recréations égyptisantes de Fischer von Erlach qui, publiées plus tôt dans le siècle, avaient largement circulé à Rome et enflammé l'imagination d'Hubert Robert et d'une cohorte d'architectes progressistes. La correspondance de Sir Horace Mann, résident britannique à Florence, fait apparaître qu'au printemps 1755, il avait envoyé au cardinal Alessandro Albani – par l'entremise de l'architecte français Charles-Louis Clérisseau – l'ensemble publié par Alexander Gordon des vingt-cinq gravures de momies et d'antiquités égyptiennes conservées en Angleterre[35]. Des relevés d'après l'antique de motifs et de paysages égyptiens compilés vers la fin du XVIIIe siècle à Venise par le peintre Pietro Antonio Novelli montrent à quel point les artistes dépendaient de telles sources et combien grande était la diffusion de celles-ci : on y trouve des copies tirées de l'*Antiquité expliquée* de Montfaucon (1719), des *Travels in Egypt and in Nubia* de

Fig. 13. *Obélisque du Latran*
Gravure de Giambattista Piranesi
Collection particulière.

Norden (1757), des *Différentes manières d'orner les cheminées* de Piranèse et de nombreux autres documents[36]. À Naples, où la deuxième vie des ruines de Pompéi et d'Herculanum avait engendrée une irrésistible fascination, l'introduction très imaginative de motifs égyptiens dans la céramique produite localement dépendait encore des gravures et des modèles venus de Rome. Parvenue presque aux derniers moments de l'Ancien Régime, Rome, grâce à son passé, restait l'académie idéale où s'échangeaient les idées artistiques et où ses ultimes feux donnèrent naissance à l'égyptomanie. Le vocabulaire visuel de base de cette première vague moderne était dès lors établi. Les obélisques (Fig. 13), la pyramide de Caius Cestius, les lions égyptiens, les sphinx, les vases canopes et les statues d'Antinoüs en tant que divinité égyptienne, représentaient le réservoir original vers lequel convergeaient les regards de la plupart des étudiants.

M. P.

1. *Cf.* Liebenwein, 1981, pp. 73-105 et De Felice, 1982.
   La découverte des statues, aujourd'hui au Vatican, est parfois datée à 1711 ou 1714 ; *cf.* Botti et Romanelli, 1951, nᵒˢ 28, 31, 32 et 33 et pp. 136-137, repr.
2. *Cf.* De Felice, *op. cit.*, pp. 25-26.
3. À ce sujet *cf.* Arizoli-Clémentel 1978, p. 11, note 47 ; repr. *in* Liebenwein, *op. cit.*, fig. 1-12.
4. *Cf.* Liebenwein, *op. cit.*, pp. 83-93 et De Felice, 1982, pp. 59-67.
5. Pour la villa Albani *cf.* surtout les travaux réunis *in* Beck et Bol (éds.) 1982, avec bibliographie : la collection Albani est discutée par Allroggen-Bedel, pp. 301-380 et par Gaspari, pp. 381-435.

6. Pour l'appartement des Bains (ou « le Musée ») *cf.* Röttgen, 1982, pp. 102-103 et Gruber, 1978, pp. 281-288, fig. 7.
7. Il se trouve aujourd'hui au Statens Museum for Kunst de Copenhague, inv. nᵒ 6793.
8. Le cardinal Borgia est mort à Lyon en 1804, alors qu'il se rendait au couronnement de Napoléon. Les collections qu'il possédait à Rome furent léguées au Vatican. Celles déposées à Velletri, inclus les objets égyptiens, furent léguées à sa famille. Achetées en 1815 par Joachim Murat, roi de Naples, elles furent livrées au musée de Naples en 1817.
9. *Cf.* Clifford, 1992, p. 63.
10. Pour Zoëga, *cf.* Iversen, 1961, pp. 117-121.
11. *Cf.* Iversen, *op. cit.*, pp. 118-119. Pour les antiquités égyptiennes à Venise, *cf.* cat. exp. Rome, 1988, p. 146, fig. 57 et Cavalier, 1992, p. 91.
12. *Cf.* cat. exp. Rome, 1975, nᵒˢ 248a-248i.
13. *Ibid.*, nᵒ 248i.
14. *Cf.* Röttgen, 1990, pp. 189-246 et Grafinger, 1990/1991, pp. 30-41.
15. *Cf.* Baltrusaitis, 1967, pp. 157-165.
16. *Cf.* Della Pergola, 1962 et surtout Arizzoli-Clémentel, 1978, pp. 1-24.
17. *Cf.* Sist, 1992, p. 421, fig. 12.
18. *Cf.* la notice de Lucetta Levi Momigliano *in* cat. exp. Turin, 1980, t. I, nᵒ 305, repr.
19. *Cf.* cat. exp. Bologne, 1979, nᵒ 57, fig. 47.
20. *Cf.* González-Palacios, 1987, p. 106.
21. *Cf.* la vente, Venise, Semenzato, 31 janvier 1993, nᵒ 340, repr.
22. *Cf.* Colle, 1992, nᵒ 127, repr.
23. *Cf.* González-Palacios, 1984, t. I, p. 13 et notice 23 de ce catalogue.
24. *Cf.* cat. exp. Faenza, 1979, nᵒ 290, repr.
25. *Cf.* P[arsons]., t. LVIII, 1969, pp. 47-53, fig. 1. Pour deux versions postérieures au palais Pitti à Florence et dans une collection particulière *cf.* González-Palacios, 1984, t. I, p. 169, t. II. fig. 321 et 322.
26. *Cf.* Iversen, 1961, pp. 117-119.
27. *Cf.* cat. exp. Naples, 1979, t. II, nᵒ 579, repr.
28. *Cf.* Neutsch, t. 70, 1963, pp. 167-172, pl. 62-64. Pour le célèbre portrait de *Goethe dans la campagne romaine* par Tischbein, au Städelsches Kunstinstitut de Francfort, *cf.* Bentler, 1976 et Moffitt, t. LXV, nᵒ 3, 1983, pp. 440-455.
29. *Cf.* Belluzzi, qui note aussi un projet de jeunesse de Palagio Palagi à Bologne, *in* cat. exp. Mantoue, 1980, pp. 31-32 et nᵒ 26, repr.
30. Ce tableau a été inspiré par un prototype hollandais, ainsi que la gravure sur bois de Shiba Kokan de l'*Oranda Tsuhaku* de 1805, repr. *in* French, 1974, p. 130, fig. 94.
31. *Cf.* Algarotti, t. VI, 1765, pp. 93-94.
32. *Cf.* Algarotti, 1781, t. VII, p. 114 et X, p. 244.
33. *Cf. Raccolta di disegni originali di Mauro Tesi estratti da diverse collezioni publicata da Lodovico Inig Calcografo in Bologna, aggiuntavi la vita dell'Autore*, Bologne, 1787, pl. XXXI-XXXIII, XXXIX ; pour des copies, voir celles de Charles Thatam dans sa « Collection of Manuscript Drawings of 1796 » au Royal Institute of British Architects, Londres, ainsi qu'une copie anonyme au Cooper-Hewitt Musem, New York, et une autre attribuée à Antonio Basoli au Museo Teatrale alla Scala, Milan.
34. *Cf.* le dessin de la Fondation Cini à Venise (inv. CPG 70734).
35. *Cf.* Fleming, 1962, p. 164.
36. *Cf.* Arban, t. XV, nᵒ 1, 1970, pp. 4-15, sans rapport au sujets Égyptiens et la vente, Christie's, New York, 13 janvier 1987, nᵒˢ 85-86, 88-94.

Statue d'Osiris-Antinoüs

Tivoli, villa d'Hadrien
Règne d'Hadrien (130-138 après J.-C.)
Marbre rouge (*rosso antico*)
H. : 1,35 m ; l. : 46 cm ; pr. : 42 cm
Munich, Wittelsbacher Augleichsfonds
Gl WAF 24

Historique :
Villa Albani (A 436) ; puis collection des ducs
de Bavière.

Exposée à Paris

Un des thèmes les plus fréquents du répertoire égyptisant est l'image d'Osiris-Antinoüs, tel que le représente une série de statues provenant de la villa d'Hadrien. On connaît bien la destinée d'Antinoüs, ce jeune favori de l'empereur Hadrien qui, durant l'automne 130 après J.-C., se noya dans le Nil lors d'un séjour que l'empereur effectuait en Égypte. Le défunt reçut les honneurs que l'on rendait aux demi-dieux et sa statue fut érigée dans toutes les villes et les sanctuaires du monde hellénique. On lui construisit à Rome, dans les « jardins d'Adonis » sur le mont Palatin[1], une tombe sur laquelle se dressait un obélisque, aujourd'hui sur le Pincio[2]. Le monolithe porte l'image d'Antinoüs, sous un aspect égyptien et faisant face aux dieux Thot et Amon-Ré, ainsi que de très correctes inscriptions hiéroglyphiques, œuvre du lettré Pétarbeschénis de Panopolis[3] qui fut peut-être le maître d'œuvre de la divinisation égyptienne d'Antinoüs et créateur de son iconographie[4]. C'est cet aspect égyptien que reprennent les statues retrouvées dans la villa

d'Hadrien. Si la plus fameuse est celle aujourd'hui conservée au Vatican[5] (Fig. 1) et qui vint un temps figurer au Louvre, Jean-Claude Grenier n'a pas recensé moins de six autres statues semblables qu'il attribue au même atelier[6]. La plupart sont en marbre blanc, mais deux d'entre elles, sculptées dans du *rosso antico*, suggèrent que l'alternance des couleurs était peut-être en relation avec celle des couronnes de la Haute et de la Basse-Égypte.

C'est à la seconde catégorie qu'appartient notre statue. Elle semble, au premier abord, être l'image d'un pharaon traditionnel. Le pagne *chendjyt* finement plissé, la coiffure *némès* rayée au sommet de laquelle se déploie un cobra-*uraeus* sont, depuis le temps des pyramides, les attributs conventionnels des souverains. La présence d'un pilier dorsal et l'attitude du roi, figuré de face, le pied gauche autrefois porté en avant, sont conformes aux canons de la statuaire égyptienne.

Cependant, l'étude stylistique ne laisse aucun doute sur la date de l'œuvre : il s'agit d'une création égyptisante d'époque romaine. Observons tout d'abord la position du personnage – figuré dans un *contrapposto* emprunté au sculpteur grec Polyclète, la poitrine bombée et les bras s'écartant de chaque côté –, bien éloignée de la stricte frontalité des statues égyptiennes aux bras collés le long du corps. Il en va de même pour le traitement du torse musculeux, aux larges pectoraux et de la taille forte, dont les chairs débordent légèrement de la ceinture unie ; c'est là le corps d'un homme mûr. Restauré en sa partie centrale, le visage contraste par sa jeunesse, malgré son expression lourde et figée ; mais il est aussi éloigné de l'idéal pharaonique que des portraits pleins de grâce que les artistes hel-

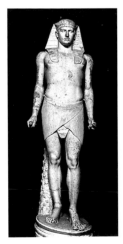

Fig. 1. *Antinoüs*
Musée du Vatican

Fig. 2. *Antinoüs*
Dessin de Dupérac
Paris, Bibliothèque nationale.

Fig. 3. *Antinoüs*-télamon
Musée du Vatican.

Fig. 4. *Antinoüs*
Détail des fresques réalisées par
Raphaël et ses élèves
pour les voûtes de la salle de l'Incendie
du Borgo au Vatican.

lénistiques contemporains créèrent pour l'adolescent tragiquement disparu. D'autres détails étrangers à la tradition égyptienne attirent l'œil du spécialiste, telle la forme du *némès* avec les bourrelets qui ourlent le bandeau frontal ou la courbe concave qui affecte la retombée restée intacte. Enfin, la pierre utilisée, un marbre rouge, était inconnue des sculpteurs de la vallée du Nil.

Cette statue, exposée dans l'antichambre du « Canope égyptien » de la villa Albani[7], était visible à Rome dès le milieu du XVIe siècle (Fig. 2), un siècle avant l'exemplaire célèbre du Vatican. À la même époque, on pouvait admirer des œuvres similaires dans les jardins Barberini et la villa Borghèse[8], ainsi que chez le collectionneur anglais Thomas Hope[9]. Couronnés de chapiteaux lotiformes, les deux monumentaux télamons de granite rouge[10] – aujourd'hui conservés au musée du Vatican – reprennent le même thème (Fig. 3). Dès leur découverte, au début du XVe siècle, ils furent reproduits par les plus grands artistes : peintes par Raphaël et ses élèves, les voûtes de la salle de l'Incendie du Borgo, au Vatican, en sont un des plus illustres exemples[11] (Fig. 4). C'était pour les Antinoüs, le début d'une très longue

carrière égyptisante dont cette exposition ne peut rassembler que quelques exemples significatifs (cat. 24, 154, 155).

C. Z.

1. *Cf.* Grenier, 1989a, p. 929, note 5.
2. *Cf.* Iversen, 1968, p. 161.
3. *Cf.* Derchain, 1987.
4. *Cf.* Grenier, *op. cit.*, p. 979, note 93.
5. *Cf.* Botti et Romanelli, 1951.
6. *Cf.* Grenier, *op. cit.*, pp. 965-969.
7. *Cf.* Allroggen-Bedel, 1982, pp. 367-436.
8. *Cf.* Roullet, 1972, p. 158, n° 173.
9. *Cf.* Grenier, *op. cit.*, p. 966, c.
10. *Cf.* Roullet, *op. cit.*, p. 87, n°s 101-102.
11. *Cf.* Humbert, 1989, pp. 96-97.

Bibliographie sommaire : Roullet, 1972, p. 86, n° 98, fig. 116 (encore muni de ses restaurations) et 117 (dessin de Dupérac, avant restauration) ; Raeder, 1983, p. 152, n° III/31 ; Schoske et Wildung, 1985, pp. 128-30, n° 92 ; Bianchi, *in* cat. exp. Brooklyn, 1988, p. 253, n° 139 ; Grenier, 1989a, p. 966 (d), note 78 et pl. XXXVII.

2   Singe cynocéphale

Basse Époque ou Époque Romaine
Diorite
H. : 45,5 cm ; l. : 25,5 cm
Paris, musée du Louvre, département
des Antiquités égyptiennes
N 4128

Historique :
Rome, villa Albani (A 460) ; acquise en 1815.

Exposé à Paris

Deux races de singes ont été principalement représentées dans l'art égyptien : le petit singe vert d'Éthiopie (cercopithèque *aethiops*) et le gros babouin à museau de chien (cynocéphale *hamadryas*). C'est le second que représente notre statue. Il s'agit d'un mâle dont la fourrure épaisse recouvre les épaules. Bien que dans l'Antiquité pharaonique, l'agressivité des babouins ait été si fameuse que l'image de l'animal servait à déterminer le verbe « être furieux », celui-ci est sagement assis, les pattes posées sur les genoux et les yeux tournés vers le ciel.

Mais il s'agit bien sûr d'un animal divin, figé dans l'attitude du babouin au lever du soleil, tel que le figure le décor des édifices solaires : bases d'obélisques ou façades de sanctuaires. Notre statue perpétue-t-elle le culte de l'astre ? Malgré l'absence de texte, il semble préférable d'y voir l'image de Thot, le dieu-lune qui empruntait l'apparence de

deux animaux, l'ibis et le babouin assis couronné du disque lunaire. Il régnait sur le monde intellectuel et passait pour avoir inventé l'écriture, le langage, les chiffres, le calendrier[1]. Greffier des dieux, il enregistrait la déclaration des défunts et consacrait la succession des rois en inscrivant leur nom sur un arbre mythique. Maître de la magie, il était vénéré par les scribes qui se faisaient parfois représenter portant un singe sur leurs épaules. À Memphis, il symbolisait la parole magique qui donne naissance à l'univers. Dans tous ses lieux de cultes, et en particulier dans sa ville sainte d'Hermopolis, les archéologues ont découvert des statues monumentales de babouins, ainsi que d'immenses cimetières d'ibis et de cynocéphales, animaux consacrés. « Trois fois grand », il fut à

Fig. 1. *Petite figure assise, surmontée d'une tête de chien* Johann Joachim Winckelmann, *Histoire de l'art chez les Anciens* 1790 (éd. fra.), pl. X.

l'époque romaine identifié à Hermès Trismégiste et considéré comme dépositaire de la sagesse égyptienne. Est-ce pour cette raison que des statues de singes furent retrouvées en si grand nombre dans les sanctuaires isiaques de Rome[2] ? Si nous ignorons l'origine de notre exemplaire, nous savons qu'il figurait au XVIIIe siècle dans la collection du cardinal Albani, ornant l'antichambre du « Canope égyptien » en compagnie d'une statue de faucon (cat. 3). L'identification fut un temps erronée : catalogué par Morcelli comme « Anubis assis cynocéphale[3] » il apparaît dessiné dans l'ouvrage de Winckelmann (Fig. 1) avec la légende : « Petite figure assise, surmontée d'une tête de chien[4] ». Mais déjà, lorsque que l'architecte Percier dessina la salle[5] un disque avait été rajouté sur la tête de l'animal, restituant à la divinité son attribut lunaire.

C. Z.

1. *Cf.* Boylan, 1922 ; *LÄ*, t. VI, 1986, pp. 497-523.
2. *Cf.* Roullet, 1972, pp. 125-127.
3. Morcelli, 1785, n° 460.
4. Winckelmann, 1790, p. 115, pl. 10.
5. Bibliothèque de l'Institut de France, MS 1008, n° 22.

Bibliographie sommaire :
Morcelli, 1785, n° 460 ;
Winckelmann, 1790, pl. 10 ;
Visconti et Clarac, 1820, p 157.

Maître du ciel d'Égypte, le faucon est une image du dieu Horus et le protecteur de la royauté. Ainsi, parmi ses nombreux noms, le pharaon porte celui d'Horus et d'Horus d'or. D'autres divinités prennent la forme de l'animal, tel Montou, dieu belliqueux de la région thébaine et Sokar, maître de la nécropole memphite. Faute d'informations, l'identification de la pièce est impossible à préciser.

Grâce aux archives du Louvre, nous savons qu'elle appartenait au cardinal Albani. Mentionnée dans les inventaires du collectionneur[1], elle est reproduite par un dessin inédit de Percier[2] qui la montre exposée dans l'antichambre du « Canope égyptien » et faisant pendant à une statue de singe (cat. 2). L'animal possédait encore une double couronne, maladroite restauration qui fut retirée lors de son entrée dans les collections du Louvre. Provient-il de la villa d'Hadrien ? il est difficile de l'assurer dans l'état actuel des recherches, mais au moins deux autres faucons romains semblent bien avoir cette origine[3].

C. Z.

1. *Cf.* Allroggen-Bedel, 1982, p. 368, A 465, « Ägyptischer Greif ».
2. Bibliothèque de l'Institut de France, MS 1008, n° 22.
3. *Cf.* Roullet, 1972, p. 128 , n°[os] 261-262.

Expositions :
Lyon, 1978, n° 3.

Bibliographie sommaire :
Visconti et Clarac, 1820, p. 157, n° 368 (épervier) ; Clarac, 1830, p. 154, n° 368 ; Letellier et Ziegler, *in* cat. exp. Lyon, 1978, p. 14, ill. p. 13.

3   Faucon

Basse Époque ou Époque Romaine
Basalte incrusté d'agate
H. : 39 cm
Partie antérieure des ailes, extrémité du bec et de la queue restaurées
Paris, musée du Louvre, département des Antiquités égyptiennes
N 3654

Historique :
Rome, villa Albani ; acquis en 1815.

Exposé à Paris

Sculpté dans du basalte sombre qu'anime l'incrustation des yeux, le rapace est figé dans une attitude altière. La simplicité des formes et le sobre traitement des volumes donnent à l'œuvre un caractère monumental en dépit de ses dimensions modestes. Les détails anatomiques sont réduits au minimum, mais on remarquera les taches du plumage soulignant les yeux, caractéristiques du faucon « pèlerin ». Cet œil tient une grande place dans la civilisation égyptienne : signe d'écriture pour *imakhou*, « protégé », ou bien interprété comme un œil humain, symbole d'intégrité *oudjat*.

4 Neshor, directeur de la porte des Pays étrangers méridionaux

Sans doute Éléphantine, temple de Khnoum
Règne d'Apriès, vers 589-570 avant J.-C.
Basalte
H. : 1,03 m ; l. : 37,5 cm
Restauration du visage et des mains
du personnage, ainsi que des trois divinités
Paris, musée du Louvre, département
des Antiquités égyptiennes
A 90

Historique :
Trouvée en Italie au XVIIᵉ siècle, à Rignano près
de Rome sur la Via Flaminia ; puis collection
Albani, nᵒ A 439.

Neshor, surnommé Psamétik-menkhib, est figuré agenouillé, présentant devant lui trois statues divines. Par la
simplicité des formes et la sobriété du costume, un simple
pagne *chendjyt*, l'œuvre s'inscrit dans un courant archaïsant
et révèle en même temps le goût de l'époque : prédilection
pour les pierres sombres au poli admirable, volumes adoucis,
fluidité des lignes. La coiffure « en bourse » et le léger sourire sont caractéristiques des dernières dynasties. Récemment apparu dans le commerce, un fragment de statue
identique, au nom du même personnage, suggère que plusieurs variations sur ce thème rare avaient été exécutées
pour Neshor[1].

Retrouvée mutilée près de Rome sur la Via Flaminia, notre statue fut restaurée, sans doute au XVIIIᵉ siècle,
selon une esthétique classicisante bien éloignée du style
égyptien. Le visage du personnage est défiguré par un nez
grec et les divinités, tout particulièrement leurs coiffures,
sont empreintes d'une telle fantaisie que l'égyptologue doit
recourir aux inscriptions les invoquant pour préciser leur
identité ; elles composent la triade vénérée sur la première
cataracte du Nil, le bélier Khnoum accompagné des déesses
Satis et Anoukis[2].

L'inscription principale est gravée sur le pilier dorsal, selon un usage fréquent à la Basse Époque. Les hiéroglyphes, sur lesquels se penchèrent Kircher[3] puis Champollion[4], sont disposés en sept colonnes verticales qui retracent la vie de Neshor. Ce personnage très important, connu
par plusieurs documents historiques, exerçait dans le courant du VIᵉ siècle avant J.-C. la fonction de chef militaire et
de haut fonctionnaire des douanes. Ici, une inscription auto-
biographique énumère les nombreux embellissements que
Neshor fit effectuer à Éléphantine – la moderne Assouan –,
dans le sanctuaire des dieux de la cataracte sur les ordres
d'Apriès, son souverain. Elle narre également les péripéties
d'une expédition à laquelle il participa dans le sud du pays.
Quant à la statue elle-même, les textes hiéroglyphiques rapportent d'une façon très explicite que l'effigie était déposée
dans un temple, sans doute celui de Khnoum, pour perpétuer à travers les millénaires la mémoire de son donateur, et
exhortent les passants à prononcer son nom.

Des rives lointaines de Nubie aux environs de
Rome, quel chemin emprunta l'œuvre ? on l'ignore aujour-
d'hui. Il semble légitime de penser qu'elle fut transportée
dans les deux premiers siècles de notre ère pour orner une
villa impériale, un sanctuaire isiaque ou quelque tombeau.
On sait également peu de chose sur les circonstances de sa
découverte. Dans la seconde moitié du XVIIIᵉ siècle, elle
figurait dans la villa Albani[5], parmi les œuvres égyptiennes
ornant l'antichambre du « Canope ». Mais déjà son image
avait été popularisée au milieu du XVIIᵉ siècle par les
ouvrages de Kircher.

C. Z.

1. *Cf.* Vernus, 1991, pp. 241-250 ; les trois divinités semblent figurer la triade osirienne.
2. *Cf.* Valbelle, 1981, pp. 46-47.
3. *Cf.* Kircher, 1652-1654, pl. 127.
4. *Cf.* Clarac, 1841-1853, vol. V, p. 301, nᵒ 2554 et vol. II, pl. 335.
5. *Cf.* Allroggen-Bedel, 1982, p. 367.

Expositions :
Paris 1982, nᵒ 88.

Bibliographie sommaire :
Kircher, 1652-1654, pl. 127 ;
Raffei, *in* Winckelmann, 1767,
t. III, pl. IV(1) et pp. 49-52 ;
Morcelli, 1785, nᵒ 434 ;
Winckelmann, 1790, t. I, pl. VII,
p. 111 et note 3 ; Clarac, 1830,
nᵒ 367 ; Porter et Moss, t. VII,
1951, pp. 408-409 ; Otto, 1954,
nᵒ 25 a, pp. 162-164 ; De
Meulenaere, 1966, p. 14, nᵒ 42 ;
Ziegler, *in* cat. exp. Paris, 1982,
p. 142 ; Chevereau, 1985, pp. 93-
94, doc. 118 ; Curto, 1985, p. 12 ;
Perdu, 1990, p. 39, b ; Vernus,
1991, p. 241.

Fig. 1. *Neshor*
Johann Joachim Winckelmann,
Histoire de l'art chez les Anciens
1790 (éd. fra.), pl. VII.

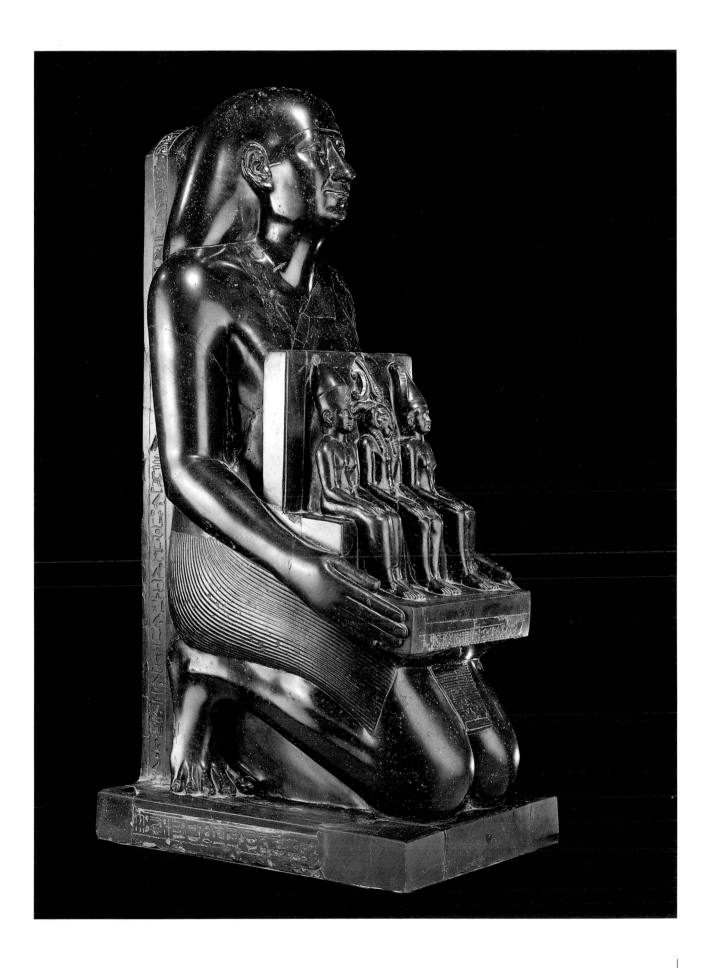

Statue monumentale de Ramsès II

5

Égypte, région thébaine ?
Règne de Ramsès II (vers 1279-1213 avant J.-C.)
pour la moitié inférieure
« Albâtre égyptien » (calcite) pour la moitié
inférieure ; albâtre italien, probablement
de Volterra, pour la moitié supérieure
H. : 2,03 m ; l. : 53 cm ; pr. : 1,15 m
Restauration de la seconde moitié du XVIIIᵉ siècle
pour la moitié supérieure
Paris, musée du Louvre, département
des Antiquités égyptiennes
A 22

Historique :
Trouvée à Rome, Iseum du Champ de Mars ; puis
villa Albani, nᵒ 462.

Quoi de plus égyptien que cette statue monumentale figurant un pharaon assis, figé dans une stricte frontalité, les
mains posées sur les genoux et muni des attributs attachés à
sa charge : coiffure *némès* empesée et rayée, pagne plissé
chendjyt à devanteau triangulaire, queue d'animal ornant
l'arrière du costume, signe de vie tenu dans la main droite.
Les montants du siège à dossier bas, comme la partie inférieure du pilier dorsal sont gravés de beaux hiéroglyphes
énonçant la titulature du souverain que Champollion fut le
premier à identifier. De façon fort curieuse, Winckelmann,
dont la correspondance nous apprend que la pièce trônait en
1762 au centre du « Canope égyptien » de la villa Albani, y
voyait une image d'Isis[1] ; quant à Petit-Radel, il lui consacrait en 1804 une bien étrange notice et le considérait

comme une représentation d'Horus tenant en main un phal-
lus ! Comme le reconnaissait Clarac, directeur de la section
des Antiques du musée du Louvre, « c'est à l'aimable et
savante obligeance de mon ami Champollion le jeune que je
dois l'interprétation des inscriptions que je publie ; il en a
revu avec soin les dessins, leur a redonné leur caractère lorsqu'il n'avait pas été bien saisi ; j'ai été aussi aidé, sous ce rapport par Monsieur Dubois[2]... ». Le premier des égyptologues
avait fort bien reconnu les cartouches du pharaon Ramsès II
qui figurent dans les deux inscriptions se déployant sur le
devant en colonnes symétriques : « le roi de Haute et Basse
Égypte, le maître de deux terres Ouser-Maât-Ré Setep-en-
Ré, le fils de Ré Ramsès-aimé-d'Amon, puisse-t-il vivre éternellement comme Ré ». Un texte identique se retrouve à
l'arrière : « ... le maître des deux terres Ouser-Maât-Ré
Setep-en-Ré, le fils de Ré Ramsès-aimé-d'Amon, aimé
d'Amon ».

Si le profane distingue bien la différence de matériau entre la partie inférieure – sculptée dans une pierre
crème aux veines ondoyantes – et la moitié supérieure en
albâtre italien verdâtre, l'œil du spécialiste est frappé par des
détails anachroniques : les proportions du buste aux épaules
trop larges et à la taille empâtée, le sommet triangulaire du
pilier dorsal, le décor quadrillé du signe *ânkh*, la forme du
némès – sans l'habituel cobra – et le traitement de ses cannelures, enfin le visage lui-même très éloigné du style
ramesside, avec ses yeux dépourvus de bande de fard et profondément enfoncés dans l'orbite, sa bouche imprécise et
son nez grec...

Il ne fait nul doute que la moitié inférieure, sculptée dans l'Égypte des Ramsès (vers 1250 avant J.-C.), fut

Fig. 1. Inscriptions hiéroglyphiques
François de Clarac,
*Musée de sculpture antique
et moderne*,
t. II, Paris, 1853, pl. 244.

Fig. 2. *Antinoüs*
Détail du visage de la statue
du musée du Vatican.

Fig. 3. *Colosse ramesside*
Statue en granite
Paris, musée du Louvre.

Le voyage d'Italie

complétée à l'époque moderne. Le style du visage permet de situer cette restauration dans le courant du XVIIIe siècle. Elle peut être précisée si l'on admet que l'œuvre, qui fut achetée au prince Albani le 5 décembre 1815[3], est bien la statue monumentale d'albâtre identifiée de façon erronée par Winckelmann comme une Isis, mais dont une note de Carlo Fea vient rectifier la description : « Cette statue représente une figure d'homme, forme sous laquelle elle a été réparée[4]. » Doit-on attribuer la restauration à Cavaceppi comme me le suggère aimablement J.R. Gaborit ? Le grand sculpteur italien travailla effectivement pour le cardinal Albani et exécuta en particulier les copies de hiéroglyphes ornant son obélisque. Les modèles dont s'inspira l'artiste doivent être recherchés dans les collections égyptiennes, ou égyptisantes, alors rassemblées en Italie. Malgré la rigidité des pans du némès, il semble que l'Antinoüs aujourd'hui conservé au musée du Vatican fut choisi pour restituer le visage ; le modelé du torse évoque des copies grecques d'époque romaine ; le sommet pyramidal du pilier dorsal, emprunté à des œuvres de l'époque ptolémaïque[5], se retrouve dans d'autres œuvres restaurées, encore en place dans la villa Albani, telle une statue du roi Chabaka[6]. Une autre note de l'ouvrage de Winckelmann nous donne une indication infiniment précieuse qui, semble-t-il, n'a jamais été prise en considération. La statue fut trouvée dans le milieu du XVIIIe siècle « lorsqu'on fit les excavations pour le séminaire romain, vers l'endroit où était jadis l'ancien temple d'Isis dans le champ de Mars ; et près de là sur un terrain appartenant aux P.P. Dominicains[7]... ». L'œuvre viendrait ainsi compléter la liste des objets pharaoniques décorant l'un des principaux lieux de culte isiaque de la Rome impériale[8].

Il reste à retrouver la provenance égyptienne de l'œuvre. L'épithète « aimé d'Amon », qui fut l'un des principaux dieux de l'époque ramesside, est un bien maigre indice pour lui attribuer une origine thébaine. Certes, les statues monumentales taillées dans de l'albâtre sont relativement rares et le grand temple d'Amon de Thèbes en abrita quelques-unes : une effigie datée du règne de Toutankhamon[9], un colosse figurant Séthi Ier[10]... Mais l'hypothèse demande à être confirmée : Rome accueillit des antiquités arrachées à tous les sanctuaires d'Égypte, de la première cataracte du Nil, comme l'effigie de Neshor[11], aux rives du delta, tel l'obélisque de Saïs[12].

C. Z.

1. *Cf*. Röttgen, 1982, p. 155.
2. Clarac, t. II, part. II, 1851, pp. 826 et 828, n° 395.
3. Archives des musées nationaux, inv. 1 DD 70, p. 71.
4. Winckelmann, t. I, 1790, p. 174, note 2.
5. *Cf*. Bothmer, 2e éd., 1973, p. XXXIV.
6. Inv. Visconti N. 1037, *cf*. Curto, 1967, p. 58, n° 1 et p. 60.
7. Winckelmann, *op. cit.*, p. 174, note 1.
8. *Cf*. Roullet, 1972, pp. 34-35.
9. *Cf*. Schwaller de Lubicz, t. II, 1985, pl. XLVI.
10. CG 42139.
11. Musée du Louvre, A 90.
12. *Cf*. Roullet, *op. cit.*, pp. 76-77, n° 78.

Expositions :
Marcq-en-Barœul, 1977, n° 99.

Bibliographie sommaire :
Winckelmann, vol. I, 1764, p. 34 ; Winckelmann, 1779-1783, p. 97 et II, p. 17 ; Winckelmann, 1790, p. 174 et notes 1 et 2 ; Petit-Radel, t. IV, 1804, pp. 109-117, pl. 56 ; Landon, t. 16, 1808, pp. 133, 134, pl. 69 ; Visconti et Clarac, 1820, p. 33, n° 55 ; Clarac, 1851, n° 2548, p. 296, pl. 288 et t. II, pl. 244, n° 395 pour l'inscription ; Curto, 1967, p. 58 et note 10 (allusion à l'objet, désigné, d'après Winckelmann, comme une Isis) ; Roullet, 1972, p. 91, n° 116 (Isis) ; Ziegler, *in* cat. exp. Marcq-en-Barœul, 1977, n° 99.

L'obélisque Albani

Placer un obélisque dans les jardins de son palais était une rareté enviée dans la Rome du XVIIIe siècle. C'est semble-t-il au prix de négociations serrées que le cardinal Alessandro Albani acquit vers 1770 un obélisque de granite rose, qu'il fit placer sur la terrasse occidentale de sa villa, au centre d'un vaste rond-point où convergeaient les allées menant à la Via Salaria. Le monument était de hauteur modeste, un peu plus de 5 mètres, et composé de trois fragments. Le bloc central, sculpté à l'époque romaine, portait une dédicace en fort bons hiéroglyphes commémorant un empereur – probablement Claude – et un nommé Titus Sextius Africanus. Comme le suggère Hans Wolfgang Müller, ce dernier fit sans doute ériger l'obélisque dans un temple voisin du Forum d'Auguste. Les deux autres fragments étaient des additions dues au sculpteur Paolo Cavaceppi qui y inscrivit pour le cardinal des

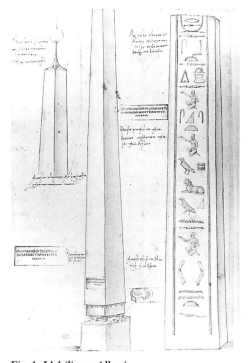

Fig. 1. *L'obélisque Albani*
Trois études d'obélisques réalisées par l'École italienne du XVIe siècle
Bayonne, musée Bonnat.

Fig. 2. L'obélisque Albani à Munich en 1976.

signes copiés sur le texte antique. Celui-ci en fit orner le socle de quatre bas-reliefs de granite détachés de monuments antiques. L'ensemble fut transporté au Louvre avec la collection confisquée aux héritiers du cardinal. Jean-Marcel Humbert a retracé les épisodes de son intégration éphémère au monument commémoratif élevé pour le général Desaix, place des Victoires (cat. 111). En 1815, à la chute de l'Empire, les héritiers du cardinal – la famille Castellbarco-Albani –, vendirent une partie des œuvres restituées. C'est ainsi que l'obélisque prit le chemin de Munich, où il se dresse devant la Résidence, à l'entrée du Musée égyptien (Fig. 2), alors que les quatre reliefs sont demeurés au Louvre.

C. Z.

6-7 Socle de l'obélisque Albani : dieux musiciens

Égypte, Ier-IIe siècle après J.-C.
Granite rose
6-7 : H. : 75 cm ; l. : 50,5 cm
Paris, musée du Louvre, département
des Antiquités égyptiennes
B 44-B 45

Historique :
Rome, villa Albani, n° A 528

Exposé à Ottawa (6)

Ces deux fragments symétriques, découpés dans les murs de quelque sanctuaire, appartenaient à des scènes figurant des rites musicaux accomplis en l'honneur d'une divinité. Couronnés du disque solaire, parés d'un large collier, deux dieux portant la « mèche de l'enfance », agitent un sistre arqué muni de trois barrettes ; l'enfant figuré sur le relief B 44 a le front orné du cobra-*uraeus*. Bien qu'aucun texte ne vienne identifier ces deux jeunes garçons, on peut y reconnaître l'image de l'un des nombreux dieux enfants qui occupaient une place importante dans les triades divines de la Basse Époque et dont les noms diffèrent d'un sanctuaire à l'autre : Ihy, Horus l'enfant, Horus le premier-né d'Amon, Horus Sémataouy, Héka... À l'époque pharaonique, le sistre était utilisé au cours des cérémonies religieuses, et tout particulièrement lors des rites d'apaisement des déesses dangereuses. À la Basse Époque l'instrument devint un des emblèmes du culte isiaque et connut par la suite une large diffusion dans tout l'Empire romain. Avec le bouton qui orne la base du manche et la forme régulière de l'arceau, le type ici représenté est attesté à l'époque romaine et permet de dater ces deux fragments exécutés dans un profond relief dans le creux. Toutefois, le style proche des modèles de l'époque ptolémaïque suggère qu'ils ont été sculptés en Égypte même et non à Rome.

C. Z.

Expositions :
Marcq-en-Barœul, 1977, n° 102.

Bibliographie sommmaire :
Iversen, 1968, p. 180 *sqq.*, note 14, fig. 163 c-d ; Roullet, 1972, p. 66, n°s 59-60 et fig. 75-76 ; Müller, 1975, p. 10 ; Ziegler, *in* cat. exp. Marcq-en-Barœul, 1977, n° 102 ; Ziegler, 1979, p. 35 (B 44).

8-9 Socle de l'obélisque Albani : signes symboliques

Italie, IIIe siècle après J.-C.
Granite rose
8 : H. : 75 cm ; l. : 50,5 cm
9 : H. : 75 cm ; l. : 50 cm
Paris, musée du Louvre, département
des Antiquités égyptiennes
B 46-B 47

Historique :
Rome, île Tibérine ; collection Borgia ;
villa Albani, n° A 528.

Exposé à Ottawa (8)

Au registre supérieur de ces deux fragments se détache, sculptée dans le creux, l'image d'un faucon couronné du disque solaire, une plume d'autruche fichée devant les pattes. L'ensemble est une interprétation grossière d'époque

6

7

rine. En 1560, Pirro Ligorio imaginait une reconstitution de l'ensemble sous l'aspect d'un bateau dont l'obélisque aurait servi de mât, fantaisie architecturale reprise dans le décor des fontaines de la villa d'Este à Tivoli[2]. Les vestiges – abattus en 1565 –, restèrent longtemps en place, puisque nos fragments y furent dessinés par Kircher en 1654, avant d'entrer dans la collection Borgia à Velletri en compagnie d'autres bientôt dispersés : l'un est aujourd'hui conservé au musée de Munich, un autre au musée de Naples. Acquis par le cardinal Albani, nos deux reliefs furent associés aux fragments B 44-B 45 (cat. 6-7) et, retaillés pour l'occasion, ils vinrent orner la base de l'obélisque Albani, offrant aux artistes du XVIIIe siècle un modèle peu conforme aux canons de l'écriture hiéroglyphique.

C. Z.

1. *Cf.* Roullet, 1972, pl. LXIX.
2. *Cf.* Donadoni, Curto et Donadoni-Roveri, 1990, pp. 38-39.

romaine, confondant deux modèles pharaoniques : celui du signe de l'Occident et une représentation très fréquente du dieu-faucon Horus. Au-dessus de chaque oiseau plane un soleil d'où jaillit un cobra-*uraeus*, souvent assimilé à l'œil brûlant de l'astre. Les registres inférieurs diffèrent. Le relief B 46 porte l'image d'un soleil flanqué de deux cobras tandis que le second fragment est orné de deux poissons. Seul ce dernier thème n'est pas emprunté au répertoire décoratif égyptien, mais évoque probablement les signes du zodiaque. Erik Iversen et Anne Roullet ont reconstitué l'histoire de ces fragments découpés dans un petit obélisque, encore en place quand Cronaca en exécuta les relevés vers 1480-1498[1] et dont le décor, composé d'une superposition de signes symboliques, était proche de celui de la Table isiaque (cat. 13). Le monument fut semble-t-il dressé au IIIe siècle après J.-C. devant le temple d'Esculape, au centre de la petite île Tibé-

8

9

Expositions :
Marcq-en-Barœul 1977, n° 102.

Bibliographie sommaire :
Kircher, 1654, pp. 379-382 et
fig. ; Montfaucon, 1719, III, 2,
lib. II, cap. VII, 352 ; Pococke,
1743, II, 2, p. 207, pl. XCI ;
Piranèse, 1756, IV, pl. 14 ;
Clarac, t. II, 1853, p. 175, n°s 2-3 ;
Rougé, 1852, pp. 53-57 ; Rougé,
1877, p. 66 ; Porter et Moss,
t. VII, 1951, p. 412 ; Iversen,
1968, p. 180 *sqq.*, fig. 163 a-b ;
Roullet, 1972, pp. 79-82, n° 85 et
fig. 98-100 ; Müller, 1975, p. 10 ;
Ziegler, *in* cat. exp. Marcq-en-
Barœul, 1977, n° 102 ; Donadoni,
Curto et Donadoni-Roveri, 1990,
p. 38.

Fig. 1. *Isis d'après la description d'Apulée*
Kircher, 1652.

Fig. 2. Procession d'Isis
Bas-relief du IIᵉ siècle après J.-C.
Musée du Vatican.

10   Sistre arqué

Rome, temple d'Isis
Époque Romaine, Iᵉʳ siècle après J.-C.
Bronze
H. : 20,5 cm ; l. arceau : 3,5 cm ; l. tringles : 14 cm
Paris, musée du Louvre, département
des Antiquités égyptiennes
E 8077

Historique :
Acquis en 1887.

Exposé à Paris et à Ottawa

Instrument rituel spécifique à l'Égypte, le sistre apparaît au temps des pyramides. C'est un hochet musical, pourvu d'un manche supportant un cadre muni de tiges transversales. La moindre secousse imprimée à l'objet entraîne les tiges qui viennent bruyamment heurter les parois du cadre. Ces tiges peuvent être également munies de rondelles métalliques ou bien de petites cymbales qui glissent ou s'entrechoquent. On a coutume d'opposer la catégorie des sistres dit « arqués », dont le type se perpétua dans tout l'Empire romain au Iᵉʳ siècle avant notre ère, à celle des sistres « à *naos* », dont le manche est surmonté par un petit édifice, percé d'une ouverture : c'est là, nous apprennent les textes tardifs, que vient se poser l'« âme » de la déesse Hathor.

Inscriptions et scènes figurées nous enseignent les fonctions de l'instrument. Sa musique, comparable au froissement des papyrus, suscite l'apparition divine ou bien la naissance du dieu enfant. Avec un autre instrument rituel, la *ménat*, le sistre joue un rôle essentiel dans l'apaisement des divinités dangereuses : il réjouit leur cœur, « écarte la violence, efface la fureur ». Certains éléments décoratifs, telle l'image de chatte couchée au sommet de l'arceau, évoquent ce rôle apaisant en rapport avec le mythe de « l'œil de Ré » dans lequel une lionne furieuse se transforme en douce chatte grâce au charme de la musique. À l'époque où les cultes égyptiens se diffusent dans le monde gréco-romain, le sistre arqué devient l'emblème des divinités et de leurs officiants, prêtres et initiés. Des exemplaires comme le nôtre sont retrouvés dans le trésor des sanctuaires d'Isis, à Rome comme à Pompéi. Leur décor est plus ou moins élaboré. Ici, au sommet de l'arceau – très allongé et dont la face externe forme une gouttière –, est couchée une chatte ; à la base, de chaque coté, se détache en léger relief une coiffure isiaque : plume et disque reposant sur des cornes. L'arceau est percé de deux séries de trous ronds dans lesquels sont enfilées trois barrettes mobiles terminées par des têtes de canard. Des traces d'usure révèlent que l'objet a été utilisé dans l'Antiquité.

Les auteurs classiques, Plutarque[1] comme Apulée[2] (Fig. 1), décrivent l'instrument, tandis que les représentations des stèles athéniennes, les peintures pompéiennes ou les reliefs de la Rome antique, montrent son rôle fondamental dans la célébration des cultes isiaques (Fig. 2). Remis à l'honneur sous la Renaissance[3], c'est le sistre arqué romain qui se perpétuera dans le décor du mobilier et comme accessoire symbolique de l'Égypte.

C. Z.

1. *Cf.* Fischer, *in JARCE* 1, 196, pp. 7-23.
2. Apulée, *Métamorphoses*, XI, 12 ; *cf.* Griffiths, 1975.
3. *Cf.* Junker, Gîza X, pl. 46 ; Fischer, *op. cit.*, fig. 5-6 ; Saleh, 1977, pl. 17.

Bibliographie sommaire :
Ziegler, 1979a, p. 61, n° 81 ;
Ziegler et Genaille, 1984,
pp. 959-964.

11 Statue monumentale attribuée à la déesse Isis

Italie, règne d'Hadrien (117-138 après J.-C.)
H. : 2,56 m ; l. : 74 cm ; l. : 53 cm
Une mortaise en haut du pilier dorsal suggère
un système d'accrochage
Paris, musée du Louvre, département
des Antiquités égyptiennes
N 119 A

Historique :
Corps : villa d'Hadrien ; mentionnée dans la
collection de la famille d'Este à Tivoli à partir du
XVIIe siècle ; entrée au musée du Vatican en 1753.
Tête : villa d'Hadrien ; découverte à Pantanello
en 1726 ; collection du cardinal de Polignac ;
emportée à Berlin en 1742.

Probablement sculptée en Italie, cette figure monumentale ne semble guère égyptienne au premier abord, si ce n'est par son thème : on l'identifie communément comme une représentation de la déesse Isis. Le traitement du visage est dans la veine de l'art hellénistique tout comme les manches longues, les draperies étroitement plaquées sur le corps féminin et les ondulations animant le bas de la tunique. Le personnage ne porte aucun des attributs du culte isiaque : sistre, situle, couronne à double plume... Cependant, elle devait sembler exotique aux yeux des contemporains de l'empereur Hadrien. Si l'on compare cette œuvre à la production romaine de l'époque, plusieurs éléments concourent en effet à lui donner un caractère égyptisant : la stricte frontalité du personnage, qui demeure immobile, les bras le long du corps tout en portant un pied en avant ; la présence d'un pilier dorsal au sommet pyramidal ; enfin la coiffure, avec ses longues « anglaises » et sa frange de bouclettes, est bien attestée au temps des Ptolémées, dans des portraits de reine divinisée telle l'*Arsinoé II* conservée à New York[1].

Joachim Raeder a reconstitué les étonnantes pérégrinations de la pièce, achetée à la famille d'Este en 1753 par le pape Benoît XIV qui la plaça au musée du Capitole. Elle était alors privée de sa tête. Emportée à Paris en 1798, la statue y demeura après la paix de Vienne, comme cadeau de Pie VII à Louis XVIII. Entre-temps, la tête, après avoir appartenu au cardinal de Polignac, fut miraculeusement retrouvée à Berlin et transportée au Louvre en 1806. C'est ce fragment, découvert en 1726 dans le vallon marécageux de Pantanello, proche de l'actuelle entrée de la villa d'Hadrien, qui a permis de retrouver l'origine de l'*Isis*[2].

Au terme de son étude sur la décoration de la villa d'Hadrien, Jean-Claude Grenier propose, avec des arguments convaincants, un emplacement pour cette statue colossale. Elle aurait occupé la grande niche ménagée dans un des pavillons encadrant le corps central du bâtiment, celui situé à la droite du visiteur regardant l'édifice ; une statue d'Harpocrate placée dans l'autre pavillon et aujourd'hui conservée au musée du Capitole (inv. 646), venait compléter la triade alexandrine autour de Sérapis auquel était dédié l'ensemble. Si l'on replace l'image de la déesse dans la symbolique géographique du monument qui figurait, semble-t-il, une carte d'Égypte où l'exèdre tenait la place du delta, faut-il y voir une évocation des confins orientaux du delta et de la ville d'Alexandrie ? c'est l'hypothèse avancée par le même auteur.

C. Z.

1. MMA 20. 2.21 ; *cf.* Bianchi, *in* cat. exp. Brooklyn, 1989, n° 66, pp. 170-171.
2. *cf.* Raeder, 1983, p. 14

Bibliographie sommaire : Petit-Radel, 1804, t. IV, pp 101-102, pl. 51 ; Winckelmann, t. III (1809) p. 347 ; t. IV (1812) pp. 232 *sqq.* et 546 ; t. VII (1817) pp. 32 *sqq.* ; Clarac, 1830, p. 151 n° 359 ; Penna, 1831-1836, t. III, pl. 28 ; Visconti, t. IV, 1831, p. 523, n° 471 ; Clarac, t. V, 1851, p. 293, n° 2585, pl. 307 ; Roullet, 1972, p. 91, n° 119, pl. 113 ; Raeder, 1983, pp. 58-59, I 40 ; Grenier, 1990, pp. 48-49

12 Statue naophore

Égypte, Basse Époque : XXXe dynastie ou Époque Ptolémaïque (IVe-IIIe siècle avant J.-C.)
Basalte noir
H. : 41,5 cm ; l. : 8,7 cm ; pr. : 20,3 cm
Paris, musée du Louvre, département des Antiquités égyptiennes
E 8069

Historique :
Acquis en 1881 de M. Stier.

L'œuvre appartient au type dit « naophore », terme utilisé par les égyptologues pour désigner la représentation d'un personnage présentant une petite chapelle (ou *naos*) qui renferme l'image d'un dieu[1]. Ces statues étaient déposées soit dans les temples – pour bénéficier des offrandes des vivants et éterniser la piété de leur donateur – soit dans les tombes (et ceci dans des proportions à peu près identiques). Apparues dans l'Égypte de la XVIIIe dynastie (vers 1580-1348 avant J.-C.), elles adoptent des formes variées, le dévot étant figuré d'abord à genoux ou accroupi et, plus rarement à cette période, debout. Puis, à partir de la XXVIe dynastie, vers 600 avant J.-C., les personnages sont le plus souvent debout[2]. Le *naos*, reproduction miniature des véritables tabernacles abrités au plus secret des temples, peut être placé à terre ou reposer sur un pied, comme sur notre statue.

Celle-ci témoigne d'une dévotion particulière au dieu des morts Osiris, figuré dans le *naos* et aisément identifiable : corps étroitement moulé dans un suaire, bras repliés sur la poitrine, sceptre crochet *héka* et fouet, haute coiffure *atef* flanquée de deux plumes d'autruche. La petite chapelle est présentée par un homme debout, la jambe gauche portée en avant, attitude conventionnelle dans l'art égyptien. Le haut pilier dorsal est dépourvu de toute inscription permettant d'identifier le personnage. Le pagne long et sobre, le modelé tripartite du torse comme la perruque « en bourse » dégageant les oreilles sont caractéristiques de la Basse Époque. Rompant avec la stricte frontalité des périodes antérieures, la tête est légèrement tournée. Le visage rond et aimable, avec sa bouche petite et ses yeux stylisés, est dans la veine des portraits idéalisés de la XXXe dynastie et du début de l'époque ptolémaïque[3]. On remarquera le contraste entre le traitement du visage, auquel l'artiste a accordé tous ses soins, et le reste de la statue. Celle-ci est demeurée inachevée – une ligne noire, tracée au bas du socle, indique sans doute la limite jusqu'à laquelle la pierre devait être rabattue – et n'a pas reçu son poli final. Attestées en Europe dès le XVe siècle[4], les statues naophores ont inspiré de nombreux artistes, de Piranèse (cat. 16-21) à Clodion (cat. 53). Une des plus connues est sans conteste celle d'un haut fonctionnaire nommé Oudjahorresné qui fut le médecin-chef du conquérant perse Cambyse II. L'effigie, retrouvée mutilée dans les vestiges de la villa d'Hadrien, est aujourd'hui conservée au musée du Vatican[5]. Elle fut identifiée à tort comme une Isis et dotée au XVIIe siècle d'une tête féminine s'accordant, selon le goût du temps, avec le corps replet drapé dans un long pagne. C'est sous cet aspect insolite que son image fut popularisée par des ouvrages aussi réputés que celui de Winckelmann[6] (Fig. 1), dans lequel vinrent puiser peintres et sculpteurs.

C. Z.

1. *Cf.* Wildung, 1982, col. 341, « Naophor » ; Labbé, 1989, pp. 309-312, inéd.
2. *Cf.* Bothmer, 2e éd., 1973, p. 47.
3. *Ibid.*, p. 127, fig. 247-249.
4. *Cf.* Cronaca, M. S. Christ Church, Oxford, inv. O814 v. ; même statue complétée et interprétée comme celle d'une femme par Pirro Ligorio, Codex Ursinianus, Rome, Biblioteca Vaticana, Vat. Lat. 3439, fol. 9, v.
5. *Cf.* Botti et Romanelli, 1951, n° 196 ; Porter et Moss, vol. VII, 1951, p. 416.
6. J. Winckelmann, *Histoire de l'art chez les Anciens*, 1790, I, pl. VIII.

Bibliographie sommaire :
Posener-Krieger, 1960, p. 97
(cité).

Fig. 1. *Statue naophore*
Johann Joachim Winckelmann,
Histoire de l'art chez les Anciens,
1790 (éd. fra.), pl. VIII.

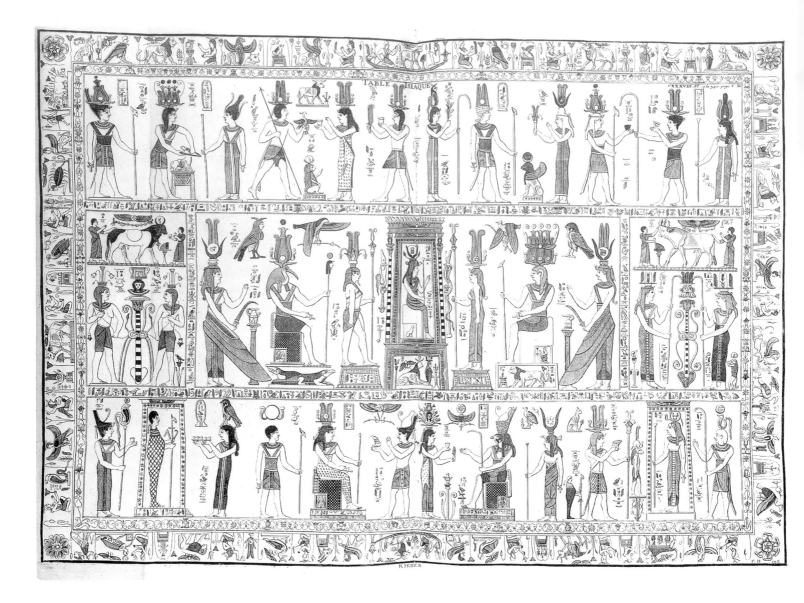

13   La Table isiaque de Turin (dite Mensa Isiaca ou Bembina)

Bernard de Montfaucon
Gravure
L. : 64 cm ; l. : 47,5 cm
Planche 138 de *L'Antiquité expliquée et représentée
en figures*, 1722-1724, t. II
Paris, musée du Louvre, bibliothèque et archives
des Musées nationaux

Exposée à Paris

Cette grande « table » de bronze, longue de plus d'un mètre,
provient sans doute de l'Iseum du Champ de Mars à Rome,
où elle était utilisée comme instrument de culte. Elle est
ornée d'une multitude de figures égyptiennes incrustées
d'argent et fut l'une des sources les plus fameuses du répertoire égyptomanique. Les inscriptions hiéroglyphiques

accompagnant les images furent longtemps considérées
comme un document essentiel pour le déchiffrement. Mais
Champollion, dès son arrivée à Turin, déclarait que la pièce
était « fausse et moderne[1] ».

    L'histoire de l'objet est mouvementée. Découverte
en Italie au début du XVIe siècle, la table appartenait en 1547
au cardinal Bembo qui lui légua son surnom de *Mensa Bem-
bina*. Entrée par la suite dans la pinacothèque ducale de
Mantoue, elle survécut miraculeusement au sac de la ville
survenu en 1630, pour réapparaître dans la seconde moitié
du XVIIe siècle, dans la collection des ducs de Savoie. Depuis
1832, elle fait l'orgueil du Musée égyptien de Turin.

    Ce monument fameux reproduit l'image d'un
temple égyptien consacré à la déesse Isis (Fig. 1). Celle-ci
occupe le centre du décor. Nous la voyons assise dans un
naos, petite chapelle à gorge surmontée de cobras stylisés,

coiffée de la dépouille de vautour ornée d'un disque solaire reposant sur des cornes de vache. On notera, de part et d'autre de la déesse, le dieu enfant Horus fils d'Isis et Thot à tête d'ibis. Tout autour se déploient sur trois registres les principaux dieux d'Égypte devant lesquels sont accomplis des rites spécifiques[2]. Beaucoup de divinités sont aisément reconnaissables par leurs attributs, tels Ptah le dieu momiforme de Memphis et sa compagne la lionne Sekhmet, figurés au registre inférieur ; les taureaux Apis et Bouchis, au registre médian ; ou bien Anoukis, coiffée de cornes d'antilope et Amon, aux deux hautes plumes, gravés au registre supérieur. Les nombreux dieux enfants, les dieux-Nil aux mamelles pendantes, les figures féminines représentant les champs et la tête grimaçante du dieu Bès qui fait pendant à un sistre-*naos* évoquent la fécondité et la richesse dont la déesse mère Isis est garante, tandis que les images de l'union des deux terres, plantes souplement liées, symboli-

sent la double royauté d'Horus et l'ordre qui en découle. Sur le pourtour se déroule une multiplicité de vignettes dont beaucoup sont empruntées à des illustrations de papyrus funéraires, mais parmi lesquelles apparaissent d'étranges sphinx barbus à ailes recourbées, étrangers au vocabulaire décoratif égyptien. Parfaitement fantaisistes, les inscriptions hiéroglyphiques sont cependant disposées selon les conventions de l'art pharaonique et de nombreux signes sont très proches de leur modèle antique, sans doute quelque temple ptolémaïque. La « table », sans doute objet rituel utilisé pour le culte d'Isis, fut exécutée en Italie même et probablement au Ier siècle après J.-C. tant ses affinités stylistiques avec une base de statuette en bronze trouvée à Herculanum sont grandes[3]. Elle serait donc contemporaine de la première vague des cultes isiaques dont témoignent aujourd'hui certaines peintures d'Herculanum et de Pompéi[4] et l'*Aula Isiaca* de Rome[5]. L'œuvre révèle – par sa composition et par les thèmes choisis – une réelle connaissance de la théologie égyptienne, ainsi que la fréquentation de modèles pharaoniques, bien que les personnages et leurs attributs s'écartent quelque peu de la tradition : boucles recourbées au bas des chevelures, interprétation libre du *séma-taouy*, vases aux formes étranges...

Souvent copiée et reproduite d'après le dessin qu'exécuta Enea Vico en 1559, la Table isiaque eut l'honneur d'une première publication à Venise en 1605, par Pignorio, ami de Galilée et de Peiresc ; au prix de démonstrations savantes dont la vanité nous fait aujourd'hui rire, l'illustre Padouan parvient à démontrer l'influence incontestable que l'Égypte exerça sur la civilisation des Indes ; sa publication de la Table isiaque fut tour à tour commentée, citée, utilisée par presque tous les savants, étayant bien souvent les théories les plus hasardeuses. On la retrouve ainsi dans les œuvres de Montfaucon, Kircher, Jablonski, Pauw, Caylus, Winckelmann, Zoëga. Les artistes ne manquèrent

Fig. 2. Autel d'Apis
Johann Melchior Dinglinger, 1731 (détail)
Dresde, Grünes Gewölbe, Staatliche Kunstsammlungen.

Fig. 1. Table isiaque de Turin
D'après Donadoni, Curto et Donadoni-Roveri, 1990, p. 31 (détail).

Fig. 3. Décor de l'antichambre
du château de Masino dans le Piémont
D'après Leospo, 1978, pl. XXIX.

Fig. 4. Scène égyptisante
Fresque romaine
Musée du Louvre, département
des Antiquités grecques et romaines.

pas de puiser dans son foisonnement d'images, qu'ils reproduisent souvent avec fidélité. Quelques exemples suffiront ici. Exécuté par Dinglinger en 1731 le fastueux autel d'Apis (Fig. 2) lui emprunte la plupart de ses thèmes[6]. Le 20 janvier 1811, par décision expresse de l'Empereur, c'est une copie de la déesse Isis qui est autorisée à figurer dans les armoiries de Paris : « De gueules, au vaisseau antique, la proue chargée d'une figure d'Isis assise, d'argent[7]... ». Enfin, réalisé dans le courant du XIXe siècle, le décor de l'antichambre du château de Masino (Fig. 3), en Piémont, en reproduit les figures agrandies et peintes de vives couleurs[8].

C. Z.

1. *Lettres* de Champollion le Jeune, Bibliothèque égyptologique, XXX, 1909, p. 183.
2. *Cf.* Derchain, t. LV, n°s 109-110, 1980, pp. 170-171.
3. *Cf.* Tran tam Tinh, 1971, pp. 52 *sqq.*, pl. III et IV.
4. *Cf.* Tran tam Tinh, 1975, p. 100.
5. *Cf.* Roullet, 1972, pp. 47-48.
6. *Cf.* Enking, 1939 ; Watzdorf, 1962, pp. 266 *sqq.*
7. *Cf.* Baltrusaitis, 1967, p. 67.
8. *Cf.* Leospo, 1978, pl. XXXIX.

Bibliographie sommaire :
Leospo, 1978, pp. 1 28 (avec une abondante bibliographie).

14 Décor mural du café des Anglais, Piazza di Spagna, Rome

Giambattista Piranesi (1720-1778)
1769
Eau-forte
H. : 21 cm ; L. : 32 cm (planche) ;
tirée d'un album mesurant 57,5 × 41,5 cm
Gravé dans la planche, en bas à gauche :
« Disegno ed invenzione del Cavalier Piranesi » ;
en bas à droite : « Piranesi inc. » ; texte de la
planche : « Altro spacatto per longo della stessa
bottega, ove si vedono frà le aperture del vestibolo
le immense piramidi, ed altri edifizi sepolcrali
ne'deserti dell'Egitto. »
Planche 45 des *Différentes manières d'orner
les cheminées* de Giambattista Piranesi, 1769
Paris, collection particulière

L'apparition en 1769 des *Différentes manières d'orner les cheminées* de Piranèse fut remarquable, non seulement parce qu'il s'agissait de la publication de l'ensemble le plus important de dessins modernes inspirés de l'art égyptien, mais aussi à cause de sa préface, éditée en italien, en français et en anglais, le « Discours apologétique en faveur de l'Architecture Égyptienne, et Toscane ». Cet essai avait une allure de texte polémique contre les tenants de la suprématie du style grec, mais il était par ailleurs le premier texte dans lequel un auteur soutenait que l'architecture égyptienne présente une perfection dépassant le « grand et le majestueux » généralement admis par les théoriciens. Il y défendait de façon moins cohérente les qualités de l'architecture égyptienne, dont il pensait qu'elles avaient été en grande partie perdues, mais il tenta d'établir que son caractère stylisé « n'est point provenu de l'insuffisance des Égyptiens, ni de ce que leur statuaire n'ayant pu aller plus loin, mais c'est le fruit d'une profonde réflexion, & qu'ils ont été bien au de la [*sic*] de ce que l'on croit communément[1] ». Quant à la technique, dans ses plus belles réussites, elle démontrait chez ce peuple une « parfaite connaissance de tout ce que la nature a de beau, & de bon[2] ».

Entre la parution de cet ouvrage et l'interprétation qu'a faite Piranèse de motifs égyptiens dans ses premières copies des années 1740 d'après les reconstitutions de monuments égyptiens de Fischer von Erlach, on constate une progression révélatrice. Les sphinx et obélisques typiquement XVIIIe siècle contenus dans sa *Prima parte di architetture e prospettive* et dans ses *Opere varie* ou les lions égyptiens du Capitole d'un de ses *capricci* (Focillon, 21) aussi bien que le sistre d'un dessin antérieur pour une page de titre (Pierpont Morgan Library, New York), laissent place à une observation plus précise des monuments de Rome dans les *Vues de Rome*, dont font partie la pyramide de Cestius – qu'il a déjà représentée à deux reprises – et la vue détaillée de l'obélisque du Latran se détachant, seul, sur un ciel dramatique. La page de titre des *Lettere di giustificazione scritte a Milord Charlemont* de 1757 réunit déjà en une composition fantaisiste des frises égyptiennes, des obélisques brisés et les lions à base égyptienne inspirés de l'Acqua Felice, dont il écrivait en 1769 « quelle majesté dans les lions égyptiens, quelle gravité, quelle sagesse[3] !... ». Dès 1761, tandis qu'il travaillait à rassembler une documentation sur l'imagerie égyptienne, il a exprimé pour la première fois dans la *Magnificenza ed architettura dei Romani* ce qu'il approfondira dans les *Différentes manières*, sa conviction que l'architecture étrusque est dérivée de l'Égypte ; de même, il introduira quatre obélisques dans la page de titre de *Il campo Marzio dell'antica Roma*, publié en 1762.

Cet appétit de *prima materia* égyptienne, tellement visible dans ses *Différentes manières*, Piranèse l'assouvira avec les œuvres qui se trouvent au Gabinetto egizio du musée du Capitole, au Museo Kircheriano, dans les collections des cardinaux Albani et Borgia, à la villa Borghèse, au cours de ses propres fouilles d'archéologue amateur à la villa d'Hadrien, la Table isiaque (cat. 13), les *compendia* publiés par Montfaucon, les volumes du *Recueil d'antiquités* de Caylus et les relations de voyage tels, ceux de Norden et Pococke[4]. Piranèse, qui était aussi marchand, possédait des pièces égyptiennes telles que la petite sculpture – restaurée – d'homme age-

Fig. 1. Thoutmosis III
Partie inférieure du corps antique
Ancienne collection Piranèse
Paris, musée du Louvre,
département
des Antiquités égyptiennes (AF 6936).

nouillé qui est aujourd'hui au Louvre (Fig. 1) et a peut-être été son modèle pour une figure semblable peinte sur le mur du fond du café des Anglais (cat. 15). Son répertoire est néanmoins surprenant et les permutations qu'il opère par rapport aux modèles égyptiens dont il disposait étonnent encore plus : il fait peu de copie directe, tout est interprété, transformé, fragmenté, reconstitué, réinventé. Les sistres deviennent rectangulaires, le pilier dorsal des figures se mue en obélisque que celles-ci tiennent devant elles, les jambes se fondent en gaines ornementales, des couronnes *atef* surgissent de sphinx entremêlés. Malgré les préoccupations théoriques qui ont été à son origine, la décoration du café des Anglais et des cheminées égyptiennes n'est pas une tentative savante d'illustration de la grandeur des réalisations des Égyptiens. Il s'agit plutôt de variations modernes d'une grande originalité sur des thèmes égyptiens, qui s'aventurent aux limites de ce qui était possible dans les conceptions de son époque et touchant par là, selon Wittkower, à la quintessence du sublime[5].

Parmi les soixante-six gravures parues dans les *Différentes manières*, seules treize peuvent être définies comme égyptiennes (deux autres contiennent des éléments égyptiens) mais ce sont elles qui constituent l'apport le plus original à l'ouvrage et qui sont restées le corpus ayant exercé le plus d'influence en matière de dessin égyptien en Europe jusqu'à la fin du XVIIIe siècle au moins et, dans certains cas, comme en Italie et en Russie, jusqu'à une époque avancée dans le XIXe siècle. La remarque de Focillon : « Le premier, Piranèse tenta d'arracher cet art au sommeil de l'érudition et de le restituer à la vie » est une définition adéquate de ce qui a été une recherche audacieuse pour transcender les frontières de l'architecture.

Anticipant les difficultés qui se poseraient pour la transposition en trois dimensions de ces décors extravagants, Piranèse a lui-même suggéré une alternative : « Ces ornemens [*sic*], qui servent à former un tout uniforme peuvent exister encore en peinture ; c'est ainsi que sont faits ceux du Caffé anglais, que j'ai travaillé dans le goût Égyptien[6]... » En

définitive, le célèbre café des Anglais a été le seul projet égyptien de Piranèse à être réalisé. C'était, selon la description qui a eu un grand écho, faite en 1776 par le peintre gallois Thomas Jones « une répugnante salle voûtée aux murs peints de sphinx, d'obélisques et de pyramides d'après des dessins fantaisistes de Piranèse, convenant plus à l'intérieur d'un tombeau égyptien qu'à décorer une pièce destinée aux plaisirs de la conversation[7] ». Deux gravures, montrant chacune un mur, donnent une idée de cet espace qui était conçu comme un portique en trompe-l'œil, sans toit, s'ouvrant sur un paysage égyptien. La décoration luxuriante qui avait en commun avec celle des cheminées des hiéroglyphes, des sphinx, des obélisques, des vases canopes, des scarabées, des fleurs de lotus, des reliefs, des *oushebtis*, des figures dans diverses positions et des animaux divinisés, était décrite sur l'une des gravures comme symbolisant la religion et la politique des anciens Égyptiens, bien que cette déclaration fût contredite par l'opinion que Piranèse a formulée dans le « Discours apologétique », selon laquelle l'ornement en Égypte était « non pas des mystères [*sic*], mais d'ingénieux caprices de la part des artistes Égyptiens[8] ».

La controverse portant sur la date à laquelle la décoration du café des Anglais a été exécutée – entre 1765 et 1767 selon les cas –, ne sera pas apaisée avant que de nouveaux documents soient connus. On sait de façon certaine que des épreuves pour les gravures du café et des cheminées existaient en novembre 1767 et ont été envoyées à Thomas Hollis. Combien de temps auparavant la décoration a-t-elle été exécutée, cela reste du domaine de la spéculation, mais Piranèse a pu commencer son travail sur les murs et les cheminées dès 1760, comme on le croyait autrefois, ce qui expliquerait les *capricci* égyptiens d'Hubert Robert à la même date (cat. 25). Le café des Anglais a pu être terminé en 1762, tandis que le travail sur les cheminées a pu n'être achevé que plus tard. Le parallèle étroit existant entre les poutres et les jambages du portique peint du Café et la décoration égyptienne insérée plus ou moins au dernier moment dans la *Scuola antica architettata alla Egiziana e alla Greca*, l'une des planches ajoutée aux *Opere varie* lors de leur réédition en 1761, milite en faveur de cette date précoce[9]. Par ailleurs, une étude pour un intérieur avec cheminée égyptienne exécutée au verso d'un dessin du temple de la Sibylle de Tivoli qui se trouve à la Bibliothèque nationale de Paris (B 11 rès., fol. 8) doit également dater des alentours de 1760, puisque les vues du temple furent publiées en 1761 dans les *Vues de Rome*[10]. Ce dessin ne présente pas l'accumulation de figures et fragments égyptiens caractéristique des cheminées, mais on y trouve déjà les éléments essentiels des travaux ultérieurs. Il est curieux de constater que ce projet, composition rectangulaire à son commencement, fut révisé pour s'adapter à un sommet incurvé comme s'il était destiné à s'adapter à une salle voûtée.

M. P.

1. Piranèse, *Différentes manières*, 1769, p. 14.
2 *Ibid.*

Altro spaccato per longo della stessa bottega, ove si vedono frà le aperture del vestibolo le immense piramidi, ed altri edifizj sepolcrali ne' deserti dell'Egitto.

Disegno ed invenzione del Cavalier Piranesi

Cav.⁰ Piranesi F.

14

Spaccato della bottega ad uso di caffè detta degl'Inglesi situata in piazza di Spagna. Le pareti dipinte di questa bottega rappresentano un Vestibulo adornato di Simboli Geroglifici, e di altre cose allusive alla Religione e politica degli antichi Egiziani. In lontananza vi si vedono le fertili campagne, il Nilo e quelli maestosi sepolcri della medesima nazione.

Disegno ed invenzione del Cavalier Piranesi

Piranesi inc.

15

3. *Ibid.*
4. *Cf.* Messina, 1983, pp. 375-384.
5. *Cf.* Wittkower, 1975, p. 137. Pour Piranèse et l'art égyptien, *cf.* Scott, 1975, pp. 224-229 ; Wilton-Ely, 1978, pp. 79, 107-109 ; Curl, 1982, pp. 79-83 ; Wittkower, 1989, pp. 127- 144.
6 Piranèse, *op. cit.*, p. 8.
7. Oppé, t. XXXII, 1946-1948, p. 54.
8. Piranèse, *op. cit.*, p. 10.
9. *Cf.* le dessin antérieurement dans la collection Fauchier Magnan, N.G. Stogdon, Inc. / Artemis Fine Arts Ltd., *Drawings from the 15th to the 20th Century*, New York/Londres, 1986, n° 20, ill.
10. *Cf.* cat. exp. Venise, 1978, n° 72, fig. 72 verso.

Bibliographie sommaire :
Focillon, 1964, p. 356, n° 906 ; Pevsner et Lang, 1968, fig. 14 à la p. 216 ; Scott, 1975, p. 224, fig. 258 ; Carrott, 1978, p. 22, ill. pl. 2 ; Penny, 1978, p. 90, n° 83, ill., n° 276 ; Wilton-Ely, 1978, p. 108, fig. 200 ; Curl, 1982, p. 81, pl. 51 ; cat. exp. Brighton/ Manchester, 1983, n° 34 ; cat. exp. Berlin, 1989, n° 1/64, ill. fig. 26 à la p. 34 ; Humbert, 1987, t. II, n° 133, ill. ; Humbert, 1989, p. 100, ill. ; Syndram, n° 3, 1989c, pp. 48-49, fig. 1.

15 Décor mural du café des Anglais, place d'Espagne, à Rome

Giambattista Piranesi (1720-1778)
1769
Eau-forte
H. : 21 cm ; L. : 27 cm (planche)
Gravé dans la planche, en bas à gauche :
« Disegno ed invenzione del Cavalier Piranesi » ;
en bas à droite : « Cav^r Piranesi F »
Planche 46 des *Différentes manières d'orner les cheminées* de Giambattista Piranesi, 1769
Paris, collection particulière

Cette gravure représente apparemment le mur du fond du café des Anglais. Les éléments décoratifs égyptiens sont différents de ceux du mur latéral et des ouvertures des deux côtés donnent un effet de portes surmontées d'une grande architrave. Certains éléments de décoration l'apparentent aux cheminées : les deux figures accroupies dos à dos au centre de la composition et la procession en frise au-dessus de la porte gauche figurent aussi dans une planche des *Différentes manières* (Focillon, n° 869), tandis que les animaux mythiques au-dessus de l'architrave sont reproduits au numéro 878 du même catalogue.

M. P.

Bibliographie sommaire :
Focillon, 1964, p. 356, n° 907 ; Scott, 1975, p. 224, fig. 259 ; Wittkower, 1975, fig. 353 ; cat. exp. Venise, 1978, n° 48 ; Curl, 1982, p. 81, pl. 50 ; cat. exp. Brighton/Manchester, 1983, n° 34 ; cat. exp. Berlin, 1989, n° 1/64, ill. fig. 27 à la p. 34 ; Humbert, 1987, t. II, n° 133, ill. ; Humbert, 1989, p. 100, ill.

16 Cheminée à l'égyptienne

Giambattista Piranesi (1720-1778)
1769
Eau-forte
H. : 38 cm ; L. : 24,5 cm (planche)
Planche 5 des *Différentes manières d'orner les cheminées* de Giambattista Piranesi, 1769
Paris, collection particulière

De tous les projets des *Différente manières*, aucune des cheminées égyptiennes n'a été exécutée et seules quelque six cheminées classiques furent effectivement réalisées, dont une pour John Hope, le père de Thomas Hope[1]. Le projet présenté ici, qui est la cheminée la plus simple (et peut-être celle dont l'apparence est la plus moderne) avec une surface de mur libre d'ornements plus grande que d'ordinaire, appartiendrait à la période du début de la série : les œuvres ultérieures sont en effet beaucoup plus ornées.

Piranèse avait anticipé les critiques qu'on ne manquerait pas de lui faire à cause de la pléthorique ornementation de ses projets égyptiens, mais il faisait aussi preuve d'un souci de fragmentation dans sa manière d'intégrer les ornements. Les dessins sont le fruit d'une imagination émotive alliée à une exceptionnelle maîtrise de l'effet spectaculaire – parfois poussé jusqu'au délire – mais le traitement cumulatif des fragments, comme l'a observé Manfredo Tafuri[2], rend impossible la définition de l'espace dans lequel ils s'inscrivent. Les projets comprennent la décoration murale immédiatement adjacente à la cheminée et, dans un cas, même des meubles (cat. 18), mais transmettent rarement l'idée dans sa totalité, à moins que l'on considère la décoration du café des Anglais comme une possible toile de fond. Malgré une virtuosité architectonique qui tend à les desservir, ces gravures n'en sont pas moins devenues finalement l'anthologie de référence des motifs égyptiens jusqu'à la fin du siècle[3]. Ainsi, on reste fasciné de voir ce qui se passe quand un auteur différent tel que Dugourc (cat. 57) s'empare des éléments essentiels des cheminées de Piranèse pour les réorganiser dans un espace que ce dernier n'avait jamais imaginé.

M. P.

1. Aujourd'hui au Rijksmuseum d'Amsterdam.
2. *Cf.* Tafuri, 1972, pp. 265-319.
3. Après 1801, le fils de Piranèse, Francesco, a manufacturé à Plailly des fragments et monuments antiques, dont certains de style égyptien, en terre « étrusque » de Mortefontaine. Quelques-uns sont présentés dans des prospectus dessinés par Francesco Piranesi ; *cf.* Schéfer, 1913, ill. à la p. 25.

Bibliographie sommaire :
Focillon, 1964, p. 354, n° 865 ; cat. exp. Venise, 1978, n° 322, ill. ; Curl, 1982, p. 82, ill. pl. 59 ; cat. exp. Berlin, 1986, n° 1/64, ill. fig. 28 à la p. 35 ; Wittkower, 1989a, ill. fig. 8-12 à la p. 135.

16

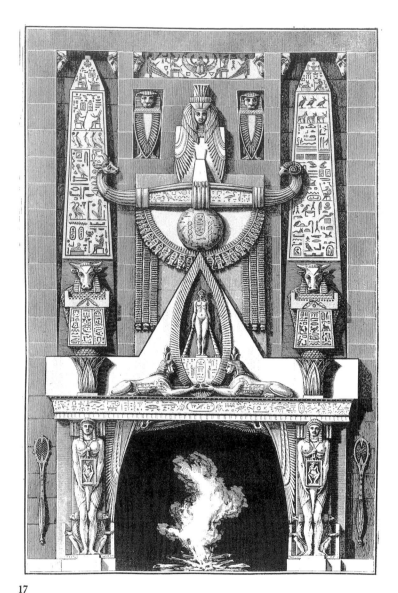

17

Cheminée à l'égyptienne

Giambattista Piranesi (1720-1778)
1769
Eau-forte
H. : 38 cm ; L. : 24,5 cm
Planche 10 des *Différentes manières d'orner
les cheminées* de Giambattista Piranesi, 1769
Paris, collection particulière

C'est la deuxième des cheminées verticales de Piranèse, d'une conception considérablement plus complexe, à la décoration abondante quoique fragmentée. Certains fragments sont identifiables, tel le relief central tout en haut, dérivé de la Table isiaque (cat. 13) et enrichi en son milieu d'un scarabée ailé. L'une des plus extraordinaires inventions

consiste en deux vases canopes posés sur le linteau, avec leur pied en forme de lotus et les têtes d'Apis qui les ornent[1]. Celles-ci ont été copiées en bronze pour la pendule Isis de Thomas Hope (cat. 102), et apparaissent aussi comme motif principal sur une assiette de porcelaine fabriquée à Meissen après 1774, durant la période où Camillo Marcolini, un Italien, dirigeait la manufacture[2]. Le motif des deux sphinx et des vautours à l'angle formé par le linteau et les montants se trouve aussi sur l'une des rares études au trait que Piranèse a faites de ses cheminées égyptiennes, et qui est à la Morgan Library de New York[3]. Dans la gravure qui nous concerne cependant, l'ouverture incurvée de la cheminée, dessinée par les ailes des vautours, prend presque un air Art nouveau.

M. P.

18

Fig. 1. Motifs égyptiens
Dessins extraits du carnet de croquis
de François-Joseph Bélanger
Paris, musée des Arts décoratifs.

18 # Cheminée à l'égyptienne

Giambattista Piranesi (1720-1778)
1769
Eau-forte
H. : 24,5 cm ; L. : 38 cm (planche)
Gravé dans la planche en bas à gauche :
« Cavaliere Piranesi inv. ed inc. » ;
en bas à droite : « 14 »
Planche 14 des *Différentes manières d'orner
les cheminées* de Giambattista Piranesi, 1769
Paris, collection particulière.

Cette remarquable planche est la seule de cette série à présenter, en même temps que la cheminée, une idée de la décoration murale de la pièce ainsi que des fauteuils de style égyptien.

La forme de ces derniers a connu, quant à elle, une postérité intéressante[1].

M. P.

1. Voir catalogue, nos 57-58, 59 et 71.

1. La tête d'Apis était probablement dérivée du même buste qui apparaît aussi sur la planche de Piranèse qui est au numéro 20 du catalogue. La base lotiforme a été copiée d'après un fragment trouvé à la villa d'Hadrien, déposé par la suite au musée du Capitole et qui est aujourd'hui au Vatican ; *cf.* Botti et Romanelli, 1951, n° 214, ill.
2. Une planche de ce type est au Victoria and Albert Museum, Londres, inv. n° 1978-1858.
3. *Cf.* Stampfle, 1978, n° 68, ill.

Bibliographie sommaire :
Focillon, 1964, p. 355, n° 870 ;
Pevsner et Lang, 1968, fig. 13 à la p. 216 ; Wilton-Ely, 1978, p. 109, ill. fig. 201 ; cat. exp. Londres, 1978, n° 279, ill. ; Curl, 1982, p. 82, ill. pl. 55 ; Humbert, 1987, t. II, n° 134, ill. ; Humbert, 1989, p. 20, ill.

Bibliographie sommaire :
Focillon, 1964, p. 355, n° 874 ;
Scott, 1975, p. 234, ill. 274 ; cat. exp. Venise, 1978, n° 319, ill. ;
Penny, 1978, pp. 88-89, n° 82, ill. ; cat. exp. Londres, 1978, n° 277 ; Humbert, 1989, p. 21, ill.

19

19 Cheminée à l'égyptienne

Giambattista Piranesi (1720-1778)
1769
Eau-forte
H. : 24,5 cm ; L. : 38,5 cm (planche)
Inscriptions en bas à gauche : « Cavalier Piranesi
inv. ed inc. »
Planche 24 des *Différentes manières d'orner
les cheminées* de Giambattista Piranesi, 1769
Paris, collection particulière

Comme pour les autres cheminées, il y a ici des similitudes
avec les motifs décoratifs du café des Anglais, mais les éléments les plus frappants sont les deux Égyptiens assis qui,
bien qu'ils soient des hommes, portent sur leur tête la
dépouille du vautour. Les figures, qui ressemblent au pharaon assis du cardinal Albani (cat. 5), proviennent néanmoins, ainsi que l'indiquent les reliefs du trône, des colosses
de Memnon reproduits dans les *Travels in Egypt an in Nubia*
de Norden, publiés en 1757.

M. P.

Bibliographie sommaire :
Focillon, 1964, p. 355, n° 888 ;
Curl, 1982, p. 82, ill. pl. 58.

Cemino architettato alla maniera Egiziana, con istromenti e simboli allusivi alla Religione, e à costumi di questa nazione : come anche si vede
adornato con la stessa architettura il suo Focolare di ferro. Quasto focolare, e tutti gl'altri che si vedono nell'altre tavole di quest'opera
alla maniera o Egiziana, o Greca, o Toscana, sono in grand'uso presso gl'Inglesi, e vengano travagliati da detta Nazione con
grande attenzione e fatica, e con gran bizzarria di trafori ne'loro intagli. Nel sito AB essi mettono il carbone per riscaldarsi.

**Fig. 1. Cheminée égyptienne
Gravure de Giambattista Piranesi.**

20

21

20 Cheminée à l'égyptienne

Giambattista Piranesi (1720-1778)
1769
Eau-forte
H. : 24,5 cm ; L. : 28 cm
Planche 32 des *Différentes manières d'orner
les cheminées* de Giambattista Piranesi, 1769
Paris, collection particulière

Le symbole du *séma-taouy*, papyrus et « lis » liés, emblématique de l'union de la Haute et de la Basse-Égypte, surmonté de hiéroglyphes, ainsi que les taureaux Apis font partie d'une imagerie voisine de celle qu'a utilisée Piranèse sur le mur long du café des Anglais (cat. 14). Le relief tout en haut au centre, est dérivé d'une colonne trouvée sur le site de l'Iseum Campense à Rome. Du temps de Piranèse, on pouvait la voir dans les jardins de la villa Médicis mais, depuis, elle a été déplacée à Florence. Elle figure dans les dessins Dal Pozzo-Albani et a aussi été gravée par Montfaucon[1]. Les bustes bicéphales à tête d'Isis et d'Apis que l'on voit sur le manteau de cheminée à droite et à gauche ont été copiés d'après celui trouvé à la villa d'Hadrien et qui, autrefois au musée du Capitole, est depuis 1838 au Vatican[2].

M. P.

1. *Cf.* Roullet, 1972, pp. 57-58, nº 16, ill.
2. *Cf.* Botti et Romanelli, 1951, pp. 103-104, 140, nº 155, ill.

Bibliographie sommaire :
Focillon, 1964, p. 356, nº 892 ;
Scott, 1975, p. 236, fig. 278 ;
Curl, 1982, p. 82, ill. pl. 52 ;
Wittkower, 1989a, ill. fig. 8-10
à la p. 135.

21 Cheminée à l'égyptienne

Giambattista Piranesi (1720-1778)
1769
Eau-forte
H. : 24,5 cm ; L. : 38,5 cm (planche)
Gravé dans la planche en bas à gauche :
« Cavaliere Piranesi inv. ed inc. »
Planche 21 des *Différentes manières d'orner
les cheminées* de Giambattista Piranesi, 1769
Paris, collection particulière

Cette planche sort de l'ordinaire par le traitement différent des éléments décoratifs des deux côtés de la cheminée, comme si celui-ci laissait la place à un choix. Les figures à obélisques sur la droite et les bustes couronnés au-dessus de la cheminée sont également des éléments importants que l'on retrouve dans le café des Anglais (cat. 14). Les momies,

à gauche, ont servi de modèle pour la grande sculpture décorative présentée au numéro 22 du catalogue.

M. P.

Bibliographie sommaire :
Focillon, 1964, p. 355, nº 881 ;
Scott, 1975, p. 235, fig. 276 ; cat.
exp. Venise, 1978, nº 325, ill. ;
Curl, 1982, p. 82, ill. pl. 56 ;
Humbert, 1989, p. 98, ill. ;
Fennimore, t. CXXXVII, nº 5,
1990, p. 1191, ill. fig. 1.

22 Momie

Vers 1785
Bois peint et doré
H. : 1,90 m
Paris, collection particulière

Historique :
Ancienne Collection Balenciaga, Paris ; vente,
Monaco, Sotheby's, 30 novembre 1986, nº 970.

La fonction de cette momie, qui faisait partie d'une paire, est aussi difficile à établir que sa provenance. D'après sa taille, il pourrait s'agir d'un élément de décoration architecturale, peut-être une cariatide, bien que la forme de la momie ou du sarcophage soit inusitée dans ce contexte. À la fin du XVIIe siècle, des cariatides en forme de sarcophages apparaissent dans un dessin inédit de Nickodemus Tessin pour la crypte de la chapelle royale de Stockholm ; sur le dessin, l'artiste lui-même notait l'originalité du détail[1]. Comme l'a signalé Jean-Marcel Humbert, le sieur de Neufforge proposait l'emploi de momies décoratives dans son

Fig. 1. Momie
Détail de l'Autel d'Apis de
Johann Melchior Dinglinger, 1731
Dresde, Grünes Gewölbe,
Staatliche Kunstsammlungen.

Recueil élémentaire d'architecture publié en 1757 et l'on en trouve des exemples dans le mobilier Regency[2].

Cette momie dont le style est typique de la fin du XVIIe siècle, pourrait être d'origine française ou italienne. Il est moins probable qu'elle provienne d'Espagne, possibilité suggérée par sa provenance récente. L'inspiration du dessin est plus facile à établir : une momie très semblable, mais plus petite, vue de profil, supporte la tablette d'une des cheminées de Piranèse (cat. 21). Les momies ornementales de ce type, peu nombreuses, se présentent invariablement seules, indépendantes de tout autre élément. Une grande momie de plâtre peinte en noir, créée en France vers la fin du XVIIIe siècle sur un autre modèle, est conservée dans une collection privée. Par ailleurs, on trouve dans l'ouvrage d'Alvar González-Palacios une paire de momies assez classiques de sexe féminin, qui ont été conçues comme garniture et sont, de ce fait, beaucoup plus petites[3].

M. P.

1. Le dessin est au Nationalmuseum de Stockholm (inv. 5325). Tessin dessina des cariatides à l'égyptienne pour un projet de fenêtres, de même qu'un catafalque en forme de pyramide pour les funérailles de la reine Ulrika Eleonora en 1693. Il proposa aussi deux obélisques soutenus par des éléphants (d'après l'obélisque du Bernin, Piazza della Minerva) pour le portail du palais royal de Stockholm. *Cf.* Magnusson, 1980, fig. 114 et 166.
2. *Cf.* Humbert, 1987, vol. II, n° 124 et Harris, 1961, p. 5, pl. III.
3. A. González-Palacios, *Il tempio del gusto : Le arti decorative in Italia fra classicismi e barocco. Roma e il regno delle due Sicilie*, Rome, 1984, vol. II, p. 117, fig. 251.

Expositions :
Paris, 1991, hors cat.

Bibliographie sommaire :
Humbert, 1987, vol. II, p. 116, n° 124 ; Humbert, 1989, p. 99, repr. du pendant.

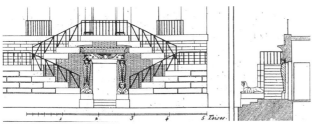

**Fig. 2. *La Maison Biteaux,
rue des Trois-frères, du côté de la cour***
Gravure de S. Boullay, vers 1804-1806,
d'après un dessin de Jean-Charles Krafft
dans son *Recueil des plus jolies maisons
de Paris et de ses environs*
Paris, 1809, 2e partie, Cahier 1er, pl. 7
(détail).

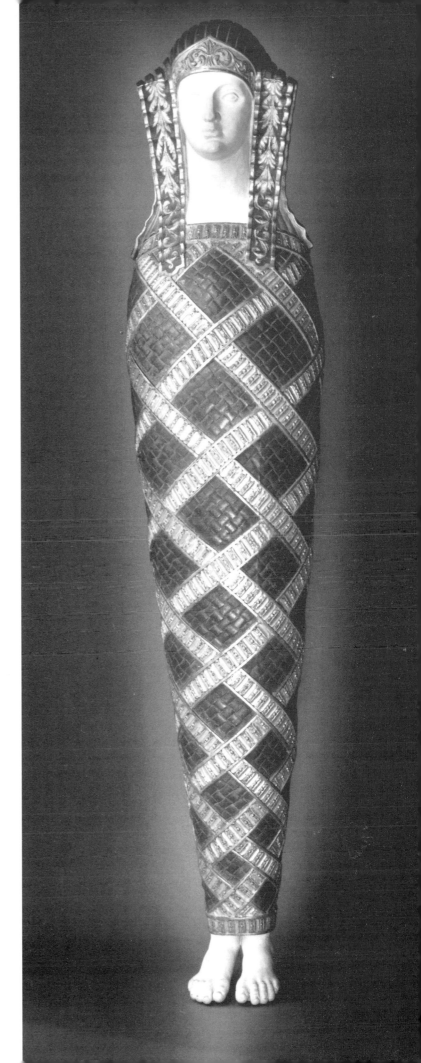

23 Console

Fabrication italienne
Bois sculpté et doré
H. : 1,05 m ; L. : 1,225 m ; pr. : 60 cm
New York, collection particulière

Historique :
Collection Daniel Brunet (vente, Palais d'Orsay, Paris, 15 février 1978, n° 100, repr.) ;
Suisse, collection particulière (vente, Sotheby's, Monaco, 21 février 1988) ; New York, collection particulière.

Ce meuble ressemble à une console qui apparaît dans un portrait de Margherita Gentili Boccapaduli exécuté par Laurent Pecheux en 1777, et qui est le premier exemple connu d'un élément de mobilier amplement décoré à l'égyptienne. Le palais Boccapaduli, près de la Piazza Navona, était célèbre pour contenir la série des sept *Sacrements* de Poussin, aujourd'hui à Édimbourg, que la marquise avait hérité de Cassiano dal Pozzo. Curieuse des sciences comme son ancêtre, elle possédait un cabinet de curiosités. Piranèse lui dédia une de ses gravures et la conseilla en matière de mobilier. Alvar González-Palacios suppose, avec raison, que la console et l'étagère représentées dans le portrait de Pecheux ont dû être fabriquées d'après des dessins de Piranèse[1]. La ressemblance avec les cheminées de ce dernier est assurément frappante. Il convient de noter, en outre, que tous les motifs égyptisants de la décoration s'inspirent de modèles que l'on trouvait à Rome. Par exemple, les sujets agenouillés, en relief au centre de la frise, rappellent une sculpture de la villa d'Hadrien à Tivoli, aujourd'hui disparue mais représentée dans une planche de l'ouvrage de Rocheggiani[2].

La console du palais Boccapaduli avait été recouverte d'une patine rouge évoquant le granite d'Assouan, avec des détails à filets d'or, comme la Table italienne (cat. 42). La console présentée ici est entièrement dorée plutôt que polychrome. Il est presque certain qu'elle faisait partie d'un ensemble comprenant au moins un autre élément, une jardinière de bois dorée avec une frise identique et un support Antinoüs[3]. L'origine de l'ensemble demeure toutefois incertaine. La console et la jardinière étaient toutes deux considérées comme françaises jusqu'à une date récente, bien que leur origine soit sans doute italienne. De la fin du XVIIIe jusqu'au milieu du XIXe siècle, les consoles Antinoüs, dans une multitude de variantes, avec supports dorés ou en polychrome patiné, ont été très en faveur en Europe. Parmi les exemples italiens les plus connus figurent une élégante console du palais Pitti ainsi qu'une célèbre table triangulaire créée en 1828 par Agostino Fantastici, un des décorateurs les plus égyptomanes du début du XIXe siècle. Par un curieux retour des choses, c'est sur des consoles Antinoüs en pierre que des statuettes hadrianiques d'Antinoüs ont été exposées, au XIXe siècle, dans la Sala delle Imitazioni du musée du Vatican[4].

M. P.

1. *Cf.* González-Palacios, 1984, vol. I, p. 133, pl. XVII. Une table identique à celle du tableau, peut-être la même, se trouve à la Fondation Magnani Rocca à Parme ; *cf.* Tossini-Pizzetti, 1990, p. 57.
2. *Cf.* Rocheggiani, s.d., vol. I, pl. LXXVI et Roullet, 1972, p. 116, n° 206, fig. 234. Ce sujet se rencontre également dans des bougeoirs individuels ou encadrant un encrier comme dans l'exemplaire du palais de Buckingham acheté à Dupasquier en 1810 (un autre bougeoir de ce type a été vendu chez Christie's, à Londres, le 18 avril 1983, lot 15, repr.).
3. La jardinière est reproduite *in* Jullian, 1951, p. 131, fig. 26.
4. Au sujet de Fantastici, *cf.* cat. exp. Sienne, 1992, n° 15M, repr. p. 204 et pl. coul. 31 ; une photographie ancienne de la Sala delle Imitazioni est reproduite *in* Botti et Romanelli, 1951, pl. II, fig. 2.

Fig. 1. Pot à crème glacée
Porcelaine produite en 1804 à la Real Fabbricca di Napoli par Antonio Sorrentino
Naples, Museo e Gallerie Nazionali di Capodimonte.

24   Les Antiques du musée du Capitole

Hubert Robert (1733-1808)
Vers 1763
Sanguine
H. : 34,5 cm ; L. : 45 cm
Signée et datée à droite, sur le socle du faune
jouant de la flûte : « H. ROBERTI / D. ROMAE CAR
176 [...] »
Valence, musée des Beaux-Arts
Inv. D. 81

Historique :
Collection Julien-Victor Veyrenc (1756-1837) ;
don à la ville de Valence, 1835.

Exposée à Ottawa

Cette vue réunit quelques-unes des sculptures les plus
célèbres de Rome que l'on pouvait voir au XVIIIᵉ siècle dans
différentes galeries du musée du Capitole. Le désordre
informel de la composition d'Hubert Robert est sans doute
imaginaire, mais vraisemblablement lié à un moment dans
l'histoire du musée, celui où l'on s'apprêtait à mettre en
place les sculptures : la statue de l'impératrice assise, alors
appelée *Agrippine ancienne*, reposant au premier plan sur des
blocs de pierre, suggère un objet prêt à être déplacé. Sur la
gauche apparaissent *Éros et Psyché* et le *Satyre au repos*, tandis qu'à l'arrière-plan à droite, paraît le *Faune* jouant de la
flûte. Le célèbre *Antinoüs* se trouve au centre. Mis à part
Agrippine toutes ces pièces étaient des adjonctions récentes
aux collections capitolines. La statue monumentale d'*Antinoüs* de la villa d'Hadrien avait été trouvée en 1740 dans la

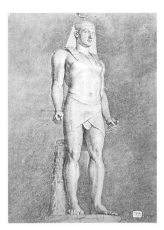

Fig. 1. *Antinoüs*
Dessin d'Anton Rafael Mengs
Madrid, musée du Prado.

À la fin du XIXe siècle, sa notoriété s'estompa, bien qu'il ne fût pas rare de voir citée à son sujet dans les manuels la remarque suivante de Jean-Jacques Ampère : « La physionomie triste d'Antinoüs sied bien à un dieu d'Égypte, et le style grec emprunte au reflet du style égyptien une grandeur sombre[3] ». À l'époque de son prestige, elle a été copiée d'après l'original ou à partir de moulages par presque tous les artistes, de Rowlandson à Ingres. Mengs a fait de cette sculpture[4] un dessin particulièrement beau (Fig. 1) et, par la suite, il a inclus la statue dans la décoration du plafond peint de la Stanza dei Papiri du Vatican. Hubert Robert, sur qui l'*Antinoüs* exerçait une fascination toujours renouvelée, revint fréquemment à ce modèle, en l'associant le plus souvent à des *capricci* architecturaux[5].

M. P.

1. *Cf.* Botti et Romanelli, 1951, pp. 95-96, 138-139, n° 143.
2. *Cf.* Venuti, 1766, t. I, p. 314 ; un certain nombre de statues égyptiennes ou égyptisantes, dont deux autres d'Antinoüs, étaient exposées dans la même salle.
3. Ampère, 1867, t. II, p. 196.
4. *Cf.* Agueda, 1980, p. 86, n° 2, ill.
5. *Cf.* en particulier l'intérieur à l'aquarelle daté 1760, appartenant à une collection privée britannique et reproduit dans Pevsner et Lang, 1968, fig. 1.

Expositions :
Paris, 1969, n° 27, ill. pl. V.

Bibliographie sommaire :
Cat. musée de Valence, 1883, n° 1 ; *Ibid.,* 1914, salle IX, partie du n° 5 (« Intérieur de musée ») ; Conisbee, 1970, p. 632 ; Cayeux, 1985, n° 28, ill. ; cat. exp. Rome, 1990-1991, pp. 176-178, ill. fig. A, p. 78.

vigne Michilli, relativement bien conservée mais amputée de la main droite et des deux pieds. Elle fut restaurée presque immédiatement et Girolamo Frezza en tira une gravure. En 1742, le pape Benoît XIV la reçut en présent puis en fit don au musée, où elle rejoignit le plus grand ensemble de sculptures égyptiennes et égyptisantes de Rome[1]. Exposée d'abord au centre du Grand salon[2], elle fut ensuite installée dans la salle dite « du Gaulois mourant » avec *Éros et Psyché* et le *Faune*. En 1838 toutefois, on la déménagea au musée du Vatican où elle a été récemment réinstallée avec d'autres œuvres de la villa d'Hadrien.

25 Les Pyramides, ou « Fantaisie égyptienne »

Hubert Robert (1733-1808)
1760
Huile sur toile
H. : 63,5 cm ; L. : 95 cm
Signée et datée en bas vers le centre :
« Roberti 1760 / Roma »
Paris, collection particulière

Historique :
G. Moreau-Chaslon, 1884 (vente, Paris, 2 mai 1884, n° 37) ; F. de Ribes-Christofle, 1928 (vente, Paris, galerie Georges Petit, 10-11 décembre 1928, n° 48, ill. pl. IX) ; A.M. Louis Dumoulin, Paris (vente Paris, galerie Charpentier, 9 juin 1936, n° 25, ill. pl. III) ; collection de M. et Mme Fred Gelb, New York, 1962 ; vente anonyme, New York, Sotheby's, 9 janvier 1980, n° 12, ill. coul. ; collection Raimond Learsy, New York ; Paris, collection particulière.

Des combinaisons fantaisistes de monuments romains, dont la pyramide de Caius Cestius et des obélisques, font souvent leur apparition dans les peintures de Giovanni Paolo Pannini, qui a eu l'influence la plus importante sur Hubert Robert après son arrivée à Rome à la fin de l'année 1753[1]. Un *caprice* dessiné par Robert, daté de 1756 au musée de Valence, qui représente l'arche de Septime Sévère, la pyramide de Cestius et un fragment de sculpture égyptienne, fait partie de ce type de répertoire, aussi bien qu'un certain nombre de peintures à pyramides exécutées par Robert à la fin des années 1750[2]. On n'en est pas moins surpris par deux de ses compositions de 1760, une aquarelle d'un intérieur imaginaire où des figures géantes d'Antinoüs dominent et ce paysage, qui est peut-être l'invention la plus insolite jusqu'alors issue de l'imagination d'Hubert Robert et, comme cela a été observé par d'autres auteurs, inégalée durant plusieurs dizaines d'années avant des œuvres telles que les cénotaphes de Boullée (cat. 78-80). La vue monumentale de la pyramide de Cestius exécutée par Piranèse (Focillon, n° 745), qui a été parfois désignée comme une source d'inspiration possible du travail de Robert, semble profondément romaine et prosaïque comparée aux aspects visionnaire et fantastique du paysage égyptien imaginaire de ce dernier, avec sa pyramide colossale et ses obélisques, et une deuxième pyramide dans le lointain[3]. Cet effet est sans aucun doute accentué par la présentation simple et directe, menée en gros plan, à l'opposé de la vue panoramique parsemée de pyramides qu'a donné Piranèse dans ses fresques du café des Anglais.

Si l'aspect pointu, escarpé, de la pyramide d'Hubert Robert a pu prendre celle de Cestius pour prototype, l'idée d'une pyramide géante ayant des rampes à sa base, une pyramide grande au point de littéralement disparaître dans les nuages, ne devait que peu de chose au paysage romain mais était certainement dérivée, ainsi qu'Etlin l'a noté, d'un monument connu par les descriptions de Diodore, de Pline et d'Hérodote et reconstitué par Fischer von Erlach à la planche 11 du livre I de son *Entwurf einer historischen Architektur* de 1721, « les deux pyramides de la hauteur d'un stade, que Moeris Roi d'Égypte fit dresser pour soi et pour sa Reine près de son Mausolée[4] » (Fig. 1). La planche figurait au nombre de plusieurs dessins de pyramides faits par Fischer, que Piranèse lui-même avait admirés et copiés : l'esquisse qu'il en tira est conservée à la Morgan Library de New York[5]. Cette même planche servit aussi d'inspiration à d'autres étudiants français à Rome, par exemple Charles Michel-Ange Challe qui en a dérivé des éléments pour un dessin d'architecture, dont un de 1747, également à la Morgan Library[6]. Par la suite, Boullée s'en est souvenu quand il créa ses cénotaphes (cat. 80).

Il existe au Smith College Museum of Art de Northampton une seconde version légèrement plus petite sur panneau de ce premier paysage égyptien. Elle montre une pyramide encore plus grandiose, avec des espaces voûtés sous les rampes et des obélisques réduits mais gardant leurs proportions. Cette œuvre est généralement datée de l'année 1760, mais on serait tenté de lui donner une date ultérieure, certainement après le retour de l'artiste à Paris en 1765. Les révisions d'un type assez précis, ainsi que l'échelle des bâtiments révèlent une réelle connaissance des développements de l'architecture dans les années 1780.

M. P.

1. La vente après décès de Robert comprenait quelque vingt-cinq peintures de Pannini.
2. Voir la composition à deux pyramides en ruine dans la vente Christie's, New York, 31 mai 1989, n° 73A, ill. coul. et la peinture datée de 1759 dans la vente Sotheby's, Monaco, 17 juin 1989, n° 369, ill. coul.
3. Pour la précocité de la conception, *cf.* Pevsner et Lang, 1968, p. 214. Plusieurs pyramides de taille plus réduite flanquées d'obélisques et de colonnes apparaissent dans un paysage architectural par ailleurs classique dessiné par Jérôme-Charles Bellicard pour la page de titre de l'*Architecture françoise* de J.F. Blondel de 1752.
4. *Cf.* Etlin, 1984, p. 112.
5. *Cf.* cat. exp. Rome/Dijon/Paris, 1976, n° 143.
6. *Ibid.*, n° 123.

Expositions :
Paris, 1933, n° 1 ; Copenhague, 1935, n° 187 ; Rome, 1990-1991, n° 49.

Bibliographie sommaire :
Nolhac, 1910, p. 144 ; Burda, 1967, p. 59, fig. 36 ; Roland Michel, 1978, p. 305 ; Etlin, 1984, pp. 112, 115, fig. 84 ; Syndram, 1989b, p. 876, note 25 ; cat. exp. Rome, 1990, pl. XII ; Irace, 1991, p. 158.

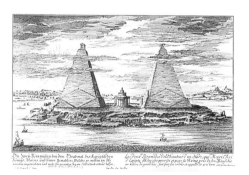

Fig. 1. *Les Deux Pyramides de la hauteur d'un stade*
Gravure de Johann Bernhard Fischer von Erlach
Collection particulière.

26   Ronde de jeunes filles autour d'un obélisque

Hubert Robert (1733-1808)
1798
Huile sur toile
H. : 1,20 m ; L. : 99,3 cm
Signée en bas à gauche sur la colonne :
« H. Robert 1798 »
Montréal, musée des Beaux-Arts
Inv. 964.1464

Historique :
Conservée par l'artiste jusqu'à sa mort ; vente
après décès, Paris, 5 avril 1809, n° 79 (« un
monument composé offrant un obélisque brisé
autour duquel dansent des jeunes filles ») ; achetée
par Castelli pour 193 francs ; Lady Davis,
Montréal, achetée avant 1939 ; legs de Lady Davis,
1964.

Tout au long de sa carrière, Hubert Robert est revenu de manière quasi obsessionnelle au thème de l'obélisque, souvent décrit comme le motif cardinal de la peinture décorative. Il existe de nombreux exemples de ce genre, représentant ordinairement des paysages modernes ou classiques. Toutefois, les œuvres à obélisques dans des paysages égyptiens sont rares et on est peu renseigné sur leurs dates. Une œuvre de ce genre donnant une vue imaginaire de l'Égypte a reparu en 1976, lorsque passa en salle des ventes un grand tableau – de format horizontal et faisant partie d'un ensemble de quatre – où figurait un obélisque abattu et une pyramide[1]. Une autre composition surprenante, de type similaire, appartenait également à un ensemble de quatre œuvres[2]. Les deux contiennent des personnages et ont très certainement rempli une fonction décorative en tant que dessus-de-porte. Dans ce contexte, la brillante composition de Montréal, qui est datée, est quelque peu atypique : elle a été à l'évidence conçue comme peinture de chevalet et exécutée relativement tard dans la vie d'Hubert Robert, l'année même où la campagne d'Égypte a été entreprise. Ainsi que l'a noté Jean-François Méjanès, Denon possédait une peinture de Robert décrite dans sa vente comme « un tableau d'architecture offrant des obélisques et divers monuments égyptiens composés avec goût[3] ».

On connaît depuis longtemps le lien existant entre cette peinture et une feuille d'études conservée à la Yale University Art Gallery de New Haven, mais c'est seulement récemment que le dessin a été daté de façon convaincante des premières années du séjour de Robert à Rome. Il y a sur cette feuille une esquisse générale pour une composition très proche et une étude pour les jeunes filles dansant autour de l'obélisque. Comme l'a remarqué Olivier Michel, c'est presque certainement la Piazza del Popolo que l'esquisse était censée représenter[4]. Il s'ensuit que la peinture, mise en scène dans un décor égyptien, était la reprise différente d'une idée antérieure. L'utilisation de motifs romains est loin d'être inhabituelle dans l'œuvre de Robert, mais le transfert du *locus* de Rome à l'Égypte peut fort bien avoir été opéré sous la pression des événements du jour. La composition, avec son accumulation de ruines égyptiennes, est une véritable anthologie de monuments d'un genre qui devait bientôt devenir caractéristique des frontispices de livres sur l'Égypte. Au premier plan, à côté de l'obélisque tombé et des vestiges d'une statue colossale, figurent des échelles suggérant que des archéologues sont déjà passés par là. Sur la droite, des femmes et des enfants montrent du doigt les ruines, tandis qu'à quelque distance, des hommes discutent à propos d'un sphinx – le Sphinx – cassé en deux. Dans le lointain, une longue caravane, à moins que ce ne soit une procession, est en marche vers une pyramide. Au centre, se déroule un événement apparemment indépendant : un groupe de jeunes filles vêtues de robes classiques dansent au son de musiciens perchés sur l'obélisque. Il se peut que cette célébration de la vie au milieu de ce qui, au XVIIIe siècle, était perçu comme l'architecture de la mort ait une valeur symbolique, mais avec Robert, artiste passionnément amoureux des ruines, on n'est jamais vraiment certain.

M. P.

1. Vente anonyme, Londres, Sotheby's, 8 décembre 1976, n° 44, ill.
2. L'ensemble est passé dans la vente parisienne, hôtel Drouot, 21 mars 1901, n° 5, avant d'être séparé en deux groupes. La peinture qui est l'objet de la discussion, connue comme *Paysage d'Égypte* en 1901, a réapparu plusieurs fois avec un pendant, récemment dans une vente à Paris, Drouot-Montaigne, Ader Picard Tajan, 12 décembre 1989, n° 25, ill. sous le titre *Conversation auprès des pyramides*.
3. *Cf.* cat. exp. Détroit/New York, 1974-1975, n° 159.
4. *Cf.* cat. exp. Rome, 1990-1991, n° 48.

Expositions :
Montréal, 1960, n° 139, repr. ;
Sarasota/Buffalo/Rochester/
Raleigh/Philadelphie/ Columbus/
Pittsburgh, 1966-1967, n° 80, ill.
(détail sur la couverture) ; Kansas
City, 1970, n° 22, ill. ; Ottawa,
1973-1974 (prêt) ; Paris/Détroit/
New York, 1974-1975, n° 159, ill.

Bibliographie sommaire :
Gabillot, 1895, p. 262 ; Anonyme,
1964, p. 305, ill. ; Haverkamp-
Begermann et Logan, 1970,
pp. 36-37, n° 63, ill. fig. 5 à la
p. 37 ; Young, 1970, p. 153, ill.
fig. 1 à la p. 155 ; Butler, 1970,
p. 147, ill. ; Humbert, 1989,
p. 233 ; cat. exp. Rome, 1990-
1991, p. 100, ill. fig. 48a.

Le voyage d'Italie

27 Les Lavandières

Hubert Robert (1733-1808)
Vers 1758-1760
Huile sur toile
H. : 47 cm ; L. : 65 cm
Amiens, musée de Picardie
Inv. Lav. 1894.145

Historique :
Collection Olympe et Ernest Lavalard de Roye ;
don au musée d'Amiens, 1890.

Longtemps considérée comme étant de Fragonard, cette peinture a été récemment réattribuée à Hubert Robert par Jean-Pierre Cuzin. L'attribution reste toutefois conjecturale, étant donné que le tableau – une œuvre du début de l'activité de Robert –, date d'une période où les deux artistes étaient très proches et travaillaient souvent ensemble.

En un sens, on a ici affaire à l'image archétypale de l'exotique à tel point assimilé au paysage local qu'il en cesse d'être remarquable : les deux lavandières accomplissent leur tâche dans un jardin italien. La corde à linge chargée de vêtements est tendue entre un arbre et un lion égyptien monumental crachant de l'eau. Au premier plan, un escalier décoré de sculptures, menant peut-être à une villa. Mais l'image est trompeuse : deux lions semblables existaient à Rome, dans un cadre plus formel leur convenant mieux, au pied de la Cordonata – l'escalier menant au Capitole[1]. Trouvés en 1435 sur le site de l'Iseum Campense à Rome, ils furent placés devant l'église San Stefano del Cacco puis installés sur la Piazza del Campidoglio où Giacomo della Porta les transforma en fontaines en 1588. Au XIXe siècle, on les déménagea au musée du Capitole pour les réinstaller en 1955 sur leur ancien emplacement au pied de la Cordonata[2]. Avec les lions de Nectanébo qui faisaient aussi partie d'une fontaine, ils étaient les lions les plus visibles, les plus célèbres et les plus copiés de Rome, et figuraient dans de nombreuses compositions décoratives et architecturales à travers toute l'Europe. On les retrouve souvent en tant que tels dans la peinture du XVIIIe siècle, par exemple dans le portrait, peint par John Downman, de la famille Benjamin Cole à Richmond (Virginie) ou dans celui de la princesse Helena Radziwill (château de Nieborow, Pologne) où Ernst Gebauer, en 1800 environ, l'a représentée entourant plus ou moins de ses bras un lion égyptien de granite qui lui venait probablement de Vincenzo Brenna.

M. P.

1. Une paire de lions similaires ayant fait partie de la collection du cardinal Albani a été vendue par lui en 1728 et se trouve aujourd'hui à Dresde (Roullet, 1972, p. 130, nos 268-270).
2. *Cf.* Onofrio, 1962, pp. 123-124 et Roullet, *op. cit.*, pp. 130-131, nos 271-272.

Expositions :
Paris, 1921, no 15 ; Paris, 1925, no 108 ; Paris, 1931, no 15 ; Londres, 1932, no 181 ; Paris, 1934a, no 150 ; Paris, 1937, no 156 ; San Francisco, 1949, no 13 ; Amsterdam, 1951, no 45 ; Besançon, 1956, no 16 ; Charleroi, 1957, no 16 ; Tokyo/Kyoto, 1980, no 25, ill. coul. ; Rome, 1990-1991, no 30, ill. (attribué à Hubert Robert).

Bibliographie sommaire :
Gonse, 1900, p. 15 (Fragonard) ; Hourticq et Dacier, 1925, no 108 (Fragonard) ; Réau, 1956, pp. 121, 172, 249 (Fragonard) ; Wildenstein, 1960, no 102, ill. coul. (Fragonard) ; Thuillier, 1967, pp. 48, 51, ill. coul. (Fragonard) ; Cuzin, 1986, pp. 60-61, fig. 4 (attribué à Hubert Robert) ; Cuzin, 1987, p. 8, fig. 2 ; Humbert, 1987, t. II, pp. 172-173, no 204.

28 Deux lions égyptiens, d'après ceux du Capitole à Rome

François-Nicolas Delaistre (1746-1832)
Vers 1778
Terre cuite
H. : 21 cm ; L. : 37,5 cm ; pr. : 11,5 cm
Besançon, musée des Beaux-Arts et d'Archéologie
Inv. D.863.3.19 et D.863.3.20

Historique :
Collection Pierre-Adrien Pâris ; léguée à la bibliothèque municipale de Besançon en 1818 ; déposée au musée en 1863.

Comme l'a noté Castan, ces lions sont les modèles des sculptures grandeur nature placées par l'architecte Pierre-Adrien Pâris au pied des marches du jardin de l'hôtel particulier qu'il avait fait construire sur les Champs-Élysées en 1777-1778 pour la duchesse de Bourbon, née Marie-Thérèse d'Orléans. Ce sont des copies fidèles des lions égyptiens qui sont à Rome et ils devaient être disposés de façon similaire, à droite et à gauche du perron, conformément à la mode qui allait bientôt se développer dans toute l'Europe. Le parti pris par Pâris d'installer des sculptures décoratives était caractéristique de sa génération. Il avait étudié à Rome, comme Delaistre qui y resta d'ailleurs jusqu'en 1777.

En Italie, Pâris évoluait dans un milieu d'amateurs d'antiquités égyptiennes (*egyptiaca*), avait Piranèse pour ami et visitait la villa Albani où il laissa d'intéressants dessins[1]. Parmi ses œuvres conservées à Besançon, il existe aussi une

28

merveilleuse composition imaginaire, avec des fragments d'antiquités égyptiennes, du jardin du cardinal Borgia à Velletri. Mais il importe surtout de signaler qu'il connaissait et admirait Hubert Robert[2]. En France, il fut lancé par le duc d'Aumont dont il décora la résidence place Louis XV et qui le nomma en 1779 dessinateur du Cabinet du roi[3]. Pendant le temps où il était en charge des Menus-Plaisirs, il réalisa des décors de théâtre pour la Cour, ce qui lui fournit l'occasion de se livrer à des fantaisies architecturales exotiques à la mode. C'est ainsi qu'il dessina un extravagant décor égyptien pour l'opéra de Fontainebleau – reproduit par Pierre Arizzoli-Clémentel – qui est peut-être le plus remarquable de son espèce avant la fin du siècle[4].

M. P.

1. *Cf.* Gruber, 1978, pp. 281-292.
2. Un dessin reproduit *in* Gruber, *op. cit.*, fig. 7, «Vue d'une pièce égyptienne de l'appartement des bains », est une copie d'un dessin signé d'Hubert Robert antérieur de dix ans.
3. Pour Pâris, *cf.* Gruber, *passim* ; Gruber, 1973a, pp. 213-227 ; et Gruber, 1973b, pp. 41-53, tous avec bibliographie.
4. *Cf.* Arizzoli-Clémentel, 1978, p. 13 et fig. 28 à la p. 32.

Expositions :
Besançon, 1990.

Bibliographie sommaire :
Castan, 1886, p. 282, n° 1043 ;
Lami, 1910, p. 261 ; cat. exp.
Besançon, 1990, p. 214, fig. 12.

Sphinx

Figure emblématique de l'Égypte, le sphinx occupe une place ambiguë dans l'imaginaire occidental, symbolisant la férocité aussi bien que l'énigme. L'Orient lui-même y succomba : les Mamelouks ne nommèrent-ils pas le grand sphinx de Gizeh « Abou hol », « père de la terreur » ? Cet être fabuleux, associant généralement un visage humain au corps d'un lion, fascina la Grèce antique qui en emprunta l'image, la métamorphosa en créature féminine pour en faire l'acteur d'un de ses mythes les plus fameux, celui d'Œdipe ; elle en transmit aussi le nom. Celui-ci dérive sans doute d'une racine grecque signifiant « étreindre », « étrangler » mais qui désignait aussi une montagne proche de la Thèbes hellénique abritant la sphinge légendaire. Certains égyptologues rattachent également le mot à l'expression « Šzp-'nḫ », « image vivante », utilisée en égyptien pharaonique pour nommer les statues et parfois écrite avec l'image d'un sphinx tenant un signe de vie.

Coiffé du némès *royal, le sphinx égyptien est une manifestation du Pharaon dont il porte souvent le cartouche inscrit à ses pieds ou sur la poitrine. Une place particulière doit être réservée au monumental sphinx de Gizeh dont les proportions frappent l'imagination tout comme les pyramides. Inépuisable source d'inspiration pour les artistes et les écrivains, il fut taillé* dans le rocher il y a plus de 4 000 ans pour éterniser un roi de l'Ancien Empire, probablement Chéphren ; par la suite, il se vit associer au culte du soleil. Tout au long de la civilisation pharaonique, d'autres sphinx furent sculptés par centaines, disposés de part et d'autre des portes des édifices sacrés, ou bien alignés en longues files flanquant les allées processionnelles qui mènent aux sanctuaires ; dotés d'une tête de roi ou d'animal sacré, ils montent la garde aux portes des temples et ont une fonction protectrice. Détourné de sa fonction originelle, modifié dans son aspect – il n'y a pas deux sphinx égyptisants semblables – le thème est emprunté à toutes les époques et dans de nombreux pays, car il se marie avec bonheur avec toutes les architectures[1]. On mesurera la distance qui sépare les sphinx d'époque romaine, pâles copies de leurs modèles pharaoniques, de ceux exécutés sous la Renaissance pour le seigneur d'Urfé ; on comparera les

sphinges enrubannées ornant les jardins des XVIIe et XVIIIe siècles, celles décorant les chenets de Marie-Antoinette, à leurs compagnons beaucoup plus austères sculptés par Valadier, au retour de la campagne d'Égypte. Une évolution se lit aussi dans les sens qu'on prête à l'animal fabuleux. De ses origines pharaoniques, il conserve longtemps son rôle de gardien ou bien symbolise l'équilibre entre l'énergie animale et la force de la pensée humaine. De l'Antiquité grecque, il hérite de la finesse de l'intelligence qui résout les énigmes. Plus prosaïque, le XXe siècle ne conserve qu'une de ses forces évocatrices : il demeure le symbole de sa patrie, la terre des pharaons.

C. Z.

1. Cf. Humbert, 1989, pp. 204-205.

Sphinx aux noms des pharaons Néfèritès Ier et Akoris

Sans doute région de Memphis
XXIXe dynastie, règnes de Néfèritès Ier et d'Akoris (399-380 avant J.-C.)
Basalte noir
29 : H. : 87,5 cm ; l. : 47,4 cm ; pr. : 1,504 m
30 : H. : 78,5 cm ; l. : 44 cm ; pr. : 1,51 m
Paris, musée du Louvre, département des Antiquités égyptiennes
N 26 (Néphèritès) - N 27 (Akoris)

Historique :
Rome, peut-être Iseum du Champ de Mars, puis escalier du Capitole (signalés à partir de 1513), puis jardins de la villa Borghèse ; acquis par le Louvre en 1807.

Que ces deux sphinx, inscrits aux noms de rois obscurs de la XXIXe dynastie, comptent parmi les objets égyptiens les plus précocement fameux, ce n'est pas le moindre des paradoxes de l'Égyptomanie.

Ils appartiennent au type très fréquent des sphinx « couchant », figurant l'animal allongé, les pattes avant étendues parallèlement, la queue enroulée sur l'un des côtés : du côté droit pour Akoris, du côté gauche pour Néfèritès, symétrie assez rare chez les sphinx égyptiens qui tendrait à suggérer que les œuvres formaient une paire dès l'époque pharaonique. Le modelé du corps est très sobre : crinière rendue par un simple contour, plis de peau très stylisés ; seule la musculature des pattes antérieures est notée. Le poitrail présente un trou circulaire, vraisemblablement percé lorsque les deux statues vinrent décorer une fontaine dans les jardins de la villa Borghèse, où Athanasius Kircher les signale dès 1654. Le traitement des visages est d'une importance particulière pour l'historien d'art puisque, si l'on

excepte quatre figurines funéraires[1], ce sont les seuls « portraits » en ronde bosse attribués avec certitude à ces pharaons. Tous deux sont coiffés d'un némès rayé, laissant apparaître sur les tempes de larges zones de chevelure. À l'avant et au sommet presque horizontal de la coiffure, un cobra-uraeus décrit une boucle en forme de huit dont les courbes aplaties sont placées symétriquement. Avec son visage allongé s'inscrivant dans un rectangle, ses joues pleines, son léger double menton, le sphinx de Néfèritès marque une étape dans l'histoire du portrait royal, s'éloignant de l'idéal saïte pour annoncer le style des dernières dynasties. En dépit de la restauration du nez, des épaufrures affectent la bouche et les yeux, d'autres détails caractéristiques peuvent être notés : les lèvres charnues aux extrémités relevées, les yeux dont l'amande allongée est entièrement ourlée d'un liseré débordant légèrement vers l'extérieur, les sourcils traités plastiquement comme une mince bande en relief dont l'horizontale s'abaisse vers les tempes, les oreilles placées haut. En meilleur état de conservation bien que le nez soit également moderne, le visage d'Akoris présente des analogies avec celui de son prédécesseur. Le profil met en évidence les joues proéminentes et le menton empâté tandis que la vue de face révèle une physionomie vigoureuse et carrée, traitée par larges surfaces arrondies que séparent des dépressions bien marquées : sillon naso-labial, commissures des lèvres. Le traitement des yeux est très proche de celui de Néfèritès, à l'exception des sourcils marqués par un ressaut imperceptible.

Sur la base quadrangulaire se déploient des inscriptions symétriques qui énoncent la titulature royale ; débutant chacune au centre de la partie avant, elles s'achèvent au centre de la face postérieure. Les textes actuellement visibles peuvent être complétés par des copies du XVIe siècle, exécutées avant que des restaurations ne viennent altérer certains

29

Le voyage d'Italie

30

Néfèritès

Akoris

Fig. 1. Relevé des inscriptions hiéroglyphiques gravées sur les sphinx de Néfèritès et Akoris.

hiéroglyphes. Dans les traductions suivantes, ces restitutions sont placées entre parenthèses, alors que celles dues à des parallèles sont placées entre crochets.

Ainsi, sur le sphinx de Néfèritès, peut-on lire du côté droit : « (L'Horus vivant qui domine le double pays (?)) .... [le faucon d'or] (Sétèp)-nétérou, le roi de Haute et Basse Égypte, le fils de Ré Néfèritès, puisse-t-il vivre éternellement, l'aimé de Ptah qui est au Sud de son mur, maître de Memphis, doué de toute vie, de stabilité, domination et joie comme Ré éternellement » ; et du côté gauche : « L'Horus vivant qui domine (le double pays ?) ... [le faucon d'or] (Sétèp-nétérou), le roi de Haute et Basse Égypte, le maître des deux terres Baenré-méry-nétérou, le fils de Ré Néfèritès, puisse-t-il vivre éternellement, l'aimé de Sokar-Osiris, le grand dieu seigneur de la Chétit, doué de toute vie, stabilité et domination comme Ré éternellement ».

La base du sphinx d'Akoris présente un texte analogue, avec une titulature calquée sur celle de Néfèritès. Du côté droit : « (L'Horus vivant) ... aimé de [Ptah maître] de Memphis et Tatenen, toute éternité et années (?), doué de vie, de stabilité et de domination comme Ré éternellement » ; du côté gauche : « (L'Horus vivant) grand de cœur qui aime le double pays, celui des deux déesses, le fort, le faucon d'or qui satisfait les dieux, le roi de Haute et Basse Égypte Khenem-maât-Ré, Sétèp-en-Khnoum, le fils de Ré Akoris, puisse-t-il vivre éternellement, aimé de Sokar-Osiris, le grand dieu seigneur de la Chétit, doué de toute vie, stabilité, domination et joie comme Ré éternellement ».

La majeure partie des inscriptions (Fig. 1) gravées à l'avant et sur le côté droit du sphinx d'Akoris offre une série de signes étranges dont l'aspect comique réjouit l'égyptologue : on s'arrêtera sur la petite abeille figurée en plan, qui n'apparaît jamais sous cet aspect dans le bestiaire hiéroglyphique. Si l'on compare l'original aux copies nombreuses qui en ont été faites à partir du XVIᵉ siècle, en particulier le *Codex Phighianus* conservé à Berlin et le *Codex Ursinianus* du Vatican, on comprend que ces pseudo-hiéroglyphes sont venus combler des lacunes anciennes alors que certains frag-

ments antiques encore visibles à la Renaissance ont disparu. Comme l'a récemment remarqué Marc Gabolde, l'abeille inscrite dans un cartouche témoignerait « peut-être d'un hommage discret à l'Empereur [Napoléon Iᵉʳ] » et daterait ainsi la Restauration. La face antérieure du socle de Néphè-ritès, très restaurée, ne comporte plus que quelques signes originaux, au centre ; les autres, se poursuivant sur une partie des deux longs côtés, sont pour l'essentiel des copies modernes s'inspirant des inscriptions d'Akoris et constituent un texte dénué de signification.

Les deux sphinx ont emprunté un étrange itinéraire, témoignage d'une égyptomanie précoce. La mention de divinités telles que Ptah qui est au sud de son mur,

Fig. 2. Plafond du palais Té à Mantoue
D'après Donadoni, Curto et Donadoni-Roveri, 1990, p. 57.

maître de Memphis et Sokar-Osiris seigneur de la Chétit, renforce l'hypothèse, autrefois émise par Wiedemann, d'y voir des monuments provenant d'un sanctuaire memphite. Redécouverts à Rome au début de la Renaissance – ils sont mentionnés pour la première fois et localisés au pied de l'escalier du Capitole par A. Fulvio en 1513 – les deux sphinx furent probablement transportés beaucoup plus tôt en Italie. Décorèrent-ils un monument de la capitale impériale, tel l'Iseum du Champ de Mars ? C'est ce que suggère Anne Roullet qui a rassemblé les sources de la Renaissance mentionnant nos deux sphinx. Souvent cités dans les récits de voyageurs, reproduits dans de nombreux ouvrages, ils inspirèrent beaucoup les artistes du XVIe siècle : ainsi le département des Arts graphiques du Louvre en conserve-t-il un dessin exécuté par Dupérac (n° 26394, inv. 3855). On les trouve curieusement affrontés, de part et d'autre des armes de la famille Colonna, sur le frontispice d'un missel attribué à Giulio Clovio[2]. Comme l'a récemment mis en lumière Bertrand Jaeger, c'est vers 1527-1529 que Jules Romain recopia des séquences du texte de Néfèritès et d'Akoris pour le décor du Palais Té à Mantoue (Fig. 2). Ce même texte fut partiellement sculpté sur un sphinx dont l'ambassadeur du roi de France à Rome, Claude d'Urfé, orna vers 1550 son domaine de La Bâtie. Ces deux exemples témoignent de l'intérêt porté, dès cette époque, aux inscriptions authentiques et non plus aux hiéroglyphes « de fantaisie » qui connurent une grande vogue à partir de la fin du XVe siècle. Ils démontrent aussi la fascination qu'exerçaient alors ces animaux fabuleux. La voie avait été ouverte par François Ier lui-même pour son palais de Fontainebleau : en 1540, un couple de sphinx copiés d'après un modèle italien, avait été placé dans l'escalier de la cour des Fontaines.

C. Z.

1. Louvre E 5339 et E 17409 au nom de Néfèritès ; Louvre E 17408 et Los Angeles L 79.70.99 au nom d'Akoris.
2. *Cf.* Donadoni, Curto et Donadoni-Roveri, 1990, ill. p. 52.

Bibliographie sommaire :
Visconti et Clarac, 1820, p. 150, n° 350 ; Clarac, 1830 ; Clarac, t. V, 1851, p. 308 n° 2595 E, pl. 1000 ; Pierret, t. II, 1878, p. 1 ; Gauthier, 1916, p. 162, V et 166, XIV ; Roullet, 1972, pp. 134-35, n° 284-285, fig. 293-304 ; Traunecker, 1979, p. 409 ; Beckerath, 1984, pp. 15, 280-281 ; Mysliwieck, 1988, pp. 67, 68, 76, 78 ; Jaeger, 1990, pp. 236-238, 248 ; Gabolde, 1991, pp. 41-61.

Couple de sphinx anonymes

Sans doute Époque Saïte (vers 672-525 avant J.-C.) pour le corps de 31
Basalte noir
31 : H. : 1,19 m ; L. : 2,49 m ; l. : 78 cm
32 : H. : 1,09 m ; L. : 2,39 m ; l. : 73 cm
Restauration du XVIIIe siècle pour les têtes ?
Paris, musée du Louvre, département des Antiquités égyptiennes. A 31-A 32

Historique :
Rome, villa Borghèse.

Exposés à Paris

Achetés au prince Borghèse, ces deux sphinx symétriques ornaient les jardins de la célèbre villa. Transportés à Paris, ils furent également utilisés comme éléments de décor architectural, flanquant durant de nombreuses années la porte de l'École du Louvre. Les deux œuvres sont très restaurées, tout particulièrement A 32, et l'on peut lire les différentes interventions qui s'échelonnèrent du XVIIIe siècle à nos jours, utilisant les matériaux les plus divers : pierre, plâtre et même ciment... Cependant, il semble que le corps du sphinx A 31, à l'exception de la tête et de l'extrémité des pattes antérieures soit d'époque pharaonique. Le traitement du corps rappelle celui d'un sphinx au nom d'Amasis, aujourd'hui conservé au musée du Capitole[1]. On remarquera le modelé puissant de la musculature des cuisses, élément apparaissant à l'époque saïte[2], l'emphase apportée à la cage thoracique qui n'est guère visible chez un lion au repos, et la notation des plis de peau du ventre dont la ligne, presque verticale à l'arrière rejoint l'horizontale à l'avant[3]. Comme pour de nombreux sphinx égyptiens retrouvés à Rome, la tête originale a disparu[4]. Elle a été remplacée par un visage inspiré de l'Antiquité classique, peut-être celui de sphinx romains du musée du Vatican[5], que vient bizarrement encadrer un *némès* de fantaisie dont le volume trop faible rompt l'harmonie de la restitution. La fleur de lis qui se déploie sur le front des animaux est une réminiscence lointaine du cobra-*uraeus* protecteur de la royauté. Des œuvres telles qu'un buste d'Isis provenant de la villa d'Hadrien[6] permettent de suivre le cheminement qui, dès l'Antiquité romaine, mena les artistes à confondre les emblèmes divins égyptiens – double plume et cornes, lotus, serpent lové – et à les interpréter comme des motifs floraux.

C. Z.

1. *Cf.* Cherpion, 1992, pl. I b.
2. *Ibid.*, p. 70.
3. *Ibid.*, pp. 61-62.
4. *Cf.* Roullet, 1972, fig. 308-309, 316-317.
5. *Cf.* Botti et Romanelli, 1951, pl. LXXVII.
6. *Ibid.*, p. 101, n° 152.

Bibliographie sommaire :
Clarac, t. V, 1851, p. 308, n° 2595 D, pl. 1000 ; Boreux, 1932, I, p. 39.

32

Fig. 1. Tête d'Isis
Musée du Vatican.

33

33-34 Couple de sphinx anonymes

Époque Ptolémaïque (332-30 avant J.-C.)
Diorite
33 : H. : 63 cm ; L. : 1,17 m ; l. : 39 cm
34 : H. : 65,5 cm ; L. : 1,13 m ; l. : 38 cm
Paris, musée du Louvre, département
des Antiquités égyptiennes
A 33-A 34

Historique :
Rome, villa Borghèse.

Exposés à Paris

La villa Borghèse rassemblait des sphinx de toute époque,
réunis dans un propos plus décoratif qu'archéologique. Nos
deux exemplaires sont antiques, à l'exception du nez, des

34

ailes du *némès* et de l'extrémité des pattes. Malgré leur modelé sommaire et le traitement mécanique de la musculature des pattes avant et des côtes, notées par des incisions, ils restent dans la tradition pharaonique, avec un cobra-*uraeus* bien identifié. On les date du temps des Ptolémées. Comme ceux d'Akoris et de Néfèritès, ils furent utilisés pour le décor d'une fontaine, comme en témoigne le trou ménagé dans leur poitrine, sans doute au XVIIIe siècle.

C. Z.

Expositions :
Lyon, 1978.

Bibliographie sommaire :
Visconti et Clarac, 1820, p. 159

n° 375 ; Clarac, t. V, p. 307, n° 2595 C, pl. 1000, n° 178 A (dessin) ; Letellier et Ziegler, *in* cat. exp. Lyon, 1978, pp. 15-16, avec ill.

35   Projet de plafond pour la salle Égyptienne de la villa Borghèse

Tomaso Conca (1734-1822)
Vers 1778
Plume et encre, aquarelle
H. : 37,8 cm ; L. : 29,7 cm
Santa Monica, The Getty Center
for the Humanities

Historique :
Hazlitt, Gooden and Fox, Londres ;
acheté en 1989.

Exposé à Ottawa

Ce projet de plafond, écarté ultérieurement, était constitué d'une série de scènes encadrées de bordures décoratives. On y voit Isis et Osiris entourés de divinités égyptiennes (dont Anubis dans diverses attitudes) et deux scènes de sacrifice à Cybèle ; cette dernière apparaît également dans la section triangulaire, avec un crocodile à ses pieds et un sujet personnifiant le Nil. Le projet fut remplacé par une peinture allégorique de Cybèle-Isis signée de Conca. Il est probable que ce dessin faisait partie de l'ensemble initial de projets, où Isis et Osiris figuraient également sur les murs, mais on ne peut l'affirmer avec certitude. Le gracieux motif de feuilles ornant les bordures fut retenu, dans le dessin définitif, pour la décoration des faux piliers divisant les compartiments de la voûte.

M. P.

Expositions :
Londres, 1989, n° 34.

36 Projet de décoration murale pour la salle Égyptienne de la villa Borghèse

Tomaso Conca (1734-1822)
Vers 1778-1779
Plume et encre brune, aquarelle, sur esquisse
à la mine de plomb
H. ; 37 cm ; L. : 46 cm
Santa Monica, The Getty Center
for the Humanities

Exposé à Ottawa

Ce dessin correspond à la deuxième étape de la conception du mur principal. Au centre, apparaissent un panneau où le dieu Anubis se détache sur un fond de scarabées et de hiéroglyphes stylisés, ainsi qu'un relief *tondo* figurant un sacrifice au taureau Apis. Notons que le thème d'Apis a été retenu, mais sous la forme d'une frise de trois scènes peintes par Conca : *Germanicus consultant le taureau Apis*, *Les Prêtres d'Apis le nourrissent* et *Le Sacrifice d'Apis dans le Nil*. Au-dessus de la porte, à droite, Cybèle est représentée entre deux sphinx ; ce groupe fut également écarté. Les chapiteaux des pilastres principaux sont ornés de rinceaux vaguement égyptisants et les autres, de têtes de bélier. Dans le projet final, Asprucci a employé pour les chapiteaux les deux éléments, béliers et rinceaux.

M. P.

Expositions :
Londres, 1989.

37 Projet de porte pour la salle Égyptienne de la villa Borghèse

Attribué à Mario Asprucci (1764-1804)
Vers 1780
Plume et encre brune, aquarelle, sur esquisse
à la mine de plomb
H. : 36,5 cm ; L. : 24 cm
Santa Monica, The Getty Center
for the Humanities

Historique :
Hazlitt, Gooden and Fox, Londres ;
acheté en 1989.

Exposé à Vienne

Exécutée pour les portes figurant dans le dessin de Tomaso Conca (cat. 36), cette étude correspond d'assez près au projet final, mais s'en distingue par certains détails. Ainsi, pour les bases et les chapiteaux des colonnes, l'architecte a utilisé ce que Visconti décrit dans son ouvrage de 1796 comme « un ordre capricieux imité en partie d'après des monuments égyptiens » et a omis les vases canopes au-dessus des portes. Dans la représentation que Percier fit de la salle en 1786-1790 (Fig. 1), les sphinx de plâtre de Luigi Salimei flanquent un vase cylindrique étroit au-dessus de chaque porte. Les vases ont aujourd'hui disparu et l'espace entre les sphinx est demeuré vide.

M. P.

Expositions :
Londres, 1989, n° 29.

Fig. 1. *Salle Égyptienne de la villa Borghèse*
Détail d'un dessin de Charles Percier, vers 1786-1790
Paris, bibliothèque de l'Institut de France.

38 La déesse Ounout

Égypte, peut-être Hermopolis
Sans doute XXVe dynastie d'après le style
(vers 747-656 avant J.-C.)
Granite
H. : 65 cm ; l. : 15,4 cm ; pr. : 34 cm
Paris, musée du Louvre, département des
Antiquités égyptiennes
N 4535

Historique :
Rome, villa Borghèse.

Exposée à Paris et à Ottawa

Les artistes égyptiens surent créer des images divines intégrant harmonieusement des éléments humains et d'autres

empruntés au règne animal. À la différence du culte des animaux, ce compromis original entre une volonté d'abstraction anthropomorphique et la représentation des forces naturelles ne surprit guère les Grecs antiques[1]. Dans l'imaginaire occidental, cette association qui parut parfois monstrueuse – qu'on songe à la condamnation sans appel du grand historien d'art Winckelmann[2] – demeure un symbole de la civilisation pharaonique.

Figée dans une stricte frontalité, un signe *ânkh* dans la main gauche, notre déesse est assise sur un trône inspiré des époques les plus anciennes et semblable à celui des rois. La cavité creusée à ses pieds, à l'avant du socle, était sans doute destinée à recevoir un objet cultuel. Héritage également du temps des pyramides, la longue robe fourreau, maintenue par deux bretelles et presque impalpable, souligne l'anatomie d'un corps féminin dont les épaules tombantes, la poitrine haute et très ronde, la taille mince et les hanches épanouies se conforment aux canons esthétiques de la XXVe dynastie[3]. La longue perruque tripartite, dont les mèches striées retombent sur la poitrine, constitue une élégante transition entre les deux formes de la divinité. Le visage est remplacé par un mufle auréolé d'une crinière, celui d'une lionne qui, dans la pensée égyptienne, est la marque des forces de destruction. Dans les orbites aujourd'hui vides et assombries, des incrustations d'une matière brillante – pierre, pâtes colorées ou métal précieux – venaient autrefois refléter le flamboiement du soleil dont la lionne est l'émanation. Le disque qui la couronne est la représentation de l'astre lui-même, d'où jaillit le cobra-*uraeus*, œil brûlant du soleil qui consume ses ennemis.

L'inscription gravée sur la tranche antérieure du socle rectangulaire nomme la déesse : « Ounout, maîtresse de la ville d'Hermopolis, maîtresse du ciel, souveraine du double pays, œil de Ré qui est sur son disque, maîtresse du trône dans la maison de l'Ogdoade. » Peu connue, Ounout

est la patronne d'Hermopolis, la moderne Achmounein, capitale du quinzième nome de Haute-Égypte. Elle est parfois représentée comme un lièvre – dont l'image est utilisée pour écrire son nom – et également sous forme d'un serpent[4]. S'il est très rare de la voir figurée sous l'aspect d'une lionne, elle appartient à un ensemble de déesses dangereuses pouvant apparaître sous la forme léontocéphale en qualité « d'œil-lionne-*uraeus* » et dont les plus fameuses sont la redoutable Sekhmet, souvent figurée sous un aspect identique[5] ainsi que Ouadjet, Bastet et Sechemtet[6]. À Basse Époque, de nombreuses divinités féminines – on en a recensé près de quarante – se parent de cette puissance maléfique, qui est jugulée par l'érection de statues et les rites d'apaisement[7]. Ainsi, Ounout est-elle nommée dans les litanies inédites du temple de Tod énumérant les aspects de la déesse dangereuse[8]. Notre statue figurait-elle à l'origine dans un temple ? Cela est fort probable et l'inscription suggère un monument d'Hermopolis. Nous ne savons toutefois rien de précis sur son itinéraire jusqu'à son entrée dans les collections du cardinal Borghèse.

Un dessin de Charles Percier[9] (Fig. 1) nous la montre *in situ*, dans un angle de la salle Égyptienne, bizarrement perchée sur une gaine en forme de griffon ailé et faisant pendant à une statue également fameuse : celle du roi Thoutmosis III agenouillé, qui fut acheté par le cardinal Borghèse à Piranèse lui-même et qui est aujourd'hui conservée au département des Antiquité égyptiennes du musée du Louvre[10]. Connue sous le nom d'« Isis à tête de chat », l'image de la déesse Ounout fut dessinée par Van Aelst à la fin du XVIe siècle[11]. Tour à tour reproduite ou citée dans les ouvrages de Pignorio, Montfaucon et Winckelmann, elle connut une notoriété certaine et tint une place non négligeable dans le répertoire décoratif de l'égyptomanie.

C. Z.

Fig. 1. *La Villa Borghèse à Rome*
Dessin de Charles Percier
Paris, bibliothèque de l'Institut de France.

Le voyage d'Italie

1. *Cf.* Hérodote, *L'Enquête*, II, 46, coll. « La Pléiade », Paris, 1964, p. 161.
2. *Cf.* Winckelmann, 1790, Livre I, chap. I, p. 2 et Livre II, chap. 1, pp. 76-157.
3. Comparer avec la statue de *Takouchit*, Athènes, Musée archéologique et la *Bastet* dédiée par Piankhi, Louvre E 3915.
4. *Cf. LÄ*, t. 6, col. 859.
5. *Cf.* Kozloff, *in* cat. exp. Cleveland, 1992, p. 225, n° 34.
6. Bibliographie rassemblée *in* Ziegler, 1979b, pp. 437-439.
7. *Cf.* Yoyotte, 1980, pp. 46-75.
8. Bastet, Ounout-Chémâ, Ounout... (bloc Tod inv. 70).
9. Paris, bibliothèque de l'Institut ; *cf.* Arizzoli-Clémentel, 1978, fig. 4.
10. AF 6936, basalte ; *cf.* Clarac, 1820, pp. 155-156 ; Arizzoli-Clémentel, 1978 , p. 13, note 55.
11. *Cf.* Hohenburg, s.d., fig. 41.

Expositions :
Vienne, 1992, n° 145.

Bibliographie sommaire :
Hohenburg, s.d., fig. 41 ; Pignorius, 1669, fig. p. 66 ; Montfaucon, 1719-1724, t. II, 2, Livre I, chap. XV, pl. CXXVI, n° 7 ; Saint-Non, 1763, pl. 80 ; Visconti, 1796, part. II, Stanza VIII, n° 8 et pl. ; Winckelmann 1790, t. I, p. 116 ; Clarac, 1850, pl. 305 (2544) ; Perrot et Chipiez, 1882, t. I, p. 59, fig. 30 ; Roullet, 1972, n° 151, p. 101 et fig. 171-175 ; Wit, 1980, t. 2, p. 362 ; Arizzoli-Clémentel, 1978, p. 12, note 54 et fig. 26 ; Seipel, *in* cat. exp. Vienne, 1992, p. 365.

Fig. 1. L'Isis de Grandjacquet en place dans la salle Égyptienne de la villa Borghèse (détail) Dessin de Charles Percier Paris, bibliothèque de l'Institut de France.

39-40 Isis et Osiris

Antoine-Guillaume Grandjacquet (1731-1801)
1779-1781
Marbre noir et albâtre (39) ; marbre noir (40)
39 : H. : 1,71 m ; L. : 50 cm ; pr. : 36 cm
40 : H. : 1,70 m ; L. : 47 cm ; pr. : 34 cm
Paris, musée du Louvre, département des Sculptures
Inv. MR 1586 et 1588

Historique :
Commandées par le prince Marcantonio Borghèse en 1779 ; son fils, le prince Camillo Borghèse ; achetées avec les marbres Borghèse pour le musée Napoléon le 27 septembre 1807 ; au Louvre pendant la Restauration ; musée du château de Fontainebleau ; musée du Louvre.

Exposée à Paris (40)

Telle qu'elle a finalement été exécutée, la conception décorative pour la salle Égyptienne de la villa Borghèse appelait un certain nombre de sculptures monumentales. Afin d'obtenir une unité visuelle, quelques fragments antiques furent restaurés et un certain nombre d'œuvres modernes basées sur des modèles antiques furent commandées dans des matériaux correspondant à ceux des œuvres anciennes. En 1779, Antoine-Guillaume Grandjacquet, un Bourguignon qui gagnait sa vie à Rome comme restaurateur d'antiquités pour Piranèse, reçut commande de deux statues – un *Osiris* et une *Isis* – pour lesquelles furent achetés de l'albâtre et du marbre *negro antico* ; par la suite, une troisième statue fut commandée, une autre *Isis*. En 1780, Vincenzo Pacetti, qui a aussi fourni des modèles pour les oiseaux égyptiens placés au-dessus des niches, se vit confier un torse antique en porphyre rouge avec pour tâche de le restaurer en une *Junon* à tête et bras de marbre blanc[1].

Un document du 9 décembre 1779 concernant des paiements pour une nouvelle livraison d'albâtre blanc atteste qu'à cette époque, Grandjacquet prévoyait que l'*Osiris* et l'*Isis* présentés ici seraient polychromes, mais qu'il changea plus tard d'avis : l'*Osiris* fut entièrement sculpté en *negro antico* alors que pour l'*Isis*, il utilisa une combinaison d'albâtre pour le visage, les bras et les pieds et de marbre noir pour le corps.

Les statues furent livrées en 1781, année où Grandjacquet reçut son solde le 22 septembre – un total de 510 scudi pour les matériaux et le travail[2]. La troisième statue, la seconde *Isis*, copiée fidèlement en granitelle rouge d'après la statue d'Arsinoé II qui est au musée du Capitole, fut exécutée en dernier : le 11 septembre 1781, l'architecte Asprucci fut remboursé pour son achat de la pierre et, le 5 juin 1782, Grandjacquet reçut le paiement de son travail[3]. La *Junon* de Pacetti fut placée dans la niche du mur principal, tandis que l'*Isis* était logée dans celle du mur de droite. Au centre de la pièce fut installé un magnifique *labrarium* pour lequel Luigi Valadier avait conçu un support composé de quatre crocodiles de bronze. En 1807, quand les marbres Borghèse furent achetés pour le musée Napoléon, les œuvres de Grandjacquet furent incluses dans les collections d'antiquités. Ce n'est que tardivement – en 1969 – qu'elles ont enfin été reconnues par Boris Lossky.

39

40

Des trois sculptures de Grandjacquet, l'*Isis* polychrome est la plus frappante. On sait, d'après le dessin de
Percier (Fig. 1) et la gravure publiée par Visconti en 1796,
qu'elle était originellement couronnée d'ornements de
bronze doré et qu'elle tenait une fleur de lotus – de la même
matière – dans la main gauche et un sceptre *ouas* dans la
main droite[4]. Bien que très transformé, le modèle ancien utilisé par l'artiste a pu être identifié : il s'agit d'un relief
romain – aujourd'hui perdu – à trois personnages, dont l'un
était une Isis enveloppée dans ses ailes et au bras droit tendu.
Ce relief a joui d'un certain prestige aux XVIIe et XVIIIe siècles, a figuré dans une série de dessins ayant appartenu à
Nicolas Fabri de Peiresc et qui sont aujourd'hui à la Bibliothèque nationale de Paris, dans un ensemble de dessins
ayant appartenu successivement à Cassiano dal Pozzo et au
cardinal Albani, et ont été illustrés par Montfaucon et
Winckelmann[5]. L'*Osiris*, adapté aussi très librement d'après
un type de sculpture plus commun, un pharaon debout qui
est à Tivoli, tenait au départ des ornements de bronze doré
« de la main droite, qui est abaissée, un bâton terminé en
tête de huppe, et de la gauche, qui est pendante, le fameux
tau, symbole propre d'Osiris et copié sur les monuments
antiques[6] ». Ceux-ci peuvent être vus sous leur forme originelle dans la gravure de Visconti[7].

M. P.

1. *Cf.* Arizzoli-Clémentel, 1978, p. 8.
2. *Ibid.* pp. 20-21.
3. *Ibid.* p. 23.
4. *Cf.* Visconti, 1796, vol. II, ill. « Stanza VIII », n° 10.
5. *Cf.* Roullet, 1972, p. 64, n° 46 et fig. 65 et Aufrère, 1990, p. 185 et
   planche VII, XXV, A.
6. Noël, 1823, p. 297.
7. *Cf.* Visconti, *op. cit.*, vol. II, ill. « Stanza VII », n° 2.

Bibliographie sommaire :
Parisi, 1782 (texte repr., *in*
Arizzoli-Clémentel, 1978, ci-
dessous) ; Lossky, 1971, pp. 58-
61, ill. à la p. 59, fig. 6 ; Arizzoli-
Clémentel, 1978, p. 10, note 46,
p. 11, note 48, pp. 12, 18, 20, 21,
ill. fig. 19 à la p. 30 (avec
bibliographie) ; Humbert, 1987,
t. II, n° 115 ; Humbert, 1989,
p. 199, ill. coul.

41 Chaise

Atelier romain
Vers 1782-1784
H. : env. 85 cm
Noyer et dorures
Rome, villa Borghèse, galerie Borghèse

Historique :
Famille Borghèse, Rome ; achetée par l'État italien
en 1925.

On ne sait pas avec certitude comment la chambre Égyptienne de la villa Borghèse était meublée et, de fait, peu de
choses sont connues sur l'ameublement de la villa avant la
dispersion de celui-ci en 1892. D'après les descriptions, cette
pièce semble avoir servi de salon de réception. *Le Sculture
del Palazzo della Villa Borghese della Pinciana*, de Visconti,
mentionne quelques-uns des éléments du mobilier, dont de
somptueuses tables conçues par Vincenzo Pacetti et Antonio
Asprucci. En 1987, Alvar González-Palacios a identifié deux
commodes signalées par Visconti dans la *Stanza di Paride* et
a retrouvé dans les archives Borghèse du Vatican des paiements versés en 1784 par le prince Marcantonio Borghèse à
l'orfèvre Luigi Valadier, père de l'architecte du même nom,
pour des ornements de bronze doré destinés à des *comodini*
(petites commodes)[1].

Cette chaise, qui appartenait aux Borghèse, faisait
vraisemblablement partie de l'ameublement de la villa et il
est possible qu'elle provienne d'un appartement du palais
Borghèse. Les motifs égyptiens comportent des hiéroglyphes
sur la ceinture avec un scarabée au centre – inspiré par Piranèse – et une partie du dossier affecte fort ingénieusement
la forme d'un sistre. Une telle utilisation du sistre est très
rare ; on peut toutefois l'observer sur un ensemble de six

Le voyage d'Italie

chaises italiennes de style Louis XVI datant de la fin du XVIIIe siècle et de provenance inconnue, ainsi que sur des chaises livrées en 1797 au palais Pitti à Florence[2]. Enfin, un service de table en argent, conçu pour le prince Borghèse par Luigi Valadier et achevé en 1784, présente des motifs similaires : parmi les dessins de Valadier qui nous sont parvenus, se trouve un huilier dont le réceptacle est constitué par deux Égyptiennes assises et drapées et dont la poignée est en forme de sistre[3].

M. P.

1. *Cf.* González-Palacios, 1987, p. 106.
2. *Cf.* cat. vente Sotheby's, New York, 28 mars 1992, n° 175, ill. et Colle, 1992, n° 127.
3. *Cf.* cat. exp. Londres, 1991, n° 511, ill. coul.

Expositions :
Londres, 1972, n° 1674, ill.

Bibliographie sommaire :
González-Palacios, 1969, p. 35, fig. 46.

42 Table

Anonyme italien
Vers 1780
Peuplier peint en rouge et marbré en vert et noir à l'imitation du granite d'Assouan ;
dessus de marbre noir
H. : 89,8 cm ; L. : 1,235 m ; pr. : 59,4 cm
New York, The Metropolitan Museum of Art
Inv. 41.188

Historique :
Don de Robert Lehman, New York, 1941.

Exposée à Paris

Les origines de cette table qui sort de l'ordinaire sont inconnues, mais son style – se distinguant par des formes plutôt massives, sa simplicité et une grande originalité – indique très certainement qu'elle a été faite à Rome, et sans doute pour un intérieur spécifique qui reste à identifier. La patine du bois imite la pierre égyptienne et des hiéroglyphes et cartouches dorés (dont certains apparaissent aussi sur des cheminées de Piranèse) décorent presque toute la surface. Patine et ornements sont très proches de ceux de la table attribuée à Piranèse dans le portrait de la marquise Gentili

Boccapaduli datant de 1777[1]. Les curieux montants en gaine surmontés de têtes d'Égyptiennes, également de type piranésien mais différents de ceux de la table Boccapaduli, sont positionnés de façon peu courante, en angle aux coins de la table. On trouve de tels montants plus souvent sur des consoles et des cheminées, et ils sont habituellement dans l'alignement général[2]. On peut noter que la triple rainure dorée à l'arrière des montants correspond aux motifs dont s'ornent les pieds de la chaise Borghèse (cat. 41).

M. P.

1. *Cf.* cat. 23.
2. Les exemples les plus frappants de ce type sont la grande console à quatre montants égyptiens dessinée par Voronikhin et Brenna pour la galerie Grecque du palais de Pavlovsk et la cheminée à montants de bronze de la collection Henri Samuel de Paris, ill. *in* Hautecœur, t. V, 1952, p. 384. Une console italienne de la fin du XVIIIe siècle à montants égyptiens, très différente et placée aussi dans un angle, a été reproduite *in The Connoisseur*, t. 168, n° 677, juillet 1968, p. VIII.

Expositions :
Londres, 1972, n° 1660 ;
New York, 1978, n° 18.

Bibliographie sommaire :
Johnson, 1966, p. 492, ill. ; cat. exp. Londres, 1972, p. 781. Sutton, 1972, ill. fig. 19 à la p. 271 ; Humbert, 1989, ill. à la p. 131.

43 La Cour intérieure du musée du Capitole, à Rome

Charles Joseph Natoire (1700-1777)
1759
Pierre noire, plume et encre brune, lavis brun et gris avec rehauts de gouache blanche sur papier gris-bleu
H. : 30 cm ; L. : 45 cm
Signé et daté à la plume, en bas à droite :
« C. Natoire 1759 » ; en bas à gauche, marque de la collection P. J. Mariette : *cf.* Lugt, 1852

Paris, musée du Louvre,
département des Arts graphiques
Inv. 31.381

Historique :
Collection P. J. Mariette (vente Paris, 15 novembre 1775-30 janvier 1776), sans doute le numéro 1301 ; acquis par le Cabinet du Roi (L. 1899 et 2207).

Exposé à Paris

Le dessin de Natoire couvre un espace beaucoup plus large que celui d'Hubert Robert, qui ne représente que le fond de la galerie (cat. 44) : c'est là que se trouvait, dans l'ouverture de droite, la statue de la reine Touia. Celle à laquelle Natoire a donné la place principale, au centre de sa composition, représente Arsinoé, femme de Ptolémée II-Philadelphe ; elle est aujourd'hui conservée au musée du Vatican[1] (Fig. 1).

En 1736, Clément XII avait ouvert au public le musée du Capitole, ancien dépôt de sculptures antiques. Archéologues et artistes s'y côtoient, venus étudier ou chercher l'inspiration. C'est là que la plupart des sources égyptisantes ont été reproduites, avant d'être diffusées à travers l'Europe.

J.-M. H.

1. *Cf.* Botti et Romanelli, 1951, n° 31 pp. 22-23 et pl. XXIII.

Expositions :
Troyes/Nîmes/Rome, 1977, n° 73 ; Paris, 1985-1986.

Bibliographie sommaire :
Duclaux, 1975, n° 58 (avec bibliographie antérieure exhaustive) ; Bacou, 1976, fig. 16 ; cat. exp. Troyes/Nîmes/Rome, 1977, n° 73, p. 104 (bibliographie et expositions antérieures) ; Michel, 1987, n° 62.

Fig. 1. *Arsinoé*
Femme de Ptolémée II Philadelphe
Musée du Vatican.

Fig. 2. *Isis*
Statue d'Antoine-Guillaume Grandjaquet,
granitelle, 1781
Paris, musée du Louvre,
département des Antiquités égyptiennes.

44 Le Dessinateur au Musée du Capitole

Hubert Robert (1733-1808)
Vers 1763
Sanguine
H. : 33,5 cm ; L. : 45 cm
Valence, musée des Beaux-Arts. Inv. D. 80

Historique :
Collection Julien-Victor Veyrenc (1756-1837) ;
don à la ville de Valence, 1835.

Exposé à Ottawa

Le portique du dessin de Natoire de 1759 est vu ici d'un
point plus proche de l'extrémité nord. Au premier plan à
droite, une statue de *L'Abondance* puis celle, colossale, de la
reine *Touia*, enfin à l'arrière-plan, toujours sur la droite, la
statue d'*Endymion et son chien*. Comme on l'observe invariablement chez Robert, le réel et l'imaginaire coexistent avec
la plus grande aisance : des personnages de son temps – le
dessinateur assis sur le sol, la femme et l'enfant, un chien
bondissant – sont contemplés par des figures de l'Antiquité
drapées dans leurs toges[1].

   On a déjà remarqué que les statues de Touia et la
copie romaine d'Arsinoé ont été installées sous les arches du

Fig. 1. *Isis*
Bernard de Montfaucon,
L'Antiquité expliquée
1722 (2ᵉ éd.), pl. 36
du supplément au tome II.

Fig. 2. *La reine Touia,*
mère de Ramsès II
Musée du Vatican.

portique en 1715. La présence de l'*Endymion*, que l'on disait exposé ailleurs dans le Museo Nuovo, laisse supposer que dans le dessin de Valence, Robert avait redisposé les sculptures selon sa fantaisie ; toutefois, un autre dessin de lui montrant le portique vu de l'extrémité opposée avec Endymion au premier plan et Touia que l'on aperçoit plus loin, indique clairement que sa description est exacte[2].

Et une autre vue encore du portique capitolin, où l'on voit Arsinoé avec le Nil à l'arrière-plan, témoigne de la fascination d'Hubert Robert pour ce qui était en 1760 l'ensemble le plus égyptien à Rome[3]. Quelques années auparavant seulement, en 1739, le président de Brosses décrivait à un ami, grand amateur de curiosités égyptiennes, la statue du Nil (connue à Rome sous le nom de *Marforio*) en ces termes : « C'est un gros fleuve qui avait fait sa première habitation dans le *Forum Martis*, d'où il est venu Marforio, de Rhin ou plutôt de Nil, qu'il était auparavant. Il croit être dans sa patrie, voyant près de lui quatre magots égyptiens, de granit, d'un style roide et sec, comme toutes les statues de ce pays-là ; mais cependant pleins de feux. Il faut que cette nation égyptienne d'autrefois, eût dans la figure un caractère marqué que nous retrouvons dans toutes leurs statues : un certain nez carré, le menton de même carré et coupé, les joues relevées d'en haut, la taille longue et élancée, les épaules hautes, la gorge relevée comme les joues : ces idoles viennent des jardins de Salluste[4] ».

M. P.

1. Une contre-épreuve du dessin de Valence, retravaillée à la craie noire par Ango, se trouve au Fogg Art Museum, Cambridge, Mass.
2. Le dessin a paru dans une vente à Paris, Palais Galliéra, 31 mars 1962, n° 63, pl. XXVI. L'*Endymion* était encore dans cette position en 1834, comme l'a noté Mariana Starke dans ses *Travels in Europe, for the Use of Travellers on the Continent*, Paris, 1834, p. 149.
3. Ce dessin est perdu mais il en existe une contre-épreuve signée et datée 1762 qui a figuré dans la vente Christie's du 26 novembre 1968, n° 126, ill. Une étude isolée, soignée de l'*Arsinoé*, seule, était à la Galerie Cailleux ; *cf.* cat. exp. Paris, 1979, n° 8, ill.
4. Charles de Brosses, Paris, 1928, t. II, p. 160.

Expositions :
Rome/Turin, 1961, n° 295 ; Paris, 1969, n° 26 ; Rome, 1990-1991, n° 119.

Bibliographie sommaire :
Cat. musée de Valence, 1883, n° 1 ; Loukomski et Nolhac, 1930, pl. 36 ; Pietrangeli, 1962, p. 275 ; cat. exp. Paris, 1969, n° 26, ill. pl. V ; Pariset, 1971, pp. 34-36 ; Cailleux, 1972, pp. 57-71 ; Roland Michel, 1981, p. V, note 22 ; De Felice, 1982, pp. 37-38, note 9, ill. pl. XV, fig. 23 ; Cayeux, 1985, n° 28, ill. ; cat. exp. Rome, 1991, n° 119.

45 Paire de candélabres reproduisant une statue de la reine Touia

Vers 1800
Bronze patiné et doré
H. : 86 cm
Paris, collection privée

Exposée à Paris et à Ottawa

Deux Égyptiennes en bronze patiné noir supportent chacune quatre bras de lumière en bronze doré ; on ignore l'origine de ces pièces, dont il ne semble pas exister d'autre exemplaire et dont la datation est encore incertaine. En effet, la connaissance de la reine Touia remonte essentiellement à la période des séjours romains d'Hubert Robert[1] et les bras de lumière correspondent à cette époque ; mais il peut aussi s'agir d'un emploi tardif de pièces inutilisées paraissant adaptées à ces personnages féminins, dont la massivité semble plus conforme au goût de la période Consulat-Empire qu'à celui de l'époque pré-révolutionnaire.

Ces deux statuettes jumelles sont copiées sur la grande statue de la reine Touia conservée aujourd'hui au Vatican[2] ; la femme de Séthi Ier et mère de Ramsès II est représentée debout, la jambe gauche avancée, le bras droit tombant naturellement le long du corps, la main gauche tenant le manche d'un chasse-mouches dont les lanières retombent sur le bras gauche ramené sur la poitrine. Vêtue d'une longue tunique, elle est coiffée d'une perruque enveloppante recouverte d'une dépouille de vautour et surmontée d'un mortier orné d'une couronne d'*uraeus*.

À part le mortier qui sert de fixation à la partie luminaire, il s'agit là d'une copie de la statue originale qui, pour être à une échelle très réduite, n'en est pas moins particulièrement exacte et soignée ; point d'adaptation, point de recréation : l'égyptomanie, dans ce cas, se contente de mettre à disposition la représentation fidèle d'une pièce authentique, dont seule la raison d'être a été modifiée pour lui donner un rôle pratique qui, peut-être, aidait à justifier sa présence.

J.-M. H.

1. *Cf.* notice n° 44.
2. *Cf.* Botti et Romanelli, 1951, n° 28 (inventaire n° 22), pp. 18-21 et pl. 28 ; Vandier, t. III, *La Statuaire*, 1958, p. 427 et pl. CXXXV, fig. 4. Cette statue avait été publiée dès 1755 par Bottari dans son *Museo Capitolino* (*cf.* Whitehouse, 1983, p. 25).

Bibliographie sommaire :
Claude-Salvy, 1966, p. 56 ; Humbert, 1989, p. 170.

46 Plat et cafetière

Real Fabbrica Fernandinea di Napoli
Vers 1785-1790 ?
Porcelaine peinte et dorée
Diam. plat : 46 cm ; H. cafetière : 22 cm
Marque : « N » couronné, en bleu
Florence, Palazzo Pitti, Museo delle Porcellane
Inv. A.c.c. 1012, 1021

Historique :
Peut-être un don du roi Ferdinand IV de Naples
à l'occasion de sa visite à Florence en 1785 ou
une partie du trousseau de Louise de Naples à
l'occasion de son mariage avec le grand-duc
Ferdinand de Toscane en 1790 ; la cafetière figure
dans l'inventaire des collections grand-ducales de
Florence en 1816.

Les nombreuses références aux porcelaines à décor égyptien
que l'on trouve dans l'inventaire d'une vente de 1807 à la
Real Fabbrica Fernandinea nous indiquent à quel point ce
genre de motifs était prisé à Naples. De façon intéressante,
on trouve répertoriés à l'inventaire de la même vente des
ensembles de gravures parmi lesquelles des planches de
dessins égyptiens de Lorenzo Rocheggiani ainsi que quatre
gravures reproduisant la décoration murale de la salle Égyptienne de la villa Borghèse, ce qui nous donne une idée des
modèles utilisés[1]. Outre la vaisselle, la manufacture produisait des objets de porcelaine comme des figures d'Antinoüs
et des vases canopes servant à orner des pendules dont il
existe des documents pour l'année 1796[2]. Le plateau et le pot
à café se trouvant à Florence font partie de cette abondante
production et proviennent d'un service composé de deux
tasses, d'un sucrier et d'un pot à lait décorés dans le même

dans le siècle : ainsi, un plaisant panneau décoratif de grande taille présentant une scène égyptienne sur vingt-quatre carreaux qui se trouve au Palazzo Primoli de Rome[5].

M. P.

1. *Cf.* Minieri Riccio, 1878 et González-Palacios, 1984, t. I, p. 337.
2. *Cf.* González-Palacios, 1984, t. I, pp. 338-339, t. II, fig. 562, 563.
3. Le service complet est reproduit *in* Syndram, 1988, fig. 8.
4. *Cf.* cat. exp. Naples, 1979, n° 374, ill. ; un service complet conservé au Suchard-Museum de Zurich est discuté et reproduit *in* Syndram, 1988, p. 157, fig. 9.
5. *Cf.* Brosio, 1980, ill. fig. A à la p. 116.

Expositions :
Naples, 1979, n° 373, ill.

Bibliographie sommaire :
Morazzoni, 1935, ill. pl. XCI ;
Perrotti, 1978, ill. pl. CII ;
González-Palacios, 1984, t. I, p. 338, t. II, fig. 560, 561 ;
Syndram, t. VI-VII, 1988, pp. 157-158, fig. 8.

47   Projet pour le tombeau de Titien

Antonio Canova (1757-1822)
1795
Bois et terre cuite
H. : 1,24 m ; L. : 1,37 m ; pr. : 35 cm
Inscrit et daté : « TITIA-VECELIO-PICT. / MDCCVC »
Venise, musée Correr

Historique :
Don de G.B. Sartori à G. Zardo Fantolin ;
Domenico Zoppetti, 1847 ; don Zoppetti, 1849.

style[3]. Ainsi que l'a noté Alvar González-Palacios, le pot à café présente un bec remarquable qui est sans doute une adaptation d'une sculpture hadrianique bicéphale se trouvant au musée du Vatican et qui figure sur le manteau d'une des cheminées de Piranèse (cat. 20). L'apparition dans une vente de 1978 à Naples, d'un pot identique mais avec un décor sur fond blanc indique que la manufacture produisait les mêmes motifs dans des couleurs différentes. Il existe au musée de Florence un autre pot à lait à motifs zoomorphes qui fait partie d'un tête-à-tête égyptien différent[4].

Il est bon de remarquer que cet intérêt que l'on portait à Naples pour les motifs égyptiens n'a été, tout bien considéré, ni éphémère ni limité à la porcelaine fine. La manufacture Giustiniani a fabriqué au début du XIXᵉ siècle, en même temps que la fabrique royale, nombre de pièces égyptisantes, production qui s'est prolongée jusque tard

Le monument, qui devait être construit à Venise dans l'église Santa Maria Gloriosa dei Frari (où Titien est enterré), a été commandé en 1790 par Girolamo Zulian – ambassadeur vénitien auprès du Saint-Siège – et un groupe d'amis vénitiens.

Au début de l'année 1791, Zulian obtint l'affectation d'un espace pour ce monument et Canova se lança dans le projet. On ne tarda guère à s'accorder sur l'idée d'une pyramide comportant des allégories du deuil comme l'indique une lettre de Zulian du 16 juillet 1791 : « Votre idée exerce sur moi un grand attrait, eu égard à ses qualités novatrices, sa simplicité et son expressivité. Le contraste entre la douleur exprimée par la Peinture – qui semble presque désireuse d'être inhumée avec Titien – et celle des autres arts est parfaitement réussi[1]. » Au fur et à mesure de l'évolution du projet, des changements furent introduits dans l'aspect de la pyramide, qui est passée d'une forme pointue, semblable à celle de Caius Cestius, à une structure plus large comme dans la maquette présentée ici ; la position des figures a également subi des modifications. Deux esquisses, dont on sait qu'elles étaient conservées au XIXᵉ siècle à l'Accademia de

Venise, sont aujourd'hui perdues mais il en existe trois autres à la Gipsoteca de Possagno qui renferme aussi un certain nombre d'études dans des albums de croquis[2].

La mort de Zulian, survenue en 1795, année de l'exécution de cette maquette, et la recherche du financement n'ayant pas abouti, le projet fut arrêté. Toutefois, en 1798, après l'invasion de l'Italie par Napoléon, Canova se rendit à Vienne où le prince Albert de Saxe-Teschen lui commanda un tombeau destiné a être construit dans l'Augustinerkirche et où reposerait sa femme Marie-Christine d'Autriche – la sœur de Marie-Antoinette. L'artiste reprit le dernier état de son projet de tombeau de Titien en gardant la pyramide mais en augmentant le nombre des personnages et en inversant la composition.

L'ensemble allégorique très fouillé qui en résulta était le fruit d'une collaboration avec le prince mais, en définitive, Canova voyait les figures comme « une sorte de cortège funèbre apportant les cendres au sépulcre... ». Le tombeau – qui est en réalité un cénotaphe, étant donné que Marie-Christine est enterrée dans la crypte impériale de la Kapuzinerkirche – est considéré comme le chef-d'œuvre de Canova. En 1827, les étudiants du maître dessinèrent une pyramide similaire pour son propre tombeau dans l'église des Frari (Fig. 1).

Diverses opinions ont été émises à propos de la possible inspiration piranésienne de la pyramide de Canova, lequel aurait aussi pris pour modèle le monument Baldwin – réalisé par Christopher Hewetson en 1784 pour le Trinity College de Dublin – qu'il avait vu à Rome[3]. Il est cependant plus vraisemblable que son observation directe de la pyramide de Caius Cestius a été pour lui une incitation plus déterminante. On peut assurément faire remonter l'apparition des catafalques pyramidaux en Italie au début de l'âge baroque et Pavanello a même rapproché cette forme d'une peinture d'Hubert Robert de 1758 décrivant peut-être un catafalque imaginaire pour le pape Benoit XIV[4].

Il est généralement admis que le monument de Vienne est le premier exemple depuis l'Antiquité d'une pyramide conçue non comme ornement funéraire mais comme un tombeau avec une entrée et des personnages sur le seuil. Ainsi, on est tenté de le mettre en parallèle avec la pyramide construite en 1794-1796 par Joseph Bonomi – qui connaissait Canova et correspondait avec lui – pour recevoir la dépouille du deuxième comte de Buckinghamshire à Blickling Park, Norfolk[5].

M. P.

1. Cité par Pavanello *in* cat. exp. Venise/Possagno, 1992, n° 82.
2. *Cf.* Pavanello, 1976, n°ˢ 72, 73.
3. Au sujet de cette suggestion, *cf.* Curl, 1982, p. 155.
4. *Cf.* Pavanello *in* cat. exp. Venise/Possagno, 1992, n° 82 ; pour la peinture d'Hubert Robert, *cf.* cat. exp. Rome, 1990-1991, n° 9, ill. coul. pl. II.
5. *Cf.* Meadows, 1988, p. 25 et ill. 24-28.

Expositions :
Londres, 1972, n° 311 ; Venise/Possagno, 1992, n° 82.

Bibliographie sommaire :
Quatremère de Quincy, 1834, pp. 129-135 ; Bassi, 1943, p. 26 ; Mariacher, 1957 ; Mariacher, 1964, pp. 190-191, ill. fig. 81 ; cat. exp. Londre, 1972, pl. 51 ; Pavanello et Praz, 1976, p. 99, ill. n° 74 ; Curl, 1982, pp. 154, 155, 161 ; Argan, 1979, ill. à la p. 33 ; Licht, 1983, pp. 65-75, repr. n° 23 à la p. 67 ; Stefani, 1984, pp. 83-119 et surtout pp. 119, note 14 ; Wittkower, 1989, p. 55.

Fig. 1. Tombeau de Canova
Monument réalisé en 1827 par Bartolomeo Ferrari,
Rinaldo Rinaldi, Luigi Zandomeneghi,
Jacopo de'Martini et Antonio Bosa pour leur maître,
en l'église Santa Maria Gloriosa dei Frari de Venise.

48 Pyramide miniature au nom de Khonsouhotep

Provenance inconnue
Époque Ramesside (vers 1295-1069 avant J.-C.)
Calcaire
H. : 39 cm ; l. : 37,5 cm ; pr. : 35,5 cm
Paris, musée du Louvre, département
des Antiquités égyptiennes
D 43

Parmi les figures emblématiques de l'Égypte, la pyramide s'est imposée avec vigueur dès l'Antiquité. Par leur masse écrasante, par la fascination funèbre qui s'en dégage, les plus anciennes pyramides, celles de Gizeh – érigées vers 2620-2500 avant J.-C. –, ont frappé l'imagination des premiers voyageurs. Le terme que nous utilisons est celui inventé par les anciens Grecs et dérive, sans doute par dérision, du mot *pyramis* qui aurait désigné un gâteau de blé. Les Égyptiens nommaient le monument *mer*. Au moins deux pyramides furent bâties dans la Rome impériale, marquant comme en Égypte l'emplacement de tombeaux. Édifié au temps d'Auguste, le monument funéraire de Caius Cestius (Fig. 1) a survécu jusqu'à nous et dresse sa masse imposante près du château Saint-Ange. Une autre pyramide, détruite au XVIe siècle mais souvent reproduite, était érigée dans la nécropole du Vatican qui a livré des décors de caractère égyptisant[1]. Ces deux monuments, qui ont inspiré de nombreux artistes (cat. 25) se distinguent des pyramides royales de l'Égypte pharaonique par leur taille modeste et leurs proportions très élancées. Faut-il voir dans cette interprétation un témoignage du goût et des possibilités techniques de l'époque, ou bien les architectes romains eurent-ils sous les yeux d'autres modèles ? Il est peu probable qu'ils aient jamais étudié les pyramides édifiées au Soudan par les rois de la XXVe dynastie, en particulier celles de Méroé, qui par leur taille – une base de 8 à 14 mètres carrés – et leur pente – 65 à 70° – sont les plus proches des pyramides romaines. Mieux connue des Romains, une nécropole de Thèbes, celle de Deir el Medineh, possédait aussi de petites pyramides très pointues, surmontant des tombes d'artisans du Nouvel Empire (Fig. 2). D'autres se dressaient dans les régions d'Abydos et de Memphis. Ces monuments étaient-ils visibles à l'époque romaine ? les témoignages restent discrets sur ce point, mais une telle source d'inspiration n'est pas à écarter.

Sans que nous connaissions précisément l'origine du pyramidion de Khonsouhotep, il s'apparente stylistiquement à la série des pyramidions sculptés au Nouvel Empire qui venaient couronner une petite pyramide de pierres surmontant le caveau. Les décors ornant les différentes faces sont opposés deux à deux ; ils étaient, semble-t-il, en rapport avec les quatre points cardinaux et l'orientation de la tombe. Sur la face est, le défunt et son épouse Sypy sont agenouillés, les bras levés en signe d'adoration. Sur la face ouest, on retrouve ses parents, Nekhounefer et Moutem. La formule d'offrande, gravée sur la face est, nomme le dieu soleil Horus-de-l'horizon, soulignant le caractère solaire de la forme pyramidale, symbolique que l'on retrouve pour les pyramides et, encore plus clairement, pour les obélisques dont le sommet pyramidal était plaqué de métal étincelant. Au-dessus des personnages, on peut voir des signes très fréquents sur les stèles et dont certains seront incorporés dans le répertoire décoratif de l'égyptomanie : yeux de faucon *oudjat* exprimant l'intégrité physique, signe ondulé de l'eau et godet, anneau *chénou*. Outre le nom et les titres des personnages représentés, les inscriptions consistent en une série de vœux formulés en faveur du défunt : qu'il puisse bénéficier du doux souffle du vent du nord ; de l'air, de l'eau fraîche de l'encens ; des gâteaux apportés sur la table du maître des dieux ; de pain, bière, bétail, volailles et toutes choses belles et pures ; que le mal s'éloigne et que les louanges soient reçues...

C. Z.

1. *Cf.* Roullet, 1972, p. 42.

Bibliographie sommaire :
Pierret, t. II, 1874, t. VIII, 1878, p. 58 (inscriptions) ; Rougé, 1883, 8e éd., p. 204 ; Ranke, vol. 1, p. 209, 13 ; Vandier, t. II, 1954, p. 522, note 7 ; Ramnant-Peeters, 1983, doc. 57, pp. 62-63.

Fig. 1. La pyramide de Caius Cestius à Rome
Ier siècle avant J.-C.

Fig. 2. Vue d'une pyramide
de Deir el Medineh

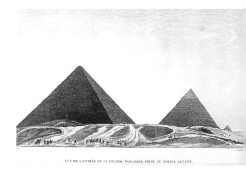

VUE DE L'ENTRÉE DE LA GRANDE PYRAMIDE, PRISE AU SOLEIL LEVANT.

Fig. 3. *Vue de l'entrée de la grande pyramide, prise au soleil levant. Description de l'Égypte* Paris, 1809-1828, A., vol. IV, pl. 9.

Absolutisme et lumières

C'est probablement après son retour de Rome – où il avait obtenu un second prix au concours organisé pour la fontaine de Trevi –, en 1732, qu'Edme Bouchardon entreprit une série de projets de fontaines. À Paris, il exécuta en 1735-1737 une sculpture pour une fontaine destinée au parc de Grosbois, commandée par le duc d'Antin et, de 1739 à 1745, il s'employa à la construction de la seule fontaine qu'il eût effectivement réalisée, celle de la rue de Grenelle. Ses dessins de fontaines datent vraisemblablement de cette période de sa carrière, autour de 1730, et comportent un nombre inhabituel de projets à motifs égyptiens. Deux études se trouvant au Louvre montrent des fontaines avec, respectivement, des sphinx (RF 24279) et des sphinx ailés (RF 24277), tandis qu'une troisième, pour *La Fontaine des Grâces* (RF 24677), présente sur la base, des lions égyptiens copiés d'après ceux du Capitole. Notons que l'on trouve des contre-épreuves des deux premiers dessins au musée de Mayence et que Haquier a fait une gravure du troisième. Un quatrième, également au Louvre (RF 24280), est une variante de la fontaine destinée à Grosbois avec, au centre, une adaptation de dieu Bès[1]. On connaît de lui deux autres projets – qui se trouvaient dans la collection Mariette et faisaient partie d'un groupe de quatre dessins lors d'une vente de 1775 –, une *Fontaine égyptienne*, aujourd'hui perdue ou non identifiée, et une *Fontaine du Génie* décorée de lions copiés d'après ceux de Nectanébo Ier à Rome[2] (aujourd'hui conservée au musée des Beaux-Arts d'Angers).

Les fontaines de Bouchardon apparaissent comme les premières tentatives systématiques de la France du XVIIIe siècle pour intégrer à des structures modernes un répertoire égyptien négligé par les précédentes générations d'artistes. L'époque de Louis XIV et la Régence avaient décliné le sphinx sous de multiples formes, mais il s'agissait alors de cas particuliers et assez rares, qui anticipaient de quelque trente ans les utilisations pleines d'imagination d'Hubert Robert. Le désir de Bouchardon d'introduire l'Égypte dans son œuvre peut sembler moins exceptionnel : son ami et biographe, le comte de Caylus – qui est parmi les premiers à avoir souligné la qualité esthétique de l'art égyptien dans son *Recueil d'antiquités égyptiennes, étrusques, grecques et romaines* publié entre 1752 et 1767 – attira en effet l'attention sur l'excellente maîtrise de l'Antiquité dont il faisait preuve. Mariette, un autre de ses amis, possédait quelques pièces égyptiennes qui ont été dessinées par Gabriel de Saint-Aubin dans les marges du catalogue de la vente Mariette de 1775. Enfin, Hubert Robert, qui l'admirait, avait, à sa mort, soixante-dix dessins de Bouchardon[3]. Mais on comprend mieux l'aspect précurseur des dessins de ce dernier si l'on sait que des éléments tels que les lions capitolins ne seront utilisés plus fréquemment en France qu'aux alentours de 1760, avec la première vague de néo-classicisme connue sous le terme de « goût grec » et dont Jean-Enémond Petitot, autre protégé de Caylus, a fait la satire. Un projet anonyme pour l'entrée de l'hôtel de Gamaches, rue Saint-Lazare, datant d'octobre 1762, présente au-dessus de la porte[4] des lions égyptiens que l'on retrouve dans la décoration d'une table réalisée vers 1765 pour l'hôtel d'Uzès et attribuée à Pierre-Noël Rousset[5]. Le climat artistique qui régnait à Rome et avait contribué à élargir l'horizon de Bouchardon, fut le facteur essentiel des développements qui allaient avoir lieu vers le milieu du siècle, dans l'architecture aussi bien que dans le discours théorique. On en trouve l'expression, en grande partie, dans les projets expérimentaux exécutés pour des concours, les structures éphémères des *chinea*, chaque année, ou les dessins décoratifs – de vases, par exemple – ayant beaucoup influencé le développement du style néo-classique. Ainsi, Nicolas Jardin, lauréat du Prix de Rome en 1741, qui fit ses études en Italie de 1744 à 1748, a dessiné vers 1747 une *Chapelle sépulcrale* en forme de pyramide, inspirée par la pyramide de Cestius et Fischer von Erlach. C'est au Danemark que cet artiste fit par la suite carrière, mais son dessin trouva un écho pratiquement immédiat parmi ses contemporains : une pyramide semblable figure dans la *Vue d'un port* de Vernet, peinte à Rome en 1751 (Nelson-Atkins Art Gallery of Kansas City). Les pyramides ont intéressé nombre d'architectes, dont Charles Michel-Ange Challe qui fit à Rome, peu après 1740, des compositions expérimentales autour de pyramides colossales. Provenant également de Rome, les « exagérations bizarres » de Jean-Laurent Legeay – des dessins fantastiques de tombes, de ruines et de vases – ont fasciné toute une génération d'artistes et d'architectes de la deuxième moitié du XVIIIe siècle, non seulement en France, mais aussi en Angleterre et en Allemagne. Deux de ses dessins furent adaptés pour le frontispice égyptisant de la première édition du livret de Schikaneder pour *La Flûte enchantée* en 1791[6], l'apothéose du siècle des Lumières.

À partir de 1754, les onze années qu'Hubert Robert passa à étudier à Rome représentent l'un des moments les plus intéressants de cette nouvelle esthétique naissante. Ses importants paysages égyptiens (cat. 25) et sa fascination des années 1760 pour l'environnement « égyptien » de la villa Albani sont discutés ailleurs, mais on a tendance à minimiser la portée de ses esquisses d'antiquités égyptiennes réelles ou imaginaires, dont certaines – faisant partie d'un ensemble plus vaste[7] auquel d'autres artistes ont contribué –, ont été gravées par l'abbé de Saint-Non dans ses « griffonis ». Ces esquisses ont eu une influence réelle, en particulier sur les arts décoratifs. Un bref coup d'œil sur les griffonis nous montre un *Anubis assis* de la villa Borghèse, un *Égyptien* avec un serpent enroulé autour du corps et une statue naophore provenant tous deux du palais Barberini, et un *Égyptien accroupi en* granite du palais de l'ambassade de Malte. De même, sont également reproduits un *Vase orné de hiéroglyphes sur un socle avec figure à l'égyptienne* et un *Vase flanqué de deux figures à l'égyptienne,* inventés par Robert et datant de 1763, ainsi qu'un projet de fontaine, *Égyptienne nue assise entre deux lions*. Parmi les autres gravures, on remarque un *Vase orné de deux figures égyptiennes assises, les pieds affrontés* et un *Socle rond à l'égyptienne avec trois femmes*

Absolutisme et lumières

accroupies dans des niches aussi bien qu'un *Brûle-parfum, tripode à l'égyptienne avec des femmes et deux serpents entre les pieds* exécuté par Saint-Non d'après un dessin réalisé en 1767 par l'ami de Robert, Fragonard[8].

Il est instructif d'étudier l'un des dessins publiés par Saint-Non en 1767, le *Vase de fantaisie avec un mufle de lion*, sous l'angle des permutations qu'il a subies. Robert lui-même l'a plusieurs fois introduit dans ses peintures, en particulier dans celle d'un intérieur égyptien imaginaire, une aquarelle de 1760[9]. Une *Planche de Relevés d'Antiques* réalisée par Jean-Jacques Lequeu (École des beaux-arts de Paris) et datant probablement de ses études (fin des années 1770), comporte une version du vase avec l'annotation en italien « da l'antico[10] », montrant que non seulement le vase était entré dans le vocabulaire de l'ornementation moderne mais, ce qui est plus surprenant, qu'il passait pour une authentique antiquité, méprise peut-être alimentée par le titre donné par Saint-Non à son recueil[11]. Le vase a certainement été copié en bronze pour servir d'ornement à des chandeliers fabriqués à Paris[12] et a aussi servi de modèle pour des encriers de porcelaine faits à Berlin[13]. Fragonard, qui durant son premier séjour romain fut proche de Robert (jusqu'en 1761) dessina quelques antiquités égyptiennes de Florence, Rome et Naples et contribua par quelques dessins aux griffonis de Saint-Non. Son style, difficile à distinguer de celui de Robert, rend hasardeuse toute attribution occasionnelle, comme c'est le cas pour une contre-épreuve correspondant au *Vase orné de deux figures égyptiennes assises, les pieds affrontés* dans la *Suite de dix huit feuilles, d'après l'antique* réalisée par Saint-Non en 1767[14]. De sa période italienne date probablement aussi un dessin d'une scène de jardin, sans doute imaginaire, avec une « fabrique » en forme de pyramide et, devant, deux statues d'Antinoüs, variation sur un thème également pratiqué par d'autres artistes français, comme Pierre Lelu, qui était à Rome à la même époque[15].

Ce sont l'orientation donnée par Hubert Robert et, de façon plus générale, la nouvelle direction prise par les arts décoratifs qui influencèrent le plus la génération d'architectes, d'artisans et d'amateurs français actifs entre 1770 et 1780. Un portrait intéressant du fermier général Bergeret de Grandcourt – l'un des protecteurs de Robert – fut peint à Rome en 1774 pendant une visite prolongée qu'il y fit avec Fragonard et un groupe d'amis (Fig. 1). Cette œuvre de François-André Vincent, nous montre le modèle debout, près d'un piédestal supportant un grand vase canope qui est apparemment une variante de celui du musée du Capitole. Jean-Baptiste Lebrun, qui s'était trouvé à Rome en même temps que Robert et allait épouser plus tard l'amie de ce dernier, madame Vigée-Lebrun, a peint son autoportrait avec une statue-cube égyptienne à l'arrière-plan. Un *Antinoüs* figure dans le salon dessiné pour la duchesse de Mazarin par François-Joseph Bélanger (cat. 56). La famille du protecteur de Robert, le marquis de Laborde, possédait un certain nombre de sculptures égyptiennes, parmi lesquelles une *Isis ou grande figure égyptienne en granite gris* et un

Fig. 1. *Portrait de Pierre Jacques Onésyme Bergeret de Grandcourt*
François-André Vincent, huile sur toile, 1774
Besançon, musée des Beaux-Arts et d'Archéologie.

Groupe de deux figures égyptiennes en granite rose, confisquées pendant la Révolution et confiées au Louvre[16]. Longtemps après, sous la Restauration, Denon déconseilla à Louis XVIII de rendre les statues aux deux héritiers qui, ironiquement, furent dédommagés en 1819 avec « un exemplaire de l'ouvrage d'Égypte, grande édition coloriée valant le prix de 7 000 francs, ce qui portait la valeur des deux statues à 14 000 francs[17] ». L'une des illustrations de Jean-Jacques Le Barbier pour l'édition de 1797 du roman de Mme de Graffigny *Lettres d'une Péruvienne* montre de façon surprenante, s'étalant au pied de l'héroïne, un bric-à-brac égyptien en guise d'antiquités sud-américaines, dans lequel on peut reconnaître une statue de lion égyptien et une statue de femme égyptienne.

L'amour particulier que le duc d'Aumont portait aux pierres dures rares – comme celles qui étaient prisées en Égypte – fut à l'origine de l'arrangement qu'il passa en 1770-1771 avec Bélanger et qui aboutit à l'ouverture d'un atelier pour la fabrication de vases, de piédestaux et de meubles montés sur du bronze moderne. Le duc était l'un des protecteurs d'Hubert Robert mais, en 1776, il s'était opposé à sa nomination pour succéder à Challe au poste de dessinateur du Cabinet du Roi. Cette charge revint finalement à l'architecte Pierre Adrien Pâris, l'un des plus fervents admirateurs de Robert, sous la direction duquel Bélanger et son beau-frère, Jean Demosthène Dugourc, entreprirent un certain nombre de projets pour des membres de la famille royale. Les motifs égyptiens introduits dans les arts décoratifs français à la fin du XVIIe siècle avaient à peine changé en cinquante ans : les charmantes sphinges portant des sortes de coiffures modernes en forme de *némès*, utilisées par André-Charles Boulle pour une célèbre pendule – datant de 1695 environ et se trouvant au Cleveland Museum of Art – sont de proches parentes de celles qui, sous leur diadème et leur *némès* en deux parties, animent une pendule signée du même auteur à la date tardive de 1742 et destinée à l'empereur Charles VII[18]. Des sphinx semblables furent aussi utilisés pour des chenets, très copiés au XIXᵉ siècle, et des têtes coiffées de *némès* présentant la même particularité servent de montants à un bureau plat qui figure sur le portrait de Saïd Pacha, l'ambassadeur ottoman peint par Aved en 1742[19]. Ce n'est qu'en 1770 qu'un pas supplémentaire fut franchi dans l'exactitude en matière d'adaptation de motifs égyptiens, quand Pierre Gouthière fit pour le duc d'Aumont deux tables de porphyre montées sur bronze (Fig. 2), dont on a perdu la trace mais qui sont restées presque légendaires. On ne sait pas qui les a dessinées, mais leur auteur devait appartenir au cercle de Bélanger et de Dugourc, qui tous deux ont contribué à introduire des motifs égyptiens dans le mobilier, aux alentours de 1780 (Fig. 3).

Quand les tables de Gouthière apparurent dans la vente après décès du duc d'Aumont, le 12 décembre 1782, elles furent achetées par Louis XVI pour la somme faramineuse de 80 000 livres. Elles sont décrites dans le catalogue comme des « chefs-d'œuvre par leur matière, par le genre unique de leur composé et l'exécution achevée de leurs ornements[20] » et étaient suffisamment extraordinaires pour mériter trois illustrations. Notons au passage que ce catalogue de vente fut le premier à être illustré. À la même vente, Louis XVI acheta aussi, pour 7 500 livres une paire de splendides vases réalisés par Gouthière, montés sur

bronze et soutenus par des sphinges ailées, qui se trouvent à présent au musée du Louvre. Le dessin des tables de Gouthière était de toute évidence populaire, puisque deux paires de consoles en bois, plus tardives – qui sont aujourd'hui conservées l'une au musée du Louvre, l'autre au Metropolitan Museum – présentent le même traitement décoratif[21]. La famille royale – et particulièrement la reine Marie-Antoinette (cat. 52) – était favorable à l'introduction de motifs nouveaux. Durant les années 1780, Bélanger exécuta des dessins pour le comte d'Artois, frère du roi, où l'on voyait beaucoup de sphinx (cat. 63). Selon Paul Biver (cat. 49), les tantes du roi commandèrent en 1782 des socles modernes en bronze avec figures égyptisantes pour un ensemble de quatre vases céladon qu'elles avaient achetés. Cette forme nouvelle, dont on ne connaît pas l'auteur, eut un certain succès : elle servit pour des chandeliers et fut reprise un siècle plus tard, vers 1880, dans des copies provenant de l'atelier du bronzier Beurdeley[22]. Le 9 janvier 1784, Pitoin livra à Versailles pour le cabinet de Madame Élisabeth, sœur du roi, un feu « de cuivre doré d'or moulu à sphinx drapés et couchés sur un pieds [*sic*] » et, en 1790, Dugourc dessina,

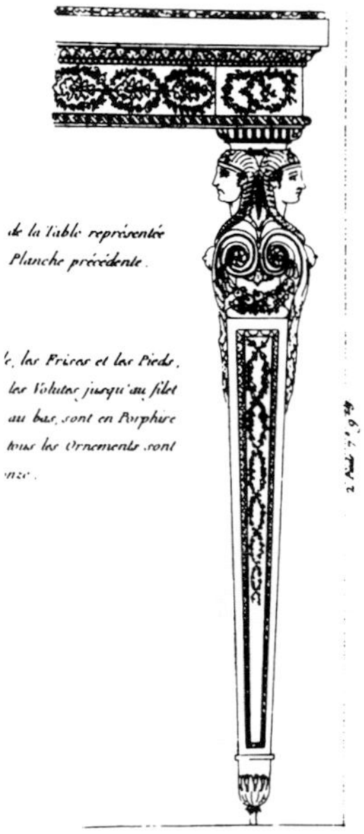

Fig. 2. *Table du duc d'Aumont*
Gravure d'après la table
réalisée par Pierre Gouthière.

Fig. 3. *Projet de cheminée*
François-Joseph Bélanger, dessin aquarellé, vers 1770-1780
Paris, Bibliothèque nationale.

Absolutisme et lumières

également pour elle, le modèle d'une console montée sur bronze doré et avec des pieds-gaines à bustes d'Égyptiennes, qui fut exécutée par Gouthière[23]. Pour le roi, Dugourc dessina deux consoles plus grandes et plus lourdes, avec Égyptiennes en gaine d'un type très différent, destinées à la galerie des Grands Meubles du château de Fontainebleau. Georges Jacob, lui, réalisa vers 1787 pour le boudoir de la reine à Fontainebleau, les fauteuils à accotoirs « en consoles » avec sphinx – dont un exemplaire subsiste au musée Gulbenkian de Lisbonne –, cependant que l'année précédente, une équipe d'artisans avait travaillé sur les chenets décorés de sphinx de sa chambre à Versailles. Peu après, la même année, une paire de chenets semblables fut commandée pour le salon des Jeux du roi à Saint-Cloud. Dans les premiers mois de l'année 1790, Jacob produisit des meubles remarquables, parmi lesquels des fauteuils aux accoudoirs en Égyptiennes ailées, exécutés d'après des dessins de Grognard, furent adaptés dans toute l'Europe sous l'Empire.

En 1786, Dugourc créa pour la Cour espagnole un intérieur entièrement égyptien (Fig. 5) qui ne fut jamais réalisé. À la même date, un intérieur égyptien fut aménagé dans l'appartement que possédait place Vendôme le fermier général Bouret de Vézelay. On ne sait rien du plan de cette pièce, ce qui est très dommage, car elle semble avoir été l'unique exemple de ce type à Paris. Dans les années 1760, l'ornemaniste prolifique que fut Jean-François de Neufforge se fit l'avocat du goût grec et, dans ses projets, il recommanda à diverses reprises l'utilisation, aussi bien intérieure qu'extérieure, de momies stylisées du type de celles de Piranèse. Malheureusement, aucun intérieur de ce genre n'a subsisté et il est assez irritant de voir des éléments architecturaux hors contexte (cat. 22) sans avoir idée de la façon dont ils s'intégraient dans l'ensemble. Les éléments décoratifs à motifs égyptiens, les dessus-de-porte à sphinx, sculptés ou en tapisserie (il en existe un exemple au musée Camondo) étaient chose courante. Les dessus-de-porte peints – comme les ensembles à paysages égyptiens réalisés par Hubert Robert pour des lieux non déterminés – étaient plus rares. La décoration du pavillon de Bagatelle du comte d'Artois, bien que de style Louis XVI, s'inscrit indiscutablement sous le signe du sphinx.

À Bagatelle, les sphinx du perron menaient à un jardin à l'anglaise, très à la mode en France à la fin du siècle et qui allait se propager à travers toute l'Europe. Le bâtiment fut en grande partie construit entre 1777 et 1787 par Bélanger, avec l'aide du paysagiste anglais Thomas Blaikie pour le jardin, où fut érigé un obélisque moderne (aujourd'hui disparu), « portant 600 signes égyptiens[24] ». Loin d'être le premier de ce type, il avait été précédé par plusieurs autres, dont celui qui fut commencé en 1774 pour la reine au petit Trianon. Plus important cependant fut le parc créé, à partir de 1778 à Monceau par Carmontelle, pour le cousin du roi, le duc de Chartre. On y avait également édifié un obélisque et une pyramide appelée « le Tombeau égyptien »,

Fig. 4. *Pyramide de Monceau*
Pyramide édifiée par Louis Carrogis, dit Carmontelle, en 1779, dans la propriété du duc de Chartres à Monceau.

liée au cérémonial maçonnique (le duc était en effet Grand Maître du Grand Orient de France), et qui semble être la première du genre à avoir été construite en France (Fig. 4). À l'intérieur, cette pyramide était décorée de huit colonnes à chapiteaux en forme de têtes égyptiennes, de deux fausses tombes et d'une statue égyptienne faisant office de fontaine[25].

Entre 1774 et 1784, François de Monville dessina, avec l'aide de François Barbier, les jardins du Désert de Retz près de Chambourcy avec une belle pyramide dressée sur un socle à deux escaliers, qui servait de glacière. Un obé-

Fig. 5. *Projet de décoration de la salle Égyptienne pour l'Escurial, coupe sur la longueur*
Jean-Démosthène Dugourc, 1786
Londres, collection Hazlitt, Gooden and Fax.

Fig. 6. *Fabrique pour le parc d'Étupes*
Gravure d'après le projet de Jean-Baptiste Kléber en 1787.

lisque en tôle, moins ambitieux, n'existe plus, mais la pyramide a été restaurée récemment. Une pyramide assez différente, parfois attribuée à Ledoux, fut dessinée par Alexandre Brongniart pour le marquis de Montesquiou à l'occasion de l'aménagement du parc de Maupertuis entre 1775 et 1780. Notons que Brongniart et Montesquiou faisaient partie de la même loge maçonnique, Saint Jean d'Écosse du Contrat Social, et que le jardin – le chef-d'œuvre de Brongniart – reflétait en toute probabilité les idéaux maçonniques. À la différence des pyramides de Monceau et du Désert de Retz, toutes deux copiées d'après la pyramide de Cestius à Rome, celle de Brongniart a été conçue comme une ruine, avec un sommet déjà érodé par le temps, ce qui était peut-être en contradiction avec l'idée même de pyramide.

Les plans de jardin les plus originaux de cette période et certainement les plus fantasques furent ceux que Jean-Baptiste Kléber réalisa en 1787 pour le parc du prince de Montbéliard à Étupes en Alsace (Fig. 6). Par un curieux méandre du destin, Kléber devint plus tard commandant en chef de l'armée française en Égypte, où il fut assassiné en 1800. Dans son projet d'Étupes, il avait prévu une maison de bains en forme de temple égyptien, un banc et une escarpolette situés sur une île accessible par un pont. Ce sont là des conceptions hautement originales et rien de semblable ne fut dessiné avant le tournant du siècle. Jean-Marcel Humbert a remarqué que la maison de bains, qui n'est pas dérivée d'un temple égyptien en particulier, est une brillante reconstitution à partir d'éléments égyptiens (corniche à gorge, disque ailé) en dépit de la maladresse des faux hiéroglyphes[26]. Curieusement, la charmante escarpolette – qui a pu être inspirée par un détail de la Table isiaque (cat. 13) – est remarquablement proche d'un dessin que Charles Percier exécuta vers 1800 pour une pendule destinée à un commanditaire espagnol, et qu'il publia en 1801 en planche VIII de son *Recueil de décorations intérieures* (cat. 168).

La période séparant les pyramides peintes en 1760 par Hubert Robert et celles qui furent érigées dans les jardins français près de vingt ans plus tard représente dans l'histoire de l'architecture un chapitre marqué par des exercices académiques d'un genre de plus en plus fascinant qui aboutirent aux extravagantes visions monumentales d'Étienne-Louis Boullée (cat. 78-80) et, enfin, aux projets de monuments commémorant les campagnes napoléoniennes en Italie. La plupart sont à rattacher à une conception du monument civique et héroïque, du mémorial et de l'architecture funéraire d'un type imaginaire mais rarement mis à exécution, sauf dans des constructions éphémères pendant la Révolution (cat. 84). Leur filiation les rattache non seulement aux pyramides d'Égypte, mais aussi à celle de Caius Cestius qui, depuis 1738, dominait le cimetière protestant de Rome nouvellement inauguré. Certains des éléments visionnaires de cette architecture utopique ont été attribués à l'influence de Jean-Laurent Legeay, qui fut le maître de Boullée, Peyre le Jeune et Charles de Wailly, et dont les dessins de vases et de tombes, pleins de fantaisie, sont certainement les ancêtres directs des tombes imaginaires inquiétantes de Louis-Jean Desprez (cat. 65-70 et Fig. 7). Legeay avait lui-même très tôt dessiné une porte monumentale en forme de pyramide pour une ville, mais ses étudiants et leurs contemporains visaient – dans la plupart de leurs projets – une grandeur expressive d'une nature complètement différente qui reflétait la nouvelle sensibilité à l'égard de l'architecture égyptienne. En 1785, l'Académie des ins-

Fig. 7. *Vue du parc d'Haga avec l'obélisque*
Louis-Jean Desprez, aquarelle, 1788-1792
Stockholm, Nationalmuseum.

criptions et belles-lettres organisa un concours autour du sujet *De l'architecture égyptienne considérée dans son origine ses principes et son goût et comparée sous les mêmes rapports à l'architecture grecque*. L'essai récompensé, celui de Quatremère de Quincy, ne fut publié qu'en 1803 avec des planches des *Voyages en Égypte* de Norden et Pococke – qui dataient d'un demi-siècle –, mais il diffusa sa vision et l'exprima plus succinctement dans l'*Encyclopédie méthodique* publiée en 1788. Il ne cachait pas sa préférence pour le style grec, selon lui supérieur à tous les autres, mais il concédait que l'architecture égyptienne exprimait la permanence, la grandeur et la simplicité à un degré extraordinaire[27]. Claude Nicolas Ledoux représente à cet égard une espèce d'exception, en s'éloignant de la conception du monument civique et en adaptant les formes égyptiennes à ce qu'on pourrait appeler la vie quotidienne, comme en témoigne un dessin pour une cabane de bûcheron, ou bien en lui imprimant un caractère presque infernal, comme il le fit dans la vue partielle d'une forge géante (Fig. 8). Quand Hubert Robert fut incarcéré à Sainte-Pélagie pendant la Révolution, en 1793, un autre prisonnier, le poète Roucher, demanda à sa fille de lui envoyer les *Lettres sur l'Égypte où l'on offre le parallèle des mœurs anciennes et modernes de ses habitants* de Claude Savary (1785). Quelques jours plus tard, Roucher écrivit à sa fille : « Les *Lettres sur l'Égypte* sont lues, et je crois qu'elles ont fait travailler l'imagination et le crayon du citoyen Robert. S'il pouvait obtenir ici une petite place ou il pût être seul, il peindrait et ferait encore de belles et grandes choses[28]. » On ne sait quel fut l'impact immédiat du livre sur Robert, mais il continua de peindre des sujets égyptiens, la même Égypte joyeuse imaginaire qu'il avait peinte durant quarante ans. Cependant, beaucoup de choses avaient alors changé et il n'est pas de témoignage plus évident du passage à la nouvelle idéologie que dans le contraste entre la *Fontaine avec une Égyptienne assise entre deux lions* dessinée par Robert pour les griffonis de Saint-Non et la *Fontaine de la Régénération* (cat. 85) dessinée par David pour la Fête révolutionnaire du 10 août 1793, où il y a aussi une Égyptienne assise entre deux lions.

M. P.

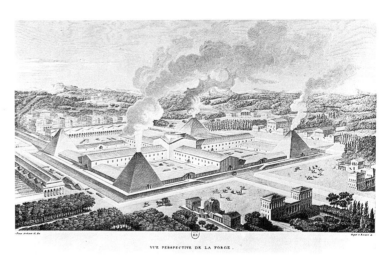

Fig. 8. *Vue perspective de la forge*
Gravure de Coquet et Bovinet d'après Claude-Nicolas Ledoux
Paris, Bibliothèque nationale.

4. *Cf.* Eriksen, 1974, p. 302, pl. 49.
5. *Ibid.*, p. 389, fig. 396.
6. *Cf.* Erouard, 1982. pp. 88, 90, 94, note 96.
7. *Cf.* Cayeux, 1963, pp. 297-384.
8. *Ibid.*, p. 336, n° 63/(4)c.
9. *Cf.* Pevsner et Lang, t. I, 1968, p. 212, fig. 1.
10. *Cf.* cat. exp. Rome/Dijon/Paris, 1976, n° 114, repr.
11. *Cf.* la *Suite de dix-huit feuilles d'après l'antique*, 1767.
12. *Cf.* les candélabres à Égyptiennes drapées du musée Marmottan repr. *in* Faniel *et al.*, 1960, p. 128, fig. 2, et ceux repr. *in* Hayot, 1978, p. 63, fig. 13.
13. *Cf.* Syndram, 1988, p. 151.
14. *Cf.* cat. exp. Paris, 1983, n° 18, repr. et cat. exp., Paris, 1987, n° 11, repr.
15. Pour Fragonard, *cf.* vente Londres, Sotheby, 26 novembre 1970, n° 74, repr. ; pour Lelu, *cf.* Fuhring, t. II, 1989, p. 566, n° 858, repr.
16. *Cf.* Boyer, 1969, pp. 66-67.
17. *Ibid.*, 1965, p. 207.
18. *Cf.* Ottomeyer et Pröschel, 1986, t. 1, pp. 477-478, p. 478, fig. 7a-7b.
19. Une table identique, peut-être la même, se trouve au musée Getty à Malibu ; *cf.* Wilson, 1983, p. 20, repr.
20. *Cf.* Colombier, 1961, pp. 24-31.
21. *Cf.* Watson, t. I, 1966, n° 87 A, B, repr.
22. *Cf.* les candélabres attribués à Feuchère du J. Paul Getty Museum, *in* Sassoon et Wilson, 1986, p. 56, n° 122, repr.
23. Pour le dessin de Dugourc, au musée des Arts décoratifs, Paris, *cf.* Ottomeyer et Pröschel, *op. cit.*, p. 287, n° 4.15.6, repr. Pour un feu semblable à celui de Madame Élisabeth, *cf.* vente Rosebery, château de Mentmore, Sotheby Parke Bernet, 18 mai 1977, n° 29, repr.
24. *Cf.* Humbert, 1974, p. 11.
25. *Cf.* Humbert, 1989, pp. 38-39. Pour la question des jardins, *cf.* aussi cat. exp. Paris, 1978-1979, et Mosser, 1990, pp. 256-276.
26. *Cf.* Humbert, 1989, p. 40
27. À l'occasion du concours de 1785, Jacopo Belgrado, membre correspondant de l'Académie, publia à Parme en 1786 *Dell'architettura Egiziana, dissertazione d'un corrispondente dell'Accademia delle scienze di Parigi*. Dans l'*Encyclopédie méthodique* de 1788, Quatremère de Quincy note aussi les « élévations froides, monotones et insipides » caractéristiques de l'architecture égyptienne. *Cf.* Saint-Girons, 1990, p. 691.
28. *Cf.* Cayeux (avec la collaboration de Catherine Boulot), 1989, p. 288.

1. *Cf.* cat. exp. Paris, 1949, n°s 301, 302 et Duclaux *in* cat. exp. Paris 1973, n°s 10 (repr.), 18, 19, 20 (repr.). Pour la question de la fontaine de Grosbois, *cf.* Weber, 1969, p. 48, fig. 20. *Le Gnôme accroupi*, du palais Verospi à Rome, paraît aussi parmi les griffonis gravés par Saint-Non dans la *Suite de dix-huit feuilles d'après l'antique*, 1767, pl. 14 ; *cf.* Cayeux, 1963, p. 334, n° 55/14.a.
2. *Cf.* cat. exp. Londres, 1977, n° 11, repr.
3. *Cf.* Cayeux (avec la collaboration de Catherine Boulot), 1989, p. 241.

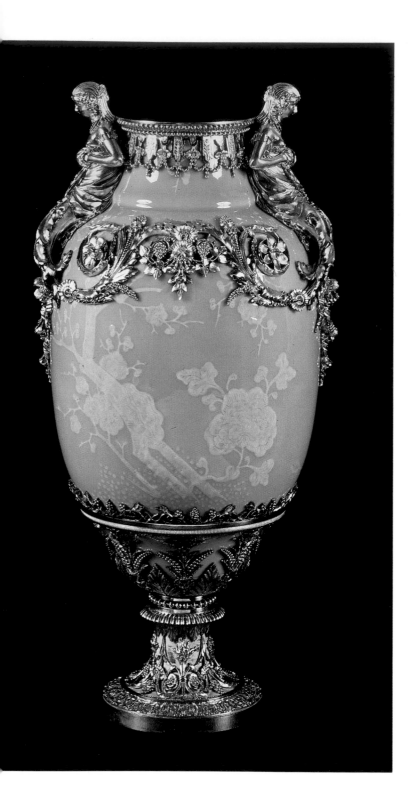

Vase

Chine, XVIIIᵉ siècle ; France, vers 1786
Porcelaine céladon ; bronze doré
H. : 57 cm ; diam. : 28 cm
Inscriptions frappées sur la monture : « 62065 »,
« 5271 », « TU 10350 », « 31 446 » ; fleur de lis ;
« TH »
Paris, musée du Louvre,
département des Objets d'art
Inv. OA. 5213

Historique :
Collections de Mesdames Adélaïde et Victoire
au château de Bellevue ; palais des Tuileries
au XIXᵉ siècle ; versement du Mobilier national,
1870.

Exposé à Paris

De forme ovoïde, le vase, en porcelaine de Chine céladon à motifs d'arbustes fleuris, repose sur un pied circulaire. Celui-ci a reçu une monture de bronze doré décorée de feuillages, rinceaux, torches enflammées et godrons. Sur la base de la panse, la monture est composée de motifs de feuilles lancéolées, d'épis et de culots ; au-dessus, court une frise de vigne.

À la hauteur de l'encolure, la monture de bronze doré, formée par des rinceaux symétriques agrémentés de feuillages et de fruits, de perles et de lambrequins, présente deux figures de femme en gaine, à l'antique, dont la coiffure évoque sensiblement celles de l'ancienne Égypte.

Ainsi que deux autres, également conservés au Louvre[1], ce vase fit partie d'un ensemble de six qui figurait, à la fin du règne de Louis XVI, dans les appartements de Mesdames Adélaïde et Victoire dans leur château de Bellevue ; une paire ornait le salon d'hiver, tandis que les deux autres étaient disposées sur les deux cheminées du grand salon ou salon d'été.

Paul Biver en a reconstitué l'histoire. Les frères Darnault, célèbres marchands-merciers, fournisseurs de Mesdames, les leur vendirent en juillet 1782 ; ils étaient alors pourvus de montures rocaille[2]. Le 17 juin 1786, à la demande des princesses, les mêmes fournisseurs en changèrent les montures de bronze pour celles que les trois vases du Louvre ont conservées[3]. Rien ne permet d'attribuer à Gouthière ces nouvelles montures dans lesquelles le thème de l'Égypte fait une apparition discrète mais indéniable.

G. M.

1. Inv. OA 5497.
2. *Cf.* Arch. Nat., 0¹ 3775.
3. *Cf.* Arch. Nat., 0¹ 3776.

Bibliographie sommaire :
Williamson, 1897, n° 294 ;
Dreyfus, 1922, n° 441 ; Robiquet,
1920-1921, pp. 153-154 ; Biver,
1923, pp. 265-266, 269.

50 Candélabre (d'une paire)

Époque Louis XVI (vers 1775-1780)
Bronze doré et patiné
H. : 1,05 m ; l. : 42 cm
Fontainebleau, Musée national du château
F 581 C

Exposé à Paris

Debout sur une base de colonne, un enfant ailé couvert d'une draperie (rapportée) tient une corne d'abondance d'où sortent des épis de blé, trois branches ornées de têtes égyptiennes portant bobèches et un bouquet de fleurs composé de branches de tulipes, roses, lis et œillets.

L'histoire de ces objets ne peut être fermement établie qu'à partir du 30 mars 1796, date à laquelle on les voit apparaître au Garde-Meuble national en provenance du dépôt de l'hôtel de l'Infantado où ils portaient le n° 140[1]. Selon Christian Baulez, ils avaient peut-être été mis en réquisition dans une des maisons royales ou princières parisiennes, le palais du Temple (comte d'Artois) ou l'hôtel de Toulouse (duc de Penthièvre). Dès le 27 thermidor an IV (14 août 1796), ils sont envoyés au Luxembourg chez Lagarde, secrétaire général du Directoire. Ils passent ensuite du Luxembourg aux Tuileries. On les trouve en 1807 dans le deuxième salon du grand maréchal du palais qui devient ensuite le grand salon du roi de Rome. Ils restent dans ce salon devenu sous la monarchie de Juillet celui de la princesse Clémentine, avant d'être envoyés à Fontainebleau en 1841 pour orner la chambre à coucher de la reine Marie-Amélie.

Ces candélabres sont d'un modèle peu répandu au XVIIIe siècle et leur datation pose un problème. Si l'on considère les statues d'enfants – que l'on pourrait rapprocher des créations de Jean-Louis Prieur –, ainsi que la forme et le décor des branches et des bobèches, on serait tenté de les situer aux alentours de 1770. En revanche, la présence de têtes égyptiennes paraît peu vraisemblable à cette date. On trouve dans diverses collections (Wallace, Huntington, etc.) plusieurs séries de candélabres Louis XVI à têtes égyptiennes (avec variantes dans la chevelure par rapport à celles de Fontainebleau) qui sont généralement datées des années 1780[2]. D'autre part, on constate sur les candélabres de Fontainebleau que la branche centrale comporte un binet d'un modèle à feuillage moins haut (peut-être pour mieux dégager le bouquet arrière) et d'un style plus évolué que ceux des deux autres branches. Or, on ne peut être tenté d'y voir l'effet d'une modification ultérieure puisque ce même type de binet se retrouve sur les branches d'une paire de candélabres analogue passée en vente à Londres, le 19 mai 1983, chez Christie, puis dans le commerce parisien[3]. Dans l'état actuel de nos connaissances, il semble donc prudent de proposer une datation entre 1775 et 1780. Ce qui signifierait néanmoins qu'il pourrait s'agir d'un des premiers modèles de

Écran

Georges Jacob
Époque Louis XVI
Bois doré, couvert en satin jaune à ornements
violets et lilas
H. : 1,15 m ; L. : 70 cm ; pr. : 35 cm
Ne semble pas estampillé
Fontainebleau, Musée national du château
F 610 C

Exposé à Paris

Cet écran fait partie d'un meuble d'époque Louis XVI, vendu en 1810 par le tapissier Susse pour la chambre à coucher de l'appartement de prince souverain n° 2 – au premier étage de l'aile neuve des princes (aile Louis XV) – au château de Fontainebleau. Le meuble était alors composé d'une bergère, de quatre fauteuils, de quatre chaises, d'un tabouret de pieds, portant tous l'estampille de Georges Jacob, ainsi que d'un écran et d'un paravent (il a été complété sous le second Empire d'un canapé sculpté par Cruchet).

Étant donné que les autres sièges vendus en 1810 par le tapissier pour les autres pièces de l'appartement portent, lorsqu'ils subsistent, l'estampille de Jacob-Desmalter, il est vraisemblable que les bois du meuble Louis XVI ont été fournis à Susse par la même maison, soit qu'elle les ait conservés en magasin depuis la fin de l'Ancien Régime, soit qu'elle les ait rachetés pour une raison et à une date inconnues. En fait, aucun document d'archives ne permet encore de savoir pour quel client Georges Jacob exécuta la menuiserie de ces sièges. En raison de la richesse de leur sculpture Pierre Verlet a toujours pensé qu'il ne pouvait s'agir que d'un membre de la famille royale. Depuis peu, le nom de Marie-Antoinette a été avancé par Christian Baulez par comparaison avec un dessin attribué aux frères Rousseau, sculpteurs du roi et de la reine, qui représente un écran proche de celui de Fontainebleau et sur lequel apparaît le chiffre de la reine (musée de Versailles). Même s'il y a de nombreuses variantes entre le projet dessiné et l'objet lui-même, le rapprochement n'est sans doute pas fortuit. D'autre part, un examen attentif de l'ensemble du meuble permet de se rendre compte qu'il ne forme pas un tout absolument cohérent. Le tabouret de pieds ne présente pas la même ornementation que les autres sièges et l'écran. Or, Christian Baulez a pu en même temps montrer que ce tabouret est de même facture qu'un « bout de pied » estampillé Georges Jacob (racheté par le musée de Versailles) où se lit l'inscription « Grand cabinet de la Reine à Versailles ». D'où son hypothèse assez séduisante selon laquelle l'un et l'autre ont fait partie du meuble d'été du cabinet intérieur de la Reine, livré en 1783, et que le reste du mobilier, dont l'écran, pourrait être le dernier meuble d'hiver de la même pièce. Le tissu qui recouvre ce dernier est celui posé en 1810,

candélabres où se manifeste de manière modeste une influence de l'art égyptien.

J.-P. S.

1. Arch. Nat., 0² 400.
2. Ottomeyer et Pröschel, 1986, pp. 258 et 261.
3. *Cf. La Revue du Louvre*, 1984, n° 3 et *L'Estampille*, septembre 1984, n° 173, p. 56.

Bibliographie sommaire :
Roussel, s.d. [1904], 4ᵉ série,
pl. 362.

un satin jaune à grands motifs violets et lilas, bordure d'encadrement, dessin à palmettes.

Le motif du sphinx égyptien a été plusieurs fois utilisé par Georges Jacob et ses sculpteurs. On le retrouve aux accotoirs des fauteuils du boudoir de Marie-Antoinette à Fontainebleau (Lisbonne, Fondation Gulbenkian) et à la base d'un écran exécuté en 1785 pour le comte de Provence (Pavillon de Madame de Balbi) à Versailles[1].

J.-P. S.

1. Repr. *in* Lefuel, 1923, pl. XVII.

Bibliographie sommaire :
Roussel, s.d. [1904], 3e série,
pl. 312, 314 ; *Les sièges des palais
et musées nationaux*, s.d., pl. 62 ;

Theunissen, 1934, pp. 90-91 ;
González-Palacios, 1966, p. 57,
pl. 24 ; Baulez, 1990, n° 2,
pp. 102-104.

52   Bergère

Jean-Baptiste Claude Sené (1748-1803)
1788
Noyer sculpté, dorure d'or bruni, réchampie
en blanc
H. : 1,19 m ; l. : 90 cm ; pr. : 84 cm
Non signée ; initiales « MA » dans un cartouche au
dos
New York, Metropolitan Museum of Art
Inv. 41.205.2

Historique :
Palais de Saint-Cloud ; collection marquis
de Cazaux (vente Paris, 1923) ; collection George
et Florence Blumenthal, New York ; don de Ann
Payne Blumenthal, 1941.

Exposée à Paris

Jean-Baptiste Sené réalisa en 1788, pour le cabinet particulier de Marie-Antoinette au château de Saint-Cloud, un remarquable ensemble qui se composait de quatre fauteuils, d'une bergère, d'une sultane, d'un petit tabouret de pieds et d'un écran[1]. L'originalité de ces meubles vient de leur décor de gaines à bustes d'Égyptiennes finement sculptées qui, contrairement à l'habitude, sont l'œuvre de Sené lui-même[2].

La mode des mobiliers à l'égyptienne avait été lancée par le duc d'Aumont dès 1770[3] ; dans les années qui suivent, la plupart des créateurs, tels Georges Jacob, Boizot, La Londe, David Roentgen ou Jacob-Desmalter, adoptent cette mode[4]. La forme prise par le décor égyptisant varie, pouvant aller de la simple tête coiffée du *némès* jusqu'à la sphinge des fauteuils du boudoir de Marie-Antoinette à Fontainebleau[5].

La reine a joué un rôle important dans le domaine de la propagation de la mode égyptisante, tant en France qu'en Europe. Elle fait ajouter des sphinx coiffés du *némès* au décor de sa chambre à Versailles et de son salon à Fontainebleau ; elle choisit elle-même, parmi les objets d'art de la couronne, un grand vase de lapis supporté par quatre sphinx, pour figurer sur la cheminée de sa chambre à Versailles[6] ; en dehors du mobilier qu'elle commande pour son cabinet de Saint-Cloud, on sait qu'elle utilise à Versailles et à Fontainebleau des sièges d'inspiration voisine ; Boizot dessine pour sa chambre à Versailles un modèle de chenets en forme de sphinx qui lui plaît tellement qu'elle en commande aussitôt un second exemplaire pour le salon des Jeux du Roi à Saint-Cloud.

L'égyptomanie est tellement présente là où elle séjourne qu'il est évident qu'elle a été l'instigatrice de la création de la plupart de ces décors.

J.-M. H.

1. *Cf.* le mémoire de Séné du 3 mai 1788, nº 157 (Arch. Nat. 0I 3646, cité *in* Verlet, 1963, pp. 183-186, pl. 39 b).
2. *Ibid.*
3. *Cf.* Julliot fils et Paillet, 1782, p. 112, nº 318 et pl. (27) et (28).
4. *Cf.* Humbert, 1987/1990, vol. I, pp. 135-142.
5. Vers 1787, estampillés « G. Jacob » (Lisbonne, Fondation Gulben-kian).
6. Vers 1670, musée du Louvre, département des Objets d'art, MR 262.

Bibliographie sommaire : Guérinet, s.d., pl. 89 ; Salverte, 1927, p. 319 ; Remington, 1954, pp. 67 et 84 ; Mayor, 1957, p. 105 ; Verlet, vol. I, 1955, p. 82 ; Verlet, 1963, pl. 39b.

Égyptienne avec un « naos »

Claude Michel, dit Clodion (1738-1814)
Terre cuite
H. : 48 cm
Signée au bas du rocher à l'arrière : « CLODION »
Paris, musée du Louvre, département
des Sculptures
Inv. R.F. 2548

Historique :
Mme Joseph-Auguste Dol, Paris, avant 1928 ; léguée au musée, 1928 ; acceptation pour le musée, 1944.

Exposée à Paris

En apparence, il n'y a rien d'égyptien dans cette sculpture, si ce n'est la conception elle-même : une prêtresse, dans un vêtement classique, s'appuie doucement sur un *naos* ouvert qui contient une déesse égyptienne. Dans sa main gauche, elle tient un rouleau de hiéroglyphes. La fascination pour les statues naophores était assez repandue : avant Clodion, Piranèse a gravé des variations inspirées de modèles anciens qu'on pouvait trouver à Rome et – comme l'a remarqué Alvar González-Palacios –, Hubert Robert a également produit un dessin dont l'abbé de Saint-Non a tiré une gravure, la planche 96 de ses griffonis[1]. Plus récemment, Anne Poulet a souligné chez Clodion l'utilisation raffinée de sources égyptiennes et néo-égyptiennes ayant abouti à une création tout à fait originale[2]. On peut, dans une certaine mesure, apprécier le succès de ce travail au nombre des versions basées sur le même modèle, dont Jean-Marcel Humbert et Anne Poulet ont établi la liste[3]. On peut y ajouter une statuette en marbre ayant autrefois appartenu aux collections Bloomfield Moore, Barnet Lewis et Oppenheimer, ainsi qu'une réplique et son pendant, provenant de la collection Leopold Hirsh[4].

M. P.

1. *Cf.* González-Palacios, 1984, t. I, p. 133.
2. *Cf.* cat. exp., Paris, 1992, pp. 319-322.
3. *Cf.* Humbert, 1987, t. II, p. 110 et cat. exp. *op. cit.*, 1992, p. 319.
4. *Cf.* ventes Christie's, Londres, 24-29 mai 1933, nº 148, ill. et Christie's, Londres, 7 mai 1934 ; une terre cuite que Jullian affirmait être dans la collection Cailleux (*cf. Connaissance des Arts*, décembre 1961, p. 124) est en réalité celle du Louvre.

Expositions :
Paris, 1945, nº 235 ; Paris, 1949, nº 304 ; Vienne, 1966, nº 120, ill. ; Londres, 1972, nº 350, ill. ; Paris, 1992, nº 67, ill.

Bibliographie sommaire :
Beaulieu, Charageat et Hubert, 1957, p. V ; cat. exp. Vienne, 1966, pl. 77 ; cat. exp. Londres, fig. 58 ; González-Palacios, 1984, t. I, p. 133 ; Humbert, 1987, t. II, pp. 108-110, nº 112, ill. à la p. 109 ; Humbert, 1989, p. 197, ill. ; Laclotte *et al.*, 1989, p. 192 ; cat. exp. Paris, 1992, p. 29.

54 Égyptienne assise

Attribuée à Claude Michel, dit Clodion
(1738-1814)
Vers 1795
Terre cuite
H. : 20 cm ; L. : 9 cm ; pr. : 12,5 cm
Paris, collection particulière

Historique :
Ancienne collection Paul Cailleux.

La signification de ce personnage, drapé de façon classique
et dont le caractère égyptien se manifeste par le *némès*, est
aussi énigmatique que sa destination. Silencieux et mystérieux, il pourrait être la personnification d'une prêtresse
égyptienne, peut-être une étude pour un monument funéraire ou encore – bien que cela soit moins probable – pour
la décoration d'une pendule. Daté ordinairement des alentours de 1775, il est sans doute bien plus tardif, à en juger
par les manches courtes de son vêtement correspondant à la
mode de la fin du siècle. L'attribution-même à Clodion n'est
pas certaine ; les formes amples alliées à un modelé plutôt
statique suggèrent une autre paternité.

M. P.

Expositions :
Paris, 1934a, n° 756.

Bibliographie sommaire :
Anonyme, 1954, p. 63, ill. ;
Humbert, 1987, t. II, p. 110,
n° 113 ; Humbert, 1989, p. 196,
ill.

55 Antinoüs-Osiris

Claude Michel, dit Clodion (1738-1814)
Terre cuite
H. : 28 cm ; L. : 9 cm ; pr. : 7 cm
Signée à l'arrière de la base : « Clodion »
Paris, collection particulière

Historique :
Ancienne collection Paul Cailleux, Paris,
avant 1932.

Copie de l'*Antinoüs* du musée du Capitole, cette terre cuite
est généralement datée du premier séjour de Clodion à
Rome, dans les années 1760. On a suggéré qu'elle a pu être
copiée directement de l'original, mais les épaules étroites, la
morphologie générale du corps et le tronc d'arbre déplacé à
l'arrière plaident en faveur d'une interprétation assez vigoureuse, plutôt que d'une copie fidèle.

À son retour en France, en 1772, Clodion reçut du
comte d'Orsay une commande pour un monument funéraire. Dans un document du 4 mars 1775, il déclarait : « Moi
Clodion exécuterai deux figures de pierre de Tonnerre dont
Mon dit sieur Comte d'Orsay me fournira les blocs représentant un Égyptien et Égyptienne de la hauteur de sept
pieds et demie supportant un dé de même pierre ou seront
gravés des caractères égyptiens et destinés à porter la tribune
qui doit être construite en face du mausolée[1]... » Monument
et tribune ont disparu ; il n'en existe aucune représentation,
mais on peut raisonnablement supposer que ces supports
étaient des Antinoüs, disposés de la même manière que ceux
d'Hubert Robert dans une vue de la villa Albani ou que
ceux de Michelangelo Simonetti, dans son célèbre agence-
ment des années 1780 dans la Sala in Croce Greca du Vatican. Une autre solution serait de rapprocher le projet du
comte d'Orsay d'un *Égyptien assis* et d'une *Égyptienne assise*,
réalisés par Clodion et aujourd'hui dans une collection américaine de New York. Ces deux figures – l'une masculine,

l'autre féminine – ont vraisemblablement servi de supports, à la manière de l'une des cheminées de Piranèse (cat. 19). Clodion avait d'ailleurs probablement rencontré Piranèse dans les années 1760 et connaissait certainement son œuvre, comme en témoignent deux petits *Hermès* égyptiens – dont l'un tient un *naos* –, signés « Clodion An XXI », c'est-à-dire 1804. Comme il a été souvent noté, ces *Hermès* s'inspirent des cheminées de Piranèse plus que d'un modèle égyptien ; ils sont en effet un écho très tardif d'une esthétique en vogue des années auparavant.

M. P.

1. *Cf.* cat. exp. Paris, 1992, p. 318.

Expositions :
Paris, 1932, n° 29 ; Paris, 1934b, n° 114 ; Paris, 1934a, n° 757 ; Paris, 1949, n° 305 ; Paris, 1973, n° 59, ill. ; Paris, 1992, n° 66, ill.

Bibliographie sommaire :
Anonyme, 1954, p. 64, ill. ; Bethe, 1976, p. 253, ill. ; González-Palacios, 1984, t. I, p. 133, t. II, p. 117, fig. 249 ; Humbert, 1987, t. II, p. 113, n° 118 ; Humbert, 1989, p. 200, ill. ; cat. exp. Paris, 1992, pp. 29 et 77.

56 Projet de salon pour l'hôtel de Mazarin à Paris

François-Joseph Bélanger (1744-1818), dessiné par Jean-Démosthène Dugourc (1749-1829)
Vers 1778-1780
Plume et encre noire ; rehauts d'aquarelle
H. : 28,1 cm ; L. : 33,1 cm
Montréal, Centre Canadien d'Architecture
DR 1992 : 0015

Exposé à Ottawa

En 1777, le duc d'Aumont quitta l'hôtel d'Aumont, rue de Beaune, pour louer des appartements dans celui des deux palais construits par Gabriel place Louis XV qui est aujourd'hui l'hôtel de Crillon. La célèbre vente qui suivit sa mort, en 1782, dispersa les extraordinaires collections qu'il avait

accumulées ou héritées, ainsi que le mobilier et les objets d'art commandés pour la décoration de ses maisons[1]. La passion du duc pour les beaux objets était partagée par Louise-Jeanne de Dufort-Duras, sa spirituelle belle-fille qui avait hérité du titre de duchesse de Mazarin et passait, selon ses contemporains, pour « une des femmes les plus originales de ce siècle[2] ».

La duchesse, dont la collection fut dispersée après sa mort prématurée en 1781, vivait depuis 1767 dans l'ancien hôtel de Conti au 13, quai Malaquais[3]. Malgré le peu de documentation dont on a disposé jusqu'à présent, on sait que durant les années 1770, elle le fit redécorer en grande partie par l'architecte François-Joseph Bélanger[4]. Il y avait notamment un cabinet de porcelaines exotiques, apparemment conçu par Jean-François Chalgrin (1739-1811) et pour lequel, d'après une lettre, Dugourc – le beau-frère de Bélanger –, devait fournir des caractères chinois[5].

Le projet de Bélanger pour le salon de l'hôtel de Mazarin, malgré sa somptuosité, est d'un style classique très pur, mais on peut voir, sur une console à droite, une réplique réduite de l'*Antinoüs* du musée du Capitole. Cette intrusion néo-égyptienne est à rapprocher de certains autres dessins de Bélanger de la même période, en particulier de celui d'une cheminée à l'égyptienne de son volume de projets compilés en 1770-1780, fruit de son étude des cheminées de Piranèse[6].

M. P.

1. Pour le duc d'Aumont, *cf.* Sellier, 1903, pp. 80-84 et Colombier, 1961, pp. 24-30.
2. *Cf. Les Mémoires de la baronne d'Oberkirch sur la cour de Louis XVI et la société française avant 1789* (éd. Suzanne Burkard), Paris, 1989, p. 52.
3. Démoli en 1845, il était sur l'emplacement de l'actuelle École nationale supérieure des beaux-arts.
4. *Cf.* Hautecœur, t. IV, 1952, pp. 306, 494.
5. *Cf.* l'introduction de Christian Baulez *in* cat. exp. Lyon, 1990, p. 17.
6. *Cf.* Arizzoli-Clémentel *in* cat. exp. Rome/Dijon/Paris, 1976, n° 9, ill.

57 Projet de décoration pour la salle Égyptienne de la Casita del Príncipe : coupe sur la largeur

Jean-Démosthène Dugourc (1749-1829)
1786
Plume et encre noire ; rehauts d'aquarelle
sur papier-calque collé en deux morceaux
sur le support
H. : 38,5 cm ; L. : 30,2 cm
Inscription sur le montage : « n° 26 » et « Projet de décoration de la salle égyptienne pour l'Escurial, coupe sur la largeur »
Paris, collection particulière

Historique :
Collection Claude Pernon, Lyon ; collection Tassinari et Châtel, Lyon ; vente, Paris, hôtel Drouot, Arcole, 3 juin 1988, partie du n° 2 ; collection particulière.

Dugourc était un jeune homme quand, en 1765, il visita brièvement Rome où sa rencontre avec Winckelmann marqua un tournant décisif dans sa carrière. D'abord peintre, il s'orienta vers l'architecture et la décoration, métier auquel il se consacra pleinement après son mariage en 1776 avec la sœur de Bélanger. À l'avant-garde de ceux qui s'enthousiasmaient pour l'antique, il devint, à partir de 1780, le décorateur du Cabinet de Monsieur, frère de Louis XVI, puis, sous la direction de Pâris, il produisit des dessins pour le duc d'Aumont qui le nomma en 1784 dessinateur du Garde-Meuble de la Couronne. Vers le milieu des années 1780, il exécuta des dessins pour le bronzier Gouthière, pour la maison Camille Pernon, Jaume et Cie. de Lyon et pour différentes cours étrangères, dont celles d'Allemagne, de Russie et de Suède[1].

En 1786, Dugourc prépara une série de dessins pour la décoration de deux petits appartements du prince des Asturies, le futur Charles IV d'Espagne, dans la Casita del Príncipe à l'Escurial et au Pardo de Madrid. On ignore si les projets étaient une commande mais, à cette époque, Dugourc dessina certainement des meubles pour d'autres appartements à l'Escurial et au Pardo, et il semble que la maison Pernon ait tissé des projets de tentures pour une des pièces, la salle Étrusque à l'Escurial. Les plans – qui prévoyaient des salles Gothique, Turque et Française au Pardo et un mélange similaire d'historicisme et d'exotisme à l'Escurial – ne furent pas réalisés ; il a été suggéré que la nouveauté des formes et le caractère intime – français – des salles n'aurait pas réussi à séduire une Cour qui privilégiait un style de décoration plus majestueux[2]. Les dessins pour l'Escurial, à la fois plus complexes et plus frappants, présentaient une série de trois salles au deuxième étage de la Casita del Príncipe. Un plan horizontal et différents dessins, aujourd'hui dispersés, montrent que l'on entrait dans l'appartement par une salle de réception Égyptienne qui donnait sur un salon Étrusque, lequel à son tour ouvrait sur un cabinet Chinois[3]. Pour la salle Égyptienne, la plus originale des trois, Dugourc prit le parti inhabituel d'obturer les deux fenêtres et d'utiliser une lumière zénithale à l'aide de verrières, à la manière d'une tombe souterraine.

La coupe sur la largeur présentée ici montre le mur court à gauche de l'entrée de la salle Égyptienne et, au-dessus, le puit de lumière aboutissant au toit. De part et d'autre

Fig. 1. *Projet de décoration de la salle Égyptienne pour l'Escurial, coupe sur la longueur* de Jean-Démosthène Dugourc, dessin aquarellé sur un papier calque collé en trois morceaux sur le support (détail), 1786
Londres, collection Hazlitt, Gooden and Fax.

d'une statue égyptienne, se trouvent deux niches peu profondes, garnies de miroirs réfléchissant la salle. Sur le mur opposé, des miroirs – dont l'un dissimulait la porte du salon Étrusque –, disposés de façon similaire, compensaient l'absence de fenêtres et augmentaient l'impression d'espace.

La coupe sur la longueur (Fig. 1) montre la même statue égyptienne à l'extrême droite et l'espace précédemment occupé par des fenêtres, fermé par de fausses portes décorées de motifs égyptiens[4]. Le mobilier visible sur les dessins se limite à des consoles reposant sur trois sphinx ailés et des fauteuils copiés fidèlement d'après Piranèse (cat. 18).

En réalité, on retrouve derrière presque chaque détail le modèle piranésien : la soie parsemée d'étoiles et les reliefs processionnels pour les murs, les sculptures décoratives sur les consoles, les scarabées ailés sur le plafond, les harpistes et les diptères sur les portes, le dessin sur le socle de la statue égyptiennne, tous dérivent de gravures du café des Anglais et des cheminées (cat. 14-15, 18-20). Malgré cela, l'effet général est singulièrement différent de tout ce qu'a pu concevoir Piranèse et en contraste complet avec la salle Égyptienne de la villa Borghèse qui venait d'être terminée.

M. P.

1. Pour les dessins de Dugourc, *cf.* Hartmann, 1976 et, récemment, Arizzoli-Clémentel *in* cat. exp. Lyon, 1990, dont on consultera des indications bibliographiques à la p. 43, note 114.
2. Pour une description des projets espagnols, *cf.* Sancho, t. XXVI, n° 101, automne 1989, pp. 21-31, et n° 102, hiver 1989, pp. 31-36.
3. Tous les dessins pour le projet de l'Escurial sont reproduits dans les articles de Sancho et tous faisaient partie de la vente Tassinari et Châtel de 1988 : le plan horizontal et trois dessins pour la salle Égyptienne portaient les n°ˢ 1 et 2 ; trois études pour la salle Étrusque, le n° 3 ; ceux du cabinet Chinois, les n°ˢ 4 à 8.
4. Le dessin (H. : 38,2 cm ; L. : 60 cm) porte sur le montage l'inscription suivante : « n° 25 » et « Projet de décoration de la salle Égyptienne pour l'Escurial, 1786, coupe sur la longueur ». *Cf.* cat. exp. Rome/Dijon, 1976, n° 70, ill.

Bibliographie sommaire : Hartmann, 1976 ; Humbert, 1989, pp. 101-102, ill. p. 106 ; Sancho, part. II, t. XXVI, n° 102, 1989, ill. p. 31 ; cat. exp. Lyon, 1990, n° 19, ill.

58   Projets de plafond et sol pour la salle Égyptienne

Jean-Démosthène Dugourc (1749-1829)
1786
Plume et encre noire, aquarelle
H. : 32 cm ; L. : 60 cm
Paris, collection particulière

Historique :
Collection Claude Pernon, Lyon ; collection Tassinari et Châtel, Lyon ; vente, Paris, hôtel Drouot, Arcole, le 3 juin 1988, partie du n° 2 ; collection particulière.

Le côté gauche du dessin montre le projet de décoration du sol avec incrustations de scarabées et de hiéroglyphes autour d'un ovale central, où figurent un disque ailé et des serpents. Ce dessin correspond à celui qui paraît dans le plan de l'appartement de Dugourc annoté « salle Égyptienne ». Le côté droit montre la formule insolite adoptée pour le plafond à éclairage zénithal, décoré d'une. corniche ornée de reliefs égyptisants.

M. P.

Bibliographie sommaire : Hartmann, 1976 ; Humbert, 1989, pp. 101-102, repr. p. 107 ; Sancho, part. II, vol. XXVI, n° 102, 1989, repr. p. 32.

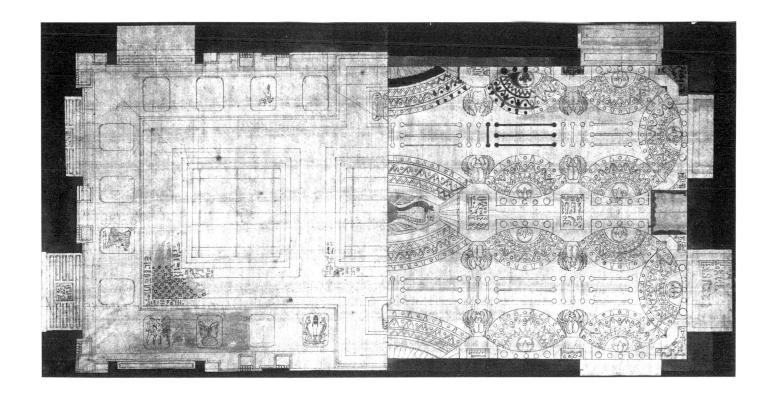

59   Projet de salle Égyptienne pour l'Espagne : coupe sur la longueur

François Grognard (1752-1840)
1790
Plume et encre noire ; aquarelle sur papier crème ;
colle en plein
H. : 21,7 cm ; L. : 48,6 cm
Lyon, musée des Arts décoratifs (dépôt du musée
du Louvre)
R.F. 41616

Historique :
Partie des « Vingt dessins coloriés sous verre dans
leurs bordures de bois doré, projets de décors pour
le palais du duc d'Albe à Madrid », répertoriés
à la mort de Grognard en 1840 (Gastinal, p. 76) ;
probablement Lyon, collection Claude Pernon ;
collection Tassinari et Châtel, Lyon ; préempté
vente, Paris, hôtel Drouot, Arcole, 3 juin 1988,
n° 128, repr. coul., Inv. R.F. 41616 (cachet
du Louvre en bas à droite) ; dépôt au musée des
Arts décoratifs de Lyon.

Antérieurement attribué à Dugourc et faisant partie d'un
ensemble d'œuvres dispersé en 1988, on a pensé récemment
que ce dessin était plutôt de la main de Grognard, un associé
de Camille Pernon qui avait travaillé à Madrid de 1787 à
1793. Chantal Gastinel-Coural – qui a retracé la carrière de
Grognard –, a réuni une suite de dessins qu'elle met en rapport avec un projet pour les appartements d'été de la

duchesse d'Albe au palais de Buenavista à Madrid[1]. Ce dernier prévoyait une étonnante série de pièces – véritable encyclopédie de styles allant du pompéien au rustique et du
mauresque au japonais – et prévoyait un salon d'attente
Égyptien. On ignore ce qui en a effectivement été réalisé
mais, selon toute probabilité, assez peu de chose. Grognard
a écrit lui-même que le travail fut interrompu par les événements de 1793. Outre les dessins, il existe néanmoins une
description de ces appartements sous la forme d'un « Rêve »
adressé à la duchesse, ainsi qu'un texte publié par Grognard
en 1792[2].

    Malgré sa longueur, la description du salon d'at-
tente faite par Grognard mérite d'être citée à cause de la
valeur symbolique qu'il donne au style égyptien : « La troisième pièce est décorée dans le goût de ce peuple ingénieux
qui s'est rendu célèbre par ses hiéroglyphes, ses pyramides
et sa superstition. C'est là que tous ceux qui vont visiter ou
consulter la Déesse, attendent qu'elle daigne se rendre
visible [...]. Le salon d'attente [...] offre des murs de granit
vert [sic] et rose, et son plafond est chargé en plusieurs
endroits d'hyéroglyphes. Des têtes d'his [Isis], de porphyre,
placées entre deux bandeaux saillants, soutenues par des
mutules, forment la corniche qui, coupée dans le fond
comme devant les croisées, est remplacée par un bas-relief
en porphyre, allégorique au culte d'Osiris. Au-dessous et
dans quelques autres parties des murs ainsi que dans les ren-
foncements du plafond, sont des étoiles d'or du plus grand
éclat, placées sur des fonds d'azur. Devant, dans le fond de

la pièce, est une grande table de porphyre, dont les pieds sont de même matière, et sur les côtés comme entre les croisées, des figures de basaltes [sic], posées sur des cubes de porphyre, offrent la représentation des quatre premières Divinités de l'Égypte. Les six portes de cette salle sont d'un bois brun, ornées de têtes de lions et de tables gravées en bronze ; les sièges faits en forme de chaises étroites, sont recouverts de peaux imprimées de différentes couleurs, sur un fond bleu et les rideaux, de toile damassée, ont pour encadrement des hyérogliphes [...]. Peut-on penser sans une sorte de vénération, à ce peuple fameux dont quatre mille ans n'ont pu détruire les monuments ?[3] »

Comme l'a déjà remarqué Pierre Arizzoli-Clémentel[4], le projet de Grognard, bien que postérieur de quatre ans, est très proche du dessin pour l'Escurial de Dugourc (cat. 57), qu'il a dû voir à Madrid. Il semble être en effet une version simplifiée, épurée, de la même pièce : proportions égales, emplacement similaire de portes aux encadrements analogues, même interruption de la frise, position semblable de la sculpture, même revêtement de soie étoilé des murs. Le point le plus curieux concerne un élément structurel : l'absence de source d'éclairage dans une pièce sans fenêtres. Le plafond présente des caissons identiques à ceux du dessin de Degourc pour ses lucarnes, mais ils sont obturés et recouverts de soie. Cela suffit à suggérer que ce dessin est plus un exercice de style qu'un projet proprement dit.

M. P.

1. Cf. Gastinel-Coural, 1990.
2. Les textes de Grognard de 1790 furent soumis en même temps que les dessins et publiés par la suite dans A son Excellence Madame la Duchesse d'Albe. Songe à réaliser dans la décoration de son palais, Madrid le 10 juillet 1790. Extrait d'un voyage pittoresque en Espagne en 1788, 1789 et 1790. Description d'une partie des appartements du Palais de son Excellence Monsieur le duc d'Albe à Madrid. Lettres de son Excellence Monsieur le duc d'Albe à Madrid. Lettres de François Grognard à son ami NN à Paris. Extraites de son « Voyage Pittoresque en Espagne... », Bayonne, 1792 ; cf. Gastinel-Coural, op. cit., p. 69, note 1 et p. 76.
3. Extrait de la « 4e Lettre, 15 août 1790 » de Grognard, citée in Gastinel-Coural, op. cit., p. 80.
4. Cf. cat. exp. Lyon, 1990, p. 81.

Expositions :
Lyon, 1990, n° 19, ill.

Bibliographie sommaire :
Hartmann, 1976, p. 242, n° 193 ; Humbert, 1989, pp. 101-102, ill coul. p. 106 ; Gastinel-Coural, 1990, pp. 80-81, ill.

60 Projet de décoration : Grotesque à l'égyptienne

Jean-Démosthène Dugourc (1749-1839)
1787-1808
Plume et encre grise, lavis gris, noir et coloré
H. : 81,6 cm ; L. : 44,3 cm
Signé au centre sur le temple : « J. Demosth. Dugourc. architec. Inv. Dell. » ; inscrit au centre du temple : « CE DESSIN / COMMENCÉ / À PARIS / EN MDCCLXXXVII / À ÉTÉ / TERMINÉ / À MADRID / EN L'ANNÉE / MDCCCVIII » ; au verso, sur une bande de papier : « Ce dessin a été commencé à Paris en 1787 et terminé à Madrid en 1808 par J. Demosth. Dugourq architecte du roi Joseph Napoléon »
Amsterdam, Rijksmuseum
Inv. n° RP-T-1982 :10

Historique :
Collection A. Sigwalt (vente Amsterdam, F. Muller, 14 juin 1912, n° 867, ill.) ; collection Prof. Dr J.V. van Gelder, Utrecht ; Galerie S. Nijstad, La Haye ; acheté en 1982.

Exposé à Paris

À partir de 1800, Dugourc était à Madrid et travaillait à différents projets pour Godoy – revenu depuis peu au pouvoir comme Premier ministre –, pour le duc d'Osuna et peut-être aussi pour la famille royale, bien qu'il subsiste quelque incertitude sur ce dernier point. Précédemment, en 1790, Dugourc avait exécuté des dessins pour le Palacete de Moncloa de la duchesse d'Albe, plus tard occupé par Joseph Bonaparte quand il devint roi d'Espagne en 1808. Après son arrivée à Madrid, le nouveau roi demanda à Dugourc de modifier l'édifice, et c'est durant cette période que l'architecte remodela le cabinet de stuc de Moncloa qui fut achevé en 1809.

L'inscription sur le dessin d'Amsterdam permet de le rattacher à l'un des projets espagnols pour Joseph Bonaparte, qui n'a jusqu'à présent malheureusement pas été identifié. Toujours d'après l'inscription, le dessin a été commencé en 1787 – c'est-à-dire peu après que Dugourc eut exécuté les dessins égyptiens pour la Casita del Príncipe à l'Escurial –, mais ensuite, à l'évidence, abandonné. L'iconographie du dessin – une allégorie de l'Afrique –, indique qu'il s'agit probablement de l'un des quatre dessins exécutés pour les panneaux décoratifs muraux sur le thème de la Nature et des quatre continents. Au centre, la Nature trône sur un globe soutenu par des têtes d'éléphants, ses pieds reposant sur l'Afrique. Immédiatement au-dessus et au-dessous figurent l'Automne et l'Hiver. Plus haut encore, un médaillon représente Hercule luttant avec Antée le Libyen et un grotesque avec des dromadaires. Plus bas, le temple

Absolutisme et lumières

représenté est celui de Diane d'Éphèse – souvent associée, au XVIIIe siècle avec Isis et ici la signifiant en tant que force régénératrice de la Nature. Au-dessus de l'entrée du temple, les mots « MATRI MAGNAE » – « à la Grande Mère ». De part et d'autre du dessin, une série de hiéroglyphes, inventés pour la plupart bien qu'inspirés en partie par l'obélisque du Latran à Rome ; certains de ceux-ci apparaissent également comme éléments décoratifs à l'extrême droite du dessin pour la Casita del Príncipe (cat. 57).

M. P.

Bibliographie sommaire :
Anonyme, 1983, p. 64, ill. fig. 6
à la p. 74 ; Gastinel-Coural, 1990,
pp. 66, 74, ill. coul. à la p. 65.

61 Pendule

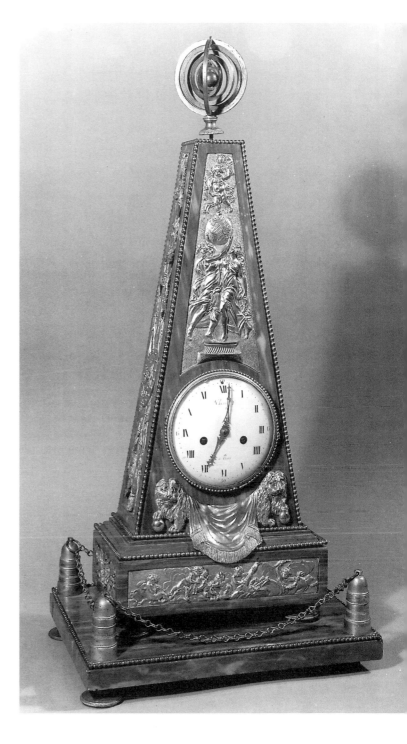

France : fin du XVIIIe siècle
Marbre bleu turquin ; bronze doré.
H. : 69 cm ; L. : 32,5 cm ; pr. : 24 cm
Signée sur le cadran : « Thiéry à Paris » ;
inscriptions : « HP no 466 » (à l'encre sur étiquette de papier) ; « 44409 » (au pochoir) ; « Présidence » (à l'encre sur le timbre).
Paris, musée du Louvre, département
des Objets d'art
Inv. OA 5 308.

Historique :
Versement du Mobilier national, 1901.

Exposée à Paris

La pendule, dont la forme générale est celle d'un obélisque, repose sur un socle quadrangulaire : aux angles, quatre bornes de bronze sont réunies par des chaînes. À la partie basse, sur la face antérieure, un bas-relief de bronze représente un concert d'amours, tandis que sur les faces latérales, apparaissent des trophées d'amour. Sous le cadran, deux lions, la patte sur un globe, sont partiellement recouverts par une draperie ; au-dessus du cadran, un bas-relief triangulaire montre deux nymphes drapées portant le globe terrestre sur lequel triomphe l'Amour armé d'une torche. Sur les faces latérales sont appliqués des reliefs à motifs de trophées militaires. Au sommet, une sphère armillaire couronne le tout.

Ce modèle de pendule, dont le créateur reste inconnu, illustre bien la fascination que la forme de l'obélisque, ou de la pyramide, exerçait à la fin du XVIIIe siècle sur l'imagination des créateurs. De nombreux autres exem-

plaires en sont connus. Symbole d'éternité, le motif convenait tout particulièrement au domaine de l'horlogerie ; on notera en outre qu'il est ici associé au thème du triomphe de l'Amour.

G. M.

Bibliographie sommaire :
Williamson, 1883, no 387 ;
Williamson, 1897, no 387 ;
Dreyfus, 1922, no 379.

62 Sphynge

Anonyme français
Vers 1770
Terre cuite
H. : 25 cm ; L. : 31 cm ; pr. : 12,5 cm
Paris, collection particulière

Historique :
Ancienne collection Paul Cailleux.

Le sphinx occupe une place à part dans la survivance de l'imagerie de l'Égypte ancienne : c'est le seul élément qui ait continué à être utilisé presque sans interruption dans le monde occidental et c'est aussi le seul à avoir suscité une multitude de variations iconographiques. Si la typologie des lions égyptiens n'a subi que très peu de transformations de la part des artistes, le champ des interprétations du sphinx a été des plus libres[1]. Depuis la fin du XVIIe siècle, quand les parcs et les édifices d'Europe ont commencé à être décorés par des sphinx, le traitement de la morphologie, toujours plus informel et imaginatif, s'est écarté de plus en plus du modèle égyptien. C'est seulement à la fin du XVIIIe siècle qu'on assiste à un retour aux sources.

Ce genre de sphinx décoratif, typique du XVIIIe siècle, conserve l'idée générale du sphinx, mais en élimine toutes les caractéristiques propres : la pose hiératique est abandonnée ; le corps féminin, comme par crainte du froid du Nord, est en partie couvert de draperies ; la charmante tête jeune est tournée de trois quarts ; le *némès* égyptien est transformé en une sorte de diadème décoratif retombant sur les côtés. Ce type, moins nouveau qu'il pourrait paraître à première vue, a une filiation relativement ancienne et on peut le faire remonter à des exemples de sphinx des années 1550 attribués à Simone Mosca et destinés au tombeau Cesi à Santa Maria della Pace, à Rome. Dans cette même veine, on peut mentionner, au XVIIe siècle, les sphinx représentés dans une peinture de Charles-Alphonse Dufresnoy (musée Magnin de Dijon) et, plus tard, ceux qui figurent sur une paire de consoles italiennes du XVIIIe siècle[2].

M. P.

1. Pour le sphinx dans l'art, *cf.* Demisch, 1977, *passim*.
2. *Cf.* González-Palacios, 1971, p. 70, fig. 13 et cat. exp. Rome, 1991, n° 131, ill.

Expositions :
Paris, 1934b, n° 136.

Bibliographie sommaire :
Humbert, 1989, ill. à la p. 219.

63 Pendule du comte d'Artois

D'après un dessin de François-Joseph Bélanger
(1744-1818) ; mouvement de Jean-Baptiste Lepaute
Vers 1785
Bronze doré, marbre blanc et tôle vernie
H. : 35 cm ; L. : 30 cm ; pr. : 13 cm
Inscription sur le cadran : « Lepaute, Hger
du Roi »
Paris, Mobilier national
Inv. GMI.10109

Historique :
Collections du comte d'Artois ; ministère de
l'Équipement et du Logement ; Mobilier national.

La seule mention que l'on retrouve dans les papiers de la série 02 des Archives nationales concernant cette pendule est dans un « relevé général de plusieurs états de meubles délivrés par le c[itoyen] Lenoir, garde magazin des meubles précieux de la Maison de l'Infantado, aux directeur et inspecteur du Garde-Meuble national [...] 8 nivôse an 4 [...] 1 pendule de nom de Le Pautre en marbre blanc, ornée de sphinx, surmontée de trophées de guerre, et autres ornements en bronze doré[1] ». Le chiffre qu'elle présente sur la base, « AT », est celui du comte d'Artois. On ne trouve aucune trace de cet objet dans les papiers du prince conservés aux Archives nationales dans la série R1[2]. Le fond verni du médaillon le rapproche des six bras de lumière

livrés par le bronzier Rémond en 1784 pour le palais du Temple, qui présentent une gaine en émail bleu³.

Cette pendule est soutenue par des sphinx ailés assis, coiffés du *némès* égyptien et positionnés dos à dos. Une pendule apparentée comportant des sphinx ailés couchés a été livrée en 1781 au comte d'Artois pour le pavillon de Bagatelle – décoré pour une large part à partir des dessins de Bélanger – où les sphinx, ailés ou non, étaient mis à l'honneur. Celle-ci est aujourd'hui perdue, mais le modèle est connu d'après plusieurs exemples légèrement différents, qui appartiennent à la Wallace Collection de Londres, au Metropolitan Museum de New York et à la préfecture des Yvelines⁴. De nombreuses variations sur ce thème sont apparues durant les années 1780 : par exemple le curieux projet moins réussi de Jean-François Forty – la planche 3 de son *Cahier de six Pendules, à l'usage des Fondeurs*, paru vers 1780 –, une pendule à sphinx de marbre conservée au Louvre⁵, et même des exemples anglais, telle la pendule en bronze et faïence de Wedgwood faite par Vulliamy en 1799 pour un certain M. Borough⁶.

J.-J. G. et M. P.

1. Arch. Nat., inv. 02466.
2. Arch. Nat.
3. *Cf.* Baulez, 1990.
4. *Cf.* Gauthier, 1988, pp. 126-129 et fig. 12-15.
5. *Cf.* Verlet, 1987, p. 305, repr.
6. *Cf.* Kelly, 1965, fig. 51.

Bibliographie sommaire :
Gauthier, 1988, pp. 111, 115, ill. fig. 24.

64   # Feu en deux parties

Fin XVIIIᵉ siècle
Bronze doré et patiné
H. : 28,5 cm ; L. : 29 cm ; pr. : 11,7 cm
(chaque partie)
Fontainebleau, Musée national du château
F 818

Chaque partie de ce feu se compose d'un sphinx couché en bronze patiné, posé sur un socle en bronze doré arrondi et cannelé à ses extrémités, porté par des pieds fuselés à cannelures et godrons. Le socle lui-même est orné d'un bas-relief représentant une figure ailée tenant d'une main un glaive et de l'autre un rameau d'olivier et de deux têtes entourées de feuilles de lierre.

Ce feu apparaît dans l'inventaire des Tuileries en 1807 mais on ne connaît ni la date de son exécution ni le nom de celui qui l'a réalisé. Par son style, il semble pouvoir être daté de la fin de l'époque Louis XVI ou des dernières années du XVIIIᵉ siècle.

Le sphinx s'inspire directement de sculptures anti-ques de tradition égyptisante sans doute par l'intermédiaire de dessins exécutés à Rome. Il ne dérive pas des sphinx exécutés en 1786 sur un modèle de Boizot pour la reine Marie-Antoinette à Versailles¹.

J.-P. S.

1. *Cf.* Verlet, 1987, pp. 215-216, fig. 241, 242.

Bibliographie sommaire :
Samoyault, 1989, p. 250, nº 247.

Tombeaux imaginaires dans le style égyptien

Louis-Jean Desprez (1743-1804)
Vers 1779-1784
Plume et encre noire, lavis gris, aquarelle, crayon[1]
(65-68) ; aquatinte (69-70)

65 : *Cadavre étendu*
H. : 14,2 cm ; L. : 20 cm
66 : *Mort assise*
H. : 14,6 cm ; L. : 19 cm
67 : *Mort portant une lampe*
H. : 14,5 cm ; L. : 20 cm
68 : *Tombeau reposant sur quatre sphinges*
H. : 14,5 cm ; L. : 20 cm
New York, Cooper-Hewitt Museum
Inv. 1938-88-3950 à 3953

69 : *Mort assise*
H. : 34 cm ; L. : 50 cm
Signée : « desprez »
70 : *Tombeau reposant sur quatre sphinges*
H. : 37 cm ; L. : 51 cm
Signée : « Desprez invenit »
Paris, Bibliothèque nationale
Inv. Ha 52, pl. 17 et 19

Historique :
Giovanni Piancastelli (65-68) ;
Mr and Mrs Edward
D. Brandegee (65-68).

Exposés à Ottawa (65-68) et à Paris (69-70)

Dessinateur, graveur, architecte, décorateur d'intérieur et de théâtre, peintre, cet ancien élève de Blondel et de Cochin a toujours affiché une telle indépendance qu'il n'obtient le Grand Prix de Rome qu'à l'âge de trente-trois ans. Dès son arrivée à Rome, en 1777, on lui propose de participer à l'illustration du *Voyage pittoresque* de l'abbé de Saint-Non, et il part pour neuf mois dans le sud de l'Italie en compagnie, notamment, de Dominique-Vivant Denon, Pierre-Adrien Pâris et Claude-Louis Châtelet.

Gustave III, de passage à Rome en 1783, le prend à son service comme décorateur de théâtre et, l'année suivante, Desprez part pour la Suède. Ses productions connaissent un grand succès et quand, en 1787, Gustave III le charge de créations architecturales dans ses domaines de Drottningholm et de Haga, il propose de nombreux éléments de décor à l'égyptienne, tant extérieurs qu'intérieurs[2]. L'assassinat du roi en 1792 met fin à sa carrière.

Ses *Tombeaux égyptiens* expriment des idées très diverses, évoluant selon les historiens de l'art entre le décor de théâtre et la politique ; la prédominance de l'ombre représenterait l'opposition, alors que le pouvoir royal serait ridiculisé par l'image de la mort gardant un tombeau. L'inspiration égyptienne, qui mêle sphinx, figures funèbres coiffées de volumineux *némès* et frises de pseudo-hiéroglyphes, découle logiquement des séjours romains de Desprez et de la mode du temps, et rejoint la production, entre autres, de Denon et de Pâris. Mais en même temps, elle exprime le mythe de la mort revue par la civilisation égyptienne, que l'égyptomanie a abondamment véhiculé à toutes les époques.

J.-M. H.

1. Un autre dessin (*La Mort portant une lampe*) est conservé au musée de Poitiers (H. : 24 cm ; L. : 29,7 cm) ; *cf.* Baderou, 1955, pp. 38-39 ; cat. exp. Paris, 1974b, p. 44.
2. *Cf.* Wollin, 1939, p. 109, pl. 97 ; Lindhagen, 1952, pp. 89-93 ; Lundberg, 1972 ; cat. exp. Paris, 1974a, p. 23, n° 51/11 et n° 54, p. 25 ; Humbert, 1989, p. 104.

Expositions :
65-68 : Houston/San Francisco, 1967-1968, n°s 126-129 ;
Hambourg, 1989, n°s 96-97 ;
Stockholm, 1992, n°s 137-138.

Bibliographie sommaire :
Wollin, 1933.

Fig. 1.
Aquatinte signée « Louis-Jean Desprez »
Paris, Bibliothèque nationale.

Fig. 2.
Aquatinte signée « Desprez invenit »
Paris, Bibliothèque nationale.

65

66

67

68

69

70

71 Joseph reconnu par ses frères

François, baron Gérard (1770-1837)
1789
Huile sur toile
H. : 1,11 m ; L. : 1,44 m
Signée en bas à droite
Angers, musée des Beaux-Arts
Inv. 65.J.1881

Historique :
Collection de l'Académie, 1789 ; Museum Central des Arts ; envoi de l'État, 1798.

Bien que riche en péripéties dramatiques, l'histoire de Joseph ne figurait pas au premier rang des sujets bibliques imposés aux étudiants de l'École des beaux-arts. Son apparition au concours du Prix de Rome en 1789 offrit une occasion peu habituelle d'incorporer des références historiques dont l'Égypte était la scène. Sur les six travaux présentés en 1789, cinq subsistent, donnant une perspective inusitée – à vrai dire exceptionnelle – sur la façon dont les jeunes artistes ont traité le problème. La composition de Louis Girodet (École nationale supérieure des beaux-arts, Paris), qui remporta le premier prix, met l'histoire en scène dans un intérieur orné de momies placées dans des niches et d'un trône à lions ailés. Charles Meynier, premier prix *ex aequo* avec Girodet, proposa un intérieur composé de colonnes doriques et égyptiennes, de reliefs à hiéroglyphes égyptiens, d'un sphinx et de deux statues d'Antinoüs[1]. Charles Thévenin, le deuxième prix avec Gérard, conçut une austère architecture à colonnades dans le goût égyptien[2]. Dans le tableau de Jean-Charles Tardieu, on trouve aussi des colonnes égyptiennes et deux sphinx tenant l'un une pyramide en miniature, l'autre un sistre[3]. Tous ont donné une certaine couleur locale à l'architecture, mais ont vêtu leurs personnages d'atours classiques, bien que Gérard ait coiffé Joseph d'un *némès*.

La composition de Gérard est à certains égards la plus réussie de toutes et celle dont la conception architecturale est la plus solide. L'effet est massif et la sculpture décorative minimale, réduite aux deux lions capitolins. Si le mouvement d'ensemble des personnages rappelle le *Serment des Horaces* de David, peint cinq ans plus tôt, la décoration égyptienne sur l'architrave est dérivée des cheminées de Piranèse, ainsi que le trône de Joseph, qui est une adaptation de la même chaise qui avait inspiré Dugourc quelques années auparavant. Le tableau a soi-disant été exposé au Salon de 1789, mais il ne figure pas dans le livret et n'est pas mentionné dans les comptes rendus ; il est vraisemblable qu'une confusion ait eu lieu avec l'exposition des travaux de concours pour le Prix de Rome qui s'est tenue à l'Académie en 1789. Une esquisse, autrefois répertoriée comme anonyme et plus récemment attribuée à Gérard, ne semble pas avoir de rapport avec son tableau[4]. Elle est en réalité plus proche des compositions de Thévenin et de Meynier, mais pas suffisamment pour leur être formellement attribuée. Il se pourrait encore que ce soit une esquisse pour le tableau – aujourd'hui perdu – de Louis-André-Gabriel Bouchet, sixième candidat au Prix de Rome cette année-là.

M. P.

1. La peinture est à l'École nationale supérieure des beaux-arts de Paris.
2. Au musée des Beaux-Arts d'Angers.
3. La peinture de Tardieu était sur le marché de l'art à New York en 1983 ; *cf.* Wheelock Whitney & Company, New York, *Nineteenth Century Paintings*, 1983, n° 2, repr. coul.
4. *Cf.* Roland-Michel *in* cat. exp. Paris, 1973, n° 28 et Mühlberger, 1991, repr. coul. pp. 70-71.

Expositions :
Bruxelles, 1975, n° 132, ill. ; Fukuoka, 1989, n° 52, ill. coul.

Bibliographie sommaire :
Cat. musée d'Angers, 1832, n° 36 ; Lenormant, 1847, p. 36 ; Jouin, 1870, p. 28, n° 115 ; Clément de Ris, 1872, p. 455 ; Guiffrey, 1908, p. 47 ; Fontaine, 1930, p. 222 ; Vergnet-Ruiz et Laclotte, 1962, p. 237 ; Roland-Michel, *in* cat. exp., Paris, 1973, n° 27 et 28 ; Lacambre, *in* cat. exp. Paris/Détroit/New York, 1974-1975, p. 428 ; Bernard, 1983, ill. coul. à la p. 64.

Scène d'initiation chez les Égyptiens

Jean-Michel Moreau le Jeune (1741-1814)
1792
Plume, encre brune et lavis brun
H. : 26,1 cm ; L. : 38,5 cm
Signé et daté en bas au centre
Quimper, musée des Beaux-Arts
Inv. 74-22-1

Historique :
Acquis par le musée dans le commerce parisien
en 1974.

Exposé à Paris

La mystification de Cagliostro et – dans un autre registre – le développement de la franc-maçonnerie[1] sont très étroitement liés à la propagation par la littérature de mythes nés de mauvaises interprétations, et donc prétendument issus de l'Égypte ancienne. C'est ainsi que l'Égypte pharaonique s'est trouvée à l'origine de rites initiatiques qui ne sont en rien rattachés à la religion antique.

Le dessin de Moreau le Jeune représente les épreuves dites de premier grade dans l'initiation de la franc-maçonnerie, correspondant à celles que l'on disait être pratiquées lors de la réception des initiés à Memphis. À droite, le candidat est enveloppé dans des bandelettes avant de subir trois épreuves[2] – dans l'ordre celles du feu, de l'eau et de l'air. Un pharaon et divers dignitaires assistent à la scène, qui se déroule sous une voûte triangulaire, forme représentant le symbole sacré des éléments.

Ce dessin était destiné à illustrer un ouvrage de Delaulnaye sur les religions[3] qui ne fut pas terminé et ne le contient donc pas ; néanmoins gravé par A.-C. Giraud le Jeune, il fut utilisé pour illustrer l'ouvrage d'Alexandre Lenoir sur la franc-maçonnerie[4].

J.-M. H.

1. *Cf.* Étienne, 1991, t. I, pp. 149-179.
2. Qui sont au centre de l'opéra de Mozart, *La Flûte enchantée* (Vienne, 1791).
3. F.-H. Stanislas Delaulnaye, *Histoire générale et particulière des religions et du culte de tous les peuples du monde tant anciens que modernes, ouvrage orné de trois cents figures gravées sur les dessins de Moreau le Jeune*, Paris, 1791.
4. Alexandre Lenoir, *La Franche-maçonnerie prouvée par l'explication des mystères anciens et modernes*, Paris, 1814.

Expositions :
Paris, 1974, n° 105 ; Morlaix, 1987 ; Bois-le-Duc, 1992, n° 53.

Bibliographie sommaire :
Aaron, 1985, n° 54, pp. 60 et 110 ; Humbert, 1989, p. 234.

Absolutisme et lumières

73   Procession en l'honneur de la déesse Isis

Jean-Michel Moreau le Jeune (1741-1814)
Salon de 1791
Plume
H. : 23 cm ; L. : 59 cm
Signé et daté en bas à droite
Paris, Collection Didier Aaron

Historique :
Ancienne collection de Bryas ; vente Paris,
hôtel Drouot, 24 juin 1954.

Exposé à Ottawa et à Vienne

L'Égypte, sa civilisation et sa religion sont, au XVIIIᵉ siècle, parmi les préoccupations de nombreux humanistes. Historiens et philosophes s'interrogent sur les origines de la civilisation et, pour ce faire, empruntent trop volontiers des exemples à des cultures et à des coutumes, comme celles de l'Égypte antique, plus connues alors à un niveau mythique que scientifique[1].

C'est dans cet esprit que Moreau le Jeune dessine cette « procession », destinée à illustrer l'ouvrage inachevé de François Delaulnaye sur l'histoire des religions[2]. Les éléments susceptibles de donner un parfum égyptien à la scène sont au demeurant peu nombreux : la représentation d'une déesse mi-lionne mi-guenon, assise, transportée sur un palanquin porté par des fidèles, ouvre la procession ; plus loin, des prêtres portent d'autres divinités (Apis) ou objets du culte (sistre). En revanche, on a tout lieu d'être surpris par le décor, typique de la campagne romaine, semé de palais fortifiés, où seuls deux palmiers viennent donner une note exotique. De même, la foule qui défile fait davantage penser à l'Antiquité romaine revue par l'art classique – et à la rigueur au culte tardif d'Isis à Pompéi[3] – qu'à l'Égypte antique.

Ce type d'imagerie constitue la parfaite illustration des imprécisions et inexactitudes développées dans les ouvrages historiques antérieurs à l'Expédition de Bonaparte et à la naissance de l'égyptologie.

J.-M. H.

1. *Cf.* Coulet, 1984, pp. 21-28.
2. François-Henri Stanislas Delaulnaye, *Histoire générale et particulière des religions et du culte de tous les peuples du monde tant anciens que modernes, ouvrage orné de trois cents figures gravées sur les dessins de Moreau le Jeune*, Paris, 1791.
3. Une possible justification d'un tel parti pris peut être trouvée dans la description que donne Apulée dans ses *Métamorphoses*, d'une procession en l'honneur de la déesse Isis. Apulée s'était fait initier aux cultes d'Isis, mais n'en connaissait bien évidemment que les versions édulcorées de Basse Époque, dont on peut imaginer trouver dans le dessin de Moreau le Jeune l'illustration.

Bibliographie sommaire :
Humbert, 1989, p. 235.

74 Funérailles d'une reine d'Égypte

Jean-Michel Moreau le Jeune (1741-1814)
Salon de 1793
Plume
H. : 23 cm ; L. : 59 cm
Paris, collection Didier Aaron

Historique :
Ancienne collection de Bryas ; acquis en vente
publique à Paris, hôtel Drouot, 24 juin 1954.

Exposé à Ottawa et à Vienne

Contrairement à la *Procession en l'honneur de la déesse Isis*, ce dessin témoigne de la volonté de Moreau le Jeune de se rapprocher d'une réalité historique et archéologique qu'il avait négligée deux ans plus tôt[1].

Le paysage, bien sûr, est encore plus romain qu'égyptien, mais le décor de temples, pyramide et statue colossale vient rendre la scène plus plausible. Les personnages sont eux aussi représentatifs d'une Antiquité classique revue par le XVIIIe siècle ; mais une observation attentive permet d'isoler, dans une composition au demeurant plutôt confuse, des personnages bien typés : prêtres au crâne rasé, personnages portant des masques d'animaux, tenant la croix ansée, ceints d'une bande d'étoffe ornée de hiéroglyphes, ou promenant des enseignes en forme de dieux-animaux. Le char funèbre est décoré de deux sphinx, ailés il est vrai mais coiffés du *némès*, et de deux lions, qui témoignent des efforts de l'artiste pour rendre sa composition la plus efficace possible.

J.-M. H.

1. *Cf.* cat. 73.

Bibliographie sommaire :
Humbert, 1989, p. 235.

Absolutisme et lumières

75 Pompe isiaque

Guillaume Boichot (1735-1814)
1801
Plume et encre noire, lavis gris sur croquis
à la mine de plomb
H. : 36,7 cm ; L. : 63 cm
Signé et daté en bas à gauche : « G. Boichot
à son ami Lenoir »
Autun, musée Rolin
S.E. 26

Historique :
Collection Alexandre Lenoir ; collection
M.Y. Repoux ; donné par ce dernier au musée de
la société Éduenne.

Exposé à Paris

Guillaume Boichot, comme un grand nombre des artistes de
son temps, a été très sensibilisé aux thèmes issus de l'Égypte
antique[1], et les pompes isiaques, notamment, tiennent une
place importante dans son œuvre[2]. Toutefois, il n'a pas fait
preuve d'une grande originalité dans cette composition, où
il plagie la gravure faite d'après un dessin de Moreau le
Jeune[3].

Les petites modifications qu'il apporte – enseignes,
instruments de musique, boucliers, guirlandes – loin d'aug-
menter le caractère égyptisant de la scène, lui donnent au
contraire une signification plus nettement romaine. Mêlant
la nudité héroïque classique de certains personnages à des
costumes quasi bibliques, il évoque parfaitement la manière
– sans véritable souci archéologique –, dont on imaginait, à
la fin du XVIIIe siècle, le culte antique d'Isis à Pompéi. Mais,
en resserrant la scène sur la tête de la procession, il en
néglige tout le reste qui, pourtant, apportait des éléments à
l'égyptienne beaucoup plus convaincants.

L'inspiration de Boichot, qui était très lié avec
Alexandre Lenoir, est certainement en relation avec des
sympathies maçonniques, favorisées par l'accroissement du
nombre des loges après l'Expédition de Bonaparte.

J.-M. H.

1. Fontaine composée d'un Antinoüs et de quatre sphinx, Chalon-sur-
   Saône, musée Denon, Inv. D. 32 (*cf.* Fig. 153.1 du présent catalogue).
2. *Cf.* Bellier de La Chavignerie, 1882-1885, t. I, p. 107.
3. *Cf.* cat. 73. La gravure, inversée par rapport au dessin, est reproduite
   in Humbert, 1988, p. 62.

Expositions :
Paris, Salon de 1801, n° 34 ;
Autun, 1876, n° 15 ; Autun,
1967 ; Paris, 1974, n° 9 ; Autun,
1988, n° 62.

Bibliographie sommaire :
Humbert, 1988, p. 62.

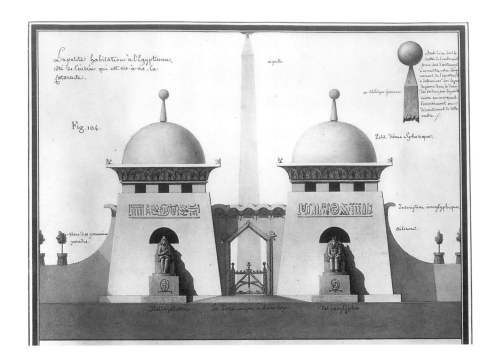

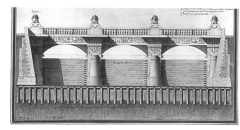

Fig. 1. *Le Pont égyptien éclusé*
Jean-Jacques Lequeu, dessin, vers 1800
Paris, Bibliothèque nationale, cabinet des Estampes.

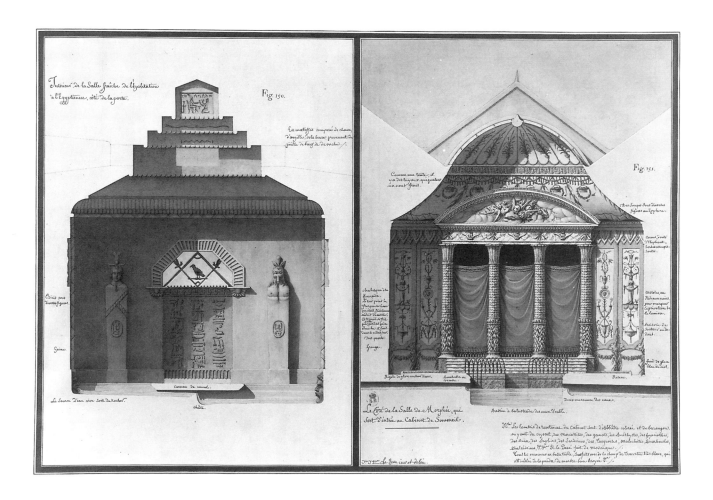

76-77 Habitation à l'égyptienne

Jean-Jacques Lequeu (1757-1825 ?)
Vers 1800
Plume, encre noire, lavis gris, aquarelle
76 : *La Petite Habitation à l'égyptienne*
H. : 44,6 cm ; l. : 31 cm (dimensions de la totalité
de la planche)
77 : *Intérieur de la salle fraîche de l'habitation
à l'égyptienne* et *Le Côté de la Salle de Morphée,
qui sert d'entrée au cabinet du sommeil*
H. : 30,6 cm ; L. : 44,6 cm
Paris, Bibliothèque nationale,
cabinet des Estampes
Ha 80, p. 35 et p. 58

Exposé à Ottawa (76) et à Vienne (77)

La façade de cette maison est directement inspirée du
pylône d'un temple ; devant chacun des deux massifs, un
colosse est assis : l'homme, à droite, qui porte un pantalon
sous son pagne, tient ses mains entre ses cuisses ; la femme,
à gauche, a un costume et une pose plus traditionnels, les
bras croisés sur la poitrine. Un cartouche décore chaque
socle, et une frise de pseudo-hiéroglyphes court au-dessus de
leur tête avec également un cartouche en son centre. L'originalité de l'inspiration est encore accentuée par le mélange
des styles : une coupole surmonte chacun des deux massifs,

donnant une allure mauresque à l'ensemble ; un obélisque,
situé derrière la façade, sert de cadran solaire.

La salle fraîche de l'habitation à l'égyptienne a pour
base de décoration des pseudo-hiéroglyphes, une scène d'offrande et deux termes à l'égyptienne avec cartouche. La salle
de Morphée, quant à elle, est lourdement décorée dans le
style de la seconde moitié du XVIIIe siècle, et ne possède,
comme éléments décoratifs égyptiens, que quatre colonnes à
chapiteaux palmiformes.

Dans la même série de dessins, Lequeu proposait
un *Temple de la sagesse* avec sphinx, un porche à têtes égyptiennes et un pont orné de hiéroglyphes et de quatre paires
de sphinx (Fig. 1.).

Lequeu mêle aux tourments du préromantisme le
rêve et l'innocence qui le rattachent aux architectes visionnaires de la fin du XVIIIe siècle. Mais il y ajoute aussi sa personnalité excentrique et son univers bizarre dont les sources
sont liées au voyage qu'il fit en Italie en 1783, ainsi qu'aux
cultes révolutionnaires.

J.-M. H.

Expositions :
Houston/San Francisco, 1967-
1968.

Bibliographie sommaire :
Cat. exp. Houston/San Francisco,
1967-1968, nos 97, pp. 156-157
et 109, pp. 180-181.

78-80 Cénotaphes

Étienne-Louis Boullée (1728-1799)
Vers 1780-1785
Plume, encre et lavis gris
78 : *Cénotaphe dans le genre égiptien* (*sic*)
H. : 44,5 cm ; L. : 1,066 m
79 : *Cénotaphe en forme de pyramide tronquée*
H. : 39 cm ; L. : 61,3 cm
80 : *Cénotaphe en forme de pyramide*
H. : 36 cm ; L. : 1,099 cm
Paris, Bibliothèque nationale,
cabinet des Estampes
Ha 55, pl. 26 ; Ha 57, pl. 13 ; Ha 57, pl. 24.

Exposé à Paris (78), à Ottawa (79) et à Vienne (80)

À de nombreuses reprises, Boullée a écrit son admiration
pour l'architecture des anciens Égyptiens et notamment
pour leurs pyramides : « Les Égyptiens nous ont laissé des
exemples fameux. Leurs pyramides sont vraiment caracté-

ristiques en ce qu'elles présentent l'image triste des monts
arides et de l'immortalité[1]. » Norden, Quatremère de
Quincy et surtout Fischer von Erlach ont constitué dans ce
domaine ses sources essentielles.

Tout à fait différentes des pyramides-fabriques qui
ornent parcs et jardins, à l'opposé des aimables ruines d'Hubert Robert, les pyramides de Boullée sont immenses, dramatiques, animées de foules anonymes errant dans des
clairs-obscurs inquiétants. Bien sûr, elles sont souvent tronquées, possèdent de curieuses rampes, des plates-formes
intermédiaires et des souterrains, mais la référence à
l'Égypte reste toujours immédiatement évidente. Innombrables sont les auteurs qui, à la veille de la Révolution, dessinent des projets multipliant de telles pyramides, que
Ledoux transforme même en architecture industrielle[2].

C'est que, sans se soucier de l'opinion des encyclo-
pédistes et des philosophes qui condamnaient ces monuments de l'orgueil des despotes, Boullée a redonné à la
pyramide, par un dessin simple et précis, sa signification

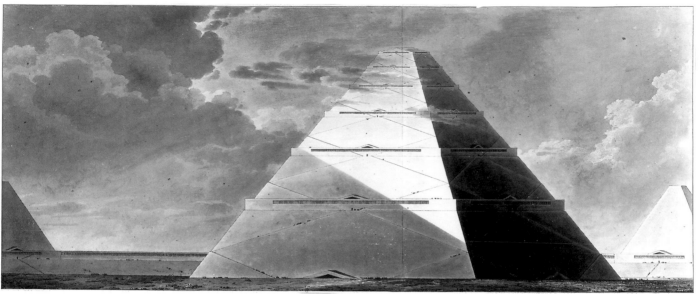

78

79

Absolutisme et lumières

80

profonde de monument funèbre[3]. Celle-ci sera reprise à leur compte par les révolutionnaires et connaîtra une grande vogue jusqu'à la fin de l'Empire.

La fascination qu'ont exercée les architectes « visionnaires » est en fait essentiellement liée à leurs projets d'architecture funéraire[4]. Mais ceux-ci n'auraient pas connu un tel succès si la référence à l'Égypte, garante d'une forme d'immortalité symbolisée par ses pyramides, n'avait pas ajouté à ces délires la caution de la réalité de monuments bien tangibles qui nourrissaient, depuis des siècles, les rêves de générations.

J.-M. H.

Fig. 1 et 2. *Vues générales des cénotaphes avec leur enceinte*
Dessins de Étienne-Louis Boullée
Paris, Bibliothèque nationale, cabinet des Estampes.

1. Cité *in* Pérouse de Montclos, 1968, p. 132.
2. *Cf.* cat. exp. Houston/San Francisco et l'article de Mouilleseaux, 1989, pp. 25-50.
3. *Cf.* Caso, 1976, pp. 15-22.
4. *Cf.* Bandiera, 1983, pp. 25-32.

Expositions :
Houston/San Francisco, 1967-1968, n°ˢ 4, 5 et 17 ; Rome/Paris, 1976, n° 16 ; Paris, 1990, n° 17.

Bibliographie sommaire :
Cat. exp. Houston/San Francisco, 1967-1968, pp. 22-23 et 36 ; Pérouse de Montclos, 1969, p. 192 ; cat. exp. Rome/Paris, 1976, pp. 59-65 ; Mouilleseaux, 1989, pp. 30-31 ; Kérisel, 1991, p. 161.

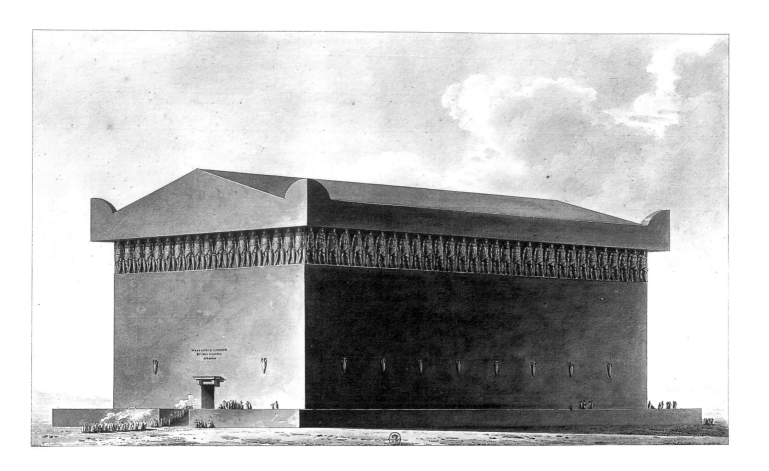

81   Cénotaphe pour un guerrier

Étienne-Louis Boullée (1728-1799)
Vers 1780-1785
Plume, encre et lavis gris
H. : 33,7 cm ; L. : 56,1 cm
Paris, Bibliothèque nationale,
cabinet des Estampes
Réserve Ha 57, pl. 27

Exposé à Paris

Comme toujours chez Boullée, on est frappé de prime abord par le gigantisme du projet, encore accentué par la présence de tout petits personnages au pied de l'édifice ; ici, le monument a pris la forme d'un énorme sarcophage antique.

Ce cénotaphe n'aurait rien d'égyptien sans la frise de colosses qui court à la base du « couvercle ». Celle-ci est en effet formée d'Égyptiens debout côte à côte, copiés sur l'*Antinoüs* du Capitole bien connu à l'époque[1] et souvent représenté dans les traités d'architecture et de décoration.

J.-M. H.

1. *Cf.* cat. 1 et 24.

Expositions :
Houston/San Francisco, 1967-1968, n° 13.

Bibliographie sommaire :
Cat. exp. Houston/San Francisco, 1967-1968, p. 32.

82 Cénotaphe à Newton

Gravure anonyme
du projet de Joseph-Jean-Pascal Gay (1775-1832)
1800
Eau-forte
H. : 24,9 cm ; L. : 47 cm.
Planche extraite de *Collection des prix que
l'Académie d'architecture couronnait et proposait tous
les ans* d'Athanase Détournelle, Paris, 1806
Paris, Bibliothèque nationale,
cabinet des Estampes
Ha 76

Exposée à Paris

Une pyramide de quelque vingt-huit degrés, couverte d'inscriptions horizontales, surmontée d'une statue et abritant en son sein le cénotaphe proprement dit, constitué de la sphère céleste (Fig. 1), est située au centre d'un quadrilatère planté d'arbres. Au milieu de chacun des côtés, une allée de dix-huit sphinx mène à une porte du type de celle de l'enceinte de Montou à Karnak. Le soubassement, formé de murs à fruit avec corniche à gorge, est recouvert de frises de personnages gréco-romains.

La végétation de pins romains plantés sur la terrasse vient retirer à cette architecture composite ce qu'elle pourrait avoir de froid et d'impersonnel, tout en montrant, une fois de plus, les étroites interactions entre les sources romaines et égyptiennes.

J.-M. H.

Expositions :
Houston/San Francisco, 1967-1968, n° 139, p. 225.

Bibliographie sommaire :
Détournelle, 1806 ; cat. exp. Houston/San Francisco, 1967-1968, p. 225 ; Humbert, 1989, p. 44.

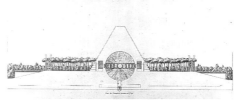

Fig. 1. *Coupe du cénotaphe à Newton par Gay*
Gravure anonyme du projet de Joseph-Jean-Pascal Gay
Paris, Bibliothèque nationale, cabinet des Estampes.

LA PLACE DE LOUIS XVI.
proposées au Carousel

ET LA SALLE D'OPÉRA
en face des Thuileries

A Monseigneur
fils de France

Comte d'Artois
Frere du Roi.

83 La place de Louis XVI et la salle d'opéra proposées au Carousel en face des Thuileries

Dessin de François-Joseph Bélanger (1744-1818)
gravé par Berthault
1781
Eau-forte
H. : 37,5 cm ; L. : 53,3 cm
Paris, musée Carnavalet, cabinet des Estampes
Topo GC 4 A

François-Joseph Bélanger est le parfait exemple de ces nombreux artistes de la fin du XVIIIe siècle qui ont été sensibilisés à l'art égyptien par l'intermédiaire de Rome. On en retrouve les traces dans beaucoup de ses œuvres, comme les fabriques et les décors intérieurs et extérieurs du pavillon de Bagatelle (1777-1787), ainsi que dans nombre de ses projets[1].

Lorsqu'il est décidé dans les années 1780 à étudier la possibilité d'utiliser le vaste espace compris entre le Louvre et les Tuileries pour y aménager une place Louis XVI et y édifier une nouvelle salle d'opéra[2], des dizaines de projets affluent. Bélanger, à lui seul, en propose au moins cinq[3], tous directement déclinés de la Rome antique : on y retrouve le Panthéon et la colonne de Trajan, mais aussi la vision romaine de l'Égypte, avec les lions de la Cordonata et des obélisques dont les bases sont décorées d'Antinoüs[4].

L'obélisque, dont le rôle originel était de matérialiser les rayons du soleil de part et d'autre de l'entrée des temples, était devenu avec les Romains un élément décoratif architectural isolé ; avec ce projet de Bélanger, il voit son importance croître, préparant l'immense regain de popularité que ce type de décor monumental allait connaître dès la fin du XVIIIe siècle[5].

J.-M. H.

1. Par exemple, *Projet de cheminée à l'égyptienne* (1770-1780), *Projet d'obélisque devant la colonnade du Louvre* (Louvre, cabinet des Arts graphiques), *Projet d'obélisque pour le Pont-Neuf* (1809).
2. *Cf.* Chastel et Pérouse de Montclos, 1966.
3. Daniel Rabreau publie deux autres de ses projets : *cf.* « Un Opéra au Louvre », *Beaux-Arts Magazine*, n° 15, juillet-août 1984, pp. 56-59.
4. Sur Antinoüs, *cf.* cat. 1, 24, 55, 153-155.
5. *Cf.* Humbert, 1974, pp. 9-29 ; Humbert, 1985b, pp. 423-442 et notamment pp. 424-426.

84   Pompe funèbre en l'honneur des Martyrs de la journée du 10, dans le Jardin National, le 26 août 1792

Dessin de Monnet, gravure de Helman
Vers 1797
Eau-forte
H. : 50 cm ; L. : 66,7 cm
Mention : « à Paris, chez Decrouan, Éditeur,
Rue du rempart, 4 vis-à-vis le Théâtre Français »
Paris, musée Carnavalet,
cabinet des Arts graphiques
Topo GC 3 F

« J'ay vu aux Tuilleries l'érection d'une grande pyramide noirâtre, avec des inscriptions aux quatre faces ; elle étoit posée dans le grand bassin rond, vis-à-vis de la principale porte du château, et en mémoire de ceux qui avoient perdu la vie à l'attaque du château le 10 août. Quelques jours auparavant, il y avoit à l'entrée de la grande allée, pour le même objet, un obélisque ; mais, étant reconnu trop maigre et sans effet, on l'abattit aussitôt. La cérémonie, toute militaire et lugubre, eut lieu le 25, vers la nuit, mais je ne l'ay presque pas vue ; la foule des spectateurs étoit trop considérable pour moi ; je quittai et me rendis tranquillement chez moi[1]. »

C'est ainsi que Jean-Georges Wille décrit la cérémonie funèbre du 26 août 1792 destinée à rendre hommage aux fédérés morts lors de l'attaque des Tuileries du 10 août précédent. Tout avait été fait pour qu'une foule importante y soit présente ; un avis affiché dans les rues invitait les Parisiens à venir se recueillir : « Citoyens, une fête nationale sera célébrée Dimanche, en l'honneur de nos frères morts en combattant pour la liberté. Les représentants du peuple déposeront au pied de la pyramide, qui sera élevée aux Tuileries, des couronnes civiques. Que chaque citoyen assiste à cette fête auguste avec sa guirlande de chêne ou de fleurs, avec sa couronne, pour la déposer à la fin de la cérémonie,

Pompe funèbre en l'honneur des Martyrs de la journée du 10, dans le Jardin National, le 26 août 1792

au bas du monument élevé à la gloire des héros qui nous ont aidé à vaincre les tyrans[2] ! »

La pyramide en question n'était bien sûr que toute provisoire, et il ne s'agissait en fait que d'une forme de bois recouverte de toile, comme nous l'apprennent d'autres auteurs qui évoquent « la pyramide de serge noire dressée sur le bassin des Tuileries avec l'inscription : Silence, ils reposent[3] ».

Mais il n'en reste pas moins que, malgré le caractère léger et éphémère – et donc paradoxal – de cette construction, le symbole funèbre lié à cette forme reste entier. La pyramide est aussi utilisée à d'autres fins à l'époque révolutionnaire, et c'est par exemple son symbole de durabilité qui est sous-jacent lorsqu'il s'agit de défendre un « Décret immortel[4] », ou de fêter la destruction des emblèmes de la féodalité[5] appelés à disparaître pour l'éternité, cette même éternité symbolisée par les pyramides d'Égypte.

On peut être surpris de constater la survie de l'égyptomanie à l'époque révolutionnaire, alors que le caractère élitiste de son implantation et l'intérêt que lui manifestait Marie-Antoinette pouvaient lui porter ombrage, sinon même lui être fatals. Car on aurait pu assimiler facilement l'égyptomanie à l'absolutisme de Pharaon et la détruire en tant que telle, comme il sera fait des symboles de la royauté et de la féodalité.

S'il n'en a rien été, c'est que l'Égypte reste liée à l'Antiquité, qui semble apporter une sorte de pureté idéale à un peuple qui ne veut plus des monuments construits par des générations de rois. En fait, l'égyptomanie va même puiser de nouvelles forces dans la Révolution, y connaître l'assimilation à de nouveaux symboles, en même temps qu'elle va y trouver un nouveau public.

J.-M. H.

1. Jean-Georges Wille, *Mémoires et Journal*, Paris, 1857, pp. 357-358.
2. Cité *in* Drumont, 1879, n.p.
3. Jules Renouvier, *Histoire de l'Art pendant la Révolution*, Paris, 1863, p. 419.
4. *La Philosophie et le patriotisme vainqueurs des préjugés*, gravure de Picquenot d'après Maréchal, 1790 ; *cf.* Humbert, 1987, t. I, p. 42.
5. Fête de la Destruction des emblèmes de la féodalité, le 14 juillet 1792 sur le Champ-de-Mars à Paris, *cf.* par exemple le dessin aquarellé de Louis Moreau (Bibliothèque nationale, cabinet des Estampes, collection Destailleur n° 565), repr. *in* Tulard, 1989, p. 134.

85 La Fontaine de la Régénération, sur les débris de la Bastille, le 10 août 1793

Dessin de Monnet ; gravure d'Helman
1797
H. : 26,7 cm ; L. : 43,5 cm
Paris, musée de l'Armée, cabinet des Estampes
Inv. 07802

Le premier anniversaire de la chute de la royauté, le 10 août 1793, est marqué à Paris par une grande « Fête de la Régénération[1] », répartie en six « stations[2] » disséminées à travers la ville. Parmi les décors construits pour l'occasion, la fontaine créée d'après les dessins de David pour la première station, place de la Bastille, est destinée à frapper les foules d'étonnement (Fig. 1). Louis David a en effet conçu un projet adapté à une commémoration d'envergure, dont il rappelle la raison d'être lorsqu'il propose de graver la scène sur une médaille : « Un des momens les plus caractéristiques de cette fête [est] celui où notre mère commune, *la Nature*, presse de ses fécondes mamelles la liqueur pure et salutaire de la régénération[3]. » Lauréat du concours préparatoire[4], le projet est modelé par Suzanne et Cartelier (Fig. 2).

Sous les yeux des Parisiens ébahis, c'est donc une déesse égyptienne qui personnifie la Nature ; assise entre deux lions, elle dirige l'eau sortant de ses seins vers une vasque dont l'avant est orné d'une adaptation du disque ailé (Fig. 3 et 4). Cette pose n'a en soi rien d'égyptien, et son

Fig. 1. *La place de la Bastille*
Aquarelle anonyme représentant la première station de la Fête du 10 août 1793
Paris, musée des Arts décoratifs.

La Fontaine de la Régénération

Sur les débris de la Bastille, le 10 Août 1793.

Fig. 2. *La Fontaine de la Régénération sur les débris de la Bastille*
Médaille modelée par Suzanne et Cartelier et gravée par Dupré
d'après un projet de Louis David
Paris, Bibliothèque nationale, cabinet des Médailles.

Fig. 3. *Fontaine de la Régénération élevée sur les Ruines de la Bastille*
Gravure anonyme
Paris, Bibliothèque nationale, cabinet des Estampes.

Fig. 4. *Fontaine de la Régénération*
Dessin de Tassy
Paris, musée Carnavalet.

caractère éminemment reconnaissable lui vient de son habillement : pagne caractéristique et *némès* orné du croissant de Diane, lui-même rappelant un symbole hathorique. Il faut noter que ce genre de fontaine « à l'égyptienne » n'était pas vraiment nouveau ; dès 1747, une gravure de la réédition de la *Théorie et pratique du jardinage* de Dezallier d'Argenville représentait une fontaine égyptisante voisine. Carmontelle avait repris le même motif à l'intérieur de la pyramide qu'il avait construite en 1773 dans le jardin du duc de Chartres à Monceau[5] ; son contemporain, Hubert Robert, utilisait lui aussi souvent le même thème[6].

Toutefois, cette fontaine ne reproduisait pas seulement un genre à la mode ; une telle représentation, chargée du lourd symbolisme des vertus de l'ancienne Égypte, permettait des interprétations variées, à la fois politiques, religieuses et sociales. Elle était surtout le symbole de toute une idéologie religieuse, dont on trouve des éléments dans plusieurs ouvrages[7] où apparaissent notamment Isis et ses attributs : « L'Antiquité fournissait deux modèles, la Diane multimamme et l'Isis voilée, qui avaient été représentées, surtout par l'art romain, comme simulacre de la Nature, d'un côté mère et nourrice de tout ce qui existe, de l'autre impénétrable à l'homme[8]. » Cette conception transparaît du discours prononcé par Hérault de Séchelles lors de la cérémonie : « O NATURE ! reçois l'expression de l'attachement éternel des Français pour tes lois ! et que ces eaux fécondes qui jaillissent de tes mamelles, que cette boisson pure qui abreuva les premiers Humains, consacrent dans cette coupe de la fraternité et de l'égalité, les sermens que te fait la France en ce jour[9]. »

Étant allé voir la fontaine quelques jours après la fête, Jean-Georges Wille traduit l'avis unanime de ses concitoyens : « Je la contemplai avec un plaisir singulier. Elle est conforme aux statues des Égyptiens, et la masse en général est très bonne. Je voudrois que quelque jour cette figure fût érigée en bronze sur cette même place[10]. » Son souhait ne fut pas exaucé et la statue de plâtre bronzé disparut au début du Directoire[11].

J.-M. H.

1. Également nommée «Fête de la Nature régénérée» et «Fête de l'Unité et de l'Indivisibilité de la République».
2. Celle du Champ-de-Mars présente un curieux décor classique perçu par certains comme égyptien : «il y avoit deux thermes [*sic*] à l'égyptienne d'une hauteur énorme, et peints comme étant de porphyre. Je considérai ces deux objets avec plaisir, en m'imaginant être au bord du Nil» (Wille, 1857, p. 387).
3. David, *Rapport fait au nom du Comité*, s.d., p. 2. La médaille sera gravée par Dupré (*cf.* procès-verbal de la Convention nationale, séance du 20 août 1793, art. 2).
4. «Notice des objets du concours : Les objets du concours sont la figure de la Nature régénérée sur les ruines de la Bastille». Arrêté du Comité de Salut public, réunion du 5ᵉ jour du mois de Floréal, l'an 2ᵉ de la République française, une et indivisible, concernant les monuments de la réunion du 10 août 1793 (v. st.) ; *in Notice des ouvrages de sculpture, architecture et peinture...*, Paris, an VIII, p. 7.
5. *Cf.* Carrogis, dit Carmontelle, 1779, pp. 9 et 10.
6. Une sanguine sur laquelle l'Égyptienne ne fait pas jaillir l'eau de ses seins mais tient la même pose, est passée en vente à Paris, hôtel Drouot, Mᵉ Cornette de Saint-Cyr, 1ᵉʳ décembre 1986, nº 15.
7. *Cf.* Bonneville, 1791, t. I, p. 20.
8. Renouvier, 1863, p. 406.
9. *Discours prononcé par Marie-Jean Hérault de Séchelles...*, Sans lieu, l'an IIᵉ de la République française une et indivisible, pp. 3-4.
10. *Cf.* Wille, *op. cit.*, pp. 389-390.
11. Une autre représentation en est conservée au cabinet des Estampes de la Bibliothèque nationale (repr. *in* Reinhard, 1971, pl. XV/3). *Cf.* aussi cat. vente Paris, hôtel Drouot, Mᵉˢ Ader-Picard-Tajan, 17 février 1986, nº 116, ill. pl. IV.

Expositions :
Paris, 1949, nº 322 ; Londres, 1972, nº 644 ; Vizille, 1985, nº 17.

Bibliographie sommaire :
Cat. exp. Paris, 1949, nº 322, p. 59 ; Baltrusaitis, 1967, p. 29 ; cat. exp. Londres, 1972, p. 928 ; cat. exp. Vizille, 1985, p. 23 ; Humbert, 1987, t. I, p. 43 ; Gutwirth, 1992, p. 364.

86 Alexandre le Grand devant le tombeau de Cyrus le Grand

Pierre-Henri de Valenciennes (1750-1819)
1796
Huile sur toile
H. : 40 cm ; L. : 90,5 cm
Chicago, Art Institute of Chicago
Inv. 1983.35

Exposée à Ottawa

Historique :
Angleterre, collection Hunt (vente Hunt, Londres, Christie's, 5 février 1802, nº 61, rachetée pour 28,7 livres) ; Sussex, George Augustus Frederick Hart, Tower House, Arundel, (vente apres décès à domicile, Sotheby's, 20 mai 1873) ; vente anonyme, Retford, Henry Spencer, 9 novembre 1978, nº 212, ill. ; Londres, Trafalgar Galleries, avant 1979 ; achat du musée, 1983.

Le sujet de cette peinture – mentionné dans les chroniques perdues d'Aristobule de Cassandrée (qui affirmait avoir été présent lors de l'événement), cité dans l'*Anabase* d'Arrien et repris par Plutarque et d'autres auteurs – est la description de la visite d'Alexandre le Grand à Pasargades pour voir le tombeau de Cyrus le Grand. À son arrivée, il trouva la sépulture ouverte, le sarcophage d'or de Cyrus pillé et ses

ossements dispersés. Bouleversé par ce spectacle, selon la version d'Arrien, Alexandre donna l'ordre de faire torturer les mages gardiens du tombeau. Dans le récit de Plutarque, c'est Polymaque, l'auteur du forfait, qui fut mis à mort par Alexandre.

Conte moral sur l'instabilité et la précarité des affaires des grands, ce thème était rarement représenté[1]. La peinture de Valenciennes a comme pendant un autre épisode tiré de la vie d'Alexandre, *Le Mont Athos, en Thrace, taillé en statue d'Alexandre...*, égalament à Chicago[2]. Signé et daté 1796, ce tableau est sans doute celui que Valenciennes exposa au Salon de 1796 et, par conséquent, contemporain de l'œuvre présentée ici. De plus, bien qu'il soit communément admis que ces deux peintures sont apparues dans la vente après décès de l'artiste du 26 avril 1819 à Paris, il est évident qu'elles étaient en Angleterre dès 1802.

Mis à part le caractère inhabituel de son sujet, ce tableau est remarquable à cause de l'architecture singulière qu'il présente : les bâtiments égyptiens sont décorés de chapiteaux et de reliefs persans et l'on reconnaît sur ces derniers les taureaux androcéphales ailés du palais de Khorsabad. Dans ses *Élemens de perspective pratique ; suivi de Réflexions et Conseils à un élève...* publiés pour la première fois en 1799, l'artiste laisse entendre qu'il a visité la Grèce, l'Asie mineure et l'Égypte, bien que nulle preuve ne l'atteste et que rien dans son œuvre ne suggère qu'il ait jamais effectué ces voyages. De 1769 à 1786, Valenciennes se rendit trois fois en Italie, où il séjourna au total une dizaine d'années. Comme tous ses contemporains, il étudia les monuments de Rome : un carnet de croquis conservé à Toulouse comprend des dessins des lions égyptiens du Capitole et de la pyramide de Cestius. On connaît de fait plusieurs vues à l'huile de la pyramide, dont deux sont au Louvre : un croquis (R.F. 2992) et un paysage idéalisé avec arc-en-ciel (R.F. 3006). Valenciennes était par ailleurs un grand érudit ; il a cité, dans ses *Élemens de perspective*, une longue liste de livres parmi lesquels figurent de nombreuses relations de voyages illustrées[3]. On y relève notamment les *Travels in Egypt and Nubia* de Norden qui l'ont inspiré pour les édifices représentés dans l'*Alexandre...*

M. P.

1. Parmi les rares exemples de cette veine, mentionnons l'un des vingt et un sujets inspirés par l'*Histoire de Cyrus*, exposé par Collin de Vermont au Salon de 1751 ; *cf. Explication*, 1751, p. 19, n° 20.
2. Le sujet, une allégorie de l'architecture, a été aussi représenté par Fischer von Erlach ; *cf.* Oechslin, 1982, pp. 7-26. D'exécution antérieure, un croquis apparenté – conservé à la Bibliothèque nationale – et un dessin achevé plus tardif – signé et daté « an 8 » (1799) et appartenant à une collection privée de New York –, sont discutés *in* cat. exp. New York, 1990, n° 55, ill.
3. *Cf.* cat. exp. Toulouse, 1956, pp. 17-18.

Expositions :
Londres, 1979, n° 24, ill. coul.

Bibliographie sommaire :
Seguier, 1870, p. 211 ; James, 1897, t. III, p. 154 ; *Burlington Magazine*, t. CXXI, n° 918, 1979, supp. « Burlington International Fine Arts Fair », ill. ; *Burlington Magazine*, t. CXXIV, n° 947, 1982, p. XXII, ill. ; *The Art Institute of Chicago Annual Report 1982-1983*, Chicago, 1983, pp. 12, 37, ill. fig. 17.

87   La Cinquième Plaie d'Égypte (La Septième Plaie d'Égypte ?)

Joseph Mallord William Turner (1775-1851)
1808
Gravure à l'eau-forte par Turner ;
gravure au burin par Charles Turner
H. : 28,4 cm ; L. : 42, 9 cm (planche)
Planche XVI du *Liber Studiorum* de Turner, 1808
Ottawa, Musée des beaux-arts du Canada
Inv. n° 3260

Historique :
Costwold Gallery, Boston ; achat, 1925.

Exposée à Ottawa et à Vienne

Cette gravure est une variation sur la peinture (Indianapolis Museum of Art) que Turner exposa en 1800 à la Royal Academy[1]. Bien qu'ayant été critiquée par Ruskin et plus tard par Walter Armstrong – qui trouvait que les pyramides ressemblaient à des tentes –, l'œuvre suscita l'admiration d'artistes plus jeunes et établit la réputation de Turner comme peintre de premier plan[2].

Le sujet de la composition a provoqué quelques controverses. Lors de son exposition en 1800, Turner l'intitula *La Cinquième Plaie d'Égypte*, mais cita dans le catalogue de l'Académie les versets 22-23 du chapitre IX de l'Exode qui décrivent la septième plaie : « Le Seigneur dit à Moïse, étends ta main vers le ciel, qu'il grêle dans tout le pays d'Égypte, sur les gens, sur les bêtes, sur tout ce qui croît dans les champs au pays d'Égypte. Moïse brandit son bâton vers le ciel. Le Seigneur alors tonna et fit tomber la grêle, et la foudre frappa le sol ; le Seigneur fit tomber des averses de grêle sur le pays d'Égypte. » Dans sa gravure il retint le titre *La Cinquième Plaie*. Les versets correspondent certainement à l'image mais, comme l'a noté Robert Upstone, le titre pourrait aussi être correct et le personnage penché d'Aaron est peut-être en train de ramasser la suie que Moïse jettera en l'air pour amorcer la sixième plaie[3].

En 1802, Turner peignit la *Dixième Plaie d'Égypte*[4] – dont il fit également une gravure en 1816 – et les études d'un carnet de croquis de 1805-1806 (Tate Gallery, Londres, n° 90) montrent qu'il envisageait une peinture sur le thème de Cléopâtre[5]. Ce n'est pourtant que dans les années 1830 qu'il revint à des sujets égyptiens, en illustrant deux livres. Il réalisa entre autres une *Vue des pyramides*, gravée par Edward Finden pour les *Landscape Illustrations of the Bible*, publiées pour la première fois en 1834-1835. Étant donné que Turner n'avait pas visité l'Égypte, il utilisa comme modèle une esquisse « croquée sur place » en 1818 par l'architecte Charles Barry[6]. En 1836, il fut de nouveau sollicité pour des œuvres de Thomas Moore, mais le projet ne fut pas réalisé et l'artiste illustra à la place *The Epicurean*, une nouvelle édition de la romance égyptienne de Moore publiée en 1839[7], première occurrence du traitement d'un sujet qui inspira également Edwin Long dans son *Alethe* (cat. 271).

M. P.

1. *Cf.* Butlin et Joll, 1977, pp. 9-10, n° 13 (*La Cinquième Plaie*).
2. Pour ses effets sur les jeunes artistes, *cf.* Holcomb, 1974, pp. 47-48, 57.
3. *Cf.* Upstone *in* cat. exp. Londres, 1989, n° 19.
4. Conservée à la Tate Gallery de Londres ; *cf.* Butlin et Joll, *op. cit.*, pp. 15-16, n° 17.
5. *Cf.* Finberg, 1909, vol. I, pp. 233, 237.
6. *Cf.* Rawlinson, t. II, 1913, p. 307 et Herrmann, 1990, p. 210.
7. *Cf.* Rawlinson, *op. cit.*, pp. 323-324 et Herrmann, *op. cit.*, pp. 220-221. Le roman de Moore, publié pour la première fois en 1827, a été utilisé également pour un spectacle musical, *The Earthquake, or The Spectre of the Nile*, donné à Londres en décembre 1828. Le carnet de croquis de Turner n° 280 de la Tate Gallery contient une série de treize illustrations et une deuxième série, différente, de neuf dessins achevés. Quatre vignettes, enfin, furent gravées par Edward Goodall pour l'édition de 1839.

Bibliographie sommaire :
Finberg, 1911, p. 25, n° 16, ill. ;
Herrmann, 1990, p. 46, fig. 30.

Drawn & Etch'd by J.M.W. Turner Esqr R.A. PP &c.   Engraved by C. Turner.

The 5.th Plague of Egypt the Picture late in the possession of W. Beckford Esqr.

London. Published June 10, 1808, by C. Turner N.º 50, Warren Street, Fitzroy Square.

Vue imaginaire d'un temple égyptien

Louis-François Cassas (1756-1827)
1799
Gravure à l'eau-forte par Catelin
H. : 58 cm ; L. : 80 cm
Inscriptions en bas à droite : « Dessiné par L.F.
Cassas » ; au centre : « Les figures par Dufresne » ;
à gauche : « Gravé par Catelin »
Planche 97 du *Voyage pittoresque de la Syrie,
de la Phénicie, de la Palestine et de la Basse-Égypte*
de Cassas, Livraison XVII, 1799,
Paris, bibliothèque de l'Arsenal
Inv. Gr. Fol. Z 9, pl. 97

Exposée à Paris et à Ottawa

En 1782, alors qu'il était étudiant à Rome, Cassas se rendit en Sicile pour participer à l'illustration du volume de voyages de l'abbé de Saint-Non – comme le firent également Denon et Desprez. En 1783, après un bref séjour à Paris, il accompagna le comte de Choiseul-Gouffier – le nouvel ambassadeur à Constantinople – dans un long voyage en Grèce, en Turquie, au Moyen-Orient et en Afrique du Nord, qui aboutit en Égypte en décembre 1785. L'année suivante, en octobre, il quitta Constantinople où il avait préparé ses dessins, avec l'intention de rentrer en France. Mais en février 1787 il était à Rome et il y resta jusqu'en 1792[1]. Il fréquentait alors des gens tels que les fils de Piranèse, le célèbre Cagliostro et l'architecte Asprucci[2].

En 1787, Cassas annonça la publication de trois volumes de planches sous le titre de *Voyage pittoresque de la Syrie, de la Phénicie, de la Palestine et de la Basse-Égypte*. Ces dessins firent sensation à Rome, mais restèrent cependant inédits jusqu'à la fin du siècle, époque à laquelle le projet ne fut du reste que partiellement réalisé : en 1799, Cassas fit paraître en trente livraisons séparées cent soixante-treize des trois cent trente planches originellement prévues. Les dessins publiés comprenaient des vues pittoresques ainsi qu'un certain nombre de dessins imaginaires, variations extraordinaires sur des thèmes égyptiens. Présentés comme des restaurations spéculatives de ruines (Fig. 1-2), ils préfiguraient le travail de Boullée et représentaient une tentative au moins aussi ambitieuse que celui-ci. On peut penser que certains des dessins n'ont pas été faits à Constantinople (où Cassas disait avoir laissé un jeu de calques en cas d'accident) mais plus vraisemblablement à Rome. Dans une *Vue imaginaire d'un temple égyptien*, par exemple, les cariatides s'inspirent de la statue de la reine Touia qui est à Rome et les sculptures

de la déesse assise Sekhmet-Ounout (à l'extrême droite) ont très bien pu avoir comme modèle la statue de la collection Borghèse (cat. 38). Le thème-même du dessin – montrant une procession rituelle et des prêtres pratiquant un sacrifice sur un autel – a peut-être été emprunté à la reconstitution par Desprez du temple d'Isis à Pompéi pour le *Voyage Pittoresque ou Description des Royaumes de Naples et de Sicile* de l'abbé de Saint-Non.

On observe également une telle procession dans *Temple et pyramide*, composition éminemment théâtrale que Goethe vit à Rome lors de sa visite à Cassas et qu'il décrivit ainsi en septembre 1787 : « Une pyramide restaurée d'après quelques documents, des indices et des hypothèses. Elle a de quatre côtes des portiques faisant saillie, avec des obélisques s'élevant à côté d'eux ; vers ces portiques se dirigent des galeries ornées de sphinx comme il s'en trouve encore dans la Haute-Égypte. Ce dessin est la plus prodigieuse idée architecturale que j'ai vue de ma vie, et je ne crois pas qu'on puisse aller plus loin[3]. » Cinquante ans plus tard, ces mêmes qualités architecturales conduisirent Jakob Orth à l'utiliser dans ses décors pour *La Flûte enchantée* au Stadttheater de Mayence en 1836[4].

L'intérêt de Cassas pour l'architecture l'amena à envisager en 1794 un musée où seraient exposés « les plus beaux spécimens de l'architecture de tous les peuples ». L'établissement finit par ouvrir ses portes en 1806, dans sa maison sise au 8, rue de Seine à Paris, avec soixante-quatorze modèles – dont huit consacrés à l'architecture égyptienne. Une gravure de Sylvestre Bance montre une vue de la galerie d'Architecture, malheureusement dispersée en 1903, dans laquelle figurent deux édifices égyptiens, dont un temple à télamons ressemblant à celui de la gravure de Cassas – et donc de ce fait plus bâtiment idéal que modèle de construction réelle[5].

M. P.

1. Pour Cassas, *cf.* Boucher, 1926, t. II, pp. 27-53, 209-230 ; Losky, 1954, pp. 114-123 et Gilet, 1989, pp. 279-287.
2. Lossky a avancé l'idée qu'Asprucci se serait inspiré de Cassas pour le dessin de la salle Égyptienne de la villa Borghèse. Or, le dessin d'Asprucci était terminé dès 1782, c'est-à-dire avant le voyage de Cassas en Égypte. *Cf.* Lossky, 1954, p. 119.
3. Cité *in* Lossky, *op. cit.*, p. 118.
4. *Cf.* cat. exp. Stuttgart, 1987, p. 72, fig. 58.
5. Repr. *in* Boucher, *op. cit.*, p. 213. *Cf.* aussi Szambien, 1988, fig. 19.

Bibliographie sommaire :
Humbert, 1989, ill. p. 25.

Fig. 1. *Vue imaginaire d'un temple égyptien*
Cassas, *Voyage pittoresque de la Syrie,*
de la Phénicie, de la Palestine et de la Basse Égypte
Livraison XVII, 1799, pl. 95
Paris, Bibliothèque nationale, cabinet des Estampes.

Fig. 2. *Vue imaginaire d'un temple égyptien*
Cassas, *Voyage pittoresque de la Syrie,*
de la Phénicie, de la Palestine et de la Basse Égypte
Livraison XVII, 1799, pl. 96
Paris, Bibliothèque nationale, cabinet des Estampes.

Absolutisme et lumières

89 « Les Monuments d'Égypte »

Manufacture d'Oberkampf à Jouy-en-Josas
Vers 1808
Impression au rouleau de cuivre sur coton
H. : 40 cm ; L. : 43 cm
Mulhouse, musée de l'Impression sur étoffes
Inv. 954.307.2

Historique :
Paris, ancienne collection Louis Becker.

Les textiles anciens à motifs égyptiens sont rares[1]. Les sujets orientalistes dérivés de l'opéra de Gretry *La Caravane du Caire* ou les motifs décoratifs tels que « L'obélisque au lapin » – imprimés sur coton à Nantes –, commencèrent à introduire, dans les années 1785-1790, des éléments égyptisants[2]. Toujours à Nantes, durant la première décennie du XIXe siècle, des sujets tirés de l'histoire récente ou de la Bible incorporaient des thèmes égyptiens[3]. Toutefois, le plus célèbre des cotons imprimés de ce type fut indéniablement « Les Monuments d'Égypte », réalisé par la manufacture Oberkampf à Jouy.

Le dessin reflétait à la fois la nouvelle passion pour les motifs antiques et l'intérêt plus ancien – et d'une certaine manière plus contraignant – qu'on portait à Jouy aux événements de l'époque en tant que sujets de décoration. Comme l'a observé Josette Bredif, le dessin – peut-être dû à Jean Baptiste Huet – se compose d'éléments anciens ou originaux dérivés de plusieurs planches du *Voyage pittoresque de la Syrie, de la Phénicie, de la Palestine, et de la Basse-Égypte* de Cassas – tel un petit temple adapté de celui qu'on peut voir dans *Vue imaginaire d'un temple égyptien* (cat. 88). L'attrait du livre est compréhensible, bien que certaines images choisies pour le coton imprimé représentent un paysage qui

n'existait déjà plus : le fort d'Alexandrie figurant au-dessous de la pyramide à gauche avait été détruit en 1800 pendant la campagne d'Égypte. Le tissu était imprimé en plusieurs couleurs, dont le noir et le marron. Un exemplaire en rouge sur fond jaune est conservé aujourd'hui à l'Art Institute de Chicago[4].

M. P.

1. Sur cette question, *cf.* Humbert, 1987, t. II, p. 266, n° 306.
2. *Cf.* cat. exp. Paris, 1978, n°s 39, 40 et 107.
3. Par exemple « Joseph en Égypte » ou des épisodes de la vie de Moïse dérivés de Poussin ou « Bonaparte en Égypte » ; *cf.* cat. exp. *op. cit.*, n°s 13, 14 et p. 156.
4. *Cf.* Loring, 1979, p. 117, fig. 3.

Expositions :
Mulhouse, 1986.

Bibliographie sommaire :
Jacqué et Sano, 1978, t. II, ill. pl. 7 ; Brédif, 1989, pp. 151, 179, ill. pp. 150-151 (exemplaire imprimé en noir au musée d'Oberkampf, Jouy) ; Humbert, 1989, p. 115, ill. coul. à la p. 282.

Fig. 1. *Vue imaginaire d'un temple égyptien*
Cassas, *Voyage pittoresque de la Syrie, de la Phénicie, de la Palestine et de la Basse Égypte*
Livraison XVII, 1799, pl. 98
Paris, Bibliothèque nationale, cabinet des Estampes.

De Wedgwood à Thomas Hope

Peu après son arrivée en Turquie au printemps 1717 – son mari y avait été nommé ambassadeur d'Angleterre –, Lady Mary Wortley Montagu écrivit d'Andrianople à l'abbé Conti au sujet de certaines de ses acquisitions : « J'ai réservé une momie qui, je l'espère, me parviendra sans encombre, nonobstant les malheurs qui sont arrivés à une très belle autre, destinée au roi de Suède. Celui-ci l'a payée très cher et les Turcs se sont mis en tête que quelque projet considérable devait certainement en dépendre. Ils se sont imaginés qu'elle devait être le corps de Dieu sait qui, et que le sort de leur empire dépendait mystiquement de sa conservation. D'anciennes prophéties ont été invoquées à cette occasion, et la momie envoyée aux Sept Tours, où elle se trouve depuis lors sous étroite surveillance : je ne m'engagerai pas sur une question aussi importante que sa libération ; mais j'espère que la mienne passera sans examen[1]. » On ne sait pas si Lady Mary finit par recevoir sa momie, mais son enthousiasme est caractéristique d'une époque où le goût des antiquités se mêlait à la passion du voyage. Son fils, le turbulent Edward Wortley Montagu, passa plusieurs années en Égypte, où il obtint de meilleurs résultats : en 1767, il enrichira la collection d'œuvres égyptiennes du British Museum – commencée en 1753 autour du legs de Sir Hans Sloan – d'un certain nombre d'objets rapportés de son séjour, parmi lesquels une tête de granite, des reliefs et une momie dans son cercueil.

Mais, plus d'une génération avant cela, en 1741, eut lieu un événement des plus significatifs : Le 11 décembre, lors d'un dîner (qui devait rester célèbre sous le nom de « Fête d'Isis ») à la Lebeck's Head Tavern de Londres, rue Chandos, plusieurs voyageurs qui s'étaient rendus en Égypte proposèrent la création de l'Egyptian Society « pour faire des recherches sur les antiquités égyptiennes » et faire connaître et sauvegarder « les connaissances égyptiennes ainsi que d'autres ». Parmi les membres fondateurs figuraient John Montagu, comte de Sandwich, Charles Perry, Richard Pococke et le capitaine Frederick Norden, de nationalité danoise ; cette société était placée sous la présidence de Sandwich qui, en cette qualité, portait le titre de « cheik[2] ». Lord Sandwich – dont l'emblème de fonction était un sistre – et Perry rentraient tout juste d'Égypte. Pococke avait remonté le Nil en 1737-1738. Norden, qui avait séjourné en Égypte au même moment que Pococke (il avait rencontré celui-ci alors qu'il remontait le Nil en direction de la Nubie) était en admiration devant l'architecture égyptienne. À son retour, il avait écrit au baron von Stosch, l'antiquaire-marchand de Rome et l'un des associés du cardinal Albani : « Qu'ils ne me parlent plus de Rome ; que la Grèce se fasse muette... Quelle magnificence ! Quelle technique ! Quelle autre nation a jamais eu le courage de se lancer dans une entreprise si étonnante[3] ! »

Peu après sa formation, le groupe admit en son sein un certain nombre d'autres enthousiastes en tant que membres associés : William Stukeley, qui remplissait les fonctions de secrétaire et qui introduisit un Écossais,

Alexander Gordon. Quelques années avant de se joindre à l'Egyptian Society, ce dernier avait proposé de résoudre l'énigme des hiéroglyphes et aussi de faire des dessins de toutes les momies existant en Angleterre. En 1737, il publia une série de vingt-cinq planches de pièces égyptiennes gravées d'après ses propres dessins. On trouvait parmi celles-ci quelques sculptures, une momie appartenant au colonel William Lethieullier (qui fut donnée par la suite au British Museum), une partie du couvercle du cercueil de Kh'hap – donnée en 1683 par Robert Huntington à l'université d'Oxford – et une momie envoyée d'Égypte par Pococke au musée de Richard Mead – le même Mead qui dans sa jeunesse, en 1695, affirma avoir trouvé au musée de Turin la Table isiaque perdue (cat. 13). Les gravures de Gordon ont joui d'un certain succès (comme nous l'avons mentionné ailleurs, le cardinal Albani en reçut une série en 1756) mais son *Essay Towards Illustrating the History, Chronology, and Mythology of the Ancient Egyptians, from the Earliest Ages on Record, till the Dissolution of their Empire, near the Times of Alexander*, achevé en 1741 n'a jamais été publié. Peu de temps après, Gordon s'embarqua pour la Caroline du Sud, devenant ainsi le premier égyptophile à poser le pied en Amérique, où il gagna sa vie comme peintre et mourut avant le 23 juillet 1755.

L'Egyptian Society s'agrandit bientôt en accueillant le colonel Lethieullier – qui avait visité l'Égypte en 1721 – et plusieurs membres venant de l'aristocratie, tel le deuxième duc de Montagu, le grand-oncle de Lord Sandwich, qui fut admis en janvier 1742. Cette année-là, Pococke fit procéder à l'examen d'une momie conservée dans la maison du deuxième duc de Richmond, momie qui fut ultérieurement achetée par l'architecte John White, lequel à son tour la donna à un autre architecte, Sir John Soane. Vers la fin de l'année 1742 toutefois, l'Egyptian Society était proche de sa dissolution et sa dernière réunion eut lieu le 16 avril 1743. C'est pourtant à ce moment-là que ses effets les plus intéressants commencèrent à se manifester. En 1743, Pococke entreprit la publication de ses *Observations on Egypt*, dont le second volume parut en 1745. Des traductions allemande et française suivirent respectivement en 1754-1755 et en 1772-1773. Les *Travels to Egypt and Nubia* de Norden parurent un peu plus tard en 1757, bien que certaines des gravures qui les illustraient eussent commencé à circuler dès 1741. Les œuvres de Pococke et de Norden restèrent, jusqu'à la fin du siècle, les ouvrages de référence sur l'Égypte les plus consultés par les artistes et les architectes – de Piranèse à Valenciennes. Elles furent ensuite éclipsées par le *Voyage dans la Basse et la Haute Égypte* de Denon. *A View of the Levant* de Charles Perry, publié aussi en 1743 mais avec de médiocres illustrations, s'avéra de moindre intérêt pour les artistes.

Les voyages de Lord Sandwich ne furent publiés qu'à la fin du siècle, en 1799, mais Horace Walpole avait vu sa collection d'objets égyptiens à Hinchinbrook, sa maison de campagne et, le 30 mai 1763, il notait, « de nombreuses petites idoles égyptiennes, rapportées d'Égypte par le présent comte[4] ». On pouvait voir une collection similaire chez Lord Charlemont qui, en 1749, avait parcouru la Grèce, l'Égypte et le Moyen-Orient en compagnie de l'artiste Richard Dalton, auteur d'aquarelles sur l'Égypte. Lord Charlemont n'a pas laissé de trace de la partie égyptienne de son voyage, se bornant à évoquer sombrement « les inhospitalières et peu amènes régions du Nil[5] », mais il possédait un certain nombre d'antiquités égyptiennes achetées en Égypte et peut-être à Rome, où il avait brièvement rencontré Piranèse en 1753. Sa maison néo-classique à Dublin, Marino House, avait été dessinée par William Chambers. En 1762, Charlemont demanda à Johann Henry Muntz de dessiner une salle Égyptienne pour abriter ses antiquités à Marino House, projet qui ne vit pas le jour et dont on ne connaît pas d'autre exemple avant celui de Thomas Hope au siècle suivant. Curieusement, Muntz avait choisi pour ses plans le style néo-gothique[6].

Un autre grand collectionneur, Thomas Herbert, huitième comte de Pembroke, avait réuni entre 1690 et 1730 à Wilton House, Wiltshire, l'une des plus belles collections de ce temps. Ses antiquités classiques étaient pour une large part d'origine italienne, mais certaines sculptures, qui provenaient de la collection Mazarin, avaient été achetées à Paris au début du XVIIIe siècle. Une description de sa demeure en 1763 – avant sa transformation par James Wyatt –, rend compte de certains des objets[7] : il y avait une statue d'une « rivière d'Égypte se jetant dans le Nil » avec un ibis et un crocodile[8] ; une statue naophore, « Isis avec Osiris, son époux, dans un cercueil ouvert » de la collection Mazarin, avec « une grande multitude de hiéroglyphes tout autour de la base et derrière la statue[9] » ; « Cléopâtre avec Césarion, le fils qu'elle avait eu de Jules César, têtant sur ses genoux. Son siège moelleux et réglable à volonté est un modèle élaboré par les Égyptiens[10] » ; et « Sésostris, [dont] la tête est en granite d'Égypte rouge ; le buste est en granite d'Égypte blanc ; la tête, ornée d'une tiare selon la coutume égyptienne, est particulièrement pleine de vie ; il a été trouvé parmi les pyramides[11] ». Détail plus intéressant encore, de part et d'autre de l'entrée de style Jacques Ier, la description signalait « deux statues en marbre noir, provenant des ruines du Palais d'Égypte dans lequel les Vice-rois de Perse ont vécu de nombreuses années après que Cambyse fut revenu en Perse, à la suite de la conquête de l'Égypte[12] ».

Dans les années 1730, William Kent dessina, pour la célèbre salle du Double Cube à Wilton House, des meubles parmi lesquels figuraient des canapés d'un style baroque tardif dont les montants étaient des sphinges. De fait, à la même époque, on retrouve des sphinx servant de supports à des consoles dessinées par Kent pour Houghton Hall. En 1758, lors de l'un des nombreux remaniements de Wilton House, Sir William Chambers se vit confier les plans d'une nouvelle entrée pour la cour principale. On a coutume d'associer Chambers à la vogue du style chinois – qui jouissait alors d'une bien plus grande popularité que le style égyp-

Fig. 1. *The Benjamin Cole Family*
Tableau peint vers 1785 par John Downman
Springfield, Mass., Springfield Museum of Fine Arts.

tien – mais, vers 1758-1759, il proposa pour Sherborne Castle, Dorset, l'un des rares projets égyptisants de la période : une porte flanquée de deux inhabituelles figures égyptiennes assises, portant chacune un *naos*[13]. Après des études sous la direction de Blondel à Paris, Chambers poursuivit sa formation en Italie où il ne manqua pas de constater l'omniprésence des antiquités égyptiennes ; on possède de lui une belle esquisse des sphinx Borghèse de Rome, dans un carnet qui est au Victoria and Albert Museum. On pense toutefois que l'idée pour le portail de Sherborne Castle, plutôt que le fruit de quelque observation, fut inspirée par les deux figures égyptiennes de l'entrée de Wilton House.

Paradoxalement, cependant que la connaissance de l'Égypte dans la seconde moitié du XVIIIe siècle émanait d'Angleterre, le répertoire figuratif qui inspira les premières conceptions égyptisantes de ce pays et qui prévalut jusqu'à la fin du siècle, provenait en grande partie de Rome, principale destination du Grand Tour. De même que dans le reste de l'Europe, les deux formes architecturales dominantes associées à l'Égypte, la pyramide et l'obélisque, avaient été utilisées pour des constructions funéraires depuis la fin du XVIe siècle, alors qu'il était rare que l'on fît bien la différence entre l'une et l'autre. Il existe un écho de l'érection d'obélisques à Rome dans un sonnet de Shakespeare, dont Milton a rédigé ainsi l'épitaphe : « Hé quoi, la dépouille vénérée du grand Shakespeare, / le génie de son époque sous un tas de pierre ? / Quand ses saintes reliques devraient reposer / à l'abri d'une pyramide tournée vers les étoiles ! » Patrick Conner a noté qu'un grand obélisque ornemental dressé au palais de Nonsuch à la fin du XVIe siècle a disparu avec la destruction de l'édifice en 1682[14]. Le plus ancien obélisque qui demeure de cette époque est celui qui a été érigé en 1702 par Nicholas Hawksmoore à Ripon ; de nombreux autres furent installés par la suite, et ce genre de monument devint rapidement un élément important dans l'art naissant de l'architecture de paysage. William Kent fut pour beaucoup dans ce développement : il éleva un obélisque dans le jardin de Chiswick, la demeure de son protecteur Lord Burlington et, vers 1742, y adjoignit un parterre de sphinx. En 1729, il dessina un obélisque plus monumental, qui fut stratégiquement élevé à Houghton Hall dans l'axe d'une avenue. Toujours à Houghton, Kent proposa une entrée flanquée de deux structures surmontées de pyramides – finalement construite de façon différente et pour Chatsworth – et réalisa les plans de deux temples soutenant des pyramides au pied d'une cascade. Un obélisque fut érigé sur le terrain de la villa d'Alexander Pope à Twickenham, où l'écrivain suggéra aussi d'orner de décorations égyptiennes l'un des côtés d'un temple de jardin. Au cours des trois premières décennies du XVIIIe siècle, les efforts conjugués des principaux prédécesseurs de Kent, Sir John Vanbrugh et Hawksmoore, – lequel mena à bien certains projets laissés inachevés par Vanbrugh – produisirent des effets saisissants : le parc de Castle Howard arborait deux obélisques, deux pyramides, la très belle Pyramid Gate et une autre porte monumentale décorée de deux pyramides. Vanbrugh dessina également une pyramide pointue à degrés, d'une vingtaine de mètres de hauteur, qui ne fut construite qu'après sa mort, en 1726, dans le parc de Stowe. Le monument n'existe plus, mais le poème que Gilbert West écrivit en 1732 sur les jardins de Stowe affirme qu'il s'agissait de la dernière création de Vanbrugh.

Durant la seconde moitié du siècle, le goût pour les « fabriques » plus légères, les petits temples ou les pavillons chinois prit le pas sur la massive pyramide égyptienne, mais celle-ci fut encore adaptée pour les usages les plus divers. Quelque temps après 1733, un certain M. Paulet Saint John fit construire sur le mont Farley à Fairley Down, une pyramide à forte pente d'une dizaine de mètres de hauteur, comme monument funéraire pour son cheval favori. La pyramide Stanway dans le Gloucestershire (une vingtaine de mètres de haut) fut édifiée en 1750 par Robert Tracy à la mémoire de son père. En 1777, John Carter proposa une laiterie en forme de pyramide égyptienne qui resta à l'état de projet mais, plus tard dans le siècle, George Durant construisit une grande « Volière égyptienne » de forme pyramidale pour abriter sa volaille à Vauxhall Farm. Cette dernière faisait partie d'une plus vaste série de très curieux ornements de jardin – dont certains étaient décorés de hiéroglyphes – qui ont aujourd'hui pour la plupart disparu[15]. En 1782, John Knill, le maire de Saint-Ives, érigea une pyramide[16] en forme d'obélisque dans sa ville et créa par testament un fonds destiné à la rémunération de dix jeunes filles et d'une femme âgée qui devaient danser à la date du 25 juillet tous les cinq ans en chantant le centième psaume – étrange écho druidique à la peinture d'Hubert Robert (cat. 26). Des variations mineures sur l'idée de la pyramide

à degrés ont été construites à Halswell House, Goathurst (Somerset) « en honneur d'une nymphe pure », ainsi qu'en Irlande, à Mount Mapas, Killiney et à The Neale, Mayo, cette dernière ayant été conçue par Lord Charlemont pour ses sœurs[17]. Les pyramides plus conventionnelles, décorant des tombes, se sont également multipliées au cours de la dernière partie du siècle et semblent avoir été le fait de l'élite aussi bien que du peuple ; la petite pyramide qui marque la tombe de John Bryant, maçon et tailleur de pierre, mort en 1787 à Painswick, Gloucestershire, précède de quelques années la pyramide beaucoup plus grande construite en 1784 par Joseph Bonomi comme mausolée pour le comte et la comtesse de Buckinghamshire à Blicking, Norfolk[18].

En 1771, George Dance le Jeune – qui avait étudié à Rome –, dessina le premier projet destiné à un espace urbain : un grand obélisque pour le centre de Saint George Circus à Londres. Les bâtiments de la place ne furent malheureusement construits que beaucoup plus tard et, par la suite, l'obélisque fut déménagé au parc Mary Geraldine Harmsworth. Dans les dernières années du siècle, les réverbères de Londres, par exemple ceux de Cavendish Square, prirent des formes d'obélisques et c'est ainsi qu'ils apparaissent dans une peinture de Francis Wheatley, *Milk Below Maids*, exposée à la Royal Academy en 1792.

L'Irlande mérite ici une mention particulière pour ses obélisques : créations extravagantes dérivées du baroque et construites durant la première moitié du XVIIIe siècle, ils sont plus beaux que partout ailleurs et se distinguent considérablement de tous ceux qui furent érigés en Angleterre. Le plus grand, édifié en 1717 par Sir Edward Lovett Pearce pour servir de mausolée à la famille Allen à Stillorgan, est à rapprocher de l'obélisque qu'avait conçu le Bernin pour la Piazza Navone à Rome. D'autres obélisques plus simples des années 1740, attribués à Richard Castle, se trouvent à Belan, comté de Kildare et à Dangan, comté de Meath. C'est à ce même auteur que l'on attribue la conception du plus célèbre bien que le moins égyptien des obélisques irlandais, celui de Castletown Folly, édifié en 1741[19].

Mis à part certains sphinx décorant occasionnellement des entrées ou des toits, l'architecture publique et privée du XVIIIe siècle ne présente que peu de traces du goût égyptien, bien que de nombreux architectes de l'époque aient utilisé à un moment ou à un autre des éléments égyptiens. Il faut cependant reconnaître que le style dorique, très utilisé durant la dernière partie du siècle, était souvent considéré comme proche de l'égyptien. Un exemple inhabituel de façade égyptienne appliquée à un immeuble commercial et datant probablement des environs de 1804 – les bureaux du journal *The Courier* (Fig. 2) – suscita les critiques de Sir John Soane qui pourtant avait lui-même quelques années auparavant dessiné un temple de jardin assez hybride en forme de pyramide flanquée de sphinx (Fig. 3). La décoration à sujet égyptien exécutée au début des années 1770 pour la bibliothèque de Ralph Willet à Merley House, Great Canford (cat. 97-98) semble être le premier exemple

De Wedgwood à Thomas Hope

connu d'une telle utilisation ; elle est liée au goût de Willet lui-même pour les antiquités.

Le premier intérieur à décoration égyptisante n'est apparu que vingt ans plus tard en Écosse, dans une pièce dessinée pour Charles Gordon à Cairnes, près d'Aberdeen[20]. En 1790, James Playfair dessina les plans d'une maison néo-classique d'un goût austère très précoce, dont la construction commença en 1791. Vers la fin de cette année, il se rendit en Italie puis visita Rome à nouveau au printemps 1793. À son retour, il réalisa les plans de l'intérieur de plusieurs pièces de Cairnes House et tout particulièrement ceux d'une salle de billard voûtée dans le style égyptien – dessinés, selon son journal, en une demi-journée, le 11 mai 1793. La décoration qui en a subsisté était très simple : elle se composait d'une architrave, de chambranles de portes et de fenêtres et d'une cheminée en imitation de basalte à hiéroglyphes gravés. Différents auteurs ont attribué l'origine d'une telle conception au tout récent courant néo-classique – qui existait alors sur le continent et se manifestait notamment dans l'architecture d'un Boullée et d'un Ledoux[21] –, ou aux voyages de Playfair lui-même en Italie. Bien que son style fût très différent de celui, luxuriant, de Piranèse[22], la décoration de cette pièce suit de près le premier dessin égyptisant gravé de ce dernier, la *Scuola antica architettata alla Egiziana e alla Greca* des alentours de 1760.

À la même époque, sans doute en 1794, George Dance le Jeune modifia pour le troisième duc de Richmond le décor de la bibliothèque de Lansdowne House à Londres, en y incluant une cheminée flanquée de cariatides égyptiennes. De tels éléments égyptisants, plus modestes, étaient occasionnellement importés d'Italie ; ils ne se popularisèrent qu'à partir du début du XIXᵉ siècle. Le plan original, aujourd'hui au Sir John Soane's Museum, montre que Dance avait l'intention de placer un buste de Minerve en position centrale au-dessus de la cheminée[23]. C'est un buste différent qui fut finalement retenu, l'*Antinoüs* « Lansdowne », lequel renforçait l'effet égyptien de la cheminée sans changer énormément l'aspect général de la pièce. Le duc, qui avait ouvert aux étudiants sa collection de moulages, possédait aussi d'autres œuvres égyptiennes : selon Horace Walpole, Mme Siddons, la grande tragédienne, comprit « la meilleure manière d'exprimer l'intensité des sentiments [...] en voyant les statues égyptiennes de Lansdowne House, avec leurs bras le long du corps et leurs poings serrés ».

Dans le domaine des beaux-arts, les références égyptiennes sont rares : un *Moïse sauvé des eaux* fut commandé en 1746 par l'hôpital des Enfants-Trouvés et, plus tard dans le siècle, un buste de Mlle Freeman sous les traits d'Isis – aujourd'hui au Victoria and Albert Museum – fut sculpté dans le marbre par Anna Damer. Dans ce dernier, l'Égypte est discrètement symbolisée par une fleur de lotus dans la chevelure et à un sistre sculpté sur la base. De même, en matière de mobilier, on ne peut guère relever que le projet de ce qui semblait être le début prometteur d'une console, exécuté en 1758 par John Vardy pour Spencer

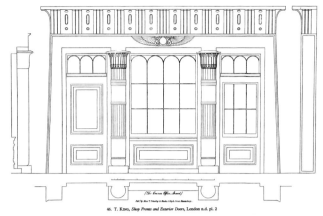

Fig. 2. Façade de l'édifice du journal *The Courier*, Strand, Londres
Gravure, vers 1804.

House à Londres. Le British Museum en conserve le dessin, particulièrement original, montrant la console soutenue par un sphinx ailé à un torse et deux corps[24]. Le sphinx a également été utilisé quelquefois par Robert Adams, mais de manière plus traditionnelle : en couples opposés, pour un miroir de 1771 destiné à Saltram House, Devonshire et dans des projets de meubles, en 1775 et 1777, pour Osterley Park.[25] On trouve également des sphinx affrontés dans un dessin de cheminée exécuté par James Stuart pour Newby Hall. À cette époque, plusieurs amateurs londoniens font également mention de certaines copies de peintures murales rapportées par James Bruce. Ce dernier s'était rendu en

Fig. 3. Projet de Temple en forme de pyramide, 1778
Gravure d'après Sir John Soane
Londres, Sir John Soane's Museum.

Égypte et en Abyssinie avec Luigi Balugani, un artiste de Bologne, qui mourut pendant le voyage. Ils visitèrent entre autres le tombeau de Ramsès III dans la vallée des Rois, où Balugani dessina les deux harpistes désormais célèbres peintes sur le mur. Le retour de Bruce date de 1773 mais son livre ainsi que les illustrations ne parurent qu'en 1786[26]. Horace Walpole vit les dessin en 1776 et fit observer à Sir William Mason que « la beauté et la grâce de l'exécution y étaient comparables à celles des dessins de M. Adams pour le boudoir de Lady Mansfield », montrant par là que l'esprit de l'époque était prêt à accueillir de telles innovations. Il fallut cependant attendre 1805 pour voir apparaître les harpistes sur une décoration murale de la salle Égyptienne de Stowe qui s'inspirait largement des planches de Denon.

L'apport le plus imaginatif de l'Angleterre du XVIIIe siècle à l'égyptomanie provient, de façon inattendue, de la céramique. Depuis 1770 environ et durant les quarante années qui suivirent, la fabrique installée à Barlaston par Josiah Wedgwood – l'une des personnalités les plus fascinantes de l'époque – allait produire des objets d'inspiration

Fig. 4. Lettre hiéroglyphique de George Morland, 1787 Windsor Castle, collection de S.M. la reine Elizabeth II.

égyptienne d'une variété et d'une originalité toujours plus grandes[27]. Améliorant le procédé utilisé par les potiers du Staffordshire pour le « noir égyptien », Wedgwood mit au point un matériau plus fin, baptisé « basalte ». Les premiers modèles créés furent des lions égyptiens et divers sphinx couchés, avec ou sans ailes. Comme l'a montré Harold Allen, la manufacture possédait déjà en 1770 un exemplaire de l'*Antiquité expliquée* de Montfaucon où furent puisés un grand nombre de modèles et de motifs égyptiens reproduits sur les célèbres vases canopes de Wedgwood. Des planches gravées de Fischer von Erlach, la Table isiaque (cat. 13), une bonne part du répertoire de Piranèse, quelques années seulement auparavant, furent mises à contribution et réinterprétées. Cet aspect est discuté plus loin dans ce catalogue (cat. 91-96) mais il est nécessaire de le souligner, eu égard à l'influence de Wedgwood sur la céramique en Europe.

L'invasion de l'Égypte par Napoléon en 1798 et la victoire de Nelson à Aboukir la même année suscitèrent pour ce pays un regain d'intérêt, au moins aussi grand que pour la France. On peut dire que les excès décoratifs tant décriés au début du XIXe siècle par Soane étaient bien l'expression de ce qu'avait écrit quelques années auparavant Lady Hamilton à Nelson : « Si j'étais roi d'Angleterre, je vous ferais le très noble et puissant duc Nelson, marquis du Nil, comte d'Alexandrie, vicomte Pyramide, baron Crocodile et prince de la Victoire afin que vous puissiez rester à la postérité sous toutes les formes[28]. » Il existe de merveilleuses caricatures de Rowlandson (Fig. 5 et 6) sur la période et jusqu'en 1811, qui résument mieux que toute autre chose ce renouveau d'engouement pour l'Égypte. C'est de cette époque que datent les diverses conceptions de décoration à l'égyptienne de maintes maisons de campagne, en général mais non exclusivement dérivées de dessins de Denon nouvellement publiés. Comme l'a souligné James Stevens Curl[29], les esquisses de Charles Tatham, qui séjourna à Rome de 1794 à 1797 et qui plus tard contribua énormément au développement d'une conception néo-classique du mobilier en Angleterre, montrent l'étendue de l'iconographie égyptienne et néo-égyptienne utilisée par l'artiste, des statues de Rome aux *capricci* de Tesi et aux dessins français récemment publiés. En 1800, il dessina pour Castle Howard un curieux projet de table décorée de têtes hathoriques avec les côtés en forme de pylônes, qui anticipe le mobilier égyptisant que Thomas Chippendale a fait pour Stourhead en 1802 et 1805. Deux ans après la publication du *Voyage dans la Basse et la Haute Égypte* de Denon en 1802, il fit pour Trentham Hall, Staffordshire, un projet de serre qui reprenait la forme du temple de Denderah.

Né au XVIIIe, homme du XIXe, Thomas Hope, comme Tatham, appartenait aux deux siècles. Sa salle Égyptienne à Londres, qui est peut-être sa création la plus célèbre, a été imaginée, dessinée et réalisée entre 1799 et 1804. Chronologiquement elle est postérieure au retour d'Égypte, à la publication de Denon et, de fait, vient après l'apogée de la nouvelle vague d'égyptomanie. Et c'est au

Fig. 5. *Les Amateurs d'antiquités*
Gravure de Thomas Rowlandson
New York, The Metropolitan Museum of Art,
The Elisha Whittelsey Fund, 1959.

Fig. 6. *Antiquités modernes*
Gravure de Thomas Rowlandson
New York, The Metropolitan Museum of Art,
The Elisha Whittelsey Fund, 1956.

XIXᵉ siècle, durant la période Regency, que l'influence de Hope a été la plus grande. Mais sa conception, son dessin et même la plupart de ses sources d'inspiration font de la salle Égyptienne une création si différente de celles qui lui sont contemporaines qu'on ne peut que la considérer comme la dernière grande œuvre de son espèce au XVIIIᵉ siècle.

M. P.

1. Montagu, 1992, p. 143, lettre à l'abbé Conti du 17 mai 1717. Un obélisque érigé à la mémoire de Lady Mary se trouve dans le parc de Wentworth Castle, dans le Yorkshire.
2. Pour l'origine et les activités de l'Egyptian Society, *cf.* Dawson, 1937, pp. 259-260 ; James, 1981, pp. 4-6 ; Piggott, 1985, p. 118.
3. Lettre du 19 avril 1739 *in* Norden, 1757, t. II, p. XXIII, cité par Conner *in* cat. exp. Brighton/Manchester, 1983, p. 7.
4. « Horace Walpole's Journals of Visits to Century Seats », rédigé par Paget Toynbee, *in* Walpole Society, t. XVI, 1927-1928, p. 49.
5. *Cf. The Travels of Lord Charlemont in Greece & Turkey 1749* (rédigé par W. B. Stanford et E. J. Finopoulos), 1984, p. 75.
6. Ce mélange de style égyptien et gothique est assez fréquent ; il existe à Wentworth Woodhouse, dans le Yorkshire, près de l'obélisque de Lady Mary Wortley Montagu, une pyramide pointue à portail de style gothique connue sous le nom du « Needle's Eye » (« Le trou de l'aiguille »). En 1795, James Murphy essayera de démontrer que la pyramide se trouve à la source de la voûte gothique dans *An Introductory Discourse on the Principles of Gothic Architecture.*

7. *Cf.* Martyn, t. II, Dublin, 1767.
8. *Ibid.*, p. 98.
9. *Ibid.*, p. 99.
10. *Ibid.*, p. 124.
11. *Ibid.*, p. 128.
12. *Ibid.*, p. 85.
13. *Cf.* Curl, 1982, p. 100, pl. 87.
14. *Cf.* cat. exp. Brighton/Manchester, 1983, p. 15.
15. *Cf.* Jones 1974, p. 125.
16. *Ibid.*, p. 45 ; la date de la pyramide n'est pas tout à fait certaine.
17. *Ibid.*, pp. 234, 384, 434.
18. Pour les pyramides en Angleterre, *cf.* Curl, *op. cit.*, pp. 101-103.
19. Pour les obélisques en Irlande, *cf.* Fitz-Gerald, 1968, pp. 185-197.
20. *Cf.* Walker et McWilliam, 1971, pp. 184-187 et n° 3843, 4 février 1971, pp. 248-251. Pour l'influence égyptienne en Écosse en général, *cf.* Grant, 1988, pp. 236-253.
21. *Cf.* Curl, *op. cit.*, p. 102.
22. *Cf.* Walker et McWilliam, *op. cit.*, p. 249.
23. *Cf.* Thornton et Dorey, 1992, p. 99, fig. 102.
24. *Cf.* Coleridge, 1968, p. 49 et fig. 75.
25. Le dessin d'Adam pour un miroir, daté de 1775, et celui pour six fauteuils de la Chambre d'Apparat à Osterley Park House, daté du 24 avril 1777, se trouvent au Sir John Soane's Museum à Londres.
26. Publié en 5 volumes en 1790 sous le titre *Travels to Discover the Source of the Nile, in the Years 1768, 1769, 1770, 1771, 1772 and 1773.*
27. Pour la céramique Wedgwood de style égyptien, *cf.* Chellis, 1949, pp. 260-263 et Allen, 1962, pp. 65-68.
28. Warner, 1960, p. 45, cité aussi par Conner *in* cat. exp. Brighton/Manchester, 1983, p. 27.
29. *Cf.* Curl, *op. cit.*, pp. 103-106.

90 Vase canope à tête humaine

IIIe Période intermédiaire (vers 900 avant J.-C.)
Bois stuqué et peint
H. : 29,5 cm ; l. : 13,7 cm
Paris, musée du Louvre, département des
Antiquités égyptiennes
N 2952 a

Exposé à Paris et à Ottawa

Les vases dits « canopes » tirent leur nom de la ville de Canope, dans le delta du Nil ; longtemps, les archéologues pensèrent qu'à l'époque romaine, le dieu Osiris était adoré en ce lieu sous forme d'un vase à large panse surmonté d'une tête humaine. Ils utilisèrent le terme pour désigner des vases funéraires dont la forme évoquait l'idole. Cette appellation traditionnelle est d'autant plus erronée qu'on a pu définir l'identité de la divinité ainsi représentée, Osiris (ou Isis) – dans – une jarre et ses liens avec l'eau, symbolisant la vie[1]. Si la représentation est typique de l'Égypte romaine, rien ne semble la rattacher à Canope.

Déposés dans les tombes d'époque pharaonique, les vases canopes contenaient les entrailles retirées du corps lors de la momification : foie, estomac, intestins et poumons. On prit l'habitude de sculpter leur couvercle à l'image de génies protecteurs très anciens, les quatre fils d'Horus : Amset à tête humaine, Douamoutef à tête de chien, Kebehsenouf à tête de faucon, Hapi à tête de singe cynocéphale. Ceux-ci assuraient la survie du défunt, personnifiant les fonctions vitales liées à la respiration et l'alimentation. Dans le jeu de quatre canopes (Fig. 1) auquel appartient notre exemplaire, leur présence est entièrement symbolique puisqu'il s'agit de

vases factices. Le visage d'Amset, encadré d'une large perruque, est rehaussé de vives couleurs contrastant avec le blanc pur de la panse. Le texte peint nous donne le nom du génie protecteur et celui du propriétaire de l'objet : « Amset ; [l'Osiris], le père divin et prêtre pur qui entre dans Karnak, Padiouf fils de Penpy, justifié. »

Conservés dans les nombreux cabinets de curiosité et reproduits dans les ouvrages savants, d'authentiques vases canopes d'époque pharaonique ont pu très tôt inspirer les artistes[2]. Mais les représentations d'Osiris – dans – une jarre sculptées à l'époque romaine offraient, avec leur décor complexe de signes symboliques, un champ plus vaste à l'imagination. Utilisés pour la célébration des cultes isiaques, on les voyait représentés sur de nombreux reliefs de la Rome antique[3] (Fig. 2) et dans la statuaire italienne[4]. Parmi les exemplaires retrouvés en Italie[5], le vase exhumé du Monte Circeo, dans les ruines d'une villa de l'empereur Domitien, connut une postérité fameuse[6]. Dessiné dès la fin du XVIe siècle, il figura tour à tour dans les ouvrages de Kircher, Montfaucon, Caylus et Winckelmann[7] (Fig. 3). Aussi n'est-il pas étonnant de retrouver cet objet si connu interprété dans de la faïence de Wedgwood (cat. 91-92) .

C. Z.

1. *Cf.* Wild, 1981.
2. Voir par exemple le vase canope d'Iahmès, cabinet du président Bon à Montpellier, Montfaucon, Paris, 1724, II, pl. XLIX.
3. *Cf.* Wild, *op. cit.* pl. XIII *sqq.*
4. *Cf.* Müller, 1969, n°s 284 et 288, pl. XXX.
5. *Cf.* Roullet, 1972, fig. 164, 165, 323, 324.
6. Rome, villa Albani ; *cf.* Curto, 1985, n° 13.
7. Roullet, *op. cit.*, p. 98

Fig. 1. Les quatre vases canopes de Padiouf
Ensemble en bois stuqué peint,
réalisé vers 900 avant J.-C.
Paris, musée du Louvre,
département des Antiquités égyptiennes (N 2952 a-b-c-d).

Fig. 2. Prêtre isiaque tenant un vase canope
Détail d'une procession isiaque sur une colonne en granite d'époque romaine
Rome, musée du Capitolin.

Fig. 3. Vase canope
Winckelmann, t. I, 1790.

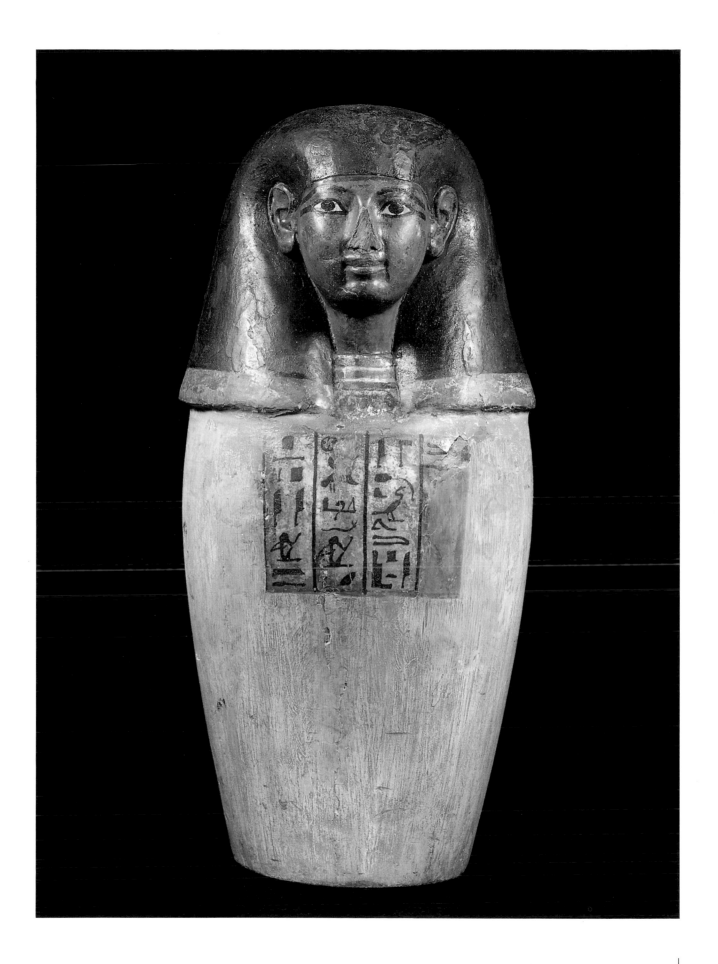

Vase canope

Wedgwood et Bentley
Vers 1773
Faïence « Etruria », fond *black basalt* avec décors
rouge-orangé peints à l'encaustique
H. : 32,2 cm
Marque : « WEDGWOOD & BENTLEY : ETRURIA »
Brooklyn, The Brooklyn Museum
56.192.33

Historique :
Collection Emily Winthrop Miles.

C'est en 1770 que Josiah Wedgwood envisage pour la première fois de s'inspirer de modèles égyptiens[1] et en 1773
qu'apparaissent au catalogue de la manufacture Wedgwood
et Bentley des sujets à l'égyptienne, sphinx, bougeoirs, lions
et camées ; les vases canopes sont au nombre des tout premiers vases qu'ils fabriquent, dès 1771[2]. Ces réalisations
montrent que les productions Wedgwood constituent les
premiers essais sérieux pour introduire le style égyptien dans
la céramique anglaise[3]. Mais les sources de Josiah Wedgwood se limitent à sa bibliothèque, c'est-à-dire aux ouvrages
de Bernard de Montfaucon[4] et du comte de Caylus dont il
adapte les dessins selon son propre goût.

Ce vase canope constitue un bon exemple des adaptations qu'il fait subir à des modèles déjà très approximatifs,
et qui plus est copiant des pièces égyptisantes romaines de
l'époque d'Hadrien. Contrairement à la plupart des vases
égyptiens, celui-ci est fait d'un bloc et ne permet donc
a priori aucune utilisation autre que décorative ; toutefois, la
trace d'attache sur le sommet de la tête laisse à penser qu'il

a pu recevoir une bobèche et donc servir de luminaire,
comme le prouve la présence de cet accessoire sur d'autres
modèles de la même période et comme le confirme une note
écrite par Josiah Wedgwood[5]. Il présente par ailleurs un
rétrécissement de la base qui lui donne une forme tout à fait
particulière, très différente de celle des originaux antiques[6].

Les décors peints reproduisent assez fidèlement les
dessins par Bernard de Montfaucon d'un vase canope en
basalte de l'époque d'Hadrien, alors visible à Rome[7]. Quelques libertés ont néanmoins été prises par l'artiste anglais :
le soleil et les *uraeus* ont pris des proportions plus importantes, les personnages des côtés ont disparu et le curieux
némès à plis verticaux, peut-être issu d'une mauvaise copie
d'une perruque tripartite, a été remplacé par un *némès* plus
conforme à la tradition.

Un autre modèle de vase canope fabriqué par
Wedgwood et tout à fait contemporain du modèle présenté
ici, se compose de deux parties autonomes, le haut formant
couvercle ; sa forme générale, quoique exagérément enflée,
respecte néanmoins mieux celle du dessin de Bernard de
Montfaucon, notamment au niveau de la base. Quant aux
décors peints, ils sont également directement copiés sur ceux
du vase canope de la villa Albani[8].

Les vases canopes constituent, chez Wedgwood,
l'un des thèmes favoris de la production égyptisante ; de
formes et de tailles variées, ils comportent des décors très
divers peints ou appliqués, et certains continuaient d'être
fabriqués jusqu'à une date très récente (cat. 228 et 315).

J.-M. H.

1. *Cf.* Reilly, 1989, t. II, p. 111, légende fig. 72.
2. « Are not Canopus's a good middle size vase for painting », lettre de
   Josiah Wedgwood à Bentley du 13 février 1771, citée *in* Reilly, *op.
   cit.*, t. I, p. 418, légende fig. 581.
3. *Cf.* Reilly, *op. cit.*, pp. 91-96.
4. Ouvrage que possédait Josiah Wedgwood, *cf.* le catalogue de sa
   bibliothèque en date du 10 août 1770, conservé aux archives du
   musée Wedgwood de Barlaston, cité *in* Allen, 1962, p. 70 et reproduit dans le même ouvrage par Mrs. Robert D. Chellis, « Wedgwood & Bentley Source Books », p. 60.
5. « The nozzle and all the other parts may be screw'd fast together
   for those who choose them so », écrit-il à Bentley le 13 février 1771,
   op. cit., note 1 ; L. Chaslemont lui recommande l'année suivante
   d'utiliser le lotus comme bobèche sur ses vases canopes, *cf.* lettre de
   Josiah Wedgwood à Bentley du 6 avril 1772 (Barlaston, Wedgwood
   Museum, E 25 - 18364, citée *in* Reilly, *op. cit.*, p. 398, légende 531).
6. Autre exemplaire à Barlaston (Reilly, *op. cit.*, p. 418, n° 581).
7. Vase canope dit « de la villa Albani-Torlonia ». *Cf.* Montfaucon,
   1719, vol. II, 2ᵉ partie, pl. CXXXII ; Roullet, 1972, n° 144a, p. 97 et
   Curto, 1985, p. 46, n° 13 ; mais Silvio Curto reproduit pl. XVI et
   décrit le modèle conservé au Vatican, très proche de celui de la villa
   Albani, ce dernier étant bien l'exemplaire reproduit par Montfaucon.
8. Reilly, *op. cit.*, t. I, p. 418, n° 582 et pl. C 99.

**Fig. 1. Vase canope
dit « de la villa Albani »
*B. de Montfaucon,
L'Antiquité expliquée,*
Paris, 1719, vol. II.**

**Fig. 2. Paire de vases canopes
luminaires
Modèle réalisé en *black basalt*
par Wedgwood and Bentley,
vers 1774.**

Expositions :
Chicago, 1962, n° 357.

Bibliographie sommaire :
Allen, 1962, p. 69 ; Allen, 1981, p. 52.

92 Moule à entremet, « Blancmange mould[1] »

Wedgwood et Bentley
Début du XIXe siècle
Faïence vernissée
H. : 19,2 cm ; l. : 15,2 cm ; pr. : 8,5 cm
Barlaston, Wedgwood Museum
Inv. 3659

Ce curieux moule, dont le dessin figure dans le *Travellers Note Book* de Charles Gill (Fig. 1), est destiné à former, en relief sur le dessus de l'entremet préparé à l'intérieur, l'empreinte d'un vase canope. Celui-ci copie, d'une manière beaucoup plus fidèle que le précédent (cat. 91), le modèle reproduit par Bernard de Montfaucon[2]. La tête, coiffée d'une perruque tripartite, apparaît à la même époque sur l'un des encriers Wegwood[3]. Ce type de vase canope avait déjà été reproduit par Johann Melchior Dinglinger en 1731 dans son *Autel d'Apis*[4] (Fig. 2), mais il est peu probable que les artistes de la manufacture Wedgwood en aient eu connaissance.

J.-M. H.

1. Du français blanc-manger : entremet composé d'une gelée faite d'amandes pilées, avec de l'eau, du sucre, de la gélatine moulée et glacée, parfois de la farine.
2. *Cf.* cat. 91, note 7.
3. *Cf.* cat. 175 et 315 (texte et ill.).
4. *Cf.* Enking, 1939

**Fig. 1. Le *Travellers Note Book*
de Charles Gill
Barlaston,
Wedgwood Museum.**

**Fig. 2. Vase canope
Détail de l'Autel d'Apis
réalisé par Johann
Melchior Dinglinger en 1731
Dresde, Grünes Gewölbe,
Staatliche Kunstsammlungen.**

93 Vase lotus

Wedgwood et Bentley
Vers 1785
Faïence, *rosso antico* et *black basalt*
H. : 32 cm ; l. : 18,7 cm
Bournemouth, Russel-Cotes Art Gallery and Museum
BORGM 8186

Historique :
Dans les collections depuis 1921 ; faisait très certainement partie de la collection originale de Merton Russel-Cotes.

De tous les objets égyptisants créés à la manufacture Wedgwood, ce vase est certainement le plus étrange et le moins égyptien[1]. C'est qu'il est inspiré d'un dessin non moins étrange de Fischer von Erlach (Fig. 1) publié sous le titre *L'Immortalité de l'âme* et représentant « deux vases de porphyre égyptiens hauts de quatre palmes, apartenans au marquis del Carpio Viceroi de Naples[2] ».

Les deux têtes du modèle d'origine ont été supprimées[3], mais le monstre évoquant un rapace nocturne, dérivé du scarabée ailé, a été conservé. Deux têtes coiffées du *némès* remplacent les anses ; derrière elles, un disque solaire encadré de deux *uraeus* domine un curieux motif faisant penser à un soleil rayonnant. Le corps du vase comporte également des motifs en relief empruntés à Montfaucon[4] ; une étrange « grecque », de même source[5], court à la partie haute et sur le socle.

Ce vase montre à quel point les sources de l'égyptomanie peuvent être à la fois variées et sujettes à caution ; les créateurs de la fin du XVIIIe siècle n'ayant aucun moyen d'apprécier la validité des informations mises à leur disposition, le qualificatif d'« égyptien » qu'ils emploient est bien souvent plus synonyme d'étrange que de vérité archéologique.

Quand une imagination baroque vient, comme ici, enrichir un vocabulaire déjà complexe, la création qui en résulte est en droit de revendiquer, au-delà de la copie et de l'imitation, sa propre identité.

J.-M. H.

1. Un autre exemplaire de ce vase est reproduit *in* Allen, 1962, p. 76 et 1981, p. 63.
2. *Entwürfe einer historischen Architectur...*, Vienne, 1721, Ve partie, pl. 3.
3. Mais ont été utilisées dans un autre vase (*cf.* Allen, 1962, p. 79).
4. *L'Antiquité expliquée*, vol. II, 2e partie, pl. CXLI.
5. *Ibid.*, pl. CXXXIX. Montfaucon y reproduit une gravure de Francesco Ficoroni dessinée d'après un relief découvert sur l'Aventin en 1709.

Fig. 1. L'Immortalité de l'âme
Projet de vase dessiné par
Johann Bernhard Fischer von Erlach,
in *Entwürfe einer historischen Architektur,*
Vienne, 1721, vol. V.

Fig. 1. Sphinx assis
Faïence Wedgwood,
fin du XVIIIᵉ siècle
Collection particulière.

94   Coupe portée par deux sphinx

Wedgwood
Vers 1820
Faïence, *black basalt*
H. : 35,2 cm
Barlaston, Wedgwood Museum
Inv. 1136

Dès 1770, plusieurs sphinx apparaissent au catalogue de la firme Wedgwood et Bentley. Le modèle du sphinx allongé ailé, proposé en diverses couleurs[1], voit son succès décliner au profit du sphinx allongé non ailé[2] et surtout du sphinx grec ailé assis, lui aussi produit dès 1770 et mentionné dans le catalogue de 1773[3] ; ces deux derniers types sont alors modelés dans une matière noire semblable aux « basaltes des Égyptiens » et placés sur un socle vide d'inscriptions[4].

Le *némès* est donc l'élément essentiel qui rattache ce sphinx à l'égyptomanie. Le caractère qu'il a ainsi acquis sera encore accentué après 1805 par l'adjonction sur les côtés du socle de « hiéroglyphes » créés par la manufacture[5] ; il est alors parfois réalisé en *rosso antico*.

Ces types de sphinx font partie des objets essentiellement décoratifs créés par Wedgwood à la fin du XVIIIᵉ siècle avant que la production n'évolue vers des objets plus utilitaires. Il a néanmoins porté très tôt, comme bien d'autres sphinx et objets créés dans les ateliers Wedgwood, une bobèche le transformant en luminaire[6]. Il est également intégré dès 1777 dans des compositions plus ambitieuses, comme la coupe Renaissance exposée ici[7] ; les sphinx et la grecque de la base apportent à cet objet au demeurant simple une dimension hors du temps.

Produit sans interruption, tout comme cette coupe, jusqu'en 1938, le sphinx noir du XVIIIe siècle (Fig. 1) connaît un curieux *revival* en 1978, à l'occasion de l'*Egyptian Edition*

de Wedgwood, où une dorure inattendue vient souligner son *némès* et les hiéroglyphes de son socle[8].

J.-M. H.

1. *Cf.* Allen, 1962, p. 75 ; Reilly, 1989, t. I, p. 638.
2. *Cf.* Allen, *op. cit.*, p. 74 ; Allen, 1981, p. 59.
3. *Cf.* Reilly, *op. cit.*, t. II, Appendix L.
4. *Cf.* Allen, 1981, p. 59 ; Reilly, *op. cit.*, t. I, p. 462, fig. 664, t. II, p. 456.
5. *Cf.* Allen, 1962, p. 74.
6. *Cf.* Reilly, *op. cit.*, t. I, pl. C. 127, t. I, p. 638 et t. II, p. 575.
7. *Cf.* Allen, 1981, p. 61 ; Reilly, *op. cit.*, t. II, p. 111 et p. 456.
8. *Cf.* Humbert, 1989, p. 153. Une dorure similaire ornait la coupe dans les années 1875.

95 Service à thé

Wedgwood
Vers 1815-1820
Faïence vernie au sel, décors blancs en relief
Théière : H. : 10,2 cm
Sucrier : H. : 6,4 cm
Pot à lait : H. : 7,6 cm
Inscription « WEDGWOOD » sur chaque pièce ;
empreinte « 8 » sur le pot à lait
Londres, British Museum, Department of
Medieval and Later Antiquities
Inv. n°s 1989, 11-2, 1 (théière), 2 (sucrier)
et 3 (pot à lait)

Historique :
Achat en vente publique.

Les services à thé à l'égyptienne constituent, au début du XIXe siècle, une des grandes nouveautés de la production Wedgwood[1] ; ils sont alors fabriqués le plus souvent dans la couleur rouge foncé (*rosso antico*) avec des ornements noirs, et l'exemplaire exposé ici constitue donc une exception notable ; mais leur intérêt majeur réside dans leur décor.

C'est vers 1805 que se répandent les « hiéroglyphes » en relief créés dans les années 1775[2], qui vont dès lors décorer services à thé et vases canopes (cat. 228). Renonçant, contrairement aux autres manufactures européennes, à utiliser des hiéroglyphes originaux ou des dessins les imitant, les créateurs de Wedgwood préfèrent les réinventer totalement. Ils donnent ainsi, par des figures largement dimensionnées et nettement dessinées, une « impression » claire et immédiate ; aisément repérables et reconnaissables,

ces hiéroglyphes deviennent vite typiquement « Wedgwood » et constituent une sorte de marque de fabrique. Les caractères égyptiens originaux, fins et « illisibles », n'auraient certes pas pu jouer le même rôle.

Ces hiéroglyphes, tout comme les crocodiles qui servent de poignée aux couvercles et qui sont apparus en même temps, ont été adaptés de la Table isiaque (cat. 13), montrant que celle-ci continue d'avoir, au début du XIXᵉ siècle, un rôle important dans la diffusion de l'égyptomanie.

J.-M. H.

1. Autres exemplaires de ce service *in* Allen, 1962, p. 84 ; Allen, 1981, pp. 64-65 ; Reilly, 1989, t. I, p. 445 et t. II, p. 489.
2. *Cf.* Chellis, 1949, p. 258 *sqq.*, qui les date du début du XIXᵉ siècle ; Reilly, *op. cit.*, t. I, p. 445, légende fig. 632 et t. II, p. 92, légende fig. 53, leur donne une date de création antérieure, mais une date de généralisation d'emploi identique.

Expositions :
Essen, 1992, n° 293.

96 Vase décoré de hiéroglyphes et d'obélisques

Wedgwood
Vers 1810-1820
Faïence, *rosso antico*
H. : 24,4 cm
Inscription : « WEDGWOOD Z »
Barlaston, Wedgwood Museum
Inv. 1322

Motifs rares dans la production égyptisante, en dehors des objets destinés à décorer consoles et manteaux de cheminées, les obélisques semblent ici constituer l'armature même du vase[1]. Mais leur véritable originalité est d'être couverts non seulement de figures fantaisistes, mais aussi de hiéroglyphes ayant – fait unique dans la production Wedgwood –, un véritable parfum d'authenticité.

Il est vrai qu'à partir du moment où la décision d'intégrer des obélisques à la composition du vase avait été prise, il n'était pas possible de représenter des formes aussi célèbres et bien connues décorées uniquement de figures étranges sans rapport avec la réalité ; c'est pourquoi, sans abandonner les « hiéroglyphes » fantaisistes (cat. 95) présents dans une bande à la partie supérieure, les créateurs se sont pliés à la mode du temps qui leur imposait de montrer à leur tour ces signes déjà si souvent utilisés par leurs concurrents.

J.-M. H.

1. Modèle voisin avec deux têtes coiffées du *némès in* Reilly, 1989, t. II, p. 92.

Bibliographie sommaire :
Reilly, 1989, t. II, p. 489.

Ralph Willett inv. Wᵐ Collins fe.   James Record sculp.

97-98 L'Égypte et Osiris

James Record, d'après William Collins
Gravures au trait
97 : H. : 43,3 cm ; L. : 44,1 cm
98 : H. : 28,3 cm ; L. : 51,8 cm
Collection M. et Mme Timothy Clifford

Historique :
Achat dans le commerce.

Exposées à Ottawa et à Vienne

Les deux gravures représentent des parties de la décoration de Merley House, résidence de l'antiquaire Ralph Willet (1719-1795) à Great Canford. En 1772, Willet fit ajouter deux ailes au bâtiment. L'une d'elles devait recevoir sa collection de livres, qui comprenait une collection abondante d'ouvrages « exotiques », comme le notait un lecteur, Georg Dionysius Ehret. La bibliothèque était grande – 25,6 mètres de longueur, 7 mètres de largeur et 7 mètres de hauteur – et le thème de la décoration ambitieux : selon Willet, il s'agissait de représenter « l'essor et le progrès de la Civilisation et des Sciences, fondés sur la Religion ».

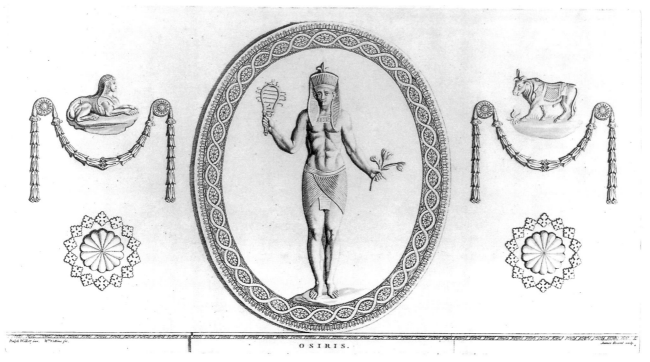

O S I R I S.

98

L'exécution des reliefs en stuc, d'après des dessins de Willet lui-même, fut confiée à William Collins. Les travaux furent achevés sans délai puisque Willet, visiblement satisfait de son œuvre, publia une description de la bibliothèque dès 1776, en anglais et en français. En 1785, il réédita le volume accompagné de vingt-cinq illustrations. Les motifs égyptiens semblent être les premiers du genre en Angleterre et parmi les premiers en Occident. Malgré ses éléments égyptisants, l'ornementation reste foncièrement conforme aux conventions artistiques occidentales.

M. P.

Expositions :
Brighton/Manchester, 1983, n° 31 (97 et 98).

Bibliographie sommaire :
Willett, 1785 ; Hutchins, 1813, vol. III, p. 12.

99 La salle Égyptienne de la maison de Thomas Hope, Duchess Street, à Londres

Thomas Hope (1769-1831)
1807
Gravure au trait
H. : 47 cm ; L. : 30 cm
Planche VIII de *Household Furniture and Interior Decoration Executed From Designs by Thomas Hope*, Londres, 1807
Paris, Bibliothèque Forney

Exposée à Paris

Lorsqu'il rentra définitivement à Londres, en 1799, Thomas Hope acheta à Lady Warwick, la sœur de William Hamilton, une maison sise Duchess Street et entreprit de la transformer en vue d'abriter ses collections, réunies au cours de plusieurs années de voyage. Fils d'un banquier d'Amsterdam d'origine écossaise, c'est en 1787 qu'il avait commencé le Grand Tour qui devait l'amener à se rendre plusieurs fois en Italie[1]. Son père, John Hope, avait été un client de Piranèse ; un de ses cousins avait connu Winckelmann et le cardinal Albani ; et Henry Hope, un oncle, avait tenté d'acheter une partie des marbres Borghèse[2]. Bien qu'il ait commandé des œuvres à des artistes de Rome, Hope s'intéressait principalement aux antiquités et voyagea jusqu'au Moyen-Orient, en Égypte en 1797 et à Athènes en 1799.

À partir de 1799, Hope conçut les intérieurs ainsi qu'une bonne partie des meubles de sa maison et acheta à Paris d'autres meubles, probablement dessinés par Charles Percier qu'il avait dû rencontrer à Rome une décennie auparavant. Son propos, comme l'a noté David Watkin, était de

créer un environnement adapté aux antiquités qu'il voulait mettre en valeur[3]. La série de salles de réception – dont certaines étaient conçues autour d'une œuvre d'art – et les galeries pour la sculpture, la peinture et les vases grecs étaient décorées dans un style néo-classique d'avant-garde qui allait du somptueux à l'austère et comprenait des salles Indienne et Égyptienne. La maison fut ouverte au public en 1804 (George Dance remarqua que « quel que soit l'aspect plaisant de la maison [...] elle ne suscitait certainement aucun sentiment de confort en tant qu'habitation[4] ») et, en 1807, Hope publia les illustrations des pièces principales et du contenu de la maison dans *Household Furniture and Interior Decoration Executed From Designs by Thomas Hope*, un manifeste sur les principes de la décoration, avec des gravures d'Edmund Aikin et George Dawe restituant le tracé de ses propres dessins. Bien qu'on eût critiqué violemment Hope pour avoir surchargé ses murs d'images symboliques

Fig. 1. La salle égyptienne de Craven Cottage, conçue par Walsh Porter vers 1805, dessin anonyme Londres, Guildhall art Gallery.

de l'Antiquité[5], l'ouvrage eut un effet considérable sur la décoration Regency et imposa ce qui devait plus tard être connu sous le nom de « style Hope ».

La salle Égyptienne posait de façon aiguë le problème d'une grammaire des ornements symboliques. Hope s'en est expliqué ainsi : « Je possédais quelques antiquités égyptiennes, faites de matériaux de couleurs variées, comme le granite, la serpentine, le porphyre, le basalte, dont ni les teintes ni la facture ne seraient allées avec celles de mes statues grecques, surtout faites de simple marbre blanc. Aussi ai-je pensé qu'il était mieux de séparer les premières, et de les mettre dans une pièce à part, dont la décoration devait, dans son caractère, présenter quelque analogie avec le contenu[6]. » Asprucci avait appliqué le même principe vingt ans auparavant, dans la salle Égyptienne de la villa Borghèse d'où Hope a aussi dérivé le plan horizontal et les trois fausses portes positionnées de façon similaire, ainsi que le requérait la symétrie[7].

Cette pièce a bien été conservée sur une gravure, mais il faut un effort d'imagination pour se représenter l'effet qu'elle produisait. Hope a expliqué que « les ornements qui décorent les murs de ce petit canopus viennent en partie d'un papyrus égyptien, ceux qui embellissent le plafond, de sarcophages égyptiens, et leurs couleurs prédominantes, comme celles du mobilier, sont ce jaune pâle et ce vert bleuté qui tiennent une place si importante parmi les pigments égyptiens, çà et là ponctués de masses noires et or[8] ». Au milieu de la pièce, il y avait une petite momie exposée dans une vitrine dessinée par Hope et deux lits de repos également de lui (cat. 100). Dans les coins, se dressaient quatre piédestaux avec d'anciens vases canopes, tandis que les deux fausses portes latérales étaient bloquées par des statues naophores : sur la droite, un prêtre ptolémaïque agenouillé et, sur la gauche, un prêtre debout de la période saïte. Sur la table du fond, il y avait des vases canopes modernes copiés d'après un exemplaire du musée du Vatican ; au-dessus de la table, *Les Premiers Pas de l'enfance*[9] de Sablet et, en dessous, un lion de basalte gris du palais de Tibère à Capri. Au fond encore, devant une fausse porte, un pharaon en onyx de facture moderne. Sur la table de droite, deux copies de l'*Antinoüs* du Vatican en marbre noir et, au-dessus, *Achille reconnu par Ulysse* de Gauffier[10]. Sur la cheminée à gauche, une copie moderne d'après un prêtre égyptien tenant une tablette, flanquée de répliques en bronze des lions du Capitole posés sur des socles à reliefs nilotiques, trônait sous *Le Repos en Égypte* de Gauffier (cat. 103). Le célèbre buste de marbre blanc d'Antinoüs appartenant à Hope était exposé dans la galerie des Statues mais, selon des comptes rendus plus tardifs, on y aurait trouvé une Isis égyptienne antique en basalte vert, le relief en marbre rouge d'une scène de sacrifice et quelques vases que l'on ne voit pas sur la gravure de 1807[11].

L'effet classicisant produit par la salle ainsi que le grand nombre de copies modernes d'originaux de l'époque d'Hadrien montrent à quel point l'Égypte de Hope – une Égypte revue par Rome –, était proche des idéaux de la fin du XVIIIe siècle. Son intérieur, cependant, prend une signification symbolique par la place faite aux réalités de l'esprit, au-delà des faits matériels : son refus d'adapter des monuments égyptiens qu'il avait vus – comme dans l'exubérant décor égyptien créé aux alentours de 1805 pour le Craven Cottage de Walsh Porter (Fig. 1) et qui n'était guère plus plausible –, était en accord avec son opinion que « les imitations modernes de ces merveilles de l'Antiquité, faites de lattis plâtré, de calicot et de papier... ne peuvent que susciter le ridicule et le mépris[12] ».

M. P.

1. Au sujet de Hope, *cf.* Baumgarten, 1958 et Watkin, 1969.
2. *Cf.* della Pergola, 1962, p. 26.
3. *Cf.* Watkin, *op. cit.* p. 193.
4. *The Diary of Joseph Farington*, 1979, t. VI, pp. 22-86.
5. Critiques dans *Edinburg Review*, juillet 1807 et dans *Monthly Review*, 1809, commentées et citées *in* Watkin, *op. cit.*, pp. 214-218.
6. Hope, 1807, p. 26.
7. On en était réduit à des conjectures sur le tracé du plan de la maison de Hope jusqu'à la reconstitution de celui-ci en 1987 par Thornton et Watkin sur la base des dessins de Francis Douce. Ce plan présente une légère inexactitude dans la mesure où il situe une porte ouvrant au centre du mur qui sépare la salle Égyptienne du salon. *Cf.* Thornton et Watkin, 1987, p. 163, fig. 3.
8. Hope, *op. cit.*, pp. 26-27.
9. Probablement la peinture exposée à la galerie Didier Aaron, New York, *cf. A Timeless Heritage*, 1987, n° 8, ill. coul.
10. Auparavant tenu pour une *Vanité* et vendue comme telle lors de la vente Hope du 20 juillet 1917, Christie's, n° 52 ; voir aussi cat. 103.
11. *Cf.* Westmacott, 1824,; p. 216.
12. *Cf.*, Hope, *op. cit.*, p. 27.

Bibliographie sommaire :
Hope, 1807, pp. 26-27 ;
Westmacott, 1824, pp. 214-216 ;
Symonds, 1957, p. 230 et p. 227, fig. 1 ; Pevsner et Lang, 1968, pp. 213, 214 ; Watkin, 1968, pp. 51, 93-124, 214-218, fig. 14 ; Wittkower, 1975, p. 273, fig. 355 ; Curl, 1982, pp. 110, 113, 117, et p. 113, fig. 2 ; cat. exp. Brighton/Manchester, 1983, n° 86, ill. ; Thornton et Watkin 1987, pp. 163-166, fig. 4 ; Humbert, 1987, t. II, n° 300, ill. ; Humbert, 1989, pp. 110-111, ill. p. 105.

100-101 Lit et fauteuil

Thomas Hope (1769-1831)
Acajou peint en noir et or, montures en bronze
doré
100 : H. : 76,2 cm ; L. : 1, 727 m ; pr. : 71 cm
101 : H. : 1,219 m ; L. : 66 cm ; pr. : 76,2 cm
Sydney, Powerhouse Museum

Historique :
Thomas Hope, Londres et Deepdene, Dorking ;
par héritage, Lord Francis Pelham Clinton Hope,
Deepdene, Dorking (vente Hope, Christie's,
Londres, 10 juillet 1917, partie du n° 306) ; Sir
Alfred Ashbolt, Hobart, Tasmanie, vers 1920-
1942.

L'ensemble composé de deux lits de repos et de quatre fauteuils, qui appartenait à la chambre Égyptienne, est resté intact jusqu'à la vente Hope de 1917. Un des lits et une paire de chaises à Buscot Park, acquis dit-on par le premier Lord Faringdon (1850-1922), n'ont peut-être été achetés qu'après 1958[1]. Le second lit et les fauteuils restants ont été emportés dans des circonstances inconnues en Australie, où ils furent acquis voici quelques années par le Powerhouse Museum de Haymarket. Ce lit ayant perdu ses lions décoratifs, on en a fait de nouveaux à partir de ceux du lit de repos de Lord Faringdon.

Ces deux lits, que Hope a illustrés mais non décrits, sont décorés aux quatre coins de lions capitolins que l'on retrouve sur le manteau de cheminée de la même chambre. Au-dessous des lions, sont placés des reliefs comportant des figures d'Anubis et d'Horus agenouillées face à face, adaptés de ceux du temple de Louxor (Thèbes). Hope a dressé la liste des sources de la décoration des fauteuils : « Les prêtres accroupis soutenant les accoudoirs sont copiés d'après une idole égyptienne qui est au Vatican ; l'Isis ailée placée sur la ceinture est empruntée à une gaine de momie conservée à l'Institut de Bologne ; les canopes sont imités d'après celui qui est au Capitole ; et les autres ornements sont pris de différents monuments de Thèbes, Tentyris, & c.[2] » De même que pour les lions, les vases canopes sont réapparus en tant qu'ornements indépendants sur une console de la chambre, ainsi que la statue-cube soutenant l'accoudoir, également utilisée pour le garde-feu du boudoir[3]. Le relief, au centre du plat de dos, semble dérivé du célèbre « zodiaque » de Denderah aujourd'hui au Louvre[4].

Bien que Hope ait plus tard dessiné une chaise effectivement inspirée de modèles égyptiens, le lit et les fauteuils pour la chambre Égyptienne évoquent surtout le mobilier classique[5]. Le nom de l'artisan qui a exécuté ces meubles ne nous est pas parvenu. Hope possédait un bon nombre de meubles français fabriqués sur des dessins de Percier et il commandait certains de ses meubles en France – la pendule Isis (cat. 102) par exemple –, mais cela n'a pas été le cas pour l'ensemble égyptien. De l'avis de Clive Wainwright, celui-ci a certainement été fait à Londres[6]. Alvar González-Palacios pense pour sa part, qu'il est peut-être de fabrication italienne[7].

M. P.

1. En 1858, ils étaient chez H. Blairman and Son, à Londres ; cf. Symonds, 1958, pp. 229-230, fig. 15 et 16. Ils ont été exposés plusieurs fois ; cf. cat. exp. Londres, 1971, n°s 1654-1655 ; cat. exp. Brighton/Manchester, 1983, n° 86b (fauteuil) ; cat. exp. Washington, 1985, n° 525, ill. coul. ; cat. exp. Berlin, 1989, n° 1/78, ill. (lit) ; cat. exp. Essen, 1992, n° 286, ill. coul.
2. Hope, 1807, pp. 43-44 (description de la planche XLVI).
3. D'autres moulages ont été faits à partir du même modèle, telle la paire de chenets en bronze apparue récemment sur le marché de l'art ; cf. cat. vente Sotheby's, Londres, 20 novembre 1992, n° ill.
4. Pour d'autres suggestions concernant les sources de Hope, cf. Jackson-Stops, in cat. exp. Washington, 1985, n° 525.
5. Pour ce dernier fauteuil, plus directement dérivé d'un dessin de Denon, cf. Country Life, t. XLIX, 1921, p. 113, fig. 13 et Praz, 1969, fig. 39.
6. Cf. cat. exp. Essen, 1992, n° 286.
7. Cf. González-Palacios, 1976, p. 40.

Bibliographie sommaire : Hope, 1807, ill. pl. 8, 17 et 46 ; Symonds, 1957, p. 230, fig. 15 et 16 ; Musgrave, 1961, p. 52, fig. 21 ; Watkin, 1968, pp. 115, 221, 256, ill. fig. 39, 40 ; Honour, 1969, pp. 210-212, ill.

Fig. 1. Porte égyptienne du parc Alexandre à Tsarskoye Selo (Russie) Décor réalisé par l'architecte anglais Adam Menelas (1827-1830) d'après les dessins de Vasily Demuth-Malinovsky.

Fig. 2. Statuette conservée au musée du Vatican.

100

De Wedgwood à Thomas Hope

101

102 Pendule de la maison de Thomas Hope, Duchess Street, à Londres

Thomas Hope (1769-1831)
Bronze patiné et doré, marbre *rosso antico*
H. : 50,2 cm ; L. : 29,5 cm ; pr. : 19,7 cm
Brighton, Royal Pavilion Art Gallery and
Museum

La pendule figure à deux endroits dans l'ouvrage de Hope : dans la planche VII, comme élément de la salle Flaxman et dans la planche XIII, une vue de détail où elle apparaît flanquée de deux vases en fluorine qui ont également été conservés[1].

Au sujet de la pendule, Hope se borna à noter qu'elle était « portée par la figure d'Isis, ou la lune, ornée de son croissant ». Il est clair cependant, d'après la description de la pièce, qu'elle s'intégrait à la décoration symbolique sur le thème du jour et de la nuit conçue pour l'*Aurore et Céphale* de Flaxman. Sur la planche XIII, les hiéroglyphes de la pendule sont nettement visibles, de même que le disque lunaire dont Isis est coiffée. Ces éléments sont toutefois absents de toutes les versions connues de la pendule. Abstraction faite des hiéroglyphes, scarabées et autres motifs égyptisants, l'ornementation est une ingénieuse combinaison d'éléments tirés d'une planche des *Différentes manières d'orner les cheminées* de Piranèse (cat. 17) : l'Isis est inspirée des personnages naophores, tandis que les pilastres et les figures de taureaux Apis qui les surmontent, sont copiés d'après les ornements et les obélisques. Il est à noter que le nom de Piranèse n'apparaît nulle part dans le texte de Hope.

Conçue par Hope, la pendule est de fabrication française : une pendule identique porte l'inscription « RAVRIO / Bronzier à Paris / Mesnil H.er2 ». D'après le nombre d'exemplaires connus – une dizaine –, le modèle eut manifestement beaucoup de succès et inspira une série de variantes avec ou sans pilastres latéraux. Ainsi, le cadran pouvait être porté par une Isis à la poitrine dénudée, comme dans notre exemple, ou voilée, comme dans la pendule au mouvement signé « Lépine, 12 place des Victoires, n° 4458[3] ». Par ailleurs, le sommet des pilastres pouvait être

agrémenté de plusieurs types d'ornements, notamment en forme de pyramides tronquées ou de vases. Bon nombre de ces pendules ont été importées ou fabriquées en Angleterre, car certaines ont des mouvements dus à des horlogers britanniques : l'une d'elles, conservée à Farnley Hall, dans le Yorkshire, porte sur son cadran l'inscription « Weeks London », probablement celle de Thomas Weeks. La plus curieuse, toutefois, est une pendule dotée d'un mouvement anglais et d'un cadran conçu pour le marché turc et décoré de hiéroglyphes égyptiens. Elle comporte une représentation semblable d'Isis mais des reliefs différents sur les pilastres et des ornements en taureau Apis d'un autre modèle[4]. Ces différences notables portent à croire qu'il s'agissait d'un exemplaire « piraté ».

Dans le lot 283 de la vente de la succession Hope, tenue le 18 juillet 1917, figurait une deuxième pendule égyptisante, plus grande, apparemment disparue aujourd'hui et dont on ne trouve aucune illustration dans le livre de Hope : elle est décrite comme « une pendule de style Empire, dans un meuble de marbre noir, ornée de décorations égyptiennes en or moulu, et surmontée d'un buste de 20 po. de hauteur ».

M. P.

1. *Cf.* Chapman, 1985, p. 227, fig. 17 et p. 228, note 25.
2. Ottomeyer et Pröschel, 1986, vol. I, p. 336, n° 5.3.2, repr.
3. Vendue à l'hôtel Drouot, Paris, le 26 avril 1991, lot 149, repr.
4. Vendue chez Christie, Londres, le 18 juin 1987, lot 103, repr.

Expositions :
Londres, 1972, n° 651 ; Londres, 1978, n° 282a, repr. ; Brighton/Manchester, 1983, n° 86D, repr.

Bibliographie sommaire :
Hope, 1807, p. 30 et pl. XIII ; Watkin, 1968, pp. 112, 256, pl. 38 ; Curl, 1982, p. 118 ; Humbert, 1987, vol. II, pp. 346-348, n° 424, repr. p. 347 ; Humbert, 1989, p. 130, repr. coul. p. 165.

Le Repos de la Sainte Famille en Égypte

Louis Gauffier (1762-1801)
1792
Huile sur toile
H. : 80 cm ; L. : 1,15 m
Signée et datée en bas à gauche : « L. Gauffier,
Romae, 1792 »
Poitiers, musée des Beaux-Arts
Inv. 975.I.1

Historique :
Thomas Hope, Londres et Deepdene, Dorking ;
par héritage, lord Francis Pelham Clinton Hope,
Deepdene, Dorking (vente Hope, Christie's,
Londres, 10 juillet 1917, n° 55) ; achetée
par Dykes ; vente anonyme, Versailles, palais
des Congrès, 8 décembre 1974, n° 141 ; acquise
par le musée en 1975.

On sait très peu de chose des rapports qu'entretenaient Hope et Gauffier, hormis le fait que le premier a commandé plusieurs tableaux au second. Ils se sont vraisemblablement rencontrés à Rome quand Hope devait avoir vingt ans et qu'il était proche d'un cercle de jeunes artistes comprenant les frères Sablet[1]. Hope connaissait peut-être déjà Gauffier en 1789, quand celui-ci travaillait à son *Auguste et Cléopâtre* (cat. 384) et certainement un an plus tard quand Gauffier a peint pour lui la *Générosité des femmes romaines*, aujourd'hui à Poitiers, comme le confirme l'inscription d'un dessin préparatoire à cette composition : « L. Gauffier D. / Il quadro del questo disegno e stato esguito per il Sig. Hoppe banchiere olandese[2]. » En 1790, Gauffier a également exécuté pour Hope un tableau nommé par erreur *Vanité* qui est en réalité un *Achille reconnu par Ulysse*, exposé au Salon de 1791 et finalement installé dans la salle Égyptienne[3]. Vinrent ensuite *Le Repos de la Sainte Famille en Égypte*, en 1792, puis *Hector et Pâris*[4] et enfin, *Ulysse et Nausicaa*, signé et daté 1798, aujourd'hui aussi à Poitiers. Un *Œdipe et le Sphinx* signalé dans les ouvrages récents comme ayant appartenu à Hope ne semble pas avoir fait partie des tableaux qu'il possédait[5].

La raison pour laquelle Hope a commandé un sujet religieux au milieu d'une série ininterrompue de tableaux classiques reste un mystère. Il est hautement improbable qu'il eût déjà à l'esprit le projet d'une salle Égyptienne, mais le décor égyptien dû au sujet a été mis en parallèle, peut-être de façon fortuite, avec un tableau de la collection Hope datant d'une période antérieure – un *Repos de la Sainte Famille*, également connu comme *Le Sphinx*, du peintre hollandais Jan van Huysum[6]. Le tableau présente le raffine-ment caractéristique de la peinture de Gauffier : le paysage égyptien du décor reflète une connaissance des dernières publications sur le sujet et l'on se demande même si l'auteur n'a pas pris conseil auprès de l'archéologue danois Giorgio Zoëga, conservateur du Musée égyptien du cardinal Borgia, dont il avait peint le portrait en 1792. On voit la Sainte Famille près d'une construction égyptienne ressemblant à une porte, tandis que dans le lointain, sur la droite, apparaissent un temple et des pyramides. Les poses hiératiques et la coupe de cheveux des anges servant le Christ enfant étaient sans doute destinées à recréer une atmosphère égyptienne. La porte égyptienne derrière la Sainte Famille est en grande partie recouverte de hiéroglyphes très approximatifs empruntés à un obélisque.

Dans la mesure où l'on peut leur chercher une origine, ces hiéroglyphes seraient proches de ceux des obélisques d'Héliopolis – situé en face du Panthéon à Rome – et de Louxor – autrefois à la villa Médicis où Gauffier a vécu, et transporté à Florence en 1790.

Un dessin préparatoire de ce tableau, présentant de légères variations, est conservé au musée de la Ville de Poitiers, et il en existe aussi une petite étude à l'huile dans une collection privée de Paris[7].

M. P.

1. Pour Hope et Sablet, *cf.* Foucart *in* cat. exp. Paris/Détroit/New York, 1975, pp. 592-597.
2. *Cf.* Maloney *in* cat. exp. New York, 1989, p. 213, note 5.
3. Cette peinture, dont on a perdu la trace, figurait au n° 54 de la vente Hope du 10 juillet 1917 et avait été achetée par Kahn. Une étude à l'huile signée et datée 1790 se trouve dans la collection Didier Aaron.
4. Cette peinture, aujourd'hui disparue, figurait au n° 53 de la vente Hope du 10 juillet 1817 et avait été achetée par Roe. Il en existe un dessin au musée des Beaux-Arts de Montpellier.
5. *Cf.* Watkin, 1968, p. 44.
6. Cette peinture, qui a pu appartenir antérieurement à Henry Hope, se trouve avec un pendant au Peterborough City Museum and Art Gallery. La même composition (comportant un obélisque et un sphinx) figure aussi dans un dessin, autrefois dans la collection Straub à Berlin, et dans une peinture datée 1737, achetée par Dowes en 1929 lors de la vente van Diemen à Berlin.
7. *Cf.* cat. exp. Paris, 1974, n° 52, ill. et Humbert, 1989, p. 231, ill. On pourra observer qu'un dessin de Gauffier (musée Fabre, Montpellier, inv. 837-1-844) figurant une fontaine non identifiée en forme de pyramide (n° 55 du même catalogue d'exposition) représente la Fontana di Narciso dans les jardins Cascine de Florence.

Expositions :
Bruxelles, 1975, n° 133, ill ;
Stockholm, 1982, n° 38, ill. ;
Berlin, 1989, n° 25, ill. coul.

Bibliographie sommaire :
Watkin, 1968, pp. 44, 116.

104 Boudoir de la maison de Thomas Hope, Duchess Street, à Londres

Thomas Hope (1769-1831)
1807
Gravure au trait
H. : 47 cm ; L. : 30 cm
Planche X de *Household Furniture and Interior Decoration Executed from Designs by Thomas Hope*, Londres, 1807
Collection M. et Mme Timothy Clifford

Exposée à Ottawa et à Vienne

Historique :
Achat dans le commerce.

Le *Lararium* ou boudoir de la maison de Hope était un cabinet destiné à exposer de petites sculptures et des curiosités.

C'était une chambre extraordinaire, décorée de pilastres de bambou et d'un plafond également en bambous, duquel retombait une draperie en forme de tente. La cheminée, une grande structure à étages, était placée contre un mur de miroirs. Sur les différents niveaux se trouvaient des vases, deux moulages modernes d'une Diane d'Éphèse et un bronze *Cinquecento* de Marc Aurèle, cependant que dans des niches, de part et d'autre d'un relief représentant Bacchus et Arianne, se tenaient deux *oushebtis* égyptiens bleu émaillé.

Au-dessus, la cheminée proprement dite était de style très pur, à deux pylônes simples, ligne inhabituelle et très différente du modèle piranésien très en vogue, à cariatides égyptiennes. Plusieurs exemples de ce dernier type existaient à Londres, dont un conçu par George Dance le Jeune aux alentours de 1788-1789 pour la bibliothèque du duc de Richmond à Landsdowne House[1]. Les deux figures de bronze en relief sur les montants étaient dérivées de la Table isiaque (cat. 13). Les deux Égyptiens assis sur le garde-feu, identiques aux figures utilisées pour les fauteuils de la chambre Égyptienne, étaient copiés d'après une statue-cube conservée au Vatican.

M. P.

1. Pour le dessin de Dance du musée de Sir John Soane, *cf.* Thornton et Dorey, 1992, p. 99, ill. coul. fig. 102.

Expositions :
Brighton/Manchester, 1983, n° 86A, ill.

Bibliographie sommaire :
Hope, 1807, ill. pl. 10 ; Watkin, 1968, pp. 120-121, ill. fig. 17 ; Thornton et Watkin, 1987, pp. 166-176, fig. 8.

105   Montant gauche de la cheminée du Boudoir de Thomas Hope

Thomas Hope (1769-1831)
Avant 1804
Chêne peint simulant le porphyre
Montant : H. : 1,008 m ; L. : 28 cm ; pr. : 28 cm
Bronzes : H. : 37,4 cm ; L. : 11,5 cm
Collection M. et Mme Timothy Clifford

Historique :
Collection particulière, Dorset

Exposé à Ottawa et à Vienne

Il s'agit-là du seul élément qui, jusqu'à présent, nous soit parvenu de la cheminée de Hope, démantelée quand la maison de Duchess Street a été démolie. On suppose que les décorations de bronze ont été manufacturées à Londres par des artisans tels qu'Alexis Decaix, qui travaillait pour Hope et auquel Martin Chapman a attribué un vase de bronze conservé actuellement au Victoria and Albert Museum[1]. Des bronzes identiques, tirés d'après le même modèle, apparaissent sur un lit-bateau, de paternité par ailleurs inconnue, en combinaison avec d'autres bronzes similaires à ceux qui ont été dessinés par Hope pour la vitrine contenant la momie de sa chambre Égyptienne[2].

M. P.

1. *Cf.* Chapman, 1985, pp. 217-228.
2. *Cf.* vente Salabert, Paris, hôtel George V, Ader Tajan, 8 juin 1993, n° 125, repr.

Expositions :
Brighton/Manchester, 1983, n° 86C.

106   Projet de salle Égyptienne

Sir Robert Smirke (1780-1867)
Crayon et aquarelle sur papier
H. : 23,5 cm ; L. : 38,5 cm
Filigrane du papier : « G. Pike 1801 »
Londres, Royal Institute of British Architects,
British Architectural Library Drawings Collection
Inv. CC12/72. N° 2

Historique : Don de Mme Dorothy Biggar,
arrière-petite-fille de Sir Robert Smirke, 1938.

Exposé à Paris

Après un bref apprentissage auprès de Sir Joan Soane puis
de Dance (qui se sont tous deux intéressés aux formes égyptiennes), Smirke entreprit en 1801 une tournée de l'Europe

qui dura jusqu'en 1805. A son arrivée à Paris, il s'étonna du style de l'architecture moderne, affirmant qu'il semblait relever soit d'une étrange combinaison de style égyptien et de simplicité grecque, ou d'une extrême profusion de décorations[1]. Cependant, les principales étapes de sa tournée furent ses voyages en Italie en 1801 et 1803-1804 ainsi que deux longs séjours en Grèce, qui marquèrent profondément son style architectural.

    Ce beau dessin et une esquisse à la plume qui s'y rattache sont parmi ses rares travaux à l'égyptienne. Il est presque certain que le dessin a été exécuté en Italie, très probablement à Rome, mais on ignore s'il s'agit d'un intérieur copié par l'artiste ou d'un projet qu'il entreprit sous l'influence d'intérieurs vus à Rome. Smirke connaissait certainement la villa Borghèse, dont il a fait plusieurs dessins, ainsi que les projets d'Asprucci[2]. Divisée en deux parties inégales, la pièce semble avoir réellement existé. Le plan rappelle la décoration de la salle du palais Massimo alle Colonne où l'on trouve également des cariatides et des paysages à l'égyptienne, mais l'ensemble se démarque par sa noblesse et sa simplicité. Certains éléments ont été empruntés ailleurs : les cariatides sont plus proches de celles de la Salla a Croce Greca du Vatican et les ibis, au-dessus de la porte, sont copiés d'après ceux de la salle Égyptienne de la villa Borghèse.

M. P.

1. Cité *in* Crook, 1972, p. 48.
2. Voir le dessin n° 11 cat. 119 *in* Richardson *et al.*, vol. XIII, 1976, p. 75, portant l'inscription : « Villa Madama commencée d'après les dessins de Raphaël [...] la partie érigée illustre tout ce qui existe actuellement / le reste est le projet d'Asprucci pour / son achève- ment / Villa Madama / le 25 mars 1804 ».

Bibliographie sommaire :
Richardson *et al.*, vol. XIII, 1976,
p. 75, n° 128/2-3 ; Curl, 1982,
p. 123, pl. 110, p. 122 ; Humbert,
1987, vol. II, pp. 264-265, n° 304 ;
Humbert, 1989, p. 111, repr.
coul. p. 109.

Denon
et la découverte de l'Égypte

Fig. 1. *Dominique-Vivant Denon*
Gravure de Dutertre
Paris, Bibliothèque nationale,
cabinet des Estampes.

D'un abord agréable, sachant grâce à un verbe aisé faire apprécier son érudition sans être ennuyeux et qui plus est habile courtisan, Dominique-Vivant Denon (1747-1825) sait très tôt se rendre indispensable. En 1769 – il a seulement vingt-deux ans – Louis XV le nomme responsable de la conservation des médailles et des pierres dures de Madame de Pompadour. Il est ensuite attaché à des missions diplomatiques qui l'obligent à faire ses premières armes sur le terrain ; loin d'être toujours couronnées de succès, elles lui apportent néanmoins une habitude des méandres des négociations délicates. Après un voyage en Russie, où il est envoyé en 1772, il séjourne en Suède et en Suisse, puis passe en Italie une bonne dizaine d'années au cours desquelles il trouve matière à toutes ses curiosités. Il participe notamment, dans la suite de l'abbé de Saint-Non, à une mission archéologique en Sicile en 1777-1778 et commence une collection d'objets d'art et d'antiques.

Son absence sous la Révolution entraîne son inscription sur la liste des émigrés et, lorsqu'il rentre à Paris en 1793, il ne doit son salut qu'à la protection de David. Dans les salons parisiens qu'il fréquente assidûment, il fait la connaissance de Joséphine de Beauharnais puis de Bonaparte, ce qui lui permet de convaincre ce dernier de le laisser le suivre en Égypte malgré son âge avancé (il a alors cinquante et un ans). C'est ainsi qu'il s'embarque à Toulon, le 25 floréal an VI (14 mai 1798) à bord de la *Junon*.

Arrivé le 3 juillet à Alexandrie, il suit la division du général Desaix et surprend tout le monde, militaires et scientifiques, par son infatigable curiosité, son égale bonne humeur et son entrain. Sa capacité d'enthousiasme est demeurée intacte et il s'émerveille de tout ce qu'il découvre : « Je vis enfin le portique d'Hermopolis ; et les grandes masses de ses ruines me donnèrent la première image de la splendeur de l'architecture colossale des Égyptiens : sur chaque rocher qui compose cet édifice il me sembloit voir gravé, *Postérité, éternité*[1]. » L'arrivée à Thèbes constitue à elle seule un grand moment de cette épopée : « Cette cité reléguée, que l'imagination n'entrevoit plus qu'à travers l'obscurité des temps, étoit encore un fantôme si gigantesque pour notre imagination, que l'armée, à l'aspect de ses ruines éparses, s'arrêta d'elle-même, et, par un mouvement spontané, battit des mains, comme si l'occupation des restes de cette capitale eût été le but de ses glorieux travaux, eût complété la conquête de l'Égypte. Je fis un dessin de ce premier aspect comme si j'eusse pu craindre que Thèbes m'échappât ; et je trouvai dans le complaisant enthousiasme des soldats des genoux pour me servir de table, des corps pour me donner de l'ombre, le soleil éclairant de rayons trop ardents une scene que je voudrois peindre à mes lecteurs, pour leur faire partager le sentiment que me firent éprouver la présence de si grands objets, et le spectacle de l'émotion électrique d'une armée composée de soldats, dont la délicate susceptibilité me rendoit heureux d'être leur compagnon, glorieux d'être Français[2]. »

Fig. 2. *Dominique-Vivant Denon*
Portrait allégorique réalisé par Benjamin Zix vers 1809-1811.
On remarquera notamment des pièces du surtout de Sèvres,
l'obélisque du Pont-Neuf
et le *Napoléon à sa table de travail* par Moutony.
Paris, musée du Louvre, département des Arts graphiques.

Denon rentre en France avec un premier groupe à bord de la *Muiron*, partie d'Égypte le 6 fructidor an VII (23 août 1799) : il aura donc passé plus de treize mois en Égypte. De retour à Paris le 16 octobre 1799, il se met aussitôt au travail, classant ses croquis et revoyant ses notes, afin de publier au plus vite son *Voyage dans la Basse et la Haute Égypte, pendant les campagnes du Général Bonaparte*. La parution en était déjà annoncée, précédée d'une véritable campagne publicitaire ; le *Courrier de l'Égypte*, par exemple, s'employait à piquer les curiosités : « Le citoyen Denon est de retour de l'Égypte supérieure ; il en rapporte une collection de plus de deux cens dessins [...]. C'est ainsi qu'il a vu sept fois les ruines de Thèbes, qu'il a fait dix voyages à Tintyris, quatre à Edfou [...], et autant à Philé. [...] Le citoyen Denon a réuni dans sa collection tout ce qui peut contribuer à éclairer l'Europe sur les anciens Égyptiens, sur leurs divinités, leurs sacrifices, leurs cérémonies, l'appareil de leurs fêtes, les triomphes de leurs héros, leurs armes, leurs instruments de musique et leurs meubles[3]. »

L'ouvrage de Denon, publié en 1802, connaît en France et rapidement dans toute l'Europe un immense succès[4], qui tient à plusieurs facteurs et, tout d'abord, à un sujet particulièrement attractif. Mêlant la relation d'une campagne militaire encore d'actualité à la description d'un pays mystérieux, il offrait l'occasion de confronter cette civilisation originale à celle de la Grèce des humanités classiques. On apprécia ensuite la qualité de la narration, qui le dispute à l'originalité de la présentation ; l'ouvrage de Denon – aussi imparfait soit-il tant du point de vue archéologique que dans les autres domaines qu'il aborde –, est servi par un style, une manière de raconter à la fois variée et vivante, à la limite parfois du roman d'aventure. L'importance accordée à l'iconographie, la dimension et la qualité des gravures constituent un autre des éléments de nouveauté : jusqu'alors, l'image n'était le plus souvent qu'un simple contrepoint du texte ; Denon en fait un élément à part entière de son discours, complété par d'abondantes légendes.

Il est un dernier facteur qui constitue peut-être le véritable secret de ce succès : on trouve dans cet ouvrage une manière de voir très différente de celle des auteurs précédents, qui mêle « anciennes attitudes » et « nouvelles perceptions[5] ». Le regard de Denon traduit les interrogations et les doutes de ses concitoyens écartelés entre l'époque des Lumières, l'Ancien Régime et la Révolution. Ce que Denon décrit, c'est justement ce que ses contemporains veulent le voir décrire ; il est en parfait accord avec leur manière de penser, il donne l'impression à celui qui se plonge dans son livre d'être à ses côtés et de s'intéresser aux mêmes choses que lui. L'étonnement qu'en ont ressenti ses lecteurs est à la mesure de ses propres émotions, qu'il a si bien su transcrire.

Cette symbiose entre ses écrits et ses lecteurs, Denon la vit également dans le domaine politique. En dédiant son ouvrage à Bonaparte et en associant ainsi son

Fig. 3. *Dominique-Vivant Denon* Prud'hon, huile sur toile Paris, musée du Louvre, département des Peintures.

nom à des études scientifiques plutôt qu'aux échecs militaires d'une campagne au demeurant plutôt négative, Denon lui fait une excellente publicité. En retour, il est aussitôt nommé directeur du Museum central des arts. Dès lors, son autorité va peu à peu s'étendre à tous les domaines des beaux-arts ; de la manufacture de Sèvres à celle des Gobelins, des Monnaies et Médailles aux décors urbains, des palais impériaux aux fêtes officielles, il finit par exercer une quasi-dictature.

Il s'applique essentiellement à suivre les désirs de l'Empereur, tels que celui-ci les exprime en 1805 à l'intendant général Daru : « Mon intention est de tourner spécialement les arts vers des sujets qui tendraient à perpétuer le souvenir de ce qui s'est fait depuis quinze ans[6]. » Denon construit peu à peu une politique artistique dont il codifie les règles : « Vous n'accepterez de monuments, écrit-il à l'Empereur, que ceux d'un genre qui, en consacrant votre gloire, en donneront la mesure et rendront les nations étrangères tributaires de vos bienfaisances[7]. » L'Égypte était du nombre et l'on ne s'étonnera donc pas de la voir apparaître souvent, sous l'impulsion de Denon, dans le domaine de l'art officiel : certains des monuments de Paris et une part des productions de Sèvres portent les marques tangibles de son action. Il faut ajouter que, Denon étant à même de susciter des commandes d'État, nombre d'artistes proposent alors des sujets à l'égyptienne d'après ses dessins, autant par opportunisme politique que par goût personnel.

Le rôle de Denon est donc allé beaucoup plus loin que la simple promotion de la mode à l'égyptienne ; il a aussi été à l'origine du mythe de Napoléon, en favorisant l'association qui s'est faite très tôt dans toute création égyptisante, entre l'Empereur et sa campagne d'Égypte. N'avait-il pas écrit, en préambule de son *Voyage*, dans un exergue dédié à Bonaparte : « Joindre l'éclat de votre nom à la splendeur des monuments d'Égypte, c'est rattacher les fastes glorieux de notre siècle aux temps fabuleux de l'histoire ; c'est réchauffer les cendres des *Sésostris* et des *Mendès*, comme vous conquérants, comme vous bienfaiteurs. L'Europe, en apprenant que je vous accompagnois dans l'une de vos plus mémorables expéditions, recevra mon ouvrage avec un avide intérêt. Je n'ai rien négligé pour le rendre digne du héros à qui je voulois l'offrir[8]. »

C'est ainsi que l'égyptomanie a commencé à connaître différents degrés de lecture, procédé dont elle usera par la suite abondamment.

L'ancien attaché d'ambassade n'a eu garde d'oublier l'importance du verbe dans une carrière. Opportuniste, certes ; mais si, d'un côté, il a su asseoir son pouvoir sur une grande aventure exotique, de l'autre, il a su se servir d'un goût déjà présent dans les salons parisiens et l'imposer au maître du moment. Dès son retour à Paris, Denon s'est attaché à développer la mode égyptisante dans le domaine des décors intérieurs ; il demande d'ailleurs à Jacob-Desmalter de réaliser à son intention un mobilier à l'égyptienne : un lit, deux fauteuils en acajou et un médaillier, incrustés de décors pharaoniques en argent[9]. De fait, l'influence de ce goût pour l'Égypte, soutenu par la parution de son ouvrage, va être considérable dans tous les domaines de l'art, aussi bien en France que partout ailleurs en Europe où il connaît une grande diffusion : Thomas Hope en 1807 et George Smith en 1808 et 1828 reconnaissent l'importance qu'a eue pour eux ce livre en tant que source d'inspiration[10].

Il nous faut néanmoins aujourd'hui tempérer quelque peu l'universalisme de l'influence de Denon. On a trop considéré que la moindre œuvre égyptisante du début du XIXe siècle trouvait ses sources dans son ouvrage : nous verrons dans ce chapitre – ainsi que dans le suivant consacré à l'Empire –, que de nombreuses œuvres qui lui ont été jusqu'ici attribuées, sont en fait issues d'ouvrages anciens ou des dessins préparatoires de la *Description de l'Égypte* ; mais cela aussi montre combien l'ouvrage de Denon était connu, au point que tout ce qui était alors créé d'égyptien était considéré comme ne pouvant venir que de lui...

Il est certain que, même sans l'Expédition de Bonaparte et sans Denon, l'égyptomanie aurait continué d'exister et de se développer ; mais elle n'aurait jamais atteint la richesse des symboles et des lectures que Denon lui a insufflés et qui resteront dès lors parmi ses caractéristiques fondamentales.

J.-M. H.

1. Denon, 1802, vol. I, texte, p. IX.
2. *Ibid.*, texte, p. 117. Voir aussi la notice 108 du présent catalogue.
3. Cité par Galland, an XI, vol. II, pp. 173-175, repris *in* Vatin, 1989, texte, p. 7.
4. Malgré la désapprobation papale (*cf.* Maze-Sencier, 1893, p. 212). L'ouvrage de Denon connaît deux éditions à Londres en 1803, deux dans les pays germaniques et à Amsterdam en 1803, une à Florence en 1808, etc. (*cf.* Goby, décembre 1952, pp. 290-316).
5. *Cf.* Vatin, *op. cit.*, pp. 70-71.
6. *Cf.* Lelièvre, 1942, p. 39, cité *in* Tulard, 1970, p. 224.
7. *Ibid*.
8. *Cf.* Denon, *op. cit.*, texte, p. 5.
9. *Cf.* Dubois, 1826 ; mobilier : n°s 832 et 833, pp. 189-190 (2e éd., pp. 117-118.) ; médaillier : n° 835, p. 191 (2e éd., pp. 118-119).
10. *Cf.* Grandjean, 1966, p. 34.

Jacob-Desmalter ; décors de Martin-Guillaume
Biennais (1764-1843)
1809-1819
Acajou, incrustations d'argent et éléments
décoratifs d'argent ajoutés
H. : 90,2 cm ; l. : 50,2 cm ; pr. : 37,5 cm
Poinçons sur les disques ailés :
1. « B » surmonté par un singe assis avec une
boule de chaque côté, à l'intérieur d'un losange
(marque du créateur) ;
2. tête classique, lettre « P » dans un ovale
(marque 1793-1794) ;
3. coq et chiffre « 1 » dans un octogone (marque
parisienne de premier titre d'argent 1809-1819) ;
4. heaume dans un cercle (marque parisienne
d'argent, 1809-1819).
Les marques 1, 3 et 4 se trouvent sur une aile
de chaque disque, la marque 2 sur l'autre aile
de chaque disque[1].
New York, Metropolitan Museum of Art
26.168.77

Historique :
Provient de la vente après décès de Dominique-
Vivant Denon (1826) ; legs de Collis
P. Huntington au Metropolitan Museum of Art,
1926.

Exposé à Paris

La description de ce meuble exceptionnel apparaît pour la
première fois dans le catalogue de la vente après décès de
Denon : « Un médaillier en acajou : forme de *naos* monolithe égyptien. Ce médaillier est garni, de chaque côté, de

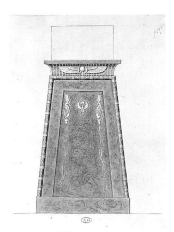

Fig. 1. Médaillier
Dessin de Charles Percier
Paris, musée des Arts décoratifs,
cabinet des Arts graphiques.

22 tiroirs masqués par une porte recouvrante ; ses trois faces
sont richement décorées d'emblèmes égyptiens, incrustés en
argent. Socle en marbre veiné[2]. » Toutefois, il ne s'agit pas
d'un « *naos* monolithe », mais d'un massif avec corniche à
gorge et disques ailés, décoré de tores, de serpents – coiffés
des deux plumes droites d'Amon et s'enroulant autour de
tiges de lotus – et de scarabées.

Malgré de nombreuses études, on connaît peu de
chose sur cet objet. Il est en effet particulièrement difficile
d'en reconstituer l'histoire. Du fait de sa présence dans la
vente de 1826, on a longtemps cru qu'il faisait partie du
mobilier que Denon avait fait réaliser à partir de ses
croquis[3]. Mais un dessin de Percier (Fig. 1) figurant dans un
album provenant de l'atelier de Biennais montre qu'il n'en
est rien[4]. L'inimitié entre Percier et Denon tendrait en outre
à prouver qu'il ne s'agit pas là d'une commande, mais d'un
achat plus tardif, Denon n'étant pas forcément, dans ce cas,
le premier utilisateur. D'ailleurs, les éléments de décor –
notamment les deux types différents de disques ailés –, sont
empruntés à plusieurs sources, souvent plus anciennes,
comme Norden[5] et ses reproductions[6], à l'exception du scarabée qui, seul, pourrait venir de l'ouvrage de Denon[7]. Percier, comme Fontaine, ne s'est jamais beaucoup inquiété
d'exactitude dans ce domaine, et mêlait volontiers sources
anciennes et créations personnelles.

Sa datation n'est pas moins incertaine. Les poinçons
de titre figurant sur les disques ailés indiquent une période
comprise entre 1809 et 1819, à côté de la marque de Biennais
pour 1793-1794. Cela tendrait à prouver que Biennais a réutilisé des ornements de qualité exécutés très antérieurement,
mais Clare Eames rejette cette possibilité – Biennais est
pourtant connu pour avoir souvent agi de la sorte – et imagine une erreur de marque ancienne réutilisée, ou encore
suggère que Biennais aurait pu voir dès 1799 les esquisses de
Denon. À partir du moment où l'on constate que les dessins
utilisés sont antérieurs à ceux de Denon, cette hypothèse
tombe d'elle-même. Le fait qu'aucun dessin ne vienne de la
Description de l'Égypte ne fait que corroborer cette réutilisation.

Les scarabées ailés, dont les ailes articulées servent
de poignées aux tiroirs, constituent un exemple frappant
d'adaptation ; leur dessin est si étrange que certains auteurs
sont allés jusqu'à les confondre avec de prétendues abeilles[8],
« prouvant » ainsi que ce médaillier aurait été destiné à
Napoléon. Il s'agit, là aussi, de pièces réalisées à partir de
dessins assez approximatifs de la fin du XVIIIe siècle et déjà
utilisés plusieurs fois par Biennais dans des médailliers,
comme celui fabriqué vers 1800 à l'instigation, semble-t-il,
d'Eugène de Beauharnais, ou celui livré à Marie-Louise en
1812[9].

Cet objet constitue, par l'originalité et la variété de
ses décors, une excellente illustration du goût égyptien au
début du XIXe siècle ; mais, en même temps, il illustre par-

faitement la définition de l'égyptomanie, forme et décor antiques adaptés, tant en dimensions qu'en matières, à un type d'objet et à un usage tout différents de ceux qui leur étaient liés dans l'Antiquité.

J.-M. H.

gie pour distinguer un coléoptère d'un hyménoptère. Les ailes, les pattes et surtout la forme du corps, tout les distingue ; ici, malgré la grossièreté du modelé, le doute n'est pas permis. C'est Preston Remington qui, le premier, avança cette curieuse assertion, reprise par tous ses successeurs.

9. *Cf.* cat. exp. Paris, 1969, pp. 105-106, n° 289, et pl. p. 107.

1. Renseignements communiqués par Danielle O. Kisluk-Grosheide, conservateur au Metropolitan Museum of Art.
2. *Cf.* Dubois, 1826, p. 191, n° 835 (2ᵉ éd. pp. 118-119).
3. *Cf.* Dubois, *op. cit.*, pp. 189-190, n°ˢ 832 et 833 (2ᵉ éd. pp. 117-118).
4. Musée des Arts décoratifs, Paris, cabinet des Arts graphiques, Inv. CD 3240 (GF 9).
5. *Cf.* Norden, 1741/1755/1795.
6. *Cf.* Quatremère de Quincy, 1785, rééd. 1803, pl. 6.
7. *Cf.* Denon, 1802, vol. II, pl. 122, n° 7.
8. Point n'est besoin pourtant de grandes connaissances en entomolo-

Expositions :
Londres, 1972, n° 1609 ;
New York, 1978, n° 19.

Bibliographie sommaire :
Dubois, 1826, n° 835, p. 191
(2ᵉ éd. pp. 118-119) ; Preston
Remington, 1926, p. 219 ;
Preston Remington, 1927, p. 126

et fig. 5 ; Eames, 1958-1959,
pp. 108-112 ; Ledoux-Lebard,
1965, p. 95 et pl. 13b ;
Grandjean, 1966, pp. 30, 34, 95,
pl. 13b ; Honour, 1968, pp. 175,
206, fig. 99 ; cat. exp. Londres,
1972, pp. 750-751 et pl. 143 ; cat.
exp. New York, 1978, fig. 5 ;
Humbert, 1989, p. 129.

108 Le Temple de Denderah

« Porte intérieure [...et] vue géométrale du portique du temple de Tentyris »

Dessin de Dominique-Vivant Denon
(1747-1825), gravure de Louis-Pierre Baltard
(1764-1846)
1802
Eau-forte
H. : 57 cm ; l. : 42 cm
Planche 39, n° 3 du *Voyage dans la Basse et la Haute Égypte...* de Dominique-Vivant Denon, vol. II, Paris, 1802
Paris, musée de l'Armée, cabinet des Estampes
Inv. 1334 BIB

Denon, qui avait suivi Bonaparte dans son Expédition, a été particulièrement frappé par le temple de Denderah : « Bientôt après, Denderah (Tintyris) m'apprit que ce n'étoit point dans les seuls ordres dorique, ionique, et corinthien, qu'il falloit chercher la beauté de l'architecture ; que par-tout où existoit l'harmonie des parties, là étoit la beauté. Le matin m'avoit amené près de ses édifices, le soir m'en arracha plus agité que satisfait. J'avois vu cent choses ; mille m'étoient échappées : j'étois entré pour la première fois dans les archives des sciences et des arts. J'eus le pressentiment que je ne devois rien voir de plus beau en Égypte ; et vingt voyages que j'ai faits depuis à *Denderah* m'ont confirmé dans la même opinion. Les sciences et les arts unis par le bon goût ont décoré le temple d'Isis : l'astronomie, la morale, la

Fig. 1. Le temple de Denderah
tel que le restituait Paul Lucas au début du XVIIIᵉ siècle
Paris, Bibliothèque nationale, cabinet des Estampes.

métaphysique, ont ici des formes, et ces formes décorent des plafonds, des frises, des soubassements, avec autant de goût et de grace que nos sveltes et insignifiants arabesques enjolivent nos boudoirs[1]. »

En même temps qu'il était ainsi appréhendé par Denon, le temple de Denderah étonnait considérablement les soldats. Le 24 janvier 1799, « sans ordre donné, sans ordre reçu, chaque officier, chaque soldat s'étoit détourné de la route, avoit accouru à Tintyra, et spontanément l'armée y étoit restée le reste de la journée. Quelle journée ! qu'on est heureux d'avoir tout bravé pour obtenir de telles jouissances ! ».

Denon poursuit sa narration en signalant que « le soir, Latourncrie, officier d'un courage brillant, d'un esprit et d'un goût délicat, vint me trouver et me dit : "Depuis que je suis en Égypte, trompé sur tout, j'ai toujours été mélancolique et malade : Tintyra m'a guéri ; ce que j'ai vu aujourd'hui m'a payé de toutes mes fatigues ; quoi qu'il puisse en être pour moi de la suite de cette expédition, je m'applaudirai toute ma vie de l'avoir faite par les souvenirs que me laissera éternellement cette journée."[2] ».

Il faut toutefois noter que le temple était alors en grande partie enfoui sous les sables ; Denon le signale dans la légende de cette gravure : « La partie qui engage les colonnes est enfouie ; je n'ai pu en voir les ornements n'ayant jamais eu le temps d'en faire faire la fouille ; j'y ai suppléé par ceux que j'ai trouvés sur le même membre d'architecture au temple ouvert de Philée[3]. » Cela explique les importantes variantes que l'on constate entre le dessin de Denon et celui de Cécile (cat. 147) pour la *Description de l'Égypte*.

À voir la forte impression faite par le temple sur Denon et sur toute l'armée, on comprend d'autant mieux l'influence prolongée de ce monument sur l'art (Fig. 1), tant sous la direction de Denon que, par la suite, indépendamment des acteurs de l'Expédition[4].

J.-M. H.

1. Denon, 1802, vol. I, préface p. IX.
2. Denon, *op. cit.*, p. 116.
3. Denon, 1802, vol. II, légende pl. XXXIX.
4. *Cf.* Humbert, à paraître.

Bibliographie sommaire :
Humbert, 1989, p. 28.

109 # Temple égyptien élevé place des Victoires

Jean-François Chalgrin (1739-1811)
1800
Dessin à la plume
H. : 43,2 cm ; L. : 56,2 cm
Texte manuscrit en bas à droite : « Temple égyptien élevé sur la place des Victoires, au sujet d'une fête et d'une première pierre en l'honneur des généraux morts Desaix et Kleber par Chalgrin, 23 7bre 1800. »
Paris, musée Carnavalet, cabinet des Arts graphiques
D 9186

Historique :
Acquis à la vente Vaudoyer, Paris, hôtel Drouot, 11 avril 1986, cat. n° 102.

Exposé à Paris

La décision de construire à Paris un monument à la gloire de Desaix et Kléber est prise très rapidement, par un arrêté des consuls en date du 19 fructidor an VIII – 6 septembre 1800[1] –, moins de trois mois après la mort de l'un et l'autre généraux. La première pierre en est posée place des Victoires le 23 septembre 1800, lors d'une cérémonie préparée par le ministre de l'Intérieur, Lucien Bonaparte et Chalgrin, architecte du Sénat, devant un simulacre de temple égyptien en grandeur réelle[2]. On n'est guère surpris, en l'occurrence, de découvrir le thème architectural choisi, Desaix et Kléber ayant tous deux participé à l'Expédition d'Égypte de Bonaparte.

Le musée Carnavalet conserve les plans du temple projeté[3] (Fig. 1), qui en donnent les dimensions et la structure : d'environ 14 mètres de long sur 9 mètres de large, il se compose de 16 colonnes entourant un emplacement central destiné à abriter les bustes des deux généraux. L'acquisition récente d'un dessin de la façade permet d'en apprécier

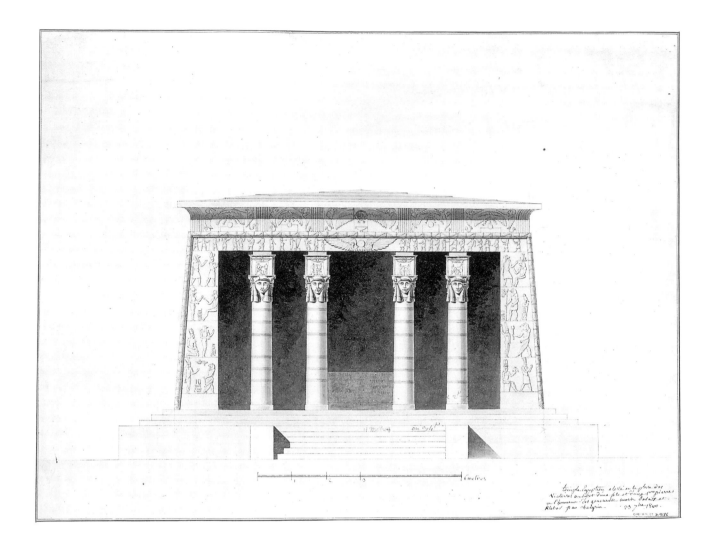

l'élévation, jusque-là inconnue autrement que par des descriptions ; on constate que le monument est directement inspiré de la façade du temple de Denderah, telle que Denon l'a transcrite et dont il avait rapporté le dessin parmi des milliers d'autres lorsqu'il s'était embarqué à Alexandrie pour la France, le 23 août 1799. Il s'agit donc là de la première utilisation de ce dessin appelé à servir souvent de thème d'inspiration[4], alors qu'il ne sera publié qu'en 1802, dans le *Voyage dans la Basse et la Haute Égypte* de Denon. Des descriptions permettent de mieux connaître le projet : « Il était décoré de quatre colonnes formant péristyle ouvert sur chacune de ses deux grandes faces, et chargé sur toutes les quatre de caractères hiéroglyphiques[5]. »

Ce premier essai de Denon d'imposer le style égyptien n'a pas été couronné de succès, essentiellement en raison de la disproportion entre le volume du temple et celui de la place des Victoires : « Il s'est élevé de grandes discussions sur le monument égyptien, exécuté sur les dessins du c. Denon, et consacré, dans la fête du 1er vendémiaire, à honorer la mémoire des généraux Kléber et Desaix. On a

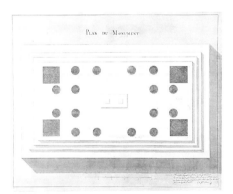

Fig. 1. Plan du projet de Temple égyptien de Jean-François Chalgrin
Paris, musée Carnavalet, cabinet des Arts graphiques.

Denon et la découverte de l'Égypte

généralement admiré la fidélité de l'exécution, qui fait beaucoup d'honneur aux artistes chargés de ce travail ; mais l'architecture égyptienne présente, pour plusieurs personnes, l'inconvénient de formes trop massives, déplacées partout en France, et spécialement dans une place de Paris, déjà très serrée[6]. » Cet édifice occupait en effet beaucoup trop d'espace sur cette petite place et, surtout, ne s'alliait guère à son style ; on comprend que les réactions aient été aussi négatives et aient amené la démolition de la maquette grandeur nature faite de charpente et de toile, à peine deux mois après son installation[7].

La disparition de ce monument égyptien du sol de Paris laissa, semble-t-il, une nostalgie durable à Napoléon qui, à Sainte-Hélène, aurait manifesté le regret de n'avoir pu mener ce projet à son terme[8].

J.-M. H.

1. Arch. Nat. F 21/579.
2. Arch. Nat. F 1c I 115.
3. Musée Carnavalet, cabinet des Arts graphiques, Projets d'architecture, G.C. n° 1, n°s 6733 (signé Chalgrin et daté du 23 septembre 1800) et 6734 (qui donne les dimensions du temple : environ 14 mètres de long sur 9 mètres de large).
4. *Cf.* Humbert, à paraître.
5. Legrand et Landon, 1806-1809, t. II, 3e partie, p. 12.
6. *Le Mercure de France*, brumaire an VIII, p. 232, cité *in* cat. exp. Paris, 1983, pp. 40-41, n° 44.
7. *Cf. Journal des Débats*, 25 brumaire an IX, cité *in* Biver, 1963, p. 154.
8. « Plus tard, à Sainte-Hélène, lorsqu'il se remémorait ses gloires passées, Napoléon confia qu'il eût voulu embellir Paris d'un temple de style égyptien », *cf.* Hubert, *in Archéologia*, n° 52.

Bibliographie sommaire :
Humbert, 1989, pp. 48 et 55.

110   Pendule « Denderah »

Temple d'après Denon,
mouvement par Lépine (1753-1810)
Vers 1806
Bronze ciselé et doré, tôle patinée
imitant le porphyre
H. : 30 cm ; L. : 51 cm ; pr. : 23 cm
Paris, collection particulière

Historique :
Donnée par Joséphine à M. de Cardonne, son officier d'ordonnance ; puis collection G. Hudelot.

Exposée à Paris et à Ottawa

Il est très rare de rencontrer, dans le domaine de l'égyptomanie, un objet qui reproduise aussi parfaitement un dessin : en effet, à part quelques rares détails, il s'agit là d'une copie exacte du relevé du temple de Denderah réalisé en Égypte par Denon[1]. Mais, en dehors du cadran horaire tournant qui occupe fort discrètement l'emplacement du soleil dans le disque ailé, ce dessin présente bien des variantes par rapport à celui de la *Description de l'Égypte*[2] qui est très proche, lui, de la réalité.

Les personnages ont été gravés dans le fer puis dorés, ce qui rend parfaitement le dessin malhabile de dieux et de rois encore mal connus et très proches ici de la représentation qu'on en faisait au XVIIIe siècle ; les murs d'entre-colonnement, la porte, les décors de la corniche à gorge et les chapiteaux hathoriques, tous éléments répétitifs au dessin plus sûr, sont rapportés en bronze ciselé et doré, mais n'ont pas plus de rapport avec la réalité. Denon explique dans son texte que l'enfouissement d'une grande partie du temple l'a empêché de reproduire les vrais décors, qu'il a remplacés,

pour les murs d'entrecolonnement, par des ornements copiés à Philae ; en fait, même aux endroits non cachés par le sable, les décors n'ont absolument rien à voir avec la réalité, tout en gardant un « parfum » égyptien plausible et suffisant pour faire illusion. L'utilisation d'une couleur imitant le porphyre et d'éléments dorés ne font qu'accentuer, d'une part le décalage sensible par rapport à la réalité, d'autre part le caractère exotique de ce modèle de temple qui s'apparente directement à la mode des maquettes d'architecture et dont on oublie vite qu'il s'agit d'une pendule.

Le lieu de fabrication du boîtier vient d'être identifié[3] : il s'agit de la manufacture de métaux, 10, rue Martel à Paris[4] ; l'idée de réaliser un tel objet a pu venir en voyant le surtout du service égyptien de Sèvres alors en voie d'achèvement (cat. 116) et pour lequel la manufacture était chargée de faire le plateau de base en tôle ; ce surtout comporte en effet une reproduction du temple de Denderah sensiblement de mêmes dimensions, mais copiée sur la *Description de l'Égypte*. Le boîtier de la présente pendule est décrit dans une soumission présentée en 1807 par le Sr Montcloux et Cie au Garde-Meuble impérial : « Pendules égyptiennes : les dites représentant le temple de Tyntirie dont le dessin est tiré du célèbre ouvrage de Mr. Denon ; elles ont 18 pouces de long, 8 de large et 12 de haut. Elles sont toutes peintes en granit, et les ornemens, frises et chapiteaux dorés au mat. Le mouvement est disposé de manière à présenter l'heure dans l'ornement du milieu de la frise. Sans mouvement : 1200 francs, avec mouvement : 1500 francs[5]. » Il semble, d'après ce document, qu'il ait été possible d'acheter cet objet sans le mouvement d'horlogerie, comme le confirme un autre exemplaire récemment passé en vente publique[6]. Il n'est pas impossible qu'un autre boîtier ait figuré dans la collection de Denon, auquel pourrait

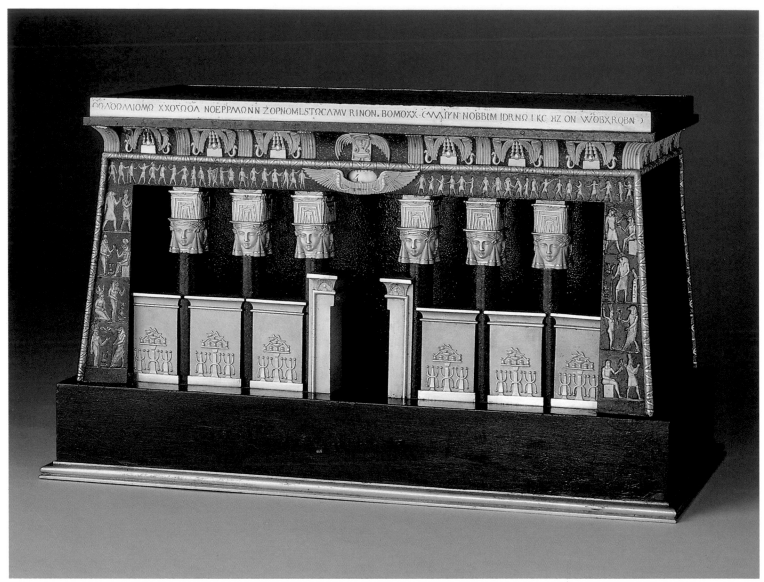

110

Denon et la découverte de l'Égypte

correspondre une description quelque peu sommaire du catalogue de la vente après décès : « Modèle en tôle peinte du portique qui précède le temple d'Hathor, à Denderah. Ce modèle, exécuté avant l'époque de l'Expédition de l'armée française en Égypte, n'offre point une imitation très exacte du monument célèbre [...] ; ses fonds imitent le porphyre rouge ; les sculptures dont il est décoré sont bronzées, et sous son portique est placée une statuette antique en terre émaillée, représentant Isis allaitant Horus[7]. »

Ce type de pendule est resté à la mode des années après sa fabrication, comme le montre un décor intérieur réalisé en 1834 : « Décoration d'un salon, rue Monsigny, n° 6, dans le goût égyptien. Les parois, le plafond, les meubles et jusqu'aux bronzes, sont tous imités ou inspirés par ce que le grand ouvrage sur l'Égypte nous a fait connaître de mieux en peinture et en ameublement. La pendule même, étudiée avec grand soin, représente le temple de Tantyris ou Denderah. Ce salon a été dirigé aussi par un jeune architecte, M. Demeuninck[8]. »

Le temple de Denderah a constitué, aux XVIIIe et XIXe siècles, l'une des sources majeures de l'égyptomanie[9]. Surprenant déjà les voyageurs du fait de l'étrangeté du style architectural et surtout des chapiteaux hathoriques, Denderah étonne les soldats de l'armée de Bonaparte et, plus encore, Denon[10]. Le thème du temple égyptien et spécifiquement de Denderah, se retrouve dans toutes les formes de l'art : le monument commémoratif, le mobilier, les arts de la table et même l'architecture. La tête hathorique seule a également joué un grand rôle décoratif dans le mobilier comme en architecture[11], constituant ainsi un élément important de la grammaire décorative égyptisante du XIXe siècle.

J.-M. H.

1. *Cf.* Denon, 1802, vol. II, , pl. XXXIX.
2. *Description de l'Égypte, Antiquités*, vol. I, 1re éd. commencée en 1809, pl. 73.
3. Par Jean-Dominique Augarde, que je remercie de m'avoir communiqué le texte de la soumission de la manufacture de la rue Martel.
4. *Cf.* cat. 160.
5. Arch. Nat., 02 623, f° 83.
6. Vente Sotheby's, Monaco, 3 juillet 1993, n° 31.
7. Dubois, 1826, n° 583, p. 115 (second tirage p. 72).
8. *Journal des Artistes*, 8e année, n° 22, 1er juin 1834, p. 400.
9. *Cf.* Humbert, à paraître.
10. *Cf.* cat. 108.
11. *Cf.* le monument à Desaix à Paris, 1802 (cat. 111), le manoir égyptien de James Randall, 1806 (Humbert, 1989, p. 57), la maison de la place du Caire à Paris (Humbert, 1989, p. 54).

Expositions :
Paris, 1938, n° 621.

Bibliographie sommaire :
Tardy, 1969, t. II, p. 369 ;
Humbert, 1989, p. 167 ;
Augarde, 1993.

111 Monument à Desaix

« Monument érigé sur la place Victoire, en l'honneur du Général Dessaix, mort à la bataille de Marengo, Le 25 Prairial An 8 »

Anonyme
1810
Eau-forte
H. : 34 cm ; l. : 25,2 cm
Gravure faite à Paris chez Jean,
rue Saint-Jean-de-Beauvais, n° 10
Paris, musée Carnavalet, cabinet des Estampes
Topo PC 40 D

Le monument à Desaix, élevé sous l'Empire sur la place des Victoires (Fig. 1), présente la particularité d'être composé à la fois d'éléments égyptisants et d'un original antique, lui-même composite.

La décision de construire place des Victoires un monument en l'honneur de Desaix[1] (Fig. 2) avait été prise par arrêté des consuls en date du 21 vendémiaire an XI ; du fait de la participation de Desaix à l'Expédition d'Égypte, les projets s'orientent rapidement vers une réalisation à l'égyptienne, d'autant moins surprenant que c'est Denon qui est chargé d'en surveiller la bonne exécution ; les travaux commencent sous la direction de l'architecte Raymond et, dès le mois de mai 1803, un des projets de Dejoux est accepté : « Le Premier Consul a approuvé l'esquisse faite par le statuaire Dejoux pour la statue qui doit être élevée à Desaix avec l'obélisque de granit rose de la Villa Albani, à la place de la Victoire[2]. »

C'est là la première mention que nous possédions de l'obélisque Albani, destiné à être joint à la statue de Desaix et qui se trouvait alors au musée Napoléon. Retrouvé à Rome au milieu du XVIIe siècle[3], il ne se composait alors que d'un bloc de 3,20 mètres de haut (Fig. 3), auquel le sculpteur Cavaceppi adjoignit au XVIIIe siècle une base et un pyramidion qui portèrent sa hauteur à 5,60 mètres[4]. Entré dans la collection Albani, il est transporté à Paris au titre des prises de guerre de Bonaparte, parmi les objets de la mission Dufourny[5], puis entreposé au Louvre avant de rejoindre le monument de Desaix.

Au stade des premiers projets, Dejoux semble entièrement d'accord sur la présence d'un obélisque au côté de sa statue[6] ; puis des difficultés naissent – au sujet de la surveillance de la fonte de la statue, de son transport et de celui de l'obélisque[7] –, et se traduisent par des retards mul-

MONUMENT

Erigé sur la place Victoire, en l'honneur du Général Desaix, mort à la bataille de Marengo, Le 25 Prairial An 8.
A Paris chez Jean, Rue St Jean de Beauvais, N.º 10.

111

Fig. 1. Vue de la place des Victoires en 1810
Gravure de Janinet d'après Durand.
Janinet, *Vues des plus beaux édifices...*,
Paris, vers 1810, pl. 27
Paris, bibliothèque Doucet.

Fig. 2. Monument à Desaix
Dessin anonyme
Paris, musée Carnavalet,
cabinets des Arts graphiques.

tipliés. Dejoux finit même par déverser son fiel sur l'obélisque et le piédestal qui, prétend-il, lui ont été imposés : « Le piédestal bizarre qui la supporte, ainsi que l'accompagnement du petit obélisque, ont été conçus et exécutés contre mon gré[8] » ; c'était oublier l'arrêté du 21 vendémiaire an XI et le projet qu'il avait lui-même présenté au Premier consul le 16 prairial An XI[9].

Le piédestal est commencé en 1806 par Lepère[10]. Une grille l'entoure, couronnée de lotus en cuivre ciselé[11]. Le piédestal mesure 6 mètres de haut sur 3,25 mètres de large ; la statue fait 5,30 mètres de hauteur[12]. Le socle est à lui seul un fort bel exemple de monument égyptisant : têtes d'Hathor, *flabellums* et frise d'*uraeus*, corniche à gorge ornée de disques ailés, cet ensemble original étonne les Parisiens : « Le piédestal de la statue Desaix [...] attire maintenant les curieux [...]. On en a poli la pierre à la façon du marbre, et on y a sculpté des ornemens, des têtes égyptiennes et des espèces d'hiéroglyphes lui donnent un aspect agréable et imposant[13]. »

L'inauguration du monument a finalement lieu le 15 août 1810[14] (Fig. 4). Dès le lendemain, les critiques se déchaînent, motivées par la nudité de la statue qui a choqué les bourgeois du quartier, si bien que le 9 octobre, prétextant un défaut de fonte, on commence à l'entourer d'échafaudages[15], qui resteront jusqu'à sa dépose, quatre ans plus tard.

Entre-temps, Denon propose, le 21 février 1812, de la remplacer par l'obélisque de la Piazza del Popolo, qui serait offert par la ville de Rome[16], mais ce projet demeure sans suite. En 1814, la statue de Desaix est finalement retirée de son socle, puis fondue. L'obélisque quitte peu après le piédestal égyptisant qui, démoli à son tour, fait place à la statue de Louis XIV toujours visible aujourd'hui. On perd alors toute trace de l'obélisque Albani ; l'inventaire du Louvre de 1810 – remis à jour en 1815 –, où il figure sous le n° 30, ne porte aucune marque de sa disparition. L'obélisque y est bien indiqué comme provenant de la villa Albani et comme faisant partie en 1810 des collections du Musée national des Arts. Une note annexe signale même qu'il a été « placé provisoirement sur la place des Victoires au monument du général Desaix ». Dès la révision de 1815, une phrase laconique : « On ignore où il peut être », montre qu'il n'a pas fallu longtemps pour en perdre officiellement le contrôle[17]. Il figure encore sur l'inventaire de 1824 mais une note, ajoutée en 1833, décide de sa suppression de l'inventaire en cours[18] ; l'inventaire de 1832 n'en porte plus aucune mention[19].

En fait, et comme beaucoup d'œuvres d'art de la collection Albani, l'obélisque fut récupéré à la chute de l'Empire par le prince qui, pour ne pas en supporter les frais de retour à Rome, le mit en vente à la fin de l'année 1815[20]. Le prince royal Louis de Bavière, le futur roi Louis Ier, qui était arrivé à Paris le 12 juillet 1815, s'en rendit acquéreur par l'intermédiaire de ses agents Klenze et Dillis[21].

L'obélisque, destiné à la Glyptothèque royale de Munich déjà en projet, y fut dressé dans la « salle Égyptienne ». Pendant la Seconde Guerre mondiale, il fut atteint par les bombardements, renversé et endommagé[22]. Restauré et assemblé provisoirement en septembre 1971 (Fig. 5), il a été érigé définitivement en 1972 dans le Hofgarten devant la Résidence, très précisément à l'entrée de la collection égyptienne[23] (Fig. 6).

J.-M. H

1. Cf. cat. 109 ; le nom de Kléber a fini par disparaître du projet.
2. Lettre de Denon au ministre de l'Intérieur, le 3 prairial an XI (Arch. Nat., F 21/579).
3. Pour la bibliographie de cet obélisque, cf. Humbert, 1974, p. 28, note 38.
4. Cf. Furtwängler, 1910, pp. 23-25.
5. Lettre de Dufourny des 12 brumaire et 18 germinal an X et État joint à cette dernière (Archives du musée du Louvre, Z 4, 1801-1807).
6. Lettre de Dejoux au ministre de l'Intérieur, du 16 prairial an XI (Arch. Nat. F 21/579) et état des premiers travaux, signé Dejoux, 4 messidor an XII (Archives du musée du Louvre, Carton N°° Desaix).
7. Lettres de Denon au ministre de l'Intérieur du 19 mars 1806, du ministre de l'Intérieur Champagny à Denon du 7 avril 1806 et Condition proposée pour l'exécution en bronze de la statue de Desaix, signée notamment Rémond, Denon et Le Père (Arch. Nat. F 21/579).
8. Dejoux, 1810, p. 2, également la lettre du 15 juillet 1810, pp. 13-14.
9. Arch. Nat. F 21/579.
10. Devis, Arch. Nat. F 21/579.

Fig. 3. La partie originale de l'obélisque Albani trouvée à Rome vers 1633
A. Kircher, *Obelisci Aegyptiaci*, Rome, 1666, p. 136.

Fig. 4. Médaille commémorative de l'inauguration de la statue du général Desaix par Nicolas Brenet, 1810
Paris, hôtel des Monnaies et Médailles.

Fig. 5. La partie originale de l'obélisque Albani en septembre 1971 (assemblage provisoire de l'obélisque restauré).

Fig. 6. L'obélisque Albani à Munich en 1972 Nouvelle présentation à l'entrée de la collection égyptienne, dans le Hofgarten, devant la Résidence.

11. Dessin, Arch. Nat., F 21/579.
12. *Gazette Nationale* ou *Le Moniteur Universel*, nᵒ 228, jeudi 16 août 1810, p. 897.
13. *Le Publiciste*, vendredi 3 août 1810, p. 3.
14. *Cf.* Cally, 1810.
15. *Cf. Le Publiciste*, vendredi 12 octobre 1810 ; voir aussi ce journal aux dates des 18, 24 et 28 octobre 1810.
16. Arch. Nat., F 21/579.
17. « Obélisque égyptien restauré du côté de la base et du côté de la pointe, gravé d'hiéroglyphes sur les quatre faces », Inventaire du musée du Louvre, 1810. Archives du musée du Louvre, registre 1 DD 21, p. 334.
18. Note : « À supprimer des copies de cet inventaire, décision de la Commission du 1ᵉʳ juillet 1833. » Récolement de 1824. Archives du musée du Louvre, registre 1 DD 79, ancien inventaire, p. 334, nᵒ 30.
19. Inventaire de 1832. Archives du musée du Louvre, registre 1 DD 99. Préalablement à cette radiation, le comte de Forbin avait cherché à savoir auprès de Le Père ce qu'était devenu l'obélisque (Archives du musée du Louvre, Carton Nᵒᵒ Desaix). Champollion avait lui aussi cherché à Rome, en vain, cet obélisque qu'il voulait opposer à son compagnon d'autrefois, l'obélisque Borgia (*cf.* Hartleben, 1906, t. I, p. 566).
20. *Cf.* Urlichs, 1889, pp. 14 et 18.
21. *Cf.* Messerer *et al.*, 1966, pp. 436-437 et 442-445.
22. *Cf.* Müller, 1972, pp. 1-2.
23. *Cf.* Müller, 1974.

Expositions :
Paris, 1983, nᵒ 46.

Bibliographie sommaire :
Humbert, 1974, pp. 14 à 17 ;
cat. exp. Paris, 1983, pp. 42-43 ;
Humbert, 1987/1990, t. I, pp. 211-214 ; Humbert, 1989, p. 56.

112-115 Projets pour l'obélisque du Pont-Neuf

112 : *Projet pour l'obélisque du Pont-Neuf*
Benjamin Zix (1772-1811)
1809
Mine de plomb, plume et encre noire
H. : 28,3 cm ; L. : 30,4 cm
Note en haut à droite : « Den. » en italique (Denon ?)
Paris, Bibliothèque nationale, cabinet des Estampes
Topo Va 224c Paris 1ᵉʳ Ardst (A 20092)

Exposé à Paris

113 : *Projet d'obélisque sur le Pont-Neuf*
Benjamin Zix (1772-1811)
1809
Plume, encre noire et lavis bistre
H. : 43 cm ; L. : 71 cm
Paris, musée du Louvre, département des Arts graphiques
Inv. 33401

Historique :
Fonds ancien.

Exposé à Paris

114 : « *Obélisque projeté sur l'emplacement du tertre du Pont-Neuf, projection verticale oblique* »
Louis-Pierre Baltard (1764-1846)
1809
Plume et lavis de couleur
H. : 93,3 cm ; l. : 55,7 cm
Signé et daté en bas à droite : « Baltard 8bre 1809 »
Paris, musée Carnavalet, cabinet des Arts graphiques
D 4459

Historique :
Entré au musée Carnavalet avant 1933.

Exposé à Ottawa

115 : « *Projet de monument "obélisque" à élever sur le Pont-Neuf* »
Léon Dufourny
1809
Mine de plomb, plume, encre noire, lavis gris et aquarelle
H. : 47 cm ; l. : 27,8 cm
Paris, musée Carnavalet, cabinet des Arts graphiques
D 6698

Exposé à Vienne

L'obélisque constitue une forme monumentale exceptionnelle dont l'impact est visible aux quatre coins du monde, tant par des originaux antiques déplacés que par des copies et adaptations. Essentiellement cantonné au domaine urbain où on l'érige volontiers isolément et non par paire comme dans l'Antiquité, il y occupe des fonctions purement décoratives ou commémoratives[1]. L'obélisque du Pont-Neuf appartient à cette seconde catégorie.

C'est le 15 août 1809 que Napoléon signe, à Schönbrunn, un décret ordonnant, comme marque de « la satis-

113

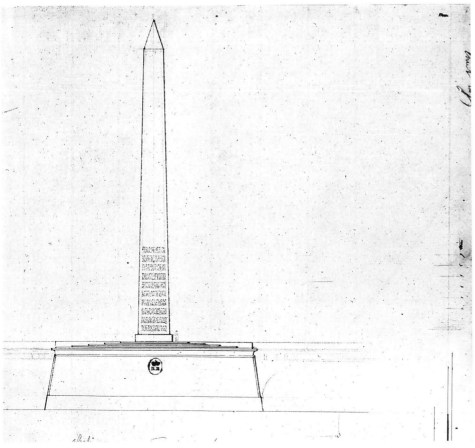

112

Projection verticale oblique.

114

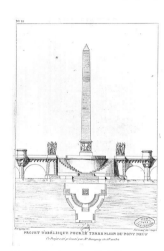

Fig. 1. Projet pour l'obélisque du Pont-neuf
Dessin de Lecointe, 1809
Paris, musée Carnavalet, cabinet des Arts graphiques

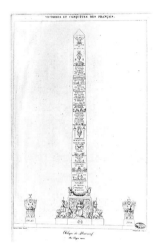

Fig. 2. Projet pour l'obélisque
du Pont-neuf
Dessin de Peyre neveu ;
gravure de Normand fils
d'après Ambroise Tardieu,
*in Monumens des Victoires et
Conquêtes des Français*,
Paris, 1822
Paris, Bibliothèque nationale,
cabinet des Estampes.

Fig. 3. Projet pour l'obélisque
du Pont-neuf
Dessin présenté par l'architecte
Baraguay en 1812,
gravé par Normand fils
Paris, Bibliothèque nationale,
cabinet des Estampes.

Fig. 4. Projet pour l'obélisque du Pont-neuf
Dessin de Bélanger, 1809
Paris, Bibliothèque nationale, cabinet des Estampes.

115

faction que nous avons éprouvée de la conduite de notre Grande Armée [...] pendant les campagnes d'Iéna et de la Vistule », la construction sur le terre-plein du Pont-Neuf d'un obélisque en granite de Cherbourg de 180 pieds d'élévation[2]. Les travaux devaient en être achevés en 1814.

Immédiatement, de très nombreux projets affluent[3] (Fig. 1-3), parmi lesquels le plus extraordinaire reste celui de Bélanger (Fig. 4) qui « appliquait contre le quai un chaos de rochers et faisait jaillir d'un arc surbaissé une cascade, comme celle d'un jardin anglais. Une colonnade égyptienne entourait l'obélisque où s'adossaient des statues également égyptiennes[4] ». Mais c'est le dessin le plus simple qui est retenu, celui de Chalgrin, ami de longue date de Denon qui avait été chargé de l'exécution du monument à Desaix (cat. 109).

Les travaux commencent aussitôt et se poursuivent avec lenteur jusqu'à la chute de l'Empire ; à cette date, seul le soubassement est achevé, à temps pour recevoir... la statue d'Henri IV financée par souscription nationale. De ce fabuleux dessein, il ne reste – et sous une forme bien remaniée – que le socle monumental, aux portes quelque peu égyptiennes menant au square du Vert-Galant et aux deux énormes tores, construits à mi-hauteur de chaque côté de l'île[5].

Cet obélisque n'était pas censé simplement rappeler l'Expédition d'Égypte ; il devait surtout contribuer à développer le mythe de l'Empereur[6], au même titre que d'autres obélisques napoléoniens, comme ceux d'Épieds à Ivry-la-Bataille, du camp de Boulogne, de Montgenèvre, etc. C'est l'obélisque de Louxor qui reprendra ce rôle quelques années plus tard, lors de son érection à Paris, place de la Concorde.

J.-M. H.

1. *Cf.* Humbert, 1989, pp. 58-67.
2. Extrait des minutes de la Secrétairerie d'État, enregistré le 30 août sous le n° 931 (Arch. Nat. F 13/1232).
3. *Cf.* Humbert, 1974, pp. 16-18 ; cat. exp. Paris, 1978 ; Humbert, 1987/1990, t. I, p. 218 ; Humbert, 1989, p. 53.
4. *Cf.* Hautecœur, 1943-1957, t. V, p. 195. Le dessin de Bélanger est conservé à la Bibliothèque nationale, cabinet des Estampes.
5. L'idée de placer en cet endroit un obélisque sera reprise lors de la controverse des années 1833 concernant le choix d'un emplacement pour l'obélisque de Louxor (*cf.* Viator, s.d. [décembre 1833]).
6. *Cf.* Humbert, 1990, pp. 31-38.

116. Partie centrale et latérale droite du surtout.

116 Surtout du « Service à dessert des Vues d'Égypte »

Manufacture de Sèvres
1804-1808
Surtout en biscuit, dim. totales :
H. : 70 cm ; L. : 6,64 m ; l. : 76 cm
Kiosque du temple de Philae
H. : 46 cm ; L. : 88 cm ; l. : 69 cm
Quatre obélisques
H. : 68 cm ; l. socle : 12 cm
*Temples de Denderah (« Tentyris ») et d'Edfou
(« petits temples »)*
H. : 23 cm ; L. : 47 cm ; l. : 25 cm
*Quatre colonnades liant deux par deux chaque petit
temple au pylône correspondant*
H. : 17 cm ; L. : 1,10 m ; l. : 5 cm
Deux pylônes (« moles »)
H. : 41 cm ; L. : 65 cm ; l. : 15 cm
Quatre statues de Memnon
H. : 24 cm ; l. : 9 cm
*Deux allées de deux fois neuf sphinx criocéphales
chacune*
L. allées : 87 cm ; L. béliers : 9 cm
Moscou, musée de Céramique de Kuskowo
YR 11308 à 11311

Historique :
Livré à Saint-Pétersbourg, puis transféré dans les
années 1830 au Kremlin, le service se trouva par
la suite dispersé dans de nombreux musées,
résidences et réserves (notamment à l'Armurerie
du Kremlin à Moscou et au Dépôt central des
réserves du musée d'État) ; le musée de Kuskowo
s'attacha, dès les années 1924-1925, à réunir la
totalité du service.

Exposé à Paris

En 1805, est commencé à Sèvres, à l'instigation de Denon,
un service de table d'une grande nouveauté, à la fois par son

sujet, puisqu'il doit être entièrement décoré à l'égyptienne,
et par les dimensions et la nature exceptionnelles de son surtout, qui va reproduire des temples pharaoniques. Denon est
non seulement le véritable « inventeur » de l'idée, mais il
participe aussi activement au choix des sujets, indiquant les
monuments et les scènes à reproduire et conseillant les meilleures sources à utiliser – soit dans son ouvrage, soit dans les
relevés de la *Description de l'Égypte* en cours de réalisation.
Il contrôle aussi les dessins[1] et toutes les phases du projet
pendant la durée de sa fabrication.

Ce « Service à dessert des Vues d'Égypte » comprend trois catégories distinctes d'éléments :
- la vaisselle à dessert proprement dite, en porcelaine décorée par Brongniart de motifs égyptiens en or copiés dans
l'ouvrage de Denon (sur le marli bleu ou la bordure) et par
Swebach-Desfontaines de scènes à personnages en grisaille

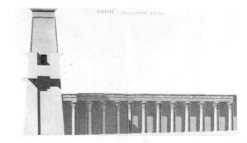

Fig. 1. Coupe longitudinale du grand temple d'Edfou
Description de l'Égypte, Paris, 1809-1828, *Antiquités*, vol. I, pl. 54
Paris, musée du Louvre, Bibliothèque centrale des musées nationaux.

Fig. 2. Élévation d'une des deux colonnades du temple de Philae
Description de l'Égypte, Paris, 1809-1828, *Antiquités*, vol. I, pl. 6
Paris, musée du Louvre, Bibliothèque centrale des musées nationaux.

116. Kiosque du temple de Philae
Pièce centrale du surtout du « Service à dessert des Vues d'Égypte »
Moscou, musée de Céramique de Kuskowo.

également d'après Denon (au centre). À la fin de l'année 1805, quarante-quatre assiettes étaient terminées et prêtes à être utilisées[2]. Le service se compose en tout de 72 assiettes plates, 1 assiette « représentant la planisphère égyptienne », 4 sucriers à têtes d'Égyptiens, 2 confituriers à deux boules sur griffes de lion, 2 seaux à glace forme égyptienne, 2 corbeilles à palmes pour fruits, 2 corbeilles forme lotus pour fruits, 12 compotiers marli beau bleu avec les signes du zodiaque[3] ; l'ensemble est complété par quatre statuettes de « porteurs de fruits crus, glacés ou secs » (cat. 117) ;
- deux cabarets pour le café et le thé, composés de trente-trois pièces à sujets également égyptiens ;
- enfin, le colossal surtout de table en biscuit blanc (plus de 6,50 mètres de long) fixé sur un plateau de tôle peinte et vernie (6,64 mètres sur 76 centimètres) qui crée le décor central de la table[4] : au centre, le kiosque du temple de Philae est entouré de quatre obélisques couverts de hiéroglyphes ; de chaque côté, les temples de Denderah et d'Edfou sont reliés chacun par des colonnades à un pylône, devant lequel ont été placés les deux colosses de Memnon et une allée de deux fois neuf sphinx criocéphales, soit au total trente-six béliers (il n'y en aura que trente-deux dans le second service).

Fig. 3. Ile de Philae,
vue perspective de l'édifice est
Description de l'Égypte,
Paris, 1809-1828,
Antiquités, vol. I, pl. 28
Paris, musée du Louvre,
Bibliothèque centrale
des musées nationaux.

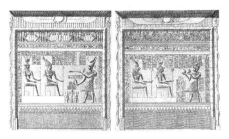

Fig. 4. Décorations intérieures
de deux murs d'entrecolonnement
de l'édifice de l'est
de l'île de Philae
Description de l'Égypte,
Paris, 1809-1828,
Antiquités, vol. I, pl. 27
Paris, musée du Louvre,
Bibliothèque centrale
des musées nationaux.

116. Temple de Denderah
Détail du surtout du « Service à dessert des Vues d'Égypte » ;
Moscou, musée de Céramique de Kuskowo.

Contrairement à ce qui a toujours été dit, ce surtout n'est nullement inspiré de l'ouvrage de Denon, qui n'a servi que pour le service proprement dit et dont la précision aurait été d'ailleurs très insuffisante pour les monuments. Ce sont les planches préparatoires de la *Description de l'Égypte*[5] (Fig. 1-9) qui ont été exclusivement utilisées pour les temples et l'on peut notamment comparer le temple de Denderah reproduit ici d'après la *Description*, avec celui transformé en pendule réalisé d'après l'ouvrage de Denon (cat. 110). Ce surtout constitue donc un des nombreux exemples d'objets réalisés à partir des dessins de la *Description* plusieurs années avant la publication de l'ouvrage[6]. Jean-Baptiste Lepère (ou Le Peyre), ancien de la campagne d'Égypte et collaborateur de la *Description* fut chargé de créer ce microcosme qui est l'une des plus originales expressions de la mode des maquettes d'architecture très en vogue depuis Cassas. Parmi les artistes et ouvriers de la manufacture ayant participé à la création et à la réalisation de ce surtout, on relève notamment les noms d'Alexandre Brachard jeune (obélisques et pylônes), Godin et Liance (pylône), Brachard aîné (esquisse en terre, décors sculptés des temples), Liance aîné et Oger (sphinx).

Une œuvre aussi importante en biscuit impliquait une parfaite maîtrise technique que Sèvres n'avait pas encore totalement atteinte. Denon s'en inquiète auprès d'Alexandre Brongniart dès le début du projet : « Dites-moi si vous pouvez avec quelque pureté faire de l'architecture, dites-moi si dans les fûts des colonnes vous pourriez conser-

Fig. 5. Vue perspective de la façade du portique du grand temple de Denderah
Description de l'Égypte, Paris, 1809-1828, *Antiquités*, vol. IV, pl. 29 ;
Paris, musée du Louvre, Bibliothèque centrale des musées nationaux.

ver des lignes bien filées ? Ne pourriez-vous pas mêler avantageusement du bronze à du biscuit pour ce genre de décoration. Avec un succès assuré dans cette partie, nous obtiendrions un surtout tout à fait monumental[7]. »

Les efforts déployés pour réaliser un ensemble aussi exceptionnel visent également, dans l'esprit de Denon, à maintenir la manufacture de Sèvres au plus haut niveau, selon les souhaits de l'Empereur : « Je prévoyais bien les inconvénients qu'éprouverait le temple de Philae ; mais j'en reviens encore à cela qu'il suffit qu'une chose soit faisable pour qu'elle ait été faite à la Manufacture Impériale. Si vous ne faisiez rien de ce genre, d'autres feraient tout ce que vous faites et ce ne serait plus la première Manufacture de l'Europe[8]. » Napoléon, par la plume de Daru, est beaucoup plus direct : « Prévenir le directeur que, si dans un an on ne réussit pas mieux surtout pour les dessins, la manufacture devra être supprimée. Elle ne doit pas être de second, mais de premier ordre[9]. »

La lenteur de l'avance des travaux montre bien les difficultés rencontrées à créer cette architecture en biscuit. L'idée de départ date de l'année 1804, mais Lepère ne livre ses dessins que le 27 brumaire an XIV ; au 1er avril 1806, les moules du temple du milieu sont faits ; l'exécution est en cours en octobre et le modèle du second temple est commencé ; au 1er janvier 1807, le grand temple du milieu vient d'être terminé en cru, il sera cuit au 1er feu au début du mois d'avril, cuit complètement au 1er juillet, date à laquelle le modèle du second temple est presque terminé. Brongniart ne manque pas une occasion pour rappeler, à chaque instant, l'extrême difficulté du travail : « Il y a sur ce surtout tant d'ouvrage, il est d'une exécution si difficile en porcelaine à cause de toutes les parties gravées qui le composent que malgré cette activité soutenue, il a exigé et exigera encore beaucoup plus de temps qu'on n'avoit pu le prévoir[10]. » Au 1er juillet 1808, tous les temples sont en phase d'ajustage et, à la fin du mois, le surtout est enfin terminé, en cours de montage. Il aura donc fallu près de cinq années,

entrecoupées de périodes d'arrêt dues à d'autres travaux en cours, pour réaliser ce surtout monumental.

Napoléon voulut tout d'abord se réserver le service, mais l'intérêt avec lequel le tsar Alexandre Ier parlait de la campagne d'Égypte inspira à Savary l'idée de le lui faire offrir ; la correspondance des mois de septembre et octobre 1807 conserve la trace des tractations engagées à cette occasion[11]. Le service arrive peu de temps après à Saint-Pétersbourg et, le 6 décembre, Savary annonce : « Le service de porcelaine a fait grand plaisir. Il est exposé dans une des salles de l'Hermitage où tout le monde s'empresse de l'aller voir. M. de Lesseps, qui en a fait la présentation à l'Empereur doit rendre compte à Votre Excellence de tout ce qui

Fig. 6. Élévation du portique du grand temple d'Edfou
Description de l'Égypte, Paris, 1809-1828, *Antiquités*, vol. I, pl. 53
Paris, musée du Louvre, Bibliothèque centrale des musées nationaux.

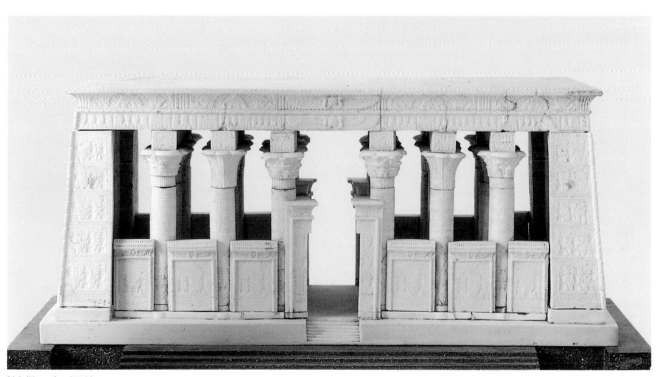

116. Temple d'Edfou
Détail du surtout du « Service à dessert des Vues d'Égypte »
Moscou, musée de Céramique de Kuskowo.

116. Pylône, colosses de Memnon et allée de béliers de Karnak
Détail du surtout du « Service à dessert des Vues d'Égypte »
Moscou, musée de Céramique de Kuskowo.

lui a été dit d'agréable à ce sujet. L'Empereur a trouvé ce service superbe. Il est arrivé sans le moindre accident, grâce aux soins que le Grand maréchal Duroc avait fait prendre lors de son emballage[12]. » Lesseps rend compte en effet de la présentation et se réjouit de la façon dont l'Empereur lui a exprimé son plaisir : « Il admira assiette par assiette, un morceau après l'autre, tous les objets exposés à ses regards et rangés dans le meilleur ordre et dans une belle salle préparée à cet objet. Il ne cessa de louer cette galanterie de l'Empereur, de peindre l'agréable impression qu'il en res-

sentait et de se récrier sur la beauté de ce service, sur sa richesse et sur sa perfection dans tous les genres... Le plateau qui doit servir à exhausser et à faire mieux ressortir les pièces du milieu de ce service manque. J'ai su qu'on le recevrait avec d'autant plus de satisfaction par la première occasion, qu'on est loin de donner ici aux bronzes dorés le même fini qu'à Paris[13]. »

Le succès rencontré par le service et son surtout s'explique surtout par la fantaisie de l'ensemble, qui masque son côté par trop archéologique. Le surtout, notamment,

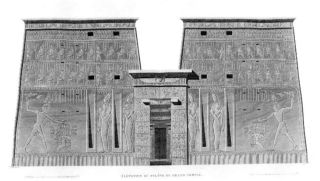

Fig. 7. Élévation du pylône du grand temple d'Edfou
Description de l'Égypte, Paris, 1809-1828, *Antiquités*, vol. I, pl. 51
Paris, musée du Louvre, Bibliothèque centrale des musées nationaux.

Fig. 8. Colosses de Memnon, détail du colosse du sud
Description de l'Égypte, Paris, 1809-1828, *Antiquités*, vol. II, pl. 21
Paris, musée du Louvre, Bibliothèque centrale des musées nationaux.

Fig. 9. Vue et détail de l'un des sphinx placés à l'entrée principale
du palais de Karnak à Thèbes
Description de l'Égypte, Paris, 1809-1828, *Antiquités*, vol. III, pl. 29
Paris, musée du Louvre, Bibliothèque centrale des musées nationaux.

regroupe de façon à la fois agréable et didactique des pièces disparates et dispersées dans l'espace et le temps ; les figures, les formes (le sucrier, le porteur de vasque), les marlis décorés de frises de hiéroglyphes constituent tous de véritables « recréations » de thèmes antiques, correspondant très exactement à la définition de l'égyptomanie.

Ce premier service égyptien est si admiré que l'impératrice Joséphine en commande peu après une réédition, y compris du surtout (cat. 118-133) ; plusieurs services à café décorés à l'égyptienne sont également réalisés durant la même période (cat. 136-137). Une troisième réédition du surtout sera réalisée entre 1934 et 1938 pour le musée Bonaparte du Caire et présentée au roi d'Égypte au début de l'année 1938[14]. On ignore où il se trouve aujourd'hui.

J.-M. H.

1. Jean-Baptiste Lepère (ou Le Peyre) a été chargé des dessins du surtout (*cf.* Arizzoli-Clementel, 1976, p. 17 et notes 158 à 161).
2. Lettre de Brongniart à Denon, Archives de la manufacture de Sèvres, Correspondance, t. II, L. 2, d. 5, citée *in* Gastineau, 1933, p. 36.
3. *Cf.* Grandjean, 1955, p. 102.
4. *Cf.* Grandjean, *op. cit.*, pl. 3 ; Grandjean, 1947, fig. 23, p. 33.
5. Philae : *Antiquités*, vol. I, pl. 20, 26 et 28 ; Edfou : pl. 50 et 53 ; portiques : pl. 54 et 61 ; pylône : pl. 51 ; colosses de Memnon : vol. II, pl. 20 à 22 ; sphinx à tête de béliers : *Thèbes, Karnak,* vol. III, pl. 29, 46 et 56 ; Denderah : vol. IV, pl. 9 et 29.
6. *Cf.* notamment le vase monumental en tôle vernie fabriqué par la manufacture de la rue Martel (cat. 160), celle-là même qui était chargée de réaliser le socle du surtout.
7. Lettre du 26 pluviôse an XIII (15 février 1805), Archives de la manufacture de Sèvres, Correspondance, t. I, L. 6, d. 2, citée *in* Gastineau, *op. cit.*, p. 26.
8. Lettre de Denon du 26 avril 1807, citée *in* Arizzoli-Clementel, *op. cit.*, p. 18, note 189.
9. Lettre de l'intendant général Daru à Brongniart, de Berlin, en date du 11 septembre 1807, citée *in* Bourgeois, 1930, pp. 115-116 (Archives de la manufacture de Sèvres, t. 3, L.1, d.l).
10. Lettre de Brongniart au grand maréchal Duroc du 10 mars 1808, citée *in* Arizzoli-Clementel, *op. cit.*, p. 19 et note 199.
11. *Cf.* Roche, 1912-1913, t. II, p. 11.
12. Affaires étrangères, Paris, Correspondance Russie, t. 144, f° 335, cité *in* Roche, *ibid.*
13. Affaires étrangères, Paris, Correspondance Russie, t. 146, f° 7, cité *in* Roche, *ibid.*
14. Renseignements aimablement communiqués par Tamara Préaud, archiviste de la manufacture de Sèvres. Voir le dessin de l'implantation des éléments du surtout réalisé à cette époque, publié *in* Arizzoli-Clementel, *op. cit.*, pl. 7, fig. 22.

Expositions :
Paris, 1974-1975, n° 352 (pièces du service) ; Versailles, 1993-1994, n°ˢ 334a-g.

Bibliographie sommaire :
Roche, 1912-1913, p. 11 ; Grandjean, 1955, pp. 102-103 ; Berezin, 1963, pp. 109 et 121 ; Arizzoli-Clementel, 1976, pp. 16-24 ; Baranova, 1983, pl. 96 à 99 ; Humbert, 1987/1990, pp. 352-355 ; Eritsian et Egorova, *in* cat. exp. Versailles 1993-1994, p. 360 ; Arizzoli-Clementel, *in* cat. exp. *op. cit.*, pp. 362-364.

117 Égyptien porteur de vasque

Manufacture de Sèvres, Alexandre Brachard aîné
(1766-1830)
1806
Biscuit et porcelaine dure
H. : 55 cm ; L. base : 21 cm ; l. base : 18 cm ;
diam. coupe : 29 cm
Moscou, musée de Céramique de Kuskowo
Inv. YR 11312

Historique :
Cf. cat. 116.

Exposé à Paris

« Il m'est venu dans la tête un charmant groupe Égyptien d'une facile exécution pour porter des fruits crus, glacés ou secs et qui, tout à la fois, entrerait dans le service (dit des vues d'Égypte) et la décoration du surtout[1]. » C'est ainsi que Denon présente un nouveau projet, qui allait se matérialiser en un Égyptien maintenant élégamment une vasque en équilibre sur sa tête rasée, prêt à la retenir de ses deux bras levés faisant jouer sa musculature. Le personnage, vêtu d'un pagne long curieusement retenu par une bretelle, chaussé à l'européenne et le cou orné d'un collier, est en biscuit ; en revanche, la coupe, en porcelaine dure, est peinte sur fond beau bleu et décorée de motifs dorés par Micaud, et ainsi assortie au reste du service.

Réalisée en quatre exemplaires, cette figure complète le surtout en y ajoutant un personnage en ronde bosse, à une échelle différente mais n'en demeurant pas moins très évocateur. Il avait été fait appel à Cartellier puis à Dumont pour modeler cette statuette mais, pour des raisons essentiellement financières, c'est finalement Alexandre Brachard sculpteur-réparateur à la manufacture de Sèvres, qui en fut chargé. Il utilisa pour modèle un dessin qu'il copia fidèlement dans l'ouvrage de Denon[2] (Fig. 1) tout en réussissant,

Fig. 1. « Peintures dans les tombeaux des rois de Thèbes »
Dominique-Vivant Denon, *Voyage dans la Basse et la Haute Égypte*, Paris, 1802, pl. 135, n° 32.

sans en gommer le caractère original ni l'esprit, à transposer la rigueur antique en une création à la fois souriante et animée, rare à l'époque impériale.

J.-M. H.

1. Lettre de Denon à Brongniart du 15 février 1805, publiée *in* Gastineau, 1933, p. 26 (Archives de la manufacture T. 1, L. 6, d. 2). Le premier exemplaire de ce type de figure est entré au Magasin des ventes de Sèvres en décembre 1806 (*cf.* Arizzoli-Clementel, 1976, p. 52, note 155).
2. *Cf.* Denon, 1802, vol. II, pl. 135, n° 32 ; Denon, ignorant les règles de la vie dans l'au-delà chez les Égyptiens, donne en légende ce qu'il imagine être la raison d'être de tels personnages : « Cette figure, et celle n° 36, sont peintes dans des tombeaux qui sont creusés dans la montagne qui borde Thèbes au sud-ouest ; ces porteurs d'eau, de pain, et d'autres victuailles, sont si souvent répétés dans ces sortes de monuments, qu'il est à croire que l'on portoit des comestibles dans les cérémonies funèbres avec les vases, les trophées d'armes, et les images des dieux, et que ces espèces de fonctions se faisoient avec le faste et la profusion proportionnés à la majesté du personnage qui en étoit l'objet. »

Expositions :
Versailles, 1993-1994, n° 333.

Bibliographie sommaire :
Lechevallier-Chevignard, 1932, pl. 59 n° 227 ; Grandjean, 1955, p. 101 ; Arizzoli-Clementel, 1976, pp. 23-24 ; cat. exp. Versailles, 1993-1994, p. 361, ill. p. 243 ; Préaud, *in* cat. exp. *op. cit.*, pp. 358-359.

118-131 Second service égyptien

Manufacture de Sèvres
1810-1812
Porcelaine dure
La marque en rouge « M. Imple » a été en règle générale effacée ; pour les autres marques, *cf. infra*
Londres,
Apsley House, The Wellington Museum, Trustees of the Victoria and Albert Museum

118-125 Assiettes à dessert

(d'une série de 66 restant sur les 72 réalisées)
H. : 3 cm ; diam. : 24 cm (avec de très légères variantes de diamètre d'une assiette à l'autre)[1].

118 : *Habitation Nubienne près les Cataractes*
D'après Denon, pl. 69.3 ; bordure, pl. 116.3
Marques en vert : « 24.j.v. » ; en or : « 4.D.bre. M fils 15av 15Jv ». ; en rouge : « de Sèvres 1811. V.D. »
Inv. C.124/3-1979

118

Le 1er avril 1812 était livré au château de Malmaison un imposant chargement : « Vers les 10 h 1/2 est arrivé de Sèvres le beau service que S.M. l'Empereur a fait présent à S.M. Joséphine. Il a été apporté sur 7 brancards, et porté par 14 hommes. Le dit service est composé de 72 assiettes, 12 compotiers, 12 assiettes à fruits, 4 vases et leurs plateaux, en monuments d'Égypte, en biscuit[2] » ; c'est ainsi que Piout, modeste sommelier, raconte dans son journal l'événement.

Après le divorce du 16 décembre 1809, Napoléon avait offert à Joséphine « un présent de 30 000 F. de porcelaine de Sèvres, suivant son goût ». On trouve trace de l'ordre correspondant le 15 février 1810, mais l'Impératrice refuse ce qui est disponible à la manufacture et demande la fabrication spéciale d'un service à l'égyptienne semblable à celui qui avait été offert au Tsar en 1807[3]. La valeur de l'ensemble dépassant la somme allouée, Joséphine confirme qu'elle paiera elle-même le surtout et le service à déjeuner assorti[4]. Mais elle s'impatiente rapidement de la lenteur de la réalisation.

Le service à dessert – tel qu'il lui est livré après plus de deux ans d'attente –, comprenait, outre le surtout, cent huit pièces, dont 72 assiettes avec vues, 12 assiettes à monter

119

119 : *Ruines d'Hieraconpolis*
D'après Denon, pl. 54 bis.2 ; bordure, pl. 114.37
et 113
Marques en vert : « 15.j.ll » ; en or : « 16 m » ;
en rouge : « de Sèvres 1812. V.D. »
Inv. C.124/8-1979

120 : *Entrée de Louqssor*
D'après Denon, pl. 50.1 ; bordure, pl. 116.2
Marques en vert : « 24.7.v. » ; en or : « 4 D.bre.
M fils 6 m 15Jv » ; en rouge : « de Sèvres 1811.
V.D. »
Inv. C.124/13-1979

121 : *Le Sphynx près les pyramides*
D'après Denon, pl. 26 bis.1 ; bordure, pl. 122.5
Marques en vert : « 24.j.v. » ; en or : « 4 fv M fils
15 av 18 m » ; en rouge : « de Sèvres 1811. V.D. »
Inv. C.124/16-1979

122 : *Vue d'une Mosquée près Rossette*
D'après Denon, pl. 14.1 ; bordure, pl. 117.2
Marques en vert : « 24 » ; en or : « M 4 fv 1 av » ;
en rouge : « de Sèvres 1811. V.D. »
Inv. C.124/21/1979

123 : *Statues dites de Memnon*
D'après Denon, pl. 44.1 ; bordure, pl. 117.7
Marques en vert : « 28.j.v. » ; en or : « M or 1 avril
15 av 31 av » ; en rouge : « de Sèvres 1811. V.D. »
Inv. C.124/35-1979

120

Fig. 1. Trois assiettes du premier service égyptien :
Statues dites de Memnon,
Entrée de Louqssor, Temple voisin d'Esné ou Latopolis
Moscou, musée de Céramique de Kuskowo.

Denon et la découverte de l'Égypte

Fig. 2. Assiette
du premier service égyptien :
le sphinx près les pyramides
Moscou,
musée de Céramique
de Kuskowo.

121

122

123

124

125

Fig. 3. Trois assiettes du premier service égyptien :
La fête dans le harem, Tente d'Arabes, Assemblée de cheykhs
Moscou, musée de Céramique de Kuskowo.

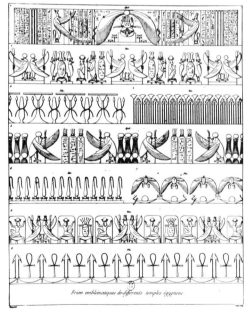

Fig. 4. « Frises emblématiques
de différents temples égyptiens »
Dominique-Vivant Denon,
*Voyage dans la Basse
et la Haute Égypte*,
Paris, 1802, pl. 117
gravée par Galien
Paris, Bibliothèque nationale.

124 : *La Fête dans le Harem*
D'après Denon, pl. 112.1 ; bordure, pl. 131.1
et 131.3
Marques en vert : « 10.α » ; en or : « 18J » ;
en rouge : « de Sèvres 1811. V.D. »
Inv. C.124/37-1979

125 : *Vue de Zaouyèh*
D'après Denon, pl. 25.1 ; bordure, pl. 123.4
Marques en vert : « 8j » ; en or : « Bo 3a 31 avril
30 8r » ; en rouge : « de Sèvres 1812. V.D. »
C.124/47-1979

126

127

126-127 Assiettes à monter

(d'une série de 12)
H. : 3 cm ; diam. : 24 cm

126 : *assiette E*
D'après Denon, pl. 122.7
Marques en vert : « 10 » ; en or : « 6 fv 16 7bre c.c.
16 7bre » ; en rouge : « de Sèvres 1811 »
Inv. C.125 E-1979

127 : *assiette I*
D'après Denon, pl. 122.2
Marques en vert : « 15.j.ll » ; en or : « 30 8b » ;
en rouge : « de Sèvres 1811 »
Inv. C.125 I-1979

(pour les fruits), 12 compotiers ornés des signes du zodiaque, 2 sucriers, 2 glacières, 4 figures avec vasques, 2 corbeilles et 2 confituriers. Les assiettes sont décorées, comme celles du premier service, de vues d'Égypte peintes en grisaille, aux marlis beau bleu avec frises de figures ou de hiéroglyphes dorés. Une comparaison entre les deux services montre que, même lorsque les titres des scènes sont les mêmes, celles-ci n'ont jamais le même cadrage ni la même disposition des personnages ; de même, les marlis, identiques d'un service à l'autre, ne sont pas liés aux mêmes scènes.

Les artistes de la manufacture de Sèvres ayant travaillé à cet ensemble – d'après les dessins de Denon – sont sensiblement les mêmes que pour le service précédent : les scènes en grisaille des assiettes ont été peintes par Jacques-François-Joseph Swebach-Desfontaines qui, de janvier 1811 à avril ou mai 1812, a réalisé jusqu'à douze assiettes par mois ; le pourtour des assiettes a été fait par Théodore Brongniart ; les signes du zodiaque par Depérais ; la dorure par Micaud, Boullemier jeune et Constans ; les figures d'Égyptiens et les temples du surtout par Alexandre Brachard[5]. Quelques jours après avoir reçu le service, Joséphine change d'avis ; elle fait venir Brongniart pour lui dire « qu'après un plus mûr examen, Elle trouvoit le service trop sévère et qu'Elle désiroit en avoir un autre dont Elle [lui] donnerait les dessins[6] ». Elle ne conserve que le déjeuner des vues d'Égypte qui lui avait été livré le 31 octobre 1811[7]. L'Impé-

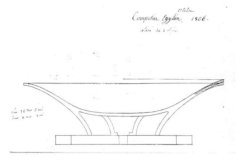

Fig. 5. Compotier égyptien
Dessin original
Sèvres, Archives de la manufacture.

Fig. 6. Quatre compotiers
du premier service égyptien
Moscou, musée de Céramique
de Kuskowo.

128   Compotier

(d'une série de 12)
H. : 11,1 cm ; l. : 21,1 cm ; pr. : 8,2 cm
D'après Denon, pl. 130
Marques en or : « M. 2.Jt.6at » ; en rouge :
« de Sèvres 1811. V.D. »
Inv. C.126 C-1979

129   Sucrier

(d'une série de 2)
H. : 32,4 cm ; l. : 11,8 cm ; pr. : 18,5 cm
D'après Denon, pl. 115.2.24 (l'anse, très adaptée,
se retrouve dans la *Description de l'Égypte,
Antiquités*, vol. III, pl. 66, n° 15)
Marque en rouge : « de Sèvres 1811 »
Inv. C.127-1979

Fig. 7. « Vases dessinés d'après les bas-reliefs égyptiens »
Dominique-Vivant Denon, *Voyage dans la Basse et la Haute Égypte*,
Paris, 1802, pl. 115 n° 24.

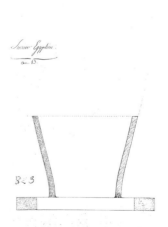

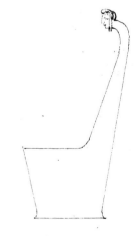

Fig. 8. Sucrier égyptien
Dessin original
Sèvres, Archives de la manufacture.

Fig. 9. Sucrier égyptien
Sèvres, catalogue
Tarif avec formes, fig. 4
Sèvres, Archives
de la manufacture.

130 Paire de confituriers

(d'une série de 2)
H. : 11,1 cm ; l. : 21,2 cm ; pr. : 8,2 cm
D'après Denon, pl. 115/2, vases 1
Marques en vert : « 28.j.v. » ; en or : « p. LM 16
7bre » ; en rouge : « M. Imple. de Sèvres 1811 »
Inv. C.131 C.D.E-1979

131 Seau à glace

(d'une série de 2)
H. : 23,1 cm ; l. : 26 cm ; pr. : 19,4 cm
D'après Denon, pl. 133.1, 133.3 et 116.6
Marques en or : « M 6 at, 30 8bre » ; en rouge :
« de Sèvres 1811 »
C.128 C.D-1979

Fig. 10. « Vases dessinés d'après les bas-reliefs égyptiens » Dominique-Vivant Denon, *Voyage dans la Basse et la Haute Égypte*, Paris, 1802, pl. 115, fig. 1.

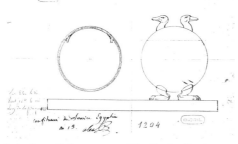

Fig. 11. Confiturier du service égyptien Dessin original Sèvres, Archives de la manufacture.

Historique notices 118-131 :
Service réalisé à la demande de l'impératrice Joséphine pour honorer un présent de Napoléon, puis refusé par elle ; offert par Louis XVIII à Wellington en 1818 ; resté dans la famille au château de Stratfield Saye ; mis en vente en 1979 par le duc de Wellington ; acheté par le Victoria and Albert Museum et exposé depuis à Apsley House.

Fig. 12. Seau à glace égyptien
Dessin original
Sèvres, Archives de la manufacture.

Fig. 13. Seau à glace
du premier service égyptien
Moscou, musée de Céramique
de Kuskowo.

ratrice avait toujours montré un goût prononcé pour l'art égyptien[8] et avait joué un rôle important dans la diffusion de sa mode ; sous l'influence de Louis-Martin Berthault, elle se tourne vers des décors plus anodins qui, surtout, lui rappelleront moins l'Empereur.

Le service retourne donc dans les magasins de Sèvres. Lorsqu'en 1818 Louis XVIII cherche un présent à faire à Wellington pour le remercier de l'aide qu'il a apportée à la restauration de son trône, ses conseillers le lui proposent, non sans émettre quelques réserves : « Je crains toujours que ces formes égyptiennes ne donnent l'idée d'une mode et d'une vogue passées[9] ». Le roi joint au service un petit mot resté fameux, dans lequel on relève : « [...] Je vous prie d'accepter quelques assiettes [...]. Je suis encouragé dans cette démarche par un vieux proverbe que je vais tâcher de rendre dans votre langue : Do little gifts – Keep friendship alive. [...] Louis[10]. » Le service est livré le 21 mars 1818 à Wellington, alors ambassadeur de Grande-Bretagne à Paris. Mais il ne comporte plus alors que soixante-six assiettes[11]. Lorsque le service était retourné dans les magasins après le refus de Joséphine, il était encore composé de six douzaines[12] ; six assiettes manquent donc et si l'on y ajoute les quatre faites en supplément[13], ce sont donc dix assiettes qui sont dispersées ou perdues[14].

Conservé depuis 1818 dans les collections familiales du duc de Wellington au Château de Stratfield Saye, le service les a quittées en 1979 pour celles du Victoria and Albert Museum et d'Apsley House.

J.-M. H.

1. Les références à l'ouvrage de Denon et les mentions de marques sont données d'après Truman, 1982.
2. Cf. Brouwet, 1926, p. 230.
3. Cf. Arizzoli Clementel, 1976, p. 24.
4. Lettre de Brongniart à Daru du 19 février 1810, citée in Ibid.
5. Pour un état complet de tous les artisans, cf. Truman, op. cit., pp. 23 à 26.
6. Lettre de Brongniart à Champagny duc de Cadore, citée in op. cit. p. 25.
7. Archives de la manufacture de Sèvres, Vbb3 f° 61, citées in Grandjean, 1955, p. 104 et p. 105, note 25.
8. Cf. cat. 136 et 159.
9. Lettre du comte de Pradel à Alexandre Brongniart en date du 20 mars 1818, citée in Arizzoli-Clementel, op. cit., p. 27.
10. Lettre du 20 mars 1818, citée in Ibid.
11. Cf. Truman, op. cit., p. 28 et Arizzoli-Clementel, op. cit., p. 27.
12. Archives de la manufacture, Registre Vu 1, f° 129 verso : entrée au magasin le 6 mai 1812 ; renseignement aimablement communiqué par Tamara Préaud, archiviste de la manufacture.
13. Les registres de fabrication des Archives de la manufacture contiennent une liste de soixante-seize assiettes.
14. Cf. cat. 132-133.

Expositions :
Sèvres, 1951, n° 22 ; Londres, 1972, n° 1420 ; Berlin, 1989, n°s 1/93-100.

Bibliographie sommaire :
Gastineau, 1933, pp. 21-42 et 64-76 ; cat. exp. Sèvres, 1951, pp. 46-48 ; Grandjean, 1955, pp. 103-104 ; cat. exp. Londres, 1972, pp. 671-672 ; Wilson, 1975, pp. 50-60 ; Arizzoli-Clementel, 1976, pp. 24-28 ; Truman, 1982 ; Humbert, 1987/1990, pp. 364-369 ; cat. exp. Berlin, 1989, pp. 434-435 ; Humbert, 1989, pp. 154-161 ; Thomas, 1989, pp. 70-72.

132-133 Deux assiettes du second Service égyptien

Manufacture de Sèvres
1811
Porcelaine dure
Sèvres, musée national de Céramique

132 : *Combat et mort du chef de brigade Duplessis*
Diam. : 23,7 cm
D'après Denon, pl. 78.3 ; bordure, pl. 122.8
Marques en vert : « 15.5.11 » ; en or : « 30.18.B »
Inv. MNC 1800 et 21630

133 : *Dyvan militaire*
Diam. : 24 cm
D'après Denon, pl. 85.2 ; bordure, pl. 132.1
Marques en vert : « 24 jmf » ; en or : « 15 nov » ;
en rouge : « M. Imple de Sèvres 1811. V.D. »
Inv. MNC 26308

Historique :
Ancien fonds de la manufacture, enregistré en
1835 (132) ; achat en vente publique à Londres en
1989 (133).

Lorsque Louis XVIII offre à Wellington le service égyptien
refusé par Joséphine quelques années plus tôt, soixante-six
assiettes seulement, au lieu des soixante-douze normalement

présentes sont livrées (cat. 118-131). Oubli, erreur ? Toujours est-il que six assiettes, plus quatre exécutées en supplément, se trouvent aujourd'hui dans d'autres collections ou
musées, ou sont perdues[1].

Ces deux assiettes ne viennent pas, comme il a été
souvent écrit, du service personnel de Napoléon, mais du
second service égyptien. Tout d'abord, elles figurent toutes
deux sur les registres de fabrication de la manufacture de
Sèvres, dans les listes du second service égyptien, respectivement en quatrième et neuvième positions[2] ; ensuite, elles
comportent l'une et l'autre des décors de marli originaux,

Fig. 1. Trois assiettes du premier service égyptien :
Prisonniers, Attaque d'Arabes près les murs du Caire, Dyvan militaire
Moscou, musée de Céramique de Kuskowo.

qui leur sont propres et ne figurent sur aucune des assiettes conservées à Londres.

La première des deux assiettes fait partie d'une « suite d'échantillons historiques de formes et d'échantillons variés » exposée au magasin de vente, d'où elle a été tirée pour entrer au musée en 1835[3]. Il s'agit donc d'un modèle d'exposition faisant partie des quatre assiettes supplémentaires.

Les marques de la seconde assiette s'intégrant parfaitement dans la suite de celles de la collection Wellington, on peut émettre l'hypothèse qu'il s'agit de l'une des six assiettes manquantes.

J.-M. H.

1. L'assiette « Ruines d'un des Temples de l'Isle d'Éléphantine » mise en dépôt par le Musée national de Malmaison au musée national de Céramique à Sèvres ne peut venir du service de l'Impératrice, car la scène existe déjà dans le service conservé à Londres (Inv. C.124/58-1979), avec un autre décor de marli beaucoup plus original et varié. C'est peut-être en raison de ce décor que l'assiette aurait été refaite. De même, l'assiette n° 72 gauche de la planche II de la vente Émile Brouwet (Paris, hôtel Drouot, 27-28 mai 1935) existe, marli et scène en deux assiettes à Apsley House ; en revanche, l'assiette n° 72 droite ne s'y trouve pas et pourrait venir du service de l'Impératrice.

2. Registre des ateliers de décorations, 1811, Archives de la manufacture de Sèvres, Vj' 18, f° 144, deuxième service égyptien, Swebach peintre.

3. Registre d'entrées du musée national de Céramique, 1835 ; note en marge : « cette pièce réduite de prix par suite de la fracture du marli ».

Expositions :
132 : Paris, 1938, n° 646 ; Sèvres, 1951, n° 22 ; Sèvres, 1975, n° 54 ; Paris, 1986, n° 78 ; Berlin, 1989, n° 1/100.

Bibliographie sommaire :
132 : Gastineau, 1933, p. 42 et p. 31, note 2 ; cat. exp. Paris, 1938, p. 190 ; cat. exp. Sèvres, 1975, p. 14 ; Bulté, 1981, p. 154 et pl. XIX-b ; cat. exp. Paris, 1986, p. 328 ; Berlin, 1989, p. 435.

134 Pylône du surtout égyptien

Manufacture de Sèvres
Vers 1808-1812
Biscuit
H. : 37,5 cm ; l. de chaque partie : 28,8 cm ;
pr. : 11,3 cm
Sèvres, musée national de Céramique
Inv. du Musée national du château de Malmaison
40-47.2942 et 2943 (en dépôt à Sèvres)

Historique :
Ancienne collection Gaston Meyer ; don de G. Meyer au musée de Malmaison, vers 1939.

Exposé à Ottawa et à Vienne

Cette reproduction simplifiée du pylône du temple d'Edfou figurait en deux exemplaires dans le surtout de chacun des

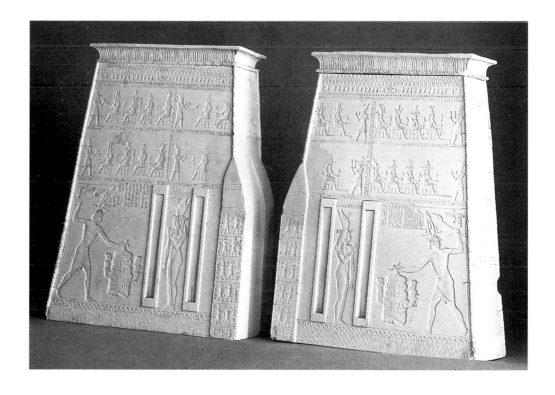

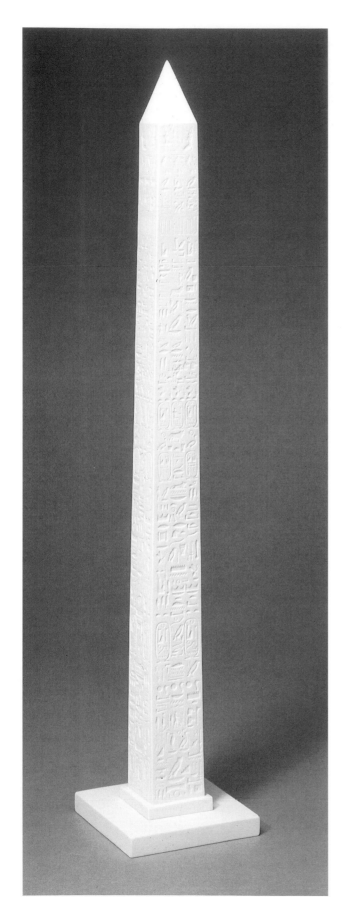

deux services égyptiens de Sèvres ; réalisé par Godin, Liance et Alexandre Brachard jeune[1] à partir des dessins préparatoires de la *Description de l'Égypte*[2], il en reprend l'essentiel du décor sinon les proportions.

Cet exemplaire, auquel il manque le linteau surmonté d'une corniche à gorge, faisait selon toute vraisemblance partie de la collection de Vivant Denon[3]. Il pourrait donc s'agir d'une épreuve non satisfaisante de l'un des deux surtouts[4] et plus certainement du premier. En effet, il y a eu alors de nombreux essais imparfaits : « Laissant de côté l'économie, je fais faire toujours deux pièces pour en avoir une », rappelait Brongniart en mars 1808[5]. Le second surtout, réalisé beaucoup plus rapidement grâce à l'expérience antérieure, a nécessité moins d'essais.

J.-M. H.

1. *Cf.* Arizzoli-Clementel, 1976, p. 18.
2. *Antiquités*, vol. I, pl. 51.
3. *Cf.* Dubois, 1826, p. 302, n° 1378 (second tirage : p. 189) : « Modèle d'un pylône égyptien. Porcelaine de Sèvres. H. 13 pouces ».
4. *Cf.* cat. 116 et 118-131.
5. *Cf.* Arizzoli-Clementel, *op. cit.*, p. 19.

Expositions :
Paris, 1938, n° 636 ; Paris, 1949, n° 390 ; Autun, 1988, n° 57 ; Berlin, 1989, n° 1/101.

Bibliographie sommaire :
Cat. exp. Paris, 1938, p. 189 ; cat. exp. Paris, 1949, p. 66 ; cat. exp. Berlin, 1989, p. 437, ill. n° 517.

135 Obélisque du surtout égyptien

Manufacture de Sèvres
Création en 1806 ; réédition actuelle
Biscuit
H. : 68,5 cm ; l. du socle : 12 cm
Manufacture de Sèvres, Service commercial
Ref. AY 240.24

Exposé à Ottawa et à Vienne

L'obélisque, qui figurait dans le surtout des deux services égyptiens (cat. 116 et 118-131), aux quatre angles du kiosque de Philae et non devant les pylônes, est l'œuvre d'Alexandre Brachard jeune[1], qui l'a librement adapté des deux obélisques de Louqsor tels qu'ils sont reproduits dans la *Description de l'Égypte*[2]. Cet objet a continué a être réédité par la manufacture de Sèvres, où il est toujours en vente aujourd'hui. Hors du contexte du surtout, il est ainsi devenu – parmi des milliers d'autres – obélisque d'ameublement.

J.-M. H.

1. *Cf.* Arizzoli-Clementel, 1976, p. 18.
2. *Antiquités*, vol. III, pl. 6, 7, 11 et 12.

136   Cabaret égyptien de l'impératrice Joséphine

Manufacture de Sèvres
1808
Porcelaine dure
Théière : H. : 18 cm ; L. : 22 cm
Tasse : H. : 5 cm ; diam. : 9 cm
(décor : Vue de la Basse Égypte)
Soucoupe : diam. : 14 cm
Rueil-Malmaison, Musée national des châteaux
de Malmaison et Bois-Préau
MM-83-9-1, 83-9-18 et 83-9-27.

Historique :
Achat en vente publique en 1983.

La manufacture de Sèvres a réalisé sous l'Empire sept
« cabarets » (services à café ou à thé) à l'égyptienne. Les
deux premiers accompagnaient le grand service égyptien
offert par Napoléon en 1808 au tsar Alexandre Ier (cat. 116) ;
le troisième, exposé sous le présent numéro, fut livré en 1808
à l'impératrice Joséphine ; le quatrième, destiné à Napoléon,
fut réalisé en 1809-1810 (cat. 137) et les trois derniers, dont
certains étaient complétés d'un plateau assorti[1] furent offerts
par l'Empereur à des dames de la Maison de l'Impératrice[2].
Joséphine a par ailleurs reçu en 1811 un déjeuner conçu
selon le même principe[3]. Un modèle différent sera créé par
la suite en 1824[4].

Le service à thé dont deux pièces sont exposées ici
est le troisième de ces sept cabarets égyptiens. Longtemps

conservé par un collectionneur privé, il est apparu récemment en vente publique et a été acheté par les Musées nationaux. Il se compose de « 12 Tasses à thé Étrusque Denon à
pied, culot de la tasse bleu, Ornements égyptiens en or, vues
diverses sur le haut de la Tasse ; 1 Sucrier Égyptien d° ;
1 Pot à sucre étrusque cannelé d° ; 1 Théyere étrusque
Denon d° ; 1 Bol Égyptien d° ; 1 Pot à crème Étrusque d° ;
1 Pot au lait étrusque d° ; 1 Boîte en maroquin vert pour
contenir le dit Cabaret[5] ».

Les décors, juxtaposant scènes et pseudo-hiéroglyphes, ont été empruntés à l'ouvrage de Denon, comme
ceux des autres services de même inspiration. Contrairement à celles du cabaret de Napoléon, les scènes sont ici
peintes en sépia, comme les assiettes du premier service
égyptien. Il n'est guère aisé de connaître avec précision le
nom des artistes qui ont participé à cette œuvre commune :
les recherches de Serge Grandjean permettent néanmoins
de citer Lebel, « peintre de genre », pour les paysages des
tasses et de deux sucriers ; Micaud fils, ornemaniste, pour la
peinture des hiéroglyphes ; Legrand père, doreur, pour
l'écriture des inscriptions de cartels ; ainsi que plusieurs
brunisseuses[6].

Rappelons que Joséphine appréciait tout particulièrement tout ce qui était égyptien ou égyptisant : son inventaire après décès montre qu'elle possédait des Antinoüs et
autres statuettes venues d'Italie ; on peut voir encore aujour-
d'hui dans sa salle de bains une petite tête avec une natte
d'Horus enfant et un *uraeus* ; elle possédait également un

fauteuil et une harpe décorés à l'égyptienne et fit mettre en 1807 deux obélisques devant la façade côté jardin de son château de Malmaison ; elle fit enfin rééditer à son intention le célèbre service à dessert égyptien créé par la manufacture de Sèvres (cat. 118-131).

J.-M. H.

1. *Cf.* Grandjean, 1955, pl. 8.
2. *Cf.* Grandjean, 1985, p. 124 et p. 127, notes 4-9.
3. Livré le 31 octobre 1811, *cf.* Archives de la manufacture de Sèvres, Vbb3 f° 61, cité *in* Grandjean, 1955, p. 104 et p. 105, note 25.
4. *Cf.* Archives de la manufacture de Sèvres, Registre 1825 (Services de

Déjeuner n° 17, peint d'après la *Description de l'Égypte* par Le Bel et Achille Poupart).
5. Cité *in* Grandjean, *op. cit.*, p. 123 et p. 127, note 2.
6. *Cf.* Grandjean, *op. cit.*, p. 127 et p. 128, notes 16 à 25.

Bibliographie sommaire :
Cat. vente Monaco, 1983, n° 219, pp. 158-161 ; Grandjean, 1985, pp. 123-128 ; Humbert, 1987/1990, pp. 358-359 ; Humbert, 1989, p. 158.

137 Cabaret égyptien de Napoléon

Manufacture de Sèvres
1809-1810
Porcelaine dure
Pot à lait : H. : 21 cm
Deux pots à sucre : H. : 11 cm
Un pot à sucre : H. : 12,5 cm
Un pot à crème : H. : 11 cm
Dix-sept tasses : H. : 6 cm
Quatorze soucoupes : diam. : 13 cm
Paris, musée du Louvre, département
des Objets d'art
OA 9493

Historique :
Livré aux Tuileries les 31 mars et 5 décembre 1810 pour le service particulier de l'empereur Napoléon[1] ; transporté en 1815 à Sainte-Hélène ; inscrit sur l'inventaire après décès de Napoléon en 1821 ; demeure dans les collections impériales jusqu'en 1932 (vente princesse Napoléon, hôtel Drouot, 25-27 mai, p. 27, n° 354) ; acheté en vente publique anonyme à l'hôtel Drouot le 7 décembre 1949, n° 106.

Quatrième des sept « cabarets » réalisés à Sèvres[2], ce « Cabaret à café, fond beau bleu doublé d'or, hiéroglyphes dorés » dont quelques pièces sont exposées ici comportait « 24 tasses et soucoupes litron 4ᵉ gr., cartel carré à vue d'Égypte coloriée par *Lebel* ; tête de cheik peinte en sépia sur la soucoupe par *Béranger* ; 1 pot à sucre étrusque à deux anses ; deux cartels coloriés par *Lebel* ; 2 pots à sucre pestum 3ᵉ gr., deux cartels coloriés par *Robert* ; 1 pot à lait bec allongé, cartel unique colorié par *Lebel* ; 1 pot à lait forme broc étrusque à goulot tréflé, cartel unique par *Lebel*[3] ». Micaud fils a dessiné les hiéroglyphes et Legrand les inscriptions. Comme les autres cabarets égyptiens de Sèvres, celui-ci utilise des formes « étrusques » ou « pestum » qui n'ont rien d'égyptiennes. Les décors, copiés sur l'ouvrage de Denon, ont été annotés de la main même de l'administrateur Brongniart sur l'exemplaire conservé à la manufacture[4].

Napoléon emporta le cabaret dans son exil de Sainte-Hélène, où il continua à susciter l'admiration de ses proches et de ses invités. « Le service à café, écrit Sir George Bingham à sa femme après avoir dîné à Sainte-Hélène, était le plus beau que j'aie jamais vu : sur chaque tasse était une vue d'Égypte et, sur la soucoupe, le portrait d'un bey ou d'un autre personnage distingué[5]. » L'Empereur donna quelques pièces à ses proches, une ou deux furent brisées ; le service, aujourd'hui incomplet, se compose de cinq grandes pièces, dix-sept tasses et quatorze soucoupes.

J.-M. H.

1. Les six dernières tasses et leurs soucoupes ne furent livrées qu'en décembre ; *cf.* Archives de la manufacture de Sèvres, Vbb2 f° 110 et Pb 1 L 2, citées *in* Grandjean, 1962, p. 170.
2. *Cf.* cat. 136.
3. Archives de la manufacture de Sèvres, Vu.I 252-2 et 264-2, citées *in* Grandjean, 1950, p. 63.
4. *Cf. Ibid.*, p. 64.
5. Cité *in* Masson, 1912, pp. 299-300.

Expositions :
(Nombre de pièces exposées variable). Paris, 1954 ; Brive-la-Gaillarde, 1963 ; Brive-la-Gaillarde, 1969 ; Paris, 1969, n° 379 ; Mont-de-Marsan, 1978-1979 ; Marcq-en-Barœul, 1982 ; Autun, 1988 ; Figeac, 1990.

Bibliographie sommaire :
Grandjean, 1950, pp. 62-65 ; Verlet et Grandjean, 1953, p. 226 et pl. 108 ; Grandjean, 1962 ; cat. exp. Paris, 1969, p. 89 ; Humbert, 1989, p. 159.

138-139 Paire de vases Médicis

Manufacture de Sèvres
1811
Porcelaine dure
H. : 69 cm (vase Médicis 2ᵉ grandeur, hauteur
avec le socle de bronze)
Florence, Galleria d'Arte Moderna
di Palazzo Pitti
Inv. O.D.A. 1911, nᵒˢ 492-493.

Historique :
Offerts par Napoléon à Ferdinand III, archiduc
d'Autriche, grand-duc de Toscane, parrain par
procuration du Roi de Rome, au titre des présents
liés aux cérémonies du baptême, le 2 juin 1811 ;

livrés le 21 juin 1811[1] ; apparaissent en 1815 sur
les registres de mobilier du Palais Pitti (nᵒ 1389).

Exposée à Paris

Plusieurs formes différentes de vases – dont des vases
étrusques – ont été décorées à l'égyptienne à Sèvres sous
l'impulsion de Vivant Denon, créant ainsi des mélanges de
styles inattendus. Ces deux vases Médicis à fond d'or et à
cartels polychromes font partie du nombre ; leur forme bien
particulière ne les prédisposait en rien à un décor à l'égyptienne ; seule leur partie supérieure évasée était susceptible
d'évoquer la corniche à gorge et explique qu'elle ait reçu
disque ailé et frises de hiéroglyphes. L'ensemble des décors

Fig. 1. Dos de l'un des vases Médicis réalisés en 1813 par la manufacture de Sèvres, décoré de lotus, d'un disque ailé et d'un personnage égyptien Rueil-Malmaison, Musée national des châteaux de Malmaison et Bois-Préau, dépôt du palais de Compiègne.

reçu au dos des lotus, un disque ailé et un personnage égyptien[5] (Fig. 1).

Les services et les cabarets à l'égyptienne réalisés à Sèvres pendant l'Empire ont été formés en partie de pièces de formes originales d'inspiration pseudo-antique créées à leur usage exclusif, comme le sucrier ou le confiturier du grand service ; mais le plus souvent, on les composait de pièces du catalogue général, spécialement décorées pour l'occasion. Ces deux vases, sans être liés à ces services, ont reçu selon le même principe un aspect égyptien qui en a considérablement modifié l'aspect et le sens.

J.-M. H.

1. Archives de la manufacture de Sèvres Vbb4 f/2-2, citées *in* Grandjean, 1955, pp. 101-102 et note 14.
2. *Cf.* pl. 59, fig. 6 et 9 ; pl. 100, fig. 2 ; pl. 116, fig. 4 ; pl. 120, fig. 3, 6 et 8 ; pl. 121, fig. 3 et pl. 127, fig. 7 (*cf.* cat. exp. Florence 1973, n° 63).
3. Pl. 33, fig. 1, et pl. 52, fig. 2 (*Ibid.*).
4. Paire conservée au Musée national du château de Versailles (Grand Trianon).
5. Paire conservée au Musée national du château de Malmaison (*cf.* Ducrot, 1993, pp. 90-91).

Expositions :
Florence, 1973, n° 63.

Bibliographie sommaire :
Grandjean, 1955, pp. 101-102 et pl. 2 ; Humbert, 1989, p. 178.

est copié, comme l'essentiel de la production de Sèvres au début du XIX° siècle, dans l'ouvrage de Denon[2].

Sur chacun des vases, le peintre Swebach a reproduit, également d'après Denon[3], deux scènes : *Les Ruines du temple d'Hermopolis* (n° 492), et *D'Jebelein ou les deux montagnes* (n° 493). Plusieurs autres vases Médicis ont été décorés par Swebach de paysages provenant de la même source ; certains n'ont aucun ajout de hiéroglyphes[4], d'autres ont

140 Chaouabti

Date indéterminée
Céramique
H. : 10 cm
Sèvres, musée national de Céramique[1]
MNC 4668

Historique :
Achat en 1854 (« du cabinet de Mr Brunet-Denon ; Delange, vendeur »).

La réalisation à Sèvres de copies de *chaouabtis*, à l'instigation de Dominique-Vivant Denon, aurait eu un double but. Tout d'abord, créer de petits objets pittoresques en même temps que simples, donc d'un coût réduit ; ensuite, effectuer des recherches sur la célèbre couleur bleue des céramiques égyptiennes antiques. De tels essais semblent, aux dires du vendeur, avoir été réalisés à plusieurs exemplaires, dont cet objet serait le seul restant. L'analyse de l'objet, effectuée par Françoise Treppoz à la manufacture de Sèvres[2], montre qu'il ne peut s'agir d'une production de cette manufacture.

La qualité des hiéroglyphes est toutefois ici si surprenante – puisqu'on y retrouve parfaitement lisibles les formules traditionnelles[3] –, qu'elle suscite trois hypothèses sur la genèse de l'objet : il s'agit soit d'une copie d'excellente qualité, à partir d'un original, type de copies pour lesquelles

les dessinateurs de la *Description de l'Égypte* ont montré leur habileté ; soit – malgré son aspect filiforme –, d'un original antique recuit avec nouvelle glaçure ; soit d'un original antique en terre cuite, qui a reçu à Sèvres un essai de glaçure bleue – Denon a en effet dû rapporter nombre de *chaouabtis* dans ses bagages, susceptibles d'être utilisés à de tels essais. Mais, dans tous les cas, la glaçure, qui contient du plomb et montre des reflets irisés, date du début du XIXe siècle[4].

Dans les années 1870, un autre modèle de *chaouabti* sera réalisé à Sèvres (cat. 317).

J.-M. H.

1. Le registre d'entrée indique : « Spécimen des imitations des figurines funéraires antiques, en pâte silico-alcaline dite porcelaine d'Égypte, faite par le Baron Vivant Denon, directeur des Musées impériaux, vers 1812. »
2. Analyse de la structure de la base par diffraction des rayons X sur la pièce elle-même, à des endroits sans émail. Je tiens à remercier Mme Françoise Treppoz et M. Antoine d'Albis pour les recherches qu'ils ont menées concernant les *chaouabtis* et les lions conservés au musée national de Céramique de Sèvres.
3. Sur les *chaouabtis*, *cf.* Aubert et Aubert, 1974 ; Schneider, 1977.
4. Selon l'analyse de Mme Treppoz.

Bibliographie sommaire :
Bulté, 1981, pl. XXIII, a.

141-144 Deux dessins à l'égyptienne pour bordures de mouchoirs et leurs empreintes

Manufacture Haussmann, Logelbach (Alsace)
Vers 1818
Mulhouse, musée de l'Impression sur étoffes

141 : Petite bordure
Gouache sur papier
H. : 8,5 cm ; L. : 30 cm
Inv. 118 S. 152/39

142 : Grande bordure
Gouache sur papier
H. : 19 cm ; L. : 37,5 cm
Signée Henry Haury[1]
Inv. 112 S. 152/19

143 : Empreinte petite bordure
Encre sur papier
H. : 10 cm ; L. : 30,5 cm
Inv. 118 S. 667

144 : Empreinte grande bordure
Encre sur papier
H. : 17 cm ; L. : 39 cm
Inv. 112 S. 667

Historique :
Anciennes collections de la Société industrielle, Mulhouse.

Jean-Michel Haussmann[2] est à l'origine de l'essor des « indiennes » en Alsace dans le dernier quart du XVIIIe siècle. C'est en 1775 qu'il fonde avec deux de ses frères, près de Colmar, une première manufacture qui, dès 1777, emploie quatre cents personnes et en 1788, près de mille trois cents. Sortie très affaiblie de la tourmente révolutionnaire, l'entreprise est assainie en 1805 et signe alors, de 1808 à 1830, ses produits sous le nom d'Haussmann Frères. La Restauration est une période prospère pour la manufacture dans le domaine de l'impression (Fig. 1). On y développe des nouveautés techniques en même temps qu'un sens commercial efficace. C'est donc à ce moment, juste avant qu'elle ne s'oriente au début des années 1820 vers une production plus courante, que se situe la création de ces décors à l'égyptienne.

On est surpris de constater que l'on réalisait encore des dessins aussi éloignés de la réalité archéologique à cette date tardive par rapport à la publication de la *Description de l'Égypte*. C'est le signe de l'influence persistante de l'ouvrage

Fig. 1. « Attaque d'un convoi de blessés français pendant la campagne de Russie »
Mouchoir réalisé par la manufacture Haussmann vers 1818
Colmar, musée d'Unterlinden.

141

143

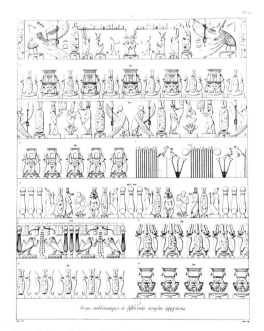

Fig. 2. Dominique-Vivant Denon,
Voyage dans la Basse et la Haute Égypte,
Paris, 1802, pl. 116 gravée par Galien
Paris, Bibliothèque nationale.

de Denon, dont la planche 116 (Fig. 2) a notamment été uti lisée. Mais, selon l'habitude, le dessinateur a adapté son modèle, essentiellement en aménageant ce qu'il pensait être la réalité, ou ce qu'il pensait être plus décoratif : sans parler bien sûr des hiéroglyphes totalement modifiés, la plume *maât* qui surmonte le cartouche devient un couple de petits chiens adossés, la couronne *atef* placée sur la tête du vautour s'est métamorphosée en une espèce de fleurette, le disque solaire placé entre les cornes d'Hathor a cédé la place à une tête humaine, et le dieu Bès est devenu un genre de monstre médiéval...

Fig. 3. Bloc sculpté d'impression sur soie
utilisé vers 1820-1840
ancienne collection Cantrol.

On se trouve ainsi en présence d'un décor qui représente un retour en arrière de dizaines d'années par rapport aux efforts scientifiques de précision des savants de la campagne d'Égypte. Il est vrai qu'il ne s'agit que d'une bordure, dont l'utilité est proche de celle assignée au marli des assiettes de Sèvres : lorsque l'on regarde un de ces mouchoirs, c'est bien la scène centrale qui garde le rôle principal.

Des blocs d'impression de bordures (Fig. 3), voisins mais beaucoup plus récents, ont été conservés dans la collection anglaise Cantrol[3].

J.-M. H.

1. Jean-Henri Haury (dit Haury le Cadet), né à Bâle en 1755 (réformé), décédé à Colmar le 12 août 1826 ; frère de Jean Haury, il est cité à Colmar à partir de 1777 (cf. Schmitt, 1988/3, p. 19).
2. 1749-1824. Le baron Haussmann, Préfet de la Seine sous Napoléon III, descend de cette famille.
3. Cf. ventes Christie's Londres, 27 novembre 1984 et 22 octobre 1985 ; voir aussi l'album d'échantillons Dudding's Furnishing, conservé au Victoria and Albert Museum (T 86-1964).

Expositions :
Mulhouse, 1987 ; Mulhouse, 1987-1988.

Bibliographie sommaire :
Jacqué, 1988/3, p. 72, nos 204-207.

145 Pendule en forme de pylône reposant sur quatre sphinges

Benjamin Lewis Vulliamy (1780-1854)
1806
Marbre noir et bronze patiné et doré
Londres, Victoria and Albert Museum
M 119-1966

Historique :
Selon R.E. Smith, vendue à S.A.R. la princesse Mary le 5 juin 1812 ; donnée à Maria Theresa Villiers en 1864, à l'occasion de son mariage, par le (futur) roi Ernest Auguste II de Hanovre ; achetée en 1966.

Érudit, collectionneur et auteur de plusieurs ouvrages sur l'horlogerie, Vulliamy avait des relations sur le continent et collaborait parfois avec des horlogers de Paris[1]. Un de ses clients, Thomas Hope, possédait une pendule dont le meuble était de lui et le mouvement de Leroy fils[2]. En définitive, il n'est guère étonnant que ses créations soient parmi les plus intéressantes. Le livre de comptes (Clock Book) de Vulliamy pour les années 1797 à 1806, qui est conservé au British Horological Institute, comprend 467 entrées. Cette pendule magnifique reposant sur des sphinges porte le numéro 438 ; l'entrée correspondante dans le livre de comptes indique qu'elle est « pareille aux numéros 414 et 432 ». Il s'agirait donc du troisième exemplaire de ce type.

Si les supports en forme de sphinge étaient déjà relativement communs au début du XIXe siècle, l'ornementation de la pendule témoigne néanmoins d'une remarquable originalité et atteste que Vulliamy avait consulté le Voyage dans la Basse et la Haute Égypte de Denon, disponible à Londres dès 1802. Le dieu-faucon Horus – inspiré des reliefs de Denderah – et les serpents ornant la base correspondent respectivement aux figures 2 et 7 de la planche LVII du livre de Denon ; le faucon aux ailes déployées, au centre, copié par Denon dans un temple de Philae, est celui de la figure 11 de la planche LII de son ouvrage. Par ailleurs, le disque ailé dominant le cadran se retrouve dans de nombreux temples, dont celui d'Esné. Le livre de comptes de Vulliamy donne le nom des artisans qui ont contribué à la fabrication de la pendule, dont Barnett pour le moulage des éléments décoratifs et Seagrave pour les dorures, ainsi que Houle qui fut responsable pour le serpent qui entoure le cadran.

Vers 1810, Vulliamy créa une garniture égyptisante en marbre et en bronze encore plus remarquable[3], qui inspira de nombreuses imitations, plus ornementées, tout au long du XIXe siècle en Angleterre, en France et aux États-Unis. La garniture de cheminée (cat. 309) en est en quelque sorte une descendante lointaine. Il convient par ailleurs de signaler que le neveu de Vulliamy, l'architecte George John Vulliamy, acquit une certaine renommée en 1880 avec ses sphinges qui flanquent l'obélisque de Cléopâtre à Londres et les décorations qui en ornent la base.

M. P.

1. Cf. Beavers, 1964, p. 15 ; Clifford, 1990, pp. 226-237, avec bibliographie.
2. Cette pendule (lot 284 dans la vente du 18 juillet 1917 de la succession Hope) semble identique à une pendule illustrée dans Clifford, op. cit., p. 234, fig. 11.
3. Cf. Ottomeyer et Pröschel, 1986, p. 339, n° 5.3.9., repr.

Bibliographie sommaire :
Ottomeyer et Pröschel, 1986, p. 339, n° 5.3.8, repr. ; Humbert, 1987, p. 344, n° 419

146   Entrée égyptienne pour une villa et Projet pour une pinacothèque

Giuseppe Valadier (1762-1839)
Sans doute 1806
Plume
H. : 23,7 cm ; L. : 19,3 cm
Inscrit, signé et daté : « Porta di Villa – / Giuseppe
Valadier 1806 » et « Galleria da quadri con / lumi
alti G. Valadier 1806 »
Feuilles 129 et 130 du *Secondo Tacuino* (*Second
carnet*)
Rome, Biblioteca Nazionale Centrale
Manoscritto VE 374

Non exposé

Historique :
Collection Pieri, Rome.

Les dates des dessins de ce carnet, 1799 pour une grande
partie, 1806 pour d'autres, suggèrent, si l'on applique un
principe typologique, qu'ils ont été reliés après leur exécution. La série la plus ancienne contient des variations sur le
mausolée en forme de pyramide qui rappelle les idéaux
architecturaux français de la période révolutionnaire. Valadier reprit ce thème quand il présenta un projet de pyramide géante destinée à être construite, en l'honneur de
Napoléon, au sommet du Pincio à Rome[1].

Les dessins datés 1806 sont des esquisses de travail, libres explorations qui devaient déboucher sur un volume de gravures paru en 1807 sous le titre de *Progetti architettonici*. Plusieurs de ces études concernent divers bâtiments de style égyptien et, ainsi que l'a noté Marconi, sont principalement des recherches sur les relations entre style, forme et fonction. Le choix du genre n'est pas surprenant puisque Valadier appartenait à la seconde génération d'une famille d'artistes nourris de formes égyptiennes. Dans sa jeunesse, vers 1781, il a dessiné une magnifique pendule caractéristique du dessin romain de l'époque avec deux représentations d'Antinoüs[2].

En ce qui concerne les esquisses architecturales ultérieures, Valadier consulta le *Voyage dans la Basse et la Haute Égypte* de Denon – dont une édition italienne parut deux ans plus tard, en 1808 –, ainsi que le *Voyage d'Égypte et de Nubie* de Norden, réimprimé en 1799-1800. Comme l'a observé Antonio Iacobini, l'*Entrée égyptienne* fut très probablement inspirée par une planche de Denon illustrant une *Porte intérieure* à Denderah, tandis que les pilastres latéraux décorés de télamons aux bras croisés sont presque certainement une interprétation libre des *Ruines du Palais de Memnon*, planche XVI dans l'ouvrage de Norden[3]. D'une manière similaire, pour la *Galleria di quadri*, Valadier utilisa librement des vues du temple d'Esné (Norden, pl. XVIII, Denon, pl. 97) en les combinant avec une vue du temple d'Edfou (Denon, pl. 100).

M. P.

1. *Cf.* cat. exp. Rome, 1985, nᵒˢ 129-130, ill.
2. *Cf.* cat. exp. *op. cit.*, nº 563, ill. ; pour les pendules inspirées du dessin, *cf.* González-Palacios, 1984, t. I, p. 132, II, pl. 112, fig. 239.
3. *Cf.* Iacobini, *in* cat. exp. *op. cit.*, pp. 278-279.

Expositions :
Rome, 1985, nᵒˢ 442-443, ill.

Bibliographie sommaire :
Debenedetti, 1979, p. 52, fig. 32.

Le retour d'Égypte

251

Le 19 mai 1798, une armée insolite mêlant soldats et savants embarquait à Toulon en direction de l'Égypte pour une expédition décidée le 5 mars précédent et préparée dans le plus grand secret.

Tout ce qui touchait à la terre des Pharaons intéressait déjà les foules[1], qui vont se passionner pour une campagne militaire entourée d'un appareil publicitaire inusité. On ne sera de ce fait guère surpris de constater à quel point elle va laisser des marques culturelles profondes et variées, tant en France qu'en Angleterre.

L'importance du phénomène n'en reste pas moins étonnante : on peut se demander avec Édouard Driault « par quel mystère l'expédition de Bonaparte en Égypte, qui n'aboutit à aucun résultat, ni militaire, ni politique, est-elle demeurée si glorieuse, d'une gloire de plus en plus rayonnante ? [...] Nul de ceux qui ont fait l'expérience d'un contact avec le pays du Nil n'en sera surpris : ni la Grèce ni Rome n'exercent une pareille action : on dirait un envoûtement[2] ».

La production artistique du début du XIXᵉ siècle a été profondément marquée par la « mode d'Égypte », mais celle-ci, perçue d'une manière plus politique en liaison avec le mythe de Napoléon[3], restera très vivante tout au long du siècle. L'impulsion nouvelle et forte donnée à l'égyptomanie par l'Expédition d'Égypte est en effet en grande partie d'origine politique ; comme l'a fort bien noté Pierre Francastel, « le souci de flatter le nouveau maître explique assez l'attention donnée par les architectes et les décorateurs à rappeler les lauriers cueillis au pays des Pharaons[4] ». Cela, d'ailleurs, semble tout naturel aux contemporains eux-mêmes, comme en témoigne Amaury Duval, parlant de la fontaine de la rue de Sèvres : « On ne saurait la voir sans se rappeler une expédition mémorable. Heureuse idée de rattacher ainsi aux monuments publics d'intéressants souvenirs, quand toutefois ils n'altèrent point le caractère de ces monuments[5]. »

Percier et Fontaine, puis Denon, jouent un rôle capital dans l'expansion de cette mode en publiant des recueils très illustrés[6]. Mais de nombreux autres ouvrages paraissent pendant cette période, traductions ou rééditions de relations de voyages, premières études (notamment de Quatremère de Quincy) sur l'art égyptien, traités d'architecture où les artistes vont puiser des idées pour leurs œuvres[7]. En Angleterre également, plusieurs livres illustrés sont publiés qui donnent – comme celui de La Mésangère en France –, des modèles aux décorateurs du temps : Thomas Hope est le plus connu, mais Sheraton et Smith, entre autres, ont eux aussi participé au développement de la mode. Des œuvres scéniques comme *La Flûte enchantée*, jouée en 1801 à l'Opéra de Paris dans une version adaptée sous le titre *Les Mystères d'Isis*[8], contribuent à renouveler le goût pour les formes originales de l'art égyptien.

Deux autres causes apportent des éléments supplémentaires susceptibles d'expliquer la recrudescence égyptisante du début du XIXᵉ siècle. D'une part, les émigrés rentrent en France, et nombreux sont ceux qui reviennent d'Italie. Ils rapportent avec eux le goût pour les formes d'art les plus variées rencontrées par-delà les Alpes, parmi lesquelles les formes égyptiennes et égyptisantes ne sont pas les moindres. Ils aimeront commander aux artistes des pastiches de ces œuvres et joueront de ce fait un grand rôle dans la mode du temps. D'autre part, les œuvres d'art prises en Italie lors des campagnes de Bonaparte ont été envoyées en France. Une grande fête, les 9 et 10 thermidor an VI[9] commémore leur arrivée à Paris. Or, parmi quantité de trésors, nombreuses sont les statues égyptiennes ou égyptisantes – comme l'*Antinoüs* de la villa d'Hadrien – qui, exposées au Louvre, serviront de modèles aux artistes.

Enfin, la franc-maçonnerie, lorsqu'elle reprend son activité après 1801, voit fleurir des loges s'inspirant de l'Égypte : Ordre sacré des Sophisiens, Rite des parfaits initiés d'Égypte, Rite de Misraïm, Rite de Memphis, ou encore l'ordre d'Alexandre Du Mège, les Amis du Désert, avec sa loge mère ou « Souveraine Pyramide », créée à Toulouse en 1806. Pour cette dernière loge, un projet de pyramide avait été étudié : « L'autel, dédié à Dieu Humanité-Vérité, se dresse devant des figurations d'Isis et d'Osiris. Deux sphinx gardent la porte. [...] Des hiéroglyphes, soigneusement recopiés sur des gravures d'anciens monuments égyptiens, concourent au décor. » Les costumes des initiés, à l'égyptienne, sont également prévus et soigneusement décrits[10].

La conjugaison de ces facteurs fait que non seulement il n'y a aucune interruption dans le règne de l'égyptomanie, mais qu'elle connaît un regain de faveur se traduisant par la construction, de 1800 à 1815, d'un grand nombre de monuments égyptisants et par l'envahissement du mobilier par des formes à l'égyptienne. La documentation disponible se complète de la première édition de la *Description de l'Égypte, ou Recueil des observations et des recherches qui ont été faites en Égypte pendant l'expédition de*

Fig. 1. Temple égyptien érigé dans le parc des Princes de Bénévent à Valançay en 1805-1809
J.-Ch. Krafft, *Plans des plus beaux jardins*, 1809-1810.

Fig. 2. Portique égyptisant de l'hôtel Beauharnais,
au 78, rue de Lille à Paris.

Fig. 3. Maison décorée de têtes égyptiennes
à Louviers (vers 1812).

l'armée française, qui commence à paraître en 1809, mais dont les dessins préparatoires sont déjà bien connus et accessibles aux artistes plusieurs années avant cette date.

Sans qu'il y ait de relation entre la décoration extérieure et les aménagements intérieurs, l'architecture emprunte de nombreux éléments à l'Égypte antique, portiques (Fig. 2), mascarons, colonnes et chapiteaux. En France, les fontaines et les monuments commémoratifs, dont la portée politique est évidente, sont tout particulièrement touchés par le phénomène. Celui-ci envahit également en Angleterre des immeubles entiers comme l'Egyptian Hall de Londres construit par Robinson en 1812. La mode gagne rapidement les demeures privées ; l'architecte James Randall propose, dans les années 1805, un manoir dans le style égyptien « qui prouvera, je l'espère, que l'architecture égyptienne a une beauté qui n'est pas inapplicable à notre climat, si elle est mêlée de goût et de jugement[11] ».

L'extérieur de la maison, entièrement recouvert de pseudo-hiéroglyphes, reproduit tous les différents ordres égyptiens ; le pylône est percé de fenêtres et la colonnade centrale, surbaissée, sert de base à une terrasse ; l'architecte conseillait d'ailleurs de décorer et de meubler l'intérieur dans le même style. Les maisons particulières de ce type, entièrement construites à l'égyptienne, restent néanmoins assez rares et sont plutôt le fait d'amateurs fortunés et quelque peu excentriques. Le public préfère en général un décor plus sobre, indépendant du style d'architecture sur lequel il est plaqué, comme ces trente-quatre têtes égyptiennes coiffées du *némès* qui encadrent les fenêtres d'une maison construite à Louviers dans les années 1812 (Fig. 3).

Les édifices publics, en revanche, copient plus volontiers les formes architecturales égyptiennes, sans pour autant refuser des éléments décoratifs isolés. Un autre architecte anglais, James Elmes, grand admirateur de Ledoux, imagine un palais de justice-prison dans le style égyptien

qui, selon lui, représente les structures de l'immortalité, une solennité sacrée et une indéniable grandeur[12]. Ce type de conception, tant intellectuelle qu'architecturale, sera également relié aux cimetières[13] et abondamment repris tout au long du siècle, notamment aux États-Unis.

Les thèmes décoratifs évoluent parallèlement des deux côtés de la Manche sans qu'il soit possible de dire quel pays entraîne l'autre, sauf peut-être dans le domaine des décors intérieurs, où l'Angleterre crée nettement la mode. Robert Smirke dessine un projet de salle égyptienne[14] ; au palais de Stowe, le hall d'entrée est inspiré des dessins de Denon, notamment du temple de Denderah dont il reproduit, au plafond, le célèbre zodiaque[15] ; en août 1805, une chambre à coucher à l'égyptienne destinée au duc de Clarence est aménagée dans le même bâtiment[16], inspirée de

Fig. 4. Maison occupée par Napoléon à San Martino, décorée par Ravelli d'après les gravures de la *Description de l'Égypte*.

Fig. 6. Commode à l'égyptienne
Dessin de Charles Percier
Paris, musée des Arts décoratifs.

Fig. 7. Somno à l'égyptienne
Dessin de Charles Percier
Paris, musée des Arts décoratifs.

Fig. 5. Une des douze enseignes
exécutées par Bernard Poyet en 1811
pour orner les pilastres
du salon de l'Empereur
au Corps législatif
*Recueil des peintures et sculptures
faits au Corps législatif*
Paris, 1811, pl. 6.

l'ouvrage de Denon tout comme le décor de la maison de Walsh Porter à Fulham : la salle égyptienne, qui menait d'un côté à une chapelle gothique et de l'autre à une tente tartare, était entourée de huit colonnes couvertes de hiéroglyphes et peinte de décors variés avec sphinx et momie[17]. Des papiers peints reprennent les mêmes sources d'inspiration, comme celui, daté 1806, provenant du salon de Crawley House, utilisant vases canopes et sphinx[18].

Les autres pays suivent rapidement la mode ; par exemple, Benjamin Latrobe prévoit en 1808 de décorer à l'égyptienne la salle de lecture de la bibliothèque du Congrès[19] et Georg Laves, en 1810, la « galerie des Ministres » de la Résidence de Kassel[20]. Lors du séjour de Napoléon à l'île d'Elbe, Ravelli utilise les gravures de la *Description de l'Égypte* dans une des pièces de la maison que l'Empereur occupe à San Martino[21] (Fig. 4), tandis qu'en Russie, on continue d'aménager des salles à l'égyptienne dans les palais des environs de Moscou et de Saint-Pétersbourg.

En France, les éléments décoratifs sont plus nettement différenciés. Antinoüs constitue l'un des thèmes favo-

ris ; on le retrouve par exemple dans les grisailles de l'hôtel Suchet, à Paris, où il personnifie l'Afrique[22], ou dans l'une des douze enseignes ornant les pilastres du salon de l'Empereur au Corps législatif et symbolisant l'Égypte (Fig. 5). Bernard Poyet a créé là, en 1811, une astucieuse composition tout en hauteur, maintenant les uns sur les autres en équilibre précaire sphinx, disques ailés et taureau Apis[23]. Les sphinx constituent également l'un des thèmes très souvent présents dans les décors intérieurs, comme par exemple ceux de la salle du théâtre des Variétés à Paris[24]. Têtes de lion, colonnettes, corniches à gorge et hiéroglyphes font également partie de la grammaire stylistique utilisée pour transformer au goût du jour aussi bien les décors intérieurs, les objets d'art que les meubles.

Mais c'est le mobilier qui porte la marque la plus profonde de cette mode. Alors qu'à la fin du XVIIIe siècle, on n'utilisa dans ce domaine que des éléments de décor isolés, la grande nouveauté, au début du XIXe siècle, est l'apparition de meubles entièrement imaginés « à l'égyptienne ». Percier (Fig. 6 et 7) et Fontaine, Denon, notamment, dessinent et font réaliser des meubles particulièrement originaux. Parmi les ébénistes qui se sont spécialisés dans ce type de meubles, Pierre-Benoît Marcion propose ses fabrications dans son atelier-magasin à l'enseigne « Aux Égyptiens » : il invite par annonce la clientèle à venir voir « son choix de meubles de genre, en bois d'acajou, richement orné de bronzes, d'après les belles formes des antiquités étrusques, égyptiennes, grecques et romaines[25] ». Louis Aubry vend « un curieux meuble d'entre-deux garni de baguettes à l'antique et reposant sur des sphinx de bronze vert[26] ». Guillaume Beneman fournit en l'an VI au marchand Collignon, pour 1 400 livres, un secrétaire, une commode et un chiffonnier en acajou chevillé, garnis notamment de sphinx de cuivre finement ciselés et dorés au mat[27]. Quant à Étienne-Ovide Barreau, il est resté célèbre pour ses commodes, consoles, secrétaires et bureaux ornés de termes égyptiens[28]. En effet, les ébénistes font de plus en plus souvent appel à des éléments sculptés de grande taille : des consoles et des tables reposent sur des Égyptiennes à coiffure vautour, dont la robe est ornée d'une bande verticale de hiéroglyphes[29], sur des Égyptiennes portant perruque et vêtues de tuniques moulantes[30] ou sur des Nubiennes en pagne[31]. L'*Antinoüs* de la villa d'Hadrien est également souvent utilisé dans ce domaine ; on le retrouve notamment dans le recueil de La Mésangère[32].

La grande majorité du mobilier à l'égyptienne n'utilise toutefois qu'un ou deux éléments décoratifs et la tête (ou le buste) coiffée du *némès* reste en ce domaine la plus répandue et la plus populaire de toutes les formes ; des milliers de fauteuils, de commodes, de meubles de toutes sortes ont été ainsi ornés à travers le monde, depuis l'époque de Louis XVI jusqu'à nos jours ; mais la période de l'Empire a marqué l'apogée du genre : c'est alors que la variété des modèles de têtes est la plus large. Le plus souvent en bronze, parfois doré, elles peuvent être aussi sculptées directement dans le bois du pied ou du montant du meuble. Les dimensions, tout comme la forme, sont variables : de la tête féminine dont les cheveux bouclés se répandent sur le front et sur les côtés et où le *némès* est réduit à sa plus simple expression, jusqu'à la copie presque parfaite du *némès* antique, l'éventail des variations est quasi infini.

Malgré l'immense succès de ces meubles, quelques voix dissonantes se font néanmoins entendre, car l'engouement pour ce type de mobilier n'est pas tout à fait unanime : « Si Madame Récamier se plaignait doucement de l'ordre et de la régularité désespérante auxquels la mode l'obligeait, un chroniqueur de 1801 décrivait en raillant tous ces hôtels nouveaux où l'on entrait par un vestibule à l'antique revêtu de marbres d'Italie, où l'on trouvait dans la chambre le lit égyptien, au salon les candélabres étrusques. » L'auteur du *Voyage à la Chaussée d'Antin*, le quartier riche et luxueux d'alors, à la raillerie joignant la leçon, ajoute : « L'élégance et le goût ne consistaient pas dans ces grandes griffes et têtes d'animaux sculptés sur les portes et les meubles de nos demeures. Ne vaudrait-il pas mieux décorer vos édifices, vos salons par tout ce que la nature offre de plus agréable, que d'aller chercher en Égypte et chez nos barbares aïeux des

conceptions qui s'éloignent du dessin et du goût ? Vos papiers peints, vos meubles sont grossiers et massifs[33]. » Néanmoins, ces meubles à l'égyptienne sont goûtés par la majorité ; ils se multiplient et apparaissent même dans des tableaux, comme *La Lettre* de Marguerite Gérard, ou dans des statuettes, comme le *Napoléon assis à sa table de travail*, de Moutony ; et l'on remarquera que tous les types de mobilier ont non seulement été touchés par l'égyptomanie, mais ont été copiés, quasiment sans interruption, jusqu'à la fin du XIXᵉ siècle.

Napoléon, qui n'a jamais caché son goût pour l'art égyptien, n'était pas opposé à une certaine officialisation de ces thèmes, surtout lorsqu'ils étaient susceptibles de profiter à son image de marque. Cela explique qu'Isis l'ait particulièrement intéressé. Dès 1806, elle est représentée par Moitte sur l'un des pavillons de la cour Carrée du Louvre[34] (Fig. 8) ; elle semble d'ailleurs si liée à l'origine de la capitale (on avance l'hypothèse *Par-Isis*) qu'une commission – réunie en 1809 et placée sous la direction de Louis Petit-Radel – étudie la réalité de cette légende et conclut non seulement à l'existence d'un ancien culte d'Isis, mais aussi de sa liaison certaine avec le navire de Paris. Par lettres patentes du 20 janvier 1811, l'origine isiaque de Paris est « officiellement prouvée » et la déesse égyptienne est représentée, assise à la proue d'un vaisseau antique, dans les nouvelles armoiries de la ville[35].

En dehors de la protestation solennelle de l'Institut contre « cette ridicule affectation de style égyptien, arabesque et gothique[36] », l'égyptomanie est donc dans l'ensemble très bien admise sous le Consulat et l'Empire[37] ; les rares critiques viennent de spécialistes. Le peuple, lui, très ignorant en matière de civilisations antiques, est surtout sensible à l'aspect nouveau et au caractère « dépaysant » de ces décorations ; car ce que l'art égyptien peut parfois avoir d'austère est gommé du fait que les formes les plus copiées

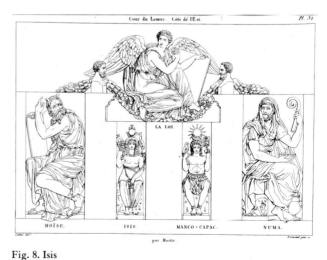

Fig. 8. Isis
Décor réalisé par Jean-Guillaume Moitte pour l'aile est de la cour Carrée du Louvre, à Paris ; Frédéric de Clarac, *Musée de sculpture antique et moderne*, Paris, 1841-1853, t. I, pl. 32.

sont celles de la Basse Époque, moins hiératiques et donc plus facilement assimilables pour un œil non averti. Jusque dans les années 1820, l'égyptomanie continue d'accueillir les manifestations de la mode née du style Empire ; après cette date, des modifications profondes se manifestent dans les motivations qui sont à l'origine de la poursuite du phénomène.

J.-M. H.

1. *Cf.* Laurens, 1987.
2. Driault, 1940, pp. 122 et 128.
3. *Cf.* Humbert, 1990, pp. 31-37.
4. Francastel, 1939, p. 12.
5. Duval, 1812, p. 17.
6. Dominique-Vivant Denon, *Voyage dans la Basse et la Haute Égypte*, Paris, 1802 ; Charles Percier et P.-F.-L. Fontaine, *Recueil de Décorations intérieures,* Paris, 1801.
7. *Cf.* Benoit, 1897, pp. 126-127. Voir, à titre d'exemple, les ouvrages du « professeur d'architecture » Jean-Nicolas-Louis Durand et notamment son *Recueil et parallèle des édifices de tout genre, anciens et modernes*, Paris, an IX. Y sont représentés, voisinant avec des temples et tombeaux grecs, indiens et turcs, des temples égyptiens (pl. 1), des tombeaux égyptiens, pyramides et obélisques (pl. 19), des détails égyptiens tirés de Norden (pl. 64), des détails « égyptiens et étrusques », sphinx, lions, canopes et hiéroglyphes (pl. 65).
8. Au sujet de cet opéra de Mozart et de ses relations avec la franc-maçonnerie, *cf.* Saint-Foix, t. V, 1946, notamment pp. 137, 151 à 157, 221 à 228 et 243 ; Chailley, 1968. Hector Lefuel signale qu'il a possédé deux aquarelles de Percier, directeur des décorations de l'Opéra, faites pour *Les Mystères d'Isis* : *cf.* Georges Jacob, 1923, p. 146 et Jacob-Desmalter, 1925, p. 26.
9. *Cf. Fêtes de la liberté et entrée triomphale des objets de sciences et d'arts recueillis en Italie. Programme.* À Paris, de l'Imprimerie de la République, thermidor an VI, in-8°, 23 p.
10. *Cf.* Caillet, 1959, pp. 27-57 ; Durliat, 1974, pp. 30-41.
11. Traduction du texte cité *in* cat. exp. Brighton/Manchester, 1983, n° 107, pp. 53-54.
12. 1805 ; *cf.* Honour, 1955, p. 244 ; Carrott, 1978, p. 116 et note 53, pp. 189-190.
13. *Cf.* Humbert, 1971, pp. 21-22 ; Curl, 1982, pp. 153-161 ; Humbert, 1989, pp. 68-72.
14. Vers 1801 ; Londres, RIBA (British Architectural Library, Drawings Collection).
15. 1805 ; une vue intérieure est conservée au Buckinghamshire County Museum ; *cf.* aussi Seely, 1817.
16. Fremantle (éd.), vol. 3, 1940, p. 187, cité *in* cat. exp. Brighton/Manchester, 1983, p. 52, n° 105.
17. *Cf.* cat. exp. Brighton/Manchester, 1983, p. 53, n° 106.
18. Londres, Victoria and Albert Museum.
19. *Cf.* Carrott, *op. cit.*, p. 64, p. 76, note 8 et pl. 97.
20. *Cf.* Brinks, 1973, pp. 81-116.
21. *Cf.* Saint-Denis, 1926, p. 66 ; Gruyer, 1906, pp. 128-129 et pl. face à la page 128.
22. Rue de la Ville-l'Évêque, n° 16, Paris 8e ; *cf.* Vacquier, t. I, 1908-1937, pl. 13.
23. *Cf.* Poyet, 1811, pl. 6.
24. Sphinges par Cellerier, 1807, décorant le balcon du théâtre des Variétés, 7, boulevard Montmartre, Paris 2e.
25. *Cf.* Salverte, 1934-1935, p. 207 ; Ledoux-Lebard, 1965, p. 385.
26. *Cf.* Salverte, *op. cit.*, pp. 4-5.
27. *Ibid.*, p. 16.
28. *Ibid.*, p. 9.
29. *Cf.* Avril, 1929, p. 68.
30. *Cf.* cat. vente Paris, hôtel des ventes Loudmer-Poulain, 25-26 juin 1979, p. 43, n° 202.
31. *Cf.* cat. vente Paris-Galliéra, Couturier-Nicolay, 2 décembre 1970.
32. La Mésangère, *Collection de meubles et objets de goût*, Paris, 1807-1831, t. I, pl. 37 ; *cf.* Brunhammer et Fayet, 1965, p. 64, pl. 79 ; cat. vente Paris-Palais d'Orsay, Couturier-Nicolay, 15 février 1978, n° 100.
33. Bourgeois, 1930, p. 94.
34. *Cf.* Goulet, 1808 ; Clarac, 1841-1853, ill. pl. 32 et 33 ; Hautecœur, 1924, photographies : pl. 6/2, 7/2 et 13.
35. *Cf.* Tisserand, 1874-1875 ; Baltrusaitis, 1967, pp. 67-68.
36. Viel, [1797], p. 74 et *Rapport du jury du 2 vendémiaire an VII* (Archives de l'Institut), cités *in* Benoit, 1897, pp. 268-269 et note 1, p. 269.
37. Des critiques comme celles de Nicolas Goulet, grand admirateur des Grecs, qui écrit que « puisque depuis tant de siècles nous n'avons rien su imaginer en architecture, je pense que [celle des Grecs] est la seule qui doive être adoptée, et que nous devons laisser aux Égyptiens leur enfance, aux Toscans leur pesanteur et aux Goths leur grêle délicatesse », sont l'exception (*Observations sur les embellissemens de Paris et sur les monumens qui s'y construisent*, Paris, 1808, p. 236).

Planches de la Description de l'Égypte

Une des dernières décisions de Bonaparte en Égypte fut d'établir un inventaire systématique des antiquités. Par le décret du 13 août 1799, le général chargeait de cette tâche la Commission des sciences et des arts, ces quelque cinq cents civils, artistes et savants qui accompagnaient l'expédition militaire. Les deux commissions ad-hoc créées à cet effet poursuivaient ainsi le travail entamé par le peintre Dominique-Vivant Denon. Celui-ci, au péril de sa vie, avait tenu à partager le sort de l'armée dirigée par Desaix qui remonta le Nil d'août 1798 à juillet 1799, pourchassant le rebelle Mourad Bey. À son retour au Caire, les croquis et les aquarelles de Denon avaient soulevé l'enthousiasme, révélant la splendeur ignorée des grands temples de Haute-Égypte : Karnak, Philae, Denderah... (cat. 108). Les membres de l'expédition ne connaissaient jusque-là que les pyramides de la région du Caire pour seuls monuments grandioses. Le 16 août, une première commission de quatorze participants, dirigée par le mathématicien Costaz, avait ordre de quitter Le Caire. Une seconde, de même importance, partit sous les ordres d'un autre mathématicien, Fourier. Toutes deux arrivèrent à Esné le 20 septembre et ne passèrent donc qu'un mois en Haute-Égypte. Entre-temps une autre mission, envoyée dans le Sud pour dresser des relevés hydrologiques, avait été gagnée dès le printemps par la fièvre de l'archéologie. Tout en exécutant les travaux dont ils étaient chargés – étudier l'influence du Nil sur la fertilité du pays, recueillir des renseignements sur les systèmes d'irrigation, l'agriculture, les arts et métiers – les ingénieurs Jollois et Devilliers décidèrent de consacrer tous leurs loisirs aux relevés des monuments anciens. Puis les trois missions se retrouvèrent.

On imagine mal les conditions de travail de ces équipes réduites, parcourant un pays en guerre dans l'étouffante chaleur du Sud égyptien. Seul l'enthousiasme de ces jeunes gens – la moyenne d'âge était de vingt-cinq ans –, permettait de surmonter les querelles et la pénurie : les crayons usés ne furent-ils pas souvent remplacés par des tiges de plomb improvisées avec des balles de fusils ? Les tâches avaient été réparties, en fonction des talents de chacun, des affinités et aussi du hasard ; mais parfois, comme pour dessiner les immenses scènes de Karnak, la collaboration de toute une équipe s'avérait nécessaire. On travaillait jour et nuit dans la plus grande fièvre. Que l'expérience fut unique, on le ressent à travers les nombreux récits et journaux de voyage qu'écrivirent les participants. Ils nous font partager l'émotion d'un Costaz qui, déjà blasé par son travail d'un mois à Thèbes et Philae, découvre la Vallée des Rois ; l'étonnement d'un Bourges-Saint-Genis identifiant dans une tombe d'El-Kab les premières scènes de la vie quotidienne. La Commission devant regagner la France en novembre, les explorateurs rejoignirent Le Caire, croulant sous les dossiers et les cartons à dessins. Ils n'y trouvèrent pas Bonaparte mais son successeur, le général Kléber, récemment élu à l'Institut d'Égypte, qui le 22 novembre, au nom du gouvernement, invita à réunir tous les documents recueillis en Haute-Égypte. Avec l'approbation de Kléber, naquit une société par actions dont le but était de publier un ouvrage en France. Retenus en Égypte par les événements politiques, les membres de la Commission ne demeurèrent pas inactifs, dessinant le grand sphinx et les pyramides ou explorant le Sinaï. On inventa des procédés pour reproduire les inscriptions de la fameuse pierre de Rosette, découverte en 1799 et conservée alors à l'Institut d'Égypte ; ce sont les copies exécutées d'après les moulages au soufre et au plâtre qui figurent dans la Description.

De ce projet, lancé par Bonaparte et auquel Kléber donna la forme d'une publication collective, naquit après bien des péripéties, le plus monumental ouvrage jamais édité, la Description de l'Égypte. Elle se compose de dix tomes in-folio et deux recueils contenant 837 planches gravées sur cuivre, soit au total plus de 3 000 illustrations dont certaines mesurent plus d'un mètre de long. Alors que les cinq premiers tomes sont consacrés aux antiquités, les deux suivants décrivent les activités et la vie du pays depuis la conquête arabe du VIIe siècle jusqu'à l'occupation française ; les trois derniers illustrent l'histoire naturelle. Devant la complexité de la réalisation et les retards des auteurs, il fallut se résigner à une publication en livraisons échelonnées. Napoléon attachait un grand prix à l'ouvrage : dans sa préface historique, véritable apologie de l'Empereur, Fourier n'écrivait-il pas que la Description « rappelle que l'Égypte fut le théâtre de sa gloire[1] ? ». Le premier tome consacré aux antiquités, planches et mémoires, parut en 1809. Seule la moitié de l'ensemble fut publiée avant la chute de Napoléon. Il fallut attendre 1828 pour que les souscripteurs puissent posséder l'ouvrage entier, tiré à 1000 exemplaires. Déjà, une nouvelle édition, dite Panckoucke, était en préparation, témoignant la faveur extrême dont jouissait la Description, premier ouvrage scientifique révélant au public les monuments de l'antique Égypte.

C. Z.

1. Fourier, in Champollion, 1844.

Bibliographie sommaire :
La Description a donné lieu à une abondante bibliographie qui ne saurait être ici reproduite. On se référera à celles figurant dans les ouvrages suivants :
Thiry, 1873 ; Munier, 1943 ; Monglond, 1957, t. VIII (1809-1810) pp. 268-343 ; Herold, 1962 ; Benoist-Méchain, 1966 ; Goby, 1982 ; Guémard, VI, pp. 135 157 et VIII, p. 221-249 ; Tranié et Carmigniani, 1988 ; Laissus, 1989 ; Laurens, 1989 (en collaboration avec Gillipsie, Golvin et Traunecker) ; une thèse est à venir par P.M. Grinevald à qui cette bibliographie doit beaucoup.
Il existe deux rééditions réduites et partielles : Monuments de l'Égypte, L'édition impériale de 1809, textes de Gillipsie et Dewachter, 1987 (éd. française, 1988) ; Description de l'Égypte publiée sous les ordres de Napoléon Bonaparte, 1988 (ensemble des planches des Antiquités, de l'État moderne et de l'Histoire naturelle).

147 Denderah, vue de la façade du grand temple

Antoine Cécile
1799
Aquarelle sur papier
H. : 45 cm ; l. : 75 cm
Esquisse exécutée lors de la campagne d'Égypte,
en août-septembre 1799
Paris, musée du Louvre, département des
Antiquités égyptiennes
E 17388

Historique :
Collection Le Maire ; don de la société des Amis
du Louvre en 1950.

Exécutée par l'ingénieur mécanicien et futur architecte
Antoine Cécile, à qui l'on doit le frontispice de la *Description
de l'Égypte* et bien d'autres relevés archéologiques[1], cette
aquarelle constitue la phase préparatoire d'une planche en
noir et blanc figurant dans le monumental ouvrage[2]. Elle

figure la façade d'un grand temple dédié à la déesse Hathor
sur le site de Denderah, en Haute-Égypte[3]. Cette région du
Saïd, encore mal pacifiée, n'est méthodiquement explorée
par l'expédition d'artistes et de savants accompagnant Bonaparte qu'en août-septembre 1799. Un plaidoyer enthousiaste
de Dominique-Vivant Denon, l'un des rares dessinateurs à
l'avoir déjà parcourue, a décidé le général à nommer, avant
son retour en France, deux nouvelles commissions scientifiques. Cécile figure dans celle dirigée par le mathématicien
Fourier, collaborant avec des hommes illustres tels l'égyptologue Jomard, le zoologue Geoffroy-Saint Hilaire ou le
peintre Henri-Joseph Redouté[4]. Les résultats de leur mission
sont résumés dans un article du *Courrier de l'Égypte*.

Plus peut-être que Karnak, le site de Denderah
suscite l'émerveillement. Sous la plume du général Desaix,
celle de Prosper Jollois ou de simples soldats, les témoignages sont unanimes. On découvre le temple avec une exci-
tation ravie ; bravant les interdictions militaires, on traverse
le Nil pour y revenir chaque midi ; d'autres membres de

l'expédition préfèrent le visiter de nuit, sous un clair de lune qui exalte son mystère. Les écrits de Denon, l'un des premiers à l'admirer, témoignent de cette étonnante fascination pour un monument que les égyptologues modernes classent, parfois avec une pointe de dédain, dans l'époque tardive ; commencé par les Ptolémées au Iᵉʳ siècle avant J.-C., il fut en effet achevé par les Romains : « Au travers de cette porte, j'aperçus le temple. Je voudrais faire passer dans l'âme de mes lecteurs la sensation que j'éprouvais. J'étais trop étonné pour juger ; tout ce que j'avais vu jusqu'alors en architecture ne pouvait servir à régler ici mon admiration. Ce monument me sembla porter un caractère primitif, avoir par excellence celui d'un temple. Tout encombré qu'il était, le sentiment du respect silencieux qu'il m'imprima m'en parut une preuve ; et sans partialité pour l'antique, ce fut celui qu'il imposa à toute l'armée[5]. »

D'où vient cette étrange fascination ? Du cadre presque intact, de la forme massive, des lignes pures où l'emporte l'horizontale et des étonnantes colonnes surmontées par un chapiteau reproduisant sur quatre faces le visage de la déesse Hathor (cat. 203) : une femme aux longs yeux étirés, coiffée d'une perruque d'où émergent deux oreilles de vache – son animal sacré –, et surmontée d'une petite chapelle ornée d'un soleil ailé. Le zodiaque qui orne le plafond de la chapelle du Nouvel An suscite les interrogations et, plus tard, alimentera des querelles où s'affronteront théologiens et archéologues.

Reproduit à demi ensablé dans l'ouvrage de Denon, le temple figure à de nombreuses reprises dans la *Description*. L'aquarelle de Cécile nous le montre dans un environnement pittoresque, peuplé de soldats en armes jusque sur les terrasses encombrées de vestiges, une tente militaire à l'ombre de son flanc, tandis qu'au premier plan, un homme enturbanné fumant un narguilé et, à gauche, un dromadaire campent un décor oriental. Gravée par Sellier, la planche correspondante du grand ouvrage restitue l'accumulation des sables masquant partiellement les murs-bahuts[6]. Une autre vue, dessinée par Le Père, substitue une riante palmeraie au désert environnant le monument[7] ! Bien différente, la restitution proposée par Jollois et Devilliers[8] a la netteté d'un dessin d'architecte, reproduisant le décor visible avec une étonnante fidélité, complétant les visages partiellement mutilés de la déesse et inventant une frise pour les plinthes. Une autre planche[9] ne donne que l'image d'une colonne, mais retrouve la brillante polychromie primitive.

Popularisé par une littérature et une iconographie abondantes, le temple de Denderah devient un des thèmes égyptisants les plus en vogue dans l'art du XIXᵉ siècle. Bâtiments publics et privés[10], meubles, porcelaines, pendules, innombrables sont les œuvres qui s'en inspirent, reprenant le temple tout entier, ou bien des détails spécifiques : la colonne à chapiteau hathorique et le masque de la déesse, par exemple.

C. Z.

1. En particulier, le département des Antiquités égyptiennes du musée du Louvre conserve six autres aquarelles et un dessin de même origine : E 17384, scène de funérailles probablement copiée dans une tombe thébaine ; E 17385, les pyramides de Gizah (dessin) ; E 17386, temple de Karnak ; E 17387, façade du temple de Louxor ; E 17389, entrée du petit temple de Medinet Habou ; E 17390, vue du temple de Karnak ; E 17391, colonnade du temple de Louxor.
2. *Description de l'Égypte*, 1809, vol. IV, pl. 7.
3. *Cf.* Porter et Moss, t. IV, 1939, p. 45.
4. *Cf.* Beaucour, Laissus et Orgogozo, 1989, pp. 116-117.
5. Denon, 1803 (4ᵉ éd.), t. II, pp. 11-12.
6. *Cf. Description de l'Égypte*, 1809, vol. IV, pl. 7.
7. *Ibid.*, pl. 29.
8. *Ibid.*, pl. 9.
9. *Ibid.*, pl. 12.
10. Au zoo d'Anvers, le fameux pavillon des éléphants, construit en 1855-1856 par Charles Servais ; à Paris, l'immeuble de la place du Caire, orné de têtes hathoriques sculptées en 1828 par J.G. Garraud.

Bibliographie sommaire :
Vandier, 1950, p. 30 ; Beaucour, Laissus et Orgogozo, 1989, p. 153 (photographie).

Fig. 1. Une des trois têtes hathoriques ornant l'immeuble de rapport 2, place du Caire à Paris, par J.-G. Garraud (1828).

Fig. 2. Détail d'un chapiteau hathorique du pavillon des éléphants du zoo d'Anvers, Charles Servais, architecte, 1855-1856.

148 Environs d'Esné, vue perspective du temple au nord d'Esné

Prosper Jollois et Édouard Devilliers
1809
Gravure sur papier vélin
H. : 54, 7 cm ; L. : 70,8 cm
Marques en bas à gauche : « Jollois et Devilliers del.ᵗ » ; en bas à droite : « Lorieux Sc.ᵗ »
Planche 88 de la *Description de l'Égypte*[1]
Paris, bibliothèque de l'Opéra
Inv. D. Égypte

Ville de la rive gauche du Nil, située à 55 km au sud de Louxor, Esné (ou Esna), la Latopolis des anciens, possédait un ensemble de sanctuaires dédiés au dieu bélier Khnoum et à ses compagnes. Cette planche, figurant l'un des temples septentrionaux, ne montre pas l'édifice tel que purent l'admirer les membres de l'Expédition d'Égypte, mais se présente comme une reconstitution. Une comparaison avec la planche 84 du même ouvrage et de la main des mêmes auteurs montre en effet l'édifice avec sa façade en ruines (Fig. 1). Selon un parti fréquemment adopté dans la *Description*, la gravure restitue, en se fondant sur des monuments similaires, les éléments manquants : ici, la corniche à gorge ornée d'un disque ailé, la façade et les murs d'entrecolonnement décorés de reliefs imaginaires. Comme pour la planche 18 (cat. 149), les relevés de ces temples égyptiens qui furent pris comme modèles par les générations suivantes, n'étaient pas exempts de fantaisie. Cependant, notre document est aussi un témoignage essentiel et un instrument de travail pour les égyptologues, car le temple a aujourd'hui disparu[2].

Les deux auteurs faisaient partie des treize élèves de l'École polytechnique sélectionnés pour figurer dans la Commission d'artistes et de savants accompagnant les armées de Bonaparte. Le brillant Propser Jollois[3] était issu de la première promotion de Polytechnique, en 1794. Il fit très vite équipe avec Édouard Devilliers, (ou de Villiers du Terrage)[4] tout juste âgé de dix-huit ans, qui eut l'étrange privilège de passer son examen de sortie en 1798, au Caire, devant un jury comprenant Monge, Berthollet, Fourier, Costaz ! Avec l'ingénieur-géographe Edme Jomard, Jollois et Devilliers composèrent le plus grand nombre de planches et de mémoires pour la *Description* ; ils siégèrent également parmi les responsables de son achèvement. On oublie bien souvent que la *Description* fut essentiellement l'œuvre d'ingénieurs-géographes, des Mines, de Polytechnique ou des Ponts et Chaussées – sur les 151 membres débarqués à Alexandrie, la Commission ne comptait que 2 archéologues, 4 architectes et 8 artistes – qui mirent au service de l'archéologie des compétences initialement destinées à la cartographie et à la construction de routes, ponts ou canaux.

C. Z.

1. Dominique-Vivant Denon, 1809, A, *Antiquités*, vol. I.
2. *Cf.* Porter et Moss, 1939, t. IV, p. 118.
3. *Cf.* Jollois, 1904.
4. *Cf.* Villiers du Terrage, 1899.

149 Philae, vue perspective intérieure coloriée, prise sous le portique du grand temple

Jean-Baptiste Le Père
1809
Gravure coloriée rehaussée d'aquarelle sur papier vélin
H. : 54,8 cm ; L. : 71,8 cm
Marques en bas à gauche : « Le Père, arch. del.ᵗ » ; en bas à droite : « Phelippeaux sc.ᵗ »
Planche 18 de la *Description de l'Égypte*[1]
Paris, bibliothèque de l'Opéra
Inv. D. Égypte

Comme Denderah, l'île de Philae, « la perle du Nil », a fasciné les artistes. On trouve, aux origines de ce succès mérité, l'ouvrage de Dominique-Vivant Denon et la *Description* qui

ne lui consacre pas moins de vingt-neuf planches ouvrant le tome I, l'ordre choisi étant géographique. En ce lieu situé au sud de la première cataracte, un ensemble de temples – dédiés à la déesse Isis et construits pour leur majeure partie à l'époque gréco-romaine –, déploie ses colonnades et ses kiosques élégants dans un paysage romantique.

Malgré la rigueur du dessin architectural et la véracité des coulcurs, aujourd'hui presque entièrement disparues des monuments, cette vue perspective prend quelques libertés avec la réalité. D'abord par la présence de prêtres antiques au crâne rasé et drapés de lin blanc que précède un visiteur, curieusement vêtu d'un pagne bleu. Mais aussi par la restitution du second pylône, supprimé, et le relevé des textes et des images ornant les colonnes : toutes ont le même

VUE PERSPECTIVE DU TEMPLE AU NORD D'ESNÉ.

Fig. 1. *Vue du temple au nord d'Esné en ruines*
Description de L'Égypte,
A, 1809-1828, vol. I, pl. 84.

VUE PERSPECTIVE INTÉRIEURE COLORIÉE, PRISE SOUS LE PORTIQUE DU GRAND TEMPLE.

décor, copie de l'une d'entre elles ! Mais les scènes principales et les ornements sont exacts, tout comme les chapiteaux et le couronnement de l'édifice.

Les nombreux problèmes techniques que posa la réalisation de la *Description* donnèrent lieu à l'invention de nouveaux procédés. Pour les grandes planches coloriées comme la nôtre, qui traditionnellement auraient nécessité autant de plaques de cuivre gravées qu'il y avait de couleurs, on mit au point un procédé qui consistait à rehausser la gravure d'aquarelle, une fois les couleurs fondamentales imprimées. D'immenses feuilles de vélin furent fabriquées pour la circonstance et le génial Conté inventa une machine à laquelle son nom reste attaché. Elle permettait d'obtenir des

sillons gravés d'une régularité inimitable, utilisés pour les teintes plates restituant les grandes étendues de ciel, de fonds et de murs sur lesquels se détachaient les décors. Comme l'indique la marque apposée en bas, à droite de la planche, la gravure fut exécutée par Phelippeaux. Le dessin est l'œuvre de Jean-Baptiste Le Père, connu sous le nom de Lepère architecte, dont l'équipe réalisa une grande partie des relevés d'architecture. Le personnage est également connu pour la colonne qu'il érigea place Vendôme, à Paris.

C. Z.

1. Dominique-Vivant Denon, 1809, A, *Antiquités*, vol. I.

150 Esné, vue perspective de l'intérieur du portique

Prosper Jollois et Édouard Devilliers
1809
Gravure sur papier vélin
H. : 54,5 cm ; L. : 70,8 cm
Marques en bas à gauche : « Jollois et Devilliers
del.ᵗ » ; en bas à droite : « Sellier fils Sc.ᵗ »
Planche 83 de la *Description de l'Égypte*[1]
Paris, bibliothèque de l'Opéra
Inv. D. Égypte

Cette vue perspective, montrant la partie gauche de la salle hypostyle du grand temple de Khnoum, allie le relevé archéologique à l'imagination. La salle, au plafond soutenu par de hautes colonnes à chapiteau composite, a été figurée dégagée de son ensablement. Le monument est utilisé comme un décor qui mettrait en scène une procession dont les acteurs sont empruntés avec la plus grande fantaisie au répertoire égyptologique de l'époque. Mais cette fantaisie est bien pardonnable. Gardons en mémoire qu'au temps de l'Expédition d'Égypte, l'écriture hiéroglyphique n'avait pas encore livré son secret ; la civilisation pharaonique demeurait mystérieuse et les plus savants archéologues n'avaient pour tout bagage que les quelques lambeaux plus ou moins déformés transmis par les auteurs grecs et latins.

En tête marche un pharaon coiffé de la couronne de Basse-Égypte suivi de prêtres au crâne rasé et de courtisans portant des insignes. Puis, un taureau Apis égaré en ce lieu – sa patrie est Memphis ! – apparaît, à demi dissimulé par une colonne. Au centre, la statue du dieu bélier Khnoum, maître des lieux, est transportée solennellement

VUE PERSPECTIVE DE L'INTÉRIEUR DU PORTIQUE.

sur un brancard que recouvre une étoffe chamarrée. Viennent de nouveau deux pharaons. Le défilé s'achève avec l'animal du dieu Seth, perché sur une petite chapelle.

La théâtralité de cette procession, évoquant quelque scène d'opéra, est accentuée par le rayon de lumière qui vient frapper, comme le ferait un projecteur, les personnages traversant l'immense salle obscure. L'atmosphère mystérieuse est rendue par le contraste des valeurs, s'échelonnant du noir velouté au blanc éclatant, dont la gamme est admirablement servie par un nouveau procédé de gravure, la machine de Canson.

C. Z.

1. Dominique-Vivant Denon, 1809, A, *Antiquités*, vol. I.

151 Bibliothèque destinée au rangement de la Description de l'Égypte

Charles Morel d'après les dessins
d'Edme-François Jomard
1813-1836
Chêne ; placage d'acajou
H. : 1,075 m ; L. : 2,03 m ; l. : 1,18 m
Inscription en lettres de bronze capitales
sous la corniche : « À LA VILLE DE PROVINS,
UN DE SES ENFANS, 1844 »
Provins, bibliothèque municipale

Historique :
Offerte à la bibliothèque de Provins par Marie-Jules-César Lelorgne de Savigny en octobre 1843.

Exposée à Paris

À la fin de l'Empire, l'ébéniste Charles Morel, établi à Paris[1], proposait aux souscripteurs de la *Description de l'Égypte* un meuble spécialement conçu pour ranger et consulter cet ouvrage et décoré par Edme-François Jomard dans cet esprit[2] (Fig. 1). Il est difficile de dire avec précision à quelle date apparaissent les premiers exemplaires de cette bibliothèque, mais il en existe deux, simplifiés, datés de 1813[3]. Elle était encore fabriquée en 1836, année où le roi Louis-Philippe en commanda une pour les Tuileries.

La description de cet exemplaire en donne la structure précise : « Un meuble en chêne de Hollande poli, socle plein, quatre montants à pilastres surmontés d'une frise à corniche à gorge d'un style égyptien, les profils et les moulures en bois d'amarante, les côtés à panneaux pleins, le devant et le derrière avec fausse porte et porte fermant avec serrures à bascule, garnies de verres afin de voir l'ouvrage dans son entier. Tablettes intérieures garnies de moulures et se tirant à coulisses pour placer les volumes. Dans la frise est pratiqué un tiroir dont le devant se baisse à abattant garni d'un maroquin à vignette dorée, et servant à placer l'atlas et à écrire au besoin. Le dessus s'élevant en forme de pupitre est soutenu par un chevalet à crémaillère pour déployer les volumes. Ce meuble se démonte par le moyen de vis à écrous et est garnie de fortes roulettes en dessous[4]. »

Le meuble de la bibliothèque de Provins est beaucoup plus grand que celui des Tuileries[5]. Il a été offert en octobre 1843 par Marie-Jules-César Lelorgne de Savigny, natif de Provins (1777-1851), avec un exemplaire de la *Description de l'Égypte* annoté de sa main. Membre de l'Institut, il avait suivi l'Expédition d'Égypte parmi les membres de la

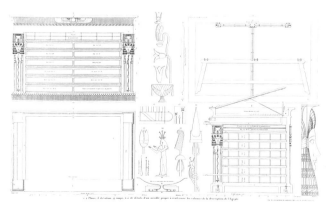

Fig. 1. Meuble pour la Description de l'Égypte
par Charles Morel, gravure d'après le dessin
de Edme-François Jomard.

Fig. 2. Bibliothèque pour la Description de l'Égypte
Meuble anonyme réalisé en 1837 ;
Paris, bibliothèque de l'Assemblée nationale.

Commission des sciences et il avait étudié notamment les momies animales, celles des ibis[6] en particulier. Il pensait, dès 1810, offrir à Provins la *Description de l'Égypte* qui commençait alors tout juste à paraître et dont il était destinataire du fait de sa participation[7]. Aucun élément ne permet de préciser la date de fabrication de son meuble.

J.-M. H.

1. *Cf.* Ledoux-Lebard, 1984, pp. 499-500.
2. *Cf.* le prospectus distribué à cet effet, bibliothèque municipale d'Autun. La tête hathorique, empruntée au temple de Denderah, montre à quel point ce temple a frappé les imaginations ; *cf.* Humbert, à paraître.
3. *Cf.* Ledoux-Lebard, *op. cit.*, p. 499.
4. H. : 1,03 m ; L. : 1,35 m ; pr. : 94 cm ; prix : 600 F. Commande officielle du 20 octobre 1836, citée *in* Ledoux-Lebard, *op. cit.*, p. 500 ; ce meuble a dû disparaître dans l'incendie des Tuileries. On constate que le Roi a fait commander le modèle le plus simple, sans aucun décor ; il est vrai que malgré la proximité de la date de l'érection de l'obélisque de Louxor place de la Concorde (cinq jours plus tard), Louis-Philippe ne souhaitait pas encore vraiment favoriser tout ce qui pouvait rappeler le souvenir de Napoléon, en l'occurrence l'Expédition d'Égypte. Le même meuble orné de bronzes coûtait 1 500 F, avec ornements sculptés 1 000 F, et sans sculpture 600 F (*Ibid.*).
5. Il est à noter que les meubles Morel ont été réalisés, contrairement à ce que peut laisser supposer le prospectus publicitaire (H. : 98 cm ; L. : 1,45 m ; l. : 98 cm) dans des dimensions variées, certainement à la demande du client : *cf.* les dimensions de l'exemplaire du Sénat (placage d'acajou) H. : 1 m ; L. : 1,51 m ; l. : 1 m ; pupitre : 1,322 m sur 82,3 cm.
6. *Cf.* la *Feuille de Provins*, nᵒˢ 41, 42, 44 et 47 des 11 et 18 octobre, 1ᵉʳ et 22 novembre 1851.
7. *Ibid.*, nᵒ 42, 18 octobre 1851, p. 1.

Expositions :
Paris/Berlin, 1990-1991 (non cité au catalogue).

Bibliographie sommaire :
Feuille de Provins, nᵒ 41, 11 octobre 1851.

152 Maquette du médaillon « L'Égypte montrant le colosse de Memnon »

Bernard Lange (1754-1839)
1801-1803
Terre cuite
Ovale : H. : 23 cm ; l. : 20 cm ; pr. : 1,5 cm
Inscription au dos : « Bas-relief exécuté au musée central de Paris par le Câenä Lange Statuaire natif de Toulouse »
Toulouse, musée des Augustins
Inv. 57.5.4

Historique :
Collection Suau ; collection Regraffé ; acquise dans le commerce toulousain en 1956.

Considérablement restauré, remanié et redécoré, notamment à l'occasion de l'ouverture du musée Napoléon, le palais du Louvre se vit orner de maints thèmes égyptisants, dont beaucoup disparurent par la suite ; l'un de ceux toujours visibles aujourd'hui orne la rotonde de Mars[1].

Lorsqu'il fut décidé d'établir dans le Vestibule l'entrée du nouveau musée, l'architecte toulousain Jean-Arnaud Raymond fut chargé d'établir les dessins et de surveiller les travaux de la décoration, qui n'avait jamais été terminée depuis la mort d'Anne d'Autriche. Il choisit d'y faire revivre l'histoire de la sculpture et commanda à son concitoyen Bernard Lange deux des quatre médaillons entourant l'allégorie centrale. L'Égypte voisine donc, à l'entrée du musée, avec la Grèce montrant l'*Apollon Pythien*, l'Italie le *Moïse* de Michel-Ange et la France le *Milon* du Pujet.

Bernard Lange, qui était au Louvre à la fois l'un des décorateurs et le restaurateur des antiques, a choisi de représenter l'Égypte assise, la tête coiffée du *némès* et vêtue d'une ample tunique qui n'a rien d'égyptien ; elle se rapproche en cela des statues égyptisantes de Clodion – que sa pose peu hiératique évoque. De son bras droit tendu, elle désigne une statue assise, dans laquelle on est censé reconnaître l'un des colosses de Memnon[2] (Fig. 1) ; on notera le défaut de proportion qui a donné à l'Égypte un bras gauche démesurément long, corrigé dans l'exécution finale, où Lange a ajouté un lotus sur le *némès* de l'Égypte et lui fait tenir un sistre de la main gauche. La pose quelque peu

Pl. 68.

L'ÉGYPTE MONTRANT LE COLOSSE DE MEMNON. *par Mʳ Lange*
Normand père sc.

Fig. 1. L'Égypte montrant
le colosse de Memnon, par B. Lange
Gravure de Normand père,
réalisée d'après un dessin de Calmé
Frédéric de Clarac,
Musée de sculpture antique et moderne,
Paris, 1841-1853, t. I, pl. 68.

Fig. 2. Vue actuelle du plafond
de la rotonde de Mars (détail).

maniérée et presque alanguie de l'Égypte dans le médaillon de terre cuite fait place à un modelé plus froid et plus rigide dans sa réalisation définitive (Fig. 2).

On retrouve dans cette œuvre le dessin souvent médiocre des sources disponibles au tournant du siècle, avant la parution de l'ouvrage de Denon. La composition est d'ailleurs purement allégorique, comme le souligne la juxtaposition, par-delà la distance, du colosse de Memnon au pyramides de Gizeh, dont la forme évoque d'ailleurs plutôt celle de Caius Cestius.

Les travaux commencèrent dès 1801[3] et furent achevés pour l'inauguration du musée Napoléon, le 15 août 1803 ; l'Empereur eut ainsi la satisfaction de voir figurer aux musée un rappel de son Expédition, sans laquelle l'Égypte n'aurait peut-être pas été représentée au panthéon des Arts, en dehors de l'*Isis* de Moitte qui décorera à partir de 1806 une des fenêtres de la cour Carrée[4].

J.-M. H.

1. Cette salle, qui faisait partie des appartements d'Anne d'Autriche, fut affectée notamment et successivement, sous le nom de Rotonde, à l'Académie de peinture de 1715 à 1722, puis à l'infante Marie-Anne-Victoire ; sous le nom de Vestibule, aux musées Napoléon et Royal ; sous le nom de Rotonde de Mars, au Musée impérial, et au musée du Louvre de 1870 à 1934 ; elle fut un moment baptisée Rotonde d'Anne d'Autriche, avant de retrouver le nom de Rotonde de Mars qui la désigne aujourd'hui.
2. *Cf.* Clarac, 1841-1853, planches, t. I, pl. 68 et texte, t. I, p. 516.
3. *Cf.* Aulanier, 1955, pp. 75-77 et pl. 42 et 77.
4. Les maquettes en terre cuite de Moitte sont exposées dans les salles de l'histoire du Louvre (un pharaon occupait à l'origine la place d'Isis, et un sphinx surmontait l'ensemble).

Expositions :
Toulouse, 1969, n° 105 ;
Toulouse, 1972, n° 56 ; Toulouse, 1976, n° 45 ; Toulouse, 1989, n° 58 a ; Toulouse, 1989-1990, n° 97.

Bibliographie sommaire :
Mesplé, 1957, p. 39, fig. 3 ;
Mesplé, 1960, p. 5, note 8 et p. 55, note 19 ; cat. exp. Toulouse, 1989-1990, pp. 78-79.

FONTAINE DE LA RUE DE SEVE D.^{TE} DES INCURABLES.

Porteur d'eau », construite entre 1806 et 1809 à l'emplacement de l'actuel numéro 42 de la rue de Sèvres, constitue l'un des plus célèbres monuments égyptisants de la capitale (Fig. 1). Adossée au mur extérieur de l'hospice des Incurables (actuel hôpital Laënnec), « elle présente dans son ensemble une porte de temple égyptien, dont la baie sert de niche à une statue qui tient un vase de chaque main, et en verse de l'eau dans une cuvette semi-circulaire[2] ». Le sculpteur Beauvallet avait trouvé son modèle au Louvre[3] : l'*Antinoüs* du Capitole, statue égyptisante d'époque romaine qui avait été apportée de Rome au titre des prises de guerre de la campagne d'Italie[4], malgré l'opposition de nombreuses personnalités du monde des arts, dont Quatremère de Quincy[5].

L'ingéniosité de Bralle a été de métamorphoser le favori divinisé d'Hadrien en porteur d'eau – ou porteur égyptien[6] –, en faisant des deux cylindres que tiennent, dans leurs poings serrés, beaucoup de statues égyptiennes repré-

Fig. 1. *Fontaine égyptienne de la rue de Sèvres à Paris, par MM Brasle et Boisot* Gravure de Charles Normand d'après un dessin d'Ambroise Tardieu *in Monumens des Victoires et Conquêtes des François*, Paris, 1822.

153 Fontaine du Fellah

« Fontaine de la rue de Sève Dtte des incurables »

Composition de Bralle ; décor et sculpture de Beauvallet ; dessin et gravure de Moisy
1812
Eau-forte
H. : 41,6 cm ; l. : 26,6 cm
Planche 7 des *Fontaines de Paris anciennes et nouvelles* d'Amaury Duval, Paris, 1812
Paris, musée Carnavalet, cabinet des Arts graphiques
Topo Pc 116 A

Le 2 mai 1806 est publié un décret ordonnant la création de quinze nouvelles fontaines à Paris ; six d'entre elles seront d'inspiration égyptienne[1]. Cette fontaine, dite aussi « du

Fig. 2. Projet de fontaine
Dessin de Guillaume Boichot, 1800 ;
Chalon-sur-Saône, musée Denon.

Fig. 3. La Fontaine du fellah aujourd'h
avec la copie par Gechter (1844)
de l'Antinoüs de Beauvallet.

sentant des hommes debout, les anses de deux cruches par où s'écoule l'eau alimentant la vasque de la fontaine. Mais il faut noter que Beauvallet laisse à son personnage la coiffure pharaonique ; si celle-ci se justifiait bien sur la tête d'Antinoüs qui, après s'être noyé, avait été élevé par Hadrien au rang d'« associé-du-trône des dieux de l'Égypte[7] », elle est hors de mise sur celle d'un serviteur ; les connaissances archéologiques de l'époque ne permettaient pas au sculpteur de connaître cette règle.

Pour recevoir cette statue, Bralle avait conçu une sorte de *naos* décoré du tore et de la corniche à gorge, dans laquelle on peut voir une intéressante interprétation du disque ailé habituel, remplacé par un aigle aux ailes déployées, propre à plaire à l'Empereur ; cette assimilation procède du même principe que l'étonnant cartouche « pharaonique » créé par Cécile à l'intention de Napoléon sur le frontispice de la *Description de l'Égypte*, dans lequel voisinent une abeille et une étoile. L'aigle et la fontaine égyptienne symbolisent donc ici à la fois Bonaparte, son Expédition d'Égypte et le mythe naissant de Napoléon, et constituent un bon exemple des possibles lectures parallèles conjoncturelles de l'égyptomanie.

La fontaine connaît aussitôt les faveurs des Parisiens, comme le constate Amaury Duval : « Il n'y a pas vingt ans que cette fontaine aurait paru bizarre ; elle plaît aujourd'hui[8]. » Il ajoute toutefois des critiques pertinentes, regrettant la trop petite taille de l'ensemble et le manque de décoration : « Il est étonnant que l'artiste [...] n'ait point cherché à placer dans tout son monument quelques hiéroglyphes. Les pieds-droits lui fournissaient une page à remplir[9]. »

L'Antinoüs est utilisé dans d'autres projets de fontaines, comme celui de Boichot[10] (Fig. 2) et en tant que verseur d'eau – rançon du succès – fut copié, notamment par Oudet en 1831 à Mauvages[11]. Celui de Paris, réalisé dans une pierre de mauvaise qualité, ne supporta pas les attaques de l'eau et, malgré un bronzage[12] et des réparations répétées[13], ne tarda pas à se détériorer ; on lui substitua en 1844 une copie par Gechter[14], qui continue depuis lors de vider ses cruches du même air impassible (Fig. 3).

J.-M. H.

1. Fontaines du palais des Beaux-Arts, de l'Apport-Paris, du Fellah, du Boulevard Montmartre, du Château d'eau, de la Paix et des Arts.
2. Duval, 1812, p. 17 et pl. 7.
3. La statue du favori de l'empereur Hadrien figure évidemment en bonne place au Louvre lors de l'ouverture du musée des Antiques, le 8 brumaire an IX. *Cf.* notamment à son sujet, Petit-Radel, 1805, t. III, n° XLIII, p. 98, pl. 43 ; Beauvallet, 1804-1807, t. I, 3ᵉ cahier, n° 18 ; *Monumens des Victoires et Conquêtes des François*, 1822.
4. Arrivée à Paris des prises de guerre de la campagne d'Italie les 9 et 10 thermidor an VI (Arch. Nat. F 17/1275).
5. *Cf.* Quatremère de Quincy, an IV-1797. En 1815, la statue fut remise aux alliés et elle se trouve maintenant au musée du Vatican, depuis peu dans le cadre d'une nouvelle muséographie.
6. Sur cette appellation, *cf.* lettre de Bralle au ministre de l'Intérieur en date du 15 juillet 1806, pp. 2 et 3 (Arch. Nat. F 13/1005) et l'*Inventaire général des richesses d'art de la France*, 1879, t. I, p. 209.
7. Erman, 1937, p. 480 et fig. 180.
8. Duval, *op. cit.*, p. 17.
9. *Ibid.*, pp. 17-18.
10. Vers 1800 ; dessin conservé au musée Denon à Chalon-sur-Saône.
11. Lavoir, dit « Fontaine du Deo », *cf. Inventaire général des Monuments et des richesses artistiques de la France, Meuse, Canton de Gondrecourt-le-Château*, 1981, notice p. 248 et p. 254, fig. 336 et 337.
12. *Cf.* les lettres de Bralle des 4 avril et 25 mai 1809 (Arch. Nat. F 13/1005).
13. En 1816 et 1817, *cf.* Dulaure, 1856, t. VI, p. 27.
14. *Cf. Inventaire général des richesses d'art de la France*, t. I, 1879, p. 209. On notera qu'un autre exemplaire de cette statue, en piteux état, se trouve dans la cour de l'immeuble situé au numéro 18 bis de la rue Henri-Barbusse à Paris.

Bibliographie sommaire :
Duval, 1812, p. 17 et pl. 7.

154-155 Deux statues d'Antinoüs

Attribuées à Pierre-Nicolas Beauvallet (1750-1818)
Vers 1810
Marbre bleu turquin
H. : 1,75 m ; l. : 52 cm
Paris, musée Marmottan
Inv. 1572

Historique :
Achat en 1935 (archives du musée, Inv. 1572, pièces I à VII).

On sait peu de chose sur ces deux statues, au sujet desquelles on en est réduit aux conjectures. La tradition veut qu'elles aient été réalisées pour orner les niches intérieures du portique égyptisant ajouté en 1807 à la façade classique de l'hôtel de Beauharnais. Elles sont la copie fidèle de l'*Antinoüs* de la villa d'Hadrien, maintenant au Vatican, et qui se trouvait au Louvre à l'époque où Beauvallet réalisait sa sculpture pour la fontaine de la rue de Sèvres. Il y a de fortes raisons de penser que cet artiste est bien l'auteur de ces deux figures qu'il représente dans son album de croquis[1].

Deux pièces identiques étaient visibles avant la Première Guerre mondiale dans la cour de l'hôtel de Mailly-Villette, 27, quai Voltaire et 1, rue de Beaune[2]. Il est probable qu'il s'agit des mêmes Antinoüs ; en effet, lorsque Hector Lefuel entame les pourparlers en vue de l'achat de

Le retour d'Égypte

ces statues, il écrit à Widor, secrétaire perpétuel de l'Académie des beaux-arts : « Je compterais demander aux membres de la Commission de bien vouloir m'accompagner [...] chez le possesseur de ces statues qui habite justement près de l'Institut, quai Voltaire, pour y examiner ces œuvres d'art[3]. »

Le thème d'Antinoüs, pastiche d'époque romaine représentant le favori de l'empereur Hadrien sous la forme d'un éphèbe aux muscles saillants coiffé du *némès*, rencontre un gros succès après qu'il eut été mis à la mode par Piranèse, Hubert Robert et le cardinal Albani : Clodion en propose des reproductions de taille réduite, on le rencontre à la villa Borghèse, au théâtre de Monsieur, rue Feydeau à Paris, au palais d'Ostankino et dans le salon Égyptien de Thomas Hope. Tout aussi à son aise à supporter une console, à encadrer un foyer de cheminée qu'à porter des bras de lumière, il est resté longtemps populaire, au point qu'on le retrouve dans les utilisations les plus variées, mobilier, objets d'art et objets usuels ; il est d'ailleurs également utilisé au XIXe siècle, en effigies peintes dans des décors intérieurs. Les canons de l'Antinoüs ont été dès le début bien fixés et tout au plus évoluent-ils vers la forme fontaine. Antinoüs est devenu, dans l'égyptomanie, une manière de prototype de l'Égyptien idéal, particulièrement bien adapté à la décoration des demeures à la mode.

J.-M. H.

1. *Cf.* Beauvallet, t. I, 1804-1807, 3e cahier, n° 18.
2. *Cf.* Vacquier, t. II, 1913-1924.
3. Lettre datée du 30 janvier 1935, Archives du musée Marmottan, Inv. 1572, Pièce I.

Expositions :
Paris, 1938, n° 653 ; Munich, 1972, n° 21.

Bibliographie sommaire :
Lefuel, 1934, n°s 644-645 ; cat. exp. Paris, 1938, p. 192 ; cat. exp. Munich, 1972, pp. 34 et 40 ; Humbert, 1989, p. 201.

156 Colonne de la place du Châtelet

Composition de Bralle ; sculpture de Boizot ; dessin et gravure de M. Moisy
1806-1808
Eau-forte
H. : 41,6 cm ; l. : 26,5 cm
Planche 37 des *Fontaines de Paris anciennes et nouvelles* d'Amaury Duval, Paris, 1812
Paris, musée Carnavalet, cabinet des Arts graphiques
Topo Pc 11 F

Lors de sa construction sur les dessins de Bralle, la fontaine dite alors « de l'Apport-Paris » n'avait encore ni le socle, ni les sphinx que nous lui connaissons aujourd'hui[1] : elle se

composait simplement d'une colonne et de cinq statues par Boizot. Constituant l'une des quinze nouvelles fontaines parisiennes ordonnées par le décret du 2 mai 1806[2], elle fut édifiée entre 1806 et 1808.

Son caractère égyptisant n'a pas toujours été perçu à l'époque : « On semble avoir cherché à imiter dans le chapiteau, qui n'est d'aucun ordre, quelques chapiteaux trouvés dans les monuments antiques de l'Égypte. Sa forme est circulaire, un peu évasée par le haut, et il n'a pour ornement que des plumes ou palmes arrangées les unes près des autres

COLONNE DE LA PLACE DU CHATELET.

dans un ordre symétrique[3]. » Ce chapiteau était pourtant déjà bien connu et fort reproduit depuis Norden[4] : Bralle a pu en trouver le dessin dans Durand, dans Quatremère de Quincy ou dans Beauvallet[5]. Denon l'a également dessiné d'après nature et reproduit dans son *Voyage*[6], mais il semble que la source de Bralle soit plutôt Norden ou ses imitateurs.

C'est à ce chapiteau que le monument doit ce nom, sous lequel on le désigne souvent, de « Fontaine du Palmier ». Cette construction surprit les Parisiens, mais fut plutôt bien accueillie : « Il faut avouer que le bon goût et les bonnes règles sont offensés dans l'ajustement particulier et dans quelques-uns des détails qui composent l'ensemble de ce monument, mais on ne peut s'empêcher de reconnaître, malgré ses nombreux défauts, qu'il est l'un des plus agréables de Paris[7]. »

Parmi les victoires militaires inscrites sur le fût de la colonne, seule celle des Pyramides accentue quelque peu le caractère égyptisant de cette fontaine.

J.-M. H.

1. *Cf.* cat. 199.
2. *Cf.* cat. 153.
3. Duval, 1812, p. 82.
4. *Cf.* Norden, 1755, t. II, pl. CXLIV, fig. E (1re éd., Londres, 1741 ; rééd. Paris 1795).
5. *Cf.* Durand, an IX-1801, pl. 64 ; Quatremère de Quincy, an XI-1803, pl. 1 ; Beauvallet, t. I, 1804-1807, 11e cahier, feuille 5e.
6. Dominique-Vivant Denon, *Voyage dans la Basse et la Haute Égypte*, Paris, an X-1802, pl. 59, fig. 2.
7. Fontaine, s.d., n° 13, pl. 94 et p. 71.

Bibliographie sommaire :
Duval, 1812, p. 82 et pl. 37.

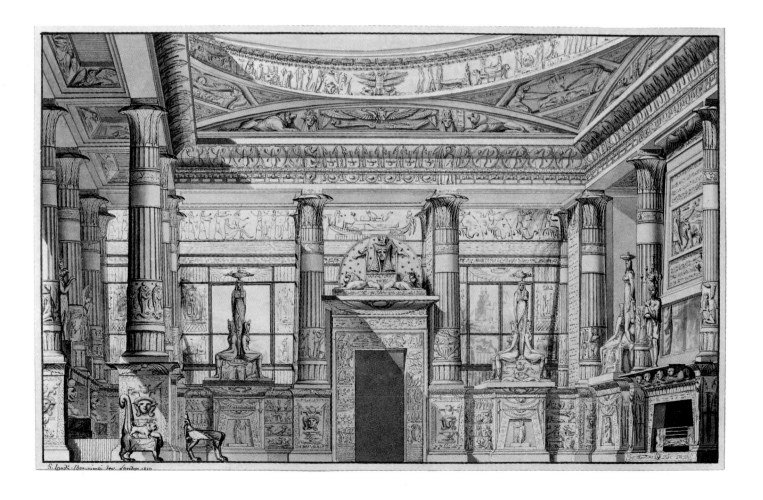

157 Projet pour une grande salle Égyptienne

Gaetano Landi
Vers 1810
Plume et encre ; rehaussé de lavis
H. : 22,2 cm ; L. : 34,9 cm
New York, Metropolitan Museum of Art
Inv. 62.653.215

Gaetano Landi ; gravure de G. d'Argenzio
1810
Planche extraite de *Architectural Decorations* de
Gaetano Landi, 1810

Historique :
Don de Harry G. Friedman, 1962 (dessin).

Exposés à Paris (dessin) à Ottawa et à Vienne
(gravure)

On sait peu de chose sur Gaetano Landi en dehors des rares informations contenues dans quelques lettres qu'il écrit à Sir John Soane en 1810. Bien qu'il ait affirmé avoir été professeur à l'université de Bologne et membre de l'académie Clémentine, cela n'est pas attesté par les archives. Il est cependant possible qu'il ait été apparenté au peintre et architecte bolonais Giuseppe Antonio Landi dont la carrière s'est apparemment déroulée en partie au Brésil[1]. Il est certainement à Londres dès janvier 1810 quand il publie la première et seule édition de son *Architectural Decorations : A Periodical Work of Original Designs Invented from the Egyptian, the Greek, the Roman, the Etruscan, the Attic, the Gothic & c...*, où figurent des planches gravées par un certain G. d'Argenzio qui partit également pour le Brésil. Le livre de Landi était dédié au marquis de Douglas, homme de

goût et ancien ambassadeur en Russie, qui épousa l'une des filles de William Beckford. Connaissant des difficultés financières dès la fin de 1810, Landi fait part à Soane de son intention de se rendre en Russie, puis on perd toute trace de lui. Seule nous est parvenue sa collection de dessins éclectiques qui comprend l'étonnant projet pour une grande salle Égyptienne ainsi qu'un dessin pour une cheminée égyptienne[2]. L'architecture quelque peu inhabituelle de la salle allie d'énormes fenêtres (ouvrant sur un paysage avec des palmiers) à un dôme d'un genre privilégié par Soane et les éléments égyptiens dénotent une connaissance de Piranèse – qui n'est que modestement utilisée – et de Denon.

La décoration profuse et éminemment théâtrale n'a cependant pas de lien évident avec le style de son époque. Le parallèle le plus immédiat est à rechercher du côté des mises en scène du moment, dans des œuvres telles que les projets de Paolo Landriani de 1809 pour le ballet *Cesare in Egitto* donné à Milan[3].

M. P.

1. Pour des informations biographiques sur Landi, *cf.* Croft-Murray, 1970, pp. 236-237 et Colvin, 1978, p. 501.
2. La cheminée est reproduite *in* Humbert, 1989, p. 110.
3. *Cf.* Viale Ferero, 1983, pl. XII.

Expositions :
New York, 1979 (dessin).

Bibliographie sommaire :
dessin : Watkin, 1968, pp. 225-226, ill. pl. 99 ; Curl, 1982, pp. 119, 120, ill. pl. 106 ; cat. exp. Brighton/Manchester, 1983, n° 108 (exemplaire du Sir John

Soane's Museum, Londres) ; Humbert, 1987, t. I, n° 316 ; Humbert, 1989, p. 112, ill. (exemplaire du Sir John Soane's Museum, Londres). gravure : Heckscher, 1967, p. 36, ill. fig. 2 ; Wittkower, 1975, p. 272.

158 Egyptian Hall, Piccadilly

Dessin de Thomas H. Shepherd ; gravure
de A. Mc Clatchy
Publié le 7 juin 1828 par Jones et Co, 3 Acton
Place, Kingland Road, Londres
Eau-forte avec rehauts d'aquarelle
H. : 13,2 cm ; l. : 20,5 cm
Paris, collection particulière

Construit en 1812 à Piccadilly à l'emplacement des actuels numéros 170-173, l'Egyptian Hall de Londres[1] était destiné à présenter au public des « curiosités » et abrita un véritable musée de 1812 à 1819, sous l'impulsion de William Bullock.

Il constitue l'exemple parfait de l'utilisation du style égyptien à des fins publicitaires et commerciales : il s'était agi essentiellement de réaliser une façade suffisamment curieuse pour attirer à l'intérieur le badaud (Fig. 1).

Conçu en 1811 par Peter Frederick Robinson « d'après les dessins de Denon » dont l'ouvrage reste encore la référence, il constitue un catalogue relativement complet des thèmes les plus prisés par l'égyptomanie : la façade se compose d'un pylône avec corniche à gorge divisé en trois secteurs verticaux ; l'ensemble central, le plus important, comprend une vaste niche, occupée par deux statues pseudo-égyptiennes de Sebastian Gahagan censées représenter Isis et

Fig. 1. *L'Egyptian Hall de Londres
à la fin du XIXe siècle*
Photographie anonyme,
collection particulière.

Fig. 2. La Maison égyptienne
Bibliothèque de Devonport
édifiée par John Foulston en 1823.

Fig. 3. Maison égyptienne
construite vers 1835
dans Chapel Street, à Penzance.

Osiris, surmontée d'un disque ailé, de deux sphinx, d'un scarabée ailé et d'une corniche à gorge ; de chaque côté, deux baies sont décorées selon le même principe et reprennent deux fois le disque ailé, avec double encadrement de hiéroglyphes et de tores, par ailleurs partout présents ; au rez-de-chaussée, l'entrée, garnie de deux colonnes papyriformes, est encadrée de deux vitrines également entourées de pseudo-hiéroglyphes, le tout surmonté de l'inévitable corniche à gorge avec son disque ailé.

En 1819, l'intérieur est décoré à l'égyptienne par J.-B. Papworth[2], avec colonnes, disques ailés, *uraeus*, frises de serpents, le tout très vaguement imité. C'est dans cette salle qu'a lieu la célèbre exposition de Belzoni, en 1821-1822, dont le succès est tel, qu'elle est également présentée à Paris et à Saint-Pétersbourg. On pouvait y voir une reconstitution du tombeau de Séthi Ier – notamment de sa chambre funéraire –, ainsi que des maquettes des temples d'Abou-Simbel et d'une pyramide. Dans les années qui suivent, l'édifice abrite essentiellement une salle d'attractions, annonçant toujours du « nouveau » et du « fantastique », jusqu'aux premières projections cinématographiques ; il sera démoli en 1904[3].

L'intérêt majeur de l'Egyptian Hall réside dans l'énorme influence qu'il a exercée, tant en Angleterre qu'à travers le monde. D'une part, il a été copié à des échelles et dans des proportions diverses, à Devonport (Plymouth) dans la bibliothèque égyptienne construite par John Foulston en 1823[4] (Fig. 2), à Penzance vers 1835 (Fig. 3), et même en miniature, par exemple en appareil de visionnement de plaques dessinées[5]. D'autre part, le goût égyptien bénéficia grâce à lui d'une publicité particulièrement spectaculaire qui allait justifier son développement dans tous les domaines des arts décoratifs.

J.-M. H.

1. *Cf.* Honour, 1954, pp. 38-39 ; Curl, 1982, pp. 124-128 ; cat. exp. Brighton/Manchester, 1983, n°s 141-143.
2. Selon Carrott, 1978, pp. 45-46, notes 68-69, le décor égyptien intérieur ne fut réalisé qu'en 1821 pour l'exposition de Belzoni par un architecte anonyme.
3. *Cf.* le dessin de Muirhead Bone représentant cette démolition, *in* Thornton, 1935, frontispice.
4. *Cf.* Foulston, 1838, pp. 1, 3 et pl. LXXXVII-XCIII.
5. *Cf.* Ceram, 1966, pp. 56-57.

Bibliographie sommaire :
Humbert, 1989, p. 55.

159 Modèle de temple égyptien

Vers 1800-1805
Bronze patiné et doré
H. : 17 cm ; L. : 40 cm ; l. : 21 cm
Musée national des châteaux de Malmaison et Bois-Préau
MM. 90.12.1.

Historique :
Ancienne collection du Professeur Guy Ledoux-Lebard (achat en 1937 chez l'antiquaire Gaston Meyer) ; offert en 1990 au Musée national des châteaux de Malmaison et Bois-Préau par le Professeur et Madame Guy Ledoux-Lebard en souvenir du Docteur René Ledoux-Lebard, père du donateur.

Ce petit modèle, édifice rectangulaire double face posé sur un socle à deux degrés, faisait partie des collections de l'impératrice Joséphine à la Malmaison[1]. Il est cité dans l'inventaire de Lenoir sous l'appellation de « Modèle en bronze d'un temple égyptien[2] », puis dans l'inventaire après décès de l'impératrice Joséphine[3], sous l'appellation de « Temple de Tentyris ». Il peut sembler curieux de le voir mentionné sous ce nom de « Temple de Denderah », alors qu'il s'agit en fait d'une interprétation du temple d'Esné – dont on trouve des dessins notamment dans l'ouvrage de Norden[4], dans celui de Denon[5] (Fig. 1) et dans la *Description de l'Égypte*[6] –, mêlée de la restitution du temple de Khnoum à Kôm el-Deir, tout proche d'Esné, et qui ne comporte que quatre colonnes[7]. Une telle appellation, qui évolue en « Temple de Ramsès » dans l'exposition *Égypte-France*[8], n'a en fait rien de surprenant : il s'agit là d'un terme générique courant pour des non-spécialistes qui utilisent le nom du temple le plus célèbre[9] ; il est donc tout à fait plausible qu'il s'agisse bien du même objet.

On serait en effet en droit de douter de son origine, car aucune marque ne permet de l'identifier ni de retenir l'une de ses appellations, s'il ne figurait, avec une description beaucoup plus précise – faisant état de ses deux façades et sans mention du nom de Denderah –, dans les deux ventes Feuchère de 1824 et de 1831 : « Temple égyptien à double face, forme parallèle-logramme [*sic*], d'une pureté de travail très remarquable ; il provient de la galerie de la Malmaison[10]. » En revanche, la deuxième vente[11] ajoute qu'il a été exécuté sur les dessins de Denon, mais il est évident que ce n'est pas le cas ; il est en effet beaucoup plus proche du dessin de Norden. En dehors du fait que le nombre de colonnes a été réduit de six à quatre en façade et qu'il manque la porte et les murs d'entrecolonnement, nombres de détails sont révélateurs d'une source très anté-

rieure : les chapiteaux et les colonnes ne correspondent nullement au dessin de Denon, non plus que les personnages et les frises décorant les murs, remplacés par des hiéroglyphes fantaisistes et un immense disque ailé, tels qu'on peut les voir chez Norden ; de même manquent les tores ; mais la forme générale est conforme aux dessins dont on disposait à l'époque.

Le temple d'Esné, sans connaître le succès de celui de Denderah, fut néanmoins souvent copié. En 1804, l'architecte Tatham le transforme en serre[12] et Laves, s'inspi-

rant encore de Norden dans les années 1804-1812, en tire matière à un projet de tombeau fort proche de cette maquette : on n'y trouve que quatre colonnes en façade et il est de même sommé d'un toit à double pente[13].

Après que Cassas eut exposé ses maquettes[14], il devint fréquent de voir, chez les amateurs éclairés, des reproductions ou reconstitutions en petits modèles, de temples égyptiens. Outre ceux de Joséphine, on peut citer comme exemple de cette mode celui qui figurait au catalogue de la vente Denon : « Modèle en tôle peinte du portique qui précède le temple d'Hathor, à Denderah. Ce modèle, exécuté avant l'époque de l'Expédition de l'armée française en Égypte, n'offre point une imitation très exacte du monument célèbre [...] : ses fonds imitent le porphyre rouge ; les sculptures dont il est décoré sont bronzées et sous son portique est placée une statuette antique en terre émaillée, représentant Isis allaitant Horus ; H. : 10 pouces, largeur : 18 pouces 1/2[15]. »

J.-M. H.

Fig. 1. *Portique du temple de Latopolis à Esné*
Dominique-Vivant Denon, *Voyage dans la Basse et la Haute Égypte*, Paris, 1802, pl. **XXXII** ;
Paris, bibliothèque du musée de l'Armée.

1. Sur le goût de l'impératrice Joséphine pour les objets égyptiens et égyptisants, *cf.* cat. 118, 131 et 136.
2. *Catalogue historique et raisonné des antiquités et des marbres au Château impérial de la Malmaison ordonné à M. Alexandre Lenoir, admi-*

nistrateur du musée des Monuments français, 1809, cité *in* Ledoux-Lebard, 1991, p. 55.

3. *Cf.* Grandjean, 1964, p. 199, n° 1554.

4. F.-L. Norden, *Travels in Egypt and Nubia*, Londres 1741, pl. CIV.

5. D-V Denon, *Voyage dans la Basse et la Haute Égypte*, Paris 1802, pl. XXXII.

6. *Description de l'Égypte*, Paris, 1re éd. commencée en 1809, A. vol. I, pl. 73.

7. *Cf. op. cit.*, pl. 85.

8. *Cf.* cat. exp. Paris 1949, n° 369.

9. *Cf.* Humbert, à paraître.

10. Vente de Lucien-François Feuchère, Paris 1824, n° 75, citée *in* Ledoux-Lebard, *op. cit.*, p. 52. Le Professeur Ledoux-Lebard avance l'hypothèse tout à fait plausible selon laquelle Feuchère serait l'auteur de cet objet, vers 1805.

11. Vente Feuchère du 12 décembre 1831, n° 16, citée *in* Ledoux-Lebard, *op. cit.*, p. 52.

12. « A design for an Egyptian Temple proposed to be used as a Greenhouse » pour Trentham Hall, Staffordshire ; extrait de *A Collection of Manuscript Drawings* par Tatham, 1804 (Londres, RIBA), repr. *in* Curl, 1982, p. 105.

13. *Cf.* Brinks, 1973, pp. 84 et 111.

14. *Cf.* Szambien, 1988, p. 62 et fig. 18 et 19 ; Cuisset, 1990, pp. 227-238.

15. Dubois, 1826, n° 583, p. 115 (2e éd., p. 72) ; *cf.* cat. 110.

Expositions :
Paris 1949, n° 369.

Bibliographie sommaire :
Chevallier, 1990, p. 139 ;
Ledoux-Lebard, 1991, pp. 51-56.

160   Vase monumental de style égyptien

Blaise-Louis Deharme, manufacture de vernis sur métaux, rue Martel, n° 15, d'après les dessins de François Debret (1777-1850)
1806
Tôle de cuivre rouge montée sur armature en fer de forge et de tour ; ornements rapportés
en bronze ciselé et doré au mat ; applications
de peinture et de vernis imitant marbres et pierres
Vase : H. : 1,80 m ; diam. : 95 cm
Socle H. : 1,32 m ; l. : 94 cm
Mêmes marques gravées sur le vase et le socle :
« TH » avec fleur de lys (marque des Tuileries
sous la Restauration) ; « TU 1095 » (inventaire
des Tuileries sous Louis-Philippe)
Paris, musée du Louvre, département des Objets
d'art
Inv. LP 3274 (vase), LP 3276 (socle)

Historique :
Palais des Tuileries, novembre 1806 ; renvoyé
à la manufacture de la rue Martel en 1814, puis
retour aux Tuileries ; musée du Louvre, 1845 ;
déposé au musée des Arts décoratifs ; rentré
au Louvre en 1937.

Exposé à Paris

C'est vers 1791-1792 que Blaise-Louis Deharme ouvre à Paris son premier atelier de fabrication d'objets en tôle vernie, dont la production reste mineure et répétitive[1]. Installée vers 1802 au numéro 15 de la rue Martel, la société qui s'est formée après plusieurs faillites demande l'aide de l'État, qui va lui donner l'occasion de créer plusieurs chefs-d'œuvre. En mars 1804, Chaptal demande qu'on lui présente « des modèles de grands vases propres à servir d'ornement à une des salles du palais du gouvernement[2] » ; les propriétaires de la manufacture lui proposent un candélabre égyptien, un « candélabre stile romain », un « vase à la Médicis » et un vase égyptien.

Le 15 mai 1804, après examen des quatre projets correspondants, Chaptal confirme une commande globale. Bien que la priorité soit donnée au vase Médicis, le travail avance conjointement sur le vase égyptien ; en septembre, Conté se rend sur place et relate son inspection : « J'ai vu aussi le modèle en plâtre du vase égyptien ainsi que les parties en cuivre, qui le composeront, déjà exécutées. On en modèle en ce moment en cire, pour les fondre de suite, les figures hiéroglyphiques et autres ornements qui doivent l'enrichir[3]. »

Avant d'être livré, le vase est présenté à la quatrième exposition des produits de l'Industrie française qui a lieu en septembre 1806 à Paris, à l'hôtel des Ponts-et-Chaussées. L'installation du vase aux Tuileries a lieu le 27 novembre suivant, dans le premier salon des Grands Appartements, dit salon des Grands Officiers ou salon Bleu ; il sera déplacé en 1808, ainsi que le vase Médicis, dans la galerie de Diane[4].

Fig. 1. *Vue du fond de la Galerie des Grands Appartements du palais des Tuileries*
P.F.L. Fontaine,
Journal des monuments de Paris,
Paris, 1892, pl. 12.

Sous la Restauration, les deux vases subissent des transformations visant à faire disparaître toute trace napoléonienne ou impériale[5]. Les représentations de la bataille des Pyramides et de la visite de Bonaparte aux pestiférés de Jaffa, peintes sur les deux faces du socle, sont supprimées – de même que les aigles et les N – et remplacés par les rosaces, les couronnes *hemhemet* et les hiéroglyphes que l'on peut voir aujourd'hui[6].

Au stade des premiers projets, Deharme présente son dessin comme fait d'après Denon, ce qui lui donne l'indispensable caution scientifique ; il y a d'ailleurs dans le *Voyage* un dessin qui est tout à fait susceptible de l'avoir inspiré[7] ; mais il se rend vite compte qu'il n'a pas les connaissances nécessaires pour réaliser un objet précis dans le moindre détail et à l'abri de toute critique. Percier lui ayant conseillé l'un de ses élèves, François Debret, il demande à ce dernier d'exécuter les dessins définitifs.

Pour ce faire, Debret va se servir des sources qui lui seront conseillées par Percier. Il est curieux de constater que tous les textes consultés, issus des commentaires de Deharme, continuent de faire état de l'ouvrage de Denon, au point qu'on ne peut s'empêcher de voir là, soit une méconnaissance totale de ce livre, soit une volonté politique délibérée, proche de la flagornerie. Ainsi, dans le rapport qu'il rédige après sa rencontre avec Deharme en 1805, Molard parle-t-il de « divers ornements égyptiens choisis

dans l'ouvrage de M. Denon », de « figures tirées du même ouvrage » : « les ornemens, figures et fleurs qui composent les décors de ce vase sont modelés et choisis dans l'ouvrage intéressant de M. Denon[8]. » Deharme lui-même confirme en 1806 : « Les ornemens ont été puisés dans les ouvrages qui traitent de l'architecture et de la sculpture égyptienne. Celui de M. Denon, le plus récent, en a fourni la majeure partie[9]. » Il faut comprendre qu'en 1804-1806, Denon est la seule référence sérieuse, car la plus récente ; c'est celle dont tout le monde parle, il faut l'avoir lue, on se doit de la citer pour être crédible, à plus forte raison si l'on demande des subventions.

Or, malgré les assertions rappelées plus haut, on peut assurer que l'ouvrage de Denon n'a pas été utilisé en dehors du choix de la forme générale du vase ; car son examen soigneux montre que la matière nécessaire pour réaliser une pareille décoration, tant en modèle qu'en qualité de dessin, ne s'y trouve pas[10]. En revanche, l'utilisation de dessins préparatoires à la *Description de l'Égypte* est flagrante – d'au-

fois de plus, Percier intervenant, l'ouvrage de Denon n'est pas pris en compte, et cela très certainement de son fait.

Les artistes ont su, dans cette grande entreprise, garder une totale liberté[12] et ne pas rester figés sur l'idée d'une reconstitution archéologique[13]. La priorité a été donnée à l'équilibre général des formes et des décors, qui a permis de créer une évocation réussie de l'Égypte pharaonique, directement assimilée par les contemporains au prestige de l'Expédition d'Égypte de Bonaparte.

J.-M. H.

1. *Cf.* Samoyault, 1977, pp. 322-334.
2. Cité *in* Samoyault, *op. cit.*, p. 325.
3. *Ibid.*
4. *Ibid.*, p. 328 et note 28. Voir aussi l'inventaire des Tuileries de 1816 (Arch. Nat. AJ 19/146) et celui de 1833 (Arch. Nat. AJ 19/169).
5. Il semble que les deux vases aient été transportés à la manufacture de la rue Martel dès 1814, où ils seraient restés au moins jusqu'à l'automne 1818 (*cf.* Samoyault, *op. cit.*, p. 332, notes 20 et 21).
6. *Ibid.*, p. 329.
7. Dominique-Vivant Denon, *Voyage dans la Basse et la Haute* Égypte, Paris, 1802, pl. 135, n° 33.
8. Rapport cité *in* Samoyault, *op. cit.*, p. 333.
9. *Ibid*, p. 334.
10. Sauf peut-être le vautour de la planche 119.
11. *Cf.* les dessins repr. *in* Samoyault, *op. cit.*, p. 331, fig. 14 et 15.
12. Particulièrement sensible dans la manière de traiter la coiffure vautour des deux têtes latérales et dans les décors floraux.
13. Par exemple, le personnage assis dans un cartouche, ou la ligne du sol sur lequel reposent les prêtres (*cf.* Samoyault, *op. cit.*, fig. 15, p. 331) qui, mal interprétée, devient, dans la frise du bas du socle, un bâton armant leur main (*cf.* la *Description de l'Égypte*, *Antiquités*, vol. II, pl. 47).

Expositions :
Paris, 1806 ; Paris, 1949, n° 380.

Bibliographie sommaire :
Athenaeum, 1806 ; Ledoux-Lebard, 1977, pp. 70-75 ; Samoyault, 1977, pp. 322-334 ; Humbert, 1989, p. 179.

tant que certains d'entre eux n'y seront pas publiés[11] –, tant au niveau des thèmes de documentation que dans la manière particulière de traiter le modelé des figures. Le décor de ce vase confirme donc – car ce n'est pas un cas unique – que, des années avant sa parution, et donc bien plus tôt qu'on ne le pensait, la *Description* commence à être utilisée. Par ailleurs, on ne peut s'empêcher de noter qu'une

161 Fauteuil

Début du XIXᵉ siècle
Acajou, couvert en gourgouran vert
H. : 92 cm ; L. : 64/62 cm ; pr. 52/54 cm
Estampillé « JACOB D./R. MESLEE »
Fontainebleau, Musée national du château
F 2742

Ce siège fait partie d'une série de huit fauteuils. Six ont été achetés chez Jacob-Desmalter et Cie en 1805 pour le salon du prince Louis à Fontainebleau (restés temporairement en magasin) : « Six fauteuils en acajou dossier à crosse en S, les montans ornés de fonds plats, les pieds de devant à gaine avec figures ailées, le bas du pied est terminé par une griffe, l'accotoir est droit, posé sur la tête de la figure, le bout de

l'accotoir est arrondi et orné de fonds plats sur les côtés, le tout sculpté et poli avec soin[1] » à 150/900. Les deux autres ont été acquis en 1806 du même ébéniste pour meubler avec les précédents deux chambres à coucher de ministres dans le même palais : « ...deux fauteuils ornés et ajustés comme la bergère[2] » à 120/240 réduit à 108/216.

Le modèle de ce siège a été créé par les frères Jacob au tout début du siècle, sous le Consulat. On en connaît de nombreux exemplaires en acajou ou en bois doré livrés pour les palais consulaires puis impériaux[3].

L'influence égyptienne se limite aux coiffes des têtes situées aux accotoirs, inspirées du célèbre *némès*, coiffure de tissu rayé portée par le pharaon.

J.-P. S.

1. Cité *in* Mémoire de Jacob-Desmalter du 19 fructidor an XIII (6 septembre 1805) : Arch. Nat., 0² 655.
2. Cité *in* Mémoire de Jacob-Desmalter du 31 octobre 1806, chambre à coucher des dignitaires et ministres : Arch. Nat., 0² 500, dossier 3, pièce 136.
3. *Cf.* Dumonthier, 1921, pl. 26, 27, 29, 30, 32, 41, 42.

Bibliographie sommaire :
Lefuel, 1925, pp. 244, 253.

162   Fauteuil

Début du XIXᵉ siècle
Acajou, couvert en gourgouran bleu
H. : 93 cm ; L. : 64 cm ; pr. : 53 cm
Estampillé « JACOB D./R. MESLEE »
Fontainebleau, Musée national du château
F 2742

Ce siège (d'une série de quatre) a été acheté en 1806 chez Jacob-Desmalter et Cie pour la chambre à coucher de la princesse Murat à Fontainebleau : « Quatre fauteuils en acajou, dossier à crosse en S, les montants du dossier ornés de fonds plats, le haut de la crosse sur les côtés forme enroulement, les pieds de devant à gaine surmontés d'une tête égyptienne sculptée de ronds de bosse, les ailes de la figure se raccordant aux accotoirs qui sont droits, le bas de la gaine est terminé par une griffe de lion, sur le devant et au dessous de la figure est une palmette sculptée de relief[1] » prix demandé 110/440 réduit à 100/400.

    La mise au point de ce type de siège est l'œuvre des frères Jacob au tout début du XIXᵉ siècle sous le Consulat. Ceux-ci en livrèrent des exemplaires pour la chambre à coucher de la générale Moreau[2]. Le modèle qui dégage la tête égyptienne de l'accotoir est plus rare que celui où la tête est située sous l'accotoir (cat. 161).

J.-P. S.

1. Arch. Nat., 0² 500, dossier 3, pièce 136.
2. *Cf.* cat. exp. Fontainebleau, 1992, p. 46.

Bibliographie sommaire :
Lefuel, 1925, pp. 255-256.

163   Deux chenets à sphinx et scènes nilotiques

Sphinx attribués à Pierre-Philippe Thomire,
décors de bronze doré attribués à Lucien-François
Feuchère d'après des dessins de Nicolas Bataille
Vers 1804
Bronze vert antique, ornements de bronze doré
H. base : 15 cm ; sphinx : 21 cm ;
L. : 38 cm ; pr. : 13 cm
Marques sur les côtés : « TH » avec fleur de lis
(marques des Tuileries sous la Restauration) ;
« TU 10611 » (inventaire des Tuileries sous Louis-
Philippe) ; « 56 524-M 286 »
Rueil-Malmaison, Musée national des châteaux
de Malmaison et Bois-Préau
MM 40.47.494/1-2 ; dépôt du Mobilier national
GML 467.

Fig. 1. *Cheminée exécutée chez le Prince Eugène*
Gravure d'Antoine Ribault, d'après Nicolas Bataille
Paris, bibliothèque du musée des Arts décoratifs.

Parmi les éléments décorant chenets et devants de feu, les
sphinx occupent, dès l'époque de Louis XVI, une place privilégiée. Abandonnant le corps effilé, le visage aimable et la
finesse de trait de la fin de la royauté, ils deviennent, sous le
Consulat et l'Empire, plus massifs et sévères. L'absence d'un
corpus général des sphinx égyptisants, qui prendrait en
compte l'évolution de forme et de style de cette création
antique adoptée par l'époque moderne, rend difficile leur
étude ; on peut néanmoins attribuer ces chenets, par analogie, à Pierre-Philippe Thomire[1].

    Le décor des socles des modèles exposés ici est
directement copié sur la Table isiaque (cat. 13). On y reconnaît les deux scènes situées au centre des bordures supérieure et inférieure représentant le transport par des prêtres
du taureau Apis sur une barque sacrée et du bélier Amon
curieusement bicéphale sur une autre barque ; seule différence, un prêtre a été ajouté à cette seconde scène pour équi-
librer les deux compositions. Celles-ci figurant très
exactement sur un dessin de Nicolas Bataille pour des
bronzes de Lucien-François Feuchère[2], on peut envisager
d'attribuer à ces deux artistes le décor du socle de ces
chenets.

    S'il n'était guère surprenant de voir en 1731 la
même barque d'Apis très exactement reproduite en trois
dimensions au centre de l'autel d'Apis de Dinglinger[3], il est
plus étonnant de voir cette iconographie approximative
encore utilisée au début du XIXᵉ siècle, alors que des
ouvrages de plus en plus scientifiques sont accessibles. L'hypothèse de la participation de Nicolas Bataille peut expliquer la présence de tels dessins, cet architecte ayant montré

Fig. 2. Transport du taureau Apis par des prêtres
Détail de la table isiaque (cat. 13).

Fig. 3. Transport du bélier Amon
Détail de la table isiaque (cat. 13).

Fig. 4. La barque d'Apis
Détail de l'autel d'Apis, par Johann Melchior Dinglinger, 1731
Dresde, Grünes Gewölbe, Staatliche Kunstsammlungen.

par ailleurs avec le portique de l'hôtel de Beauharnais l'archaïsme de sa documentation. Cette paire de chenets constitue donc un intéressant exemple de la survivance de certaines sources à des époques tardives.

J.-M. H.

1. *Cf.* Ottomeyer et Pröschel, 1986, p. 341.
2. Cheminée égyptienne du prince Eugène (collection Maciet, bibliothèque du musée des Arts décoratifs), gravure repr. *in* Ottomeyer et Pröschel, *op. cit.*, p. 668.
3. *Cf.* Enking, 1939; Humbert, 1989, p. 146.

Bibliographie sommaire :
Le Château de la Malmaison, s.d.,
pl. 63; *Le Château de la
Malmaison*, 1908, « Grand
Salon », pl. 7.

164 Feu en deux parties

Début du XIXe siècle
Bronze doré et patiné
H. : 24,7 cm ; L. : 25 cm ; pr. : 9 cm (chaque partie)
Fontainebleau, Musée national du château,
F 6542

Exposé à Ottawa et à Vienne

Sur un socle en bronze doré orné d'une couronne et de motifs à palmettes et rinceaux, est placé un lion couché en bronze patiné. Ce feu a été livré en 1805 par le bronzier Lucien-François Feuchère pour la chambre du prince Eugène au palais de Fontainebleau.

Les lions s'inspirent directement des statues des lions égyptiens de l'escalier du Capitole provenant du Sérapeum Campense, très fréquemment utilisés pour orner des feux à l'époque napoléonienne[1].

J.-P. S.

1. *Cf.* Dumonthier, s.d. [1911], pl. 51 n° 5, pl. 52 n° 5, pl. 54 n° 2 ; Ottomeyer et Pröschel, 1986, pp. 340, 341 ; Samoyault, 1989, n°s 252, 254, 255 ; Humbert, 1989, pp. 14, 172.

Bibliographie sommaire :
Samoyault, 1989, p. 254, n° 253.

Pendule représentant une Égyptienne

Vers 1805
Bronze patiné vert antique et doré
H. : 59 ; l. : 17 cm ; pr. 17 cm
Cadran signé « Galle – rue Vivienne n° 9 » ;
marques « ELB 2124, 35997, 49053,
M [couronné] 3931 »
Paris, Mobilier national
Inv. GML 241

Historique :
Mobilier de la Couronne, puis Mobilier national :
cette pendule est signalée pour la première fois
dans le salon d'un appartement de suite du palais
de l'Élysée. Elle rentre au Garde-Meuble en 1844
pour être déposée au palais de Meudon dans le
grand salon d'un appartement. Elle y demeure
jusqu'en 1874, année de sa restitution au Mobilier
national[1].

Contrairement à celle de Thomas Hope, qui maintient pré-
cautionneusement le cadran devant elle, sur le ventre, en
avançant à petits pas, cette Égyptienne est toute de grâce et
de légèreté. C'est en effet sur la tête qu'elle porte la pendule,
qu'elle maintient à peine de ses deux bras levés. Comme ces
Africaines habituées à transporter ainsi de lourdes charges,
elle garde un équilibre parfait qui lui permet de marcher
d'un pas que l'on imagine alerte ; le mouvement du corps,
de profil, est particulièrement réussi, accompagné par celui,
très théâtral, des draperies.

Quelques variantes peuvent apparaître, selon les
exemplaires connus, soit dans le dessin du cadran[2], soit dans
l'objet même soutenu, qui parfois est une simple coupe[3].
Mais dans tous les cas, le centre de la composition reste toujours la femme, qui n'a en fait d'égyptien que le *némès*, traité
d'un manière encore très proche de la mode d'époque

**Fig. 1. Paire de candélabres
en bronze, vers 1800
Paris, musée des arts décoratifs.**

Louis XVI : des boucles s'en échappent qui encadrent le visage et les longs pans striés se terminent, entre les seins, par deux pompons. Le vêtement lui-même évoque certainement plus la Grèce ou Rome que l'Égypte, encore qu'un repli d'étoffe, au niveau de la ceinture, puisse figurer un pseudo-nœud isiaque.

Cette statuette est en fait l'héritière directe de l'Égyptienne de Boizot créée en 1788 à la manufacture de Sèvres[4]. On retrouve sa marque sur plusieurs autres objets : un candélabre où l'Égyptienne, ailée, tient les pans de sa robe[5] (Fig. 1) ; un autre encore, beaucoup plus tardif, où elle joint les mains à hauteur de la taille[6]. Dans tous les cas, ces Égyptiennes, faisant fi de la mode, continuent de véhiculer au XIXe siècle une image née à la fin du règne de Louis XVI mais qui, ainsi figée, se situe rapidement hors du temps.

J.-M. H.

1. Notice technique réalisée par Marie-France Dupuy-Baylet. Sources manuscrites : Arch. Nat., Aj19/87, Inventaire du palais de l'Élysée, 1833, n° 2124 ; Aj19/651, Journal du Garde-meuble, 1844, n° 35997 ; Aj19 268, Inventaire du palais de Meudon, 1833, n° 3931 ; Aj19/1145, Inventaire du palais de Meudon, 1855, n° 734 ; Archives du Mobilier national, Journal du Garde-meuble de 1874, n° 49053.
2. Ottomeyer et Pröschel, 1986, vol. I, p. 366.
3. Paris, collection particulière.
4. *Cf. Les Œuvres de la Manufacture nationale de Sèvres, 1738-1932*, t. I : *La Sculpture de 1738 à 1815*, pl. 41, n° 208 : *L'Égyptienne*, 1788, figure pour porte-montre ; Bourgeois, 1930, pl. IV (c'est Émile Bourgeois qui attribue à Boizot cette statuette).
5. Paris, musée des Arts décoratifs, inv. 23736.
6. *Cf.* Ledoux-Lebard, 1975, p. 100.

Bibliographie sommaire :
Dumonthier, s.d. [1911], pl. 28, n° 2.

166 Projet de console à l'égyptienne

Charles Percier (1764-1838)
Vers 1800
Plume et encre noire, lavis gris et aquarelle
H. : 17 cm ; l. : 13,5 cm
Signé en bas à droite : « C. Percier »
Paris, musée du Louvre, département des Arts graphiques
RF 30630

Historique :
Acquis en 1955.

Exposé à Ottawa

Cette figure de Nubienne est une création originale de Percier, sans référence avec aucun modèle archéologique. Elle est sœur des deux Égyptiennes assises de part et d'autre du corps supérieur d'une bibliothèque qu'il dessina avec Fontaine[1] (Fig. 1) : elle porte, comme elles, une longue jupe collante ajustée sous les seins, ornée sur le devant d'une bande de hiéroglyphes fantaisistes. Là s'arrête la similitude : perruque à boucles serrées et coiffure vautour remplacent ici les deux plumes *maât*.

L'idée de faire reposer des plateaux de consoles sur des personnages n'était pas nouvelle, mais relativement peu répandue. Or, même si son caractère égyptien n'est que faiblement esquissé, les formes généreuses et la pose hiératique quelque peu mystérieuse de l'Égyptienne suffirent à susciter un important succès, dont témoignent les nombreux exemplaires de cette console encore visibles aujourd'hui[2] (Fig. 2). Tout comme ce personnage, la frise supérieure de la console montre l'approximation des connaissances de Percier en la

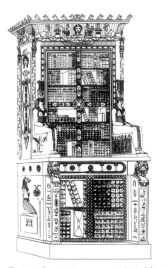

matière : sphinx grec, sistre, scarabée, vase canope remplaçant le disque solaire entre deux *uraeus* encadrés de courtes ailes. Là n'était visiblement pas le souci essentiel de l'artiste.

La même Égyptienne fut également réalisée en bronze comme candélabre (cat. 167), gage complémentaire de son large succès.

J.-M. H.

1. *Cf.* Percier et Fontaine, 1801, pl. XXVIII.
2. *Cf.* Ledoux-Lebard, 1965, p. 362 ; Ledoux-Lebard, 1975, pp. 21-22 (Versailles, Grand Trianon, inv. Vmb. 13244) ; voir aussi les nombreux exemplaires passés en ventes publiques : *cf.* Humbert, 1987/1990, vol. I, pp. 290-291.

Bibliographie sommaire :
Ottomeyer et Pröschel, 1986, t. I, p. 336.

Fig. 1. *Secrétaire servant de Bibliothèque exécuté pour Mr V. à Amsterdam* Percier et Fontaine, *Recueil de décorations intérieures* Paris, 1801, pl. XXVIII .

Fig. 2. **Console en acajou, socle plein, montants à cariatides égyptiennes, bois bronzé et doré** Versailles, Grand Trianon.

167 Candélabre (d'une paire)

Pierre-Philippe Thomire (1751-1843)
Vers 1805
Bronze doré et patine noire, socle en tôle, décors en bronze doré
H. totale : 1,32 m ; H. de l'Égyptienne : 67 cm ;
l. : 36 cm
Paris, Hôtel de Salm, Grande chancellerie de la Légion d'honneur, dépôt du Mobilier national
Inv. GMLC 696

Historique :
Mobilier impérial ; château de Saint-Cloud à partir de 1828 : appartements de Charles X, salon des Jeux (Arch. Nat. AJ¹⁹313, f° 54, n° 12220) ; 1833 : Grands Appartements de Louis-Philippe, salon de Famille (Arch. Nat. AJ¹⁹318, f° 46, n° 235) ; 1843 : appartements de Louis-Philippe et de Marie-Amélie, Premier salon (Arch. nat. AJ¹⁹326, f° 103, n° 356) ; vers 1850-1855, la paire rentre au Garde-Meuble ; en 1856, elle est envoyée au château de Compiègne pour le « service des appartements » ; en 1889, elle retourne au Garde-Meuble (Arch. Nat. AJ¹⁹1120, f° 32, n° 15392) ; en 1909, les deux candélabres sont mis en dépôt à la grande chancellerie de la Légion d'honneur où ils se trouvent toujours. (Recherches effectuées par Jean Vittet, inspecteur du Mobilier national, que nous remercions de son aimable collaboration.)

Fig. 1. **Candélabre présentant des variantes : pieds joints, mains ouvertes tenant des bras de lumière, faucons sur les branches supérieures** Château de Valençay (Indre).

Fig. 2. **Exemplaire de même inspiration mais d'une autre main** Collection particulière.

Cette figure de Nubienne, dont la tête soutient dix bras de lumière, est directement inspirée du dessin de Percier pour une console (cat. 166). De ses mains collées de chaque côté du corps, elle tient une palme et un lotus prolongés de bougeoirs ; dans certaines versions, les simples décors floraux prévus à l'origine ont été conservés, tandis que dans d'autres ils ont été remplacés par des faisceaux reposant au sol, d'où sortent des serpents. Le socle, dont il existe plusieurs variantes, est parfois en forme de massif avec corniche à gorge et, dans ce cas, orné de motifs de bronze doré égyptisants, généralement quelque peu archaïsants[1].

Ces Égyptiennes ont une pose hiératique, presque sévère, que l'on retrouve quasi identique dans d'autres modèles de candélabres de la même époque. Leurs vêtements varient considérablement, les bras de lumière deviennent parfois des serpents dont elles tiennent la queue, mais elles gardent toutes cet air de grandeur impénétrable qui correspond parfaitement à l'idée de mystère sous-jacent à nombre de créations égyptisantes.

J.-M. H.

1. *Cf.* Dumonthier, s.d., pl. 16, n° 3 ; Koutchoumov, 1976, pl. 142, 176, 178 et 180 ; Rapoport, 1984, pl. 50 ; Ottomeyer et Pröschel, 1986, t. I, p. 336 ; Humbert, 1989, p. 169.

168   Pendule égyptienne à sujets

Charles Percier
et Pierre-François-Léonard Fontaine
1801
Eau-forte aquarellée
H. : 40,5 cm ; l. : 31 cm
Planche VIII du *Recueil de décorations intérieures*[1]
Édimbourg, collection M. et Mme Timothy Clifford

Historique :
Ancienne collection Peter Miller, Esq., vente Christie's Scotland, 30 janvier 1986, n° 175.

« Pendule à la manière égyptienne, exécutée pour l'Espagne. La satiété produite par le grand nombre d'ouvrages de ce genre, et le désir d'avoir un meuble qui ne ressemblât pas à tous les autres, a fait demander que celui-ci fût dans le goût égyptien sans chercher à dénaturer la forme nécessaire au mécanisme des pendules ordinaires. On s'est donc borné à revêtir les faces et les contours de signes et d'ornemens tirés des ouvrages égyptiens. Une tête d'Apollon représente la lumière, et deux sphynx à ses côtés, forment le couronnement ; les signes du zodiaque, qui marquent les mois, entourent le cadran ; deux statues assises sur le flanc du meuble

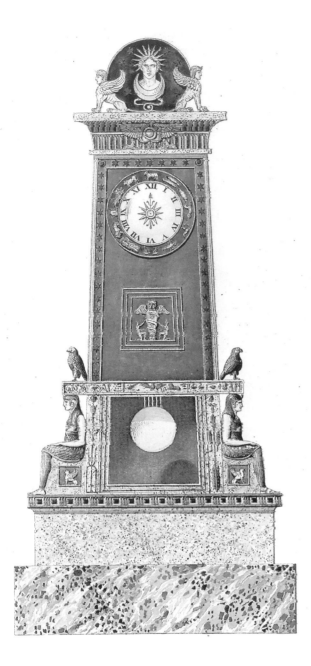

tiennent les clefs du Nil, et indiquent le temps. La Nature, sous la forme d'Osiris, est figurée dans le carré au-dessous duquel on voit le mouvement du balancier[2]. »

Cette pendule, dont on n'a jusqu'à présent retrouvé aucun exemplaire, est en forme de massif orné de la corniche à gorge, du disque ailé et d'une frise de pseudo-hiéroglyphes, ainsi que de figures diverses : deux Égyptiens assis de profil rappelant les colosses de Memnon, deux faucons très proches de ceux utilisés par Feuchère (cat. 163 et 170), deux sphinx ailés assis, plus grecs qu'égyptiens. Parmi les éléments qui complètent le décor, on remarque, outre les habituels lotus et papyrus, une scène d'offrandes d'Égyptiennes à Jupiter-Amon qui n'est pas sans rappeler celles qui ornent la pendule d'Uranie[3] (Fig. 2).

La juxtaposition heureuse d'éléments décoratifs d'origines si diverses confirme les capacités de l'art égyptien à intégrer des formes extérieures, ainsi qu'à se plier à des objets et à des utilisations d'une autre époque.

J.-M. H.

1. Charles Percier et Pierre-François-Léonard Fontaine, Paris, 1801. Une autre aquarelle a été publiée *in* Ottomeyer et Pröschel, 1986, t. I, p. 336.
2. Percier et Fontaine, *op. cit.*, pp. 22-23.
3. *Cf.* Humbert, 1987, pp. 338-339.

Bibliographie sommaire :
Percier et Fontaine, 1801.

Fig.1. Détail de l'autel d'Apis, par Johann Melchior Dinglinger, 1731
Dresde, Grünes Gewölbe, Staatliche Kunstsammlungen.

Fig. 2. Pendule d'Uranie par Denière Détail du côté gauche du mouvement, vers 1805
Collection particulière.

169   Encrier « égyptien »

Manufacture de Sèvres
1802
Biscuit en pâte colorée imitant le bronze ;
ornements dorés
H. : 22 cm ; L. : 26 cm
Inscription à la base, en creux : « Sèvres »
Sèvres, musée national de Céramique
MNC. 2648

Historique :
Ancien fonds de la manufacture ; entrée au musée
en 1839.

Deux Égyptiennes, vêtues d'un pagne court, chevilles et bras
ornés de bracelets et tête coiffée du *némès*, sont assises dos à

dos de part et d'autre d'un pilier carré décoré sur ses quatre
faces de pseudo-hiéroglyphes dorés[1] ; chacune tient, sur les
genoux, une coupe servant d'encrier. Le socle est curieusement orné de deux sphinx ailés grecs, de chaque côté d'une
tête de lion du type Nectanébo qui avait été transformé en
fontaine au pied de l'escalier de la Cordonata à Rome[2].

Ce groupe constitue l'une des toutes premières
manifestations d'égyptomanie à Sèvres. Contemporain de la
publication du livre de Denon, il n'a pu bénéficier des
modèles contenus dans cet ouvrage, ce qui peut expliquer
l'imperfection des décors. Les trois colonnes de hiéroglyphes, par exemple, regroupent des dessins extrêmement
variés. Si quelques-uns essaient de reproduire de véritables
hiéroglyphes, la plupart sont tout à fait fantaisistes : deux
signes du zodiaque, couronne, flèche brisée, anneau, etc.

Pourtant, la crédibilité de l'ensemble n'en souffre pas, en raison notamment de l'équilibre de la composition, qui n'est pas sans rappeler celle de la pendule de Percier et Fontaine publiée l'année précédente (cat. 168). Le fait que figurent en outre sur cette pendule les signes du zodiaque autour du cadran, des griffons ailés sous les personnages et des sphinx ailés assis, peut faire penser que ce dessin a été l'une des sources d'inspiration de l'encrier de Sèvres.

Celui-ci pouvait être livré soit en blanc, soit en biscuit teinté de bleu ou de noir, ce qui peut laisser supposer une volonté de concurrencer la manufacture de Wedgwood, célèbre pour ses *black basalt* mats[3].

J.-M. H.

1. Le musée national de Céramique, à Sèvres, conserve un autre modèle identique, mais sans les décors dorés (MNC. 2647).

2. *Cf.* cat. 27 et 28 (la copie est ici si fidèle qu'on a laissé dans la gueule du lion le tuyau mis en place pour faire office de fontaine et qui n'existe bien évidemment pas dans l'original antique).
3. *Cf.* Grandjean, 1955, p. 100.

Expositions :
Sèvres, 1975, n° 156 ; Paris, 1986, n° 78 ; Autun, 1988, n° 66 ; Berlin, 1989, n° 523.

Bibliographie sommaire :
Brongniart et Riocreux, 1845, p. 314, n° 538 ; Lechevallier-Chevignard, 1908, p. 135 ; *Les Œuvres de la Manufacture*

nationale de Sèvres, 1738-1932, s.d., t. I : *La Sculpture de 1738 à 1815*, pl. 58, n° 220, cat. exp. Sèvres, 1975, p. 22 ; Brunet et Préaud, 1978, p. 305 ; Bulté, 1981, p. 154 et pl. XVIII ; cat. exp. Paris, 1986, p. 328 ; cat. exp. Berlin, 1989, pp. 441-442 ; Humbert, 1989, p. 177.

170 Paire de candélabres avec figures d'égyptiennes agenouillées

Lucien-François Feuchère, décors attribués
à Nicolas Bataille
1804
Bronze doré et patiné brun
H. : 1,25 m ; l. : 41 cm ; pr. : 21 cm
Paris, Mobilier national
Inv. GML 7556/1 et 2

Historique :
Ces candélabres ne portent aucune marque permettant de reconstituer leur histoire. Nous savons seulement qu'ils ont été versés en 1956 au Mobilier national par le ministère des Affaires étrangères.

Le modèle de ces candélabres, dû à Feuchère, est parfaitement connu et daté : une paire est livrée en 1805 au prince Schwarzenberg[1] ; une autre est installée dans les années 1804-1806 à l'hôtel de Beauharnais à Paris, où elle décore toujours les salons de l'actuelle résidence de l'ambassadeur d'Allemagne[2] ; une troisième, provenant également de l'ameublement du prince Eugène est conservée à Munich[3].

Le seul élément dont nous disposons pour tenter d'identifier cette quatrième paire est un inventaire du mobilier du prince et de la princesse Murat, rue de Provence, dressé le 14 novembre 1807 dans l'ancien hôtel Thelusson, construit par Claude-Nicolas Ledoux, que le couple princier avait quitté en 1805 pour s'installer à l'Élysée et qui devait être affecté à la résidence de l'ambassadeur de Russie à la

Fig. 1. Autre exemplaire du même modèle de candélabres, conservé à l'hôtel Beauharnais
Édouard Driault, *L'Hôtel Beauharnais*, Paris, 1938, pl. 39.

Fig. 2 . Détail de l'autel d'Apis par Johann Melchior Dinglinger, 1731
Dresde, Grünes Gewölbe, Staatliche Kunstsammlungen.

Fig. 3. Paire de candélabre du même modèle montée sur des socles susceptibles de représenter le taureau Apis
Vente Drouot, 25 octobre 1990.

Fig. 4. Modèle de candélabre voisin, mais plus petit
Collection particulière.

suite de la paix de Tilsit. Dans le grand salon sont décrits « un feu chenets à balustres représentant deux momies, [...], deux candélabres en bronze doré représentant aussi deux momies, à dix branches chaque, garnis de leurs socles en marbre[4] ».

Les termes de ce document appellent immédiatement quelques remarques : les candélabres dont il est question ont dix branches alors que ceux du Mobilier national n'en possèdent que sept. Cependant, sur l'axe central figurent les emplacements des attaches de trois bras supplémentaires avec des marques de montage qui prouvent que ces éléments ont bien existé. Le même document signale des socles en marbre, peut-être indépendants, qui sont aujourd'hui perdus. Enfin, pour clore ce chapitre du doute, la dorure et la ciselure pourraient faire penser à une réalisation plus tardive que l'Empire.

Un certain nombre de raisons incitent cependant à considérer comme plausible l'hypothèse d'une provenance Murat. Le 10 mai 1812, un mois avant le début de la campagne de Russie, l'hôtel est restitué au ministère des Relations extérieures et son mobilier est désormais utilisé par cette administration. La continuité entre les collections Murat et celles de l'actuel ministère des Affaires étrangères est attestée par la présence au Quai d'Orsay d'une autre pièce exceptionnelle, la pendule « au Char des Saisons[5] », attribuée à Thomire, qui décorait à l'origine le même grand salon que les candélabres aux momies. Rien ne permet pourtant d'affirmer que ces luminaires étaient bien du modèle aux Égyptiennes agenouillées.

Toutefois, nous remarquons que les Murat s'installent et résident rue de Provence de 1802 à 1805, années durant lesquelles l'œuvre de Feuchère était très appréciée, puisque les princes Schwarzenberg et Eugène de Beauharnais la choisissent pour décorer leur résidence respective.

Dans ces deux cas, les commandes sont passées par des personnages de haut rang, dont l'un est membre de la famille impériale. Il ne nous semble donc pas illogique de supposer que Caroline et Joachim Murat aient cédé au goût de leur époque et de leur milieu, retenant même une version des candélabres aux Égyptiennes plus riche que celles déjà évoquées, correspondant bien à leur passion pour le faste[6].

La Nubienne est agenouillée dans une position fréquente des bronzes égyptisants d'époque Empire[7], mais qui n'a rien d'égyptien ; elle est vêtue d'un pagne long, dont la ceinture remonte très haut sous les seins, et sa tête est recouverte d'une perruque à boucles serrées et de la coiffure vau-

tour ; de ses bras levés ceints de bracelets et mettant en valeur un large collier, elle tient sur sa tête un bouquet de bras de lumière sortant de deux plumes *maât*. Sur les branches ondulent des serpents ailés, tandis qu'à l'étage supérieur des monstres non égyptiens soutiennent des bobèches quasiment néo-gothiques. Un sistre domine l'ensemble, sur lequel – dans certaines versions –, repose un petit chat personnifiant la déesse Bastet[8].

Le socle, de dimensions inhabituelles, est en forme de massif à fruit avec corniche à gorge ornée de disques ailés. L'avant est décoré d'une scène de *sema-taouy* très simplifiée et les côtés d'une Égyptienne, assise la tête dans les mains. L'arrière du socle, plus large, est décoré sur l'avant et sur les côtés d'une quantité de pseudo-hiéroglyphes très simplifiés, sinon même souvent totalement inventés ; il est surmonté de deux faucons que Feuchère réutilise sur le devant de feu d'une cheminée de l'hôtel Beauharnais[9]. La similitude de dessin entre les éléments décoratifs de cette cheminée, ceux des candélabres aux Égyptiennes et ceux du portique de l'hôtel peut amener à penser que l'auteur en est l'architecte Nicolas Bataille, à qui l'on doit justement le portique de l'hôtel, Feuchère étant l'auteur des bronzes. Si cette attribution se confirmait, cela tendrait à montrer que la première version des candélabres aurait été faite spécialement pour l'hôtel de Beauharnais.

Les sources de cette paire de candélabres sont d'ailleurs aussi archaïques que le portique extérieur de l'hôtel et que la cheminée égyptienne, où l'on trouve plusieurs éléments empruntés à la Table isiaque de Turin (cat. 13). Pourtant, le caractère égyptien est fort réussi et, malgré approximations et fantaisies, instantanément perceptible.

J.-J. G., J. E. et J.-M. H.

1. Facture en date du 24 janvier 1805 (conservée à Vienne, collection Schwarzenberg), *cf.* Ottomeyer et Pröschel, 1986, vol. I, p. 337.
2. *Cf.* Driault, 1927, pl. 39.
3. Besitz des Wittelsbacher Ausgleichsfonds à Munich.
4. Archives diplomatiques du ministère des Affaires étrangères, Série C 407.
5. Dumonthier, s.d., pl. 41.
6. Fin de la partie de notice rédigée par Jean-Jacques Gautier et Jean Estève.
7. *Cf.* Humbert, 1989, p. 171.
8. *Cf.* Ottomeyer et Pröschel, *op. cit.*, p. 337.
9. *Cf.* Devant de feu de la cheminée égyptienne du prince Eugène, dessiné par l'architecte Bataille (Collection Maciet, bibliothèque des Arts décoratifs, 143/14) ; *cf.* cat. 163.

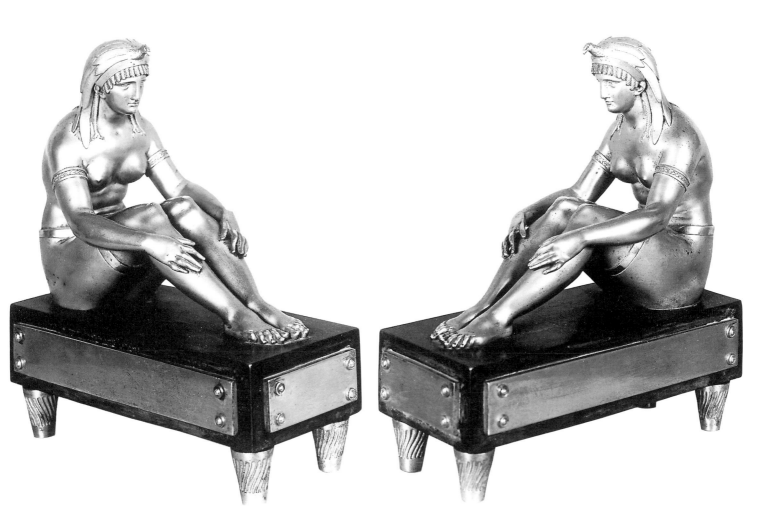

171   Deux Égyptiennes assises

Vers 1805-1810
Bronze doré ; base en bronze patiné et doré
H. : 28 cm ; L. : 26 cm
Paris, musée Marmottan
Inv. 695 et 695 bis

Historique :
Collection Paul Marmottan.

On sait peu de chose sur ces deux bronzes qui étaient peut-être destinés à constituer une garniture de bureau. L'originalité principale de ces Égyptiennes est leur position, rarement rencontrée : assises à même le sol, elles tiennent leurs mains posées sur leurs jambes à demi fléchies en avant.

Leur costume n'est pas moins original : seuls une ceinture et un ourlet sur la cuisse indiquent les extrémités d'un pagne collant qui se confond avec la peau. Le haut du bras est souligné par deux bracelets et la tête est couverte, par-dessus une perruque à lourdes boucles, de la coiffure vautour presque stylisée, formée de larges et longues plumes.

Une position assise voisine est visible sur le socle d'une paire de candélabres signée Feuchère (cat. 170), où une Égyptienne de profil se tient la tête dans les mains. Une telle attitude n'est pas attestée dans les représentations antiques et ne figure ni dans l'ouvrage de Denon ni dans la *Description de l'Égypte*.

L'auteur anonyme de ce groupe a certainement voulu modifier le rapport du spectateur à l'objet : contrairement aux autres créations égyptisantes du début du XIXe siècle, le thème égyptien antique passe au second plan, au profit du personnage qui constitue le centre de la composition ; il s'agit là d'une des premières formes d'intégration qui fera, au fil des décennies, la fortune de l'égyptomanie.

J.-M. H.

Expositions :
Paris, 1938, n° 630, p. 188 ;
Munich, 1972, n° 22.

Bibliographie sommaire :
Lefuel, 1934, n°s 121-122 ; Jullian, 1961, p. 130, fig. 18.

Aiguière

Paris, manufacture de porcelaine Jean-Baptiste
Locré, fabrication Russinger-Pouyat
Vers 1805-1810
Porcelaine dure polychrome, décorée et dorée
à la main au petit feu
H. : 31,5 cm ; l. : 17 cm
Marque sous le pied en bleu sous émail :
deux flèches croisées
Neuilly, collection Michel Bloit

Historique :
Achat en vente publique, Paris, hôtel Drouot,
23 novembre 1990.

Créée le 14 juillet 1773 par Jean-Baptiste Locré, cette manufacture de porcelaine – qui continue aujourd'hui de produire sous le nom de « Porcelaine de Paris » –, était au début
du XIXᵉ siècle l'une des plus importantes de Paris. Locré
s'étant retiré en 1787, la fabrication continua d'être assurée
jusqu'en 1810 par Laurent Russinger, puis jusqu'en 1820
par les fils Pouyat, dont le père, François, avait racheté l'entreprise en 1799.

   Cette manufacture présente donc une production
régulière et homogène, qui a pu suivre avec régularité les
modifications du goût et de la mode. C'est ainsi qu'a été
créée, au début du XIXᵉ siècle, cette aiguière caractérisée par
un bec verseur en forme de tête coiffée du *némès*, dans
laquelle on reconnaît les traits de Napoléon, ce qui n'a rien
de surprenant du fait de l'amalgame déjà bien établi entre
le mythe de Napoléon et l'Expédition d'Égypte.

   La scène peinte qui peut, sur d'autres modèles, être
remplacée par des décors simplifiés[1], représente à la manière
d'Hubert Robert un paysage à l'antique avec pyramide du
type Cestius, ruines et personnages modernes, sur un fond
de campagne italienne. On n'y trouve donc aucune volonté
de représenter l'Antiquité égyptienne autrement que par ce
rappel de la mode de la fin du XVIIIᵉ siècle.

J.-M. H.

1. Une aiguière voisine, décorée de roses, est reproduite *in* Bloit, 1988,
   p. 16.

Fig. 1. Aiguière
Porcelaine dure
Manufacture Darte, vers 1810
Sèvres, musée national de Céramique.

173   Tasse litron et sa soucoupe

Paris, manufacture de porcelaine de Nast,
Vers 1810
Porcelaine dure
Tasse : H. : 6,2 cm. ; diam. : 6 cm ;
diam. soucoupe : 12,7 cm
Signée : « nast »
Rueil-Malmaison, Musée national des châteaux
de Malmaison et Bois-Préau
MM 40.47.2926 et 2927.

Historique :
Don de Madame Edmond Moreau.

Créée au début des années 1780 par Jean Népomucène Her-mann Nast, la manufacture qui porte son nom devint sous l'Empire l'une des plus importantes de Paris ; Nast avait su s'entourer des meilleurs artistes, et il se distingua par deux décors originaux, le vert de chrome et le décor en relief à la molette[1].

Cette tasse et sa soucoupe sont couvertes de pseudo-hiéroglyphes peints en or sur fonds beiges ou bruns et de personnages ailés peints en bleu. L'intérêt majeur de ce décor est de montrer jusqu'où peuvent aller les adaptations subies par les caractères de l'écriture égyptienne : certains sont si torturés que l'on a du mal à les reconnaître ; d'autres constituent des inventions pures et simples faisant penser à des signes ésotériques, sinon même cabalistiques. Un autre sujet d'étonnement nous est fourni par la modification qui a transformé le scarabée ailé égyptien poussant le soleil en une espèce de personnage ailé[2] évoquant presque le dieu des Achéménides Ahura Mazda. De telles déformations sont bien le signe qu'une méconnaissance de l'art égyptien conti-nuait d'exister des années après l'Expédition d'Égypte, et que des confusions en résultaient.

Un tel décor à l'égyptienne n'est d'ailleurs pas exceptionnel chez Nast, qui produisait à la même époque une aiguière ornée, au niveau de l'attache supérieure de l'anse, d'une tête de pharaon coiffée du *némès*[3].

J.-M. H.

1. Après sa mort (1817), ses fils lui succéderont jusqu'à la fermeture de la manufacture en 1835 ; *cf.* cat. exp. Paris, 1983, p. 45.
2. Piranèse avait fait dans ses *Cheminées* la même confusion (*cf.* cat. 16-21).
3. Un exemplaire en est conservé au musée Masséna, à Nice (*cf.* Four-net, p. 114).

Bibliographie sommaire :
Plinval de Guillebon, 1972,
p. 276.

174 Tasse et soucoupe

Manufacture Royale de porcelaine de Berlin
Vers 1790-1800
Décor peint sur glaçure
H. : 6 cm ; l. : 8 cm ; diam. soucoupe : 13 cm
Marque en forme de sceptre ; empreinte « B » ;
marque gravée à la main « IIII » ; numéro de
peintre peint en violet « 5 »
Berlin, SMPK, Kunstgewerbemuseum
86,868

Historique :
Don de Mme Hedwig Moser en 1886.

Ce modèle de tasse offre la particularité de mêler à une forme « litron » traditionnelle, dite « antique glatt », une anse à la grecque et une frise à l'égyptienne. La tasse et sa soucoupe ne faisaient certainement pas partie d'un service, mais constituaient plutôt un objet de collectionneur, à la mode anglaise de l'époque.

La couleur bleu foncé et les minces filets dorés du décor mettent en valeur la frise de couleur jaune couverte de caractères hiéroglyphiques très imparfaits : signes souvent approximatifs, parfois inversés, cartouches horizontaux rectangulaires, tous sont visiblement copiés sur des sources anciennes dont l'ouvrage de Bernard de Montfaucon semble être la plus probable. On notera l'absence de toute représentation humaines. Ce type de décor, très rare à la manufacture de Berlin, montre néanmoins l'étendue du répertoire ornemental de cette fabrique.

Cet objet fait irrésistiblement penser aux cabarets et grands services réalisés à Sèvres à partir de 1806, et pourtant il leur est antérieur de près de dix ans. Contemporain des petits services réalisés à la même époque à Vienne, Meissen ou Naples, il illustre parfaitement la mode égyptienne lancée en Prusse par Frédéric-Guillaume II à la fin du XVIIIᵉ siècle.

J.-M. H.

Expositions :
Berlin, 1963, n° 125, pl. 24 ;
Berlin, 1989, n° 1/114, p. 443,
pl. 525.

Bibliographie sommaire :
Wellensiek, 1983, pp. 132-133 ;
Syndram, 1990.

175 Service à café « Tête à tête »

Anton Grassi, manufacture de porcelaine
de Vienne
Vers 1800
Porcelaine
Plateau (a) : L. : 41,5 cm ; l. : 33 cm ; ép. : 3 cm
Cafetière avec couvercle : H. : 18 cm ;
diam. : 9 cm
Crémier avec couvercle : H. : 12 cm ;
diam. : 13,5 cm
Cuiller : L. : 16 cm ; diam. : 4,5 cm
Sucrier ovale avec couvercle : H. : 9 cm ;
L. : 10,5 cm ; l. : 6 cm
Deux tasses : H. : 8,5 cm ; diam. : 9 cm
Deux soucoupes : H. : 2,4 cm ; diam. : 13,5 cm
Strasbourg, musée des Arts décoratifs
M.A.D. Inv. n⁰ˢ 6434.a-f.

Historique :
Offert en 1806 par la manufacture de Vienne
à Charles Schlumeister ; don de Mgr Muller-
Simonis.

En 1792, Anton Grassi, directeur artistique de la manufacture de Vienne, circulait en Italie pour montrer ses dernières
créations ; c'est ainsi qu'il offrit à la reine de Naples « un des
nouveaux déjeuners à café pour deux personnes avec des
motifs hiéroglyphiques et autres motifs égyptiens[1] ».

Ce type de décor n'était pas vraiment nouveau à
l'époque ; les manufactures de Naples et de Meissen produi-
saient depuis déjà quelques années des services à l'égyptienne. Mais celui de Vienne est particulièrement original,
tant par ses formes que par son décor.

Fig. 1. Autre exemplaire, montrant le décor du plateau
du même service
Londres, collection particulière

Fig. 3. Service à café « tête à tête »
Manufacture de Porcelaine de Vienne, entre 1799 et 1802
Berlin, collection Jürgen Settgast.

Fig. 2. Service à déjeuner du prince Paul von Württemberg,
décoré par Karl Heinrich Küchelbecker et Toberer, 1813
Stuttgart, Württembergisches Landesmuseum, Schloß Ludwigsburg.

évident que ses utilisateurs ignoraient tout de l'usage des
vases canopes dans l'Antiquité ; sans cela, peut-être
auraient-ils répugné à s'en servir. Les progrès de la connaissance de la civilisation égyptienne au début du XIXe siècle
ont sans doute été fatals à ce précoce exemple de service à
l'égyptienne.

J.-M. H.

1. Folnesics et Braun, 1907, p. 126.
2. *Cf.* Botti et Romanelli, 1951, n° 200.
3. *Cf.* cat. exp. Stuttgart, 1987, n°s 3.18 et 3.19, p. 489 (Stuttgart, Württembergisches Landesmuseum, Schloß Ludwigsburg).
4. *Ibid.*
5. *Cf.* cat. exp. Berlin, 1989, n° 1/111, p. 46 et p. 441 ; Humbert, 1989,
   p. 160 (Berlin, Jürgen Settgast). Un modèle identique de cafetière est
   conservé à Vienne à l'Österreichisches Museum für angewandte
   Künst (*cf.* Witt-Dörring, 1989-III, p. 63).

Bibliographie sommaire :
Haug, 1924, p. 19.

Un grand vase canope avec une anse et des mains
apparentes, dont le dessus de la tête se soulève pour faire bec
verseur, sert de cafetière ; sa coiffure, mélange de perruque
tripartite et de *némès*, est formée d'une étoffe retombant en
plis souples verticaux. Sa datation prouve qu'il est impossible que ce modèle ait été copié sur l'encrier Wedgwood
ayant une coiffure similaire, créé seulement au début du
XIXe sièccle (cat. 315) ; la présence ici d'une fleur de lotus,
absente chez Wedgwood, montre d'ailleurs bien que la
source n'est pas l'ouvrage de Montfaucon, mais un vase
canope différent, très proche de forme, aujourd'hui conservé
au Vatican[2].

Un modèle de pot plus petit et simplifié accom-
pagne parfois le précédent ; son *némès* est, lui, strié horizon-
talement, conformément à la tradition[3] (Fig. 2). Un sphinx
sert de poignée au couvercle du sucrier et un crocodile à
celui du pot à crème. Deux tasses, une pince à sucre et un
plateau complètent l'ensemble.

Quant au décor, il présente de nombreuses
variantes ; il peut être fort simple, comme celui du service
bleu et or exposé ici ; il peut aussi intégrer des éléments à
l'égyptienne : médaillons entourés de hiéroglyphes très
approximatifs[4], ou ensembles très soignés de bandes de hiéroglyphes et de scènes à l'égyptienne[5] (Fig. 3).

Ce petit service connut un grand succès et fut
fabriqué sans interruption jusqu'aux années 1802. Il semble

176 Théière

Manufacture de Steitz-Steingut
Vers 1790
Faïence rouge
H. : 14,6 cm ; L. : 13 cm
Kassel, Staatliche Kunstsammlungen,
Hessisches Landesmuseum
Inv. 1918/529

Cette théière, de conception très originale, a probablement
été inspirée par la connaissance des céramiques produites
par Josiah Wedgwood à Etruria.

Un pot à café, imaginé à partir des lignes d'un vase canope et provenant également de la manufacture de Simon Heinrich Steitz à Kassel, suggère – comme l'a fait remarquer Dirk Syndram – que les matériaux, le *rosso antico* et le *black basalt*, ainsi que les formes elles-mêmes ont eu pour origine des antécédents anglais[1]. On peut relever qu'un pot à vin en vermeil en forme de vase canope, fait par Jacques-Louis Clément et marqué « Kassel, 1793 », est presque identique au pot à café de Steitz et que les mêmes formes se retrouvent dans d'autres pièces d'argenterie allemande, par exemple dans le pot à café et le pot à lait égyptiens de Johan Georg Fournier II[2].

Les perspectives d'adaptation des formes égyptiennes à l'argenterie ont été entrevues assez tôt mais ne furent pas exploitées avant la fin du XVIIIe siècle. Un dessin Renaissance pour une aiguière en argent attribué à Perino del Vaga et conservé au Victoria and Albert Museum (inv. E.9-1922 et E.101922) présente un cas intéressant dans la mesure où il est indéniablement à rapprocher d'un modèle égyptien, peut-être une statue-cube qui se trouvait à Rome, sans doute celle qui est aujourd'hui au Louvre et qui a été dessinée par Pirro Ligorio[3].

Pour partie au moins, il convient d'attribuer l'intérêt qui existait à Kassel pour les formes égyptiennes aux sentiments maçonniques et rosicruciens alors répandus à la Cour. Le prince Guillaume Ier de Hesse-Kassel et son frère, le landgrave Charles, étaient les petits-fils de George II d'Angleterre et les beaux-frères de Gustave III de Suède – le protecteur de Desprez. Au début du XIXe siècle, une chambre de la Résidence du prince à Kassel fut décorée de motifs égyptiens, cependant que le landgrave Charles, qui joua un rôle de premier plan dans le mouvement maçonnique, créait un Jardin maçonnique à Louisenlund dans le Schleswig[4].

M. P.

1. Le pot à café se trouve dans les Staatliche Kunstsammlungen, Hessisches Landesmuseum, Kassel, inv. 1918/528 ; *cf.* cat. exp. Berlin, 1989, n° 1/103, fig. 30.
2. Pour Clément, *cf.* vente Christie's, Londres, 27 novembre 1991, n° 51, ill. ; pour Fournier, *cf.* vente Sotheby's, Londres, 15 juillet 1976, n° 78, ill.
3. *Cf.* Roullet, 1972, p. 110, n° 186, repr.
4. Pour la décoration égyptienne, *cf.* Brinks, 1973, pp. 81-116 ; pour le jardin de Louisenlund, *cf.* Olausson, 1985, pp. 418-421.

Expositions :
Berlin, 1989, n° 1/102, fig. 30.

Bibliographie sommaire :
Schmidberger, 1981, pp. 48-52 ; Syndram, 1988, p. 162, note 41.

¹⁷⁷⁻¹⁷⁸ Deux assiettes à décor maçonnique

Manufacture de Creil ; décor imprimé à Paris,
manufacture de décors sur porcelaine et faïence
d'Antoine Legros d'Anizy, Jean Hurford Stone
et Marie Martin Athanase Coquerel
1808-1818
Faïence fine terre de pipe ; décor imprimé en noir
Diam. : 21 cm
Sèvres, musée national de Céramique
14 785/5 et 7

Historique :
Don Grollier, 1908.

Créée en 1797, la manufacture de Creil connaît, après des débuts difficiles, un essor important sous la direction de Saint-Cricq-Casaux, qui en devient en 1816 le seul propriétaire. C'est sous son impulsion que la qualité des décors va devenir une des images de marque de la fabrique.

Ces deux assiettes, de la série de douze des « Soirées fantasmagoriques de Robertson », existent dans plusieurs présentations, le marli pouvant être décoré comme ici d'une frise de têtes pharaoniques, ou d'autres genres d'ornementation[1]. L'impression faisait appel à une nouvelle technique d'Antoine Legros d'Anizy, pour laquelle il obtint deux brevets en 1808, et qu'il continua à exploiter avec ses

associés Stone et Coquerel dans leur manufacture de Paris jusqu'en 1818.

Les thèmes décoratifs de la série sont les mêmes que l'on retrouve sur les tabliers ou brevets maçonniques de l'époque et ne sont peut-être pas étrangers aux sympathies pour les francs-maçons affichées par Helen Maria Williams, très liée aux familles Stone, Coquerel et Saint-Cricq-Casaux[2]. Pyramides, colonnes, triangles, éclairages mystérieux et scènes fantastiques font référence à la sagesse, sinon à la religion de l'ancienne Égypte. On découvre, sur l'une des assiettes, un personnage qui mêle le souvenir d'un colosse de Memnon à une représentation égyptienne d'Horus enfant, un doigt dans la bouche.

Ce décor étrange n'est pas un cas unique ; la manufacture Pouyat commercialisait à la même époque des assiettes décorées d'une vingtaine de personnages à l'égyptienne entourés de pseudo-hiéroglyphes et de signes maçonniques[3].

J.-M. H.

1. *Cf.* Ariès, 1974, fig. 14, pp. 66 et 99.
2. *Ibid.*, p. 15.
3. *Cf.* Plinval de Guillebon, 1972, fig. 206, p. 266.

Expositions :
Sèvres, 1969 ; Paris, 1980.

Bibliographie sommaire :
Humbert, 1989, p. 162.

179 **Soupière du service d'apparat,
dit « Grand Service »**

Paul Storr (1771-1844)
1802
Vermeil
H. : 44,5 cm
Poinçon de Paul Storr ; inscription gravées :
« RUNDELL BRIDGE ET RUNDELL AURIFICES REGIS
ET PRINCIPIS WALLIAE LONDINI FECERUNT »
et les armes du prince de Galles
Prêtée par Sa Majesté la reine Élisabeth II

Historique :
Livrée au prince-régent avant 1811.

Exposée à Ottawa

Sans aucun doute la vaisselle néo-égyptienne la plus remarquable jamais réalisée, cette soupière appartient au service exécuté sur la demande du prince-régent pour Carlton House, son palais à Londres. Richard Ruch, quand il la vit exposée en 1818, la décrivit comme « sans équivalent en Europe[1] ».

Ce service d'apparat, dont la fabrication s'est étalée sur quelque vingt années, est dans son ensemble d'un caractère classique, mais comprend une série de style égyptien composée de huit soupières (quatre grandes et quatre petites), seize saucières et vingt-quatre salières. Toutes les pièces ont été livrées par la maison Rundell, Bridge and Rundell et facturées, pour la plupart, en juin 1811. Le style égyptien, ainsi qu'on l'a observé par ailleurs, s'était répandu en Angleterre après la victoire de Nelson à la bataille du Nil et le prince-régent – amateur éclairé –, possédait d'autres objets tels que les fameux cabinets en *pietre dure* à ferrures égyptiennes signés Martin-Éloy Lignereux ou l'encrier à sphinx fabriqué par les Vulliamy en 1810[2].

Les soupières datent de 1802 et 1803. Dans leurs lignes générales comme dans certains détails, elles doivent beaucoup à la célèbre soupière à motifs classiques faite en 1798 par Henri Auguste et acquise chez Rundell en 1803 par George III. L'ornement égyptien consiste en une poignée de couvercle à deux serpents entrelacés, des anses en forme de Diane d'Éphèse (souvent utilisée en association avec des motifs égyptiens) et des masques égyptiens ailés sur le corps de la soupière dont le pied est garni de sphinx ailés. Michael Snodin a rapproché cette forme de certains dessins du mystérieux J.J. Boileau conservés au Victoria and Albert Museum[3]. Ceux-ci comprennent des projets d'argenterie à décoration égyptienne dont un rafraîchissoir analogue au splendide « seau à glace d'Abercrombie » exécuté par Digby Scott et Benjamin Smith et une extraordinaire fontaine à thé qui à l'examen s'avère être une adaptation de l'un des griffonis d'Hubert Robert[4]. Boileau qui en 1851 exerçait encore

ses activités de décorateur semble aussi avoir été en relation avec Thomas Hope.

On connaît d'autres soupières de forme similaire : un ensemble composé de deux grandes soupières et de deux petites, exécuté pour le duc de Cumberland, frère du prince-régent, est presque identique, à la seule différence que les sphinx du pied sont remplacés par quatre lions ailés[5].

M. P.

1. Cité *in* cat. exp. Londres, 1991, p. 44.
2. Discuté et reproduit *in* cat. exp. Londres, 1991, n° 165.
3. *Cf.* Snodin, 1973, pp. 124-133.
4. Le dessin de Robert se trouve à la Victoria Art Gallery de Bath (12-14, donation Jones).
5. *Cf.* Schroder, 1988, pp. 358-363, n° 95, ill.

Expositions :
Londres, 1991-1992, n° 85, ill.

Bibliographie sommaire :
Jones, 1911, ill. pl. LXXXIV ;
Garrard and Co., 1914, n° 232 ;
Hernmarck, 1985, t. I, p. 189,
t. II, p. 429, fig. 428 ; Humbert,
1987, t. II, n° 435.

180 **Saucière et son support
du « Grand Service »**

Digby Scott (actif de 1802 à 1811)
et Benjamin Smith (1764-1823)
1804
Vermeil
H. : 22,9 cm ; L. : 22,6 cm ; pr. : 14,5 cm
Poinçon de Digby Scott et Benjamin Smith
Inscriptions gravées : « RUNDELL BRIDGE ET
RUNDELL AURIFICES REGIS ET PRINCIPIS
WALLIAE LONDINI FECERUNT » et les armes
du prince de Galles
Prêtée par Sa Majesté la reine Elisabeth II

Historique :
Livrée au prince-régent avant 1811.

Exposée à Ottawa

Cette saucière, qui fait partie d'une série de douze, est décorée de disques ailés sur les flancs, de masques égyptiens également ailés au-dessous du bec et d'une anse en forme de double serpent se terminant en tête de chien. Une paire de saucières identiques marquées 1806 figurait dans une vente de 1979[1].

M. P.

1. *Cf.* vente Phillips, Londres, 26 octobre 1979, ill., *in The Connoisseur*, t. CCII, n° 812, octobre 1979, p. 53.

Expositions :
Londres, 1991-1992, n° 91, ill.

Bibliographie sommaire :
Garrard and Co., 1914, n° 224.

179

180

Le retour d'Égypte

181 Candélabre du «Grand Service»

Bronze doré
H. : 77 cm ; L. : 40 cm
Prêté par Sa Majesté la reine Elizabeth II

Historique :
Livré au prince régent en 1811.

En plus de la vaisselle en vermeil, le Grand Service comprenait des ornements de bronze doré, notamment un surtout en forme de temple composé, au centre, du dieu-taureau Apis, entouré de quatre figures égyptiennes ailées, supportant un dôme lui-même couronné d'un vase canope ainsi qu'un ensemble de quatre candélabres[1]. Le support des candélabres est formé de trois télamons tenant chacun une plaque couverte de hiéroglyphes inspirés des dessins de Piranèse, le tout surmonté d'une pyramide. La base est ornée de trois sphynx ailés imités d'un dessin de Piranèse pour un candélabre antique, publié en 1778 dans son ouvrage *Vasi, candelabri, cippi*. Le même support servira aussi de fût pour un guéridon auquel on a ajouté une base décorée de trois lions égyptiens[2].

M. P.

1. Le surtout est reproduit *in* Curl, 1982, pl. 147 et *in* Humbert, 1989, pl. coul. p. 163.
2. Reproduit en couleur *in* Humbert, 1989, p. 133.

Expositions :
Brighton/Manchester, 1983,
n° 85, repr.

Bibliographie sommaire :
Cat. exp. Londres, 1991, p. 46.

182 Lustre à seize lumières

Anonyme autrichien, début du XIXe siècle
Bois doré
H. : 1 m ; diam. : 84 cm
Vienne, Bundesmobiliensammlungen
Inv. MD 13 390

Exposé à Ottawa et à Vienne

Ce lustre est d'essence classique, épanouissement tardif du style Louis XVI, avec de délicats bras de lumière répartis en deux niveaux. Le niveau supérieur, à huit bras, part de la tige centrale. Le niveau inférieur à huit bras également, plus court, s'élève à partir du disque central et s'achève en bustes à têtes égyptiennes stylisées. L'intégration de motifs égyptiens et classiques est à la fois discrète et efficace, un progrès par rapport au lustre français de Fontainebleau (cat. 50).

M. P.

183 Surtout de table

Manufacture autrichienne ?
Vers 1807-1808
Bronze doré et patiné, cristal taillé, comprenant
21 éléments et 9 plateaux (dont 7 carrés
et 2 en demi-cercle)
Plateaux : L. : 50 cm ; pr. : 50 cm
Vienne, Bundesmobiliensammlungen
Inv. MD 180443

Exposé à Ottawa et à Vienne

Les renseignements concernant ce splendide surtout sont peu abondants : la première mention en a été trouvée dans un document de 1809 qui précise qu'il a été acheté à la Porzellan Fabrik impériale pour le compte de la Cour d'Autriche. Un autre document de la même année indique que le marbre des plateaux à bordure de bronze qui forme le pied a été remplacé par du miroir. L'hypothèse a été émise, non sans fondement, que ce surtout avait été acheté pour le mariage de l'empereur François Iᵉʳ (II) avec sa troisième femme (et cousine), Marie-Louise d'Este, le 6 janvier 1808, et des documents ayant trait à cette année-là font état de l'achat d'autres articles destinés à la table des noces impériales[1].

Les éléments de décoration consistent en plusieurs types de candélabres, socles et trépieds où se mêlent les styles classique et égyptien. Il n'est pas douteux que les ateliers faisaient preuve de souplesse quand ils avaient à produire de grands surtouts dans des délais limités, comme cela semble avoir été le cas à Vienne. Des Égyptiens agenouillés dos à dos constituent la base de deux des socles ; les chandeliers à une bougie comportent une figure féminine debout et drapée, inspirée par le style égyptisant de l'époque d'Hadrien ; des deux types de trépieds, le plus grand a comme support des cariatides égyptiennes monopodes ailées entourant un escabelon triangulaire. L'allure générale est typiquement Empire mais les éléments figuratifs sont probablement puisés à des sources multiples. Certains détails des grands trépieds sont à rattacher à des modèles français : une athénienne de 1805 environ, conservée au Badisches Landesmuseum de Karlsruhe, possède un escabelon similaire décoré de reliefs en bronze doré[2] ; la forme des cariatides monopodes, également française, avait des équivalents dans toute l'Europe[3]. L'atelier d'où est sorti le surtout a certainement produit d'autres objets : on connaît ainsi une paire de grands trépieds presque identiques servant à soutenir diffé-rentes coupes en verre taillé, qui sont aussi, dit-on, d'origine viennoise. Ces trépieds font partie d'un ensemble plus petit qui comporte une pièce centrale à figures masculines accroupies[4].

D'une certaine manière, ce surtout a marqué le point de départ de l'intérêt de l'impératrice Marie-Louise pour la décoration à l'égyptienne – intérêt qui s'est accentué en 1809 quand elle se fit installer par le comte Franz Anton Harrach un nouvel appartement dans l'aile Léopoldine du Hofburg. Terminé en 1812, l'appartement contenait un cabinet Égyptien et un salon des Glaces égyptien qui malheureusement ont plus tard été démantelés[5]. Les éléments de décoration du cabinet Égyptien sont toutefois conservés dans les Bundesmobiliensammlungen.

M. P.

1. *Cf.* Winckler *in* cat. exp. Francfort-sur-le-Main, 1991, n° 18.
2. *Cf.* Ottomeyer et Pröschel, 1986, t. I, p. 362, n° 5.12.1, ill.
3. Par exemple en Angleterre, dans un surtout-chandelier en argent de 1806 fait par Digby Scott et Benjamin Smith.
4. *Cf.* vente Christie's, Londres, 10 juin 1993, n°ˢ 1 et 2, ill. coul.
5. *Cf.* Witt-Dörring, 1989, pp. 64-66, fig. 8 et 9 pour les dessins de Harrach et Ottilinger, 1992, pp. 137-144, pour une description complète des chambres égyptiennes.

Expositions :
Paris, 1990, n° 221, ill. coul. ;
Francfort-sur-le-Main, 1991,
n° 18, ill. coul.

Bibliographie sommaire :
Witt-Dörring, 1989, p. 64, ill.
fig. 7.

184 # Ceinturon de général de division

1800-1804
Broderies de fil d'or sur support de laine rouge,
petits médaillons en laine jaune
Ceinturon : L. : 1,01 m ; l. : 7,8 cm
Deux bélières : L. : 75 et 34 cm ; l. : 3 cm
Paris, musée de l'Armée
Ca 112-1746

Historique :
Donné en 1898 par le général de Montebello,
petit-fils du Maréchal Lannes.

Le baudrier du général Lannes constitue un exemple parfait
de l'extension de la mode civile au domaine militaire. Il
convient toutefois de noter que, comme en Angleterre, ce
sont essentiellement les « anciens » de l'Expédition d'Égypte
qui souhaitent voir ainsi rappelée la gloire issue de cette
campagne lointaine : Lannes ne pouvait déroger à l'usage
établi. Ce sont les mêmes qui, plus tard, se feront enterrer
dans des tombes à l'égyptienne.

Brodé or sur fond rouge, ce baudrier est décoré
d'un mélange de motifs guerriers, floraux et égyptiens :
parmi ces derniers, on relève nombre de cartouches ; surmontés alternativement de plumes Mâat et de serpents, ils
contiennent des hiéroglyphes fantaisistes.

Il s'agit d'un type de baudrier voisin de celui porté
par le Mameluk Roustan sur son portrait attribué à Gros[1]
(Fig. 1).

J.-M. H.

1. Paris, musée de l'Armée, Ea 62.

Bibliographie sommaire :
Humbert, 1987/I, p. 47.

Fig. 1. Portrait du Mameluk Rousta
Attribué à Gros, huile sur toile
Paris, musée de l'Armée.

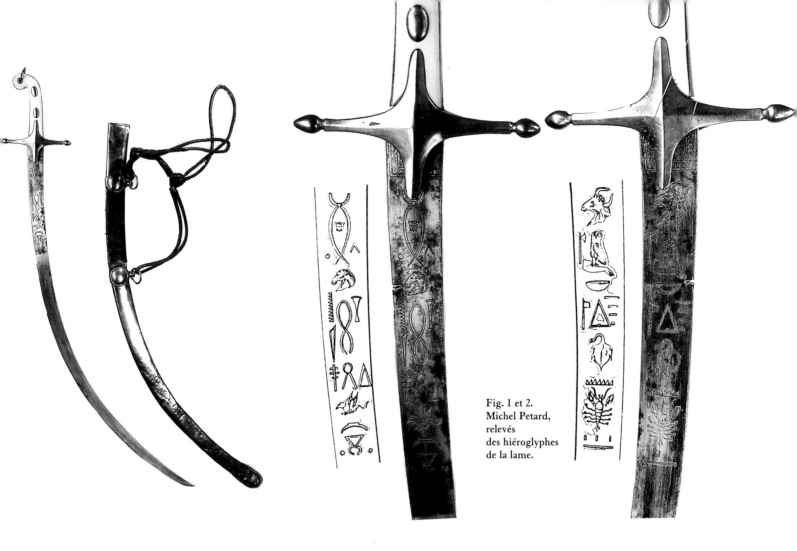

Fig. 1 et 2.
Michel Petard,
relevés
des hiéroglyphes
de la lame.

185 Sabre d'officier de Mameluk

Manufacture de Klingenthal
1802-1815
Lame plate à forte courbure en acier, bleuie et
dorée ; poignée en bois recouvert de basane noire,
croisière en laiton ; fourreau en fort cuir noir
L. sabre (sur la corde) : 91 cm ; L. lame : 78 cm ;
L. fourreau : 80 cm
Paris, musée de l'Armée
N° 3067

Historique :
Don de la princesse Mathilde en 1900.

Nombreuses sont les armes dont le décor à été à tort qualifié
d'égyptien ; même l'épée de membre de l'Institut d'Égypte,
à part une petite tête de lion sur le quillon, ne présente pas
d'élément convaincant. En revanche, le sabre des Mame-
luks de la Garde, utilisé par la troupe et les officiers entre
1802 et 1815, voit sa lame souvent décorée de pseudo-hiéroglyphes (Fig. 1). Celui conservé au musée de l'Armée est,
à cet égard, particulièrement représentatif.

Certainement reproduits d'après une première
copie maladroite du XVIIIe siècle et non d'après des originaux, ces hiéroglyphes montrent la volonté affirmée d'assimiler ces signes à des objets connus : le signe de l'eau *n*
devient une sorte de planche à clous ; la pièce de lin torsadée
h une espèce de pince ; la bannière *ntr* une francisque...
Quant au style des idéogrammes déterminatifs, il n'a plus
rien d'égyptien ; les animaux sont représentés soit d'une
façon très réaliste, notamment la chouette et la tête de chat,
soit d'une façon maladroite, comme l'oie troussée, et peuvent évoluer jusqu'à être assimilés à des êtres fabuleux (dra-
gons) ou même aux signes du zodiaque.

Ce sabre présente donc un échantillonnage significatif des avatars que subissent les caractères hiéroglyphiques
– écriture alors encore mystérieuse – lorsqu'ils sont reproduits par des personnes non averties à partir de sources de
seconde main déjà déformées. Un tel décor confirme par ailleurs que les armes sont plus proches de la mode courante
qu'on ne le suppose généralement.

J.-M. H.

Bibliographie sommaire :
Ariès, dessins de Michel Petard,
1er fascicule, 1969 ; Humbert,
1987/I, p. 46.

Le développement des lectures parallèles : 1815-1869

Fig. 1. *Décoration exécutée sur la Place de la Concorde pour la fête du 4 mai 1850 par M. Charpentier, architecte - Aspect général pendant le jour*
Gravure tirée de *L'Illustration*, journal universel, n° 375, samedi 4 mai 1850, p. 280
Bibliothèque nationale, cabinet des Estampes.

La fin de l'Empire, qui avait joué un si grand rôle dans la diffusion internationale d'une égyptomanie à la fois esthétique et politique, ne sonne pas pour autant le glas de cette mode qui continue d'être présente, avec la même régularité, dans tous les domaines de l'art. En effet, nombre d'événements ponctuels viennent relancer l'intérêt pour la terre des pharaons. Si l'on prend le seul exemple parisien, on relève successivement en 1822, l'exposition de Belzoni ; en 1836, l'érection de l'obélisque de Louxor ; de 1848 à 1850 et en 1866, les fêtes populaires place de la Concorde (Fig. 1) ; et en 1867, l'Exposition universelle.

Pourtant, l'égyptologie naissante aurait dû porter ombrage à l'égyptomanie : c'est en effet la période de grande diffusion de la *Description de l'Égypte*, dont la publication de la première édition ne s'achève qu'en 1828 et dont le succès entraîne parallèlement une seconde édition ; c'est aussi l'époque du déchiffrement des hiéroglyphes – la *Lettre à Monsieur Dacier* de Champollion date de 1822 – et de la publication de nouveaux grands ouvrages comme *I Monumenti dell'Egitto e della Nubia* d'Ippolito Rosellini (Pise, 1832-1834) et *Les Monuments d'Égypte et de la Nubie* de Jean-François Champollion (Paris, 1835-1845) ; c'est enfin la période où les voyages dans cette contrée toujours mystérieuse se démocratisent. La vision de la réalité, complétée par l'apport de la science nouvelle que constitue l'égyptologie, aurait donc pu venir concurrencer et même faire disparaître ces formes souvent approximatives, nées d'une volonté de sublimer un rêve inaccessible.

En fait, il n'en est rien, et l'égyptomanie continue à se développer ; soit l'actualité scientifique est ignorée et les sources anciennes continuent alors d'être utilisées, soit elle est intégrée, les artistes essayant – en s'en servant largement –, de donner à leurs œuvres une crédibilité maximale. Mais la caractéristique majeure de la période réside dans les lectures de plus en plus diverses et détournées qui sont faites des formes égyptiennes antiques, aussi bien en amont qu'en aval de leur utilisation.

Les premières de ces lectures utilisent les qualités émanant de cette civilisation millénaire : savoir et culture, sagesse et justice, bonheur d'une vie éternelle. L'Égypte a en effet toujours été considérée comme la terre de la connaissance : n'évoque-t-on pas encore aujourd'hui avec admiration la bibliothèque d'Alexandrie ou la science de ses médecins ? Il n'est donc guère étonnant de voir ce style réutilisé dans des musées, des bibliothèques et des écoles. L'époque était propice, qui s'efforçait de mettre à la portée du grand public les sciences et les arts : cet effort didactique s'effectue à travers les Expositions universelles, les zoos, les musées, qui tous se multiplient et attirent le public par des constructions et des décorations de plus en plus spectaculaires.

L'Egyptian Hall de Londres exerce pendant cette période une influence telle que l'on peut encore voir aujourd'hui plusieurs immeubles le reproduisant. Le premier, destiné à être une école, a été construit en 1823 à Devonport, près de Plymouth, par John Foulston[1] (Fig. 2), le second une dizaine d'années plus tard à Penzance, à une échelle plus petite mais dans des proportions plus proches de l'original ; restauré en 1973, ce dernier a retrouvé les couleurs vives qui devaient, à l'origine, attirer le public vers le musée historique et géologique qu'il abritait[2]. L'architecte Richard Brown réutilise encore le même schéma dans les années 1840 avec son projet de « pavillon égyptien » entouré d'un parc oriental[3]. Les États-Unis eux-mêmes ont eu leur Egyptian Hall, lorsque Mrs Trollope fit construire en 1829 son « bazaar » à Hygeia, en lui donnant pour modèle l'édifice londonien[4]...

Plusieurs projets d'Athenaeum, de dépôts d'archives, de bibliothèques et d'écoles sont publiés aux États-

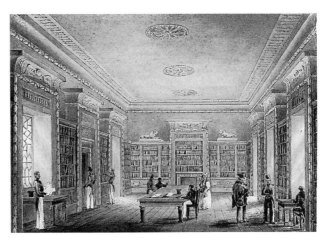

Fig. 2. **Intérieur de la bibliothèque de Devonport, érigée en 1823 par John Foulston, dessin**
Londres, British Architectural Library.

Fig. 3. Porte égyptienne
du parc Alexandre
à Tsarskoye Selo.
Ensemble monumental
formé de deux massifs,
édifié entre 1827 et 1830
par Adam Menelas.

Fig. 4. Pavillon des éléphants du zoo d'Anvers
réalisé en 1855-1856 par Charles Servais,
d'après les temples de Philae et l'Egyptian Court de Sydenham.

Unis entre 1835 et 1845, dont certains sont réalisés – comme le collège médical de Virginie, à Richmond en 1844 –, par Thomas Stewart ; deux bâtiments d'inspiration voisine, un collège et un gymnase, sont construits en Afrique du Sud pendant la même période[5]. Les musées eux-mêmes s'adaptent rapidement à cette volonté didactique : le musée Charles X au Louvre, décoré entre 1827 et 1835, le Musée grégorien égyptien, au Vatican en 1839, le Neues Museum de Berlin de 1843 à 1855[6]. Dans un genre tout différent, l'Egyptian Court présentée en 1854 au Crystal Palace de Londres offrait des reconstitutions qui, pour n'être guère scientifiques, n'en étaient pas moins évocatrices[7].

Une grande partie des édifices égyptisants destinés à un usage pédagogique ou didactique reste néanmoins constituée de constructions provisoires directement héritées des fabriques du XVIIIe siècle ; mais leur taille est beaucoup plus importante, et leur décoration particulièrement achevée. Pendant toute la première moitié du XIXe siècle, le public continue de faire bon accueil à ces pastiches qui figurent toujours dans les manuels de décoration des jardins, comme celui de Boitard[8]. Ainsi, dans les années 1820, Jacub Kubicki édifie-t-il un petit temple égyptien dans le parc Lazienski, près du palais du Belvédère, à Varsovie[9] ; et il reste encore aujourd'hui, en dehors de pyramides et d'obélisques, deux exemples parmi les plus spectaculaires de ces fabriques : la porte égyptienne du parc de Tsarskoye Selo, à côté de Saint-Pétersbourg (Fig. 3), et celle des jardins Borghèse, à Rome. La première, édifiée par Adam Menelas de 1827 à 1830, est formée de deux massifs recouverts de plaques de fonte ornées de scènes égyptiennes de style de Basse Époque, en relief, d'après les dessins de Vasily Demuth-Malinovsky ; une grille à décor d'*uraeus* joint des cariatides à têtes coiffées du *némès*[10]. La seconde, créée par Luigi Canina vers 1828 sous le nom de « Propilei Egizi », se situe en plein centre des jardins et se compose de deux parties symétriques, accolant successivement obélisque couvert de pseudo-hiéroglyphes, massif haut avec colonnades à chapiteaux composites, massif bas et lion[11].

On peut également encore voir aujourd'hui un édifice tout aussi directement hérité des fabriques de la fin du XVIIIe siècle, mais en même temps chargé plus encore de préoccupations didactiques : le pavillon des éléphants du zoo d'Anvers, construit en 1855-1856 (Fig. 4). Conçu en forme de temple égyptien et fort heureusement conservé – peut-être en raison de son caractère utilitaire –, il a été remarquablement restauré en 1988 et reste l'un des seuls survivants de cette mode si répandue dans les Expositions universelles. Une dédicace traduite en hiéroglyphes, au-dessus de l'entrée, jouant comme le reste du bâtiment d'une extraordinaire polychromie, exprime clairement le but pédagogique de l'ensemble : « En l'année du dieu sauveur 1856, sous S. M. le roi, soleil et vie de la Belgique, fils du soleil, Léopold premier, fut faite cette maison pour réjouir Anvers et instruire ses habitants[12]. » Son succès fut tel que le principe fut rapidement copié dans d'autres zoos, à Hambourg (maison des flamants) et plus tard, en 1901, à Berlin (pavillon des autruches)[13].

En ce milieu du XIXe siècle, l'Égypte est admise non seulement comme berceau de la civilisation occidentale, mais, qui plus est, comme référence : c'est le pays de la sagesse et de la justice, dont on va faire entrer l'esprit, par l'architecture, jusque dans les postes de police, les prisons et les palais de justice. Il s'agissait d'effrayer le bandit et de rassurer le bourgeois par la crainte que pouvaient inspirer des bâtiments grandioses et mystérieux. John Haviland et nombre d'autres architectes américains réalisent, dans les années 1830, plusieurs édifices conçus sur le principe du pastiche[14]. Toute différente est la conception de Joseph-

Fig. 5. Palais de justice de Paris. Façade du bâtiment, côté place Dauphine,
inspirée du temple de Denderah ; Joseph-Louis Duc, entre 1857 et 1868.

Louis Duc, lorsqu'il construit entre 1857 et 1868 la façade
du Palais de justice de Paris, place Dauphine (Fig. 5). Il
s'inspire en effet du temple de Denderah, dont on trouve
une reproduction dans ses papiers[15], mais en le repensant
entièrement : il n'en retient que la forme générale, dont le
mur d'entrecolonnement s'arrêtant sensiblement au tiers de
la hauteur. L'idée n'était pas nouvelle puisque, en 1815 déjà,
Karl Hallerstein avait utilisé le même principe à la glyptothèque de Munich. À Paris, sans avoir suivi Haviland dans
une copie fidèle, Duc s'est donc essentiellement référé à son
idée de nouvelle justice éclairée, héritée de la sagesse antique
symbolisée par l'architecture égyptienne.

Plus curieuse est l'intégration pratiquée par des
religions diverses qui ne dédaignent pas d'utiliser ces formes
architecturales liées au polythéisme. Le premier exemple
connu dans ce domaine apparaît dès 1822, année où William
Strickland bâtit à Philadelphie une petite synagogue à
l'égyptienne ; entre 1830 et 1860, plusieurs églises métho-
distes et presbytériennes, des synagogues, des loges maçonniques sont construites avec des apports décoratifs
égyptisants, tant aux États-Unis, en Angleterre que dans des
contrées éloignées, Australie et Tasmanie[16]. En Écosse, entre
1858 et 1871, l'architecte Alexander Thomson, passionné
par l'Égypte ancienne, se fait une spécialité des églises à
l'égyptienne, pour lesquelles il ne s'est jamais caché s'être
beaucoup servi des œuvres de Wilkinson, David Roberts,
John Martin et Schinkel. Outre des magasins et bâtiments
industriels, il construit dans ce style sa propre villa, et aime
à rappeler, lors de conférences, les valeurs qui, selon lui,
imprègnent les thèmes architecturaux utilisés : les pyramides symbolisent la durabilité, les obélisques la justice et la
vérité, le portique l'amitié et la bonté[17]...

Une autre relation, extrêmement profonde et
solide, naît entre les espaces funéraires modernes et ceux de
la plus haute Antiquité. Naos, chapelles avec corniches à
gorge et disque ailé, pyramides, stèles, Antinoüs et sphinx
constituent le catalogue des thèmes égyptisants utilisés dans
ce domaine tout au long du XIXᵉ siècle. De fait, toute
personne ayant eu des rapports privilégiés avec l'Égypte
ancienne, à quelque titre que ce soit, a droit à une tombe
égyptisante : Monge et Champollion à Paris, Drovetti à

Turin, comme plus tard Beniamino Gigli à Recanati ou
Edgar P. Jacobs à Lasne-en-Brabant.

Autour de cette égyptomanie funéraire qui a pour
qualité essentielle de n'être jamais triste, s'est mise en place
petit à petit, dans la première moitié du XIXᵉ siècle, une
architecture spécifique aux cimetières consistant essentiellement en portes monumentales. La première du genre a été
édifiée en 1813 au Westminster Cemetery de Baltimore par
Maximilien Godefroy. Rapidement, la mode s'en répand et
donne naissance à de nombreux projets[18]. L'Anglais A.
Welby Pugin est l'un des seuls opposants à une telle idée,
principalement pour des raisons de dogme ; il lui semble en
effet tout à fait anormal d'utiliser des éléments décoratifs
païens dans des cimetières chrétiens, et il est suivi en cela par
plusieurs communautés américaines. Pour se moquer de
cette mode, il dessine une entrée monumentale quelque peu
ridicule imitant le pylône d'un temple : deux massifs, surmontés de conduits de cheminées et percés de fenêtres, encadrent la porte décorée d'un disque ailé et d'une lanterne à
gaz éclairant des scènes murales caricaturées. Son texte
explicatif est encore plus virulent, critiquant les architectes :
« L'un ne pense qu'à l'Alhambra, le second au Parthénon,
un troisième aux fleurs de lotus et aux pyramides des bords
du Nil ; ils n'arrivent qu'à fabriquer un carnaval d'architecture arraché à tous les siècles et à toutes les nations[19]. »

Une fois de plus, le public se fait entendre ; refusant
l'amalgame fait par Pugin mêlant égyptomanie, rétromanie
et exotisme, il défend cette architecture évocatrice. Les
États-Unis prennent la tête du mouvement qui voit la construction de portiques aussi monumentaux qu'originaux :
Jacob Bigelow réalise de 1831 à 1842 l'entrée du Mount
Auburn Cemetery de Boston (Massachusetts), composée
d'une porte à la manière de Karnak, à la corniche à gorge
très exagérée, et de deux pavillons[20] (Fig. 6) ; il en avait pris
le modèle dans la *Description de l'Égypte* et souhaitait ainsi
créer une construction qui durerait au moins mille ans. De
fait, son œuvre sert de référence à beaucoup de ses confrères,
parmi lesquels Henry Austin qui dessine en 1844 l'entrée du
Grove Street Cemetery de New Haven (Connecticut), un
modèle du genre : un imposant massif-portique soutenu par
deux colonnes papyriformes et décoré de la corniche à
gorge, du disque ailé et de tores ; cette forme massive et
solide est unanimement appréciée et bien comprise en tant
que gardienne des morts pour l'éternité[21]. Stephen Geary et
James Bunstone créent en 1838 au Highgate Cemetery de
Londres une Avenue égyptienne et, deux ans plus tard, William Hosking l'entrée du cimetière d'Abney Park[22]. Urbain
Vitry adapte pour sa part l'architecture égyptienne à l'environnement de la « ville rose » en construisant à Toulouse, en
1840, deux obélisques et deux pavillons à colonnes campaniformes en briques à l'entrée du cimetière de Terre
Cabade[23]. D'autres pays européens suivront ces exemples
jusqu'à la fin du siècle, comme l'Italie à Alberobello[24].

Un second type de nouvelles lectures de l'Antiquité
égyptienne consiste à transposer au second degré ses qualités

Le développement des lectures parallèles

dans des usages pseudo-commerciaux, vantant la solidité, la permanence, la qualité des produits issus de tels modèles ayant résisté aux siècles. L'architecte John Haviland n'en est pas à ses premières armes dans l'égyptomanie quand il construit à Philadelphie un immeuble à l'égyptienne destiné à la Pennsylvania Fire Insurance Co[25]. Il avait lui-même proposé cette idée de décor à son client, en expliquant que l'image de marque de la compagnie avait tout à gagner de l'impression de solidité et de continuité donnée par l'architecture égyptienne. L'idée est reprise par Charles B. Cooper, qui réalise en 1847, également à Philadelphie, un immeuble approchant[26], mais dont les décors sont en fonte, rappelant ainsi la production du commanditaire tout en attirant l'attention de sa clientèle sur la solidité et la longévité de ce matériau. Toute la période 1820-1850 est marquée par l'apparition de ces lectures parallèles et publicitaires appliquées à des immeubles au demeurant peu originaux, mais dont le message est, semble-t-il, efficace.

C'est surtout dans les constructions délicates ou dont la nouveauté effraie, comme les ponts suspendus et les gares, que l'art égyptien permet de rassurer quelque peu les usagers par sa réputation – là encore –, de solidité et de longévité. Dès 1826, les architectes Kristianovich et Traitteur construisent à Saint-Pétersbourg un pont en fer, suspendu – de chaque côté du canal de la Fontanka – à des pylônes formés de trois colonnes à chapiteaux campaniformes. Dans les années qui suivent, le nombre de ponts suspendus traités à l'égyptienne se multiplie à travers le monde[27].

De même, on pouvait penser que le voyageur, effrayé par le nouveau mode de transport ferroviaire, était susceptible d'être rassuré par une architecture antique, massive et solide ; l'étonnement que suscitait une gare à l'égyptienne et le dépaysement qui en résultait, avant même le départ, semblaient pouvoir l'aider à oublier ses craintes. Les États-Unis voient ainsi fleurir plusieurs gares de ce type[28].

Dans le domaine industriel, l'architecture égyptienne est souvent réutilisée d'une manière voisine. Par exemple, lorsque Joseph Bonomi Jr édifie à Leeds, en 1842, une filature de lin dite « Temple Mills » (Fig. 7), il cherche à matérialiser la relation existant entre l'Égypte, productrice

Fig. 7. Temple Mills
Filature de lin édifiée par Joseph Bonomi Jr et James Marshall, à Leeds, en 1842 (détail).

de lin et de toile, et le type architectural choisi, qui a en outre l'intérêt d'attirer, par son originalité, l'attention du public vers une firme que rien ne distingue, au départ, de ses concurrentes[29]. De même, la massivité de certaines formes égyptiennes, parfaitement faite pour camoufler des édifices naturellement lourds et encombrants comme les réservoirs d'eau potable aux murs aveugles, épais et hauts, est utilisée à ces fins ; dans ce domaine également, les pays anglo-saxons font une fois de plus la preuve de leur imagination débordante[30].

Le dernier des types d'égyptomanie est celui issu directement de considérations esthétiques ; le succès de l'Egyptian Hall de Londres a profité à des maisons de rapport, comme celle de la place du Caire à Paris. Construite par l'architecte Berthier, elle a été décorée en 1826 de têtes monumentales d'Hathor par le sculpteur G.-J. Garraud[31]. L'idée d'un tel décor est évidemment liée directement au nom des voies desservant le lotissement, dont l'origine remonte à la fin de l'année 1799[32]. D'autres immeubles d'habitation ont été décorés à la même époque, à une échelle moindre, d'éléments égyptisants, par exemple à Hertford (Grande-Bretagne), vers 1828[33], à Troy (État de New York) et à New Haven (Connecticut), vers 1845-1850[34] ; il ne s'agit le plus souvent que de façades en forme de massif, surmontées de la corniche à gorge, parfois également présente au-dessus des fenêtres.

Les intérieurs privés suivent également cette mode qui reste constamment vivace. En 1828, George Smith dessine une bibliothèque égyptisante en expliquant dans son texte que ce style est particulièrement adapté aux appartements modernes. Des ébénistes présentent des ameublements complets à l'égyptienne, comme Guillaume Grohé qui obtient en 1834 une mention honorable à l'Exposition des produits de l'industrie pour ses meubles égyptiens « dont le jury loua l'emploi de la sculpture et la forme des différentes pièces assez appropriées à leur usage. La princesse Marie d'Orléans fit l'acquisition des meubles

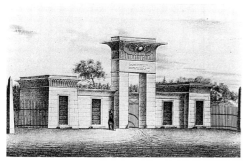

Fig. 6. Entrée du cimetière de Mount Auburn, Boston, Massachusetts
Lithographie ; collection particulière.

Fig. 8. Nubien
Fontaine en fonte laquée
produite vers 1840.

Fig. 9. Personnages égyptiens
Porte-torchères
réalisés vers 1860 par A. Muel.

Fig. 10. Gravure anonyme anti-Napoléon et anti-Denon,
réalisée sous la Restauration
Paris, Bibliothèque nationale, cabinet des Estampes.

égyptiens[35] ». Parallèlement, des meubles classiques continuent de recevoir l'apport d'éléments décoratifs égyptiens, comme le bureau à cylindre réalisé par Puteaux en 1823, auquel Denière ajoute en 1833 deux sphinx de bronze doré[36].

Dans les années qui suivent, la surcharge propre au style décoratif du second Empire s'accommode fort bien de l'égyptomanie, dont la princesse Mathilde fait grand cas. Les progrès de l'égyptologie dans ces intérieurs deviennent perceptibles de deux manières : dans le domaine du décor peint et à travers des copies d'antique. Toutefois, alors que les motifs égyptiens trouvés dans les ouvrages comme la *Grammar of Ornament* d'Owen Jones[37] pouvaient être l'occasion d'adaptations et de recréations, les artistes ne laissent pas libre cours à leur fantaisie, et les reproduisent le plus souvent à l'identique, allant ainsi à l'encontre de ce que Jones souhaitait[38]. La hantise de trahir la vérité archéologique se traduit par des décors figés et par l'apparition de copies exactes de meubles antiques, comme la chaise de W. Holman Hunt. Les sphinx eux-mêmes sont de plus en plus proches de leurs modèles antiques, comme celui du centre de table Montefiore, réalisé en 1842[39]. Dans d'autres cas, comme par exemple les « vases Champollion » créés à Sèvres dans les années 1830, la fantaisie soulignée de polychromie fait naître, à partir d'un modèle « archéologique », un objet particulièrement original.

Autres éléments constitutifs du décor intérieur, les fontes ornementales font grand usage de l'égyptomanie ; les Nubiens prolifèrent, traités bien sûr à l'égyptienne, mais d'une manière très libre, avec déhanchements et costumes approximatifs ; nombre de modèles sont utilisés dans les jardins et les entrées d'immeubles, soit comme simples décorations, soit comme fontaines (Fig. 8), soit encore en tant que porte-torchères (Fig. 9). La variété des modèles se multiplie[40] : Mathurin Moreau et les fonderies du Val d'Osne, notamment, se font une spécialité de ce genre de productions[41].

Le dernier domaine dans lequel l'égyptomanie évolue considérablement est celui de la peinture. Les artistes, pour en améliorer au maximum la qualité, s'appuient sur le sérieux grandissant de la documentation archéologique ; déjà, au début du siècle, avec le livre de Denon et la *Description de l'Égypte*, ils avaient à leur disposition des dessins de grande qualité, mais très souvent ils ne s'en servaient pas, ne voyant pas alors de grande différence entre les ouvrages du XVIIIe siècle et ceux qui venaient de paraître. Tout au contraire, dans le courant du XIXe siècle, le peintre se doit avant tout de paraître crédible ; il prend alors l'habitude d'utiliser les dernières publications, de reproduire les découvertes archéologiques, et même de s'adresser directement aux savants qui, comme Mariette, ne dédaignent pas de les aider. Citer des sources scientifiques devient pour l'artiste à la fois une caution et une espèce d'obligation publicitaire.

La Bible fournit de nombreuses sources d'inspiration. Dans les années 1825, une nouvelle école voit le jour, dont Benjamin Haydon est le premier représentant : celle des peintres qui, à l'instar de leurs contemporains, sont passionnés par les découvertes archéologiques et par les progrès de l'égyptologie naissante. Haydon utilise la *Description de l'Égypte* et l'ouvrage de Denon, rencontre Belzoni, ne manque pas d'aller voir le sarcophage de Séthi Ier et « tout ce qu'il y a d'égyptien au musée », comme il le rappelle dans son *Journal*[42]. À partir de la documentation rassemblée, il peint cinq tableaux à sujets biblico-égyptiens. C'est la voie ouverte aux premiers grands classiques du genre, dont les décors du musée Charles X au Louvre constituent un parfait exemple. Le décor jusqu'alors le plus souvent non égyptien des *Plaies d'Égypte* et autres *Repos de la Sainte Famille* cède la place à des compositions où le gigantisme le dispute à l'onirisme : les créations de John Martin, David Roberts, Gustave Doré[43] puis celles d'Edward-John Poynter constituent de bonnes illustrations de cette évolution.

Sous l'influence d'écrivains, les thèmes non religieux évoluent dans le même temps vers une recréation de la vie dans l'Égypte ancienne. *Le Roman de la momie*, de Théophile Gautier (1858) et l'*Ägyptische Königstochter* de Georg Moritz Ebers (1864), deux *best-sellers* mondiaux, inspirent des générations de peintres et d'illustrateurs. Ainsi, le XIXᵉ siècle voit naître les scènes de genre « à la manière antique » dans lesquelles est atteinte la véritable raison d'être de l'égyptomanie picturale : faire revivre nos lointains ancêtres. C'est dans les années 1860 que se sont développées ces « mises en scène » au demeurant très théâtrales, où le peintre est à la fois portraitiste, metteur en scène, décorateur, accessoiriste et costumier. Obsédés par l'exactitude, les artistes qui se veulent au goût du jour se doivent de surenchérir sur la qualité archéologique de leurs modèles, essayant, parfois en vain, d'être toujours plus près de la réalité.

Alma-Tadema, par exemple, utilise les ouvrages de Wilkinson et de Prisse d'Avennes, et copie des objets au British Museum. Initié à la vie de l'ancienne Égypte par l'égyptologue Georg Moritz Ebers, professeur à Leipzig, il lui expliquait ainsi son choix : « Où aurais-je dû commencer quand je me familiarisais tout d'abord avec la vie des Anciens ? La première chose que l'enfant apprend des temps anciens le conduit à la cour des pharaons, à Gessen en Égypte, et quand nous retournons à la source de l'art et des sciences des autres nations de l'Antiquité, combien souvent retrouvons-nous l'Égypte[44]. » Alma-Tadema a ainsi ouvert la voie où plusieurs de ses contemporains allaient exceller dans les trois dernières décennies du siècle.

Les cinquante ans qui suivent la période du premier Empire montrent donc à quel point l'égyptomanie s'est libérée rapidement de tout ce qui la liait à la campagne d'Égypte (Fig. 10) et a trouvé, sauf peut-être en ce qui concerne le mythe de Napoléon, une véritable autonomie. Celle-ci a été rendue possible essentiellement par la multiplication des lectures les plus variées faites des thèmes égyptisants et par un début de cohabitation harmonieuse avec l'égyptologie naissante. Les formes nées de cette égyptomanie en pleine mutation continuent pourtant d'hésiter entre la rigueur archéologique âprement revendiquée par certains artistes et une libre fantaisie qui n'a quasiment plus rien à voir avec l'Antiquité, mais relie l'égyptomanie à la fois à l'exotisme et à l'art du moment.

J.-M. H.

1. *Cf.* Foulston, 1838, pp. 1, 3 et pl. LXXXVII-XCIII.
2. Vers 1835 ; *cf.* Curl, 1982, pp. 130-131 ; Beauthéac et Bouchart, 1985, p. 170.
3. *Cf.* Brown, 1842 ; Curl, *op. cit.*, pp. 173-175 (repr. pl. 170 à 172).
4. *Cf.* Lancaster, 1950, p. 94, cité *in* Carrott, 1978, p. 56 et p. 60, note 45.
5. *Cf.* Carrott, *op. cit.*, pp. 69-71 et pl. 99 ; pl. 100 ; pp. 111-112 et pl. 101-103 ; le South Africa College de James Adamson et G. G. Lewis (Le Cap, 1839-1840) et un gymnase à Paarl (1858), *cf.* Lewcock, 1963, p. 138, cité *in* Carrott, *op. cit.*, p. 111 et p. 127, note 44.
6. *Cf.* Humbert, 1989, pp. 152-153.
7. *Cf.* Jones et Bonomi, 1854 ; Digby Wyatt, 1854.
8. *Cf.* Verardi (pseud. Pierre Boitard), 1854, rééd. Paris, 1979 (coll. « Encyclopédie Roret »), pl. 23, fig. 5 ; pl. 31, fig. 1 ; pl. 90, fig. 6 ; pl. 106, fig. 1 à 6 ; pl. 111, fig. 2 ; pl. 112, fig. 6 ; texte p. 163.
9. *Cf.* Lozinski et Milobedz, 1967, p. 258, cité *in* Carrott, *op. cit.*, p. 101, note 49.
10. *Cf.* Lemus, 1984 ; Hamilton, 1954, p. 222 et pl. 167 A.
11. *Cf.* Canina, 1828 ; Di Gaddo, 1985, pp. 165-169.
12. *Cf.* deux numéros spéciaux de périodiques consacrés à ce temple après sa restauration : *M & L (Monumenten en Landschappen)*, n° 2, mars-avril 1988, pp. 13-71 (en flamand) ; *Zoo d'Anvers*, n° 4, avril 1988, pp. 1-53 (en français).
13. *Cf.* Humbert, 1989, pp. 60 et 78.
14. *Cf.* Carrott, 1978, pp. 118-119 et pl. 105-107 ; p. 183, note 35, p. 129, note 67 ; p. 69, 120, 173-174, p. 191, note 68 et pl. 124-125 ; p. 119 et pl. 132-133.
15. *Cf.* Hautecœur, Paris, 1943-1957 ; pour les dessins et les détails sur l'histoire de la construction de cette façade, *cf.* notamment *Documents relatifs aux travaux du Palais de Justice de Paris*, Paris, 1858.
16. *Cf.* Carrott, 1978, pp. 108-109 et pl. 90 ; p. 183, note 35 ; pp. 70 et 109, pl. 96 et 98 ; pp. 71, 110 et pl. 77 ; pp. 71-72 et pl. 93 ; pp. 108-109 et pl. 93 ; p. 18, note 4 et pl. 89 ; et Scully Jr., 1973.
17. *Cf.* Curl, 1982, pl. 190 et pp. 189-192 ; Mc Fadzean, 1979.
18. *Cf.* Carrott, 1978, p. 97, note 10 et pl. 56, p. 191, note 68 et pl. 115, p. 88 et pl. 63-64, pl. 65.
19. Pugin, 1843, cité *in* Curl, 1982, pp. 168-171.
20. *Cf.* Carrott, 1978, p. 87, p. 98, note 19 et pl. 57-58 ; Curl, *op. cit.*, p. 165 ; Bigelow, 1860.
21. *Cf.* Carrott, *op. cit.*, pp. 90-92 et pl. 71.
22. *Ibid.*, pl. 52-54 ; Curl, *op. cit.*, pp. 161-165.
23. *Cf.* « Le Cimetière de Terre Cabade », *in Revue de l'Institut Français d'architecture*, numéro spécial sur Toulouse de 1810 à 1860, Paris 1986, pp. 184-187.
24. Par Antonio Curri entre 1882 et 1905 (renseignement aimablement communiqué par Helen Whitehouse).
25. *Cf.* Carrott, 1961, pp. 138-139 ; Carrott, 1978, pp. 68-69, p. 77, note 13, pp. 102-103 et pl. 42, 44 et 45.
26. Immeubles de bureaux : Isaac P. Morris Co, *cf.* Carrott, *op. cit.*, p. 71, p. 102 et pl. 43 et 46.
27. *Cf.* Humbert, 1989, p. 80.
28. *Ibid.*
29. *Cf.* Humbert, *op. cit.*, p. 66 ; *cf.* Bonser, 1960, pp. 280-282 ; Wood, 1960, *Penny Magazine*, 1843 ; Carrott, 1978, fig. 17 à 20 ; Curl, 1982 ; cat. exp., Brighton/Manchester, 1983.
30. Humbert, *op. cit.*, p. 80.
31. *Cf.* Dumont, 1988, qui cite Garraud, 1887, p. 27 et p. 107, note 1.
32. *Cf.* Humbert, 1989, pp. 54 et 76-77.
33. *Cf.* Curl, 1982, ill. p. 132.
34. *Cf.* Roos, 1940, p. 255, cité *in* Carrott, 1978, p. 55, p. 63, note 2, p. 76 et pl. 92.
35. *Cf.* Ledoux-Lebard, 1965, p. 217.
36. Musée Carnavalet, Paris : *cf.* Ledoux-Lebard, 1966, pp. 40-41.
37. Londres, 1856.
38. Préface de l'édition de 1868 de son ouvrage, pp. 1-2 ; *cf.* cat. exp. Brighton/Manchester, 1983, n° 210, p. 102.
39. Par les orfèvres Mortimer et Hunt à partir des dessins de George Hayter et des sculptures de Edward Baillie (Victoria and Albert Museum, Londres).
40. *Cf.* Humbert, 1989, pp. 162-166.
41. *Cf.* Renard, 1985, p. 126.
42. William B. Pope, éd., 1960, vol. 3, pp. 12, 43, 55, 59, cité *in* cat. exp. Brighton/Manchester, 1983, p. 80, note 23 ; *cf.* French, 1958, pp. 148-152.
43. *La Fuite en Égypte*, vers 1865, *cf.* cat. vente Drouot, Laurin-Guilloux, 25 mars 1977, n° 67 ; *Le Pharaon*, 1878, *cf.* cat. exp. Paris/Strasbourg, 1983, p. 55 ; Humbert, 1989, pp. 236 à 240.
44. Cité *in* Swanson, 1977, p. 13 ; *cf.* Raven, 1980, pp. 103-117.

186 La Bataille d'Héliopolis ou Les Français en Égypte

Jean-Julien Deltil (1791-1863) pour la manufacture
Velay à Paris
Vers 1818
Papier peint panoramique ; impression en couleurs
à la planche ; 30 lés numérotés de gauche à droite
H. : 2 m ; L. : 15,90 m (largeur d'un lé : 53 cm)
Signé : « Jean-Julien Deltil » sur l'obélisque, lé 7
Rixheim (Haut-Rhin), musée du Papier peint
982 PP 67

Exposé à Ottawa et à Vienne

Ce papier peint panoramique a connu, malgré son sujet peu
conforme à l'esprit de la Restauration, un très grand succès.
C'est qu'il présentait un événement resté cher au cœur de la
nation et lié au mythe de Napoléon : « *La Bataille d'Héliopolis*, où dix mille Français commandés par le brave Kléber
ont vaincu et anéanti une armée de plus de 60 000 Turcs.
30 lés, 5 000 planches. Tenture de paysages, sujets historiques [...] Mention honorable[1]. »

Sur trente lés présentant des scènes de bataille, des
escarmouches, une colonne de prisonniers, une cantinière
soignant un blessé, seuls les sept premiers offrent un décor
véritablement égyptisant. Mais nous sommes ici dans le
domaine de l'imagerie populaire ; ni l'ouvrage de Denon ni
la *Description de l'Égypte* n'ont été consultés : sphinx ailés,
colonnes cannelées, pseudo-hiéroglyphes et ruines improbables, seul peut-être l'obélisque garde, de par sa forme, un
parfum d'authenticité.

Ce décor commercialisé, comparé à la qualité du
projet dessiné par Mongin moins d'un an plus tard
(cat. 187), montre que le public se satisfaisait finalement de
peu : un thème porteur, de l'action, de la verdure et quelques ruines ; n'ayant aucun point de référence, il acceptait la
vérité archéologique telle qu'on la lui présentait.

De telles compositions, souvent rééditées, ont
contribué à maintenir une vision à la fois simplifiée et erronée de l'Égypte. Mais, dans le même temps, en proposant
rêve et évasion liés à cette contrée lointaine, elles partici-
paient à l'entretien de son mythe.

J.-M. H.

1. *Rapport au jury d'admission des produits de l'industrie du département
de la Seine*, 1819, cité par Véronique de Bruignac *in* Nouvel-Kammerer, 1990, p. 319.

Expositions :
Paris, 1819.

Bibliographie sommaire :
Nouvel-Kammerer, 1990, p. 212
et pp. 288-289, n° 41.

Projet de papier peint à décor égyptien

Pierre-Antoine Mongin (1761-1827)
pour la manufacture Zuber
1819
Gouache, 5 lés
H. : 2 m ; L. : 2,50 m
Rixheim (Haut-Rhin), musée du Papier peint
993 Z 1

Exposé à Ottawa et à Vienne

C'est en 1802 que Pierre-Antoine Mongin fut engagé par la manufacture Jean Zuber et Cie de Rixheim[1], spécialement pour créer des papiers peints panoramiques qui deviendront l'image de marque de la société ; il dessina, entre 1804 et 1822, huit panoramiques[2], ainsi que des projets non réalisés. Ce projet de papier peint est du nombre de ceux qui sont restés au stade de l'esquisse.

Non que le sujet soit déplaisant ou que le dessin présente un manque d'originalité, bien au contraire ; d'autant que c'est dans la *Description de l'Égypte* que Mongin a recopié très exactement le temple de Denderah ensablé[3]. Se servant d'une composition audacieuse privilégiant un premier plan massif cachant en partie le temple, mais ménageant un intéressant effet de perspective, l'artiste a ajouté une colonne et un sphinx ruinés, une ville orientale, des palmiers et des personnages contemporains ; il recréait ainsi une scène colorée pleine de poésie mêlant l'Antiquité à l'exotisme oriental, tout à fait susceptible de connaître un grand succès commercial. La véritable raison de la non-édition de ce projet est plus certainement liée à la récente parution chez Deltil à Paris de la *Bataille d'Héliopolis*, également connue sous le titre *Les Français en Égypte*[4] (cat. 186) qui, bien que traitant un sujet différent, pouvait faire craindre une mévente.

Les thèmes à l'égyptienne sont relativement rares dans le papier peint ; on en trouve néanmoins une réminiscence dans *El Dorado* édité en 1848 par la même manufacture, où une colonne et une porte proches de celles représentées ici, mais cette fois situées à l'arrière-plan, figurent l'Égypte sur un fond de pyramides et de palmiers[5].

J.-M. H.

Le développement des lectures parallèles

Les Montagnes Égyptiennes, faub. poiss.^{re} n° 105.

1. *Cf.* Jaquet, 1984, pp. 81-85.
2. *Cf.* Fabry, 1984, p. 103.
3. *Description de l'Égypte*, 1809, *Antiquités*, vol. IV, pl. 4.
4. Vers 1818.
5. *Bulletin de la Société industrielle de Mulhouse*, 1984, pl. XV *in fine*. *L'Eldorado*, de Ehrmann, Zipelius et Fuchs (1848) ; *cf.* Nouvel-Kammerer, 1990, pp. 312-313.

Bibliographie sommaire :
Jacqué, 1984, pp. 89-100 ;
Nouvel-Kammerer, 1990,
pp. 70-71 et p. 316, n° 91.

188   Les Montagnes égyptiennes

Anonyme (chez Martinet)
1818
Lithographie rehaussée de couleurs
H. : 22,3 cm ; L. : 32,7 cm
Mention manuscrite : « au Jardin du Delta »
Paris, Bibliothèque nationale, cabinet des Estampes
Topographie de la France, Paris, IXe Arr., 36e Quartier, Va 287/2

Exposée à Paris

Les « montagnes russes » eurent une telle vogue à Paris que l'on ne tarda pas à voir apparaître des « montagnes fran-

çaises », une « montagne de Belleville », des « montagnes Suisses », un « saut du Niagara[1] », et même des « montagnes égyptiennes ».

C'est en 1818 qu'avaient été ouvertes, sur l'emplacement d'un vaste jardin privé à la française[2], les « Promenades égyptiennes », dont elles constituaient l'attraction majeure (Fig. 1). Le bâtiment central se voulait la reconstitution – au demeurant très fantaisiste – d'une maison égyptienne : portes et corniche à gorge à l'extérieur, « vaste salon décoré à l'égyptienne » à l'intérieur[3]. « La décoration du bâtiment principal et le tracé du jardin sont de M. Henriette, architecte ; c'est M. Hoyau, l'ingénieur mécanicien qui est l'auteur des machines[4]. »

Une fois hissée en haut du portique de départ à

Fig. 1. Les « Promenades égyptiennes »
Lithographie réalisée chez G. Engelmann,
10, rue de Cassette, à Paris.

l'égyptienne, surmonté d'une corniche à gorge ornée d'un disque ailé, la cabine était lancée quasiment dans le vide ; pas de plancher sur la voie, pas de balustrade au « char » : il arrivait fréquemment que les utilisateurs de cette délicieuse distraction viennent s'écraser au sol[5].

Les « Promenades égyptiennes » n'avaient aucune prétention archéologique ; il s'agissait simplement d'une utilisation publicitaire de l'égyptomanie comparable à celle de l'Egyptian Hall de Londres. Elles devinrent en 1819 « Le Jardin du Delta », qui disparut lui-même en 1825, lors du percement de l'actuelle rue du Delta.

J.-M. H.

1. *Cf.* Béranger, 1819, t. II, pp. 187-190 et 239.
2. Au n° 105 de la rue du Faubourg-Poissonnière ; *cf.* Lazard, 1914, p. 14.
3. Dont on ne possède pas de représentation, mais dont parle la presse : *cf. Le Moniteur*, 4 mai 1818, cité *in* Lazard, *op. cit.*, p. 13 (ce même journal annoncera l'ouverture du jardin dans son édition du 14 mai 1818).
4. *Le Moniteur*, *op. cit.*
5. *Cf.* Allemagne, t. II, p. 350, cité *in* Lazard, *op. cit.*, p. 15.

Bibliographie sommaire :
Humbert, 1989, p. 59.

189-191 Trois projets de pont suspendu sur la Néva, à Saint-Pétersbourg

Pierre-Dominique Bazaine (1786-1838)
Vers 1826-1827
Plume et encre noire, aquarelle sur papier beige
189 : H. : 53,7 cm ; L. : 1,792 m
190 : H. : 53,4 cm ; L. : 68,2 cm
191 : H. : 53,2 cm ; L. : 68,3 cm
Signé en bas à droite : « Le Général-major Bazaine » (190-191)
Inscrits en haut au centre : « Élévation principale » (189) ; en haut à gauche : « Plan d'un des supports et d'une partie du Pont » (190) ; « Élévation de l'un des supports » (191) ; à droite : « Coupe Transversale » (190), « Façade latérale » (191)
Feuilles 3, 4 et 5 de l'album *Projet / d'un Pont en chaînes de fer / de 1022 pieds d'ouverture / à Construire sur la Grande Néva / Entre la place du Sénat & / le Vasiliostroff*
Montréal, Centre Canadien d'Architecture
DR 1980.019 : 3-5

Historique :
Achetés en 1980.

Exposés à Ottawa et à Vienne

Les dessins n°⁵ 189-191 sont tirés d'un album de vingt folios concernant deux projets conçus par Bazaine pour Saint-Pétersbourg : un pont suspendu, d'inspiration égyptienne, sur la Néva, dessiné en détail sur treize des folios et un manège de style dorique. Les dessins du pont comptent parmi les plus anciens et les plus spectaculaires du genre et

constituent probablement le projet de construction à l'égyptienne le plus ambitieux jamais considéré. Il n'aboutira cependant pas : aucun pont ne sera construit à cet endroit.

Diplômé de l'École polytechnique (et oncle du célèbre maréchal), Pierre-Dominique Bazaine se rend en Russie en 1809 à la demande d'Alexandre Iᵉʳ en tant que spécialiste des questions de transport. Emprisonné durant les guerres napoléoniennes de 1812-1815, il réintègre le service des Voies et Communications dont il devient directeur en 1824. En 1825-1826, deux de ses ingénieurs, G. Traitteur et V. Kristianovich, construisent sur la Fontanka un pont suspendu décoré de larges portails en fonte de style égyptien et de quatre sphinx, créés par P. Sokolov[1]. La même équipe termine en 1825 une passerelle suspendue au-dessus de la Moïka, dont les chaînes sont supportées par des obélisques.

Fig. 1. Pont suspendu de Clifton
Lithographie du projet d'Isambard Brunel,
par Samuel Jackson, 1831
City of Bristol, Museum and Art Gallery.

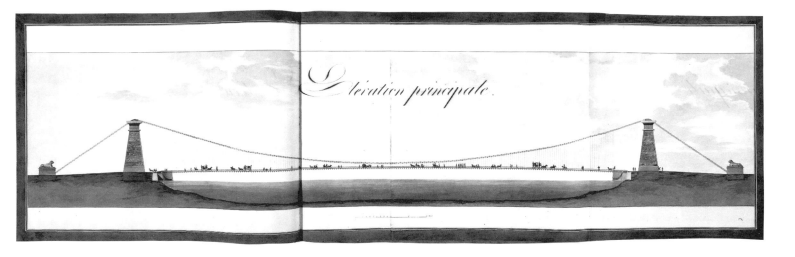

Dans leur genre, ces deux ouvrages n'ont été précédés que par la jetée à chaînes de Brighton de 1823, conçue par Samuel Brown, et par le pont suspendu égyptisant de Minturno, en Italie, dont la construction n'a débuté qu'en 1828[2].

Le projet de Bazaine, daté de 1826-1827, s'inscrit dans les vastes plans de reconstruction de la place du Sénat, l'une des plus importantes de Saint-Pétersbourg. En 1806, A. Zakharov avait commencé la reconstruction de l'imposant édifice de l'Amirauté, du côté est de la place. En 1818, Ricard de Montferrand fait approuver son projet de reconstruction à une plus vaste échelle de la cathédrale de Saint-Isaac, sise du côté sud. Mais le projet suscite des oppositions qui font interrompre les travaux jusqu'à ce qu'un nouveau plan soit proposé en 1825. En 1827, Nicolas Ier ordonne la reconstruction du Sénat, situé du côté ouest de la place, face à l'Amirauté[3]. Du côté nord, un quai donnant sur la Néva avec, à l'arrière-plan, l'île Vasilevskyi, loge le fameux monument de Falconet dédié à Pierre le Grand. Bazaine propose de relier le quai à l'île à l'endroit où se trouve alors un pont flottant temporaire.

Le pont conçu par Bazaine devait comporter deux pylônes colossaux flanqués de quatre lions égyptisants au point d'ancrage souterrain des chaînes. Les pylônes s'inspiraient de la grande porte du Sud à Karnak, mais leur décoration prévoyait une série de reliefs célébrant les victoires d'Alexandre Ier sur Napoléon et substituait l'emblème de la Russie au soleil égyptien. Le pont devait ainsi servir de monument à la gloire du tsar, décédé en 1825. Abstraction faite du style, le plan respectait l'intégrité de la place, mais exigeait le déplacement du monument de Pierre le Grand dans l'axe de Saint-Isaac et la construction dans l'île Vasilevskyi d'un canal de contournement pour les navires de fort tonnage.

À quoi attribuer la non-réalisation de ce projet ? Il ne semble pas que le style architectural ait fait problème, d'autant moins que la famille impériale témoignait d'un véritable engouement pour tout ce qui était égyptien. L'impératrice douairière, Maria Feodorovna, avait été élevée parmi les folies égyptiennes que Kléber avait édifiées pour ses parents dans le parc d'Étupes. En 1827, année de la mise au point du plan de Bazaine, Nicolas Ier lui-même commanda à l'Anglais Adam Menelas la fameuse porte néo-égyptienne du palais de Tsarskoye Selo. En 1832, le quai de l'île Vasilevskyi, sur la Néva, était décoré d'énormes sphinx égyptiens authentiques, importés de Thèbes. C'est plutôt la hauteur du pont, exigée par la longueur du tablier, qui semble avoir motivé l'abandon du projet. L'ouvrage de Bazaine – ou tout autre pont suspendu – aurait masqué la cathédrale de Saint-Isaac, principale attraction de Saint-Pétersbourg.

M. P.

1. Le pont égyptien s'est écroulé le 20 janvier 1905, mais a été reconstruit en 1955-1956 sans ses portes égyptiennes, remplacées par quatre obélisques, *cf.* Tumilovich et Altunin, 1963, t. I, pp. 65-66, Pliukhin et Punin, 1975, p. 16.
2. *Cf.* Meeks, 1966, fig. 43. En revanche, de nombreux autres projets suivront, dont celui du pont suspendu de Clifton, à Bristol en Angleterre (Fig. 1), qui sera édifié entre 1836 et 1864, sans la décoration égyptisante prévue à l'origine.
3. Pour le dessin de la place du Sénat, *cf.* Egorov, 1969, pp. 155-182.

Bibliographie sommaire :
Centre Canadien d'Architecture.
Les débuts, 1979-1984, Montréal,
1988, p. 56, n° 29 et p. 57, fig. 29
(190).

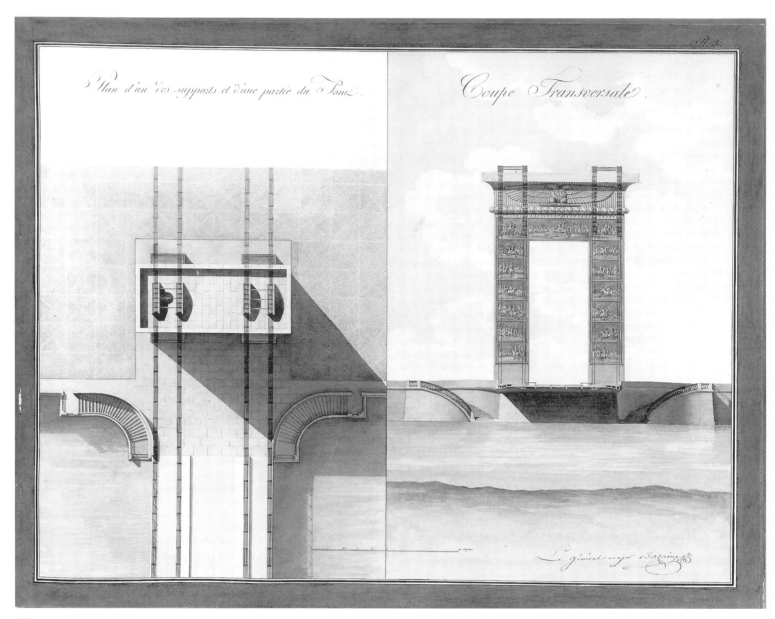

190

Le développement des lectures parallèles

191

Johann Hoegl
1828
Marqueterie sur bois blanc, placage de merisier,
imitation d'ébène ; décor sculpté partiellement
doré
H. : 1,31 m ; L. : 2 m ; l. : 86 cm
Salzbourg, abbaye bénédictine Saint-Pierre

Historique :
Cette commode a été exécutée spécialement pour
l'abbaye, qu'elle n'a quittée qu'à l'occasion
d'expositions extérieures.

Exposée à Paris et à Vienne

Ce meuble, destiné à la bibliothèque de l'abbaye Saint-Pierre de Salzbourg, a été exécuté sur commande de l'abbé Albert IV Nagnzaun pour recevoir la *Description de l'Égypte*. Nombreuses sont les bibliothèques, tant en France qu'à l'étranger[1], à avoir fait réaliser des meubles conçus spécialement à cet usage ; l'idée a pu leur en être donnée par le prospectus de l'ébéniste Morel, qui était joint aux livraisons de l'ouvrage[2], mais ce type de rangement était en fait quasiment indispensable du fait du nombre et des dimensions hors norme des volumes, difficiles à placer dans des rayonnages standard. Par ailleurs, en raison de l'originalité et de la spécificité de cet ouvrage, il n'est pas étonnant que plusieurs de ces meubles soient égyptisants.

Le journal de l'abbé permet d'avoir des renseignements à la fois sur ses motivations et sur la fabrication de cette commode : « Enfin aujourd'hui ai-je eu la joie de voir installer dans l'abbaye mon coffre pour l'œuvre d'art sur l'Égypte mise en œuvre par Napoléon Bonaparte. C'est pour donner un nouveau titre de gloire à la bibliothèque de l'abbaye et afin d'insuffler l'amour de la chose scientifique à mes jeunes clercs, que j'ai commandé ce meuble en 1822, en payant d'avance ; car l'histoire de l'Égypte, ce pays dans lequel les arts et les sciences ont été menés à leur plus haut degré il y a des milliers d'années, constitue une œuvre intéressante au plus haut point pour les arts et l'histoire naturelle ; nous avons reçu l'œuvre en l'espace de six ans, ce qui en a rendu le coût plus facilement supportable (1021,15 pour les planches gravées, 85,12 pour le texte en 25 volumes, 88,49 pour le transport, 190,7 pour la douane, 345,20 pour la reliure). J'aurais pu réduire les frais en grande partie, il est vrai, si j'avais fait faire une armoire toute simple, mais d'une part, j'ai souhaité donner une enveloppe convenable à cette belle œuvre, où j'ai pris le modèle du somptueux temple de Denderah dans le quatrième tome des Antiquités ; et d'autre part, j'ai voulu stimuler le zèle artistique des artisans de Salzbourg[3]. »

Il apparaît donc, à la lecture de ce texte, que c'est l'abbé lui-même qui a dessiné le meuble. Quelques noms d'artisans apparaissent dans le livre de comptes de l'abbaye[4] : 26 avril 1828, 20 florins au sculpteur Hitzl pour les quatre chapiteaux ; 28 juin, 47 florins 20 kreutzers pour le peintre Conto ; 20 juillet, 54 florins 48 kreutzers pour le dessin des hiéroglyphes (pas de mention de nom). Johann Hoegl, à qui l'on attribue traditionnellement cette bibliothèque, n'est en fait mentionné nommément ni dans le journal de l'abbé, ni dans le livre de comptes ; l'abbaye avait d'ailleurs un ébéniste régulier, qui se nommait Grammer, et Hoegl, bien qu'ayant signé le meuble, ne semble être en fait intervenu qu'en tant que spécialiste de marqueterie. On ne connaît de lui aucun autre travail, et il a certainement quitté Salzbourg une fois celui-ci effectué.

Cette bibliothèque est un des exemples majeurs de la fascination qu'a exercée le temple de Denderah sur les voyageurs, sur les lecteurs de la *Description* et sur les artistes[5].

J.-M. H.

1. Par exemple celles de l'Assemblée nationale à Paris, d'Autun, de Mulhouse, de Compiègne, du château de Grosbois, etc.
2. *Cf.* cat. 151.
3. *Österreichische Kunsttopographie*, t. XII, *Die Denkmale des Benediktinerstiftes St. Peter in Salzburg*, Vienne, 1913, p. CXCIV, cité *in* Witt-Dörring, 1989 (trad. de Sandrine Bernardeau). Le manuscrit original est conservé aux archives de l'abbaye sous la cote Hs A 83, pp. 414-415.
4. Livre de comptes de l'abbaye pour les années 1825-1832. Je tiens à remercier tout particulièrement le Docteur Adolf Hahnl, conservateur de la bibliothèque et des archives de l'abbaye Saint-Pierre de Salzbourg, qui a fait des recherches dans le livre de comptes et nous a transmis de nombreux autres documents.
5. *Cf.* Humbert, à paraître.

Expositions :
Munich, 1972, n° 18 ; Salzbourg,
1982, n° 587 ; Salzbourg, 1983,
n° 81.

Bibliographie sommaire :
Tietze, 1913, pp. CXCIV et 107,
fig. 160 ; Hahnl, *in* Oberhofer,
1978, p. 80 ; Witt-Dörring, 1989,
pp. 66-69.

193 Projet d'entrée pour un cimetière

Alexander Jackson Davis (1803-1892)
1828
Dessin aquarellé
H. : 76,2 cm ; L. : 1,02 m
New York, Metropolitan Museum of Art
Acc. n° 24.66.441

Exposé à Paris

Peut-être un peu trop spectaculaire pour un cimetière, cette entrée monumentale est formée d'un pylône et d'un portique à colonnes composites. Davis, par cette association, crée une double lecture : d'un côté, le royaume des morts représenté par l'énorme pylône occupant tout l'espace ; de l'autre, le domaine des vivants, rendu accessible à tout un chacun grâce aux marches qu'il a ajoutées à l'architecture égyptienne.

Ce projet n'est pas un cas exceptionnel ; plusieurs cimetières ont reçu aux États-Unis, dans les années 1830, des entrées à l'égyptienne, dont on attendait qu'elles participent à la protection des morts pour l'éternité ; Jacob Bigelow et Henry Austin, à Boston et à New Haven, illustrent cette mode qui s'estompe lorsque, devant la multiplication de telles constructions, des ligues catholiques s'inquiètent de voir une architecture païenne envahir ainsi leurs champs de repos. L'Europe connaît à son tour, quelques années plus tard, des entrées de cimetières similaires[1].

J.-M. H.

1. *Cf.* Humbert, 1989, pp. 64, 67, 68 et 77.

Bibliographie sommaire :
Carrott, 1978, pl. 68.

194-196 Pavillon égyptien : Élévation, perspective et plan ; Intérieur ; Décoration

Richard Brown
1842
Gravure sur bois
H. : 29 cm ; L. : 22,5 cm (feuille)
Planche XVIII de *Domestic Architecture*
de R. Brown, 1842
Collection M. et Mme Timothy Clifford

Historique :
Acquises dans le commerce.

Brown était encore étudiant quand il exposa pour la première fois à la Royal Academy en 1793 et, de 1804 à 1828, il produisit assez régulièrement des dessins et des vues d'architecture. Parmi ceux-ci, on relève un *Cénotaphe égyptien* de 1819 (n° 1036) et en 1821 un *Sépulcre de Rosicrucius* (n° 1042) – c'est-à-dire de Chrétien Rosenkreutz, le fonda-

teur légendaire du rosicrucisme qui cherchait la sagesse secrète de l'Orient en Égypte, en Asie et au Maroc.

Brown s'intéressait principalement à la théorie et à l'enseignement de l'architecture : il publia plusieurs volumes parmi lesquels des travaux sur la perspective, le mobilier et, vers la fin de sa vie, en 1845, *Sacred Architecture, its Rise, Progress and Present State Embracing the Babylonian, Indian, Egyptian, Greek and Roman Temples*. Trois ans auparavant, en 1842, il avait fait paraître *Domestic Architecture*, ouvrage d'un éclectisme caractéristique, dans lequel il appliquait sans distinction une grande variété de styles à l'habitat individuel moderne.

Son Pavillon égyptien est à la fois fascinant et absurde dans sa tentative d'adaptation du principe du portail à pylônes à une villa de banlieue. Cette réalisation suit l'exemple d'une autre villa – quelque peu plus grandiose et plus originale –, dont le dessin a été publié en 1806 par

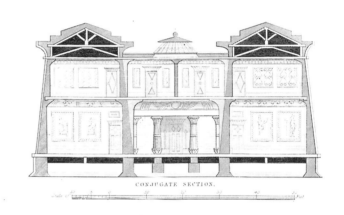

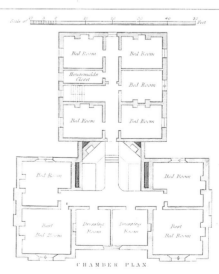

ORNAMENTAL CEILING.　　　　ORNAMENTAL CEILING.

HIEROGLYPHIC WALL.　　　　HIEROGLYPHIC WALL.

WINGED GLOBE.

FROM CNEPH.　FROM TENTYRA.　FROM EDFOU.　FROM APOLLONOPLIS.

EGYPTIAN ORDERS.

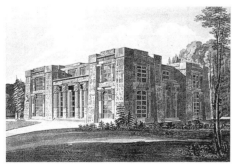

Fig. 1. *Manoir dans le style égyptien*
Gravure de James Randall, 1807
Architectural Designs for Mansions,
Casinos, Villas, Lodges and Cottages, 1806, pl. XXIV.

James Randall (Fig. 1). La version de Brown comprend toutefois un modeste jardin clos entouré de palmiers et, de façon incongrue, à l'arrière de la villa, un garde-manger surplombant deux obélisques géants[1].

Bien qu'il se réfère à l'autorité de plusieurs textes savants, notamment ceux de Denon, rien n'indique dans ses dessins qu'il ait eu une vision qui remontât au-delà de modèles britanniques relativement récents. De fait, la façade de la villa s'inspire étroitement du dessin de John Foulston de 1823 pour la bibliothèque égyptienne de Devonport qui, à son tour, a été conçue d'après l'Egyptian Hall de Londres (cat. 158).

Dans l'ensemble atténuée voire neutre, la décoration intérieure de la villa également égyptienne, forme un contraste intéressant avec le décor néo-égyptien du cottage de Walsh Porter à Fulham près de Londres.

M. P.

1. Brown écrivait en effet que dans l'Égypte ancienne « il semble que certaines maisons de campagne étaient ornées de propylées et d'obélisques... » ; cité *in* Curl, 1982, p. 173.

Bibliographie sommaire : Brown, 1842, pp. 280-282, pl. XVIII (194-196) ; Colvin, 1978, p. 88 (194) ; Curl, 1982, ill. pl. 170 (194-196) ; cat. exp. Brighton/Manchester, 1983, n° 88 (194) ; Humbert, 1987, II, n° 524 (194, 196) ; Humbert, 1989, p. 76 (194).

197　# The Tombs

Victor Wilbour (1862-1931)
1897
Huile sur toile
H. : 38,6 cm ; L. : 61 cm
Signée en bas à droite : « V. Wilbour »
New York, Museum of the City of New York
30.43.6

Exposée à Ottawa et Vienne

Né à New York, Victor Wilbour a longtemps vécu à l'étranger, notamment à Paris où il étudie à l'académie Julian. Une fois de retour dans sa ville natale, il devient membre de la New York Historical Society et dessine notamment, entre 1897 et 1907, des édifices originaux ou peu connus ; c'est ainsi qu'il peint *The Tombs* en 1897.

Ce bâtiment complexe, construit de 1835 à 1838 par John Haviland, servait à la fois de palais de justice et de prison et offrait la particularité d'être réalisé à l'égyptienne, en totalité à l'extérieur, en grande partie à l'intérieur. La façade principale était composée d'un porche à quatre colonnes palmiformes, d'une dizaine de hautes fenêtres surmontées du disque ailé, de tores et d'une corniche à gorge ; on retrouvait ces éléments tout autour du bâtiment, accompagnés de

V. WILBOUR

pylônes, de formes massives pour la partie prison, de colonnes composites pour l'intérieur des couloirs et de la salle d'audience.

Les raisons du choix de l'architecture égyptienne pour un tel édifice apparaissent dans le document accompagnant les projets : « Le style d'architecture que le comité a retenu est égyptien, et son dessin emprunté à l'un des plus beaux exemples relevés dans l'Égypte de Napoléon[1]. Il mêle une grande beauté à la simplicité et à l'économie, et ses proportions massives en même temps que ses caractéristiques générales le rendent particulièrement approprié à l'usage qui doit en être fait[2]. »

En effet, cette architecture à la fois massive et monumentale donnait à moindre frais une impression de sécurité propre à effrayer le malfaiteur et à rassurer le bourgeois. De ce fait, elle a connu un certain succès à l'époque : Trenton, Philadelphie et Cuba, notamment, ont vu dans les années 1830 la construction de prisons à l'égyptienne[3].

J.-M. H.

1. La *Description de l'Égypte*, Paris, 1809-1828.
2. Traduction d'un texte cité *in* Carrott, 1978, p. 164.
3. *Cf.* Carrott, *op. cit.*, pp. 66, 118-119 et p. 183, note 35.

198 Projet d'agrandissement pour The Tombs

Alexander Jackson Davis (1803-1892)
Vers 1878
Plume ; encres bleue, brune et noire ; lavis gris
H. : 36,2 cm ; L. : 48,9 cm
New York, Metropolitan Museum of Art
Acc. n° 24.66.1131

Exposé à Vienne

Comme Haviland, Davis avait présenté en 1835, pour la prison de New York *The Tombs*, un projet à l'égyptienne qui se composait d'un porche formé de deux colonnes palmiformes, avec corniche à gorge et pseudo-hiéroglyphes, encadré de hautes fenêtres et de deux massifs[1] ; beaucoup moins grandiose que celui de Haviland, il ne fut pas retenu.

Davis n'en continue pas moins à dessiner d'innombrables projets à l'égyptienne, qui connaissent des fortunes diverses[2]. Quarante ans plus tard, il propose de surélever la façade des *Tombes* de Haviland d'un étage décoré dans le même style.

J.-M. H.

1. *Cf.* Carrott, 1978, pl. 124.
2. *Ibid.*, pl. 68, 96, 98, 99, 115.

Bibliographie sommaire :
Garrott, 1978, pl. 125.

199 Restauration de la fontaine de la place du Châtelet

Service des Promenades et Plantations de Paris
Anonyme
Vers 1857
Lithographie
H. : 31,7 cm ; l. : 45,6 cm
Paris, musée Carnavalet, cabinet des Estampes
Topo Pc 11 F

À la suite des travaux d'Haussmann et de la transformation de la place du Châtelet entre 1855 et 1858, l'ancienne fontaine de 1806 (cat. 156) s'était trouvée décentrée ; il fallut donc la déplacer et, pour rattraper la pente, la faire glisser sur un nouveau socle. L'opération eut lieu le 21 avril 1858[1]. L'architecte Gabriel-Jean-Antoine Davioud, qui avait été chargé de ce travail, fit exécuter sur chacune des faces du soubassement inférieur un sphinx[2] par Alfred Jacquemart (Fig. 1), un ami de Mariette qui participera plus tard à son monument commémoratif en forme de pyramide à Boulogne-sur-Mer.

Copiés sur ceux de Louxor, mais sans la barbe postiche, ils se caractérisent par leur bouche ouverte destinée à cracher de l'eau ; il est évidemment étrange d'assister à la transformation du sphinx, animal fabuleux du désert, en fontaine. Le cas, fréquent pour les lions de Nectanébo, est rarissime pour les sphinx qui, en règle générale, sont utilisés

Service des Promenades et Plantations de Paris.

Place du Châtelet

Restauration de la Fontaine

à l'entrée des maisons, en haut de murs de clôture, en sculptures décoratives dans les jardins ou en monuments isolés, le plus souvent regroupés par paires[3].

La fontaine du Palmier a été préservée depuis lors par des restaurations, en 1899-1900 par Formigé et Blanchard, et en 1969.

J.-M. H.

1. *Cf.* Bournon, 1909, p. 160 ; Hillairet, 1964, 2ᵉ éd., t. I, p. 333.
2. « Statue, pierre, hauteur 1,84 m, longueur 2,65 m [...], arrière-train [...] engagé dans le dé du piédestal. Ils sont accroupis sur des socles coupant les deux bassins supérieurs, et lancent l'eau dans le bassin inférieur. Le monument, qui n'avait que 18 mètres de haut, atteint aujourd'hui 22 mètres » (*Inventaire général des richesses d'art de la France*, t. I, Paris, 1879, p. 207).
3. Sur les sphinx égyptisants, *cf.* Humbert, 1989, pp. 196-206.

Fig. 1. Fontaine de la place du Châtelet
Un des quatre sphinx exécutés par Alfred Jacquemart
au niveau des soubassements.

Francois-Édouard Picot (1786-1868)
1837
Huile sur toile (esquisse)
H. : 44,5 cm ; l. : 53 cm
Paris, musée du Louvre, département
des Peintures. RF 1984-23

Historique :
Acquise en 1984.

Exposée à Paris

En 1826, la création d'une section égyptienne au Louvre aurait pu donner un essor considérable au décor égyptisant du palais. L'architecte Fontaine a désigné, pour accueillir les collections, des espaces neufs appartenant au nouveau musée Charles X ; ce sont « les quatre salles du jardin de l'infante dans l'angle nord du coté de la cour », dans lesquelles est encore aujourd'hui exposée une partie de la collection. Les projets de Percier et Fontaine sont source d'inquiétude pour le nouveau conservateur, Jean-François Champollion. Celui-ci, alors retenu en Italie, exprime ses craintes dans sa correspondance : « Il paraît qu'on se propose de tapisser ces salles de marbres et de décorations à la romaine ou à la grecque. Je ne puis consentir à ce ridicule arrangement. Il faut absolument, pour obéir aux convenances et au bon sens, que mes salles soient décorées à l'égyptienne[1]. » On ne tiendra guère compte de ses remarques ; il n'y aura ni revêtement de granite rose, ni corniche à gorge : l'ensemble du décor reste d'inspiration classique tout comme les armoires de frêne de Hollande ornées de bronzes dorés.

Cependant, de nombreux détails du décor peint, ainsi que trois plafonds, s'inspirent de thèmes égyptiens[2].

Exécutées par Picot, les voussures rutilantes de la salle D retiennent l'attention. On y voit des animaux nilotiques, serpents et ibis s'affrontant ; des disques ailés flanqués d'*uraeus* ; des antiquités pharaoniques mêlées à des guirlandes dont les extrémités ont la forme d'un papyrus. Certaines d'entre elles sont copiées sur les originaux alors exposés : la déesse lionne acquise par Forbin (Fig. 1), la palette à tête de chien au nom de Bakenkhonsou (Fig. 2), le miroir de la collection Salt[3]. Au registre inférieur, une des grisailles classicisantes de Vinchon et Gosse montre un sculpteur grec copiant une Isis. Œuvres d'Abel de Pujol, celles de la salle C retracent des épisodes de la vie quotidienne empruntés à un tombeau d'El Kab – celui de Pahéry – et publiés dans la *Description de l'Égypte*[4], tandis que l'on peut admirer sur les voussures, de grands piliers *djed* dorés, qui scandent la frise de personnages ; une frise de lotus, deux disques ailés et quatre génies composent pour la peinture du plafond un encadrement bien pharaonique. Des trois plafonds consacrés à l'évocation de l'Égypte, celui-ci est d'inspiration biblique, c'est *L'Égypte sauvée par Moïse* d'Abel de Pujol[5]. Le second est historique, *L'Expédition d'Égypte sous les ordres de Bonaparte*, qui ne sera achevé par Cogniet qu'en 1835[6]. Le troisième, allégorique, illustre en quelque sorte l'antériorité de la culture pharaonique : c'est l'œuvre de Picot[7] dont l'esquisse est heureusement conservée.

Le sujet a donné lieu à de nombreux commentaires et reçoit un accueil enthousiaste : « *La Grèce découvrant l'Égypte* est le plus plafond des plafonds ; c'est aussi l'un des meilleurs morceaux de peinture du musée Charles X » s'exclame Auguste Jal dans son livret du Salon de 1827. La composition traverse la page en diagonale, les personnages se détachant sur un ciel tourmenté. À droite, Athènes est vêtue

Fig. 1. Sekhmet
Déesse lionne acquise par Forbin
représentée sur les voussures
du plafond de la salle D
Paris, musée du Louvre,
département des
Antiquités égyptiennes (A 8).

**Fig. 2. Palette à tête de chien
au nom de Bakenkhonsou**
représentée sur les voussures
du plafond de la salle D
Paris, musée du Louvre,
département des Antiquités
égyptiennes (N 3018).

**Fig. 3. *L'Étude et le Génie des arts
dévoilent à Athènes l'Antique Égypte***
Détail du plafond peint par François-Édouard Picot
pour la salle D du musée du Louvre.

à la romaine, drapée dans une toge pourpre, couronnée d'une tour crénelée, une chouette à ses pieds symbolisant la ville. Deux figures ailées, le Génie nu élevant un flambeau et l'Étude parée d'une ample tunique soulèvent pour elle, avec l'aide de deux *putti*, le linceul qui enveloppait l'Égypte (Fig. 3). Cette dernière apparaît songeuse et alanguie sur un trône librement inspiré par une planche de la *Description*[8]. C'est probablement le même ouvrage qui a fourni le modèle du costume, emprunté aux reliefs des temples ptolémaïques, Edfou, Philae, ou Denderah[9]. On y reconnaît la coiffure en forme de vautour, le large collier, les bracelets et les armilles, la tunique échancrée que retiennent deux bretelles, éléments bien pharaoniques contrastant avec le voile ample qui masque le bas du corps. Noyés dans la brume, trois pyramides et un obélisque composent un paysage égyptien imaginaire que viennent compléter des sculptures romaines à caractère égyptisant : on distingue de part et d'autre du siège, les deux lions de la Cordonata tandis qu'à l'arrière repose un Nil rappelant celui conservé au Vatican[10]. L'analyse iconographique de l'esquisse permet donc de dresser un abondant catalogue des symboles égyptiens. Picot le trouva sans doute insuffisant. Il ajouta à l'œuvre définitive d'autres signes d'identité : dans la main d'une Égypte encore plus dévoilée, dénudant sa poitrine généreuse, il place quelques tiges de papyrus et dispose à ses pieds, sur un papyrus à demi déroulé, une brassée d'attributs. On y retrouve ceux ornant les voussures de la même salle, œuvre du même artiste : sistre, casque, vase à décor floral, palette de Bakenkhonsou. Pour faire bonne mesure viennent s'y ajouter d'autres éléments puisés dans les collections du Louvre ou la *Description de l'Égypte* : un *simpulum* isiaque, une dague, un sceptre *ouas* ainsi que deux stèles dont l'une porte l'image du dieu Horakhty.

C. Z.

1. Champollion, *Lettres*, I, pp. 395-96, datée du 4 octobre 1826.
2. *Cf.* Humbert, 1989, pp. 152-153 et 237-238 ; Ziegler, 1990, pp. 264-271.
3. *Cf.* Ziegler, 1990b, n° 4, p. 270, note 18.
4. *Ibid.*, note 19.
5. Musée du Louvre, département des Peintures, inv. 2196.
6. Musée du Louvre, département des Peintures, inv. 3287.
7. Musée du Louvre, département des Peintures, inv. 7210.
8. *Description de l'Égypte*, A, vol. II, pl. 89.
9. Par exemple *Description de l'Égypte*, A, vol. I, pl. 16 (Philae) ; 22,51 (Edfou) ; A, vol. IV, pl. 16 (Denderah).
10. Lion hellénistique.

Expositions :
Paris, 1987, p. 175.

Bibliographie sommaire :
Jal, 1828, pp. 215-217 ; Compin et Roquebert, 1986, t. IV, p. 132 ; Sahut, *in* cat. exp. Paris, 1987, p. 175 ; Humbert, 1989, p. 236.

201-202 Esquisses pour un plafond égyptien

Léon Cogniet (1794-1880)

201 : *L'Expédition d'Égypte sous les ordres de Bonaparte*
Huile sur toile
H. : 50,3 cm ; l. : 76,3 cm
Orléans, musée des Beaux-Arts
Inv. 134

202 : *Napoléon Bonaparte dirigeant les travaux des savants en Égypte*
Huile sur papier collé en plein sur catonnage épais
H. : 22 cm ; L. : 35 cm
Autun, musée Rolin
CH. 41

Historique :
Acquise en 1986 (201).

Exposée à Paris (202) ; à Ottawa et à Vienne (201)

« On vient de disposer dans le musée Charles X, une nouvelle salle dans laquelle ont été placés les papyrus, les momies, les plans en relief de Jérusalem et de Pompéi et plusieurs objets précieux qui ne peuvent pas être livrés au public. De par sa disposition, elle devrait servir de cabinet au Conservateur des antiquités égyptiennes et en même temps se trouver appelée à être le lieu de rendez-vous des personnes cultivées de la France et de l'Europe, qui se livrent à l'étude des arts et des antiquités égyptiennes » écrivait en 1828 le comte de Forbin au vicomte de La Rochefoucault. Un tel lieu ne pouvait recevoir qu'un plafond égyptien, terminant ainsi le cycle des salles pharaoniques du nouveau musée. En 1862, avec l'arrivée des céramiques de la collection Campana, l'espace fut attribué à la section grecque ; on le nomme aujourd'hui « salle des Tanagra ».

Le choix du thème, la campagne d'Égypte, conciliait le souci d'un déroulement chronologique avec la destination scientifique du lieu. Car, si les grisailles des voussures montrent la bataille d'Aboukir ou la révolte du Caire, ce ne sont pas les armées triomphantes du général en chef qui figurent au premier plan, mais un Bonaparte entouré de savants et d'artistes. Conservés à Paris, Autun, Bayonne et Orléans, dessins et esquisses retracent les étapes de l'élaboration du plafond qui fut terminé en 1835 (Fig. 1).

L'étude la plus achevée, conservée au musée des Beaux-Arts d'Orléans, ne diffère que fort peu du plafond lui-même. Seuls manquent sur la droite, perdus dans le lointain, les deux colosses de Memnon et l'armée protégeant la petite troupe. Dans un style participant du romantisme et de

202

Fig. 1. *L'Expédition d'Égypte*
Détail du plafond réalisé par L. Cogniet
pour la salle des Tanagra
du musée du Louvre.

Fig. 2.
Petit scribe de pierre noire
au nom d'Iay
représenté sur le plafond
de la salle des Tanagra
Paris, musée du Louvre,
département des
Antiquités égyptiennes
(N 870).

Fig. 3.
Vase canope à tête humaine
au nom d'Horiraâ
représenté sur le plafond
de la salle des Tanagra
Paris, musée du Louvre,
département des
Antiquités égyptiennes
(N 2972).

201

l'orientalisme, Cogniet rassemble fellahs, grognards et savants autour d'un Bonaparte impassible, abrité sous un dais, tandis qu'à l'extrême droite, il campe un Dominique-Vivant Denon, son carton à dessins sous le bras.

Chacun s'abandonne à la fièvre de la découverte, l'un déroulant un papyrus, un autre ouvrant un vase canope tandis qu'un rutilant sarcophage polychrome, à peine exhumé, est transporté vers quelque réserve. Bizarrement, la scène se déroule sur le toit d'un temple enseveli dans les sables, dont seule émerge la corniche à gorge. Le cadre, imaginaire, évoque la région de Thèbes. Si les pièces archéologiques sont encore esquissées d'une manière très libre, l'examen du plafond révèle que le peintre a fidèlement copié des objets nouvellement acquis par Champollion.

Figurée à l'extrême gauche, une petite stèle portant une scène d'adoration à Ptah a été achetée au collectionneur Henry Salt[1] tout comme le vase canope à tête de chien, identifié comme l'un de ceux d'Horiraâ[2]. Le sarcophage à décor polychrome, qui ne figure pas dans les collections parisiennes, a sans doute été mis en dépôt au cours du XIXᵉ siècle. La même précision scrupuleuse se retrouve sur le médaillon figurant à gauche de la scène. Autour d'un chapiteau hathorique (cat. 203) provenant également de la collection Salt, on peut reconnaître un petit scribe de pierre noire[3] (Fig. 2), de nouveau un canope d'Horiraâ mais à tête humaine cette fois[4] (Fig. 3), un vase d'albâtre, un miroir de cuivre, une égide de bronze à tête de lionne, un chevet, ainsi qu'un sarcophage canope à tête de chien appartenant sans doute à Tchaouenrou[5]. À chaque extrémité du plafond plane un faucon tandis que des cartouches, probablement copiés dans un ouvrage de Champollion, énumèrent des pharaons dans un ordre chronologique : Mény ?, Ahmès-Néfertari, Aménophis, Thoutmosis III, Aménophis III, Horemheb, Ramsès II, Mineptah pour la partie supérieure ; Ramsès III, Nékao, Psamétik, Amasis, Cambyse, Alexandre, Cléopâtre et « Autocrator » pour la partie inférieure. Abandonnant le style allégorique des plafonds de Picot, Cogniet nous propose une vision de l'Égypte tout empreinte du réalisme historique et pédagogique propre au XIXᵉ siècle qui sied parfaitement au cadre d'un musée.

C. Z.

1. N 522 ; *cf.* Ziegler, 1990a, p. 42.
2. N 2969 ; *cf. Ibid.*, p. 81.
3. N 870, statue de Iay, collection Durand, rapportée d'Égypte par Bonaparte ; *cf.* Vandier, 1954-1958, III, p. 448.
4. N 2972 ; *cf.* Ziegler, *op. cit.*, 1990a, p. 81.
5. *Cf.* Kanawaty *in* cat. exp. Strasbourg/Paris, 1990, fig. p. 170.

Expositions :
Paris, 1987 ; Orléans, 1990, nº 117.

Bibliographie sommaire :
Foucard-Walter *in* cat. exp. Paris, 1987, pp. 150-153 ; Ziegler, 1990b, nº 4, p. 265, fig. 2.

203 Chapiteau hathorique

Époque Ptolémaïque d'après le style
Calcaire
H. : 52,5 cm ; l. : 46 cm ; ép. : 11,5 cm
Paris, musée du Louvre, département
des Antiquités égyptiennes
D 32, N 384

Historique :
Collection Salt, acquise en 1826.

Exposé à Paris

Ce gracieux visage de femme décorait autrefois le sommet d'une colonne, constituant ce que les égyptologues nomment un « pilier hathorique ». C'est en effet la déesse Hathor qui est ici représentée. Vache sacrée et patronne des arbres, déesse du ciel et protectrice des morts, elle préside aussi aux naissances, fixant le destin des nouveau-nés. Adorée dans son grand sanctuaire de Denderah (cat. 147), elle symbolise à Basse-Époque les vertus féminines sous les traits d'une divinité joyeuse, aimant la musique, la danse et le vin. Elle est ici figurée sous l'aspect d'une femme à oreilles de vache, coiffée d'une perruque ornée de rosettes. À la base du cou,

on distingue le départ du large collier qui orne habituellement sa poitrine.

L'usage du pilier à chapiteau hathorique, qui apparaît au Moyen Empire (vers 2160-1790 avant J.-C.) semble exclusivement réservé aux temples consacrés aux déesses. De façon monumentale, il reproduit l'image du sistre à *naos* (cat. 10), instrument de musique sacrée destiné à apaiser les divinités. Alors qu'à l'origine deux côtés seulement étaient décorés, ici l'amorce du décor des tranches montre que notre chapiteau, comme la plupart des exemplaires ptolémaïques, portait un visage d'Hathor sculpté sur ses quatre faces, l'évoquant sans doute sous son aspect de déesse universelle[1].

Thème favori des décors égyptisants du XIXᵉ siècle, notre chapiteau fut sans doute pris comme modèle par Léon Cogniet quand il exécuta un plafond du Musée Charles X, celui de la salle dite « des Tanagra » (Fig. 1). On peut le voir, en compagnie d'autres antiquités égyptiennes conservées au musée du Louvre, au centre d'un médaillon placé à gauche de la fameuse composition *L'Expédition d'Égypte sous les ordres de Bonaparte*[2] (cat. 201).

C. Z.

1. *Cf.* Derchain, 1972.
2. *Cf.* Munich, 1984, pp.153-154, nº XXXII.

Expositions :
Marcq-en-Barœul, 1977, nº 103.

Bibliographie sommaire :
Ziegler, *in* cat. exp. Marcq-en-Barœul, 1977.

204 Chaise

William Holman Hunt (1827-1910)
Réalisée par J.G. Grace, Londres, 1856-1857
Acajou, sycomore, ivoire, ébène et cannage
(remplacé en 1966)
H. : 84 cm ; l. : 44 cm ; pr. : 48 cm
Birmingham City Museum and Art Gallery,
Department of Applied Art
Inv. M9'53

Historique :
Don de Mme M. Joseph, fille de l'artiste, 1947.

Cette chaise, qui constitue le deuxième élément d'une paire célèbre conservée au musée de Birmingham, est indéniablement à ce jour l'exemple le plus reculé de l'adaptation du mobilier de l'Égypte ancienne à l'usage moderne. À ce titre, elle s'inscrit à un moment spécifique dans l'essor de l'égyptomanie qui comprend la décoration intérieure du Neues Museum de Berlin et l'Egyptian Court de l'Exposition de Londres de 1851.

En 1854, Hunt se rendit en Égypte et en Terre sainte pour peindre le *Finding of the Saviour in the Temple*[1], mais c'est seulement après son retour, en 1856, qu'il intégra à son tableau un instrument de musique égyptien copié d'après une pièce du British Museum. Le dessin des chaises fabriquées pour Draycott Lodge, sa nouvelle maison à Fulham, était également copié en partie d'après un modèle ancien (cat. 206) et fut exécuté à peu près à la même période, en 1856 ou 1857. Dans son autobiographie publiée en 1905, Hunt écrivit : « Pour l'ameublement de ma nouvelle maison, j'étais déterminé, dans la mesure du possible, à exclure les meubles vulgaires de l'époque. Les articles d'usage courant étaient en quelque sorte imposés par la nécessité, mais dans la salle de séjour, il me fut loisible de me montrer exigeant. Pour les sièges ordinaires, des chaises Windsor me convenaient... Je pus faire preuve de plus d'indépendance par le dessin d'une chaise qui s'inspirait de la forme d'un tabouret égyptien conservé au British Museum et serait des-

Le développement des lectures parallèles

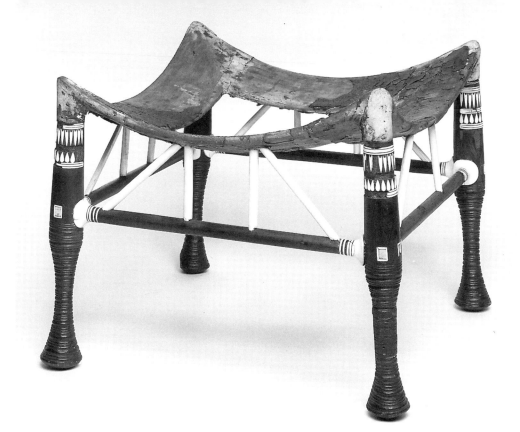

Fig. 1. Chaise à dossier
Musée du Louvre, département
des Antiquités égyptiennes
(N 2950).

tinée à rester en tant que beau meuble[2]... » Sous plusieurs aspects, la chaise de Hunt s'écarte du modèle mais, comme l'a noté Richard Ormond, sa qualité la plus originale est l'ajout du dossier décoré d'une marqueterie à sept lotus dérivés d'un autre tabouret au British Museum[3].

Ce dessin que l'on peut, dans une certaine mesure qualifier d'expérimental, ne fut jamais utilisé pour la production en série mais l'influence considérable qu'il a exercée sur le mobilier a été analysée en profondeur par Ormond et Eva Ottilinger[4]. Dans son autobiographie, Hunt nota que c'est seulement en 1866 qu'il put se résoudre à incorporer dans sa peinture *Il Dolce Far Niente* (collection privée, Londres) l'une des célèbres chaises qui « ayant été empruntée et peinte par d'autres artistes, ne présentait plus pour moi d'attrait pour les sujets orientaux[5] ».

M. P.

1. City Museum and Art Gallery, Birmingham.
2. Hunt, 1905, p. 134.
3. *Cf.* Ormond, 1965, pp. 55-56.
4. *Ibid.*, pp. 56-58 et Ottilinger, p. 81.
5. Hunt, *op. cit.*, p. 204.

Expositions :
Londres, 1862 ? ; Munich, 1972, hors catalogue ; Brighton/ Manchester, 1983, n° 208, ill. ; Berlin, 1989, n° 1/177 ; Brighton, 1990.

Bibliographie sommaire :
Hunt, 1905, t. II, pp. 134-136 ; Ormond, 1965, pp. 55-58 ; Curl, 1982, p. 184 ; Beevers, 1983, p. 84, repr. à la p. 88 ; Humbert, 1989, p. 162, repr. à la p. 135 ; Ottilinger, 1989, p. 81, ill. coul. à la p. 79.

205 — Tabouret égyptien

XVIIIe dynastie (vers 1552-1314 ou 1295)
Bois incrusté d'ivoire ; cuir
H. : 36 cm ; L. : 46 cm ; l. : 46 cm
Londres, British Museum, Egyptian Department
EA 2472

Les tombes du Nouvel Empire ont légué quelques rares exemplaires de sièges de bois dont l'assise concave était garnie d'une pièce de cuir. Notre tabouret figure parmi les plus raffinés. Les quatre pieds tournés sont ornés d'incisions et d'incrustations d'ivoire s'inspirant de motifs végétaux : feuilles et pétales de fleurs. L'assise repose sur un élégant treillis d'ivoire dont le rôle est purement décoratif. Les baguettes, dont la blancheur contraste avec la teinte sombre du bois, viennent s'appuyer sur des entretoises dont les extrémités, également incrustées, évoquent des ombelles de papyrus. Ce magnifique objet, appartenant aux plus anciennes collections du British Museum, servit de modèle pour une chaise à dossier haut créée en 1855-1857 par W. Holman Hunt (cat. 204) et pour le tabouret fabriqué par la société Liberty vers 1884 (cat. 311).

C. Z.

Bibliographie sommaire :
Baker, 1966, p. 135, pl. 193 ; Killen, 1980, vol. 1, p. 49, n° 28, pl. 82-83, fig. 23.

Lithographies en couleurs d'après une aquarelle
d'Eduard Gaertner (1801-1877)
H. : 37 cm ; L. : 27 cm
Planche VII de *Das Neue Museum zu Berlin*, 1853[1]
206 : Berlin, Technische Universität Berlin,
Plansammlung der Universitätsbibliothek
Inv. B 628
207 : Potsdam, Stiftung Schlösser und Gärten
Potsdam-Sans-Souci

Exposée à Paris (206) ; à Ottawa et à Vienne (207)

En 1841, le roi Frédéric-Guillaume IV de Prusse prit la décision de construire à Berlin, sur la Spreeinsel, un nouveau musée afin d'abriter les collections qui n'étaient pas dans celui qu'avait bâti Schinkel entre 1823 et 1830. August Stüller (1800-1865), qui avait été l'assistant de Schinkel, fut choisi pour dessiner l'édifice mais sa construction, commencée en 1843 et interrompue par la révolution de 1848, ne fut achevée qu'en 1855. En 1842, le roi de Prusse finança également une mission en Égypte dirigée par Karl Richard Lepsius dans le but de rassembler des inscriptions et des œuvres d'art qui iraient s'ajouter au noyau d'œuvres égyptiennes achetées, pour une large part, des collections Passalaqua et Minutoli. Les collections égyptiennes furent substantiellement augmentées après le retour de Lepsius en 1846 et installées dans le Neues Museum de Stüller, dans des galeries conçues à cet effet qui furent ouvertes en 1850. En 1853, Stüller commença à publier par sections des descriptions splendidement illustrées des parties du musée déjà accessibles au public comprenant la plupart des galeries consacrées aux antiquités.

Si, de l'extérieur, le musée de Stüller était d'un style classique qui avait le bon goût de ne pas jurer avec le bâtiment de Schinkel qu'il jouxtait, les salles à l'intérieur étaient conçues et décorées dans un esprit nouveau visant à refléter celui des collections qu'elles contenaient : au rez-de-chaussée, des antiquités égyptiennes, classiques et nordiques ainsi qu'un musée d'ethnographie ; au deuxième étage, une collection de moulages. Comme l'a noté Alexandra Handrak, le musée (détruit en grande partie par un bombardement en 1943) devait être un *Gesamtkunstwerk* – une œuvre d'art totale – et l'on ne saurait surestimer son importance en tant que modèle pour la présentation d'œuvres provenant de cultures différentes[2].

Les collections égyptiennes se trouvaient à droite du grand hall d'entrée, dans une succession de galeries qui entouraient l'attraction principale, une cour égyptienne couverte par un puits de lumière. Par la décoration, on avait suivi les idées de Lepsius en tâchant de donner un effet d'architecture égyptienne et c'était sans conteste la plus audacieuse tentative historiciste en date (précédant en cela de quelques années l'Egyptian Court conçue par Joseph

Bonomi et Owen Jones au Crystal Palace en 1855), ce qui la rendait d'autant plus remarquable. La cour, entourée de seize colonnes, était une adaptation d'une grande chambre intérieure du Ramesseum, le temple funéraire construit par Ramsès II près de Thèbes, et convenait en cela aux principaux objets exposés – deux sculptures colossales identifiées comme étant Ramsès II et son père, Séthi Ier – que l'on peut voir à l'arrière-plan sur la lithographie. Au centre de la cour il y avait un autel – également visible sur la lithographie – qui provenait de Méroé et fut remplacé ultérieurement par un sphinx de la reine Hatchepsout. Les colonnes reproduisaient, en taille réduite, la forme générale des originaux de Thèbes et en avaient gardé les décorations à la base aussi bien que sur les chapiteaux. L'architrave les surmontant était adaptée d'une autre partie du Ramesseum et présentait une inscription hiéroglyphique imaginée par Lepsius à la louange d'un pharaon moderne, le fondateur du musée Frédéric-Guillaume IV[3]. Les murs tout autour des colonnades étaient couverts de dix-sept peintures murales de Wilhelm Schirmer assisté de Carl Graeb, Eduard Biermann, Eduard Pape et Max Schmidt, destinées à donner un panorama de l'architecture égyptienne. On y trouvait des vues des pyramides de Gizeh et de l'intérieur de la pyramide de Chéops, des vues des temples de Denderah, de Karnak, d'Edfou et de Médinet-Habou, du Ramesseum et des colosses de Memnon de Thèbes, des vues intérieures et extérieures des tombeaux de Béni-Hassan et des vues du pont de pierre de Silsilis, de l'obélisque de Karnak, de l'île de Philae, du mont Barkal et des pyramides de Méroé.

Bien que le texte ne l'indique pas, la lithographie reproduit une aquarelle du grand peintre Eduard Gaertner exécutée en 1850 et conservée dans la collection du musée de Potsdam-Sans-Souci. Il en existe une deuxième version dans une collection privée de Munich[4].

M. P.

1. Ouvage de A. Stüller, 1re livraison, Berlin, 1853.
2. Pour l'Egyptian Court et l'aspect conceptuel du Neues Museum, *cf.* Handrak, 1990, pp. 12-14, 18, 19. Pour une description générale de l'édifice et de la décoration, *cf.* Stüller, introduction non foliotée à son *Das Neue Museum in Berlin*, Potsdam, 1853 et Plagemann, 1967, pp. 117-124.
3. La longue inscription est citée en entier *in* Schasler, 1855, p. 87 et Plagemann, 1967, p. 396. Le roi, talentueux architecte amateur et admirateur de la villa Albani, a laissé un plan pour la place de l'Opéra de Berlin dans lequel la part belle est faite aux obélisques ; *cf.* Dehio, 1961, p. 60 et fig. 36.
4. Cette aquarelle est discutée et cataloguée mais non mise en rapport avec la lithographie du volume de Stüller *in* Wirth, 1979, pp. 52-53, 266, cat. n° 380, fig. 176, diversement datée 1850 et 1856 ; la deuxième version figure au n° 381 du catalogue.

Expositions :
Berlin, 1989, n° 1/181 (206).

Bibliographie sommaire :
Stüller, 1868, pl. VII (206-207) ; Humbert, 1987, II, pp. 515-516, n° 653.

Auguste Mariette ou la naissance de l'archéologie égyptienne

Le 2 octobre 1850, un jeune attaché au département égyptien du Louvre parvenait à Alexandrie. Il s'appelait Auguste Mariette et avait pour mission de visiter les monastères coptes d'Égypte pour faire l'inventaire des manuscrits qui s'y trouvaient[1]. Après s'être heurté à mille obstacles, l'égyptologue réalisa son rêve secret, décidant d'engager une trentaine d'ouvriers pour explorer le désert de Saqqara à la recherche du Sérapeum. Alors commença une des plus grandes aventures de l'archéologie : guidé par les sphinx qu'il exhumait des sables amoncelés[2], Mariette parvint au temple (Fig. 1) puis à la sépulture où les pharaons enterraient les taureaux Apis, images vivantes du dieu Ptah de Memphis.

Grâce à la générosité du vice-roi d'Égypte, deux cent trente grandes caisses d'antiquités vinrent à cette occasion enrichir les collections du Louvre. « J'estime, écrivait Mariette, que les fouilles du Sérapeum ont amené la découverte d'environ sept mille monuments[3]. » La majeure partie provenait du Sérapeum proprement dit, avec quelques objets prestigieux comme la statue monumentale du taureau Apis ou les bijoux du fils de Ramsès II. La plupart sont d'aspect plus modeste, mais d'un très grand intérêt scientifique : centaines de stèles dédiées par des particuliers, mobilier funéraire, fragments de statues et de monuments, innombrables ex-voto de bronze[4]. À cet ensemble venait s'ajouter la récolte provenant de tombes plus anciennes, beaucoup datant du temps des pyramides, que le fouilleur avait dégagées au cours de sa recherche : c'est alors qu'entrèrent au musée la plupart des statues de l'Ancien Empire et, parmi elles, le fameux Scribe accroupi. Dès 1852, l'arrivée à Paris puis l'exposition des bijoux du Sérapeum ne manquèrent pas de susciter un très vif intérêt pour l'Égypte ; intérêt maintenu par de nouvelles découvertes que Mariette fit connaître dans les milieux savants mais aussi dans l'entourage de Napoléon III.

L'occasion d'un nouveau séjour en Égypte lui fut fournie par un projet de voyage que le prince Napoléon, cousin de l'Empereur et amateur d'art, souhaitait entreprendre. Dans les premiers mois de l'année 1857, Mariette avait rencontré Ferdinand de Lesseps qui, par son projet de percement de l'isthme de Suez, avait gagné la faveur de Saïd Pacha. L'archéologue sut le convaincre du péril qui menaçait les monuments pharaoniques. On chargea Mariette de préparer le séjour du prince Napoléon et d'entreprendre des fouilles dont le produit serait offert au visiteur. C'est ainsi que d'Assouan à Gizeh l'archéologue ouvrit plusieurs chantiers. Si le voyage princier fut annulé, Saïd Pacha offrit au collectionneur les antiquités que Mariette avait lui-même choisies.

Le prince fut ravi et, grâce à son appui, l'égyptologue exauça l'un de ses vœux les plus chers. Le 1er juin 1858, il était nommé directeur des antiquités de l'Égypte. La création de ce service, déjà réclamé par Champollion, mettait fin au pillage des antiquités sévissant, avec l'approbation des pachas, au bénéfice de collectionneurs qui n'étaient le plus souvent que des trafiquants sans scrupule. La protection du patrimoine pharaonique impliquait des tâches multiples : organiser la surveillance des antiquités sur tout le territoire, déblayer et consolider les monuments, collecter les pièces aisément transportables, les rassembler au Caire en vue de la création d'un musée. Organisateur hors pair, Mariette se révèle un fouilleur infatigable, s'entourant de savants tels Brugsch ou Devéria, et ses découvertes émerveillent le monde. On ne pourrait ici énumérer toutes ces œuvres dont la plupart figurent aujourd'hui dans les manuels d'histoire de l'art : c'est à Thèbes le premier grand trésor d'orfèvrerie, celui de la reine Iahhotep ; à Gizeh, le magnifique Chéphren de diorite ; à Saqqara, le mastaba de Ti et l'effigie de bois du cheikh el beled ; à Meidoum, les statues éclatantes du prince Rahotep et de son épouse Nefret. Les plus éblouissantes d'entre elles sont offertes à l'admiration du public, lors de l'Exposition universelle organisée à Paris en 1867 (Fig. 3), où il fut commissaire général de l'Égypte[5]. Malgré de très fortes pressions – l'impératrice

Fig 1. Le dromos désensablé par Mariette
Dessin de Barbot
Lauer et Picard, Paris 1955, pl. 17.

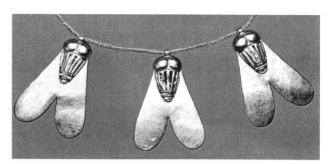

Fig. 2. Les « mouches d'or » de la reine Iahhotep
Aldred, 1971, p. 73.

Le développement des lectures parallèles

**Fig. 3. Objets du musée de Boulaq
présentés à l'Exposition universelle de 1867.**

*Eugénie souhaita, dit-on, conserver les bijoux d'Iahhotep
(Fig. 2) – tous ces chefs-d'œuvre qui inspirèrent les artistes de
l'époque[6], regagnèrent le musée de Boulaq, ancêtre du Musée
égyptien du Caire, dans le jardin duquel repose aujourd'hui
Mariette Pacha.*

C. Z.

1. *Bibliographie rassemblée par Lauer, in Mélanges Mariette, 1961, pp. 3-56; Ridley, 1984, pp. 118-158.*
2. *Pour une version moins romanesque de la découverte, cf. Malek, 1983, fasc. 115-116, pp. 65-72.*
3. *Mariette, 1904, p. 133.*
4. *Cf. Ziegler, 1981, pp. 29-45.*
5. *Cf. Mariette, 1867. Exposition universelle de 1867; Edmond, 1867, pp. 21-128.*
6. *Par exemple les «mouches d'or» de la reine Iahhotep, pendentifs très caractéristiques, sont figurées au cou de la «joueuse de luth» peinte en 1875 par Victor Lagye (repr. in Humbert, 1989, p. 249).*

Lion de Nectanébo Ier

Saqqara, Sérapeum, grande enceinte, pylône de
l'Est, temple de Nectanébo Ier découvert en 1851
Règne de Nectanébo Ier (380-362 avant J.-C.),
d'après contexte de fouille et style
Calcaire
H. : 56,5 cm ; L. : 1,24 m ; l. socle : 45 cm
Paris, musée du Louvre, département
des Antiquités égyptiennes
N 432 b (Sérapeum S 971)

Exposé à Paris

Le musée du Louvre conserve trois lions identiques provenant des fouilles menées par Mariette au Sérapeum de
Memphis. Deux d'entre eux étaient encore en place au
moment de la découverte, disposés de part et d'autre du
pylône construit par Nectanébo Ier. Une stèle montrant ce
roi vénérant neuf divinités était encastrée dans l'un des
socles[1]. Le troisième, trouvé sur le dromos, avait probablement été déplacé de son lieu d'origine[2]. Un quatrième,
retrouvé plus tard par Mariette, fut offert au prince
Napoléon[3].

La pose de l'animal et le traitement du corps apparentent étroitement cet ensemble à deux œuvres plus
fameuses, les lions de granite aujourd'hui conservés au
musée du Vatican (Fig. 1) et qui portent précisément le cartouche de Nectanébo I[er4]. Les fauves sont allongés sur le
flanc, la tête dans le prolongement du corps mais faisant face
au spectateur, la patte avant gauche placée sur la droite
retournée, la queue reposant naturellement sur le devant. Le
sens du mouvement, la souplesse émanant des félins
contrastent avec l'immobilité des sphinx pharaoniques et ont
depuis longtemps attiré l'attention des spécialistes. La tête
aux yeux autrefois incrustés arbore une expression mélancolique, presque humaine dirait-on, due au modelé puissant
de l'ossature, que vient compléter la notation stylisée de
détails précis : piquetage des moustaches, truffe triangulaire.
Les caractéristiques anatomiques sont figurées avec soin :
mèches souples de la large crinière contrastant avec les
sèches incisions du camail, pelage des oreilles traité en
«tuyaux d'orgue», guirlande des vertèbres stylisées, rendu
soigneux de la cage thoracique, des coussinets, de la patte
arrière musculeuse et des testicules.

Si ces lions s'inspirent d'exemples anciens – ceux
qu'Aménophis III fit sculpter mille ans auparavant[5] – la liste
de telles œuvres est extrêmement courte[6] et leur présence
dans l'architecture pharaonique est tout à fait exceptionnelle. C'est par pur hasard que ce type de statue fut intégré,
à partir du XVIIIe siècle, dans le répertoire de l'égyptomanie.
Des fauves de granite, autrefois transportés d'Égypte pour
venir orner les sanctuaires isiaques de la Rome impériale,
vinrent prendre place dans la redécouverte de l'Antiquité
égyptienne. Ceux de Nectanébo Ier servirent déjà de modèle

Fig. 1. Lions de Nectanébo Ier du musée égyptien du Vatican
Botti et Romanelli, 1951, pl. XVII.

Fig. 2. Un des deux lions
encadrant le bas de l'escalier de la Cordonata à Rome.

Fig 3. Les lions de la fontaine de l'Institut de France,
par Vaudoyer, entre 1806 et 1811,
aujourd'hui à Boulogne-Billancourt.

Le développement des lectures parallèles

au XIIIᵉ siècle[7]. Une autre série de lions, regardant droit devant eux et provenant de l'Iseum du Champ de Mars, étaient visibles à Rome dès le XVᵉ siècle[8] ; deux d'entre eux ont repris leur place au bas de l'escalier de la Cordonata[9] (Fig. 2). Faisant partie du paysage romain, tout comme les obélisques ou les pyramides, ils s'imposèrent par leurs formes puissantes et par la symbolique qu'on leur prêta bien à tort. Très souvent reproduits dans les tableaux d'Hubert Robert (cat. 27) et considérés comme un thème italianisant, on rencontre ces lions dans toute l'Europe (Fig. 3), que ce soit dans les parcs russes ou hollandais[10] ou bien comme éléments de décor intérieur. Réalisé par Chalgrin, le grand escalier du Sénat de Paris en montre un bon exemple, tandis que Thomas Hope les utilise dans son mobilier. Il faut attendre le début du XIXᵉ siècle pour que les artistes, tel Picot (cat. 200), en fassent un symbole de l'Égypte.

C. Z.

1. *Cf.* Mariette et Maspéro, 1882, p. 27 ; il s'agit de la stèle du Louvre, inv. C. 318 [IM 131].
2. *Ibid.*, p. 29.
3. *Cf.* Ferri-Pisani, 1859, p. 280.
4. *Cf.* Botti et Romanelli, 1951, pp. 14-18, nᵒˢ 26-27, pl. XVI-XVIII.
5. *Cf.* Bryan, *in* cat. exp. Cleveland, 1992, nᵒ 30, pp. 219-220.
6. *Ibid.*, p. 220 note 1.
7. *Cf.* Roullet, 1972, pp. 131-132, nᵒˢ 273-274.
8. *Ibid.*, pp. 130-132, nᵒˢ 268-272.
9. *Ibid.*, pp. 131-132, nᵒˢ 273-274.
10. *Cf.* Humbert, 1989, p. 206.

Bibliographie sommaire :
Rougé, 1852, p. 58 ; Mariette et Maspero, 1882, p. 27 et *Atlas livraison*, pl. 4d ; Boreux, 1932, I, p. 169, pl. XXI ; Vandier, 1952, p. 23 ; Lauer et Picard, 1955, pp. 10-11 et fig. 6 ; Vandier, 1973, p. 46 ; Porter et Moss, t. III, 1974, p. 780 ; Schart *in Miscellanea Gregoriana*, 1941, p. 196, fig. 2 ; Archives photographiques de la direction du Patrimoine, MNL. E. 606 ; Roeder *in Miscellanea Gregoriana*, 1941, pp. 185-6, 188-9.

209 Statuette funéraire du prince Khaemouaset

Saqqara, Sérapeum, caveau isolé, XIXᵉ dynastie, Apis III de Mariette ; découvert le 19 mars 1852
An 16 du règne de Ramsès II (vers 1279-1213 avant J.-C.)
Schiste gris
H. : 20,5 cm
Paris, musée du Louvre, département des Antiquités égyptiennes
AF 426 (Sérapeum S. 1384)

Quatrième des nombreux fils de Ramsès II, le prince Khaemouaset, en sa qualité de grand prêtre de Ptah à Memphis, consacra toute sa sollicitude à l'aménagement de la sépulture des taureaux défunts. On lui doit l'ouverture des « petits souterrains » et de nombreuses inscriptions retrouvées sur le site mentionnent son nom. Fut-il lui-même enterré dans les galeries du Sérapeum ? l'hypothèse a été contestée. La poursuite des fouilles qui ont mis au jour en 1992 les vestiges d'une chapelle qui lui fut dédiée apportera sans doute des

éléments nouveaux. Prince lettré, Khaemouaset s'intéressait aux vestiges du passé et fit restaurer des monuments de l'Ancien Empire. Son goût pour les vieux grimoires inspira les scribes de la Basse Époque qui en firent le héros d'un de leurs contes, où il apparaît sous les traits d'un magicien.

Notre statuette figurait parmi la dizaine d'objets inscrits à son nom qui furent retrouvés dans le sarcophage inviolé de l'Apis enterré en l'an 30 du règne de Ramsès II (Fig. 1). Il s'y trouvait trois de ses *ouchebtis* qui, contrairement à la coutume, n'avaient pas été déposés dans la tombe de leur propriétaire mais placés, de son vivant, près du taureau divinisé qui servira d'intermédiaire avec les dieux de la nécropole. Le prince, drapé dans un linceul, est paré d'un large collier ; il porte une courte barbe, la perruque ronde et la mèche caractéristique des grands prêtres de Ptah, coiffure qu'affectionnaient les fils de Ramsès II. On peut voir dans ses mains deux emblèmes protecteurs : le pilier *djed*, symbole de stabilité, et le nœud d'Isis. La colonne de hiéroglyphes gravés précise son identité et comprend une formule rare qui fait allusion à sa nature surhumaine, garantissant la souveraineté du dieu universel et ordonnant la marche des étoiles : « Le fils du roi et prêtre sem Khaemouaset, qui a donné le *némès* (coiffure royale) à celui – au nom – caché, et qui fait apparaître Sirius à côté d'Orion. »

C. Z.

Expositions :
Marcq-en-Barœul, 1977, n° 37.

Bibliographie sommaire : Mariette, 1857, part. I, p. 14 et pl. 13 (au centre) ; Pierret, 1882, pp. 29-30, n° 75 ; Yoyotte, 1954, p. 227 ; Gomaa, 1973, cat. 17, p. 78 et fig. 8 ; Aubert et Aubert, 1974, p. 88 ; Ziegler *in* cat. exp. Marcq-en-Barœul, 1977, pp. 19-20 ; Schneider, 1977, part I, p. 279.

Fig. 1. **Statuettes funéraires trouvées par Auguste Mariette,** *Sérapeum de Memphis* **IIIᵉ partie, Paris, 1857, pl. 13.**

210 Statuette funéraire de Ptahmès

Saqqara, Sérapeum, caveau isolé,
XIXᵉ dynastie, Apis III de Mariette ; découvert le
19 mars 1852
An 30 du règne de Ramsès II (vers 1279-1213
avant J.-C.)
Serpentine gris-vert
H. : 20,7 cm ; l. : 5,5 cm
Paris, musée du Louvre, département
des Antiquités égyptiennes
Sérapeum nº S 1442

Déposée dans le sarcophage inviolé de l'Apis enterré en l'an 30 de Ramsès II, cette statuette funéraire appartenait au même ensemble que celui où figuraient les *ouchebtis* du prince Khaemouaset (cat. 209). Son propriétaire n'était cependant pas membre de la famille royale. Un certain nombre de particuliers avaient également eu le privilège de déposer des ex-voto dans le tombeau du taureau sacré. « Je constatais que, dans des trous taillés dans le roc, existaient une centaine de statuettes funéraires [Fig. 1] en pierre dure, en pierre calcaire et en terre cuite émaillée[1] » rapporte Mariette, décrivant sa découverte. Il remarque un peu plus loin[2] : « J'en ai compté 247. Elles sont toutes gravées au nom des principaux personnages de Memphis. Les femmes y sont admises en assez grand nombre. L'étude de ces monuments fournira des détails précieux sur l'aristocratie de Memphis, quinze siècles avant J.-C. Il est à remarquer que tous ces personnages, bien que vivants, prennent le titre de justifiés, appliqués aux morts. Ils s'assimilaient ainsi au dieu dont ils célébraient les funérailles. »

C'est en effet à la plus haute aristocratie qu'appartient notre personnage. La colonne de hiéroglyphes gravés à l'avant de la statuette énonce ses titres et son nom : « Que soit illuminé l'Osiris, scribe royal et majordome Ptahmès, justifié. » Le haut fonctionnaire est bien connu des égyptologues, en particulier par la chapelle funéraire qu'il avait édifiée dans la région de Saqqara et dont plusieurs musées se partagent les vestiges : reliefs magnifiques, piliers, colonnes, statues[3]... Parmi ses nombreux titres, il comptait ceux de prince, architecte en chef, grand gouverneur du temple de Ramsès dans le domaine de Ptah et général. Faute de place, cette longue série qui le met au premier rang des fonctionnaires memphites, ne figure pas sur notre *ouchebti*. Mais la qualité de l'œuvre est exceptionnelle et reflète bien le rang de son propriétaire. Ce dernier porte un petit panier sculpté sur l'épaule gauche et tient à la main les deux houes qui lui permettront de cultiver la terre dans l'Au-delà. Ces outils agricoles contrastent singulièrement avec le raffinement du costume, qui est celui des vivants : une perruque longue dont la calotte striée vient envelopper deux nappes de frisons, un large collier ouvragé, des sandales à lanière et une tunique aux manches finement plissées, ornée d'une large écharpe à franges souplement nouée à la taille. Le

visage, interprété avec subtilité, exprime bien l'idéal ramesside avec ses joues pleines, son petit menton et ses yeux horizontaux dépourvus de fard.

C. Z.

1. Mariette, 1882 (2ᵉ éd.), pp. 62-63.
2. *Ibid.*, p. 63, nº 1.
3. *Cf.* Berlandini, 1982, pp. 85-106

Bibliographie sommaire :
Mariette, part. III, 1857, p. 14 et
pl. 13 (en bas à droite) ; Pierret,
1882, pp. 29-30 nº 213 ; Aubert et
Aubert, 1974, p. 86 ; Schneider,
1977, part. I, p. 279 ; Berlandini,
1982, nº VIII, p. 101 et pl. XIII ;
Kitchen, 1989, VII, p. 113, nº 14.

211 Statuette funéraire du taureau Apis

Saqqara, Sérapeum, sans doute « petits
souterrains », XXᵉ dynastie, Apis II de Mariette
XXᵉ dynastie d'après le style
(vers 1188-1069 avant J.-C.)
« Faïence égyptienne » bleu-vert à décor brun
H. : 10,2 cm
Paris, musée du Louvre, département
des Antiquités égyptiennes
N 5168

Tout comme les humains, le taureau Apis avait à sa disposition des statuettes funéraires[1] que les égyptologues nomment *chaouabtis* ou *ouchebtis*. À l'époque des Ramsès ceux-
ci se multiplièrent pour devenir des escouades de serviteurs
qui, souvent, conservent l'apparence de leur propriétaire
momifié. Un chapitre du *Livre des Morts* éclaire le rôle de
ces esclaves magiquement mis à la disposition des défunts
pour effectuer principalement les travaux agricoles : « Formule pour faire qu'un serviteur travaille pour quelqu'un
dans l'autre monde. O les chaouabtis que voici, si l'Osiris
Un Tel est à son poste pour faire tous les travaux qu'on doit
faire dans l'autre monde, alors il y aura là comme une obligation pour un homme selon son poste. "Présent" direz-
vous. Vous êtes assignés à tout moment pour cultiver les
champs, pour irriguer les terres... »

Ici, la formule est abrégée en une simple colonne
qui nomme le personnage : « Que soit illuminé l'Osiris
Apis. » Le taureau défunt, les bras croisés, enveloppé dans
un suaire, est figuré comme un homme à tête d'animal,
selon une convention usuelle de l'art égyptien.

C. Z.

1. *Cf.* Aubert et Aubert, 1974, p. 84 ; Schneider, 1977, part. I, p. 288

Bibliographie sommaire :
Mariette, 1857, part. III, pl. 22,
nº 2 (pour comparaison).

212 Stèle du Sérapeum de Memphis dédiée par un nommé Peftchaouakhonsou

Saqqara, Sérapeum, extrémité nord des petits
souterrains ; découverte le 28 février 1852
Sans doute XXIIᵉ dynastie
(vers 945-715 avant J.-C.)
Calcaire sculpté et peint
H. : 31,7 cm ; l. : 19,5 cm ; ép. : 7,5 cm
Paris, musée du Louvre, département
des Antiquités égyptiennes
N 421/ 74 (IM 3008)

C'est à Memphis, au sud-ouest du Caire, que Mariette a
conduit la première grande fouille ayant jamais été menée
en Égypte, sauvant ainsi pour la science un ensemble de
monuments uniques. En ce lieu, les Égyptiens vénéraient un
dieu taureau nommé Apis. Le taureau véritable choisi pour
l'incarner y était élevé dans l'enceinte du temple avec tous
les égards dus aux animaux sacrés. Sa mort s'accompagnait
de cérémonies et de rites comparables à ceux accomplis pour
les pharaons ; le taureau, dûment embaumé, était accom-

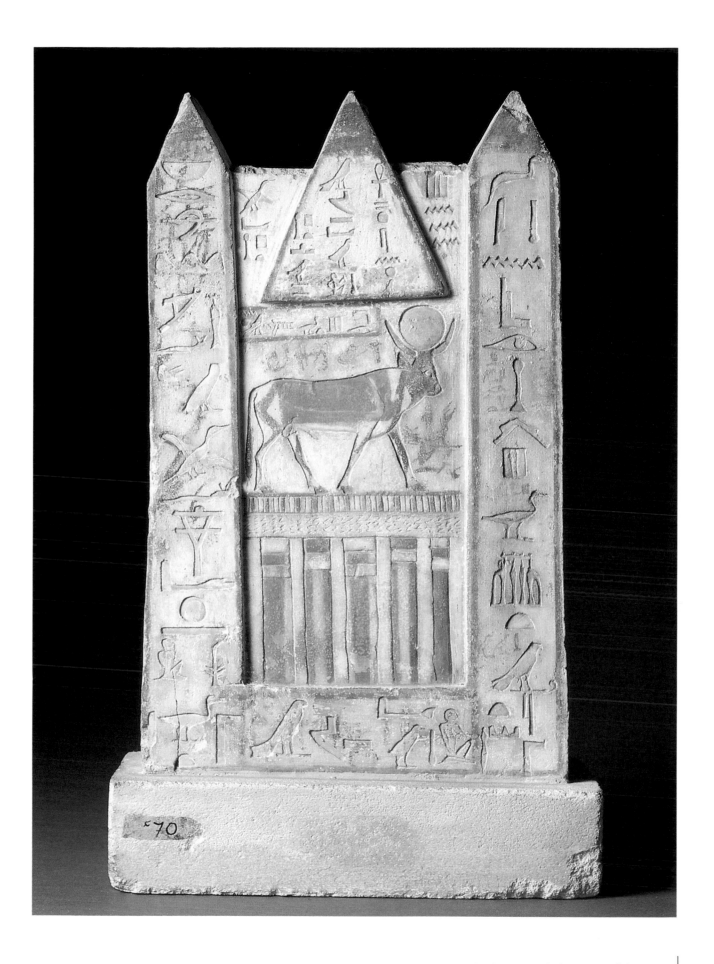

pagné en grande procession dans la nécropole toute proche où on l'ensevelissait dans un sarcophage, muni d'un équipement funéraire semblable à celui des hommes : vases canopes pour les viscères, statuettes funéraires ou *chaouabtis*, bijoux.

S'étendant sur plus d'un millénaire, les tombes retrouvées par Mariette se composent de caveaux isolés, datant du règne d'Aménophis III à l'an 30 de Ramsès II et de galeries souterraines auxquelles on accédait par un chemin à ciel ouvert taillé dans le roc. Aux « petits souterrains » utilisés jusqu'en l'an 21 de Psamétik Ier, succèdent les « grands souterrains » où le visiteur peut encore voir aujourd'hui, dans les chambres s'ouvrant de part et d'autre d'un couloir axial, de monumentaux sarcophages de granite. C'est dans ces sépultures que Mariette découvrit les nombreux ex-voto déposés par ceux qui avaient joué un rôle actif lors des funérailles. Des centaines de stèles s'y trouvaient, comme celle dédiée par Peftchaouakhonsou.

Revêtu de vives couleurs, le petit monument montre en son centre l'image du taureau Apis, portant entre ses cornes un disque solaire ; le pelage noir taché de blanc est partiellement dissimulé par un manteau rouge. La stèle, d'un type inhabituel, réunit des motifs architecturaux typiquement égyptiens : l'animal sacré, surmonté d'une pyramide, est juché sur un décor de « fausse porte » ou « façade à redans », évoquant peut-être son tombeau, tandis que la scène est encadrée par deux obélisques. Ceux-ci portent un texte hiéroglyphique énonçant les paroles prononcées par « l'Osiris-Apis, chef des occidentaux et maître de la nécropole » en faveur du donateur, nommé Peftchaouakhonsou, fils du prêtre Hormaakhérou. Les autres inscriptions nomment l'Apis ainsi que quelques particuliers qui bénéficient ainsi de sa protection.

C. Z.

Bibliographie sommaire :
Malinine, Posener et Vercoutter,
1968, t. I, n° 70, texte pp. 61-62,
pl. XXI.

213 Pectoral au nom du pharaon Ramsès II

Saqqara, Sérapeum, caveau isolé découvert le 19 mars 1852, sous le cercueil d'un Apis mort sous le règne de Ramsès II, XIXe dynastie, Apis II de Mariette
An 16 du règne de Ramsès II
(vers 1279-1213 avant J.-C.)
Electrum, verre rouge, turquoise, vert, blanc et jaune
H. : 13,5 cm ; l. max. : 15,7 cm ; ép. : 2,5 mm
Paris, musée du Louvre, département
des Antiquités égyptiennes
N 767

Ce bijou somptueux fut découvert par Mariette dans la tombe inviolée des Apis enterrés entre l'an 16 et l'an 30 du règne de Ramsès II. On imagine aisément l'émotion de l'archéologue se glissant dans le caveau, relevant sur le sable l'empreinte de pas vieux de trois millénaires et distinguant dans l'ombre le scintillement des feuilles d'or qui jonchaient le sol[1]. Celles-ci s'étaient détachées du soubassement des murs et de deux grands sarcophages de bois noir renfermant des ossements mêlés à des objets votifs, statuettes funéraires, amulettes et bijoux (Fig. 1). Si certains d'entre eux portaient le nom du taureau défunt, on y lisait aussi celui de Khaemouaset, de son père Ramsès II ainsi que de leurs contemporains. Le journal manuscrit de l'archéologue nous apprend que notre pectoral fut trouvé le 19 mars 1852, « sous le cercueil en face de la porte ».

Le type du bijou remonte aux époques les plus anciennes[2] et s'inspire directement de l'architecture. Le pectoral s'inscrit dans un cadre trapézoïdal imitant la façade d'un pylône de temple ou d'une chapelle, surmontée d'une corniche à gorge. Les frises de rectangles polychromes qui ornent l'encadrement sont aussi empruntées au répertoire décoratif des monuments de l'Égypte ancienne. Le décor ajouré, d'une grande complexité, associe l'écriture, les symboles de protection et les emblèmes du pouvoir royal. Au centre, le vautour et le cobra, symbolisant la Haute et la

Fig. 2. Ex-Libris
de Théophile Gautier

Fig. 1. Quatre pectoraux provenant du Sérapeum
Auguste Mariette, *Sérapeum de Memphis*,
IIIe partie, Paris, 1857, pl. 12.

Basse-Égypte sur lesquelles règne le pharaon, sont maintenus en équilibre par deux hiéroglyphes *djed* signifiant la stabilité. Les deux animaux sont surmontés d'un faucon à tête de bélier tenant dans ses serres le signe *chen* et soutenant de ses ailes déployées le cartouche dans lequel s'inscrit le nom royal. Bien que diverses hypothèses aient été avancées pour identifier ce rapace étrange[3], il est vraisemblable d'y reconnaître un aspect du soleil, tel qu'on peut le voir figuré dans les tombes de la Vallée des Rois. Les pectoraux royaux, de l'époque de Toutankhamon à celle des rois de Tanis, évoquent souvent l'identification du souverain au dieu solaire Rê qui l'emporte dans sa course éternelle[4].

    Malgré la multiplicité des messages et la surabondance des symboles, on ne trouve ici nulle lourdeur mais un réel souci de composition dans ces thèmes qui s'étagent et culminent dans l'élévation du cartouche royal. L'élégance des motifs est rehaussée par des incrustations colorées, exé-

cutées selon la technique du cloisonné et dont le chatoiement contraste avec la sobriété du revers où un décor identique est ciselé sur une feuille d'or. L'objet a souvent été copié (Fig. 2), notamment par Gustave Moreau (cat. exp. Paris, 1993, p. 150), Le Corbusier *(Ibid.)*, Rixens (cat. 389) ou Philippe (cat. 323).

C. Z.

1. *Cf.* Mariette et Maspero, 1882, pp. 62 et 69 ; Rhoné, 1877, pp. 238-239.
2. *Cf.* Feucht-Putz, 1967.
3. *Ibid.*, p. 85.
4. *Cf.* Stierlin et Ziegler, 1987, pp. 163-167.

Bibliographie sommaire :
Mariette, part. III, 1857, pl. 9 et pp. 14-15 ; Rhoné, 1877, p. 242 ; Mariette et Maspero, 1882, p. 64 et p. 141, note 3 ; Feucht-Putz, 1967, pl. X, n° 24, pp. 85, 133 *sqq.* ; Porter et Moss, t. III, 1977, 2e éd., p. 782 ; Ziegler, 1990 a, p. 45 (photo couleur récente).

D'après un dessin de Lancelot
1867
Gravure sur bois (illustration pour *Le Magasin pittoresque*)
H. : 15,6 cm ; L. : 21,8 cm
Paris, musée Carnavalet, cabinet des Estampes
Topo Pc 124 A

Édifié par l'architecte Drevet sous la direction de l'égyptologue Auguste Mariette, le Parc égyptien de l'Exposition universelle de 1867 était situé dans l'angle nord-ouest du Champ-de-Mars ; il se composait notamment d'un temple antique précédé d'une allée de sphinx et d'une porte triomphale, qui constitue un fort bel exemple de l'égyptomanie didactique qui fleurit en Europe à partir de 1812[1] (Fig. 1).

Le temple lui-même fit grande impression, et en cela effaça les difficultés de sa conception ; en effet, Mariette voulait réaliser une reconstitution véritablement scientifique, mais il devait en même temps permettre au bâtiment d'abriter les œuvres envoyées du musée de Boulaq, tout en présentant divers aspects de l'architecture de l'ancienne Égypte.

S'inspirant de divers *mammisi* dont ceux de Denderah et de Philae, il fut néanmoins obligé de modifier quelque peu les proportions de ces types d'édifices[2]. « Tout en laissant au chapiteau son énorme développement, [l'architecte] a raccourci d'un bon tiers la hauteur du fût des colonnes, et il a encore exagéré l'aspect écrasé qui en résulte en augmentant la hauteur des murs d'entrecolonnement,

de telle façon que leur sommet arrive à la naissance des chapiteaux[3]. » Le temple, par rapport à un *mammisi* traditionnel, semble en effet quelque peu écrasé ; en revanche, ses proportions générales sont en rapport avec celles d'un temple principal (Fig. 2). Il nous manque aujourd'hui un document en couleurs pour pouvoir juger complètement de l'effet produit, car un effort tout particulier avait été fait dans ce domaine[4].

De l'entrée du temple partait une allée de 2,60 mètres de large, bordée de cinq paires de sphinx soi-disant moulés sur l'un de ceux du Louvre. Comme un certain nombre d'entre eux ont été conservés, on peut juger sur pièce de leur aspect, et on s'aperçoit qu'ils sont en fait plus qu'approximatifs. Victorien Sardou les fit en effet transporter après l'Exposition dans la propriété qu'il avait acquise en 1863 à Marly-le-Roi ; ils y sont toujours visibles depuis la place Saint-Vigor, bien qu'étouffés par la végétation que les occupants actuels, peu sensibles au charme de l'égyptomanie, laissent croître alentour[5].

J.-M. H.

1. *Cf.* Mariette, 1867, 104 p. ; Humbert, 1971, p. 25 ; Humbert, 1989, p. 73.
2. La façade mesurait 18 mètres de large sur 9 mètres de haut ; le grand côté faisait 25 mètres de long.
3. Lenormand, [1867], s.l.n.d., 63 p., p. 28.
4. *Cf.* Edmond, 1867, p. 91. Un bon exemple de cette polychromie nous est donné par le temple édifié en 1856 au zoo d'Anvers et récemment restauré (*cf.* Humbert, 1989, pp. 70-71).
5. *Cf.* Ory, 1982, pp. 33 et 113 ; Boussel, 1969, p. 570.

Fig. 1. Le Temple égyptien
Bâtiment édifié par Drevet sous la direction d'Auguste Mariette pour l'Exposition universelle de 1867, à Paris
photographie Bisson ;
Paris, Bibliothèque nationale, cabinet des Estampes et de la Photographie.

Fig. 2. Intérieur du Temple égyptien de l'Exposition universelle de 1867, où étaient exposées les œuvres du musée de Boulaq.

Exposition universelle de 1867. — Le Temple égyptien. — Dessin de Lancelot.

214

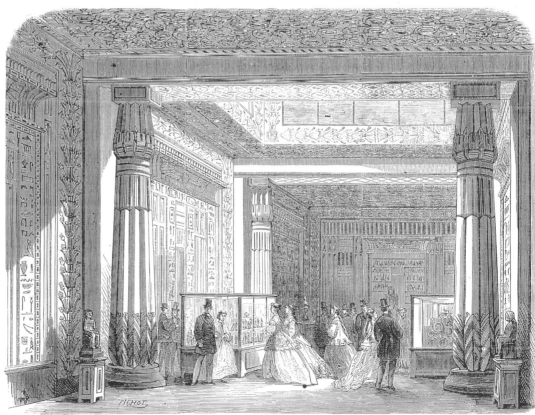

EXPOSITION UNIVERSELLE. — Intérieur du Temple égyptien; M. Chapon, architecte. (Voir le N° 1285.)

215

Le développement des lectures parallèles

355

215   Intérieur du temple égyptien

M. Chapon, architecte ;
d'après un dessin de Fichot
1867
Gravure sur bois (illustration)
H. : 20,2 cm ; L. : 25,4 cm
Paris, musée Carnavalet, cabinet des Estampes
Topo Pc 124 A

« Le sécos, c'est-à-dire la salle intérieure de l'édifice, est de l'Ancien Empire[1] » : la partie la plus ancienne du temple de l'Exposition universelle de 1867 est donc constituée par la salle où étaient présentées les œuvres prêtées par le musée de Boulaq. Pour des raisons pratiques, cette salle avait été créée de toutes pièces : « D'abord, il a fallu l'éclairer tout autrement à l'intérieur [...]. Ensuite, on a dû supprimer, pour des raisons faciles à comprendre, les deux murailles qui divisent en trois parties, reliées ensemble par deux portes, l'intérieur de l'édifice original. Les quatre colonnes du sécos, enfin, ont été ajoutées, et ne sont là que comme spécimens de la colonne employée dès les premiers temps de l'ancien Empire[2]. » Cette salle reçut une décoration contemporaine de ces colonnes.

Outre les objets authentiques sélectionnés par Mariette, on pouvait y voir de nombreuses reproductions didactiques, dont celle du tombeau de Ka, prêtre qui vécut à Memphis sous la Ve dynastie, et des moulages de stèles prises aux tombeaux de Ti et de Ptahhotep, fonctionnaires de l'Ancien Empire ; il est intéressant de noter l'amalgame qui se créait dans l'esprit du public entre les originaux et ces copies qui furent particulièrement appréciées : « On ne se lasse pas de regarder ces admirables stèles. Elles sont authentiques, puisqu'elles sont surmoulées sur les monuments mêmes et peintes sous les yeux de M. Mariette Bey par un peintre d'histoire[3]... »

La présentation des objets donne un bon exemple d'aménagement muséographique à l'époque du second Empire.

J.-M. H.

1. Mariette, 1867, pp. 13-14.
2. Edmond, 1867, p. 91.
3. Ducuing et *al.*, t. I, 1867, p. 59.

216   Assiette à décor représentant le pavillon de l'isthme de Suez à l'Exposition universelle de 1867

Faïencerie de Creil et Montereau
(manufacture Lebeuf, Milliet et Cie)
1867
Faïence fine ; décor imprimé en noir
Diam. : 20,5 cm
Sous chaque assiette, marque imprimée
en noir dans une coupe : « L M & Cie/DEPOSE » ;
de part et d'autre du pied de cette coupe :
« CREIL ET/MONTEREAU »
Sèvres, musée national de Céramique
MNC 25 103/3

Historique :
Don de Mlle Lens, 1983.

Dès 1819, Saint-Cricq-Casaux avait cherché à réaliser la fusion de sa manufacture de Creil[1] avec celle de Montereau, qui remontait à 1745 ; ses efforts trouvèrent leur aboutissement en 1840 et la création d'une société unique allait donner une nouvelle impulsion aux deux usines.

C'est donc sous le nom de Creil et Montereau qu'elles allaient dorénavant fabriquer des productions soignées à large diffusion, continuant des séries à décors trouvant leur inspiration dans d'innombrables domaines, actualité, histoire, littérature, religion, monuments, humour et botanique...

Cette assiette à dessert fait partie d'une série de douze montrant les plus beaux bâtiments de l'Exposition universelle de 1867, où la manufacture remporta une nouvelle médaille d'or « pour l'émail de sa faïencerie qui est maintenant d'une extrême dureté[2] ». Mais le rapport du jury, tout en félicitant « les fabriquants du soin infini qu'ils apportent aujourd'hui dans la gravure de leurs impressions » critique « la méthode d'impression encore barbare suivie jusqu'ici[3] ».

Le décor représente le pavillon de l'isthme de Suez ; c'est dire, au-delà de toute considération esthétique, l'importance qu'on lui accordait pour l'avoir choisi parmi les douze plus importants. Contrairement aux conceptions archéologiques de Mariette, cet édifice plein de fantaisie

Fig. 1. Le pavillon de l'Isthme de Suez à l'Exposition universelle de 1867 Dessin de M. Lancelot, extrait de *L'Exposition universelle de 1867 illustrée*, t. I, 1867, p. 113.

conçu par l'architecte Chapon évoque l'Égypte ancienne, tout en faisant davantage penser à un bazar qu'à un édifice original antique.

Extérieurement, il se présente comme le mariage mal assorti d'un pseudo-temple égyptien et d'une rotonde de panorama[4] (Fig. 1). Les murs, coupés de colonnes à chapiteaux vaguement composites, sont décorés de scènes d'offrandes où figurent les principaux dieux ; corniche à gorge, disque ailé, tores et deux sphinx complètent l'ensemble.

À l'intérieur, de vastes plans en relief montrant les travaux du canal de Suez étaient exposés dans une salle où courait au plafond une corniche à gorge, et dont les murs étaient couverts de curieuses vitrines égyptisantes[5].

J.-M. H.

1. *Cf.* cat. 177-178.
2. Ariès, 1974, p. 75.
3. En effet, depuis Legros d'Anizy, Stone et Coquerel, le procédé a peu évolué ; *cf.* Ariès, *op. cit.*, pp. 107-108.
4. *Cf.* le dessin de M. Lancelot, *in* Ducuing *et al.*, 1867, t. I, p. 113, reproduit *in* Humbert, 1989, p. 72.
5. *Cf.* Ducuing *et al.*, *op. cit.*, pp. 54, 113 et 116.

Bibliographie sommaire :
Cat. Sèvres, 1989, pp. 202-203,
n° 300.

217   Assiette à dessert

Anonyme
1867
Porcelaine
Diam. : 19,5 cm
Marque au revers : « Exposition de 1867 »
Paris, musée des Arts décoratifs
Inv. 28280 C

Historique :
Don de Mme Demontreuil, 1932.

La pureté de dessin de la tête féminine coiffée de la dépouille du vautour contraste avec le fond vermiculé noir portant en réserve un motif répété de palmettes bleues, rouges et jaunes. La bordure figurant un bambou ajoute une note exotique à l'ensemble.

Cette assiette est l'un des nombreux objets égyptisants dont la mode fut suscitée notamment, lors de l'Exposition universelle de 1867 à Paris (cat. 214-215), par Mariette qui présentait dans un temple inspiré de Denderah des œuvres empruntées au musée de Boulaq. On peut relever, à titre d'exemple, le vase en cristal doublé, orangé sur blanc, présenté par les cristalleries de Baccarat et les productions d'autres exposants comme Baugrand et Émile Froment-Meurice[1].

J.-M. H.

1. *Cf.* Cat. exp. Paris, 1979, n° 130, pp. 240-241.

218 Éléments de collier égyptisant de style Restauration

1830
Or décoré d'émail blanc et noir ;
plaques estampées
H. : 10,5 cm ; l. : 1,5 cm
Paris, musée des Arts décoratifs
Inv. 24349

Historique :
Donné par Henri Vever en 1924.

Trois médaillons rectangulaires portent des personnages de style égyptien se détachant sur un fond d'émail noir bordé de blanc. Reliés par des maillons d'or, ils alternent avec des médaillons triangulaires décorés de crocodiles. Examinant l'arrondi des plaques, Évelyne Possémé me suggère qu'en dépit des identifications antérieures, il s'agirait d'éléments de collier plutôt que de bracelets.

Interprétés avec une grande schématisation, les thèmes sont néanmoins bien reconnaissables. Le médaillon central met en scène, autour d'un Antinoüs de face, le bas du corps enveloppé de bandelettes, une déesse agitant un sistre et une divinité à tête de faucon, coiffée d'un disque solaire orné du cobra *uraeus*. Faut-il y voir, sous un aspect inhabituel, la représentation d'une des triades égyptiennes les plus populaires, celle associant le dieu des morts Osiris, son épouse Isis et leur fils Horus ? Les deux autres médaillons offrent un décor identique : le dieu Thot à tête d'ibis, tenant à la main un calame et la tige des « millions d'années », fait face à une déesse coiffée d'une dépouille de vautour, tenant un sceptre papyriforme et le signe de vie *ânkh*.

Exécuté en émail noir et blanc sur fond d'or, ce bijou d'un poids très léger illustre bien la grande simplicité et le dédain pour la richesse ostentatoire qui sont propres à la période et contrastent avec les fastes de l'Empire.

C. Z.

Bibliographie sommaire :
Vever, t. I, 1904, p. 232.

219 Parure de style égyptien

Ateliers Castellani, Italie
Vers 1860-1862
Agate, onyx, « faïence égyptienne » (scarabées) ;
racine d'émeraude (perles) ; or, écaille (éléments de coiffure)
H. : 10 cm (peigne), 16 cm (épingles), 5 cm (boucles d'oreilles) ; l. : 40 cm (collier), 6,5 cm (broche)
Marque Castellani : deux « C » enlacés
Paris, musée des Arts décoratifs
Inv. 9836

Historique :
Legs de la baronne Nathaniel de Rotschild en 1901.

Composée d'un peigne à chignon, de deux épingles de coiffure, d'un collier, d'une broche et d'une paire de boucles d'oreilles, cette somptueuse parure de style « archéologique » doit son caractère égyptisant aux scarabées utilisés avec une profusion inhabituelle. Les formes des bijoux et tous les autres motifs qui les décorent sont empruntés au répertoire de l'Italie antique : perles cylindriques en racine d'émeraude, « masques » souriants surmontant des globules d'or et suspendus à de larges anneaux, bâtes et supports filigranés des scarabées. À l'exception de trois amulettes de « faïence » et de stéatite, les matériaux eux-mêmes – émeraude, jaspe et or – forment une harmonie qui évoque davantage la bijouterie hellénistique et romaine que celle de la vallée du Nil.

Les neuf scarabées constituent le motif central de chaque bijou, suspendus comme une perle sur le devant du collier, enchâssés dans la monture du peigne ou la tête des épingles d'or et d'écaille. L'examen de leur plat témoigne de la diversité de leurs origines. Beaucoup sont anciens. Au revers des agates, peu utilisées dans la joaillerie pharaonique, les motifs en intaille semblent gréco-romains à l'exception d'un singe lunaire assis sur le signe de l'or et encadré de cobras *uraeus* : on y trouve un cavalier et un personnage assis pour le peigne ; un griffon ailé pour le collier ; un bovidé agenouillé pour une boucle d'oreille. Malgré leur usure, deux scarabées de stéatite et de « faïence » révèlent des thèmes plus conformes au répertoire de l'Égypte ancienne : *uraeus* et vautour (?) sur une épingle à cheveux, pharaon tirant à l'arc (?) visible au revers de la broche.

C. Z.

Expositions :
Neuchâtel, 1961-1962.

Bibliographie sommaire :
Enciclopedia universale dell'arte, vol. X, 1963, repr. pl. 88-1 ;
Gregorietti, 1969, repr. p. 262.

220 Broche scarabée

Ateliers Castellani, Italie
Deuxième moitié du XIXe siècle
Stéatite (scarabée) ; or et mosaïque polychrome
l. : 9,1 cm
Marque Castellani : deux « C » enlacés
Paris, musée des Arts décoratifs
Inv. 9827

Historique :
Legs de la baronne Nathaniel de Rotschild en
1901.

Fils du grand bijoutier et collectionneur romain Fortunato Castellani, Alessandro et Augusto Castellani popularisèrent le style « archéologique » qu'avait inventé leur père dans la première moitié du XIXe siècle. La production des ateliers familiaux dura près de soixante ans. Leur renommée s'étend en Angleterre dès 1861, date à laquelle leurs bijoux peuvent être admirés dans leur magasin de Londres tandis que la presse diffuse les théories d'Augusto sur le retour au style classique. C'est en 1862, à l'occasion de l'Exposition universelle de Londres, que le public découvre leurs bijoux d'inspiration étrusque, décorés de délicates granulations qui sont aussitôt imités en Europe et en Amérique. Bien qu'ils aient admiré le style et les techniques égyptiennes, les bijoux égyptisants des Castellani sont rares. Les exemplaires ici exposés n'en ont que plus de prix.

Cette broche constituait l'un des éléments aujourd'hui dispersés d'une parure qui comprenait également un collier et des boucles d'oreilles. Autour du thème du scarabée, l'artiste avait recomposé des formes simples et géométriques, où carrés, cercles et demi-cercles prédominent. Le centre de la broche est formé par un scarabée antique dont l'inscription du plat permet de préciser la date : il appartenait à un « chancelier du roi et trésorier » nommé Har qui vivait sous la XIIIe dynastie, vers 1650 avant J.-C. Les deux ailes modernes transforment l'amulette en scarabée ailé, thème banal de l'iconographie pharaonique. Serti dans un large ruban d'or, l'animal se détache sur un fond de mosaïque évoquant un plumage multicolore dont les vives couleurs, rouge, bleu roi, bleu clair, vert, sont magnifiées par un liseré de métal précieux. La perfection de la mosaïque, caractéristique de l'art des Castellani[1], donne une touche raffinée à cet objet aux formes pures, que l'on rapprochera d'un bijou de Cartier reprenant un motif identique, cinquante ans plus tard (cat. 365).

Symbole du soleil levant, le scarabée ailé est un thème favori de l'orfèvrerie pharaonique (Fig. 1). Si de modestes exemplaires de « faïence » sont déposés sur la poitrine des momies de la Basse Époque, l'animal sacré figure au centre des magnifiques pendentifs « pectoraux » découverts dans la tombe de Toutankhamon[2] ou dans la nécropole royale de Tanis[3]. Intégrant le mort dans le cycle éternellement renouvelé du soleil, le scarabée est aussi assimilé au cœur du défunt, dont plusieurs chapitres du *Livre des Morts* garantissent l'intégrité[4] ; il constitue un efficace talisman pour gagner une vie nouvelle.

C. Z.

1. *Cf.* Munn, 1981, p. 130.
2. *Cf.* Aldred, 2e éd., 1978, fig. 63, 77, 79, 80, 82.
3. *Cf.* Stierlin et Ziegler, 1987, pp. 162-167, pl. 16, 17, 60, 98.
4. *Cf.* Malaise, 1978.

Expositions :
Neuchâtel, 1961-1962.

Bibliographie sommaire :
Munn, 1984, pl. 125.

**Fig. 1. Plat du scarabée
Paris, musée du Louvre,
département
des Antiquités égyptiennes
(AF 6752).**

221 Châtelaine
ornée de têtes de pharaons

Dessin atelier Cartier, Paris
Vers 1873
Mine de plomb et gouache sur calque beige
H. : 12,8 cm ; l. : 5,7 cm
Au dos, cachet Cartier-Gillion Bijoutier-orfèvre,
9, bd des Italiens
Paris, collection Cartier

Exposé à Paris

Au temps de l'inauguration du canal de Suez, la mode égyptienne culmine dans le domaine de l'orfèvrerie. Ce dessin reproduit la pièce la plus élaborée de chez Cartier, dont les ateliers connaissent déjà une grande notoriété. C'est une châtelaine ornée de « têtes égyptiennes » coiffées du *némès* royal, qui fut réalisée en or, diamant, rubis et camée. Le même motif orne le sommet du bijou, les extrémités de la chaîne ainsi que le dos de la montre. La chaîne elle-même s'inspire de motifs égyptisants, telles les doubles plumes et la fleur de lotus surmontant l'anneau de suspension de la montre.

Accessoire de montre, la châtelaine est un bijou typiquement romantique, dont la vogue est attestée en France à partir de 1840, mobilisant les talents des meilleurs orfèvres et joailliers. « La chaîne en sautoir ou la chaînette sert à suspendre la clef, le cachet ou quelques petites breloques de fantaisie [et à] fixer la montre à la ceinture ou dans une petite poche ménagée par les couturières au milieu des fronces qui joignent la jupe au corsage[1]. »

C. Z.

1. *L'Illustration*, 27 septembre 1845, p. 64, cité *in* Dion-Tenenbaum, 1991, p. 458, n° 265.

Expositions :
Paris, 1989, n° 37.

Bibliographie sommaire :
Chazal, *in* cat. exp. Paris, 1989, p. 114.

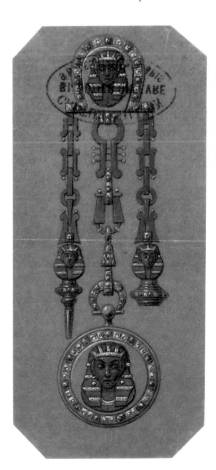

Fig. 1. Bague pharaonique antique
Paris, musée du Louvre, département des Antiquités égyptiennes (N 2087).

222 Bague à scarabée pivotant

Paris
Vers 1850-1860
L. : 2,8 cm ; l. : 2,3 cm
Londres, Victoria and Albert Museum,
Department of Metalwork
M. 40-1980

Au milieu du XIXe siècle, l'arrivée au Louvre des objets du Sérapeum de Memphis et le projet du canal de Suez relancent la vogue de l'Égypte chez les orfèvres parisiens. Les Expositions universelles de 1862, 1867 et 1871 accentueront cette évolution du goût tant en France (cat. 323) qu'outre-Manche, où elle est illustrée par les créations de Bragg[1], Streeter (cat. 322), Green[2] ou Phillips[3].

Réalisée en 1850-1860, notre bague constitue un exemple précoce de cette mode et peut être considérée comme un bijou « archéologique », tant elle se rapproche étroitement d'un modèle bien attesté dans le courant du Nouvel Empire (vers 1552-1069 avant J.-C.)[4]. L'artiste a non seulement reproduit un type courant de bague pharaonique (Fig. 1), recopiant scrupuleusement l'interprétation égyptienne du coléoptère, mais il a conservé les techniques d'assemblage antiques : le chaton d'or en forme de scarabée qui pivote autour de l'anneau semble maintenu par un fil d'or enroulé. Très appréciées dans la seconde moitié du XIXe siècle, les bagues-scarabées furent portées par des artistes aussi célèbres qu'Oscar Wilde ou René Lalique.

C. Z.

1. Bracelet et pendentif décorés de têtes égyptiennes, *cf.* cat. exp. Brighton/Manchester, 1983, n° 266 ; bracelet méroïtique, *cf.* Gere, 1975, p. 156, fig. 148.
2. Bracelet à la tête égyptienne, *cf.* cat. exp. *op. cit.*, n° 266.
3. Broche avec disque ailé et cobras, *cf.* cat. exp. *op. cit.*, n° 265 ; collier avec vautours ailés, cat. exp. *op. cit.*, 1983, n° 262.
4. *Cf.* Aldred, 1978, fig. 60.

Bibliographie sommaire :
Bury, 1982, p. 226, n° 24 ; Bury, 1984, p. 41.

Vase « égyptien Champollion » dit aussi vase « égyptien B »

Manufacture de Sèvres
François-Joseph Thion, Jean-Charles Develly,
François-Hubert Barbin et Pierre Riton[1]
1832
Porcelaine dure, bronze doré
H. : 62 cm ; diam. : 30 cm
Marques en creux, n° « 93 » date « 30 » ;
de décoration n° « 11 » date « 1832 » ; peinte en
noir « M C 32 ».
Compiègne, Musée national du château
Inv. C 195 C

Historique :
Entré au magasin de vente de la manufacture de
Sèvres le 9 novembre 1832 ; livré au Mobilier de la
couronne pour le palais de Compiègne le 16 août
1834 ; enregistré au Garde-Meuble le 24 novembre
1847 ; entré à Compiègne le 6 décembre 1847.

Exposé à Paris

Souhaitant continuer des créations « à l'égyptienne », Brongniart s'adresse au jeune conservateur des collections égyptiennes du musée du Louvre, Jean-François Champollion, qui le reçoit le 20 avril 1831[2] et lui propose trois dessins de vases.

Le directeur de la manufacture aurait tout aussi bien pu s'inspirer du dessin d'un vase très voisin reproduit dans l'ouvrage de Denon[3], qui le décrivait avec admiration, ou encore des dessins analogues de la *Description de l'Égypte*, également relevés dans la région de Thèbes[4].

Mais la proposition de Champollion avait l'avantage de venir de quelqu'un de « médiatique », et sa caution participe quasiment d'une opération publicitaire : « Forme et style égyptien purs. Les trois vases suivants [*sic*] ont été exécutés sur les dessins pris par M. Champollion sur les ornements de Thèbes et qu'il avait communiqués à la Manufacture en dirigeant lui-même le genre et l'assortiment des couleurs[5]. »

Ce vase sera publié deux ans plus tard dans l'ouvrage de Rosellini, *I Monumenti dell'Egitto e della Nubia*[6], et seulement en 1845 à l'identique (seule la gazelle est inversée) dans celui de Champollion, *Monuments de l'Égypte et de la Nubie*[7]. Il est aujourd'hui amusant de constater que la référence à l'Égypte passe alors par ce type de vases pourtant très éloignés de la pureté des lignes propres à l'art égyptien, car faisant partie de présents offerts au pharaon par des étrangers, sans doute des Syriens[8].

Cet objet au demeurant inhabituel, présenté l'année même de la mort de Champollion, reçut des critiques variées ; s'il est parfois qualifié de « bizarre[9] », il suscite

223   Tasse en forme de tête pharaonique

Manufacture de Choisy-le-Roi
Vers 1830
Faïence fine, décor peint en noir
H. : 12 cm ; l. : 11 cm ; l. avec anse : 14 cm
Paris, collection Benoît Brejon de Lavergnée

Cette forme de tasse anthropomorphe, relativement rare, n'est néanmoins pas un cas unique parmi les productions de la manufacture de Choisy[1] où les visages étaient toutefois beaucoup plus grossièrement dessinés.

La finesse des traits, qui évoquent le profil de Napoléon, pourrait montrer qu'il s'agit là d'un de ces nombreux objets nés du mythe de l'Empereur à une époque où il n'était pas encore possible d'afficher son souvenir de façon ostensible. Cette tête pharaonique, reliant Napoléon à l'Expédition d'Égypte, n'est pas sans rappeler le décor d'une aiguière de Locré (cat. 172).

J.-M. H.

1. *Cf.* n° 184 de la vente du 8 juin 1991 à Creil.

Bibliographie sommaire :
Naudin, 1980, p. 11.

néanmoins dans l'ensemble des appréciations plutôt louangeuses[10].

J.-M. H.

1. « Vase façonné par F.-J. Thion, ornements peints par Riton en 1831 et 1832, dorés et rechampis par A. Barbin. La gazelle "en coloris courant dans un champ" au naturel est l'œuvre de Jean-Charles Develly (1813-1847) » ; *cf.* Ducrot, 1993, p. 132.
2. Archives de la manufacture nationale de Sèvres, carton Pb 9, cité *in* Ennès, *in* cat. exp. Paris, 1991, p. 267.
3. Dominique-Vivant Denon, *Voyage dans la Basse et la Haute Égypte*, Paris, 1802, pl. 135, fig. 33.
4. *Description de l'Égypte*, 1809, *Antiquités*, vol. III, pl. 66, nᵒˢ 2 et 8.
5. Notice cat. exp. Louvre, 27 décembre 1832, citée *in* Ducrot, 1993, p. 131.
6. Tome II, 1834, pl. LVIII.
7. Tome II, 1845, pl. CLXVIII.
8. *Cf.* Montet, 1937, pp. 64, 75, fig. 90, 115 ; cité *in* Bulté, 1981, p. 120 et note 378.
9. *Journal des débats*, 1ᵉʳ janvier 1833 et *La Quotidienne*, 25 janvier 1833, cités *in* Ennès, *op. cit.*
10. *Cf.* Planche, p. 245, *in* Ennès, *op. cit.*

Expositions :
Paris, 1832, nᵒ 17 ; Compiègne, 1928 ; Paris, 1949, nᵒ 387 ; Sèvres, 1975, nᵒ 12 ; Paris, 1991, nᵒ 137.

Bibliographie sommaire :
Brongniart et Riocreux, 1845, pl. 4, fig. 4 ; Brunet et Préaud, 1978, pl. LXVI ; Bulté, 1981, pl. XXII b ; Arminjon et Blondel, 1984, p. 499, fig. 2362 D et p. 500, fig. 2363 ; Ducrot, 1993, pp. 131-133, nᵒ 79, repr. hors texte : p. 37.

225 Projet d'exécution du décor du vase « égyptien Champollion » dit aussi « vase égyptien B »

Jean-Charles Develly (1813-1847)
1831
Pierre noire et gouache
H. : 33 cm ; l. : 20,5 cm
Sèvres, Archives de la manufacture nationale
D § 8 1848 nᵒ 93

Exposé à Ottawa et à Vienne

L'audacieux rétrécissement de la base de ce vase, qui est pour beaucoup dans son originalité, offre notamment l'occasion de créer une forme nouvelle de lotus inversés. La fleur de lotus est d'ailleurs omniprésente dans la composition, jusque sur la base des anses ; elle alterne dans la partie supérieure avec des fleurs de papyrus et forme le décor de la zone centrale où bondit une élégante gazelle.

Réalisée à partir des dessins de Champollion, cette création surprenante mêle la reconstitution en trois dimensions d'une forme dessinée empruntée à l'Antiquité, à l'expression de la sensibilité d'artistes modernes ; ceux-ci ont su oser joindre à des formes inusitées une polychromie hors du commun, donnant ainsi à l'ensemble un caractère de fantaisie et de rêve inhabituels dans la production de Sèvres, que la réalisation en trois dimensions (cat. 224) accentue encore.

J.-M. H.

Expositions :
Paris, 1949, nᵒ 336 ; Besançon, 1957, G 305 ; Autun, 1988, nᵒ 54.

Bibliographie sommaire :
Humbert, 1989, p. 181 ; Ducrot, 1993, p. 132.

Fig. 1. Vase peint dans les tombeaux des rois à Thèbes Dominique-Vivant Denon, *Voyage dans la Basse et la Haute Égypte,* Paris, 1802, t. II, pl. 135, nᵒ 93.

Fig. 2. Le même vase publié par Ipolitto Rosellini, *I Monumenti dell'Egitto e della Nubia,* Pise, 1834, t. II, pl. LVIII.

Le développement des lectures parallèles

Vase Egyptien B. exécuté en 1830 = 32.
Sur les dessins et d'après les indications de M. Champollion, jeune

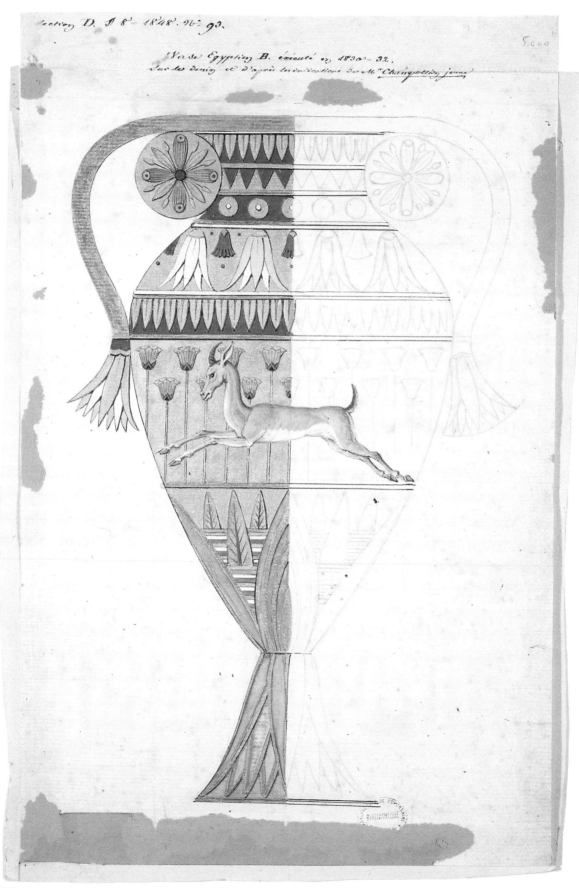

225

Fig. 1. Vase égyptien
Ippolito Rosellini,
I Monumenti dell'Egitto e della Nubia
t. II, Pise, 1834, pl. **LIX.**

226 ## Projet d'exécution du décor du « vase égyptien A » à godrons

Willermet
1838
Pierre noire et gouache
H. : 30,7 cm ; l. : 21 cm
Sèvres, Archives de la manufacture nationale
D § 8 1838 n° 6

Exposé à Ottawa et à Vienne

Créé en 1831 en même temps que les vases égyptiens « B » et « C », ce modèle est beaucoup moins original que le vase « B » (cat. 224). Livré à l'origine avec pour seul ornement une frise de rosettes dorées[1], il se prêtait néanmoins à des décors variés. Celui-ci, daté de 1838, est constitué de déclinaisons colorées de fleurs de lotus[2].

Le troisième vase de la série, dit vase « C », également à godrons et sans décor peint, dont on trouve déjà la source dans la *Description de l'Égypte*[3], mais qui a été copié d'après un dessin présenté par Champollion et publié peu après[4], avait pour particularité sa forme toute différente, encadrée par deux élégantes têtes de bouquetins[5].

L'un et l'autre forment, avec le vase « B », une série égyptienne quelque peu disparate mais pleine de charme, dont le seul facteur d'unité consiste en leur source thébaine, contrôlée et authentifiée par Champollion[6].

J.-M. H.

1. Voir diverses versions réalisées avec le décor simplifié, *in* Ducrot, 1993, pp. 130-131, n° 78 et p. 221, n° 166.
2. *Cf.* vases conservés au Grand Trianon, inv. T. 121 c.
3. *Description de l'Égypte*, 1809, *Antiquités*, vol. III, pl. 66, n°s 2, 3 et 4.

4. Rosellini, t. II, 1834, pl. LVIII et Champollion, t. II, 1845, pl. CLXVIII.

5. *Cf.* Ducrot, *op. cit.*, p. 281, n° 221.

6. *Cf.* texte de la notice 224.

Expositions :
Paris, 1949, n° 335 ; Autun, 1988, n° 55.

Bibliographie sommaire :
Humbert, 1989, p. 181 ; Ducrot, 1993, p. 130.

227   Vase aux ouchebtis

Jules Claude Ziegler (1804-1856)
Manufacture de Voisinlieu, près de Beauvais
Vers 1841-1842
Grès verni au sel
H. : 35 cm ; diam. : 15 cm
Collection particulière

Peintre, spécialiste du vitrail, pionnier de la photographie, c'est essentiellement comme céramiste que Jules Ziegler a connu une durable célébrité[1]. Sa carrière en ce domaine fut pourtant fort brève : il pratique l'art de la céramique de 1838 à 1843 dans sa manufacture de Voisinlieu, site du Beauvaisis dont Bernard Palissy vantait l'excellence de la terre. C'est dans la tradition de ce grand artiste que veut s'inscrire Jules Ziegler, qui ressuscite la fabrication des grès au sel, tant prisés dans l'Europe de la Renaissance, mais dont le fini rêche et les tons inégaux étaient peu conformes aux canons esthétiques de l'ère industrielle. Son succès est total. Dès 1845, ses œuvres ont le rare privilège de figurer dans la *Description méthodique du musée céramique* de Brongniart et Riocreux[2]. Fondant ses recherches sur la qualité du matériau et le savoir-faire de l'artisan, il donne ses lettres de noblesse à la céramique d'art artisanale. Quoique très personnelle, la gamme de ses formes et de ses décors fait appel à de nombreux apports étrangers qu'il réunit dans d'étonnantes synthèses.

Fig. 1. Ouchebti
Faïence égyptienne d'époque saïte ayant servi de modèle à Jules Ziegler Paris, musée du Louvre, département des Antiquités égyptiennes (E 3969).

Fig. 2. Vase « Alhambra » réalisé en 1841 par Ziegler collection particulière.

Malgré les déformations dues au moulage, il est possible de déchiffrer les inscriptions gravées à l'avant : « Que soit illuminé l'Osiris Djedhor justifié, né de Renpetnéfer. »

La même figurine a été utilisée pour le décor d'une série de vases d'inspiration semblable. L'un d'eux, exécuté en 1841, est dédié « À Monsieur Achille Sellières » dont le nom est inscrit au-dessus de celui de l'artiste dans un grand écusson[8] (Fig. 2). Une tradition familiale associe la fabrication de l'objet à l'érection de l'obélisque de Louxor, le 25 août 1836 sur la place de la Concorde[9]. Marguerite Coffinier a recensé quatre autres variantes du même objet[10] jouant sur la polychromie[11], la forme des anses, les écussons et le nombre de registres des scarabées. Appartenant à une collection particulière, une tabatière de grès non signée témoigne d'une inspiration identique.

C. Z.

1. *Cf.* Ennès, 1991, p. 535
2. Brongniart A. et Riocreux D., *Description méthodique du musée céramique*, Paris, 1845, M., pl. 48.
3. *Cf.* par exemple, Ziegler, 1850, pl. 1, 2, 3, 4 c, 5, 8, 9 b, 11.
4. Peltier, 1992, fiche 258 D.
5. Stèle datée du règne de Trajan ; cat. exp. Brooklyn, 1989, n° 22, fig. p. 114.
6. *Cf.* Ernoult-Gandouet, 1969, pp. 150-152.
7. *Cf.* Aubert et Aubert, 1974, pl. 63.
8. *Cf.* Humbert, 1989, ill. p. 180 et texte p. 166.
9. *Cf.* Coffinier, 1978, p. 104.
10. *Ibid.*, pp. 104-105, 106-107, 200j.
11. *Cf.* Ziegler, *op. cit.*, pl. 13

Bibliographie sommaire :
Coffinier, 1978, p. 108, fig. 15 (pour un vase très semblable, avec écusson « 1842 ») ; Peltier, 1993, pp. 66-75.

Exécuté aux environs de 1841 et identifiable par l'originalité du style et du matériau, ce vase appartient à une série qui s'inspire de différents modèles. Comme les artistes de l'époque – en particulier son ami Théophile Gautier –, le céramiste céda à la fascination de l'Orient. Les anses traduisent l'influence de l'art islamique dont Ziegler utilisa souvent les arabesques[3], peut-être ici empruntées à un monument de Grenade, un vase fameux du XVe siècle, dit « de l'Alhambra[4] ». L'embouchure est ornée de six têtes de lions, motif figuré également dans l'Antiquité classique et égyptienne. La part de l'Égypte est prépondérante dans le reste du décor. Elle est évoquée de part et d'autre du col par deux têtes semblables qui se détachent en relief : figuré de face, le visage encadré par une perruque aux mèches soigneusement travaillées rappelant des œuvres d'époque romaine[5] ; une coiffure imaginaire, évoquant un *némès* très stylisé et décoré d'ailes de vautours, complète l'ensemble. Deux gros scarabées égyptiens et huit écussons en forme de cœur se déploient à la base du col, constituant un collier inattendu. D'autres scarabées, interprétés dans un style naturaliste propre à l'artiste, sont disposés en semis sur la panse, selon un parti qui lui est cher. Enfin, six figurines funéraires, ou *ouchebtis* portant leurs attributs – la houe et le panier –, ornent le pied du récipient, séparées par un motif égyptisant composé de deux faucons affrontés de part et d'autre d'un papyrus stylisé. Les figurines ont été moulées d'après un original, selon une technique caractéristique de Jules Ziegler[6] ; le modèle antique, reproduit en six exemplaires, était probablement un *ouchebti* de « faïence égyptienne » que son type permet de dater de l'époque saïte[7] (vers 672-525 avant J.-C.) et dont le Louvre possède plusieurs exemplaires, acquis en 1864 du consul Delaporte (Fig. 1). L'artiste eut-il accès à cette collection ou utilisa-t-il un autre exemplaire de ces objets fabriqués en série ? nous ne pouvons le dire dans l'état actuel de nos connaissances.

228 Vase canope

Wedgwood, Josiah and Sons
Vers 1865
Faïence
H. : 25,5 cm ; l. : 12,7 cm
Philadelphie, coll. Charlotte et David Zeitlin

Les vases canopes ont fait partie des toutes premières créations à l'égyptienne réalisées par les ateliers de Josiah Wedgwood dans les années 1771[1]. Le modèle exposé est l'héritier[2] d'une seconde génération de vases canopes nés vers 1805, qui présentaient de nombreuses modifications par rapport à ceux du siècle précédent.

Si la forme générale reste la même, le *némès* est beaucoup plus ample, mettant en valeur la tête au lieu de l'écraser ; le corps du vase, proposé dans la vaste gamme d'assemblages de couleurs qui fait l'originalité des productions Wedgwood, est décoré, à la place des figures peintes

inspirées de Bernard de Montfaucon, des « hiéroglyphes »
créés par la firme au début du XIXᵉ siècle[3].

Contrairement à la plupart des vases canopes de la
première génération qui étaient faits d'un bloc, ce modèle a
pour autre originalité de se rapprocher des vases égyptiens ;
il offre en effet la particularité de se séparer en deux parties,
la tête formant « couvercle », ce qui ajoute à l'aspect esthétique de l'objet un intérêt pratique[4].

J.-M. H.

1. *Cf.* cat. 91.
2. *Cf.* Allen, 1962, p. 86 ; cat. exp., Londres, 1972, n° 1861, pp. 891-892 ;
   Allen, 1981, p. 53 ; Reilly, 1989, vol. II, fig. C. 64 gauche ; cat. exp.,
   Berlin, 1989, n° 1/107 p. 439.
3. *Cf.* notice n° 95.
4. Autres exemplaires au Victoria and Albert Museum (Londres) et
   dans la Dwight and Lucille Beeson Collection, Birmingham
   Museum of Art (Alabama). Ce vase canope a été réédité par Wedgwood en 1978 dans le cadre de son *Egyptian Collection*.

Bibliographie sommaire :
Reilly, 1989, vol. II, fig. C. 64
gauche.

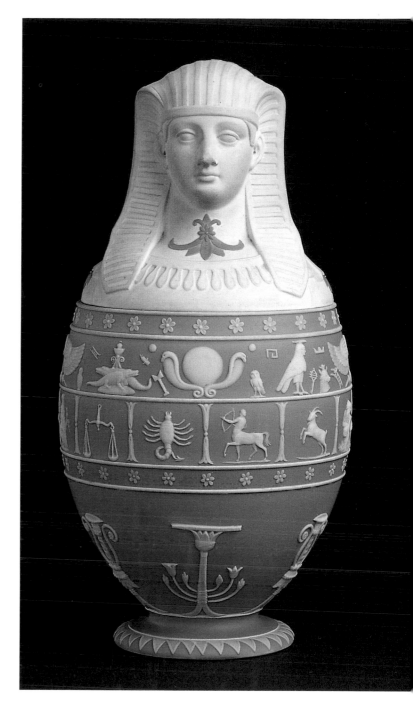

229 Tissu imprimé de motifs égyptiens mêlés de fleurs

Établissement Thierry-Mieg et Cie
(Mulhouse et Dornach)
Vers 1865
Coton imprimé à la planche en relief, 13 couleurs
H. : 91,5 cm ; L. : 83,5 cm
Mulhouse, musée de l'Impression sur étoffes
Inv. S. 1058 p. 45/46

Historique :
Anciennes collections Hofer-Grosjean, données
à la Société industrielle de Mulhouse. Porte une
inscription sur le livre : « Égyptien de Thierry
(Mieg) dont le nôtre de l'an passé a dû servir
de type. »

Lorsque la société Thierry-Mieg et Cie, dont l'origine
remonte aux années 1800, réalise ce décor, elle occupe plus
de 1 100 ouvriers, dont 800 imprimeurs à la main[1] et a
acquis une totale maîtrise de l'impression mécanique : en
1852, première machine à imprimer à 4 couleurs, en 1860 à
8 couleurs et en 1868 à 16 couleurs[2].

Elle dépose aussi de nombreux brevets techniques,
notamment pour un procédé d'impression en réserve sur tissus de coton (1858). Parallèlement, un constant renouvelle-
ment des dessins permet à l'établissement de commercialiser
des tissus suivant de près la mode[3].

Fig 1. Tissu avec motifs égyptien
imprimé par la manufacture
Steinbach, Koechlin et Cie
de Mulhouse, en 1864
Mulhouse, musée de l'Impression sur étoffe.

Le développement des lectures parallèles

Ce décor polychrome mêlant iris, lotus, palmes, sphinx, colonnes à des divinités pseudo-égyptiennes dont il est difficile de situer l'origine, semble être, selon l'inscription portée à côté du document, un démarquage d'un autre modèle imprimé un an auparavant, en 1864, par la manufacture Steinbach, Koechlin et Cie de Mulhouse[4] (Fig. 1). La composition de ce dernier, en effet très proche, s'articule, à la place du sphinx, autour de deux modèles de disques ailés, et laisse une place importante à de nombreux pseudo-hiéroglyphes et signes cabalistiques.

J.-M. H.

1. Cf. *Histoire documentaire de l'industrie de Mulhouse et de ses environs au XIXe siècle*, Mulhouse, 1902, t. I, p. 454.
2. *Ibid.*
3. Dessinateurs dans la période 1860-1870 : Bernard Landwerlin, François-Xavier Brogly, Ch. Lefébure (*cf. op. cit.*, p. 455).
4. Ref. dans le même fonds : S. 284 p. 79. Cet établissement, fondé vers 1768, « a toujours été à la tête de la branche des impressions, tant pour la nouveauté de ses créations de haut goût que pour les inventions de ses chimistes-collaborateurs [...]. Dessinateurs distingués attachés à la maison d'impression (dans les années 1860-1880) : Grosrenaud, Benner, Hermann et Haurez » (*cf. op. cit.*, p. 426).

230 Caprice égyptien dans un décor floral

Wagner, édité par Gillou, Paris
Vers 1860-1870
Papier peint, impression à la planche, 10 couleurs, verni
H. : 1,09 m ; l. : 50 cm
Paris, bibliothèque Forney
PP 239

Dans une profusion végétale qui n'est pas sans rappeler une planche de l'ouvrage de Cassas[1], se mêlent des réminiscences et des adaptations variées de l'art égyptien.

La moindre des surprises n'est pas de retrouver, près de cent cinquante ans après sa publication, le vase canope dessiné à Rome par Bernard de Montfaucon et si souvent reproduit depuis en trois dimensions, notamment par Wedgwood (cat. 91 et 92) ; seule modification, une espèce de chouette, ailes déployées, sous les deux *uraeus*.

À ses côtés ont été disposés une colonne composite, une sphinge sur un socle orné de pseudo-hiéroglyphes à peine esquissés et un obélisque inspiré de celui de Louxor, érigé depuis 1836 place de la Concorde à Paris.

Rien ne lie vraiment ces éléments au demeurant hétéroclites ; soigneusement mis en place, comme pour une exposition, avec une recherche évidente de variété des plans, tant en hauteur qu'en profondeur, ils ont un rôle essentiellement décoratif. Mais les trouées de verdure qui apparaissent de place en place au gré des lés et permettent de découvrir ces antiques, rompant avec la mode de surcharge picturale propre aux papiers peints de l'époque, invitent aussi au rêve et à l'évasion.

J.-M. H.

1. Louis-François Cassas, *Voyage pittoresque de la Syrie, de la Phénicie, de la Palestine et de la Basse-Égypte*, Paris, 1799, t. I, pl. 74 : *L'Obélisque de la Matarée*.

Expositions :
Paris, 1984, n° 109.

Bibliographie sommaire :
Teynac, Nolot et Vivien, 1981, p. 140 ; cat. exp. Paris, 1984, ill. p. 65.

231 La Septième Plaie d'Égypte

John Martin (1789-1854)
1823
Huile sur toile
H. : 1,448 m ; L. : 2,133 m
Signée et datée en bas à gauche :
« J. Martin 1823 »
Boston, Boston Museum of Fine Arts. Fonds Francis Welch
Inv. 60.1157

Historique :
Achetée en 1825 pour 500 livres par John George Lampton, futur comte de Durham, Lambton Castle ; par héritage, famille Lambton (vente Lambton, Lambton Castle, Anderson & Garland, 18 avril 1932, n° 48, vendu pour 15 livres) ; Colnaghi, Londres ; achetée par le musée en 1960.

Exposée à Ottawa et à Vienne

Ce sujet est tiré de l'*Exode*, chapitre IX, verset 23, cité par Turner en relation avec sa *Cinquième Plaie d'Égypte*, que Martin connaissait probablement d'après la gravure du *Liber Studiorum*. S'il est vrai qu'il s'agit du même sujet, la description épique de Martin l'élève à un niveau spectaculaire où l'architecture colossale et les effets de nuages contribuent à recréer l'atmosphère catastrophique du « terrible sublime » caractéristique de ses peintures bibliques. Déjà célèbre par sa *Chute de Babylone* (1829) et *Le Festin de Balthazar* (1821) dans lesquels il avait ressuscité l'architecture babylonienne, la *Septième Plaie* est son premier essai de traitement d'un sujet égyptien. Comme pour ses autres peintures et de son propre aveu, Martin (qui possédait une bonne bibliothèque et pouvait s'enorgueillir de ses connaissances) a

consulté les classiques et s'est efforcé de suivre leurs indications[1].

L'artiste a effectivement puisé dans les textes de Strabon, d'Hérodote et de Diodore pour la mise en scène de sa composition mais Dunham a démontré qu'il a dû aussi utiliser des sources plus modernes, notamment les voyages de Cassas et la *Description de l'Égypte*, et que ses liens avec Sir John Soane, qui partageait son penchant pour le sublime, ont pu influencer ses peintures[2]. Il n'est pas sans intérêt de noter que Martin devint plus tard le premier conservateur du musée de Sir John Soane, alors que le beau-fils de Martin, l'égyptologue Joseph Bonomi fils, fut le deuxième à occuper ce poste.

La peinture du musée de Boston, d'un romantisme quintessencié, faisait partie de l'exposition inaugurale des galeries de la Society of British Artists en 1824 et, l'année suivante encore, fut exposée à la British Institution. Une petite aquarelle partiellement vernie, signée et datée 1823, conservée à la Laing Art Gallery de Newcastle-upon-Tyne, reprend, dans son essence, la même composition. Une peinture de provenance inconnue, attribuée à Martin et représentant indéniablement la cinquième plaie mais avec une architecture égyptienne tout à fait différente et une grande variété de personnages, était il y a quelques années sur le marché de l'art[3]. Par la suite, Martin revint aux plaies d'Égypte pour ses *Illustrations to the Bible* de 1831-1835 et deux des sujets qu'il retravailla indépendamment pour en faire de splendides mezzo-tinto de grande taille en 1836[4]. L'un de ceux-ci, *La Mort du premier né*, dédié au roi Louis-Philippe, traite de la dixième plaie et constitue chez cet artiste l'une de ses rares tentatives de description d'un intérieur égyptien. Le deuxième mezzo-tinto, *L'Ange exterminateur*, épisode différent sur le même sujet, montre une grande cité égyptienne sur les rives du Nil avant le cataclysme.

M. P.

1. *Cf.* Balston, 1954, p. 267.
2. *Cf.* Dunham, 1961, *passim*.
3. *Cf.* vente Christie's, Londres, 22 novembre 1985, n° 92, ill. et Humbert, 1989, ill. p. 240.
4. *Cf.* Weeks *in* cat. exp. Williamstown, Massachusetts/Lawrence, Kansas/Oberlin, Ohio, 1986, n°ˢ 45 et 46.

Expositions :
Londres, 1824, n° 22 ; Londres, 1825, n° 119 ; Manchester, 1857, n° 422 ; Gateshead, 1929 ; Boston, 1961 ; Détroit/Philadelphie, 1968, n° 153, ill. ; Boston, 1972, n° 100, ill.

Bibliographie sommaire :
Pendered, 1924, pp. 110, 111, 181 ; Balston, 1954, pp. 77-79, 275 ; Dunham, 1961, p. 3 ; Rosenblum, 1968, p. 86, ill. à la p. 88 ; Baro, 1968, pp. 127, 129, ill. coul. ; Green, 1972, pp. 245, 249, ill. coul. ; *Annual Report 1960*, Boston, 1960, pp. 58-59 ; Johnstone, 1974, pp. 16, 66, ill. ; Feaver, 1975, pp. 65-67, 70, 91, 204 ; Murphy, 1985, p. 177, ill.

232 Le Départ des Israélites

David Roberts (1796-1864)
1829
Huile sur toile
H. : 1,372 m ; L. : 1,829 m
Signée et datée en bas à gauche, sur la balustrade
en pierre du premier plan :
« D. ROBERTS / 1829 »
Birmingham, Birmingham City Museum and Art
Gallery

Historique :
Peinte pour Lord Northwick, 1829 (vente
Northwick, Londres, Christie's, 12 mai 1838,
n° 79) ; achetée par Sir Robert Peel (vente Peel,
Londres, Robinson & Fisher, 10 mai 1900, n° 264) ;
achetée par Renton : collection R.F. Wahl, 1908 ;
don anonyme au musée, 1932.

Au regret de lord Northwick, cette peinture – la première incursion de Roberts dans le genre des compositions historiques – n'a pas été exposée à la Royal Academy mais, en 1829, à la Suffolk Street Gallery, où elle ne manqua pas de susciter des comparaisons avec la manière qu'avait John Martin de traiter ses sujets bibliques. Il se peut que ce sujet ait été inspiré par l'épique paysage marin de Francis Danby *The Delivery of Israel out of Egypt* qui avait été exposé à la Royal Academy en 1825. Roberts lui-même se contenta de signaler qu'il avait choisi un tel sujet « plus comme un véhicule pour introduire ce style grandiose bien que simple d'où sont indéniablement issus l'architecture égyptienne et les trois ordres grecs, que pour le thème en soi qui a donné son nom à la peinture[1] ».

Son grand intérêt pour l'Égypte, où finalement il se rendit seulement dix ans plus tard, et un dessin de la même période sur un sujet biblique différent mais également avec un décor égyptien immense *Aaron Delivering the Message to the Elders of Israel* (Williamson Art Gallery and Museum, Wirral Borough Council) permettent d'étayer cette supposition. L'accent mis sur l'architecture, empruntée en partie à Denon mais plus monumentale que tout ce qui a été construit dans l'Égypte ancienne, et l'extraordinaire utilisation de l'espace débouchant sur une mer de pyramides (comme cela a été relevé en 1829 par un critique du *Morning Journal*[2]), peuvent être attribués aux travaux antérieurs de l'artiste comme décorateur de théâtre, exécutés à Londres et à Édimbourg et dont on sait qu'ils comportaient des décors égyptiens[3].

Les effets extrêmement théâtraux de cette peinture qui anticipaient d'un siècle les productions historiques hollywoodiennes les plus élaborées, ont été rapidement reconnus : en janvier 1833, une version agrandie du tableau, quatre fois plus grande que les dioramas ordinaires, « la première illustration de l'Histoire sainte peinte à une échelle aussi impressionnante[4] », fut exposée au British Diorama qui venait de rouvrir. Le mois suivant, *The Israelites in Egypt or the Passage of the Red Sea*, un oratorio « avec musique sacrée, mise en scène et personnages » sur des morceaux de Rossini et de Haendel, fut joué à Covent Garden dans un décor inspiré du tableau de Danby[5].

M. P.

1. Cité *in* cat. exp. Londres, 1986, p. 112. Un dessin préparatoire de 1827 se trouve au British Museum.
2. « Un assez grand nombre de pyramides sont groupées derrière certains bâtiments [...] et il semble qu'elles soient un peu plus pentues, un peu plus aiguës qu'elles ne devraient... », cité *in* Sim, 1984, p. 48.
3. Une gravure de 1824, adaptée de l'un de ses dessins de scène, *A Romantic Landscape in the Suburb of Memphis*, est reproduite dans l'essai de Pieter van der Merwe « Roberts and the Theatre » *in* cat. exp. Londres, 1986, p. 32, fig. 24.
4. *Cf.* Hyde *in* cat. exp. Londres, 1988, n° 107.
5. *Cf.* Meisel, 1983, pp. 170-171.

Expositions :
Londres, 1829, n° 7 ; Édimbourg, 1830, n° 51 ; Londres, 1908, n° 14 ; Birmingham/Londres/Paisely/Dundee/Édimbourg, 1980-1981, n° 15, repr. ; Brighton/Manchester, 1983, n° 283 ; Londres, 1986, n° 114 ; Londres, 1988, n° 107, ill.

Bibliographie sommaire :
The Religious Souvenir. Christmas, New Year's and Birth Day Present, Philadelphie, 1834, ill. à la p. 220 (gravé par Smilie) ; Ballantine, 1866, pp. 33-34 ; cat. exp. Londres, 1908, pp. 22 et 130 ; Guiterman, 1978, p. 4 ; Clayton, 1982, p. 177 ; Bernard, 1983, ill. coul. pp. 70-71 ; Bendiner, 1983, p. 73 ; Sim, 1984, pp. 47-48 ; cat. exp. Londres, 1986, pp. 76, 92, 112 et ill. p. 72 ; Humbert, 1987, t. I, n° 13 ; Berlin, 1989, ill. coul. fig. 59 à la p. 55 ; Humbert, 1989, pp. 238, 318, note 33.

233 Cambyse et Psamménite

Adrien Guignet (1816-1854)
Salon de 1841
Huile sur toile
H. : 1,14 m ; L. : 2,11 m
Signée en bas à gauche : « Adrien Guignet » ;
cadre égyptisant décoré d'un disque ailé
Paris, musée du Louvre, département
des Peintures
Inv. 5255

Historique :
Acquise au Salon de 1841.

Adrien Guignet se situe très nettement en dehors des modes et des courants artistiques de son temps. Absent des salons, c'est avant tout un travailleur acharné et un autodidacte qui se forge, à force de volonté, une culture historique de bon niveau ; il s'intéresse tout particulièrement, en dehors des Gaulois qui constituent l'une de ses spécialités, à l'archéologie.

L'un des premiers parmi les « peintres archéologues » du XIXᵉ siècle, il est attiré par l'Égypte et, fort curieusement, choisit un épisode tardif témoin du choc de deux civilisations, sujet qui se situe aux antipodes des Ramsès, Cléopâtre et autres scènes bibliques. « Dans les premiers mois du règne de Psamménite[1], Cambyse, roi de Perse, entra en Égypte et s'empara de Memphis, capitale du royaume. Psamménite chargé de fers, fut traîné sur un tertre hors de la ville. Là, il fut attaché à un poteau, puis le vainqueur fit passer devant lui sa fille portant une cruche d'eau en signe d'esclavage et suivie des filles et des fils des grands du pays. Cambyse voulut être témoin de l'impression que cette scène devait produire sur l'esprit du roi vaincu. Dans ce dessein, accompagné des principaux seigneurs persans, il se rendit sur le lieu même où elle se passait, mais Psamménite impassible et les yeux à terre sut contenir sa douleur, et ne donna aucun signe extérieur d'émotion[2]. »

La composition détourne l'attention de l'action principale, en accolant à la masse inerte du colosse égyptien[3] sur fond de pyramides et d'obélisque, celle des éléphants agités ; à cela répond l'indifférence hautaine du pharaon et de sa fille, opposée à la grossièreté des pilleurs en train d'entasser leur butin ; la pérennité de la civilisation égyptienne se trouve ainsi mise en valeur face à l'aspect vain et anecdotique de la victoire ponctuelle de ces envahisseurs.

La mise en place statique et rigoureuse des personnages, leurs attitudes glacées, si différentes de la manière habituelle de Guignet, montrent le recul qu'il a souhaité prendre par rapport à la grande composition historique. Il accentue encore ce moment d'émotion, traité à la manière de ce que l'on appellerait aujourd'hui un « arrêt sur image », en le baignant dans des jeux de lumière mêlant le rougeoiement des sables volatils à la densité d'un ciel bleu à peine marbré de quelques nuages.

En dehors du décor, l'illustration archéologique paraît fort secondaire : la vague couronne du pharaon, la coiffure vautour de sa fille et le collier d'une suivante passent presque inaperçus. C'est l'amas d'objets divers sortis d'une tombe, dont on distingue l'entrée à droite, qui montre le mieux l'effort du peintre pour reconstituer une Égypte antique plausible. On remarque, parmi des objets de pure invention, une statue, un sarcophage et un vase canope qui, de toute évidence, ont été copiés sur des originaux du Louvre.

Ce tableau s'inscrit donc bien dans un genre nouveau, comme le soulignait Théophile Gautier en 1869, quinze ans après la mort du peintre : « On a fort admiré en ces derniers temps les Égyptiens de la dix-huitième dynastie du peintre belge Alma-Tadema, non sans raison, mais avec un oubli absolu de ce pauvre Guignet. Son tableau, représentant Cambyse vainqueur de Psamménite, est une œuvre des plus remarquables, où la recherche archéologique ne nuit en rien au mouvement, à l'effet et à l'originalité[4]. »

J.-M. H.

1. Ankhkaenrê Psammétique III, dernier pharaon de la XXVIᵉ dynastie (époque saïte, 526-525 av. J.-C.).
2. Catalogue du Salon de 1841, cité *in* Bulliot, 1878, p. 29.
3. Statue de stéatite dite longtemps « de Semenkherê », représentant en fait Aménophis IV, conservée au Louvre (inv. Napoléon III, 831), *cf.* cat. 234.
4. Cité *in* Bulliot, *op. cit.*, p. 31.

Expositions :
Paris, 1841, n° 945 ; Autun/Annecy, 1978, n° 7 ; Berlin, 1989, n° 1/178.

Bibliographie sommaire :
Laveissière, 1978, p. 21 ; Compin et Roquebert, t. III, p. 296 ; Humbert, 1989, p. 259 ; De Meulenaere, 1992, pp. 96-97.

Le développement des lectures parallèles

Fig. 1. Statue égyptienne
Dessin d'Adrien Guignet ;
Autun, musée Rolin.

Entrée au Louvre en 1826, avec les 4 000 œuvres vendues par le consul britannique Henry Salt, cette statue royale inspira Guignet pour son Cambyse (cat. 233). La confrontation du tableau avec son modèle montre combien, loin de créer une image symbolique du pharaon, le peintre conserva les caractères originaux de l'œuvre, son matériau rare, un gypse jaune mêlé de quartz, comme son style très affirmé.

Elle date de l'époque dite « amarnienne » qui vit se développer, sans doute sous l'impulsion d'Akhénaton lui-même, une révolution artistique où se conjuguent l'expression du sentiment, le goût de la nature et une liberté confinant parfois à la caricature. Le thème reste conventionnel. Le souverain est assis, figuré dans une stricte frontalité et muni des attributs royaux, coiffure *némès* rayée, à l'avant de laquelle se love un cobra, sceptre-crochet *héka* et *flabellum*, pagne finement plissé. Reflétant le courant qui transforme la société d'alors, l'interprétation est résolument novatrice. Le visage allongé, légèrement porté en avant, est habité d'une expression pensive que confère le traitement des yeux aux paupières alourdies. Caractéristiques de l'art amarnien, le menton proéminent, la bouche charnue et sinueuse, les oreilles étirées aux lobes largement percés, le cou gracile se retrouvent dans les représentations des autres membres de la famille royale. Le corps lui-même, figuré au repos, épaules basses et dos légèrement voûté, revêt une forme androgyne : poitrine opulente, hanches élargies et ventre proéminent marqué d'un nombril en éventail. S'agit-il d'une représentation d'Akhénaton, le roi « ivre de dieu », dont le règne fut marqué par un culte exclusif au globe solaire Aton ? ou bien d'un obscur successeur comme on l'a parfois suggéré ? Privée du socle où sont habituellement gravées les inscriptions et largement restaurée dans sa partie inférieure, la statue nous est parvenue anonyme. Mais nous savons que le pharaon n'était pas figuré seul. À l'arrière de la statue, la trace d'un bras enlaçant le souverain est le vestige d'une présence féminine, peut-être celle de Néfertiti, souvent représentée auprès d'Akhénaton son époux.

C. Z.

Expositions :
Paris/Tokyo, 1991, n° 19.

Bibliographie sommaire :
Champollion, 1827, 55, Nr. 11 ; Clarac, t. V, 1851, p. 298 n° 2549C ; Maspéro, *in* Rayet, I, 1884, 1-4, pl. 7 ; Bissing , 1911, pl. 45 ; Wit, 1950, Nr 12,13 ; Wolf, 1957, 455 f., Abb. 421 ; Vandier, t. III, 1958, 636, Tf. CX (2) ; Aldred, 1961, 2ᵉ éd., 79, 83, Tf. 126, 139 ; Lange, 1967, Tf. 186 ; Aldred, 1973, 48f., 63f., 66., Abb. 29 p. 48 ; Müller, 1988, IV-143, 144 ; cat. exp. Paris/Tokyo, p. 67.

234 Le pharaon Akhénaton

Règne d'Aménophis IV-Akhénaton
(vers 1379-1361 avant J.-C.)
Gypse mêlé de quartz
H. : 64 cm ; l. : 17,2 cm ; pr. 35 cm
Paris, musée du Louvre, département
des Antiquités égyptiennes
N 831

Historique :
Collection Salt, acquise en 1826.

Adrien Guignet (1816-1854)
1845
Huile sur toile
H. : 1,305 m ; L. : 1,99 m
Signée en bas à gauche : « Adrien Guignet »,
datée en bas à droite : « 1845 »
Rouen, musée des Beaux-Arts
Inv. D. 848.1

Historique :
Achetée par l'État en 1848 ; envoi de l'État
la même année en dépôt au musée de Rouen.

« L'imagination est un des grands mérites d'Adrien Guignet. Il a le don très rare de rêver un site, une époque, un effet, de les voir avec l'œil de l'esprit et de les rendre comme s'ils posaient réellement devant lui[1]. » Et pourtant, avec *Joseph expliquant les songes de Pharaon*, Théophile Gautier n'est pas si élogieux : il regrette que Guignet n'ait « pas fait luire le soleil de la vie sur cette docte résurrection », évoque « ses personnages [qui] n'offrent qu'un contour noir rempli d'une teinte plate » et conclut que « pour se tromper ainsi, il faut beaucoup de sentiment et de talent[2] ».

En effet, point d'envolée lyrique, point de gestes emphatiques, quasiment aucune réaction sur le visage des assistants ; les personnages posent de façon hiératique, et si quelques portraits sont détaillés, ils sont écrasés par un décor impressionnant. Cet archaïsme volontaire, déjà utilisé dans son *Cambyse et Psamménite* (cat. 233) et qui était si différent de ses autres productions, était-il une manière de se rapprocher du style des Égyptiens anciens, de la raideur de leurs poses, de leurs aplats de couleurs sans indication de modelé ?

L'absence de relief qui en résulte est frappante, malgré des lignes de fuite accentuées à l'extrême, donnant l'impression d'un sol de scène de théâtre dépassant les normes d'une déclivité praticable[3] et d'un plafond déformé par un « objectif grand angle ». L'aspect « décor de théâtre » est d'ailleurs encore augmenté par la symétrie de l'ensemble et par le plateau occupant toute la largeur du premier plan.

Car le décor a ici une importance de premier ordre, puisque c'est lui qui situe d'emblée la scène ; en le supprimant et en conservant les costumes et leurs couleurs, avec seulement des modifications minimes de quelques coiffures, le tableau pourrait fort bien devenir gréco-romain, étrusque, byzantin ou médiéval... Mais, malgré les conseils de Prisse d'Avennes[4], ce décor ne fait que donner une « impression d'Égypte », en copiant des éléments dont la plupart n'ont rien de scientifique : si le zodiaque de Denderah (Fig. 2), bien que curieusement placé et très incomplet au niveau du dessin, apporte une touche d'authenticité accentuée par les personnages couvrant les murs, que dire des lignes de hiéroglyphes fantaisistes, des cartouches doubles, du trône du pharaon et de la structure même du bâtiment, exagérément compliquée ?

Il est néanmoins évident que Guignet a consulté la *Description de l'Égypte*[5], qui aurait pu lui donner des cadres plus exacts s'il s'en était plus scrupuleusement inspiré. Mais, pour l'époque, le décor qu'il présente est suffisamment plausible et n'entraîne pas de critiques particulières. C'est donc au niveau de la scène elle-même que se situe le déséquilibre entre la démesure du palais et les personnages. Comme dans

Fig. 1. *Quatre prêtres égyptiens :
étude pour Joseph*
Dessin d'Adrien Guignet
Autun, musée Rolin.

Fig. 2. Zodiaque de Denderah
Paris, musée du Louvre,
département des antiquités égyptiennes
(D 38).

Cambyse, l'archéologie semble écraser la vie, la figer en un instantané vide de sens.

Dans les années qui suivent, Guignet continue de peindre des sujets à l'égyptienne, peut-être moins ambitieux : en 1846, un *Moïse sauvé des eaux* et un *Joseph expliquant ses songes à ses frères*, en 1848 *La Fuite en Égypte* et en 1853, commence pour Dampierre un nouveau *Moïse sauvé des eaux*[6]. Les sujets bibliques ont donc définitivement supplanté l'essai de peinture historique égyptisante tenté avec *Cambyse*.

J.-M. H.

1. Théophile Gautier, cité *in* Thuillier, 1978, p. 9.
2. Cité *in* Laveissière, 1978, p. 26.
3. Maximum à 15 % (Opéra des Thermes de Caracalla à Rome).
4. Guignet le rencontre, vers 1844, à son retour d'Égypte ; l'égyptologue lui propose de l'attacher à sa mission, mais Guignet, n'ayant pu décider son ami Hippolyte Michaud à l'accompagner en Égypte, y renonce (Laveissière, *op. cit.*, p. 14).
5. Chapiteaux papyriformes ouverts et décor du haut du fût des colonnes : portique du grand temple de Philae (*Antiquités*, vol. I, pl. 18) ; bas du fût des colonnes : temple d'Esné (*id.*, pl. 83) ; chapiteaux hathoriques : colonne du portique de Denderah (*Antiquités*, vol. IV, pl. 12) ; zodiaque : grand temple de Denderah (*id.* pl. 21).
6. Les deux premiers sont considérés comme perdus, le troisième, bitumé, est conservé au musée d'Angoulême et le dernier, inachevé, est inconnu (*cf.* cat. exp. Autun, 1978, pp. 14-15).

Expositions :
Paris, Salon de 1845, n° 794 ;
Paris, 1968, n° 145 ; Autun/
Annecy, 1978, n° 14.

Bibliographie sommaire :
Bulliot, 1879, pp. 48-51 ;
Laveissière, 1978, p. 25 ;
Humbert, 1989, p. 237 ;
De Meulenaere, 1992,
p. 113.

L'Homme qui questionnait le Sphinx

Elihu Vedder (1836-1923)
1863
Huile sur toile
H. : 91,5 cm ; L. : 1,067 m
Signée et datée en bas à droite : « Elihu Vedder /
1863 »
Boston, Boston Museum of Fine Arts
Inv. 06.2430

Historique :
Achetée à l'artiste par Martin Brimmer, Boston,
entre 1863 et 1865 ; legs de Mme Martin Brimmer
au Boston Museum of Fine Arts.

Exposée à Ottawa et à Vienne

La réputation de Vedder comme le plus important peintre américain d'allégories fut, grâce à cette œuvre, très vite établie. Bien qu'ostensiblement lié au mythe d'Œdipe, le sujet est une variation inattendue sur ce thème, où la relation entre l'homme et le sphinx se trouve inversée. Son aspect le plus novateur est la représentation littérale d'une question métaphysique – l'homme en quête de réponses et, comme ses prédécesseurs, impuissant à les trouver. Les ruines d'un temple dévasté par le temps et le sable et, çà et là, les ossements des questionneurs passés témoignent d'une quête ancienne sur laquelle, immuablement, veille le sphinx depuis les âges immémoriaux. Très tôt, certains critiques ont supposé que cette peinture était liée au célèbre poème de Ralph Waldo Emerson, *Le Sphinx*, publié pour la première fois dans *The Dial* en janvier 1841 et souvent réédité. Vedder a toutefois expliqué dans une lettre du 7 septembre 1884 que son « idée dans le sphinx était l'infortune de l'homme face aux lois immuables de la nature[1] ». Il y a quelques années, Hugh Honour a avancé que Vedder avait fait le choix d'un homme noir comme protagoniste de sa composition dans l'intention de refléter la condition des Noirs en Amérique[2]. Une seconde version plus tardive du même sujet, peinte en 1875 et conservée au Worcester Art Museum, met en scène un personnage différent : il s'agit cette fois d'un homme âgé portant une barbe. Il existe une troisième version mentionnée par Vedder dans son autobiographie mais elle n'a pas été retrouvée. En 1879-1880, l'artiste traita de façon entièrement différente le thème du sphinx en lui conférant une apparence éminemment sym-boliste dans *Le Sphinx sur le rivage de la mer* (Fine Arts Museum de San Francisco).

Bien que le décor soit nord-africain, le sphinx de ce tableau est sans rapport avec celui de Gizeh et a probablement été peint d'après une tête égyptienne que Vedder aurait pu voir dans un livre ou étudié pendant ses séjours à Paris et en Italie de 1856 à 1860. Il a été suggéré aussi que la grande collection d'antiquités égyptiennes exposées à New York en janvier 1853 et vendue en 1859-1860 par le Dr Henry Abbott à la Historical Society de New York a pu constituer une source d'inspiration[3]. En 1890, lors d'un voyage en Égypte, Vedder eut enfin l'occasion de voir l'original dont il a laissé au moins une peinture.

M. P.

1. Cité *in* Reich, 1974, p. 40.
2. *Cf.* Honour, 1989, p. 229.
3. *Cf.* cat. exp. Washington, 1984, n° 97 ; la collection Abbott se composait de quelque 1 121 pièces. En 1937, elle fut transportée au Brooklyn Museum ; *cf.* Wilson, 1964, pp. 35, 39, 213.

Expositions :
New York, 1863, n° 173 (*The Sphinx*) ; Boston, 1868, n° 286 ; Pittsburgh, 1901, n° 13 ; Hartford, 1933, n° 75 ; 1966 (exposition itinérante), n° 7 ; New York, 1970, ill. coul. ; Los Angeles, 1974, n° 70, ill. ; New York, 1975 ; Washington, 1978, n° 28 ; Washington/Brooklyn, 1979, n° 50 ; Des Moines/ Houston/New York/ Philadelphie, 1980-1981, n° 49 ; Washington, 1984, n° 97.

Bibliographie sommaire :
Tuckerman, 1870, p. 451 ; Bishop, 1880, p. 53 ; Robinson, 1885, p. 122 ; Radford, 1899, p. 102 ; Vedder, 1910, p. 460, ill. à la p. 229 ; Bryant, 1917, pp. 74-76, ill. fig. 42 ; Soby et Miller, 1943, p. 29 ; Richardson, 1956, p. 352 ; Jarves, 1960, p. 200 ; Soria, 1963, pp. 187, 188, 191, ill. fig. 3 ; cat. exp. Boston, 1969, t. I, p. 275, n° 991, t. II, ill. fig. 403 ; Soria, 1970, pp. 38, 40, 283 ; Reich, 1974, pp. 40-41, ill. fig. 1 ; Demish, 1977, pp. 194-195, ill. fig. 540 à la p. 195 ; cat. exp. Washington/Brooklyn, 1979, pp. 59-61 ; Ratcliff, 1979, pp. 86, 91 ; Pierce, 1980, pp. 55-76 ; cat. exp. Des Moines/Houston/New York/Philadelphie, 1980-1981, p. 143 ; cat. exp. Washington, 1984, pl. 128 ; Humbert, 1987, t. II, p. 576, n° 742 ; Wittkower, 1989, p. 143, ill. fig. 8-23 (suggérant à tort que le tableau a été peint après un voyage en Égypte) ; Honour, 1989, t. IV, part. I, pp. 229-232, ill. fig. 144.

Le développement des lectures parallèles

237 Le Sacrifice égyptien d'une vierge au Nil

Federico Faruffini (1831-1869)
1865
Huile sur toile
H. : 1,250 m ; L. : 2,450 m
Signée et datée en bas à droite : « FRFNI 1865 »
Rome, Galleria Nazionale d'Arte Moderna
Inv. n° 1148

Historique :
Collection Luciano Bizzari ; achetée par le musée
en 1886.

Exposée à Paris

Considérée par les premiers biographes de Faruffini comme son chef-d'œuvre, cette peinture a tenu dans sa vie une place prééminente. Quand elle fut exposée à Milan en 1865, sa condamnation par les critiques conservateurs motiva le départ de l'artiste qui s'installa à Paris où il prit un atelier au 62, rue de l'Ouest. Une photographie de l'œuvre par E.L. Thiboust Jeune et Cie a incité Anna Finocchi à supposer avec raison, que Faruffini l'avait emportée avec lui en France. Effectivement, après avoir obtenu une médaille au Salon de 1866, il exposa *Le Sacrifice égyptien d'une vierge au Nil* au Salon de 1867. Le succès sembla alors lui sourire et la gravure que Faruffini tira de sa propre composition fut reproduite par Cadart en deux éditions[1]. À son retour en Italie toutefois, l'hostilité des critiques n'avait pas diminué et son suicide à l'âge de trente-huit ans fit de lui la figure la plus tragique de l'art italien du XIXe siècle.

Le sujet de cette peinture a été décrit par l'artiste dans un texte annexe à l'œuvre au moment de son exposition en 1865 : « C'était la coutume des Égyptiens de sacrifier chaque année une vierge au Nil, le fleuve fertilisateur de leurs champs, en apaisant l'origine du mal par une victime humaine. » À cela il ajoutait qu'il avait « tenté de reconstituer la cérémonie funèbre en mettant l'accent sur les rites égyptiens de l'eau lustrale de la musique sacrée, sur les sentiments de la foule et la douleur des parents et de l'amant de la victime qui se jette dans le fleuve quand réapparaît le cadavre à la surface de l'eau[2] ».

Il n'y a rien, dans les papiers qui nous sont parvenus de Faruffini, qui indique la raison du choix d'un tel sujet, déjà décrit dans la littérature mais rarement traité en peinture.

Il semble également que cette œuvre ait été la première tentative, en Italie, de description d'une scène de genre égyptienne, préparant ainsi la voie à des productions telles que l'énorme *Idylle à Thèbes* peinte en 1872 par Giulio Viotti (musée de Turin). Si Faruffini était indéniablement au courant du succès remporté par les *Divertissements dans l'Égypte ancienne* d'Alma-Tadema au Salon de 1864, sa composition a été presque à coup sûr inspirée par une œuvre différente, la célèbre *Jeune Martyre* de Paul Delaroche. Une série d'études préliminaires pour *Le Sacrifice égyptien...* conservées à la Galleria Nazionale d'Arte Moderna de Rome révèle le très grand soin avec lequel il s'était préparé[3]. Plus révélatrice encore est une feuille d'esquisses de motifs égyptiens préparatoires[4], appartenant à une collection privée de Milan, qui montre l'effort de documentation de Faruffini à l'aide du premier volume de la *Description de l'Égypte* : le paysage dans le dessin est fidèle à l'*Ile de Philae* de Dutertre, cependant que le personnage à l'extrême gauche, les deux qui sont à l'extrême droite et le serviteur agenouillé sont des copies de différents reliefs du temple de Philae.

M. P.

1. Cette gravure où le sujet est représenté de façon inversée et où manque le personnage principal porte l'inscription suivante : « *Partie supérieure d'un tableau représentant / le Sacrifice Égyptien d'une vierge au Nil / Salon de 1867 / F. Faruffini pin sc.* » Elle a été publiée *in* Cadart et Luquet, s.d., 1re collection et *Eaux-fortes modernes*, 1867, vol. V, pl. 281.
2. Cité par Anna Finocchi *in* cat. exp. Spolète, 1985, n° 88.
3. À la Galleria Nazionale d'Arte Moderna de Rome ; *cf.* cat. exp. Spolète, 1985, n°s 64-87, ill..
4. *Cf.* cat. exp. Spolète, 1985, n° 63, verso, repr. ; le personnage à l'extrême gauche, les deux personnages à l'extrême droite et le serviteur agenouillé au centre sont respectivement aux planches 10, fig. 3, 11, fig. 3 et 12, fig. 2.

Expositions :
Milan, 1865, n° 255 ; Paris, 1867, n° 573 (*Sacrifice au Nil de la Vierge égiptienne*) ; Rome, 1883, n° 29 ; Milan, 1900, n° 163 ; Milan, 1923, n° 11, ill. p. 19 ; Berlin, 1968, n° 41, ill. ; Côme, 1954, n° 21 ; Spolète, 1985, n° 88, ill. ; Milan, 1988.

Bibliographie sommaire :
Mongeri, 1865 ; Rovani, 1865 ; Lucini, 1900, pp. 93, 102 ; Colasanti, 1923, pp. 19, 31 ; Sapori, 1923, p. 50, ill. à la p. 44 ; Somaré, 1928, pp. 177, 179 ; Ojetti, 1929, pp. 35, 62-63, 88 ; Bardi, 1934, p. vi, fig. 9 ; Colombo, 1939, p. 3 ; Bucarelli, 1973, pp. 28-29, ill. à la p. 188 ; Geminiani, Laccarini et Macchi, s.d. (1984), pp. 86-88, 141 ; cat. exp. Milan, 1988, p. 150 et ill. p. 174.

238   # Israël en Égypte

Sir Edward John Poynter (1836-1919)
1867
Huile sur toile
H. : 1,372 m ; L. : 3,175 m
Signée au monogramme et datée : « 18 EJP 67 »
Londres, Guidhall Art Gallery, City of London
Inv. 1014

Historique :
John Hawkshaw ; par héritage, J.C. Hawkshaw, avant 1894 ; Sir George A. Touche, Bart. ; léguée au musée, 1921.

Exposée à Paris

Selon Cosmo Monckhouse, qui devait tenir l'information de Poynter, c'est en 1862, au club de dessin de Langhorn que lui vint pour la première fois l'idée « du dessin du célèbre

"Israël en Égypte"... Lors d'une de ces soirées où le sujet proposé était "le travail", l'admiration suscitée par l'esquisse de M. Poynter fut si grande qu'il se décida à la travailler pour en faire un tableau[1] ». Une aquarelle signée et datée 1862 reproduit en effet la composition initiale, mais avec de nombreuses variantes[2]. Fut-elle le fruit d'une inspiration aussi spontanée qu'on l'a supposé ? La chose est bien moins certaine : le tableau rappelle *Les Romains passant sous le joug* de Charles Gleyre – le professeur de Poynter – et reflète l'obsession qui était celle de Gleyre pour la culture égyptienne[3]. Comme l'a noté Patrick Conner, quand Poynter acheva et exposa *Israël en Égypte* en 1867, il avait déjà montré, en 1864 et en 1866, deux scènes de genre égyptiennes et avait fait plusieurs illustrations bibliques avec l'Égypte comme toile de fond pour la *Dalziell's Illustrated Bible*[4].

L'effet produit par le tableau, dû autant à sa taille qu'à l'effort d'authenticité historique qu'il dénote, a été for-mulé de la façon suivante par Gleeson White : « Quand ce tableau fut accroché sur les cimaises de la Royal Academy en 1867, ce fut comme une bombe dans les milieux cultivés. Une version si neuve d'un thème ancien, revu à la lumière des connaissances modernes dues à l'égyptologie, donnait à l'histoire de la captivité des Juifs l'attrait et la puissance d'une découverte récente[5]. » Le sujet, emprunté à l'*Exode*, chapitre I, verset 8[6], était, trouvait-on, plutôt désagréable, bien que, selon James Thompson, il ne fût fait aucun paral-lèle avec les travaux récents sur le canal de Suez[7]. Rétros-pectivement, le tableau s'inscrivait dans la tradition des productions bibliques antérieures de Martin et de Roberts mais c'était la nouveauté de l'approche qui surprenait le plus, ainsi que le reflète la critique suivante : « C'est, selon nous, à ce jour, l'illustration la plus complète osée par un peintre, britannique ou étranger, d'un principe propre à l'art moderne donnant accès à des sources inconnues aux "maîtres anciens". Il s'agit de l'union de l'archéologie et de l'art ; autrement dit, la représentation d'un événement historique non pas selon les conventions mais de la manière la plus authentique possible, à l'aide des connaissances amassées par des moyens tels que la recherche critique contemporaine, les voyages, les musées, etc.[8] »

Cette connaissance issue de la recherche, Conner l'a analysée et a pu identifier dans le tableau une accumulation remarquable de monuments et de bâtiments provenant de périodes et de sites différents : la Grande Pyramide à l'arrière-plan ; à gauche, près d'elle, deux temples de Philae, le temple de Séthi Ier à Gourna derrière le lion principal, sur la droite et quelque peu transformée, la porte monumentale à pylônes du temple d'Edfou, devant laquelle se trouve l'obélisque d'Héliopolis[9]. Les grandes figures d'Aménophis III, des deux côtés de l'entrée du temple de Thèbes, ainsi que le lion de granite rouge surdimensionné qui se trouve au milieu de la composition et qui, de façon incongrue, se démultiplie en une allée de lions visible au-delà de la porte monumentale, ont pour modèles des sculptures du British Museum. De même, Conner a noté que le choix d'un lion (inspiré de l'un des deux lions que Lord Prudhoe avait rapportés d'Égypte en 1835) plutôt qu'un sphinx comme centre du tableau est sans aucun doute lié à la célébrité d'une œuvre qui avait déjà donné lieu à la réalisation d'une allée de lions au Crystal Palace[10].

La composition comporte une profusion de personnages avec, au centre, un peu après le principal groupe d'esclaves portant l'arche de Rê et, vers la gauche, derrière le lion, Pharaon et une princesse dans un palanquin. Des sources antérieures mentionnent qu'après la première exposition, Poynter a augmenté le nombre de personnages sur la suggestion de Sir John Hawkshaw, le célèbre ingénieur qui finalement acheta l'œuvre.

Une gravure de W.L. Thomas faite d'après la toile avant qu'elle soit enlevée de la Royal Academy nous confirme que plusieurs personnages ont été ajoutés, dans la procession aussi bien qu'à l'arrière-plan, près de la porte monumentale[11].

M. P.

1. *Cf.* Monckhouse, 1897, p. 708.
2. *Cf.* vente Sotheby's, Londres, 19 octobre 1989, n° 421, ill. coul.
3. *Cf.* Boime *in* cat. exp. Winterthur/Marseille/Munich/Kiel/Aarau/Lausanne, 1974-1975, pl. 114 et l'*Illustrated London News*, 25 janvier 1868, qui établissait déjà un parallèle avec Gleyre.
4. *Cf.* Conner, 1985, p. 113.
5. *Cf.* White, 1909.
6. « Et les enfants d'Israël devinrent prospères, et se multiplièrent... alors les Égyptiens les réduisirent à l'esclavage, et les obligèrent à construire pour Pharaon des villes et des temples. »
7. *Cf.* cat. exp. Dublin/Liverpool, 1988, p. 130.
8. *Cf. Illustrated London News*, 25 janvier 1868.
9. *Cf.* Conner, *op. cit.*, pp. 113-114.
10. *Cf.* Conner, *op. cit.*, pp. 116-117.
11. La gravure a été publiée dans l'*Illustrated London News*, 25 janvier 1868.

Expositions :
Londres, 1867, n° 434 ; Londres, 1871, n° 415 ; (Paris, Exposition universelle, 1878 ?) ; Londres, Guidhall, 1894 ; Londres, 1951, n° 434 ; Londres, 1968, n° 345 ; 1975, n° 2 ; Brighton/Manchester, 1983, n° 343 ; Londres, n° 34 ; Dublin/Liverpool, 1988, n° 56, ill. ; Berlin, 1989, n° 1/174, ill. coul. fig. 61.

Bibliographie sommaire :
Anonyme, 1868, ill. (gravure de W.S. Thomas) ; Colvin, 1870, pp. 1-2 ; Dafforne, 1877, p. 18 ; Hamerton, 1877, pp. 12-13 ; Monckhouse, 1899, pp. 235, 244-247, ill. à la p. 245 ; Gleeson White, 1909 ; Denvir, 1952, p. 167, ill. ; Spalding, 1978, p. 65, ill. fig. 52-54 ; Maas, 1978, ill. coul. à la p. 186 ; Clayton, 1982, p. 181, ill. ; Sewell, 1983, p. 18 ; Conner, 1985, pp. 112-120 (avec références bibliographiques anciennes) ; Knight, 1986, p. 236 ; Humbert, 1989, pp. 240, 288, ill. aux pp. 268-269 ; Coignard, 1993, p. 68, ill. coul.

239 Jeune Égyptien

Joseph-Laurent-Daniel Bouvier (1841-1901)
1869
Huile sur toile
H. : 2,30 m ; l. : 93 cm
Grenoble, musée des Beaux-Arts
MG 2514

Dans cette composition tout en hauteur, format qu'affectionne Bouvier[1], le peintre représente un Égyptien sans beaucoup de rapport avec la réalité antique : *némès* et pagne sont interprétés, et les éléments du bas de la toile (raisins olivette, figues de Barbarie, piments rouges et amphore) rappellent plus la Sicile, voire la Grèce, que l'Égypte. Seul et discret rappel architectural, le mur à fruit servant de décor.

La pose pourrait faire penser à un « porteur d'offrandes », et notamment à celui dessiné par Denon et reproduit en biscuit dans le surtout de Sèvres (cat. 117), sans qu'il soit possible de déterminer si un tel rapprochement est réel ou fortuit. Mais la position frontale, la musculature saillante et la moustache naissante du modèle à l'air trop vivant gomment tout caractère archéologique à cette représentation qui, pourtant, conserve une réelle puissance d'évocation.

J.-M. H.

1. *Cf. Le Printemps*, Salon de 1870 (musée des Arts décoratifs, Paris ; exposition *Équivoques*, 1973).

Expositions :
Paris, Salon de 1869, n° 311.

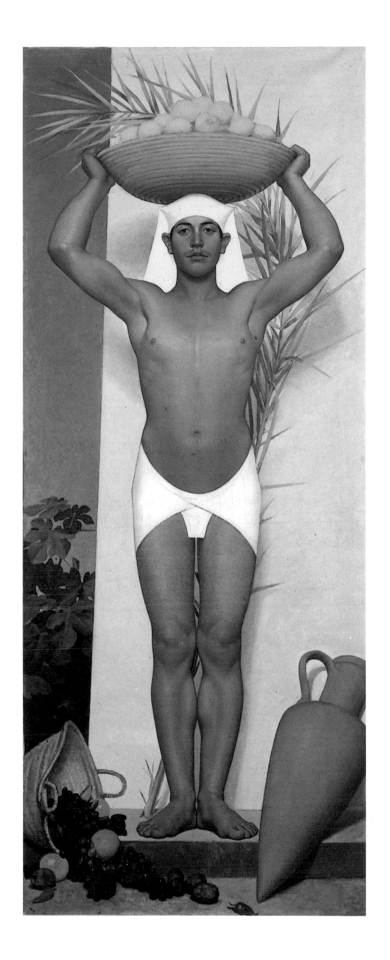

L'Égypte à l'opéra

Pistrucci dis. ed inc.　　　　　　　　　　Coloriti da Batelli e Fanfani

Curieusement, l'Égypte avec son aura de mystère tente assez peu les auteurs dramatiques et lyriques français du XVIIᵉ et de la première moitié du XVIIIᵉ siècle. Il suffit de parcourir les livrets des opéras de l'Académie royale de musique pour s'en convaincre. On peut trouver une lointaine évocation à travers quelques titres comme *Isis* de Lully[1] ou encore *Les Festes de l'Himen et de l'Amour ou les Dieux d'Égypte*, ballet héroïque de Rameau[2] dans lequel Jélyotte apparaissait en Osiris. Mais il s'agissait de prétextes à des fêtes de cour et les documents iconographiques sont à peu près inexistants.

À côté d'une profusion de dessins de sauvages, d'Indiens de fantaisie, de Chinois pour lesquels Boquet montre une certaine prédilection, de Turcs, d'« Amériquains », de Persans, de charmants petits négrillons et même d'Éthiopiens, les « Égiptiens » restent très rares. La seule Égyptienne – et de quelle Égypte s'agit-il ? – conservée par la bibliothèque de l'Opéra est un superbe dessin de Jean Bérain. Pourtant, la longue robe ornée de festons présentée de face et de dos n'est pas différente de celles que les dames portaient à la cour de Louis XIV. À défaut d'attribut spécifique, n'est-ce pas plutôt la position des mains et le visage vu de profil qui évoquent le principe stylistique des bas-reliefs antiques[3] ?

C'est en 1789 que l'Opéra monte pour la première fois une œuvre de couleur entièrement égyptienne dont l'action se passe à Memphis[4]. Cette tragédie lyrique en trois actes à laquelle les auteurs ont donné le nom de *Nephté*, contraction des deux divinités égyptiennes Neith et Ptah, a été composée par Jean-Baptiste Lemoyne. Il s'agit en réalité d'un étrange amalgame. Le librettiste Hoffman s'en explique dans sa préface : il s'est inspiré d'une tragédie de Thomas Corneille, *Camma*, et s'il a pris la liberté de transporter son sujet en Égypte, c'est « pour introduire sur la scène de l'Opéra des costumes nouveaux et des mœurs nouvelles ». Hérodote et Diodore, ses principales sources, lui ont fourni une description détaillée des sites dont s'inspire, pour les décors, l'architecte des Menus-Plaisirs, Pierre-Adrien Pâris. Plus de vingt ans avant *L'Enfant prodigue* de Berton, on voit dans *Nephté* des tombeaux creusés dans le roc, une allée de sphinx conduisant du temple d'Osiris au portique du palais et, dans le lointain, le Nil avec la silhouette d'une pyramide.

Quelques projets de décors et d'accessoires dans le goût égyptien (Fig. 1 et 2) – dont un sûrement pour *Nephté* – figurent dans l'étonnante collection de dessins de Pâris que le décorateur léguera à sa ville natale, Besançon[5].

Pâris a été formé à bonne école. Après avoir terminé ses études d'architecture, il est, au cours de son premier séjour à Rome de 1769 à 1774, fasciné comme tant d'autres – notamment Charles de Wailly et Michel-Ange Challe qui l'ont précédé dans la charge de dessinateur du Cabinet du roi – par les trésors archéologiques. N'oublions pas que Rome conserve des vestiges égyptiens provenant des conquêtes romaines. Piranèse vient de publier les *Différentes manières d'orner les cheminées* (1769) et il continue à susciter

des passions et des controverses avec ses fabuleuses visions poétiques où se superposent monuments et motifs appartenant à des civilisations différentes : Antiquité grecque, romaine, étrusque, égyptienne.

En cette fin du XVIIIᵉ siècle, l'engouement pour l'Égypte commence à gagner les différentes formes d'expression artistique, l'architecture, la sculpture, la littérature. Les révolutionnaires la prennent aussi à leur compte, mais en y attachant une valeur symbolique. Ainsi, dans *La Réunion du 10 août*[6] donnée à l'Opéra en 1794, on voit au premier acte la fontaine de la Régénération représentée par la « Nature qui, pressant de ses mains ses fécondes mamelles, en fait jaillir deux sources d'une eau pure ». Or, cette fontaine de la Régénération évoquée par les auteurs avait été réellement érigée place de la Bastille à l'occasion des fêtes du 10 août 1793. David, qui en avait conçu le plan, lui avait donné la forme d'une statue égyptienne représentant Isis[7].

Comme l'écrit avec perspicacité Jean-Marcel Humbert[8], les révolutionnaires avaient retenu de l'Égypte ancienne ce qui pouvait avoir un rapport avec les « Lumières », c'est-à-dire la Justice, le Savoir et la Sagesse.

Comment alors *La Flûte enchantée*, dont l'origine maçonnique a été prouvée[9], n'aurait-elle pas séduit la direction de l'Opéra ? Reprenant certains fragments de la musique de scène qu'il avait composée dans sa jeunesse pour un drame du baron Tobias Philipp von Gebler, *Thamos, roi d'Égypte*, Mozart et son librettiste Schikaneder replacent dans un cadre égyptien cher aux francs-maçons, le parcours initiatique de Pamina et de Tamino, qui doit les conduire vers la Lumière après avoir vaincu les puissances de la Nuit.

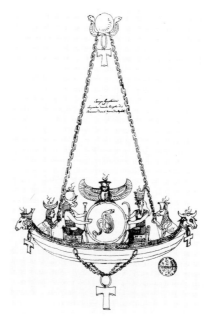

Fig. 1. Lampe égyptienne pour le temple d'Osiris
Dessin de Pierre-Adrien Pâris pour *Nephté*
Besançon, bibliothèque municipale, Album 483, pl. 81.

Fig. 2. Grand temple égyptien
Dessin de Pierre-Adrien Pâris pour un décor de *Nephté*
Besançon, bibliothèque municipale, Album 483, pl. 147.

Dix ans après sa création à Vienne, l'Opéra de Paris monte sous le nom de *Mystères d'Isis*[10], une incroyable parodie de *La Flûte enchantée* remaniée par Lachnith et Morel de Chédeville (qui n'était autre que le beau-frère de l'ancien intendant des Menus-Plaisirs, le baron de La Ferté). La presse critique violemment les « efforts homicides » de Lachnith : « C'est le colosse de Rhodes renversé, mais dont le voyageur contemple avec admiration les débris épars sur le sable[11]. » Elle vante cependant les décors de Degotti « d'une grande beauté et d'un très bel effet » et remarque les costumes d'une « exactitude scrupuleuse[12] ».

La tradition d'utiliser des décors égyptisants pour *La Flûte enchantée* continue de s'imposer durant tout le XIXe siècle, non seulement à l'étranger – les décors de Schinkel[13] pour l'Opéra de Berlin en sont une preuve éclatante – mais aussi à Paris avec des décorateurs comme Édouard Despléchin et Philippe Chaperon[14]. Bien plus, cet usage s'étend même à des œuvres qui n'ont rien d'égyptien mais qui contiennent cette dualité entre la vie et la mort. Ainsi, pour *Faust* par exemple, Chaperon choisit de donner à la grotte (acte IV) la forme d'un « souterrain égyptien[15] » (cat. 271).

Mais évidemment, c'est avec la campagne d'Égypte que ce pays entre vraiment dans l'histoire de l'Académie impériale de musique. Coup sur coup, on monte *Les Amours d'Antoine et de Cléopâtre*[16] et *L'Enfant prodigue*[17], ces deux œuvres étant appelées, comme *Le Triomphe de Trajan*, à être jouées devant l'Empereur. Les décors d'Isabey, « dessinateur du Cabinet et du Théâtre de S.M. l'Empereur et Roi », approuvés par le Premier chambellan, le comte de Rémusat, n'auraient pu supporter d'inexactitudes flagrantes ou ridicules[18]. La longue marche des prêtres et du dieu Apis

Fig. 3. Costume de L'Écuyer du roi d'Égypte
Dessin de Paul Lormier pour *L'Enfant prodigue*
Paris, Bibliothèque nationale, département de la Musique,
bibliothèque-musée de l'Opéra.

Fig. 4. Jean-François Champollion, *Monuments de l'Égypte et de la Nubie*
Paris, 1835-1845, t. II, pl. XXIX
Paris, musée du Louvre, bibliothèque centrale des Musées nationaux.

s'avançant vers le péristyle du temple de Vulcain est saisissante de vérité et d'une grande qualité graphique[19].

Isabey disposait non seulement d'ouvrages de première main comme celui de Vivant Denon paru en 1802, *Voyage dans la Basse et la Haute Égypte, pendant les campagnes du général Bonaparte* et la *Description de l'Égypte*, dont le premier volume venait de paraître (en 1809), mais il avait aussi eu l'occasion de rencontrer à l'atelier de peinture de l'Opéra un témoin direct, Jean-Constantin Protain, qui avait participé comme architecte aux travaux de la Commission des sciences et des arts. À son retour d'Égypte, il avait sollicité auprès du Premier consul la place de dessinateur en chef des décors de l'Opéra, prétextant que ses voyages l'avaient « mis à même de remplir cette fonction avec avantage[20] ».

Après la chute de l'Empire, une œuvre connaît un très grand succès : le *Moïse* que Rossini adapte pour l'Opéra de Paris en 1827. Les décors égyptisants de Cicéri n'ont pas été conservés, mais nous les connaissons grâce aux somptueuses copies d'Auguste Caron (cat. 258-260) réalisées sur la demande du vicomte de La Rochefoucauld. Pourtant, si le décor de l'acte II est étonnant de réalisme et de vérité dans ses moindres détails, celui de l'acte III représentant le

porche du temple d'Isis, ainsi que les costumes d'Hippolyte Lecomte (cat. 261-264) frappent par leur fantaisie.

Sous la monarchie de Juillet, la salle Le Peletier, entièrement gagnée au ballet romantique et aux reconstitutions historiques du Grand Opéra mises à la mode par Meyerbeer, Halévy et Auber, délaisse provisoirement les sujets touchant à l'Antiquité[21]. Le Cirque olympique prend la relève. C'est là que se forge et s'entretient, à grand renfort de chevaux, de figurants et de décors, le « mythe de Napoléon ».

Après 1848, la recherche de couleur locale – tant revendiquée par les romantiques pour des œuvres dont l'action se situe essentiellement au Moyen Age et à la Renaissance – porte ses fruits et s'applique également à des époques et à des contrées plus lointaines. L'Égypte fait partie de ces grandeurs passées dont tant d'artistes subissent et gardent cette nostalgie que Gustave Flaubert exprime de manière si personnelle : « Égypte, Égypte, tes grands Dieux immobiles ont les épaules blanchies par la fiente des oiseaux et le vent qui passe sur le désert roule la cendre de tes morts. »

L'Opéra inscrit à son répertoire quelques reprises, comme le *Moïse* de Rossini, mais c'est surtout la création de *L'Enfant prodigue* d'Auber qui déchaîne l'enthousiasme unanime de la presse. Théophile Gautier remarque particulièrement le décor de Charles-Antoine Cambon (cat. 265) pour l'acte de Memphis : « Les chapiteaux à têtes de femme regardent de leurs yeux obliques, les sphinx allongent leurs griffes pleines d'énigmes, les obélisques et les stèles se dressent chamarrés d'inscriptions symboliques, tout est menace dans cette effrayante splendeur[22]. »

Les costumes dessinés par Paul Lormier (cat. 266-270) avaient fait l'objet de patientes recherches au Louvre et dans les bibliothèques : « Imaginez-vous le musée Charles X et la salle égyptienne du Louvre en action », reprend Gautier, avant de conclure par cette remarque qui à l'époque semble être le *nec plus ultra* : « C'est très beau et très exact[23]. »

On reconnaît aisément les sources de Lormier. Pour certains costumes, il s'est inspiré du bas-relief de la tombe de Séthi Ier rapporté par Champollion pour le Louvre[24]. De même, le charmant petit « écuyer du roi d'Égypte » (Fig. 3) tirant les rênes du cheval[25] a été fidèlement copié sur une des planches figurant dans les *Monuments de l'Égypte et de la Nubie*[26] (Fig. 4). Pourtant, malgré leur précision, les dessins de Lormier gardent infiniment de poésie et de fraîcheur et Carlos Fischer s'est montré bien injuste à leur égard en y voyant simplement une « besogne de pur historien[27] ».

Mais c'est avec *Aïda* que s'affirme la volonté de faire appel aux trésors archéologiques d'un pays pour faire revivre son glorieux passé. Commandée à l'occasion des festivités qui devaient accompagner le percement de l'isthme de Suez et l'ouverture de l'Opéra du Caire, cette œuvre a pris caractère de symbole et d'opéra national[28].

La création d'*Aïda* fut le résultat d'un concours de circonstances tout à fait exceptionnel. Répondant au désir du vice-roi d'Égypte qui voulait un opéra « purement antique et égyptien », Auguste Mariette – alors directeur du musée de Boulaq – conçoit le scénario et supervise la mise en scène. Personne mieux que ce brillant égyptologue ne pouvait répondre aux conditions exigées : « une mise en scène rigoureusement exacte et une couleur locale strictement conservée[29] ».

En quelques mois, il réunit une documentation considérable, relevant des costumes sur les bas-reliefs, dans les tombeaux, sur les stèles de la Haute-Égypte. Il copie au musée de Boulaq des bijoux et des accessoires et, ce qui est plus étonnant encore, il s'adresse, pour la réalisation des décors et des costumes, à des artistes parisiens parce qu'ils avaient la réputation non seulement d'être les meilleurs, mais aussi de respecter la vérité historique. Aux côtés de Lavastre et Despléchin, de Rubé et Chaperon, il propose, pour le décor du temple de Vulcain, une restitution du Ramesseum de Thèbes. Le temple d'Isis à l'acte III est une réplique de celui de Philae. De Paris, Mariette partage son enthousiasme avec Draneht Bey en écrivant au Caire : « Je réponds des décors qui seront vraiment splendides, sans parler de leur exactitude comme imitation des temples de la Haute Égypte[30]. »

Pourtant Mariette, qui a le sens du ridicule, sait aussi être sobre et viser à l'essentiel, surtout lorsqu'il s'agit des costumes. Il sait que rien n'est plus difficile que d'animer ces statues de granite, de les habiller, de les faire marcher et chanter[31]. Et en effet, quelle belle leçon de simplicité que les dessins de costumes qui lui sont attribués[32] (cat. 273-274).

Lorsque neuf ans plus tard, *Aïda* est à son tour montée sur la scène parisienne[33], Eugène Lacoste, chargé des costumes, n'a pas cette même réserve. Rompu à toutes les prouesses de la reconstitution historique, il cède à la tentation de donner libre cours à sa science nouvellement acquise en accumulant les détails. Un précieux petit carnet d'esquisses préparatoires permet de suivre les étapes de ses recherches[34] (cat. 278). On y trouve pêle-mêle des études de sandales, de coiffes, de coupes de vêtements, des motifs d'ornements et des indications de couleur. En marge, Lacoste a soigneusement noté les noms des égyptologues qu'il a consultés, Eugène Révillout, Beauregard et surtout Maspéro qu'il rencontre fréquemment au Louvre et auquel il soumet ses projets.

Jamais à l'Opéra, après Lacoste, ce stade de recherche archéologique ne sera dépassé. Mais il y avait là un piège. Comment éviter les répétitions, les stéréotypes qui finissent par être à peu près toujours les mêmes ? Comment éviter l'ennui si cet effort de reconstitution n'est pas animé par un souffle intérieur, une maîtrise, un enthousiasme qui mobilisent, comme ce fut le cas pour Mariette, l'ensemble des artisans qui travaillent au projet ?

Au cours des années suivantes, l'Opéra, prisonnier de la routine, sombre dans le conformisme et n'évite pas toujours le ridicule. Certains costumes d'Henry de Montaut pour *Aïda* n'y échappent pas (cat. 296).

Il reste longtemps hermétique aux rénovations scéniques de Gordon Craig, de Max Reinhardt ou encore d'Adolphe Appia et il ignore les recherches d'Antoine et de Lugné-Poe visant à plus de simplicité et de stylisation. Il faut attendre la formidable explosion de vie et de couleurs des Ballets russes, puis l'arrivée de Jacques Rouché à la direction de l'Opéra en 1914 pour ébranler les sacro-saintes habitudes de cette grande boutique[35].

En même temps qu'évolue l'art scénique, la manière de représenter l'Égypte se transforme. Le peintre décorateur n'est plus tenu de reproduire, mais il transpose, interprète selon sa vision personnelle. L'évocation succède à la reconstitution, qu'elle soit de nature symbolique ou poétique, telle Cléopâtre sortant de son sarcophage d'or et faisant dérouler lentement les bandelettes et les voiles qui l'enserraient comme une momie, sous l'œil médusé du public parisien[36].

N. W.

1. Opéra représenté à Saint-Germain-en-Laye le 5 janvier 1677 et à l'Opéra, cette même année, au mois d'août.

2. Ballet représenté d'abord à Versailles, le 15 mars 1747 puis à l'Opéra, le 25 novembre 1748.

3. Bibliothèque de l'Opéra, D. 216 (XII).

4. Tragédie lyrique représentée le 15 décembre 1789. Livret édité à Paris en 1790.

5. Ce fonds est conservé à la bibliothèque municipale. Les décors de théâtre pour les spectacles de la Cour et l'Opéra sont réunis dans le tome V sous la cote 483. Voir en particulier les numéros 81, 147, 257.

6. Sans-culottide de G. Bouquier et Ph. Moline représentée le 5 avril 1794.

7. Voir la gravure d'I. S. Helman, d'après Charles Monnet.

8. *Cf.* Humbert, 1989, p. 41.

9. *Cf.* Chailley, 1968.

10. *La Flûte enchantée* a été créée à Vienne le 30 septembre 1791 et représentée à Paris sous le titre *Les Mystères d'Isis*, le 20 août 1801.

11. Cette critique a été formulée lors d'une reprise en 1821 (*Journal des théâtres*, 1er février 1821). On continua à représenter cette version jusqu'en 1827.

12. *Cf.* l'*Almanach pour l'an X* (chez Courcier), p. 184. Il ne reste aucun témoin graphique de cette production, mais on sait que certains éléments des décors furent, pour raison d'économie, réutilisés pour *L'Enfant prodigue* en 1812 (Arch. Nat., AJ[13] 93).

13. *Cf.* Curl, 1982, pp. 135-139.

14. Voir notamment à la bibliothèque de l'Opéra les esquisses de Chaperon (D. 345, I, pl. 9/2 et 18/1) et de Despléchin (Esq. 8).

15. *Ibid.*, D. 345, II, pl. 42.

16. Ballet historique de Jean-Pierre Aumer, musique de Rudolphe Kreutzer, représenté le 8 mars 1808.

17. Ballet-pantomime de Pierre Gardel, musique d'Henri Montan-Berton, représenté le 28 avril 1812.

18. Bibliothèque de l'Opéra, Esq. 19 (18-20).

19. Le décor de l'acte II est ainsi décrit dans le livret : « Le théâtre représente une place publique de la ville de Memphis. Le luxe égyptien y règne de toutes parts : les merveilles de l'art de l'architecture brillent dans tous les monuments » (Paris, 1812).

20. Arch. Nat., AJ[13] 63 et 64.

21. *Cf.* Wild, 1977, pp. 453-463.

22. *La Presse*, 9 décembre 1850.

23. *Ibid.*

24. Bibliothèque de l'Opéra, D. 216 (16), pl. 127, 130.

25. *Ibid.*, pl. 120.

26. Ouvrage publié en 1835 sous la direction de J.-F. Champollion et I. Rosellini. Fresque relevée au temple d'Abou Simbel.

27. Fischer, 1931, p. 222.

28. Retardée, la première représentation d'*Aïda* n'eut lieu que le 24 décembre 1871, deux ans après l'inauguration de l'Opéra du Caire.

29. Bibliothèque de l'Opéra, fonds Nuitter, l.a.s. Mariette, n°s 3-5, mai-juin 1870. *Cf.* aussi Humbert, 1976, pp. 229-256.

30. Lettre de Mariette à Draneht Bey, 28 septembre 1871, *in* Abdoun, 1971, p. 83. *Cf.* aussi Humbert, 1991, pp. 485-495 ; Chappaz, 1990, pp. 83-87.

31. *Cf.* lettre de Mariette à Draneht Bey, 15 juillet 1870, *in* Abdoun, 1971, p. 4.

32. Bibliothèque de l'Opéra, Rés. 861.

33. *Aïda* sera en effet créée à l'opéra Garnier le 22 mars 1880, avec en partie les mêmes décorateurs qu'à l'Opéra du Caire.

34. Bibliothèque de l'Opéra, D. 216 (31 / II).

35. *Cf.* Rouché, 1924.

36. Le ballet *Cléopâtre* est une adaptation des *Nuits égyptiennes*, musique d'Anton Arenski. Il fut représenté par les Ballets russes, dans des décors et des costumes de Léon Bakst, tout d'abord au théâtre du Châtelet en 1909, puis sur la scène de l'Opéra, l'année suivante.

240 Souterrain d'une pyramide

Décor pour *La Morte di Cleopatra*
de Sebastiano Nasolini

Pelagio Palagi (1775-1818)
1797 ?
Plume et encre noire, aquarelle sur papier
H. : 24,6 cm ; L. : 34,4 cm
Bologne, Biblioteca Comunale dell'Archiginasio,
Gabinetto dei disegni
Fondo Pelagio Palagi, n° 281

Historique :
Don Palagi, 1860.

Exposé à Ottawa

Comme le note Deanna Lenzi dans le catalogue de l'exposition de 1979, ce dessin fut exécuté pour la tragédie lyrique *La Morte di Cleopatra* de Sebastiano Nasolini. L'opéra, créé à Trieste le 24 avril 1792, est un succès en Italie mais aussi à Berlin, à Madrid, à Lisbonne, à Londres et à Paris, où Napoléon assiste à la première le 1er décembre 1813. En 1794, Nasolini produit à Florence un deuxième opéra égyptien, *Sesostri, Re d'Egitto*, sur un thème traité par Terradellas en 1751 et avant lui par Hasse, dès 1729, dans *Sesostrate*.

La *Morte di Cleopatra* fut représentée à Bologne en 1797 avec un ballet, *Paolo e Virginia*, situé lui aussi – curieusement – dans un cadre égyptien. La contribution de Palagi, alors âgé de vingt-deux ans, à la conception des décors est signalée dans le livret. L'intérêt de l'artiste pour les formes égyptiennes était partagé par son ami Antonio Basoli et tous deux ont étudié des gravures de Piranèse et de Tesi dans les années 1790. Palagi connaissait par ailleurs le *Recueil d'antiquités égyptiennes* de Caylus et *L'Antiquité expliquée* de Montfaucon ainsi que les gravures fantaisistes de Desprez et de Hubert Robert[1]. Ce décor est largement inspiré de Piranèse mais l'idée d'une salle circulaire, à la bolonaise, est vraisemblablement empruntée à Tesi. Contrairement aux décors égyptiens ultérieurs de Palagi, marqués d'une plus grande sobriété, celui-ci fait appel à un large éventail d'éléments décoratifs, y compris les sphinges caractéristiques du XVIIIᵉ siècle.

Palagi joua un rôle de premier plan dans la promotion du retour à l'antique en Italie au début du XIXᵉ siècle et, avec les années, sa passion prit une forme plus concrète : en 1831, il fit l'acquisition d'une des quatre collections d'antiquités assemblées par Giuseppe Nizzoli[2], consul d'Autriche en Égypte. Il lui acheta également d'autres œuvres égyptiennes ainsi que des antiquités conservées antérieurement au musée Nani de Venise. La plus grande partie de sa collection se trouve aujourd'hui au Musée égyptien de Bologne[3].

M. P.

1. Sur les dessins architecturaux et scénographiques de Palagi, cf. Matteucci, in cat. exp. Bologne, 1976, pp. 105-175 et notices nᵒˢ 96-98, 110 ; pour un exemple des copies de Palagi d'après Montfaucon, cf. op. cit., repr., p. 373.
2. Nizzoli constitua l'essentiel de ses collections égyptiennes entre 1818 et 1828. La première fut achetée en 1820 par l'empereur d'Autriche ; la deuxième, aujourd'hui à Florence, fut acquise par le grand-duc de Toscane en 1824 ; la quatrième, achetée par le marquis Tommaso Malaspina, est maintenant à Pavie.
3. À propos de Palagi collectionneur, cf. Curto et Fiora, in cat. exp. Bologne, 1976, pp. 369-376 et pp. 377-404. Sur l'intérêt de Palagi pour l'antique, cf. Roncuzzi Roversi-Monaço, 1989, pp. 205-226.

Expositions :
Bologne, 1979, nᵒ 309, fig. 267.

241 Marc Antoine et Cléopâtre

Deux costumes pour *Cleopatra* de Joseph Weigl et Luigi Romanelli

Giacomo Pregliasco (1759-1828)
1808
Plume et encre noire, aquarelle sur papier
H. : 14,7 cm ; L. : 35,2 cm (l'album : H. : 28 cm ; L. : 43 cm ; ép. : 3 cm)
Inscription, au-dessous : « Marc'Antonio Sig. Matucci Cleopatra Regina d'Egitto La Sigʳᵃ Sessi / Opera prima La Cleopatra nel Rᵒ Teatro alla Scala / Il Carnavale dell' 1808 / Inᵗⁱ da Pregliasco Ro Dissʳᵉ e del Teatro »
Turin, Biblioteca Civica Centrale
Raccolte drammatiche, ms 222, f. 13

Historique :
Don de la comtesse Flaminia Ricardi di Netro, 1903.

Exposés à Paris et à Ottawa

Formé à Turin, Pregliasco s'établit en 1806 à Milan, où il travaille comme décorateur jusqu'en 1816. Une de ses premières commandes fut pour un ballet-cantate avec décors égyptisants, *L'Arrivo in Milano degli sposi*, présenté à la Scala en 1806 en l'honneur du vice-roi Eugène de Beauharnais, nouvellement marié. Puis on fit appel à ses services pour l'opéra *Cleopatra* du compositeur viennois Joseph Weigl, créé à la Scala le 19 janvier 1807 dans des décors de Paolo Landriani[1]. L'aspect le plus mémorable du spectacle ne fut pas la musique, ni le livret plutôt conventionnel, mais les costumes de Pregliasco qui, malgré leur fantaisie, représen-

taient un effort d'authenticité sans précédent à cette époque[2]. Marianne Sessi, dans le rôle de Cléopâtre, portait une coiffure égyptienne, une tunique ornée d'un disque ailé et – seule note discordante – un pagne réservé aux hommes dans l'Égypte ancienne. Les pages qui tenaient sa traîne étaient également vêtus de costumes à l'égyptienne.

Pregliasco dessina également pour *Cleopatra* un extraordinaire chariot militaire égyptien d'inspiration piranésienne[3]. Par la suite, en 1819, à Turin, il conçut pour Marie-Christine de Savoie un carrosse de cérémonie qui reproduisait un temple d'Isis et qui est conservé aujourd'hui au palais du Quirinal à Rome[4]. On lui attribue aussi un monumental projet de décoration à l'égyptienne conçu pour une cérémonie maçonnique et conservé au Museo Civico de Turin[5].

M. P.

1. On a relié à l'acte II de l'opéra un dessin de Landriani conservé au Museo Teatrale alla Scala de Milan (inv. 4140, coll. scén. 2502). Cf. cat. exp. Milan, 1975, p. 632, nᵒ 2426, fig. 1183. Sur les décors égyptiens de Landriani pour *Cesare in Egitto*, cf. Viale Ferrero, 1983, pl. X-XII.
2. Mercedes Viale Ferrero, analysant ce goût de l'authentique, y voit à juste titre un trait particulier aux dessinateurs de Turin. Cf. Viale Ferrero, op. cit., p. 59. Pour les rares renseignements biographiques sur Pregliasco, cf. Baudi di Vesme, 1968 et cat. exp. Turin, vol. III, 1980, pp. 1476-1477 ; sur son goût de l'exotisme, cf. Winter, 1974, p. 221.
3. Reproduit dans Viale Ferrero, op. cit., pl. XXVI.
4. Cf. Pettenati, 1980, pp. 243-247, avec bibliographie.
5. Cf. cat. exp. Turin, vol. II, 1980, notice nᵒ 931, repr.

Expositions :
Turin, 1980, nᵒ 910 (l'album, mais sous une autre présentation) ; Turin, 1991.

Bibliographie sommaire :
Viale Ferrero, 1983, p. 58, pl. XXV, repr. coul.

Marc Antonio Sig. Matucci · Cleopatra Regina d'Egitto La Sig.ra Sessi

Opera prima La Cleopatra nel R.l Teatro alla Scala · Il Carnovale dell'1808

L'Égypte à l'opéra

242 Place d'Alexandrie

Décor pour l'acte III des *Amours d'Antoine et de Cléopâtre* de Jean-Pierre Aumer

Jean-Baptiste Isabey (1767-1855)
1808
Plume, sépia
H. : 34,1 cm ; L. : 48,2 cm
Daté au verso : « 1808 » ; autres mentions manuscrites[1]
Paris, Bibliothèque nationale, département de la Musique : bibliothèque-musée de l'Opéra
Esq. 19 / Isabey (20)

Jean-Baptiste Isabey n'était pas seulement le portraitiste et miniaturiste de l'Impératrice puis des rois, qui résista à tous les changements de régime ; organisateur sous l'Empire des fêtes des Tuileries, de Saint-Cloud et de la Malmaison, il fut aussi dessinateur des cérémonies et directeur des décorations de l'Opéra.

On n'est donc guère étonné de le voir mettre ses dons d'organisation de l'espace et de mise en scène dans une production à la mode[2]. Sa composition montre toutefois un curieux mélange de styles et surtout une faible connaissance de l'Égypte antique, qui paraissent néanmoins suffisants à un ballet dont le sujet à lui seul assurait le succès.

J.-M. H.

1. « La peinture de cette décoration montera à la somme de quatre mille quatre-vingts francs, prix convenu entre Messieurs Matis, Desroches et Mr Isabey [...]. » D'une autre main : « Approuvé la présente décoration, Paris ce 30 aoust 1808, le premier chambellan », signé : « Rémuzat ».
2. Ballet historique en trois actes de Jean-Pierre Aumer ; musique de Rudolphe Kreutzer. Créé au théâtre de l'Opéra (salle Montansier) le 8 mars 1808.

Bibliographie sommaire :
Wild, 1987, pp. 33-34.

243-244 Place publique à Memphis

Deux esquisses de décors pour l'acte II, tableau 1 de *L'Enfant prodigue* de Pierre Gardel

Jean-Baptiste Isabey (1767-1855)
1812
Plume, sépia
243 : H. : 34 cm ; L. : 45,5 cm
244 : H. : 33 cm ; L. : 47 cm
Paris, Bibliothèque nationale, département de la Musique : bibliothèque-musée de l'Opéra
Esq. 19 Isabey (14) et (15)

Ce ballet-pantomime[1] se déroule « à Memphis et à Gessen », devant « le péristyle du temple de Vulcain », non loin duquel coule le Nil. Il est intéressant de noter que, outre ces grandes compositions d'Isabey, l'Opéra utilisa des éléments d'anciens décors : pour les actes I et II, *La Mort d'Adam* et pour l'acte II, tableau 1, *Les Mystères d'Isis*[2].

Le premier décor d'Isabey recréant une « place publique à Memphis » fait songer à un caprice d'architecte : pyramides, temples, obélisques et colonnes sont disposés dans un désordre apparent, accentué par le curieux assemblage de colonnes hathoriques, taureaux Apis et béliers ; le second fait se succéder quatre pylônes de temples spectaculaires. On mesurera surtout la sensible évolution de l'auteur qui, sans copier servilement des modèles antiques, leur donne néanmoins une crédibilité très supérieure à ce qu'il

avait fait moins de quatre ans auparavant (cat. 242). Pour ce cas précis, il a indubitablement consulté la *Description de l'Égypte*.

J.-M. H.

1. Ballet-pantomime en trois actes de Pierre Gardel ; musique arrangée par Henri Montan-Berton (emprunts à Méhul, Paër, Haydn, Viotti, Paesiello) ; décors de Jean-Baptiste Isabey ; costumes de François-Guillaume Ménageot. Créé au théâtre de l'Opéra (salle Montansier) le 28 avril 1812.
2. *Cf.* Wild, 1987, pp. 86-88. ; malgré ces réutilisations, le comte de Rémusat se plaignit auprès du directeur du coût de la production (Arch. Nat. AJ/13-93).

Expositions :
Boulogne-Billancourt, 1990, n°ˢ 271-272.

Bibliographie sommaire :
Wild, 1987, pp. 86-88.

Fig. 1.
Place publique de Memphis
Gravure de Léger
d'après Jean-Baptiste Isabey
pour un décor
de *L'Enfant prodigue*
Paris, Bibliothèque nationale,
département de la Musique,
bibliothèque-musée de l'Opéra.

243

L'Égypte à l'opéra

244

La Flûte enchantée

L'opéra de Mozart, créé à Vienne le 30 septembre 1791, cristallise les préoccupations de toute une époque : la recherche d'un absolu exotique et lointain, mais aussi une quête philosophique et ésotérique reprise à son compte par la franc-maçonnerie ; car dans la lutte du bien et du mal, c'est Sarastro, le grand prêtre égyptien, qui personnifie le bien et c'est sous les auspices d'Isis et d'Osiris que le couple Tamino-Pamina découvrira la vérité.

Parmi diverses sources, le Séthos de l'abbé Terrasson (1731) a suscité nombre d'autres œuvres, dont une tragédie en vers d'Alexandre Tannevot (1739). L'opéra-ballet de Rameau La Naissance d'Osiris (1751), l'opéra de Neumann Osiris (Dresde, 1781), le drame héroïque du baron von Gebler Thamos, roi d'Égypte, mis en musique par Mozart (1773), appartiennent à un même cycle théâtral[1].

Les décors de ces productions variées empruntent au vocabulaire commun, à l'égyptomanie et à l'ésotérisme ; on retrouve dans leur conception la recherche de l'étrange et du merveilleux, toutes choses qui animaient au même moment les commanditaires des fabriques des jardins anglo-chinois. Les situations susceptibles de susciter des scènes spectaculaires sont abondamment exploitées et gagnent en originalité grâce à des éléments scénographiques d'une totale nouveauté : « Un bois de palmiers dont le feuillage est d'or. De chaque côté, neuf pyramides et devant chacune un siège. La plus grande pyramide est au milieu. Des nuages entre les pyramides. Au milieu, une pyramide transparente avec des hiéroglyphes. Un temple du Soleil dans tout son éclat. Les prêtres égyptiens tiennent des fleurs[2] », tel était le décor de La Flûte enchantée lors de sa création.

À Vienne en 1791, comme à Paris en 1801 (où est présentée une version adaptée sous le titre Les Mystères d'Isis), ainsi qu'à Londres en 1811, c'est donc un aspect résolument illustratif qui semble primer, sorte de contrepoint imagé de l'Égypte des Lumières ; Schinkel, le premier, créera l'impression profonde d'un véritable fantastique propre à frapper les esprits au-delà même du contenu de l'œuvre. De nos jours, La Flûte enchantée continue de tenter des artistes comme Marc Chagall ou David Hockney qui, dans des registres totalement différents, ont voulu exprimer leur perception de ce monde magique[3].

J.-M. H.

1. Cf. *Baltrusaitis*, 1969, pp. 51-58.
2. *Cité in Baltrusaitis*, op. cit. p. 51.
3. Cf. *Morenz*, 1952, *Heft* 2 ; *L'Avant-Scène Opéra*, n° 1, janvier 1976 ; *Chailley*, 1983.

245

246

245-249 La Flûte enchantée

Cinq décors pour l'opéra de Wolfgang Amadeus
Mozart

G. F. Thiele et L. W. Wittich
d'après Karl Friedrich Schinkel (1781-1841)
1819
Aquatinte
245 : acte I, scène 15 : *Entrée du domaine
de la reine de la Nuit*
H. : 34,5 cm ; L. : 49,5 cm
246 : acte II, scène 7 : *Le jardin de Sarastro*
H. : 34,5 cm ; L. : 48,5 cm
247 : acte II, scène 20 : *Intérieur du mausolée*
H. : 35 cm ; L. : 51,5 cm
248 : acte II, scène 28 : *Escalier du temple du Soleil*
H. : 35 cm ; L. : 51,5 cm
249 : acte II, scène 30 : *Le temple du Soleil*
H. : 35 cm ; L. : 52 cm

Paris, Bibliothèque nationale, département
de la Musique : bibliothèque-musée de l'Opéra
Sc. Est. Flûte enchantée, Inv. Opéra 13.730 (pl. 6,
7, 8, 10, 11)

Exposés à Paris (246-249) ; à Ottawa et à Vienne
(245-249)

S'intéressant très jeune à l'architecture, Schinkel effectue en
1803-1805 un long voyage en Italie, en Sicile et à Paris, au
cours duquel il commence à peindre. De retour en Allemagne, il se consacre essentiellement à la peinture, notamment dans le domaine des dioramas et des panoramas. De
ces toiles immenses au décor de théâtre, il n'y avait qu'un
pas que Schinkel franchit en 1815 en s'attaquant à la production de *La Flûte enchantée* que lui a commandée l'Opéra
royal de Berlin[1]. Parfaitement préparé donc, maîtrisant les
volumes et les couleurs, il est alors à même de créer une
vision nouvelle de cette œuvre exceptionnelle.

247

Avant Schinkel, les décors de *La Flûte enchantée* étaient restés essentiellement classiques[2], hésitant entre l'illustration d'un simple conte de fées et le réalisme archéologique. Schinkel, lui, crée à partir des dessins de Piranèse un monde à la fois gigantesque et mystérieux qui lui est propre, ancêtre de toutes les superproductions théâtrales et cinématographiques à venir : ciel étoilé, sphinx baigné des lueurs de la nuit au milieu d'une île, palais somptueux avec colonnades, allées de sphinx... Un style était né, et les imitateurs furent légion[3].

J.-M. H.

1. Berliner Königliches Schauspiel-Opernhaus, 1816.
2. *Cf.* Curl, 1982, pp. 135-136.
3. Par exemple, Simon Quaglio (Munich, 1818), Norbert Bittner (Vienne, 1818), Friedrich Christian Beuther (Kassel, 1821). *Cf.* Curl, *op. cit.*, pp. 140-142.

Bibliographie sommaire :
Cat. exp. Londres, 1972, pp. 947-949 ; Zadow, 1980 ; cat. exp. Milan, 1985 ; cat. exp. Berlin, 1989, n° I/169 ; cat. exp. Londres, 1991.

248

249

L'Égypte à l'opéra

250-251 Papageno et Sarastro

Deux costumes pour *La Flûte enchantée*
de Wolfgang Amadeus Mozart

Filippo Pistrucci (actif de 1806 à 1822)
1816
Gravure colorée à la main
250 : H. : 14 cm ; L. : 20 cm
251 : H. : 13 cm ; L. : 17 cm
Planches tirées de *Fasti del Regio Teatro alla Scala
di Milano*, fasc. I
Milan, Museo Teatrale alla Scala

Mercedes Viale Ferrero a souligné avec raison l'intérêt des dessins de Pistrucci pour la production de *La Flûte enchantée* présentée à la Scala en 1816, avec des décors à l'égyptienne de Gaspare Gagliari et Giovanni Pedroni[1]. Si les décors n'étaient pas aussi inspirés que ceux de Schinkel vus l'année précédente à Berlin, les costumes de Pistrucci, dont la plupart ont été reproduits en gravure, étaient d'une remarquable ingéniosité. Sans doute jamais aucun Papageno ne

fut aussi charmant que celui imaginé par Pistrucci, avec son *némès*, son costume de plumes et sa cage à oiseaux en forme de pyramide. Le costume de Sarastro, orné de hiéroglyphes et de symboles maçonniques, est plus hybride et, comme il convient, moins fantaisiste. Le symbolisme associé aux hiéroglyphes, sans doute popularisé en partie par *La Flûte enchantée*, a tôt fait de gagner les salles de bal, comme en témoigne le dessin d'une « Magicienne » portant un long tablier à ornements hiéroglyphiques (pl. 7) dans *Travestissements*, série de gravures de mode de Georges-Jacques Gatine parue vers 1820.

M. P.

1. Au sujet des dessins de Gagliari et Pedroni, *cf.* Viale Ferrero, 1983, pl. XXXI, XXXII.

Bibliographie sommaire :
Viale Ferrero, 1983, pp. 87, 166,
pl. XXXIV, repr. coul.

252-253 Cour du Temple et le Temple du Soleil

Deux décors pour *La Flûte enchantée*
de Wolfgang Amadeus Mozart

Simon Quaglio (1795-1878)
1818
Plume et aquarelle
252 : H. : 34,7 cm ; L. : 45,9 cm
253 : H. : 34,5 cm ; L. : 49,4 cm
Munich, Theatermuseum
Inv. 532 St.O et 534 St.O

Dernier représentant d'une dynastie de décorateurs de théâtre, Simon Quaglio commença à peindre des décors

d'architecture pour le théâtre de la cour de Munich en 1814. Ses créations pour les représentations de *La Flûte enchantée*, données à l'occasion de l'inauguration du Théâtre national le 27 novembre 1818 furent pour lui l'occasion d'abandonner le style familial classique au profit de dessins mêlant archéologie et fantastique, d'où l'influence de Schinkel n'est certainement pas absente.

J.-M. H.

Bibliographie sommaire :
Niehaus, 1956 ; Humbert, 1989,
pp. 285 et 289.

254-257 La Flûte enchantée

Quatre costumes pour l'opéra
de Wolfgang Amadeus Mozart

Marcel Multzer (1866-1937)
Vers 1908
Plume
H. : 32,5 cm ; l. : 25 cm
Paris, Bibliothèque nationale, département
de la Musique : bibliothèque-musée de l'Opéra
D. 216 (O.C. 1909), pl. 2, 3, 5 et 19

Marcel Multzer, s'il n'a jamais travaillé pour l'Opéra de Paris, a laissé de nombreux dessins de costumes – réalisés souvent en collaboration avec Charles Bétout –, pour tous les ouvrages à succès joués à la fin du XIXᵉ et au début du XXᵉ siècle, aussi bien dans les domaines classiques qu'exotiques (*Faust*, *Hamlet*, *Les Huguenots*, *Lohengrin*, *L'Africaine*...). Son style bien particulier sait en effet s'adapter avec bonheur aux époques et aux cadres les plus divers.

Dans ses dessins pour *La Flûte enchantée*, la grâce des gestes, la finesse des accessoires et les symboles repris à bon escient (la plume *maât* pour Pamina) créent un univers tout à fait particulier, encore accentué par l'opposition entre la simplicité des costumes des trois enfants et de Pamina et la surcharge de ceux de Sarastro et de la Reine de la Nuit. Même sans les décors, ces costumes déplacent à eux seuls *La Flûte enchantée* dans le temps et constituent un exemple frappant de l'intégration de l'égyptomanie à l'art du moment.

J.-M. H.

Bibliographie sommaire :
Wild, 1987, pp. 86-88.

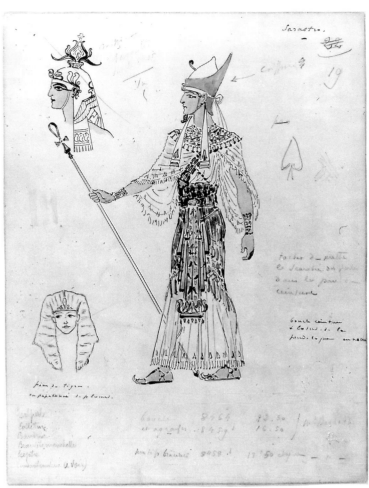

258-260 Moïse

Trois décors pour les actes I, II et III de l'opéra de Giuseppe Balocchi et Étienne de Jouy, musique de Gioacchino Rossini

Auguste Caron
1827
Aquarelle
258 : H. : 25,2 cm ; L. : 36,5 cm
259 : H. : 24,8 cm ; L. : 35 cm
260 : H. : 24,5 cm ; L. : 36,9 cm
Signés et datés au crayon : « Caron, 1827 »
Paris, Bibliothèque nationale, département
de la Musique : bibliothèque-musée de l'Opéra
D. 300, pl. I, II et III

Exposés à Ottawa et à Vienne (258-259)

L'opéra de Rossini avait été créé à Naples en 1818 ; sa première présentation à Paris (salle Le Peletier), le 26 mars 1827, est l'occasion de réaliser une nouvelle production dont les décors sont confiés à Pierre-Luc-Charles Cicéri, peintre en chef de l'Opéra de 1816 à 1848. Celui-ci a pour assistant

Auguste Caron, qui travaille à trois reprises sous ses ordres en 1826-1827 et signe plusieurs esquisses préparatoires.

Les aquarelles de Caron pour *Moïse* sont joliment traitées et colorées, mais il leur manque les qualités qu'apporte en ce domaine l'expérience. La colonnade de l'acte II, copiée sur la *Description de l'Égypte* dont l'Opéra possédait un exemplaire, n'a guère le caractère ni le relief qu'impose un décor scénique : elle reste une simple et plate reproduction de l'intérieur du temple de Philae par Lepère[1] (cat. 149). Quant à la grande salle de l'acte III, elle est occupée par une multitude de statues qui créent davantage une impression d'encombrement que de véracité de l'évocation. On y remarque, comme il était fréquent à l'époque, des remplois de décors antérieurs : le personnage agenouillé, à gauche et les thermes, à droite viennent du décor d'Isabey pour *L'Enfant prodigue* de Gardel (cat. 243-244).

J.-M. H.

1. *Description de l'Égypte*, 1809-1928, *Antiquités*, vol. I, pl. 18.

Bibliographie sommaire :
Wild, 1987, p. 182.

261-264 Aménophis, Osiride, Pharaon et Sinaïde

Quatre maquettes de costumes pour *Moïse*
de Giuseppe-Luigi Balocchi et Étienne de Jouy,
musique de Gioacchino Rossini

Hippolyte Lecomte (1781-1857)
1827
Aquarelle
H. : 22 cm ; l. : 16 cm
En partie signées et datées : « Hte L 1827 » ;
portent la mention : « Arrêté par le Conseil
d'administration, le 6 février 1827 »
Paris, Bibliothèque nationale, département
de la Musique : bibliothèque-musée de l'Opéra
D. 216 (8), pl. 21, 22, 24 et 27

Exposées à Ottawa et à Vienne (261-262)

Hippolyte Lecomte a dessiné des costumes pour l'Opéra de
Paris d'avril 1825 à octobre 1831, période pendant laquelle
il a beaucoup produit.

    Ses personnages sont plausibles pour l'époque et
montrent quelque prétention à la vérité historique, comme
la coiffure de guerre que porte Aménophis. Osiride, grand
prêtre d'Isis, le Pharaon et son épouse Sinaïde présentent
une véracité peu commune à cette période où la seule source
vraiment accessible pour les dessinateurs de l'Opéra
demeure la *Description de l'Égypte*.

J.-M. H.

Bibliographie sommaire :
Wild, 1987, p. 182.

265 L'Enfant prodigue

Esquisse de décor pour l'acte II
de l'opéra d'Eugène Scribe,
musique de Daniel-François-Esprit Auber

Charles-Antoine Cambon (1802-1875)
1850
Pastel (brun) et rehauts de blanc sur papier beige
H. : 43,2 cm ; L. : 58,5 cm
Paris, Bibliothèque nationale, département
de la Musique : bibliothèque-musée de l'Opéra
Esq. 19 / Cambon (36)

Cet opéra, créé au théâtre de l'Opéra (salle Le Peletier) le 6 décembre 1850, était l'occasion de présenter, comme le ballet-pantomime de Gardel[1], une production à grand spectacle, dont Théophile Gautier rend compte en connaisseur :

L'acte II « sert de motif à une magnifique décoration. À droite s'élève le temple d'Isis avec le caractère éternel et gigantesque de l'architecture égyptienne. Les hiéroglyphes coloriés tournent autour des colonnes, grosses comme des tours, en processions immobiles. L'épervier ouvre ses ailes sur les frontons ; les chapiteaux à têtes de femmes regardent de leurs yeux obliques, les sphinx allongent leurs griffes pleines d'énigmes, les obélisques et les stèles se dressent chamarrés d'inscriptions symboliques, tout est menace et mystère dans cette effrayante splendeur, qu'illumine un soleil implacable, réverbéré par les dalles de granit des terrasses [...]. La population, étagée sur les escaliers et les rampes, regarde passer le cortège du bœuf Apis, dont on célèbre la fête[2] ».

Élève de Cicéri, Cambon travaille pour l'Opéra de 1833 à sa mort en 1875. Son décor, qui mêle une grande profondeur à un audacieux étagement des plans, réussit à donner aux éléments répétitifs qu'il utilise le caractère spectaculaire souhaité. Car, bien sûr, il ne faudrait chercher aucun caractère archéologique à sa composition.

J.-M. H.

1. *Cf.* cat. 243-244.
2. *La Presse*, 9 décembre 1850, cité *in* Wild, 1987, p. 89.

Bibliographie sommaire :
Wild, 1987, p. 89.

266-270 L'Enfant prodigue

Cinq maquettes de costumes
pour l'opéra d'Eugène Scribe,
musique de Daniel-François-Esprit Auber

Paul Lormier (1813-1895)
1849-1850
Crayon, plume, aquarelle et gouache
266 : *Flabellifère du roi d'Égypte*
H. : 28,5 cm ; l. : 19,5 cm
267 : *Prêtresse*
H. : 23,5 cm ; l. : 15 cm
268 : *Coiffure de guerre des rois d'Égypte*
H. : 23,5 cm ; l. : 15 cm
269 : *Archers éthiopiens, comparses*
H. : 21,5 cm ; l. : 18 cm
270 : *Enseignes*
H. : 22,5 cm ; l. : 19 cm
En partie signées et datées : « 1849 » ou « 1850 ».
Paris, Bibliothèque nationale, département
de la Musique : bibliothèque-musée de l'Opéra
D. 216 (16), pl. 121, 130, 132, 134 et 137

Exposées à Ottawa et à Vienne (268-270)

Paul Lormier est l'un des plus importants créateurs de costumes de l'Opéra de Paris, où il exerce de 1832 à 1887 ; non
content d'y être chef dessinateur, il cumulera cette fonction
avec celle de chef de l'habillement à partir de 1855.

Alors que le travail de Mariette pour la création
d'*Aïda* a toujours été présenté comme révolutionnaire par la
précision et la véracité des costumes, on est étonné de découvrir que Paul Lormier, vingt ans avant lui, était allé chercher sa documentation à la meilleure et à la plus récente
des sources, c'est-à-dire dans l'ouvrage de Champollion,
Les Monuments de l'Égypte et de la Nubie[1] (Fig. 1-4).

Un telle conscience ne pouvait manquer d'être
remarquée et Théophile Gautier en fait l'éloge dans son
compte rendu : « Imaginez-vous le musée Charles X et la
salle égyptienne du Louvre en action. Les costumes ont été
décalqués sur des caisses de momie, et l'on a pris des renseignements dans les papyrus déchiffrés par les Champollions
de l'Opéra ; c'est très beau et très exact[2]. »

J.-M. H.

1. *Cf.* Champollion, 1835-1845.
2. *La Presse*, 9 décembre 1850, cité *in* Wild, 1987, p. 89.

Bibliographie sommaire :
Wild, 1987, pp. 89-90.

266

Fig. 1. Jean-François Champollion,
Monuments de l'Égypte et de la Nubie,
Paris, 1835-1845, t. I, pl. XXVII
Paris, musée du Louvre,
bibliothèque centrale des Musées nationaux.

Fig. 2. Jean-François Champollion,
Monuments de l'Égypte et de la Nubie,
Paris, 1835-1845, t. III, pl. CCXV
Paris, musée du Louvre,
bibliothèque centrale des Musées nationaux.

L'Enfant prodigue opéra.

BIBL. DE L'OPÉRA

Coiffure de guerre des rois d'Égypte.

L. 1850.

267

L'Enfant prodigue opéra. II *Prêtresse*

BIBL. DE L'OPÉRA

L. - 1850.

268

Fig. 3. « Sésostris »
Jean-François Champollion,
Monuments de l'Égypte et de la Nubie,
Paris, 1835-1845, t. I, pl. III
Paris, musée du Louvre,
bibliothèque centrale des Musées nationaux.

269

270

Fig. 4. « Peintures copiées dans la tombe de Ramsès
Jean-François Champollion,
Monuments de l'Égypte et de la Nubie,
Paris, 1835-1845, t. III, pl. CCLXIII
Paris, musée du Louvre,
bibliothèque centrale des Musées nationaux.

L'Égypte à l'opéra

Décor pour l'acte IV, tableau 2 de *Faust*
de Jules Barbier et Michel Carré,
musique de Charles Gounod

Philippe-Marie Chaperon (1823-1906)
1858
Fusain, rehauts de gouache, collages
H. : 16,8 cm ; L. : 22,9 cm
Indication ancienne sur le passe-partout :
« Théâtre lyrique »
Paris, Bibliothèque nationale, département
de la Musique : bibliothèque-musée de l'Opéra
D. 345 (II, pl. 42)

Exposé à Ottawa et à Vienne

Cette esquisse de décor à l'égyptienne pour la scène de « La grotte » (tableau 2 de l'acte IV), peut surprendre. En fait, les productions récentes nous ont fait oublier que, lors de la création – alors que la Nuit de Walpurgis n'avait pas encore été ajoutée à la partition[1] –, il existait déjà un ballet féerique où Cléopâtre et des Nubiennes accueillaient Faust.

Ancien élève de Riesener et de Cicéri, Philippe Chaperon fait montre ici d'une maîtrise déjà totale, tant dans la manière de traiter les volumes que dans l'atmosphère qui se dégage du décor avant même que les éclairages et les acteurs ne viennent l'animer. Associé avec Auguste-Alfred Rubé en 1862, il met son talent au service de l'Opéra de Paris de 1864 aux années 1900, période pendant laquelle il participe à près d'une soixantaine de productions, ce qui représente plus de cent cinquante décors. Il travaille également, pendant la même période, pour le Théâtre-Français, l'Odéon, le Châtelet et la Porte-Saint-Martin.

J.-M. H.

1. Elle ne sera ajoutée qu'en 1869, à la demande de l'Académie impériale de musique pour la création à la salle Le Peletier.

Bibliographie sommaire :
Wild, 1993, à paraître.

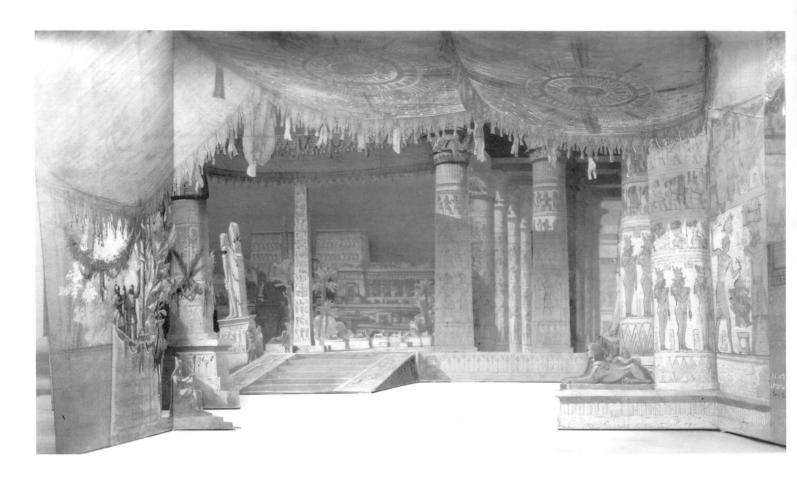

272 Porche du temple d'Isis

Maquette construite du décor de l'acte III de
Moïse de Giuseppe-Luigi Balocchi et Étienne de
Jouy, musique de Gioacchino Rossini

Édouard Despléchin (1802-1871)
1863
Plume, crayon et aquarelle
H. : 66 cm ; L. : 82 cm ; l. : 65 cm
Paris, Bibliothèque nationale, département
de la Musique : bibliothèque-musée de l'Opéra
Maq. A 168

Pour la reprise du *Moïse* de Rossini à l'Opéra (salle Le Peletier) le 23 décembre 1863, il fut décidé d'offrir au public une
production totalement nouvelle. Édouard Despléchin, qui
travaillait pour l'Opéra depuis 1833[1], est chargé de réaliser
le décor de l'acte III, qui doit figurer le porche du temple
d'Isis. Son décor demeure une représentation à la fois variée
et traditionnelle des types de bâtiments que l'on pouvait s'attendre à rencontrer dans l'Égypte antique.

Le décor de l'acte IV, également réalisé par Despléchin, plus spectaculaire encore, montrait le passage de la
mer Rouge et l'engloutissement du pharaon et de son armée,
sous les yeux du peuple d'Israël assemblé sur la rive. Le
grand spectacle, parfois, ne se suffit plus des caprices d'architecture des décorateurs de théâtre.

J.-M. H.

1. Il continuera à y réaliser des décors jusqu'à sa mort en 1871.

Bibliographie sommaire :
Wild, 1987, p. 183.

Aïda

De tous les opéras égyptisants, Aïda offre la particularité d'être le seul à avoir été conçu sur la terre même des pharaons, par un égyptologue. La première idée d'un opéra « composé et exécuté dans le style strictement égyptien[1] » revient au vice-roi d'Égypte Ismaïl Pacha, qui désirait voir écrire une œuvre nouvelle spécialement pour l'Opéra qu'il venait de faire construire au Caire, à l'occasion de l'inauguration du canal de Suez. Ce projet, que l'on peut dater de la fin de l'année 1869, n'aurait pas existé si l'un des plus grands égyptologues de l'époque, Auguste Mariette (Fig. 1), ne s'était pris au jeu, en écrivant le scénario, en créant les décors, les costumes et même la mise en scène.

Venu en Égypte pour la première fois en 1850, Mariette s'est fait connaître aussitôt en découvrant le Sérapeum de Memphis ; honoré du titre de Bey, nommé en 1858 directeur des travaux d'Antiquité en Égypte, il crée le musée de Boulaq, noyau de l'actuel musée du Caire, dont il montre en 1867 à Paris les plus belles pièces. Nombre d'auteurs lui ont dénié la possibilité d'avoir conçu cet opéra pour la seule raison qu'il était un savant reconnu et parce qu'il avait gardé en l'occasion un anonymat presque total[2]. En réalité, personne n'était mieux qualifié, de par ses capacités artistiques, intellectuelles et scientifiques : ancien professeur de dessin, il avait créé dans sa jeunesse des décors et des costumes, avait écrit des nouvelles, des romans et des feuilletons[3] ; il avait par ailleurs montré son sens des volumes et du spectaculaire en dessinant le temple de l'Exposition universelle de 1867[4].

Les sources d'inspiration de Mariette sont multiples. On a cité les souvenirs des auteurs de ses humanités classiques : Hérodote, Héliodore, Métastase et même Racine, mais c'est surtout son contact avec les textes hiéroglyphiques, avec les objets de fouille, avec le pays même où il vivait quotidiennement à l'ombre des pyramides qui allait lui permettre d'inventer une histoire à la fois plausible et tout imprégnée de l'atmosphère enivrante d'une Antiquité ressuscitée[5]. C'est de la conjonction de ces divers éléments qu'est né le scénario détaillé que Du Locle transmet à Verdi le 14 mai 1870[6].

Fig. 1. Auguste Mariette en 1875
Photographie de Félix Nadar ; Paris, CNMHS.

Le maestro, qui avait déjà répondu deux fois négativement à des demandes du vice-roi, est cette fois enthousiasmé à la lecture de ce synopsis. L'égyptologue avait réussi le plus difficile : convaincre Verdi d'accepter le projet. On mesure mieux aujourd'hui à quel point l'apport de Mariette a été déterminant dans la genèse d'Aïda mais on ne doit pas pour autant oublier que son rôle fut tout aussi important à toutes les étapes de la préparation de la création : fournissant aux décorateurs et costumiers tous les éléments historiques et archéologiques nécessaires, il surveilla dans les moindres détails, à tous les stades de leur fabrication, la véracité des éléments scéniques. Auguste Mariette a bien été l'artisan principal du succès de la création d'Aïda au Caire, ouvrant ainsi la voie à de nouveaux déferlements d'égyptomanie scénique.

J.-M. H.

1. Lettre de Mariette à Draneht Bey du 19 juillet 1870, citée in Abdoun, 1971, p. 5.
2. Cf. Fagan, 1977, p. 55 ; Meltzer, 1978, pp. 50-51 ; Humbert, in Antiquity, LIX, 1985, pp. 101-104.
3. Cf. Humbert, 1984, pp. 17-19 ; Humbert, op. cit., pp. 101-102.
4. Cf. cat. 214-215.
5. Cf. Humbert, 1993, pp. 8-15.
6. Cf. Humbert, 1976, pp. 229-256.

273-274 Roi et Comparse

Deux maquettes de costumes pour la création au Caire d'Aïda d'Auguste Mariette et Antonio Ghislanzoni, musique de Giuseppe Verdi

Auguste Mariette (1821-1881) et Jules Marre
1871
Aquarelle
H. : 31 cm ; l. : 24 cm
Paris, Bibliothèque nationale, département de la Musique : bibliothèque-musée de l'Opéra
Rés. 861

Historique :
Deux dessins d'un ensemble de vingt-quatre, donnés par Alfred Mariette, fils d'Auguste Mariette, le 8 juillet 1925.

Comme pour tout l'ensemble de la production, le rôle de Mariette dans le domaine des costumes a souvent été minimisé, sinon même contesté. Car s'il a lui-même à maintes reprises caché officiellement son rôle, il le rappelle néanmoins dans ses lettres : « J'ai dessiné moi-même les costumes[1]. » Une autre lettre de l'égyptologue à Draneht

274

habituellement au théâtre n'est pas difficile et s'il ne fallait que cela je ne m'en mêlerais point. Mais marier dans une juste mesure les costumes anciens fournis par les temples et les exigences de la scène moderne constitue une tâche délicate. Un roi peut être très beau en granit avec une énorme couronne sur la tête ; mais dès qu'il s'agit de l'habiller en chair et en os et de le faire marcher, et de le faire chanter, cela devient embarrassant et il faut craindre de... faire rire[4]. »

Il a peur, notamment, que certains chanteurs refusent de couper leurs barbes et moustaches : « Voyez-vous Naudin habillé en pharaon avec une barbiche, comme l'empereur Napoléon[5] ? » « Allez au musée de Boulaq et par la pensée mettez cet appendice à une de nos statues. Vous verrez l'effet que cela fera[6]. »

À chacun de ses voyages à Paris, où il contrôle la réalisation des décors et des costumes, il conseille les couturières si peu acclimatées à l'art égyptien et qui ont bien du mal à rendre ce qu'il souhaite : « Ainsi j'ai rencontré, dans le sujet tout nouveau des costumes, des difficultés que je ne prévoyais pas. L'affaire est grave, car il ne faut pas tomber dans la caricature, et d'un autre côté, il nous faut rester aussi égyptien qu'il est possible. C'est pourquoi, aujourd'hui encore, je suis obligé de tâtonner, d'essayer, de faire et de défaire. À cet effet j'achète de mauvaises étoffes et tant bien que mal je bâtis les costumes par les mains d'une couturière[7]. »

Loin de la copie exacte d'un Lormier[8], les dessins de Mariette constituent une agréable recréation de l'Égypte ancienne ; ils conservent néanmoins, malgré les efforts de l'égyptologue, l'allure particulière des costumes de théâtre de l'époque, due essentiellement à des surcharges d'étoffes et de festons.

J.-M. H.

1. Lettre de Mariette à Draneht Bey, de Paris, le 8 août 1870, citée *in* Abdoun, 1971, p. 12.
2. Boulaq, le 4 mars 1872 (lettre citée *in* Abdoun, *op. cit.*, p. 115).
3. Ceux de la Bibliothèque nationale sont signés Jules Marre ; *cf.* Corteggiani, 1990, pp. 243-245.
4. Lettre de Mariette à Draneht Bey, de Paris, le 15 juillet 1870, citée *in* Abdoun, *op. cit.*, p. 4.
5. *Ibid.*
6. Lettre de Mariette à Draneht Bey, de Paris, le 30 août 1871, citée *in* Abdoun, *op. cit.*, p. 75. Les craintes de Mariette étaient justifiées ; barbes et moustaches que les chanteurs ont refusé de supprimer sont la risée des critiques au soir de la première.
7. Lettre de Mariette à Draneht Bey, de Paris, le 8 août 1870, citée *in* Abdoun, *op. cit.*, p. 12. La couturière responsable des costumes à Paris était Delphine Baron, 112, rue Richelieu et 21, boulevard Montmartre. Elle se plaint souvent des retards de toutes sortes et signale que « les dessins sont terminés depuis hier seulement » (lettre de D. Baron à Draneht Bey, de Paris, le 15 septembre 1871, citée *in* Abdoun, *op. cit.*, p. 80).
8. *Cf.* cat. 266-270.

Bibliographie sommaire :
Abdoun, 1971, pl. 16-39 ; *Aïda in Cairo*, 1982 ; cat. exp. Parme, 1983.

Bey précise son travail, en même temps qu'elle indique celui du peintre Jules Marre : « Une dernière note, après celle de M. Parvis, me resterait à vous remettre. C'est celle de M. Marre, l'artiste de Paris qui a mis au net tous mes dessins de costumes. Mais M. Marre ne m'a pas envoyé cette note, et aussitôt que je l'aurai, je m'empresserai de vous la faire passer[2]. »

Cette lettre purement administrative confirme donc que tous les dessins préparatoires des costumes sont bien de la main de Mariette, mais ont été retouchés, ce qui explique les variantes de style que l'on peut observer tant dans le trait que dans la coloration. Deux groupes de dessins sont conservés, l'un à la bibliothèque de l'Opéra, l'autre à la Bibliothèque nationale[3].

Autant Mariette n'était pas trop inquiet pour les décors, autant il l'était en ce qui concerne les costumes. « Faire des Égyptiens de fantaisie comme ceux qu'on voit

ROI.

2ᵉ Acte.

n° 2.

275-277 Aïda

Trois esquisses de décors pour la création d'*Aïda*
au Caire, le 24 décembre 1871

Philippe-Marie Chaperon (1823-1906) et
Édouard Despléchin (1802-1871)
1871
Paris, Bibliothèque nationale, département
de la Musique : bibliothèque-musée de l'Opéra

275 : Acte I, tableau 1 : *Colonnade s'ouvrant sur
l'extérieur*
Philippe-Marie Chaperon
Crayon, plume, aquarelle et rehauts de blanc
à la gouache
H. : 17,7 cm ; L. : 22,3 cm
Signée et datée en bas à gauche : « Ph. Chaperon
1871 »
D. 345 (II, 4)

276 : Acte II, tableau 2 : *Entrée de la ville
de Thèbes*
Édouard Despléchin
Fusain, aquarelle, gouache et rehauts de blanc sur
papier beige
H. : 48,5 cm ; L. : 63 cm
Signée en bas à gauche : « Despléchin » ; mention
à droite : « Aïda »
Esq. Despléchin 36

277 : Acte IV, tableau 1 : *Intérieur du temple
de Vulcain (toile de fond)*
Philippe-Marie Chaperon
Crayon, fusain, plume, aquarelle et rehauts
de blanc
H. : 50 cm ; L. : 65 cm
Porte l'indication : « Théâtre du Caire (Aïda)
IV acte, 1er tableau, 1871 »
Maq. A 379

Pour les décors, Auguste Mariette avait aussi une idée précise ; il voulait, pour « son » opéra, retrouver les éléments à la fois exacts et spectaculaires qu'il s'était efforcé de créer à l'Exposition universelle de 1867 ; mais, comme pour les costumes, il rencontre des difficultés : « J'ai trouvé en ces Messieurs des artistes fort habiles à faire de l'architecture égyptienne de haute fantaisie. Mais ce n'est pas cela qu'il nous faut, et ici encore, de même que j'ai dessiné moi-même les costumes, je donne moi-même le modèle des décors[1]. » Mariette s'occupe de tout, résout tous les problèmes, notamment celui créé par le tableau de la crypte au dernier acte.

Le souci majeur de Mariette a donc été d'être le plus fidèle possible aux modèles archéologiques. Les décorateurs comprennent bien ce qu'il veut et Chaperon, par exemple, s'est visiblement inspiré de la *Description de l'Égypte*[2] pour son dessin du temple de l'acte I. Surtout, il leur revient le mérite d'avoir su transcrire, par leur art des volumes scéniques, les desiderata de l'égyptologue, d'autant que le nombre des décors et l'importance des pièces constituant chaque tableau rendent le travail de construction fort compliqué : « Il restera beaucoup à faire en Égypte pour le montage des châssis, etc. etc. Les décors sont très-compliqués et la besogne pour mettre tout cela en règle sera rude. Ces Messieurs m'ont remis du reste tous les plans et notes nécessaires[3]. »

Mariette a tout lieu d'être satisfait des efforts de ses décorateurs : « Je réponds des décors qui seront vraiment splendides, sans parler de leur exactitude comme imitation des temples de la Haute-Égypte. Ces Messieurs[4] y ont mis de l'amour-propre, et vraiment ils se sont surpassés. Je crois

en somme que nous aurons fait une belle œuvre qui fera grand honneur à votre administration[5]. »

Son acharnement dans ce domaine a beaucoup contribué au succès de la création : en effet, tous les spectateurs sont sur place, au pays même des pharaons ; ils ont sous les yeux des repères, des points de comparaison, et n'auraient pas compris une réalisation médiocre. Les résultats sont à la mesure des efforts déployés : le succès est total et la qualité des décors et des costumes, notamment, unanimement reconnue : « Jamais dans aucun théâtre on ne vit une mise en scène aussi riche, aussi belle et aussi scrupuleusement exacte grâce au dévoué concours de M. Mariette Bey[6]. »

J.-M. H.

1. Lettre de Mariette à Draneht Bey, de Paris, le 8 août 1870, citée *in* Abdoun, 1971, p. 12.
2. *Antiquités*, vol. III, pl. 42 : Thèbes, Karnak.
3. Lettre de Mariette à Draneht Bey, de Paris, le 28 septembre 1871, citée *in* Abdoun, *op. cit.*, p. 83.
4. Les peintres Despléchin et Lavastre ont brossé les toiles des actes II et III, Rubé et Chaperon celles des actes I et IV.
5. Lettre de Mariette à Draneht Bey, de Paris, le 28 septembre 1871, citée *in* Abdoun, *op. cit.*, p. 83.
6. Lettre de Draneht Bey à Monsieur Tinti, du Caire, le 29 décembre 1871, citée *in* Abdoun, *op. cit.*, p. 104.

Expositions :
Boulogne-Billancourt, 1990, n° 64.

Bibliographie sommaire :
Aïda in Cairo, 1982 ; cat. exp. Parme, 1983 ; Humbert, 1989, p. 291 ; Wild, 1993, à paraître.

Études préparatoires aux maquettes de costumes
pour la création d'*Aïda* à l'Opéra de Paris
(salle Garnier) le 22 mars 1880

Pierre-Eugène Lacoste (1818-1908)
1878-1880
Crayon, aquarelle
H. : 35 cm ; l. : 23,5 cm
Paris, Bibliothèque nationale, département
de la Musique : bibliothèque-musée de l'Opéra
D. 216 (31, II), p. 21

Lorsque Eugène Lacoste[1] est chargé des costumes pour la création d'*Aïda* à l'Opéra, Mariette, déjà très malade, ne peut plus intervenir. Mais les principes qu'il défendait à Paris dans le monde de l'opéra, moins de dix ans plus tôt, n'ont pas été oubliés et chacun essaie de faire œuvre archéologique.

En ce qui le concerne, Lacoste montre par ce carnet de croquis les nombreuses recherches qu'il a faites, notamment au Louvre. Non content d'y aller dessiner bas-reliefs et statues (on y trouve, à la page 14, le dessin du « roi Sebekhotep III » et beaucoup d'autres statues couvrent les pages suivantes), il fait aussi des relevés dans de nombreux ouvrages, comme ceux de Champollion (cité pp. 4, 7 et 17) ou de Wilkinson qu'il compulse à la bibliothèque du Musée égyptien (p. 11). Il consulte même plusieurs égyptologues : « Mr Eugène Révillout, conservateur adjoint du Musée égyptien (Louvre), très aimable, très complaisant » (p. 12) ; il note : « Voir chez Mr Beauregard, éminent égyptologue, 55 rue des St Pères » et « voir M. Maspéro au Collège de France » (p. 12). Il présente à l'un d'eux un dessin « de Mariette Bey, dit-on. Détestable, rien d'égyptien. Refusé, car mauvais renseignement » (la sorte de bol retourné sur la tête qu'il dessine page 13 ne pouvait bien évidemment être de Mariette...). Enfin, il rencontre Maspéro au Louvre, le 16 janvier 1880, lui montre des dessins : « Coupe de sous vêtements égyptiens [...] approuvés par M. Maspéro » (p. 19), « bretelles, colletins : dessins approuvés par Maspéro » (p. 28) ; la page suivante est couverte de dessins de Maspéro lui-même.

L'artiste ne s'est donc pas contenté de sources livresques ; la confrontation avec des objets authentiques, la rencontre avec des spécialistes rejoignent la démarche des peintres archéologues de la seconde moitié du XIXᵉ siècle. Le but, au total, est le même : Lacoste, comme Alma-Tadema, ne cherche plus à être seulement plausible ; il veut aller au-delà de la simple copie et, pour recréer une image vivante

des anciens Égyptiens, il rejoint les spécialistes sur leur terrain. La démarche est nouvelle au théâtre où jusqu'alors, hormis l'épisode du Caire, les sources étaient exclusivement livresques.

J.-M. H.

1. Élève de Cambon et de Cogniet, surtout intéressé par la peinture de genre, de paysage et d'architecture, Eugène Lacoste expose au Salon de 1839 à 1907. Il met son talent au service de l'Opéra pendant une courte période de moins de dix ans, de 1876 à 1885.

Bibliographie sommaire :
Aïda in Cairo, 1982 ; cat. exp.
Parme, 1983 ; Wild, 1987, p. 26.

279-287 Aïda

Neuf maquettes de costumes pour la création
d'*Aïda* à l'Opéra de Paris (salle Garnier)
le 22 mars 1880

Pierre-Eugène Lacoste (1818-1908)
1879-1880
Plume, aquarelle et gouache
H. : env. 26 cm ; l. : de 18 à 22 cm
279 : *Amnéris*
280 : *Guerrier*
281 : *Pharaon*
282 : *Guerrier avec enseigne*
283 : *Joueuse de harpe*
284 : *Danseuse*
285 : *Danseuse*
286 : *Pharaon*
287 : *Pharaon*
Signées et datées d'octobre 1879 à février 1880
(au total, soixante-treize maquettes)
Paris, Bibliothèque nationale, département
de la Musique : bibliothèque-musée de l'Opéra
D. 216 (31, I), pl. 2, 9, 32, 33, 36, 47, 50, 63 et 64

Exposées à Ottawa et à Vienne (279-281, 283, 285-287)

279

Si l'on compare ces dessins avec ceux de Mariette, on constate que Lacoste, rompu à la technique du costume, arrive mieux à faire concorder son souci archéologique avec les réalités morphologiques ; le meilleur exemple dans ce domaine est celui de la planche 47 (cat. 284), où la tunique collante à ailes enveloppantes épouse parfaitement les formes féminines, rejoignant ainsi les originaux antiques.

Les détails, coiffures, bijoux, sandales, sont soigneusement étudiés et font souvent l'objet de dessins complémentaires dans les marges. Les jeux de transparence des tissus sont bien vus et les peaux de bêtes utilisées à bon escient. En revanche, quantité de détails montrent que l'artiste s'est néanmoins laissé emporter par son enthousiasme : double barbe du pharaon, casques guerriers, cuirasses et armes plus romaines qu'égyptiennes. La part scientifique est loin d'être sans faille.

Mariette affublait ses interprètes d'interprétations archéologiques ; Lacoste, en mettant en valeur les formes du corps, arrive à mieux se rapprocher de l'art des Égyptiens qu'il a soigneusement étudié.

J.-M. H.

Expositions :
Boulogne-Billancourt, 1990,
nos 43-48.

Bibliographie sommaire :
Aïda in Cairo, 1982 ; cat. exp.
Parme, 1983 ; Wild, 1987, p. 25 ;
Humbert, 1989, p. 292.

280

285

286

287

288

288-293 Six bijoux de scène pour Aïda

Auteur et fabricant anonymes
Vers 1876
Métal embouti et découpé, décor de strass et de
pierres de couleur imitant les pierres précieuses ;
montage de motifs sur fines grilles métalliques
288 : Motif ornemental
H. : 20 cm ; l. : 15 cm
289 : Collier pectoral
H. : 30 cm ; l. : 7 cm
290 : Diadème
H. : 28,5 cm ; l. : 18 cm
291 : Bracelet décoré de scarabées
H. : 4,5 cm ; diam. : 8 cm
292 : Bracelet décoré de hiéroglyphes
H. : 4,5 cm ; diam. : 5,5 cm
293 : Pan de ceinture
H. : 53 cm ; l. : 10 cm
Paris, Bibliothèque nationale, département
de la Musique : bibliothèque-musée de l'Opéra
Inv. BI-70, BI-69, BI-206, BI-32, BI-33, BI-285

289

290

291

292

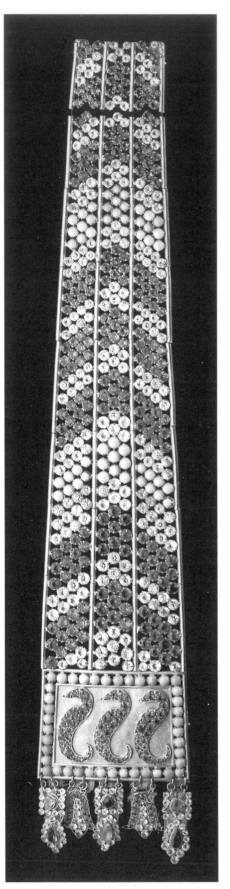

293

L'Égypte à l'opéra

Lorsqu'en 1870 commence la fabrication des décors et des costumes destinés à la création d'*Aïda*, Draneht Bey, surintendant de l'Opéra du Caire, s'adresse à des artisans parisiens. La raison de ce choix est double : cela permet bien sûr à Mariette de mieux contrôler la qualité et l'avancement du travail lors de ses voyages à Paris ; mais surtout, comme dans le domaine de la mode, les ateliers de « joaillerie fantaisie » de la capitale avaient acquis une réputation internationale.

On peut être surpris de prime abord par l'aspect de ces bijoux, mais il ne faut pas oublier qu'ils étaient faits pour être vus de loin ; leur rôle est donc à la fois de souligner les costumes par des lignes colorées nettes et de faire jouer la lumière. Cela explique l'importance accordée aux pierres de couleur dans leur conception. Ces bijoux ne sont pas signés, mais comme il n'y a pour ainsi dire pas d'évolution entre 1870 et 1876, ni dans le style ni dans la technique de fabrication de tels objets, on peut penser qu'ils sortent des mêmes ateliers que ceux de la création[1] (Fig. 1). D'ailleurs, si l'on compare les bijoux portés par Émilie Ambre entre 1876 et 1879 (Fig. 2) avec ceux portés par Teresa Stolz en 1872[2], on constate qu'ils sont quasiment identiques ; la création à Milan étant très proche au niveau des costumes de celle du Caire, on peut en déduire que les bijoux l'étaient certainement eux aussi.

Les formes, relativement simples, reproduisent celles de bijoux, de coiffures ou d'éléments du vêtement des Égyptiens : diadème avec des ailes déployées, collier pectoral, pan de ceinture. Mais, de près, on remarque des éléments décoratifs de très petite taille : pseudo-hiéroglyphes sur le collier, scarabées sur le motif ornemental et le bracelet, Anubis sur le diadème, fleurs diverses. Il est intéressant de noter le soin accordé à des détails qui, même s'ils ne peuvent être distingués par la majorité des spectateurs, participent pour l'acteur de la création du personnage qu'il interprète.

J.-M. H.

1. Création d'*Aïda* à l'Opéra du Caire, le 24 décembre 1871 ; joaillerie et armes : Leblanc-Granger (*cf.* Abdoun, 1971, p. V et p. 106 ; photographie de bijoux de scène, pl. 11). Un autre fournisseur est cité dans une lettre du 1er juin 1873 : « M. Marest-Petit nous a expédié les perles et les pierres » (*cf.* Abdoun, *op. cit.*, p. 126).
2. *Cf. Aïda in Cairo*, 1982, p. 188 fig. 8 et 192 fig. 17.

Expositions :
Paris, 1981.

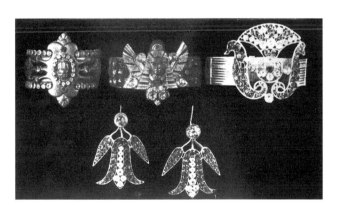

Fig. 1. Bijoux d'Amnéris portés lors de la création d'*Aïda* au Caire en 1871.

Fig. 2. Émilie Ambre dans le rôle d'Aïda au Théâtre italien de Paris, vers 1880 Lithographie d'Alfred Lemoine, d'après une photographie de Mulnier.

294   Aïda

Maquette de décor pour l'acte IV, tableau 2 d'*Aïda*
à l'Opéra de Paris

Philippe-Marie Chaperon (1823-1906)
1901
Plume, aquarelle, gouache et collages
H. : 34,5 cm ; L. : 38,2 cm
Signée et datée en bas à gauche : « Ph. Chaperon
1901. Aïda »
Paris, Bibliothèque nationale, département
de la Musique : bibliothèque-musée de l'Opéra
D 345 (II, 5)

La création d'*Aïda* à l'Opéra de Paris, le 22 mars 1880, réunissait six décorateurs : Émile Daran (acte I, tableau 1), Auguste Rubé et Philippe Chaperon (acte I, tableau 2 ; acte IV, tableau 2), Jean-Baptiste Lavastre (acte II, tableaux 1 et 2), Joseph Chéret (acte III), Antoine Lavastre et Eugène Carpezat (acte IV, tableau 1). Chaperon était donc, avec Rubé et Lavastre, l'un des trois décorateurs à avoir travaillé avec Mariette pour la création au Caire.

Ce dessin, qui est en fait une réplique, avec d'infimes variantes, du décor de 1880, montre que le décorateur a gardé des principes de l'égyptologue la monumentalité, mais aussi la lisibilité ; sa plantation est d'ailleurs très proche de celle du Caire, avec sa perspective déviée. La reconstitution, soigneusement archéologique, crée très efficacement le dépaysement que vient chercher le spectateur à l'Opéra. À l'opposé de la peinture de panorama qui ouvrait sur des perspectives infinies, ce décor de théâtre lui offre une vision synthétique en trois dimensions, à la fois pédagogique et « touristique » de l'Égypte ancienne.

J.-M. H.

Expositions :
Boulogne-Billancourt, 1990,
n° 65.

Bibliographie sommaire :
Wild, 1987, p. 25.

Entrée de la ville de Thèbes

Maquette construite du décor de l'acte II, tableau 2 d'*Aïda*

Jean-Baptiste Lavastre
1879-1880
Plume, aquarelle et gouache sur carton
H. : 66 cm ; l. : 82 cm ; pr. : 65 cm
Paris, Bibliothèque nationale, département de la Musique : bibliothèque-musée de l'Opéra
Maq. 128

Jean-Baptiste Lavastre avait participé avec son associé Despléchin à la préparation de la création d'*Aïda* au Caire. Il a d'évidence conservé des idées de cette production, notamment l'allée de sphinx chère à Mariette, la colonne hathorique et la toile tendue dans les cintres, qui permet de créer des effets de transparence à la Rochegrosse et des contrastes de lumière particulièrement efficaces sur scène. Mais il y a rajouté une foisonnante végétation de pacotille, qui fait davantage penser à une Exposition universelle qu'à la réalité et qui prouve que les limites du genre sont vite atteintes.

J.-M. H.

Expositions :
Boulogne-Billancourt, 1990, n° 66.

Bibliographie sommaire :
Wild, 1987, p. 25.

Premier costume d'Amnéris

Maquette de costume (d'une série de douze)
pour *Aïda*

Henry de Montaut (v. 1825-1890)
Vers 1879-1880
Crayon, aquarelle et gouache
Signée : « Henry de Montaut »
H. : 47,5 cm ; l. : 30,5 cm
Paris, Bibliothèque nationale, département
de la Musique : bibliothèque-musée de l'Opéra
D. 156, pl. 2

Exposée à Paris

Historique :
Album offert par Edmond Dollfus à A. E.
Vaucorbeil qui en fit don à la bibliothèque de
l'Opéra en 1881.

Fig. 1. La Toilette d'une égyptienne
Planche 11 des dessins
d'Henry de Montaut pour *Aïda*
Paris, Bibliothèque nationale,
département de la Musique,
bibliothèque-musée de l'Opéra.

Fig. 2. Scène d'intérieur
Planche 12 des dessins
d'Henry de Montaut pour *Aïda*
Paris, Bibliothèque nationale,
département de la Musique,
bibliothèque-musée de l'Opéra.

Depuis quelques années, cette série de dessins apparaît dans des publications diverses avec des légendes les présentant comme ceux de la création d'*Aïda* au Caire, ajoutant même qu'Henry de Montaut est le véritable auteur des costumes, et que Mariette n'aurait fait que donner quelques conseils. Ces assertions s'appuient sur une mention manuscrite portée sur le premier folio du recueil : « Ces dessins sont conformes à ceux faits pour la première représentation d'*Aïda* au Caire par Henry de Montaut sous les yeux de Mariette Bey. » Un simple coup d'œil sur ces planches, et notamment sur les plus ridicules, comme la prêtresse de Vulcain ou l'entrée des guerrières, suffit à convaincre que jamais Mariette n'aurait autorisé une telle mascarade.

Grâce aux excellents travaux de recherche de Jean-Luc Chappaz[1] et de Nicole Wild, on a maintenant l'assurance qu'il s'agit de dessins qui n'ont rien à voir avec la production du Caire. Car, malgré un étalage de connaissances égyptologiques souvent approximatives et de références à Lepsius et au musée de Boulaq, ces compositions sont un tissu d'erreurs et de fantaisies.

Le costume d'Amnéris en est le meilleur exemple : « Elle porte, outre trois énormes mouches, un *pschent* doré dont la tige est placée trop bas, un superbe corset en forme de vautour, un éventail et un miroir suspendus à sa ceinture, retenus par une chaînette[2] ! »

Reste la question de la datation de ces dessins. Jean-Luc Chappaz a remarqué l'utilisation abondante de hiéroglyphes que fait Henry de Montaut[3], qui signe même ainsi approximativement son nom dans deux scènes de genre du même recueil (Fig. 1 et 2), sur une boîte ronde et sur le rebord d'un bassin à libation[4].

Plus intéressants sont les deux cartouches inscrits en marge du costume d'Amnéris, qui donnent le nom de Rosina Bloch, créatrice du rôle à l'Opéra de Paris, en 1880.

Cet élément est la preuve de la datation tardive de ces dessins, contemporains de cet événement parisien. Henry de Montaut, qui n'a jamais travaillé pour l'Opéra, souhaitait-il proposer ses costumes ? Ses voyages en Égypte, ses pseudo-connaissances et ses publications pouvaient l'y autoriser. Mais sa conception de l'Égypte ancienne, à l'opposé de celle de Mariette, dont les principes étaient encore ancrés dans toutes les mémoires lors de la création de 1880, l'ont fort heureusement écarté.

J.-M. H.

1. *Cf.* Chappaz, 1990, p. 84 ; Chappaz, 1991, pp. 11-18.
2. Chappaz, 1991, p. 13.
3. *Ibid.*, pp. 14-15.
4. Planches 11 et 12 du même recueil. Tout à fait conformes à la mode lancée par les peintres archéologues, Edwin Long, Alma-Tadema ou Rochegrosse, elles se rattachent directement aux dessins à succès qu'Henry de Montaut publiait dans la *Vie Parisienne* sous le titre « Études sur la toilette ». Elles n'ont, en revanche, aucune des caractéristiques propres à des maquettes de costumes de théâtre.

Bibliographie sommaire :
Aïda in Cairo, 1982 ; cat. exp.
Parme, 1983.

297-299 Danseuse, Rhadamès et Amnéris

Trois maquettes de costumes pour une production
d'*Aïda* non identifiée

Marcel Multzer (1866-1937)
Vers 1920
Aquarelle
297 : *Danseuse*
H. : 26 cm ; l. : 18,5 cm
298 : *Rhadamès*
H. : 30 cm ; l. : 23 cm
299 : *Amnéris*
H. : 33,5 cm ; l. : 26 cm
Paris, Bibliothèque nationale, département
de la Musique : bibliothèque-musée de l'Opéra
Fonds Muelle 1, pl. 25, 28 et 31

Exposées à Ottawa et à Vienne (297 et 299)

Comme dans ses costumes de *La Flûte enchantée* (cat. 254-
257), Marcel Multzer crée un univers fait de légèreté et de
transparence, en fonction duquel tous les éléments égyptiens
sont retravaillés dans le style Art déco. Mais il n'hésite pas à
supprimer, pour les figurants ou les danseurs, toute référence à l'Égypte ancienne pour ne plus conserver alors que
quelques vagues réminiscences dans l'impression des tissus.
Un tel procédé devait d'autant plus mettre en valeur les costumes des premiers rôles.

J.-M. H.

Bibliographie sommaire :
Aïda in Cairo, 1982 ; cat. exp.
Parme, 1983 ; Wild, 1987, p. 26.

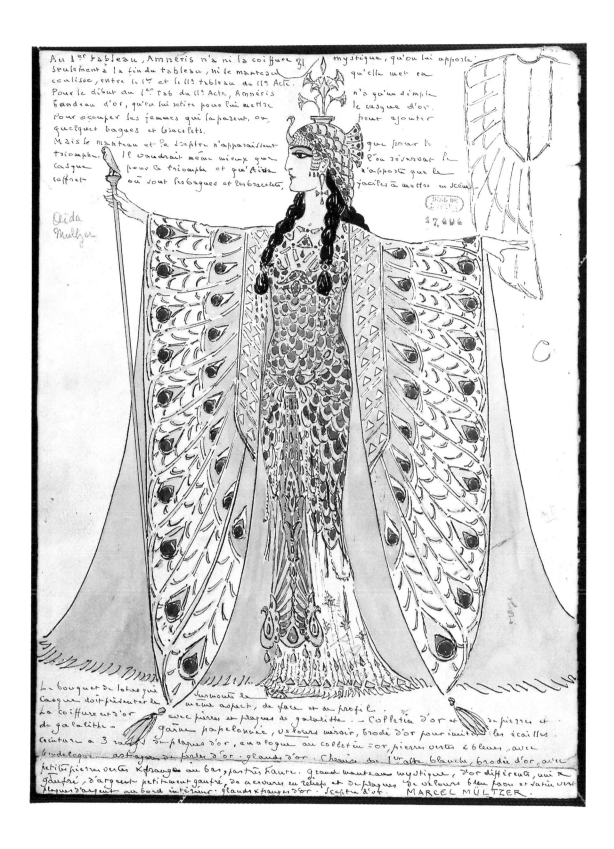

300 Aïda

Maquette de costume pour une production d'*Aïda*
non identifiée

Maurice de Becque
Vers 1925
Aquarelle
H. : 33 cm ; l. : 24,5 cm
Paris, Bibliothèque nationale, département
de la Musique : bibliothèque-musée de l'Opéra
Fonds Muelle 1, pl. 35

La robe égyptienne moulante à ailes croisées est ici repensée à la mode Art déco, et son décor de plumes remplacé par des motifs géométriques. Les formes des accessoires, du décor (colonnes, fleurs de lotus) ainsi que les coloris employés sont eux aussi typiques de cette époque et montrent une fois de plus les possibilités de mélanges de styles dont les artistes ont abondamment usé.

J.-M. H.

Bibliographie sommaire :
Aïda in Cairo, 1982 ; cat. exp.
Parme, 1983 ; Wild, 1987, p. 26.

301 Aïda

Maquette de costume pour une production d'*Aïda*
non identifiée

Auteur anonyme
Vers 1920
Aquarelle
H. : 34 cm ; l. : 25 cm
Paris, Bibliothèque nationale, département
de la Musique : bibliothèque-musée de l'Opéra
Fonds Muelle 1, pl. 33

Non content de dessiner une fois de plus l'habituelle robe
moulante à ailes croisées revue à la mode des années 1920,
le décorateur a fait prendre à son modèle la pose que, traditionnellement, on prête aux Égyptiens.

J.-M. H.

Bibliographie sommaire :
Aïda in Cairo, 1982 ; cat. exp.
Parme, 1983 ; Wild, 1987, p. 26.

Maquette de costume pour une production non identifiée d'*Aïda*, acte II, scène 1

Max Rée
1924
Aquarelle et gouache, rehauts de peinture dorée
H. : 34 cm ; l. : 25 cm
Signée et datée en bas à droite
Paris, Bibliothèque nationale, département
de la Musique : bibliothèque-musée de l'Opéra
Fonds Muelle 1, pl. 37

Tunique moulante à ailes croisées, coiffure vautour, flagellum, tous éléments courants de la grammaire stylistique de l'égyptomanie sont ici habilement retravaillés dans le style Art déco : la coiffure, dont la complexité est soulignée par un croquis de profil en marge, encadre totalement et harmonieusement le visage, la robe se prolonge d'une traîne assortie, et le flagellum devient une sorte d'accessoire précieux, que complètent des bijoux et un disque solaire. Cette composition, mise en valeur par une pyramide noire, va beaucoup plus loin qu'une simple maquette de costume.

J.-M. H.

Bibliographie sommaire :
Aïda in Cairo, 1982, p. 198 ; cat.
exp. Parme, 1983 ; Wild, 1987,
p. 26 ; Humbert, 1989, p. 293.

303 Cléopâtre

Maquette de décor pour le ballet *Cléopâtre*[1]

Léon Bakst (1866-1924)
1909
Aquarelle
H. : 51 cm ; l. : 77 cm
Paris, musée des Arts décoratifs, département
des Arts graphiques
Inv. n° 29.829

Historique :
Don de J.-B. Chantrell, 1939.

Ami de longue date de Serge de Diaghilev, le décorateur Léon Bakst fait partie de ceux qui le suivent lorsqu'il quitte la Russie pour Paris. C'est ainsi qu'il participe à la première saison des Ballets russes, en 1909. Anna Pavlova, Karsavina,

Nijinsky et Ida Rubinstein, sidérante Cléopâtre aux cheveux bleus, font partie de la distribution de la création[2].

Malgré les impératifs du ballet qui imposent de rejeter à la périphérie de la scène les éléments de décor, Bakst arrive à composer une saisissante évocation de l'Égypte antique, qu'il anime de couleurs chaudes destinées à créer un audacieux contraste avec celles des costumes.

J.-M. H.

1. *Cléopâtre*, répétition générale publique à Paris, au théâtre du Châtelet le 18 mai 1909, première le 2 juin 1909. Musique d'Arensky, Taneïev, Rimsky-Korsakov, Glinka, Moussorgsky, Glazounov, Tcherepnine ; chorégraphie de Michel Fokine ; décors et costumes de Léon Bakst.
2. Lors de la reprise à Londres en 1919, c'est Tchernichova, habillée par Sonia Delaunay, qui danse le rôle de Cléopâtre.

Confirmations d'une pérennité : 1869-1910

Fig. 1. Le pavillon des autruches,
par Heinrich Kayser et Karl von Grossheim,
jardin zoologique de Berlin, 1899.

L'ouverture du canal de Suez en 1869, en braquant les projecteurs de l'actualité une fois de plus sur l'Égypte, donne un intérêt renouvelé à l'égyptomanie en resserrant surtout les rapports déjà étroits qu'elle entretenait avec sa patrie d'origine et ceux qui l'étudiaient. La genèse de l'opéra *Aïda*, quasi contemporaine de l'événement, constitue le meilleur exemple de cette action conjointe des artistes et des archéologues, dès lors totalement passée dans les mœurs : tous les domaines de l'art vont être, plus encore qu'auparavant, enrichis par l'apport scientifique de l'égyptologie.

Toutefois, comme par le passé, certains secteurs vont se tenir volontairement à l'écart de cette osmose. D'une part les créations originales d'artistes indépendants, d'autre part la multitude de produits simplifiés et répétitifs, accessoires de la vie quotidienne, bijoux, bibelots, meubles et objets mobiliers, nés du développement de la production industrielle et de la distribution commerciale, et rendus ainsi accessibles à toute une nouvelle tranche d'amateurs.

Il n'en reste pas moins, à côté de cette inéluctable évolution, des réalisations prestigieuses qui continuent de maintenir l'égyptomanie au haut niveau qu'elle avait connu jusqu'alors. On rencontre toujours, à travers l'Europe, de nombreuses constructions égyptisantes (Fig. 1). Par exemple, en Espagne, l'architecte José Vilaseca y Casanovas inclut souvent dans ses réalisations des éléments égyptisants ; il dessine notamment dans les années 1880 la maison de l'antiquaire Bruno Cuadros à Barcelone et celle de l'industriel Augustin Pujol à Lloret de Mar ; la partie extérieure de cette dernière est entièrement égyptienne et son intérieur présente de nombreux décors polychromes[1]. Dans le nord de la France, deux peintres, Virginie Demont-Breton et Adrien

Fig. 2. Le Typhonium
Habitation des peintres Virginie Demont-Breton et Adrien Demont, à Wissant (Pas-de-Calais).
Le bâtiment de base, en forme de massif, a été construit de 1889 à 1891, les parties complémentaires et le pylône, de 1909 à 1911 ; carte postale, collection particulière.

Fig. 3. Monument à Chabas réalisé en 1899 à Chalon-sur-Saône.

Demont, se font construire à Wissant, entre 1889 et 1911, un manoir égyptien, Le Typhonium (Fig. 2), qui constitue également un témoin fort impressionnant de l'influence que l'architecture égyptienne continue d'exercer sur le milieu artistique[2]. Non loin de Bruxelles, la porte du parc d'une propriété est constituée d'un pylône égyptien en briques[3].

Le tournant du siècle est aussi le moment où des artistes s'attachent à intégrer plus profondément encore l'art égyptien dans l'Art nouveau. Un projet de Helbig et Haiger pour une loge maçonnique de Munich montre, à travers une polychromie débridée, comment l'égyptomanie s'adapte facilement aux évolutions de l'art occidental[4]. À Strasbourg, Adolf Zilly décore d'une scène nilotique un immeuble Art nouveau sur toute sa hauteur : le pharaon et son épouse chassent le canard dans les papyrus, accompagnés d'une déesse ailée[5]. À Londres, apparaissent des représentations d'Égyptiens sur des immeubles modernes[6], tandis que Paris voit se construire en 1912 une loge maçonnique entièrement égyptisante, le Temple du droit humain, comportant, outre l'habituelle corniche à gorge et des colonnes palmiformes à base lotiforme, des éléments plus originaux, telle une balustrade faite de croix ansées et de piliers *djed*[7].

Parallèlement, des décors plus traditionnels continuent d'être intégrés à tous les genres d'architecture (Fig. 3), montrant une fois de plus, si besoin est, la capacité d'adaptation illimitée de l'art égyptien ancien. Le Grand Palais, à Paris, reçoit lors de sa construction à l'occasion de l'Exposition universelle de 1900 deux frises. L'une, en mosaïque d'émail, due à Louis Fournier, représente l'art de l'Égypte :

« Un autre colosse, le sphinx égyptien, vient ensuite, traîné sur un chariot, en arrière duquel surgit le portique d'un temple d'Isis au seuil duquel le peintre de momies trace d'une main sûre ces caractères auxquels notre siècle devait arracher leur secret[8]. » L'autre, en briques de grès-cérame, signée de Joseph Blanc, est consacrée à une scène historique : « Ramsès le grand, debout sur son char, entouré d'une suite nombreuse, apparaît dans toute sa gloire. Deux des grandes pyramides de Gizeh, celles qui furent édifiées par Chéops et Képhrên, forment le fond de ce tableau de l'art égyptien que complètent le temple, l'obélisque et le sphynx[9]. » Le palais du Génie civil, aujourd'hui disparu, présentait lui aussi une frise consacrée aux moyens de locomotion[10] ; une fois de plus, le thème du sphinx tiré sur un chariot à roues pleines, commun depuis sa première apparition à la façade occidentale de l'arc de triomphe de l'Étoile, est repris.

Les musées, comme dans la première moitié du siècle, sont fréquemment décorés à l'égyptienne – d'une façon d'ailleurs de plus en plus spectaculaire – et présentent dans leurs salles des reconstitutions variées : colonnes, peintures murales, corniches à gorge et ciels étoilés, véritables « décors de théâtre » dans lesquels sont exposées les œuvres originales, doivent donner au visiteur une idée de l'architecture égyptienne antique. Ainsi, à Florence, les collections égyptiennes provenant principalement des fouilles de Rosellini sont transportées en 1880 dans le palais della Crocetta : « La salle principale est décorée avec un goût parfait, dans un style architectural qui fait honneur aux modèles égyptiens dont s'est inspiré son savant conservateur, M. Schiaparelli[11]. » De même, l'entrée et les salles égyptiennes du musée des Beaux-Arts Pouchkine, à Moscou, sont ornées au tournant du siècle de peintures (ciels étoilés, vautours ailés), d'éléments d'architecture (portes avec corniche et disque ailé, colonnes campaniformes et papyriformes), et même d'un vitrail égyptisant (huit têtes de béliers entourées de fleurs de lotus multicolores). Les pavillons égyptiens des Expositions universelles, notamment en 1878 et 1900 (Fig. 4), sont décorés dans le même esprit didactique.

La franc-maçonnerie et les rose-croix aménagent les salles de réunions de leurs temples qui, parfois égyptisants à l'extérieur, le sont encore plus à l'intérieur. La Belgique connaît dans ce domaine, dans le dernier quart du XIXᵉ siècle, des réalisations exceptionnelles, comme les loges « Les Amis du commerce et la persévérance réunis » à Anvers, « Les Amis philanthropes » et « Les vrais Amis de l'union et du progrès réunis » à Bruxelles[12]. La *Description de l'Égypte*, Lepsius et Prisse d'Avennes sont abondamment copiés dans ces réalisations, où le gigantisme le dispute à la polychromie, et qui eurent en leur temps la réputation d'être les plus beaux temples maçonniques du continent. De même, la Chapter Room du Supreme Grand Royal Arch Chapter of Scotland, à Édimbourg, est un autre exemple de ces décors soigneusement cachés aux yeux du profane[13] (cat. 304).

Fig. 4. *Le Palais de l'Égypte* de l'Exposition universelle de 1900, à Paris,
Marcel Dourgnon, architecte
Dessin de G. Garen extrait de *L'Exposition de Paris 1900,*
Paris, 1900, t. III, p. 1.

C'est toutefois chez les particuliers que l'on comprend le mieux les hésitations qui continuent d'intervenir entre une certaine vision humaniste, le simple décor de théâtre plutôt exotique et l'archéologie. Dans les années 1890, les Gonzague font décorer par Fabio Fabbi une des salles de leur palais de Mantoue. Entièrement peinte dans le genre exotique orientalisant, elle mêle la Chine, la Perse, Babylone, la Grèce et l'Égypte ; on y trouve des représentations de dieux, de pharaons, une frise de personnages divers, un scribe accroupi, un disque ailé et des musiciens[14]. C'est un peu la même volonté qui a guidé, en 1899, la décoration de la bibliothèque de Chauncey Mitchell Depew, à New York. Cette vaste pièce, encombrée et lourdement meublée, est ornée au niveau du plafond d'une frise représentant des processions religieuses et des scènes de la vie quotidienne ; la cheminée est décorée de deux têtes coiffées d'une adaptation de *némès* et, au-dessus, d'une grande composition constituée d'un buste d'Égyptien en médaillon, coiffé du *némès* et surmontant deux sphinx ailés[15]. De même, lorsque l'archéologue Théodore Reinach fait décorer, de 1902 à 1908, sa villa Kérylos à Beaulieu-sur-Mer[16], il ajoute au décor de base essentiellement grec des motifs égyptiens qui se prolongent d'ailleurs dans le mobilier, avec par exemple

un sphinx coiffé du *némès* au pied d'un guéridon et un trône « gréco-égyptien ».

Toutes différentes sont les motivations d'Antonio Ghislanzoni lorsque, après le succès triomphal d'*Aïda*, il fait peindre un décor à l'égyptienne sur les murs d'une des pièces de sa maison, à Caprino Bergamasco : le dessus de la cheminée est décoré à la manière d'un massif, avec une représentation de la déesse Hathor et des pseudo-hiéroglyphes ; tout autour, papyrus et colonnes composites recréent l'atmosphère de l'opéra[17]. Il convient toutefois de noter qu'un tel exemple devient de plus en plus rare dans les années qui suivent.

En effet, l'égyptologie est devenue une science reconnue et les ouvrages de décoration qui proposent – comme aux époques précédentes –, de nombreux modèles à l'égyptienne, tiennent maintenant scrupuleusement compte des dernières découvertes. Ainsi, le curieux projet de salle à manger publié par Batley en 1878 est-il directement inspiré des décors muraux de tombes et de mastabas, ce qui n'aurait guère été envisageable quelques décennies auparavant : il montre sur les murs, à la manière antique, tout ce qui constitue la base des repas, en particulier oiseaux et animaux divers présentés par des porteurs d'offrandes ; des compositions florales de papyrus et des colonnes papyriformes complètent le décor ; le mobilier, lui aussi copié sur des originaux, en constitue le complément indispensable. Batley est un créateur typique de l'époque victorienne ; il publie en 1883 un nouvel ouvrage dans lequel on trouve encore des dessins influencés par l'Égypte[18].

S'inspirant à la fois de ses créations et de celles de Hunt, la firme Liberty dépose en 1884 au Patent Office plusieurs modèles de sièges directement copiés sur des meubles égyptiens conservés au British Museum. Un de ces modèles, baptisé « Thebes stool », a connu un très vif succès et a été réalisé en grand nombre jusqu'à la veille de la Première Guerre mondiale[19] (cat. 311). Ces objets fabriqués industriellement constituent un exemple frappant de la démocratisation croissante de l'égyptomanie.

Toutefois, le mobilier en cette fin de siècle n'est pas exclusivement copié sur des originaux antiques, et commence même à trouver sa voie vers des formes résolument originales, libérées des thèmes trop souvent répétés de la période du premier Empire. Les bancs publics aux montants décorés de sphinges ailées, fondus en 1874 pour le quai Victoria à Londres, constituent un bon exemple de cette évolution[20]. Dans le domaine du mobilier d'intérieur, Christopher Dresser crée des canapés à frise d'*uraeus*, des fauteuils en fonte décorés de papyrus[21], de même qu'Edward Godwin, dans un genre voisin[22]. Passionné par l'Égypte depuis qu'il a lu la *Grammar of Ornament* d'Owen Jones (1856), Dresser a longtemps hanté l'Egyptian Court du Crystal Palace de Londres et le British Museum, avant d'aller lui-même en Égypte dans les années 1890 parfaire sa documentation. Des artistes anonymes cherchent, comme lui, à donner à des objets usuels un caractère à la fois esthétique et archéologique : un siège de véranda en faïence en forme d'Égyptienne assise montre à la fois la liberté d'adaptation atteinte après des siècles d'égyptomanie et la qualité de la représentation[23] (cat. 312). Une armoire à glace, datée des années 1880 et conservée au Victoria and Albert Museum, peut également être rangée au nombre des chefs-d'œuvre de cette période : faite de chêne et de pin, divisée en trois parties verticales, elle regroupe, dans un style qui bannit toute lourdeur, la plupart des éléments décoratifs égyptiens soigneusement reproduits, parmi lesquels se mêlent harmonieusement hiéroglyphes, cartouches, colonnes papyriformes et scènes funéraires[24].

À cette époque apparaissent également de nouveaux types de salons égyptiens, d'un style parfois assez approximatif. La polychromie et les tissus recréent dans l'un d'eux[25] un semblant d'exotisme auquel des colonnes composites, des scarabées ailés et des fleurs de lotus apportent la touche archéologique indispensable. Mais, alors que dans cet exemple l'Égypte antique est encore maladroitement copiée plus que recréée, on trouve aussi des salons empreints d'une théâtralité romantique, définitivement éloignés de la froideur du début du siècle. L'un d'eux, réalisé en Italie, se compose d'un canapé en bois laqué noir, dont le dossier est surmonté d'un musicien jouant d'une harpe à tête d'Horus recouverte de pseudo-hiéroglyphes ; les accoudoirs reposent sur des têtes à l'égyptienne ; un miroir et une console, dans le même style, sont ornés de sphinx. Plus originaux encore sont le coffre décoré de vues imaginaires de Thèbes et surtout le lit monumental, borné aux quatre coins par des piliers à corniche à gorge et dont la tête est formée d'une haute pyramide[26]. Plusieurs pianos reçoivent également au même moment des décors égyptiens[27] (cat. 308).

Les objets d'art s'adaptent de leur côté à un décor plus intime ; les grandes fontes servant de luminaires sont notamment abandonnées au profit des lampes de table ; c'est le retour du sphinx et l'apparition d'un nouveau thème décoratif : le scarabée. Les frères Muller en France, Tiffany aux États-Unis les transforment en mystérieuses veilleuses en verre marbré ambre et mauve[28]. L'Art nouveau, qui se mêle si harmonieusement à l'art égyptien, trouve également dans les jardinières d'Émile Gallé un terrain d'élection (cat. 318). Mais il est aussi des pièces exceptionnelles – comme la garniture de bureau en argent et émail réalisée vers 1875 par Boucheron pour le Khédive Ismaïl Pacha[29] – qui préfèrent conserver un lien privilégié avec l'archéologie.

Tiffany, Burmantofts et Johnson se font une spécialité de la commercialisation de garnitures de cheminée sombres et massives qui – consciemment ou non –, continuent de maintenir la relation, qui s'était établie dès la fin du XVIIIe siècle, entre les symboles d'éternité et de durée attachés à l'Égypte ancienne et la mesure du temps effectuée par des pendules égyptisantes. C'est certainement ce qui explique le long succès de ce type d'objets. Pendant toute la seconde moitié du XIXe siècle, le nombre d'objets usuels à l'égyptienne croît, notamment en Angleterre ; c'est le signe

que la mode – entretenue par les découvertes archéologiques et l'actualité liée à l'Égypte –, commence à s'étendre dans le grand public. Les artistes ne cessent de s'intéresser aux thèmes traditionnels de l'égyptomanie qu'ils transposent dans les objets les plus divers : vases (Fig. 5), assiettes, presse-papiers, jardinières, bols et innombrables sonnettes en porcelaine, verre moulé, verre gravé, terre cuite, argent, etc.[30].

La statuaire, suivant la voie ouverte par les « peintres archéologues » du milieu du XIXe siècle, cherche à recréer les modèles de l'Antiquité. Tout en laissant les sphinx continuer leur brillante carrière, les sculpteurs imaginent surtout des personnages originaux destinés à faire revivre à leur manière l'Égypte ancienne ; la *Prêtresse d'Isis jouant de la harpe* de Cordier est un bon exemple de cette tendance. Ce bronze à émaux cloisonnés, exposé au Salon de 1874, représente, grandeur nature, une harpiste debout, vêtue à l'antique : coiffure à dépouille de vautour, collier, bijoux, sandales. Elle joue d'un instrument dont la base est

Fig. 5. Vase de « Rhodes »
Porcelaine de Sèvres, 1874
Sèvres, musée national de Céramique.

Fig. 6. *Pharaon* et *Reine*
Émile-Louis Picault, bronze patiné et doré, vers 1900
Paris, galerie Sabban.

Fig. 7. *Prêtre* et *Prêtresse*
Émile-Louis Picault, bronze patiné, vers 1880
Londres, vente Sotheby's, 25 septembre 1992.

ornée d'une tête de lionne figurant la déesse Sekhmet, directement inspirée des peintures des tombeaux[31]. Vers 1900, Émile-Louis Picault se spécialise dans le même genre d'œuvres : il réalise des pharaons (Fig. 6), Égyptiens, prêtres et prêtresses (Fig. 7) en bronze de dimensions variées. Ses personnages, souvent déhanchés et un peu lourds, sont habillés à la mode du théâtre de l'époque, avec des pagnes un peu trop longs, des *némès* trop travaillés, des plissés compliqués et des quantités de détails, bijoux et accessoires[32]. Un peu comme en peinture, on trouve là le prototype de personnages, tels que Cecil B. De Mille en mettra en scène quelque cinquante ans plus tard. Les harpistes restent toutefois, à la fin du XIXᵉ siècle, la source d'inspiration la plus prisée. Coudray crée en 1893 une statuette en bronze que l'on trouve citée, preuve de son succès, sous une quantité d'appellations : *Tahoser, Harpiste égyptienne, Prêtresse jouant de la harpe*[33] ; Casse propose un bronze grandeur nature représentant une scène voisine : assise sur un rocher, une harpiste joue d'un instrument pseudo-égyptien ; le socle est décoré d'une petite scène de la vie quotidienne de l'ancienne Égypte, avec harpiste et décor de lotus[34] ; enfin, Barrias dispose sa harpiste accroupie, vêtue seulement de la coiffure vautour caractéristique[35].

À l'opposé de ces œuvres « sérieuses », il est aussi des créations aimables mais fantaisistes mêlant l'orientalisme à l'archéologie, où « Égyptiens » et « Égyptiennes » – en réa-

lité pseudo-bohémiens à ample manteau orné de médailles et coiffés du *némès* – sont représentés assis sur une tête de sphinx ou sur un chapiteau, ou encore jouant d'un instrument antique. Dans cette production bien particulière excellent notamment Strasser, Gaston Leroux et Coudray[36]. Parmi les autres thèmes égyptiens qui ont également séduit les sculpteurs, le chat occupe une place particulière, comme celui créé par Théodore Deck dans les années 1880 : directement copié sur les chats d'époque saïte, ce félin « bleu Deck » rappelle aussi une couleur chère aux Égyptiens[37].

Toutes différentes sont les intégrations à l'art de l'époque, comme l'*Isis* que sculpte Georges Lacombe en 1895. En effet, « le culte d'Isis est alors une des manifestations particulières de la théosophie, de la grande tradition occulte ésotérique, en pleine renaissance, pour laquelle les Nabis s'enthousiasmèrent[38] ». D'autres motivations animent Dali ou Modigliani ; dans *L'Homme oiseau* du premier (1968), c'est essentiellement la tête d'oiseau au bec fort et long posée sur une forme d'homme déhanché – dans le style de Bertoldo di Giovanni ou de Michel-Ange –, qui fait référence à l'Égypte[39]. Chez Modigliani, l'influence est beaucoup plus profonde : en 1911, l'artiste est subjugué par l'Égypte ; il visite les musées, fait le portrait de ses amis en Égyptiens... Comme le montre Édith Balas, sa dite « Période nègre » a eu en fait comme source d'inspiration davantage l'art de l'ancienne Égypte que l'art de l'Afrique noire[40].

Dans le domaine de la peinture, la voie ouverte notamment par Alma-Tadema prend une ampleur croissante ; les scènes de reconstitution de l'Antiquité se multiplient à partir de modèles variés. Lecomte du Noüy, par exemple, s'inspire du *Roman de la momie* pour plusieurs de ses toiles, *Les Porteurs de mauvaises nouvelles* (Fig. 8), *Ramsès dans son harem* (1885-1886) et *Tristesse de Pharaon* (1901)[41]. Frederick Bridgman, qui avait voyagé en Égypte dans les années 1873, expose de son côté en 1877 *Les Funérailles de la momie* (Fig. 9), qui recueille tous les suffrages : c'est un véritable catalogue de tous les personnages et accessoires indispensables sur la barque funéraire au moment du cérémonial de l'inhumation. Il peint également, entre autres, *Les Captifs du pharaon* et *Le Bœuf Apis*[42]. Edwin Long rejoint Alma-Tadema par la qualité de ses compositions et de son style : parmi les onze tableaux à l'égyptienne qu'il a signés, il réalise en 1878 *The Gods and their Makers* (*Les Dieux et leurs créatrices*), qui représente – avec un grand souci de précision –, l'intérieur d'un atelier d'artisans (cat. 335). Avec la même minutie, il peint deux scènes plus intimistes : *Peines d'amour perdues* et *Alethe, prêtresse d'Isis*, ainsi que des scènes à grand spectacle : *Une fête égyptienne* – où, s'inspirant d'un texte d'Hérodote, il met en scène des esclaves servant aux convives de la bière dans des pots surmontés de la représentation en bois d'une momie – et *La Couronne de justification*, sujet qui l'a particulièrement inspiré et dont il décrit longuement dans le catalogue de la Royal Academy le fondement historique et sociologique tel qu'il pouvait le connaître à l'époque. La composition transpose habilement, non seulement la scène décrite, mais aussi l'importance qu'elle revêt pour la survie de l'âme du défunt et tout ce qu'elle implique politiquement et socialement[43]. Edward J. Poynter peint, dans le même style, une *Faction au temps des pharaons*, une *Offrande à Isis* et *Le Repas des Ibis sacrés dans la grande cour de Karnak*[44]. Quant à Georges Rochegrosse, il mêle la fidélité archéologique à des sujets plus légers, où la chaude lumière d'Égypte joue à la fois sur la transparence des robes et des tentures multicolores et sur la peau blanche de belles indigènes dénudées. Les scènes bibliques – et notamment *Moïse sauvé des eaux* – constituent avec *Cléopâtre* l'essentiel des autres sources d'inspiration de ce genre bien particulier.

Entre 1870 et 1920, nombre de peintres ont essayé de suivre la voie ouverte par Alma-Tadema, mais les scènes restent le plus souvent fades, pour ne pas dire simplistes. Tout comme les peintres militaires de la même époque ont répété à l'infini dans une multitude de petits tableaux le thème du soldat posant avec son arme, Bouvier, Lagye, Makart, Faldi, Coomans, Swain, Smith, Collier, Roubille, Waterhouse, Tytgat et Bakalowicz, parmi beaucoup d'autres, peignent simplement des portraits d'Égyptiennes dans des poses variées, accompagnées seulement d'un ou deux personnages, et sans qu'aucune étincelle ne vienne faire vivre des tableaux qui ont pour seul mérite – et encore, l'ont-ils tous ? – d'être décoratifs[45]. D'autres peintres, comme Zamor et Boutet de Monvel, s'essaient à des recons-

Fig. 8. *Les Porteurs de mauvaises nouvelles*
Jules-Jean-Antoine Lecomte du Noüy, huile sur toile, 1872
en dépôt à Tunis au ministère des affaires culturelles.
Dessin d'Albert Duvivier, gravé par E. Thomas,
Le Monde illustré, 18 mai 1872.

titutions d'intérieurs égyptiens ; mais rares sont ceux qui, à l'instar de leurs illustres devanciers, tentent de recréer de véritables scènes historiques dans des décors théâtraux, comme Mucha à ses débuts parisiens[46] ou Bakalowicz qui présente dans les années 1928, avec son *Hommage à Isis*, une curieuse survivance d'un style dépassé[47]. Mais, si l'œuvre ou les quelques œuvres qu'ils peignent à l'égyptienne rappellent le moment d'une rencontre privilégiée avec l'Antiquité, elles semblent parfois ne constituer qu'un simple exercice de style.

L'art pictural propre aux anciens Égyptiens s'est également imposé de façon plus subtile à d'autres peintres qui en reproduisent la manière, sinon les formes exactes. Paul Gauguin, par exemple, n'a jamais caché s'être inspiré pour son *Te Matete (Le Marché)* d'une peinture de la

Fig. 9. *Les Funérailles de la momie*
Frederick Bridgman, huile sur toile, 1876 ;
Collection particulière.

Fig. 10. *Die Erfüllung*
Gustav Klimt, 1908-1909
Vienne, Österreichisches Museum.

XVIIIe dynastie thébaine exposée au British Museum[48] ; Bart Anthony Van der Leck dessine ses contemporains « à la manière égyptienne[49] » (Fig. 11) ; Mucha, lui, mêle le style Art nouveau à la rigueur égyptienne qui l'avait déjà inspiré à son arrivée à Paris[50], et Matisse, Derain, Picasso, Sérusier et Van Dongen sont tous redevables à l'art égyptien, à un moment ou à un autre de leur production[51]. Après eux, quelques artistes peignent encore à l'égyptienne, s'attachant comme Soutter à l'aspect onirique de cette civilisation[52], ou peignant, comme Moindre, « sous l'influence de Moïse[53] ».

Dans tous les cas, les recréations spectaculaires que nombre de peintres ont proposées dans le dernier tiers du XIXe siècle appelaient irrésistiblement le mouvement et le son que le cinéma va leur apporter dans les années qui suivent ; reprenant les mêmes thèmes à un moment où les reconstitutions picturales sont en train de s'essouffler, il vient apporter à l'égyptomanie un moyen neuf de s'exprimer et, partant, un regain d'intérêt dans le public.

À partir de la fin du siècle, l'intégration de l'égyptomanie au style de la période est devenu quasiment un principe directeur. Déjà aux siècles précédents, l'égyptomanie s'était mêlée aux styles classique, néo-gothique et Empire ; mais jamais, jusqu'alors, elle ne s'était si intimement mélangée avec un style comme elle le fait avec l'Art nouveau et avec les diverses tendances novatrices du début du XXe siècle. Le fait que cette évolution s'accentue dans les périodes suivantes, notamment avec l'Art déco et l'art contemporain, montre que c'est bien là, avec le soutien de la démocratisation amorcée au milieu du siècle, que se situent ses chances de survie et le gage de sa pérennité.

J.-M. H.

Fig. 11. *Les Musiciens*
Bart Van der Leck, 1915
Otterlo, Rijksmuseum, Kröller-Müller.

1. *Cf.* Bletter, 1977 ; Beauthéac et Bouchart, 1985, p. 181.
2. *Cf.* Bourrut Lacouture, 1989, pp. 277-296.
3. *Cf.* Quaegebeur, 1988, p. 66.
4. *Cf.* Beauthéac et Bouchart, *op. cit.*, p. 167.
5. 10, rue du Général-Rapp (1906) ; *cf.* Hornstein-Rabinovitch, 1981, n° 36, pp. 350-354.
6. Par exemple à l'intersection de Pall Mall, Haymarket et Cockspur Street.
7. Rue Jules-Breton, n° 5, Paris 13ᵉ.
8. *L'Exposition de Paris (1900)*, ouvrage collectif, Paris, 1900, t. II, pp. 185-186.
9. *Ibid.*, p. 186.
10. *Ibid.*, p. 20.
11. Berend, 1882, p. VII.
12. *Cf.* le numéro 3 (mai-juin 1984) de *M & L (Monumenten en Landschappen)*, consacré à ces deux loges, avec des articles de Petra Maclot, Eugène Warmenbol et Marcel M. Celis.
13. Par Peter Henderson (78 Queen Street) ; *cf. Building News*, 26 juillet 1901, p. 105, cité *in* cat. exp. Brighton/Manchester, 1983, n° 206 ; voir aussi le numéro 227 ; *cf.* Humbert, 1989, p. 117.
14. *Cf.* cat. vente Milan, *Finarte*, 8 novembre 1986 (fascicule séparé, reproduisant entièrement en couleurs la « Stanza »).
15. *Cf. Connaissance des Arts*, n° 355, septembre 1981, p. 48.
16. *Cf.* Le Targat, 1984, pp. 20-21.
17. *Cf. Aïda in Cairo*, 1982, ill. 22, p. 89.
18. Dessin publié dans *Building News*, 26 juin 1878, cité *in* cat. exp. Brighton/Manchester, 1983, n° 205 ; Batley a publié en 1883 *A Series of Studies for Domestic Furniture and Decoration* ; repr. *in* Humbert, 1989, p. 115.
19. Un exemplaire, copié sur l'original ancien BM 2472 du British Museum, est conservé au Victoria and Albert Museum (n° Circ. 439-1965) ; *cf.* Gilbert, 1971, p. 741 et cat. exp. Brighton/Manchester, 1983, n°ˢ 221 A et 222 à 224.
20. *Cf.* Curl, 1982, pl. 184, p. 188 ; cat. exp. Brighton/Manchester, 1983, n° 211, p. 102.
21. Un exemplaire du canapé est conservé au Victoria and Albert Museum (repr. *in* Curl, 1982, pl. 180, p. 185) ; *cf.* aussi cat. exp. Brighton/Manchester, 1983, n° 233 et Collins, *in* cat. exp. Camden, 1979.
22. *Cf.* cat. exp. Brighton/Manchester, 1983, n°ˢ 212 et 213.
23. Vers 1880, Fine Arts Society, Londres (cat. exp. Brighton/Manchester, n° 239).
24. N° Circ. 90 1966 (*cf.* Curl, *op. cit.*, pl. 182, p. 186).
25. *Cf.* cat. vente Enghien, Champin-Lombrail, 28 octobre 1979, n° 136.
26. *Cf.* cat. vente Milan, Finarte, 8 novembre 1986, n°ˢ 31-35 et 39 ; *cf.* aussi Humbert, 1989, pp. 140-141.
27. *Cf.* Humbert, *op. cit.*, pp. 177-178.
28. *Cf.* cat. vente Drouot, Laurin-Guilloux, 21 mars 1980, n° 174 ; Drouot, Cornette de Saint-Cyr, 29 avril 1983, n° 75 ; *cf.* aussi Loring, 1979, p. 121.
29. *Cf.* cat. vente Christie's, Genève, 12, 13 et 15 novembre 1984, n° 410.
30. *Cf.* cat. exp. Brighton/Manchester, 1983, n°ˢ 228-233, 236-238, 240-242, 245, 254-255, 267-268.
31. *Cf.* Durand-Revillon, 1982, pp. 181-198 ; *cf.* aussi cat. vente Paris, hôtel Drouot, Millon, 20 mai 1980, n° 215.
32. *Personnage égyptien*, *cf.* cat. vente Paris, hôtel Drouot, Couturier-Nicolay, 17 juin 1986, n° 193 ; *Le Grand Pharaon*, ou *Prêtre et prêtresse portant des statuettes votives*, *cf.* cat. vente Enghien, Champin-Lombrail, 16 octobre 1983, n° 187 et *La Gazette de l'Hôtel Drouot*, n° 10, 8 mars 1985, p. 27.
33. Marie-Alexandre-Lucien Coudray, *cf.* par exemple *La Gazette de l'Hôtel Drouot*, n° 42, 28 novembre 1986, p. 99.
34. Vers 1900 ; *cf.* cat. vente Paris, hôtel Drouot, Millon-Jutheau, 27 novembre 1980, n° 120.
35. Vers 1900 ; *cf.* cat. vente Paris, hôtel Drouot, Boisgirard-Heeckeren, 7 décembre 1983, n° 107, p. 20.
36. Strasser : *Harpiste au Ouistiti*, 1880, *cf.* cat. vente Paris, hôtel Drouot, Cornette de Saint-Cyr, 22 juin 1986, n° 95 ; Gaston Leroux : *Danseuse au tambourin et sphinx*, dite parfois *L'Égyptienne* ou même *Aïda*, vers 1880-1900, *cf.* par exemple *La Gazette de l'Hôtel Drouot*, n° 42, 28 novembre 1986, p. 86 ; Coudray : *Joueuse de cithare* et *Égyptienne à l'éventail*, *cf.* cat. vente Rambouillet, hôtel des ventes, Faure-Rey, 22 mars 1987, n°ˢ 123 et 124.
37. *Cf.* Maury, 1969, pp. 35-60.
38. Musée d'Orsay : *cf.* Ansieau, 1983, pp. 287-295.
39. 1904 ; *cf.* cat. vente Paris, Espace Cardin, Binoche-Godeau, 5 décembre 1983, n° 19.
40. « Anna Akhmatova, Young in Paris and Headed toward Fame », éd. Olga Carlisle, *Vogue*, août 1973, cité *in* Balas, 1981, pp. 87-94.
41. *Cf.* Humbert, 1989, pp. 252-254.
42. *Ibid.* p. 255.
43. *Ibid.*, pp. 255-256.
44. *Cf.* Margaux, 1905 ; Bell, 1906.
45. *Cf.* Humbert, *op. cit.*, p. 259.
46. *La Fille du Pharaon, Dans le désert, Lotus, Amenhotep* (1889-1890, *cf.* cat. exp. Paris, 1980, pp. 32-33).
47. *Cf.* Humbert, *op. cit.*, p. 259.
48. 1892 (Kunstmuseum, Bâle), *cf.* Dorival, 1951.
49. Notamment dans la période 1914-1916, *cf.* entre autres, *Le Chat, Les Musiciens, Arabes, La Tempête* (Rijksmuseum Kröller-Müller, Otterlo, Pays-Bas).
50. *Le Pater*, 1899, *cf.* cat. exp. Paris, 1980, note 77, n°ˢ 98-115.
51. *Cf.* Dagen, 1984, pp. 289-302 ; *cf.* aussi les peintures « pharaoniques » de Van Dongen (musée des Beaux-Arts Jules Chéret, Nice).
52. *Pharaon* et *New York* (entre 1924 et 1930), *cf.* Thévoz, 1974 ; Thévoz, 1979, p. 101.
53. *Le Temple avec le sphinx et les pyramides*, 1940-1957, *cf.* Dubuffet, 1965, pp. 101-118 ; Thévoz, 1979, p. 103.

Confirmations d'une pérennité

304 Salle du Chapitre de la loge maçonnique Supreme Grand Royal Arch Chapter of Scotland

Robert F. Sherar
1901
Mine de plomb et aquarelle
H. : 94 cm ; l. : 68,6 cm
Signée et datée : « Robt. F. Sherar. Delt. 1901. »
Édimbourg, Supreme Grand Royal Arch Chapter of Scotland

La franc-maçonnerie et les rose-croix continuent d'aménager, à la fin du XIXᵉ siècle, des temples dont l'intérieur est très souvent égyptisant. La salle de réunions du Supreme Grand Royal Arch Chapter of Scotland, construite de 1900 à 1901 par l'architecte Peter Henderson (1849-1912) au 78 Queen Street, à Édimbourg, en est un parfait exemple. Le décor, entièrement à l'égyptienne, est censé représenter, d'après le *Livre des Morts*, l'histoire d'Isis et d'Osiris[1] ; les sièges, dessinés par l'architecte lui-même, sont également à l'égyptienne[2].

La Belgique a connu, dans le dernier quart du XIXᵉ siècle, des réalisations aussi exceptionnelles, comme les loges « Les Amis du commerce et la persévérance réunis » à Anvers, « Les Amis philanthropes » et « Les vrais Amis de l'union et du progrès réunis », à Bruxelles[3]. La *Description de l'Égypte*, Lepsius et Prisse d'Avennes sont abondamment copiés dans ces établissements, où le gigantisme le dispute à la polychromie. Des salles à l'égyptienne de ce type, dont beaucoup subsistent aujourd'hui, ont été aménagées à travers le monde entier.

J.-M. H.

1. Cf. *Building News*, 26 juillet 1901, p. 105, cité *in* cat. exp. Brighton/Manchester, 1983, n° 206.
2. Cf. cat. exp. *op. cit.*, n° 227.
3. Cf. *M & L (Monumenten en Landschappen)* n° 3, mai-juin 1984, consacré à ces deux loges, avec des articles de Petra Maclot, Eugène Warmenbol et Marcel-M. Celis.

Expositions :
Brighton/Manchester 1983, n° 206, repr. coul.

Bibliographie sommaire :
Humbert, 1989, p. 117.

305-306 Table de milieu et miroir

Anonyme
Vers 1868-1870
Bois doré, sculpté, polychrome ; marbre noir de Belgique
305 : H. : 84 cm ; L. : 1,76 m ; l. : 1,05 m
306 : H. : 1,525 m ; l. : 1,16 m
Vevey (Suisse), collection Peter Zervudachi

Cette table fait partie d'un ensemble de meubles à l'égyptienne commandé à Paris vers 1868 sur ordre du Khédive Ismaïl pour son palais de Gézireh au Caire, où il devait recevoir l'impératrice Eugénie à l'occasion de l'inauguration du canal de Suez, le 17 novembre 1869.

La plus grande partie du mobilier fut livrée à temps, à l'exception d'une table et d'un miroir qui ne furent achevés qu'au moment de la guerre de 1870, et furent donc bloqués à Paris comme les décors et costumes d'*Aïda*. Oubliés dans un garde-meuble, ils revinrent au début du XXᵉ siècle aux descendants de Draneht Bey, qui avait négocié leur fabrication[1].

Toute la décoration joue sur l'alternance de la dorure, du bleu et du rouge, rehaussée par le blanc du fond de la table et le marron des visages ; tous ces tons étaient utilisés par les Égyptiens anciens, mais ni dans les mêmes proportions, ni dans les mêmes répartitions. Les motifs stylisés et colorés sont complétés, dans le cadre du miroir traité à la manière d'un massif, par des frises « remplies » de hiéroglyphes et de figures, tassés sans discernement et, bien sûr, en assemblages asyntaxiques.

Cet ensemble est représentatif d'un nouveau style de mobilier à l'égyptienne qui, à partir des années 1865, fait une place plus grande à des formes originales et à des couleurs inusitées dans cet emploi[2]. Une certaine théâtralisation du décor des grandes réceptions n'est pas étrangère à cette évolution.

J.-M. H.

1. Draneht Bey (9 mars 1815-4 février 1894) avait tout d'abord été le pharmacien de Méhémet Ali ; ancien élève du docteur Thénard, il avait fait sien l'anagramme du nom de son professeur ; directeur des chemins de fer d'Égypte puis surintendant de l'Opéra du Caire, il supervisa la construction de ce théâtre et organisa, outre les saisons régulières, la représentation d'inauguration avec *Rigoletto* (1ᵉʳ novembre 1869) et la création d'*Aïda* (24 décembre 1871).
2. Cf. par exemple les meubles de salon néo-égyptiens italiens reproduits *in* Humbert, 1989, p. 140.

Confirmations d'une pérennité

307 Joseph arrive en Égypte

Just Becquet (1829-1907)
Vers 1878, repris vers 1904
Marbre
H. : 1,08 m ; L. : 60 cm ; pr. : 91 cm
Signée et inscrite sur le siège, à droite :
« A F. RUDE / JOSEPH / ARRIVE EN ÉGYPTE / IL
SONGE / ET DANS SA DOULEUR / PRESSENT SES /
HAUTES DESTINÉES / JUST BECQUET »
Besançon, musée des Beaux-Arts et d'Archéologie
Inv. D. 921.2.1

Historique :
Achetée par l'État en 1904 pour 5 000 francs ;
attribuée au musée du Luxembourg en 1909
(inv. Lux 341) ; transférée au musée du Louvre
(R.F. 3885) ; puis affectée au musée d'Orsay ;
en dépôt au musée de Besançon, 1921.

Très populaire dans la seconde moitié du XIXᵉ siècle, l'histoire de Joseph a donné naissance à un nombre considérable d'illustrations bibliques, en particulier la série de lithographies polychromes de Owen Jones, *The History of Joseph and His Brethren*, datée de 1865, et l'*Histoire de Joseph* d'Alexandre Bida, publiée en 1877. Mais cet engouement n'a presque pas touché la sculpture. Le modèle en plâtre exposé par Becquet au Salon de 1878 (nᵒ 4046) en constitue l'un des rares exemples, inspiré peut-être par les gravures de Bida. Le modèle, décrit comme une « petite statue », est aujourd'hui perdu. Il existait encore en 1908 puisque Besançon, ville natale de Becquet, voulait alors en faire l'acquisition avec deux autres œuvres.

En 1904, Becquet expose le marbre grandeur nature du *Joseph* – aujourd'hui à Besançon –, qu'il dédie à son maître Rude. Le moment de cette présentation n'est peut-être pas des mieux choisis puisque le *Penseur* de Rodin figure dans la même exposition. Néanmoins, Becquet obtient une médaille d'honneur et l'État se porte acquéreur de l'œuvre. Même si André Chaumeix lui accorde « une noblesse simple, faite tout entière du mystère que cet adolescent porte en lui » et que Léonce Bénédite, conservateur du musée du Luxembourg, la juge digne de figurer dans son musée, les critiques lui réservent un accueil mitigé : Maurice Hamel l'estime faible, tandis que Paul Leroi croit y déceler une trace de la main de Rude. « Nul doute que *Joseph en Égypte* vaille mieux, écrit Leroi, mais il le doit à une fort habile collaboration déjà très ancienne, car ce marbre ne date pas précisément d'hier. Demeuré, depuis lors, inachevé, le *Joseph* serait œuvre parfaite, si la tête plus que défectueuse n'avait été, en tout dernier lieu, terminée sans collaboration aucune, ce qui explique qu'elle contraste déplorablement avec le reste du corps. »

Un petit bronze de Barbedienne[1] est sans doute le résultat de la demande faite par la sœur de l'artiste, Anne

Hutin, au ministère des Beaux-Arts en décembre 1909 en vue de reproduire le *Joseph*. Un bronze anonyme sans marque, semblable mais apparemment non identique[2], se trouvait sur le marché de l'art en 1990.

M. P.

1. H. : 48 cm ; L. : 41 cm ; pr. : 24 cm.
2. *Cf.* cat. ventes Sotheby's, Londres, les 10-13 juin 1988, nᵒ 66W, repr. et le 30 mars 1990, nᵒ 242, repr.

Expositions :
Paris, Salon de 1904, nᵒ 2654 ;
Besançon, 1990.

Bibliographie sommaire :
Bénédite, 1904, p. 434 ;
Chaumeix, 1904, p. 169 ; Leroi,
1904, p. 484 ; Hamel, 1904,
pp. 78, 84 ; Bénédite, 1908,
pl. 44 ; Estignard, 1911 ; Pingeot,
Le Normand-Romain et
Margerie, 1986, p. 266 ; cat. exp.
Besançon, 1990, p. 214, fig. 12 ;
Gavignet, 1992, pp. 34, 65.

Détail du décor d'un piano à queue

Érard
1893
Acajou, bronze doré et émail cloisonné
H. : 96,3 cm ; l. : 44 cm ; pr. : 25 cm
Brighton, Royal Pavilion, Art Gallery
and Museums
R. 69983

Ce piano a été exécuté à Paris pour le compte de la maison Érard de Londres[1]. Cela laisse supposer qu'il s'agissait d'une commande particulière. Un couple d'Égyptiens, dont l'auteur est inconnu, décore chacun des trois pieds du piano ; coiffé d'un *némès* quelque peu stylisé, chaque personnage porte d'une main différente un crochet *heka* ; le reste du costume (pagne et bijoux) est un brillant exercice de style qui ne cherche pas à copier la réalité archéologique.

L'ensemble du piano est décoré par ailleurs d'une frise de fleurs de lotus ; un bouquetin coiffé du disque solaire orne la base d'un pédalier asymétrique évoquant un instrument de musique antique, dont les cordes seraient figurées par les barres de transmission des pédales ; les autres décors de bronze (ibis aux angles) ne sont pas traités à l'égyptienne.

J.-M. H.

1. Piano Érard n° 69 983 ; indications du registre matricule : « Piano à queue n° 3 bis style égyptien avec marqueterie et bronzes. Pieds représentant des figures sculptées avec ornements émaillés. Date d'entrée : décembre 1893 ; date de sortie : 2 janvier 1894. Ce piano à queue a été envoyé à Mrs S. et P. Érard à Londres » (Archives Érard).

Expositions :
Londres, 1894 ; Brighton/
Manchester, 1983, n° 225.

309   Garniture de cheminée : pendule et deux vases

Vers 1879
Bronze
Pendule : H. : 55,8 cm ; L. : 45,7 cm ; pr. : 16,5 cm
Vases : H. : 47 cm ; L. : 17,8 cm ; pr. : 13,3 cm
Le mouvement est signé sur le cadran : « E. Point,
113 rue Oberkampf à Paris »
Toronto, collection Joey et Toby Tanenbaum

Historique :
Vente Paris, hôtel Drouot, Néret-Minet,
8 novembre 1985, n° 74, ill.

On trouve l'origine de ce type de garnitures de cheminée dans les dessins exécutés par Vulliamy à Londres, au début du XIXᵉ siècle (cat. 145). Ces garnitures, très populaires des années 1860 aux années 1880, furent réalisées avec des variantes : avec des obélisques, des *tazze*, des urnes ou des bustes. Des signes évidents suggèrent qu'elles étaient pres-

que toujours fabriquées en France mais elles étaient vendues dans la plupart des pays occidentaux et portaient souvent la marque du détaillant. Une garniture de cheminée composée d'une pendule (avec cadran à chiffres arabes) et de deux obélisques – le modèle le plus populaire – qui se trouve au Metropolitan Museum de New York, a été, par exemple, vendue par Tiffany and Co.[1] (Fig. 1) ; une garniture sem-

Fig. 1. **Garniture de cheminée**
Ensemble en bronze
de Louis C. Tiffany Inc.
New York,
Metropolitan Museum of Art,
Purchase, Edgar J. Kaufman
Charitable Foundation.

blable, conservée au High Museum d'Atlanta, porte sur le cadran de la pendule le nom de Tilden, Thurber and Co., Providence.

Cette exceptionnelle garniture de cheminée créée pour le Khédive Ismaïl d'Égypte, grand amateur d'objets néo-égyptiens, est à tous égards remarquable[2]. La pendule, avec cadran à chiffres arabes, se compose d'un pylône flanqué de deux structures pyramidales, se terminant en épi et recouvertes de motifs égyptiens gravés qui sont dérivés de Denon. Des motifs similaires apparaissent sur le corps des deux vases, tandis que leur base, comme celle de la pendule, est décorée d'une frise de lotus.

Plusieurs exemplaires du sphinx ailé qui surmonte la pendule ont manifestement été fondus, puisqu'un bronze identique a été utilisé pour une autre pendule néo-égyptienne[3]. En 1985, il a été avancé que cette garniture était une commande du gouvernement français pour un cadeau destiné au Khédive à l'occasion de sa visite à l'Exposition de 1878 ; mais n'ayant été achevée qu'en 1879, elle n'a jamais été livrée. Selon une hypothèse plus récente, elle aurait été faite pour la visite très attendue de ce souverain à l'Exposition universelle de 1867. L'absence de documents laisse cette question en suspens, mais le style de l'objet plaide en faveur d'une date antérieure : une garniture aussi grande mais plus simple du bronzier G. Servant, comprenant une pendule surmontée d'un sphinx ailé et allant avec des bustes d'Isis et de Ramsès exécutés par Émile Hébert, remporta une médaille d'or à l'Exposition de 1867. Servant, qui avait une fonderie 137, rue Vieille-du-Temple et participa à l'Exposition de 1878, s'était spécialisé dans les garnitures de ce genre.

M. P.

1. Une garniture identique se trouve à la Wilcox House de Meriden, Connecticut.
2. Pour une garniture de bureau commandée par lui à Boucheron, cf. Humbert, 1989, ill. pp. 184, 185.
3. Voir la garniture de cheminée à la vente Sotheby's, Londres, 2 novembre 1989, n° 165, ill.

Bibliographie sommaire :
Gazette de l'Hôtel Drouot, n° 36, 18 octobre 1985, p. 27, ill. ;
Humbert, 1987, t. II, n° 709 ;
Humbert, 1989, p. 182, ill.

310 Bonaparte entrant au Caire

Jean-Léon Gérôme (1824-1904)
1897-1903
Bronze doré, bronze patiné, bois
H. du bronze : 41 cm ; L. : 36 cm ; H. totale
de l'ensemble : 1,09 m
Incisé sur le côté droit du devant du socle de la
statue équestre : « J.L. Gérôme » ; marque de
fondeur sur le côté gauche du devant du socle :
« Siot Fondeur Paris » ; Plaque de dédicace :
« Offert à M. Maxime Duval au nom de la Société
Générale par la direction, les chefs de service du
siège central, les chefs des succursales de Paris et
de Province et leurs principaux collaborateurs[1] »
Toronto, collection Joey and Toby Tanenbaum

Historique :
Achat dans le commerce new-yorkais en 1985 ; à
l'origine au musée Harding de Chicago.

Exposée à Ottawa et à Vienne.

C'est au Salon de 1897 que Gérôme expose son bronze représentant *Bonaparte entrant au Caire* (21 juillet 1798), que l'État achète aussitôt[2]. Cette œuvre, qui à l'origine n'était que l'aimable évocation d'un chef de guerre victorieux, prend dans la présente version une tout autre dimension. Le cavalier est en effet audacieusement uni à un temple égyp-

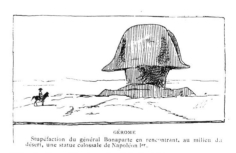

GÉRÔME
Stupéfaction du général Bonaparte en rencontrant, au milieu du désert, une statue colossale de Napoléon Ier.

Fig. 1. *Stupéfaction du Général Bonaparte en rencontrant, au milieu du désert, une statue colossale de Napoléon Ier*
Pastiche anonyme du tableau de Jean-Léon Gérôme.

Fig. 2. *Œdipe*
Jean-Léon Gérôme, huile sur toile, 1886.

composition montre à quel point la relation entre la personnalité de Bonaparte et l'Égypte antique est fortement établie
et combien cette campagne militaire est solidement ancrée
dans la culture populaire (Fig. 1). C'est dire l'importance
attachée rétrospectivement par l'inconscient collectif à cette
rencontre de deux géants, la civilisation égyptienne ancienne
et le futur empereur Napoléon[5]. Gérôme, profondément
marqué par ses voyages en Égypte, ne s'y était pas trompé
en choisissant comme sujet de son *Œdipe* (Fig. 2) le face à
face de Bonaparte et du Sphinx de Gizeh[6].

J.-M. H.

1. Maxime Duval (1840-1912), sous-directeur à la Société générale, fut
   nommé administrateur le 10 mars 1903 après trente ans passés au
   service de la société ; ses collaborateurs, voulant lui marquer leur
   estime, ouvrent dès le 13 mars une souscription ayant pour objet de
   lui offrir un souvenir de cette nomination. Je tiens à remercier Monsieur Benoît Mariotte, de la mission Archives et Histoire de la
   Société générale, de ses recherches à ce sujet.
2. *Cf. Explication des ouvrages...,* Paris, 1897, p. 285, n° 2987 (Salon ; inv.
   coll. nales RF 1382) ; cat. exp., Vesoul, 1981, n° 189 (Inv. 1178,
   Sénat) ; Ackerman, 1986 b, p. 86, fig. 12.
3. *Cf.* l'exemplaire de ce bronze conservé au musée Bertrand à Châ-
   teauroux, entouré d'une grille sommée de fleurs de lotus et de papyrus (Inv. 4889).
4. Sur les murs : « Menou, Berthollet, Fourier / Lannes, Larrey, Murat
   / Kléber, Denon, Reynier / Desaix, Monge, Baraguay d'Hilliers » ;
   sur la frise : « Gaza, Jaffa / Le Mont Thabor, Aboukir / Alexandrie,
   Les Pyramides / Le Caire, El Arish ».
5. *Cf.* Humbert, 1990, pp. 31-37.
6. N° 1042 du Salon de 1886.

Bibliographie sommaire :
Ackerman, 1986, n° 38.

tien, un peu comme pour constituer le modèle réduit de
quelque hypothétique mausolée.

Ce n'est pas la première fois que des compléments
égyptisants sont apportés à la statuette[3] ; mais jamais ils
n'ont pris une telle importance en volume et en hauteur,
multipliant à plaisir les éléments narratifs symboliques. Un
kiosque à l'égyptienne en bois formé de six colonnes composites et décoré de chapiteaux et de disques ailés en bronze
doré abrite une victoire ailée également en bronze, surplombant un petit scribe censé écrire le panégyrique du conquérant. Les noms des collaborateurs du futur empereur sont
inscrits sur les murs d'entrecolonnement, tout comme ceux
de ses victoires l'étaient sur le socle de la statuette[4].

Une telle profusion de détails ne devait pas pour
autant affaiblir, à l'époque, le message porté par la statuette :
juste un siècle après la campagne d'Égypte, cette ambitieuse

311   Tabouret égyptien dit « Thebes stool »

Londres, Liberty and Co.
Vers 1884
Acajou, pieds décorés tournés, siège de cuir
H. : 36 cm ; l. : 44 cm
Londres, Victoria and Albert Museum
Circ. 439-1965

La société Liberty's Furnishing and Decorating Studio fut
créée en 1883 par Leonard Wyburd, qui imagina aussitôt de
copier des originaux antiques du British Museum et de leur
donner une large diffusion. C'est ainsi que sont nés deux
tabourets égyptiens, l'un à trois pieds, l'autre, plus élaboré,
à quatre pieds, reproduisant celui du British Museum[1]
(cat. 205).

Le dessin en fut enregistré au Patent Office en
1884, et il apparaît dès cette année dans les catalogues
Liberty. Il était possible de commander ce meuble, au choix
en noyer, acajou ou chêne ; le dessus était en cuir ou en lattes

de palissandre[2] et pouvait recevoir un coussin à l'égyptienne. Une variante avec dossier était également disponible[3].

Ce siège n'est pas sans rapport avec la chaise égyptienne dessinée quelque trente ans auparavant par Holman Hunt (cat. 204), sans que l'on puisse dire si l'idée de cette adaptation en dérive directement ; il faut néanmoins noter que cette chaise, qui avait été reproduite par Millais dans l'un de ses tableaux, était alors bien connue.

Mais le tabouret de Liberty est également lié au courant égyptisant fort répandu en Angleterre après l'ouverture du canal de Suez. Christopher Dresser, en 1873, montre à quel point la forme des chaises égyptiennes est bien conçue[4], et l'un de ses élèves, J. Moyer Smith, reproduit les sièges antiques du British Museum[5]. La table égyptienne créée par Edward William Godwin en 1876[6], qui reprenait le même type de dessin que le tabouret et fut vendue à un grand nombre d'exemplaires, contribua largement elle aussi à entretenir la mode de ce type d'objets dans l'Angleterre victorienne.

J.-M. H.

1. Inv. BM 2472.
2. *Cf.* cat. exp. Brighton/Manchester, 1983, n° 220.
3. Attribution de cette chaise à Liberty (William Morris Gallery, Walthamstow, Londres) ; *cf.* cat. exp. *op. cit.*, 1983, n° 222 et Ottilinger, 1989, pp. 76-84.
4. Dresser, 1873, fig. 23, cité *in* Halén, 1990, p. 68.
5. *Cf.* « Ancient Egyptian furniture », *Building News*, 17 décembre 1875, cité par Stayton, *in* cat. exp. New York, 1990, p. 9.
6. Victoria and Albert Museum.

Bibliographie sommaire :
Gilbert, 1971, p. 741 ; Calloway, 1992 : Mobilier, par Stephen Astley, pp. 76-77.

312 Siège de véranda à figure égyptienne

Manufacture Brown-Westhead, Moore and Co. (Shelton, Angleterre)
Vers 1880
Faïence vernissée couleur crème rehaussée de bleu clair, vert clair et bleu foncé
H. : 57 cm ; l. : 42 cm
Inscription incisée à la base : « T.C. Brown – Westhead, Moore & Co. »
Genève, collection Prince Sadruddin Aga Khan

Historique :
Ancienne collection Fine Art Society, Londres.

La manufacture de Shelton, fondée par Job Ridgway en 1802, commença à produire dans les années 1875, à côté de la vaisselle courante, des pièces plus importantes. La marque des propriétaires figurant sur le socle indique une période allant de 1862 à 1904[1], mais le style permet de rapprocher la datation de la fin du XIXe siècle.

L'idée de la composition de cette jeune femme assise, dont les bras croisés sur les genoux relevés maintiennent l'élément constitutif du siège, est dérivée de la pseudo-statue-cube égyptienne antique ; mais les formes du corps et le costume sont ici beaucoup plus nettement dessinés. Des fleurs de lotus et des *uraeus* ajoutent à la face avant un caractère encore plus égyptien.

Cet objet était livré soit entièrement en blanc, soit rehaussé d'une ou plusieurs couleurs.

J.-M. H.

1. *Cf. Le Nouveau Danckert, Manuel de la porcelaine européenne*, Fribourg, 1973, pp. 419-420.

Expositions :
Brighton/Manchester, 1983, n° 239.

313 « Pilgrim flask »

Josiah Wedgwood and Sons
Vers 1877-1878
Faïence, décors incisés et peints
Empreintes : « WEDGWOOD 4 » et des lettres de datation peu distinctes, probablement « HRF » pour 1877
H. : 29 cm
Londres, British Museum, Department of Medieval and Later Antiquities
1983, 11-4,2

Exposé à Paris et à Vienne

313 (dos)

Fig. 1. Vase
Dessin de Christopher Dresser, vers 1870
Minton Museum, Royal Doulton Company.

Un côté de ce vase décoratif dit « Pilgrim flask » (gourde de pèlerin) est décoré d'une tête égyptienne qui n'est pas sans rappeler celle visible sur une assiette présentée à l'Exposition universelle de 1867 (cat. 217), l'autre d'un scarabée. Ces dessins sont traités dans les tons crème, marron-rouge et noir, avec rehauts d'or. Chaque motif est entouré d'une bordure « Isis » formée de fleurs et de boutons de lotus ; cette frise avait été créée par Christopher Dresser[1] dans les années 1875, à une époque où il travaillait pour la manufacture voisine – et concurrente – de Minton, à laquelle il proposait des dessins tout à fait similaires[2] (Fig. 1). Le pied et le curieux col cubique sont également décorés de scarabées et de fleurs de lotus.

L'attribution du décor à Albert Toft[3] repose essentiellement sur une plaque signée de lui, comportant également un profil de femme égyptienne[4]. Toutefois, le style en est si différent, de même que la manière de traiter le modèle, qu'il paraît impossible de voir là deux œuvres d'un même artiste : hiératisme, fidélité à l'esprit égyptien, parfait centrage de la composition chez Toft, fantaisie, adaptation à la mode du temps, coiffure qui vient s'écraser contre les bords de la frise sur cette « Pilgrim flask » ; de ce fait, je pense que la précédente attribution à Frederick Rhead[5] ne devrait pas être définitivement écartée.

Ce vase constitue un exemple caractéristique des retours périodiques de la mode à l'égyptienne dans la production Wedgwood, qui n'hésite pas par ailleurs à rééditer des modèles plus anciens (cat. 315).

J.-M. H.

1. Christopher Dresser (1834-1904) avait dessiné une planche de *la Grammar of Ornament* d'Owen Jones (Londres, 1856) et, en 1862, avait publié *The Art of Decorative Design*, premier de ses quatre ouvrages sur le sujet, dans lesquels il prône, à la suite d'Owen Jones, l'utilisation de l'art égyptien dans la décoration intérieure et le mobilier.
2. *Cf.* Reilly, 1989, p. 96.
3. *Cf.* Rudoe, 1991, pp. 121-122.
4. *Cf.* Reilly, 1989, p. 163, fig. 7a.
5. *Cf.* Dawson, 1984.

Expositions :
Paris, 1878

Bibliographie sommaire :
The Society of Arts..., 1879, p. 90 ; Reilly, 1989, vol. II, p. 97 ; Dawson, 1984, pp. 143-144, fig. 105 ; Rudoe, 1991, n° 309, pp. 121-122 et 162- 163.

314 Plat mural

Josiah Wedgwood and Sons ; décor de Thomas
Allen (1831-1915)
1878
Faïence couleur crème, peinte
Diam. : 38,5 cm
Signé sur le décor : « T. Allen, 1878 » ; empreintes
au dos : « WEDGWOOD », lettres de datation
« GHF » pour 1877 et la lettre « R »
Londres, British Museum, Department
of Medieval and Later Antiquities
1983, 6-2,1

Exposé à Paris et à Vienne

Devant une tenture décorée de papyrus, une jeune femme
coiffée d'une sorte de *némès*, vêtue seulement d'une jupe et
se tenant sur un pied, porte d'une main un *flabellum* tout en
jonglant de l'autre avec trois oranges. À l'arrière, on aperçoit
la tête et l'arrière-train d'un sphinx noyé dans la verdure. La

bordure « Isis » qui entoure la scène est relativement proche
de celles habituellement dessinées par Christopher Dresser.

Thomas Allen avait longtemps travaillé pour Minton, avant de rejoindre la manufacture Wedgwood en 1875 ;
devenu directeur artistique en 1878, il voit ses œuvres exposées en diverses occasions, notamment à l'Exposition universelle de Paris (1878). Sa composition n'est pas sans rappeler,
notamment par le regard vide de l'Égyptienne, certains des
personnages d'Edwin Long ; comme lui, Allen agrémente la
scène de la touche d'érotisme à la mode, mais celle-ci serait
à peine suffisante à soutenir l'intérêt si l'ensemble n'était
rehaussé des vives couleurs qui participent pour une part
importante à son attrait.

J.-M. H.

Bibliographie sommaire :
Reilly, 1989, vol. II, p. 97 ;
Dawson, 1984, pp. 142-143,
pl. coul. 15 b ; Rudoe, 1991,
n° 310, pp. 122 et 164.

Josiah Wedgwood and Sons
Vers 1875
Faïence vernissée
H. : 12,7 cm ; L. : 31 cm ; pr. : 10,7 cm
Empreinte : « WEDGWOOD » ; marque peinte
en rouge « X1035 »
Manquent la bobèche sur la tête du crocodile
et les couvercles des deux pots
Barlaston, Wedgwood Museum
9002

Depuis 1775, la firme Wedgwood and Bentley avait déjà acquis une solide réputation dans le domaine des encriers. La manufacture n'a jamais cessé, par la suite, d'en modifier les composants, mais on retrouve sensiblement dans chaque nouveau modèle les mêmes pots disposés différemment dans des décors variés.

Cette écritoire de style égyptien a pour base une barque, dont la proue est ornée d'une tête de griffon et la poupe d'une tête de crocodile. Deux pots, destinés l'un à la poudre à sécher, l'autre aux plumes d'oie, encadrent un petit vase canope à usage d'encrier, décoré des habituels disques ailés et autres ornements caractéristiques de Wedgwood. Ce vase canope, dont le meuble fut créé vers 1805, est remarquable par le dessin de son *némès* qui ne possède pas sur les côtés les stries horizontales caractéristiques, mais au contraire retombe en plissés verticaux. Ce mélange de perruque tripartite et de *némès* que Montfaucon avait copié sur le vase canope de la villa Albani (cat. 91) et qui avait seulement été utilisé dans les « moules canopes » Wedgwood

antérieurs (cat. 92), est peut-être dérivé de la cafetière canope créée par la manufacture de porcelaine de Vienne dès 1792 (cat. 175).

Cet objet constitue la réédition d'un modèle déjà très populaire au début du XIXᵉ siècle, et qui était alors traité en noir (*black basalt*) avec décors *rosso antico*[1] (Fig. 1) ou couleur crème[2] ; celui-ci, avec sa glaçure aux brillantes couleurs turquoise, bleu foncé, jaune et orange foncé, traduit bien la mode du moment. Le décor reprend la grammaire ornementale habituelle de Wedgwwod (disques ailés, lotus, papyrus et pseudo-hiéroglyphes). Le goût pour l'Égypte avait en effet connu un regain d'intérêt en 1875, après que le Khédive eut vendu aux Anglais des actions du canal de Suez[3].

J.-M. H.

1. *Cf.* Allen, 1962, pp. 65-88 ; Allen, 1981, pp. 42-71 ; Reilly, 1989, vol. II p. 445 (v. 1805).
2. *Cf.* Reilly, 1989, vol. II, p. 490 (v. 1810)
3. *Cf.* Reilly, *op. cit.*, vol. II, p. 96.

Bibliographie sommaire :
Reilly, 1989, vol. II, p. 387.

Fig. 1. Écritoire
Black basalt et *rosso antico*
Wedgwood, Josiah and Sons,
vers 1805
Barlaston, Wedgwood Museum.

316-317 Lion couché et chaouabti

Manufacture de Sèvres
Vers 1886
Porcelaine tendre (lion moulé)
H. chaouabti : 10 cm ; L. lion : 15,5 cm
Sèvres, Musée national de Céramique
MNC 12 994 et 12 996

Historique :
Fonds ancien de la manufacture ; entrés au musée
en 1906.

Les thèmes repris dans ces deux objets ne sont guère nouveaux ni originaux : reproduire une fois de plus à la fin du XIXe siècle, en une sorte de presse-papiers, les lions égyptiens dits « de la Cordonata » à Rome peut surprendre, alors que sphinx ou amulettes auraient pu donner matière à des objets beaucoup plus évocateurs ; cela montre d'une part qu'ils sont restés très populaires depuis l'époque déjà lointaine où Wedgwood en avait fait des copies en *black basalt* plus proches de la réalité[1] et, d'autre part à quel point ces lions qui avaient toujours été perçus comme éminemment représentatifs de l'Égypte ancienne, le sont encore à la fin du XIXe siècle. Quant au *chaouabti*, il reproduit un type antique tout aussi répandu[2].

L'intérêt de ces réalisations tient donc essentiellement à leur couleur essayant de se rapprocher le plus possible du fameux bleu égyptien. Dès le début du XIXe siècle, les artistes avaient été fascinés par cette couleur (cat. 140). Dans les années 1880, Théodore Deck arrive à faire un bleu très remarqué qui porte son nom et qu'il utilise notamment pour réaliser un petit chat à l'égyptienne[3]. La manufacture de Sèvres, de son côté, avait continué des recherches dans ce domaine, et si Brongniart rappelle qu'aucun essai n'a abouti[4], ses successeurs s'y intéressent, dont Alphonse-Louis Salvetat[5]. Mais il faut attendre Georges Vogt[6] et Charles Lauth[7] pour que soit créée la pâte qui porte leur nom, peu

de temps avant la réalisation de la « porcelaine nouvelle » susceptible de recevoir des couleurs épaisses du type des émaux de Canton.

La date d'entrée au musée de ces deux copies d'antiques ne donne aucune indication sur leur période de fabrication. Selon les analyses effectuées par Françoise Treppoz à la manufacture de Sèvres[8], les pâtes employées comportent beaucoup de quartz et de la cristobalite (« pâte à verre ») ; cette technique permet au bleu turquoise de tenir mais, en revanche, elle oblige à façonner un matériau peu plastique, difficile à travailler : les recherches continueront dans les années qui suivent pour améliorer sa constitution. L'absence de plomb dans la glaçure[9] montre par ailleurs qu'il ne peut s'agir d'essais de Salvetat. L'étude de la nature de la pâte et de sa glaçure permet donc d'avancer une hypothèse de datation proche des années 1886.

J.-M. H.

1. *Cf.* Allen, 1981, p. 48 ; Reilly, 1989, vol. I, p. 462 et vol. II, Appendix L. 10. Le morceau de tuyau dépassant de la gueule du lion confirme bien qu'il a été copié sur l'un de ceux de la Cordonata à Rome, qui avaient été transformés en fontaine en 1588.
2. *Cf.* par exemple la figurine funéraire de Hor-teb datant de la fin de la Basse Époque (pâte auto-émaillée) ; musée d'Art et d'Histoire de Genève, inventaire MF 1513.
3. *Cf.* Humbert, 1989, p. 220.
4. *Cf.* Brongniart, 1877, rééd. avec notes et additions par Salvetat, t. II, p. 771.
5. Chimiste en chef (actif 1846-1880).
6. Chimiste en chef, puis directeur technique de 1891 à 1909.
7. Administrateur du musée et de la manufacture de 1879 à 1887.
8. En octobre 1993. Je tiens à remercier Madame Françoise Treppoz et Monsieur Antoine d'Albis pour les recherches qu'ils ont menées et les nombreux renseignements qu'ils m'ont communiqués.
9. À l'exception toutefois d'un *chaouabti* identique, enregistré sous la même cote, mais de couleur gris satiné.

Bibliographie sommaire :
Bulté, 1981, pl. XXIII, b.

318 Jardinière

Émile Gallé (1846-1904)
Modèle créé en 1881
H. : 23 cm ; L. : 46,5 cm ; l. : 10,5 cm
Faïence, insectes et motifs floraux en barbotine,
décor polychrome de grand feu sous couverte
transparente, rehauts d'or
Marque au tampon noir sous la base : « E. Gallé /
E ‡ G / déposé » ; étiquette ancienne sous la base :
« E. Gallé / Nancy »
Paris, musée d'Orsay
OAO 603

Historique :
Acquis à la vente Art nouveau, Versailles,
hôtel Rameau, 18 octobre 1981, n° 55.

Cette jardinière, qui n'est pas un cas unique d'égyptomanie dans l'œuvre de Gallé[1] (Fig. 1-3), mêle les canons de l'art égyptien à une relecture et une recréation de la fin du XIXe siècle et à l'art personnel de l'artiste. De ce fait, la transcription de l'Égypte ancienne telle qu'elle apparaît ici demande une explication.

Vautours, faucons et cobras sont les trois animaux qui sont utilisés le plus souvent – depuis les fameuses frises dessinées par Denon et popularisées par l'égyptomanie –, vus de profil et les ailes déployées croisées, de façon que les deux soient bien visibles. Le vautour est toujours reconnaissable par son cou caractéristique ; le faucon par son bec et son jabot enflé ; le cobra, lui, est représenté sous la forme de l'*uraeus*, c'est-à-dire de la femelle cobra en fureur, telle qu'on la trouve sous une autre coupe de Gallé (cat. 319).

Fig. 1. Jardinière avec oiseau égyptien
Émile Gallé
Nancy, musée de l'École de Nancy.

Fig. 2. Jardinière égyptienne aux papyrus
Émile Gallé, vers 1881
Nancy, musée de l'École de Nancy.

Fig. 3. Grande jardinière égyptienne aux Horus
Émile Gallé
Nancy, musée de l'École de Nancy.

Fig. 4. *Uraeus* représentés selon les règles du dessin égyptien :
le cobra femelle est interprété de profil et la gorge dilatée de face.

Celle-ci semble presque constituer la solution du rébus proposé par la présente jardinière : si la représentation était faite en profil simple, on ne remarquerait pas la particularité de la gorge dilatée ; donc, selon les règles du dessin égyptien, le serpent est représenté de profil et la gorge dilatée de face (Fig. 4). Pour les dessinateurs des XVIIIe et XIXe siècles qui ont copié ces figures, la distinction était difficile à faire, et de là sont vite apparues des confusions entre le faucon et le cobra ; c'est ainsi que sont nés, dans des reproductions malhabiles, des faucons au nez pointu et des cobras à bec.

Dans le cas présent, la composition est tout aussi étrange et mêlée. Il est indéniable qu'il s'agit d'un cobra, puisque la forme de la queue est bien représentée, avec des écailles toutefois plus proches de celles du crotale ; mais la tête est très nettement celle d'un oiseau, sans être celle d'un faucon, du fait de l'absence du bec recourbé ; quant aux ailes qui se rejoignent en avant symétriquement, c'est une invention de Gallé par rapport aux sources égyptiennes.

On peut donc se demander si, malgré tous les relevés et recherches effectués par Gallé sur des ouvrages scientifiques[3], il n'a pas été trompé par une source imparfaite, ou s'il a au contraire spontanément créé lui-même

cette curieuse contraction de plusieurs figures. Étant donné la fréquence des lectures erronées dans ce domaine tout au long des siècles, je pencherais pour la première hypothèse.

Le décor du côté mêle des fleurs de lotus à un curieux scarabée[4] tout à fait ordinaire, non égyptien, avec ses élytres déployés laissant apparaître, au lieu des ailes membraneuses de l'insecte, les ailes égyptiennes du vautour ; cette composition constitue un autre exemple de l'intégration de l'art égyptien dans celui de Gallé et de leur harmonieuse cohabitation.

J.-M. H.

1. Qui semble toutefois limitée dans le temps aux années 1880 à 1884, avec des rééditions en 1889 et des réexpositions en 1900 : *Cf.* Husson, Ponton et Charpentier, 1984, p. 119, n° 108 ; Thiébaut, *in* cat. exp. Paris, 1985-1986, p. 113 ; *cf.* aussi cat. exp. Munich, 1980, n°s 155-157 et 191. D'autres productions égyptisantes virent le jour, sous le nom de Gallé, dans les années 1925.
2. Philippe Thiébaut (*op. cit.*, pp. 112-113) cite l'ouvrage tout récent alors de Prisse d'Avennes (*Histoire de l'Art égyptien d'après les monuments*, Paris, 1878) ; mais il est prouvé que les ouvrages les plus anciens, y compris du XVIIIe siècle, ont continué très longtemps à être consultés par les artistes qui distinguent mal les domaines de progrès de l'égyptologie.
3. Sur le goût de Gallé pour les scarabées, *cf.* cat. 319.

Expositions :
Paris, 1985-1986, n° 32.

Bibliographie sommaire :
Thiébaut, *in* cat. exp. Paris, 1983, n° 411, pp. 98-99 ; Thiébaut, 1993, p. 98.

319   Coupe

Émile Gallé (1846-1904)
Vers 1884
Faïence, barbotine, décor polychrome de grand feu sous couverte transparente, rehauts d'or
H. : 13,6 cm ; L. : 17,6 cm ; l. : 13 cm
Signature en relief sous la pièce : « Gallé / Fecit / Nancy / Déposé / E ‡ G » dans un cartouche
Paris, collection particulière

Historique :
Vente collection Marcel Tessier, Paris, hôtel Drouot, 16 juin 1978, n° 51 ; vente Paris, hôtel Drouot, 28 juin 1982, n° 125.

D'une forme tourmentée qui n'a rien d'égyptien, cette coupe se distingue par son décor complexe – mêlant des grappes de pièces à des médaillons à dessins égyptisants – et par la présence d'un fond exceptionnel.

Chacune des deux faces principales comporte un motif de grandes dimensions dont les reliefs suivent le des-

sin inscrit dans un cercle dentelé : d'un côté, une tête égyptienne parée de la coiffure vautour, de l'autre un scarabée. Cet animal et la représentation qu'en faisaient les Égyptiens ont toujours fasciné Gallé, et il l'a reproduit sur d'autres de ses compositions. Il fit part de son admiration dans un discours : « On ignore le nom du bel artiste penseur, statuaire d'Égypte, orfèvre royal, mage ou décorateur, qui, s'étant arrêté à contempler le manège d'un fangeux insecte, le bousier stercoraire, pétrissant une boule de fumier pour y déposer ses œufs, dans la chaleur du sable libyque, fut ému d'un respect religieux. Il sut le premier, par-delà les apparences, découvrir le reflet d'une image auguste, inventer ce joyau mystique, *le scarabée sacré*... Étrange et très antique prescience, dirait-on, de la forme planétaire terrestre elle-même ; voilà un symbole artistique, cosmographique, religieux et divinateur[1]. » On constate toutefois que, bien que visiblement inspiré de l'Égypte ancienne, ce scarabée s'en différencie par ses couleurs (mauve, vert, bleu, brun) et surtout par de nombreux détails rehaussés à l'or qui évidemment l'éloignent de la stylisation antique[2].

Fig. 1. Jardinière égyptienne aux médailles
Émile Gallé, vers 1881
Nancy, musée de l'École de Nancy.

Fig. 2. Détail de la signature,
dessous de la coupe.

Les deux faces latérales comportent chacune deux médaillons superposés dont les décors sont traités en relief, où l'on peut voir de haut en bas : sur l'une, un vautour volant, ailes basses, vers la gauche, et une tête portant la coiffure vautour regardant vers la droite ; sur l'autre, un vautour ailes basses volant vers la droite, et – curieux intrus – un taureau ailé assyrien. Deux de ces médaillons – le vautour volant vers la gauche et la tête – ont été réutilisés par Gallé dans une coupe à anse[3].

On a la surprise de découvrir que le dessous comporte, outre les habituelles signatures, un *uraeus* aux ailes croisées, dont la queue fait curieusement penser à un tentacule couvert de ventouses ; cet étrange dessin ainsi dissimulé semble presque constituer le rébus explicatif de la jardinière de 1881 (cat. 318). On notera que Gallé est allé jusqu'à mettre sa signature « E ‡ G » dans un cartouche pharaonique à double cerclage auquel ne manquent que les liens de fermeture[4].

Les couleurs variées, mêlant notamment une gamme de bleus et de gris-bleus, sont mises en valeur par une importante utilisation de rehauts d'or ; tout cela est assez peu égyptien, d'autant moins que les éléments décoratifs dessinés, notamment sur les têtes égyptiennes, sont essentiellement japonistes : cette coupe constitue de ce fait un excellent exemple des mélanges de style courants à l'époque.

J.-M. H.

1. Émile Gallé, discours de réception à l'Académie de Stanislas prononcé le 17 mai 1900 et intitulé *Le Décor symbolique* (Gallé, 1900, p. 6 ; Gallé, 1908, p. 214 ; cité par Thiébaut *in* cat. exp. Paris, 1985-1986, p. 123).
2. D'autres scarabées décorent une jardinière (Fig. 1) conservée au musée de l'École de Nancy ; *cf.* Husson, Ponton et Charpentier, 1984, p. 119, nº 107.
3. *Cf.* cat. exp. Munich, 1980, nº 155.
4. Une signature identique figure sous la jardinière citée dans la note 2 (Fig. 2).

Expositions :
Paris, 1985-1986, nº 41.

Bibliographie sommaire :
Thiébault, 1993, p. 99.

320 Rince-doigts

Silber and Fleming (Londres)
Vers 1882
Verre gravé à l'acide
H. : 7,3 cm ; diam. : 12,5 cm
Cambridge, The Fitzwilliam Museum
C.3-1976, K 5285

Historique :
Acheté dans le commerce londonien.

Ce rince-doigts, décoré de quatre sphinx stylisés se faisant face deux par deux et séparés par des bouquets de lotus, faisait partie d'un service de verres à l'égyptienne commercialisé par la firme Silber and Fleming.

Cette société, spécialisée dans le commerce de gros et l'import-export d'objets domestiques, fabriquait également des lampes mixtes à gaz et à huile. Elle avait été fondée en 1856 par Albert Marcius Silber, associé peu après avec un autre marchand, Noble Hutchinson Fleming. En 1860, ils apparaissent déjà en tant que commerçants en gros, établis 56, 1/2 Wood Street à Londres. Leur société prospère rapidement et ils établissent un correspondant à Paris, en 1872, rue de Paradis, en 1883 rue de Chabrol. Celui-ci disparaît en 1890 et, en 1900, la firme est rachetée par Faudel, Phillips and Sons.

Ils publiaient des catalogues à la fois importants et spécialisés destinés aux détaillants[1]. Le service égyptien figure sous le numéro 5055 dans l'un de ces catalogues[2] (Fig. 1), que Wendy Evans[3] date vers 1882 grâce aux références des mentions de médailles obtenues aux Expositions internationales ; mais il n'apparaît déjà plus dans le catalogue général de 1885.

Bien que le sphinx utilisé comme base du décor n'ait aucun rapport avec ceux créés en 1880 par George J. Vulliamy pour encadrer l'obélisque d'Alexandrie (*Cleopatra's Needle*) érigé à Londres en 1878, il est évident que ce service est directement issu de la vague d'égyptomanie qui découla de l'arrivée dans la capitale de ce nouveau monument.

J.-M. H.

1. On peut consulter dix de ces catalogues à la bibliothèque du Victoria and Albert Museum et un autre, consacré à l'argenterie, à la bibliothèque du Guildhall à Londres.
2. *The Silber and Fleming Glass and China Book*, p. 124 (réédité en 1990 par Wordsworth Editions Ltd).
3. Conservateur au *Museum of London*. Je tiens à remercier tout particulièrement Wendy Evans qui m'a communiqué l'essentiel des éléments et références ayant permis d'établir cette notice.

Expositions :
Cambridge, 1978, n° 316 ;
Brighton/Manchester, 1983,
n° 241.

Bibliographie sommaire :
Cat. exp. Cambridge, 1978,
p. 121 ; Humbert, 1989, p. 187.

Fig. 1. Service égyptien
The Silber and Fleming Glass and China Book,
catalogue publié par la firme
Silber and Fleming vers 1882, p. 124.

321 Aiguière

Stephen Smith (1822-1890)
1873
Vermeil
H. : 22,9 cm ; l. : 20,3 cm
Poinçon de contrôle de Londres de 1873 ;
poinçon de l'orfèvre : « Stephen Smith » ;
estampillée : « GOLDSMITHS ALLIANCE LIMITED
CORNHILL LONDON »
Londres, Victoria and Albert Museum
Inv. M. 36-1972

Historique :
Achetée en 1972.

Stephen Smith, petit-fils de Benjamin Smith (cat. 181), a poursuivi l'exploitation de l'entreprise familiale à Londres jusqu'à sa vente en 1886. Comparée à sa production antérieure, cette cruche très simple, révélée par Simon Jervis au moment de l'Exposition de 1974, offre un intéressant contraste dans ses éléments décoratifs.

Le corps de l'aiguière a selon toute vraisemblance été inspiré par la reproduction d'un vase égyptien « à bec », dont des exemples ont été publiés par Denon et dans la *Description de l'Égypte*[1]. Le décor, composé d'un disque ailé et des serpents de Rê, est délimité par deux bordures.

Cet exemplaire s'apparente de très près à une aiguière d'argent produite par la firme Thomas Bradbury and Sons de Sheffield et conservée au Fitzwilliam Museum de Cambridge[2]. Cette dernière n'a pas de décoration égyptisante mais, fait intéressant, porte elle-aussi un poinçon daté de 1873[3]. Le lien entre ces deux œuvres n'est pas facile à établir. À ce qu'il semble, la firme Stephen Smith and Sons fournissait de l'orfèvrerie à des revendeurs et vendait elle-même des articles produits par d'autres fabricants. C'est ainsi qu'une tasse d'enfant de Bradbury, vendue en 1980[4] était gravée au nom de Stephen Smith and Sons et datée de Londres, 1874.

M. P.

1 *Cf.* t. III, pl. 66, n° 5.
2. Inv. M. 1-1976.
3. *Cf. Fitzwilliam Museum, Cambridge...*, Cambridge, s.d., p. 10, pl. IX.
4. *Cf.* Culme, 1987, t. I, p. 424, citation d'un catalogue de vente de Sotheby's (Belgravia), 1er mai 1980, n° 56.

Expositions :
Ottawa, 1974, n° 81, ill.

322 Broche au scarabée

Edwin William Streeter
1870
Or
Diam. : 4,4 cm
Marque au revers : « E.W.S. 18ct »
Londres, British Museum, Department
of Medieval and Later Antiquities
Hull Grundy Gift, cat. n° 949

Historique :
Don Hull Grundy.

Exposée à Paris et à Vienne

Un scarabée ailé élevant vers le ciel le disque solaire forme le motif central de cette broche, bon exemple de ce style « archéologique » dont Castellani fut l'initiateur (cat. 219). Exécuté dans une feuille d'or selon le procédé de l'estampage, le coléoptère s'inspire étroitement des modèles égyptiens figurant le dieu Khépri, manifestation du soleil levant (cat. 365). Le motif, fréquent dans l'art pharaonique, a pu être aisément recopié d'après les peintures d'un sarcophage ou d'un papyrus funéraire conservé au British Museum.

Si l'exposition présentant à Londres, en 1862, le trésor de la reine Iahhotep joua un rôle décisif dans la vogue des parures égyptisantes, le type de bijou, sa technique et la mise en page du décor ne se réfèrent aucunement aux exemples antiques. Le décor, réalisé à la machine, se déploie concentriquement autour du scarabée, alternant des cercles de fil d'or torsadé et une frise végétale stylisée en filigrane.

Moins connu que ses contemporains J. Brogden, Carlo Giuliano, Robert Phillips, T. et J. Braggs, qui réalisèrent en Angleterre des œuvres d'inspiration égyptienne, Edwin William Streeter semble être aussi l'auteur d'une parure égyptisante, également en or estampé, associant une broche et des boucles d'oreilles[1].

C. Z.

1. *Cf.* Hinks, 1975, pl. 65 d.

Expositions :
Brighton/Manchester, 1983,
n° 265.

Bibliographie sommaire :
Conner *in* cat. exp. Brighton/
Manchester, 1983, p. 113, n° 265 ;
Tait et Gere, 1983, pl. 23 ; Gere,
Rudoe, Tait et Wilson, 1984,
n° 949, p. 145.

323 Parure de style égyptien

Émile Philippe
1878
Argent plaqué or ; émaux ; jaspe rouge et vert ;
pierre beige
Collier : diam. max. : 22 cm
Broche : H. : 6,8 cm ; l. : 5,1 cm
Boucles d'oreilles : H. : 4,7 cm ; l. : 1,8 cm
Bracelet : L. : 18 cm ; l. : 3,8 cm
Marque sur le fermoir : « Philippe à Paris
déposé »
Paris, musée des Arts décoratifs
Inv. D 21

Historique :
Présentée à Paris, à l'Exposition universelle
de 1878 ; don Émile Philippe en 1878.

Présentée à Paris pour l'Exposition universelle de 1878, cette parure témoigne de la vitalité du goût égyptisant qui se traduit dans la bijouterie dès le milieu du siècle. Collier, broche, bracelet et boucles d'oreilles jouent sur l'accumulation des motifs égyptiens autour de deux thèmes principaux : le scarabée – utilisé déjà depuis des décennies – et un élément plus nouveau, le cartouche enfermant généralement le nom du pharaon. Sans reproduire fidèlement les formes des bijoux égyptiens, l'artiste a tenté d'en retenir l'esprit, en particulier pour le collier, très lointaine évocation du collier large *ousekh*, dont les multiples rangs comprennent parfois des perles de forme très élaborée. Découvert par Mariette, celui de la reine Iahhotep, exposé en 1862 à Londres et en 1867 à Paris, en offrait un bon exemple.

Constitué d'une alternance de scarabées modernes – dont le plat porte de faux hiéroglyphes – et de cartouches

Fig. 1. Les Neufs Arcs
Frise de captifs figurant les contrées dominées par le roi d'Égypte,
reproduite sur le socle d'une statue colossale d'Aménophis III
Paris, musée du Louvre, département des Antiquités égyptiennes.

royaux flanqués de cobras-*uraeus*, ou bien de plumes d'autruche, le collier compose un véritable *Livre des rois d'Égypte*, énumérant les principaux pharaons dans l'ordre chronologique. En partant de la gauche du fermoir et tournant dans le sens contraire des aiguilles d'une montre, on lit successivement les noms de Mény, Mykérinos, Antef, Aménemhat Ier, Neferhotep, Amosis, Thoutmosis III, Séthi Ier, Ramsès II, Ramsès III, Chéchonq Ier, Psamétik, Amasis et Ptolémée. Sans souci de vraisemblance, des motifs égyptiens très proches de leur modèle sont juxtaposés aux scarabées de jaspe. Le spécialiste y reconnaîtra la tête de la déesse Hathor, le cobra ailé, le vautour et la fleur de lis, emblèmes de la Haute et de la Basse-Égypte ainsi que des canards, symbolisant l'offrande. Sur les pendeloques ornant le devant, on retrouve le scarabée et une série de signes hiéroglyphiques : le signe de vie *ânkh*, le *djed* signifiant la stabilité, l'abeille et le cobra royaux. Le motif central, un vautour à tête de bélier supportant le cartouche de Ramsès II, s'inspire assez étroitement du décor d'un pectoral provenant des fouilles du Sérapeum de Memphis et exposé au Louvre depuis le milieu du siècle (cat. 213) .

Les boucles d'oreilles, ornées de cartouches au nom de deux reines du Nouvel Empire, Ahmès-Néfertari et Néfertari-Méryenmout, reprennent un élément de collier complété par deux croix ansées.

C'est un scarabée qui forme le thème central de la broche. On le voit posé sur une corbeille, son rouge vif tranchant sur un sertissage d'or enrichi d'un décor végétal stylisé. Il est flanqué de deux cobras ailés, portant une couronne hathorique, et accompagné d'une profusion de symboles hétéroclites : deux sceptres *ouas*, un disque solaire bizarrement habité d'une abeille qui s'élève entre les deux montagnes de l'horizon.

Bordé de frises égyptiennes composées de rectangles polychromes, le bracelet puise son inspiration à une source différente. Ses motifs semblent empruntés au décor d'une statue royale. La partie centrale en forme de pylône à gorge égyptienne montre, sous deux des noms du roi Aménophis III, deux dieux-Nil nouant les plantes héraldiques de la Haute et de la Basse-Égypte. Les figures ornent ordinairement le trône des effigies de souverains. C'est aux pieds de ces même statues que l'on trouve habituellement la frise de captifs qui ici se déploie de part et d'autre du centre du bracelet ; figurant les contrées dominées par le roi d'Égypte, ces « neufs arcs » (Fig. 1) portent dans un cartouche leur nom recopié avec une méticuleuse fidélité.

Exactitude des relevés, justesse de la gamme des couleurs, rigueur scientifique des inscriptions font de cette parure un ensemble tout à fait exceptionnel dans la gamme égyptisante des bijoux de style « archéologique ». L'orfèvre a sans nul doute eu recours aux conseils d'un égyptologue. Peut-être a-t-il manié lui-même des bijoux pharaoniques, puisque sur l'envers des pièces, il s'est astreint à ciseler des motifs identiques à ceux enrichis d'émail sur l'endroit, tout comme ses prédécesseurs du Nouvel Empire.

C. Z.

Expositions :
New York 1989, n° 359.

324 Collier : Fleurs et boutons de lotus

Frédéric Boucheron, d'après la marque de l'écrin
Vers 1880
Or
L. : 44 cm ; H. pendentif : 2,8 cm
Poinçon « tête d'aigle » ; sur le fermoir, marque illisible commençant peut-être par un « A » dans un losange
Londres, British Museum, Department of Medieval and Later Antiquities
Hull Grundy Gift, cat. n° 982

Historique :
Don Hull Grundy.

Exposé à Paris et à Vienne

Fondue dans de l'or massif, cette guirlande de lotus, en fleur et en boutons, forme un somptueux collier, réminiscence lointaine des parures florales qu'affectionnaient les anciens Égyptiens. Les pendentifs, suspendus à une chaîne à maillons rectangulaires, ne sont décorés que sur leur face

externe. Le revers est plat. Sur l'endroit, un décor de filigrane souligne le contour des pétales, enrichis de granulations cernées de fils d'or torsadés.

Plus que des bijoux véritables, où le lotus intervient rarement comme pendentif, ce sont les représentations figurées qui sont la source originelle de l'inspiration. Les reliefs et les peintures pharaoniques, le décor des sarcophages montrent volontiers le collier large *ousekh,* composé de fleurs, de pétales et de fruits. Le choix du lotus[1], fleur symbolique associée au soleil et aux rites de régénération, renforce le caractère égyptisant. Mais l'interprétation, très libre, est caractéristique du courant français appartenant au style dit « archéologique ». La plupart des bijoutiers parisiens de l'époque ne se soucient guère d'imiter les formes du modèle antique, ni d'en restituer les couleurs, les techniques et les matériaux. Il semble bien qu'une des raisons majeures soit l'utilisation des sources de « seconde main » que constituent

Fig. 1. *Collier*
et boucle d'oreille
de style égyptien
Dessin original
de E. Fontenay *in*
Vever, t. II, Paris, 1908, p. 275.

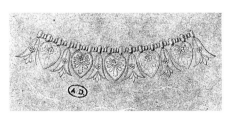

Fig. 2. *Modèles de colliers, fleurs et boutons de lotus*
Livre de dessins de la maison Auguste Blender,
ff° 27, fig. 91a et 91b
Paris, musée des Arts décoratifs.

Confirmations d'une pérennité

les cahiers de modèles. S'inspirant du même thème que notre collier, une parure contemporaine exécutée par Fontenay[2] (Fig. 1) est assez semblable pour qu'une évidence s'impose : les deux artistes ont puisé à une source commune, un dessin figurant dans un cahier de modèles de la maison Auguste Blender (Fig. 2).

C. Z.

1. *Cf. LÄ, Lotus*, vol. III, pp. 1091-1096, Wiesbaden, 1980.
2. *Cf.* Vever, 1908-1912, t. II, *Second Empire*, p. 275.

Bibliographie sommaire :
Gere, Rudoe, Tait et Wilson,
1984, n° 982, p. 157.

325 Pendentif au hiéroglyphe « néfer »

Carlo et Arthur Giuliano
Vers 1900
Or et émail
H. : 1,25 cm ; l. : 6,5 mm
Londres, Victoria and Albert Museum,
Department of Metalwork
M. 6-1923

Historique :
Londres, vendu par C. et A. Giuliano ;
don de M. Cecil F. Crofton.

Parmi les thèmes sélectionnés par les orfèvres de l'ancienne Égypte, les hiéroglyphes venaient en bonne place, conjuguant la beauté formelle du signe à sa fonction protectrice[1]. Le procédé a été repris à l'époque moderne, après que le déchiffrement de l'écriture pharaonique eut permis de don-

ner sens au signe. Ici, le hiéroglyphe *néfer*, image d'un cœur et d'une trachée-artère[2], a été judicieusement choisi pour les qualités qu'il exprime : la bonté, la beauté, la perfection... Le décor qui se déploie autour de ce talisman ne fait aucun emprunt à l'art pharaonique. Les cahiers de modèles du grand joaillier comportent d'autres dessins de bijoux décorés d'inscriptions arabes ou hiéroglyphiques[3].

C. Z.

1. *Cf.* cat. exp. Paris, 1982, n° 89, pp. 143-144.
2. *Cf.* Gardiner, 1969, signe F. 35, p. 465.
3. *Cf.* cat. exp. Brighton/Manchester, 1983, p. 112, n°ˢ 256-257.

Bibliographie sommaire :
Bury, 1982, p. 128, n° 10.

Épingles de cravate

À la fin du XIX siècle, tout homme élégant se devait de posséder une riche collection d'épingles-bijoux. Parmi les rares parures autorisées aux hommes, elles venaient en bonne place en compagnie des chaînes de montre et des boutons de manchettes. Le soir, la cravate devenait inutile, détrônée par l'habit avec plastron. Personnage raffiné, le comte Nissim de Camondo ne rassembla pas moins de cinquante-cinq épingles, créées par le bijoutier-joaillier Frédéric Boucheron entre 1870 et 1889[1]. Dans la gamme très variée des matières et des sujets, trois d'entre elles, ornées d'un scarabée, témoignent de la permanence du courant égyptisant.

C. Z.

1. Cf. *Possémé, 1992, pp. 5-10.*

326 Scarabée en saphir cerclé de diamants

Louis Rouvillois pour Frédéric Boucheron
1878
Or, saphir, diamant taille rose, argent
H. totale : 8,5 cm ; H. scarabée : 1,9 cm
Paris, musée des Arts décoratifs
Inv. 28869 B

Historique :
Collection du comte Nissim de Camondo ;
donnée en 1933 par le comte Moïse de Camondo
en souvenir de son père.

326

327

328

L'image du scarabée – *scarabeus sacer* – est l'un des thèmes favoris du décor égyptisant[1]. L'animal, nommé *kheper* par les anciens Égyptiens, est utilisé comme signe d'écriture hiéroglyphique pour noter le verbe « venir à l'existence, être, devenir ». Par un jeu d'associations subtiles, il est considéré comme une manifestation du soleil levant, le dieu Khépri, « venu de lui-même à l'existence », souvent figuré sous l'aspect du coléoptère poussant devant lui le globe rougeoyant de l'astre. Un passage de Plutarque nous livre une interprétation qui n'est pas très éloignée de la conception égyptienne : « Quant au scarabée, on prétend que son espèce ne possède pas de scarabées femelles, que tous sont mâles et qu'ils déposent leur semence dans une sorte de matière qu'ils façonnent en forme de sphère et qu'ils roulent en la poussant de leurs pattes de derrière, imitant en cela la course du soleil, qui en se portant d'orient en occident semble suivre une direction contraire à celle que suit le ciel... »

De toute cette symbolique, le joaillier n'a probablement retenu que le caractère égyptien. Par la compacité de ses formes et l'interprétation des détails anatomiques, l'animal est sculpté selon les canons de l'art pharaonique. Mais la monture et les matières précieuses – un saphir rehaussé d'un rang de brillants – sont d'un esprit totalement étranger au modèle antique.

C. Z.

1. *Cf.* De Meulenaere, 1972 ; LÄ, vol. V, 1984, col 968-982.

Bibliographie sommaire :
Possémé, 1992, pl. 43, légende
p. 47.

327 Scarabée en tourmaline

Alfred Eme pour Frédéric Boucheron
1878
Or, tourmaline
H. totale : 9,5 cm ; H. du scarabée : 2,2 cm
Poinçon « tête d'aigle » et poinçon du fabricant
Alfred Eme
Paris, musée des Arts décoratifs
Inv. 28869 A

Historique :
Collection du comte Nissim de Camondo ;
donnée en 1933 par le comte Moïse de Camondo
en souvenir de son père.

Le caractère égyptisant de ce scarabée, probablement moderne, est accentué par la fleur de lotus très stylisée qui orne la partie supérieure de la monture et par le décor du revers, exécuté en léger relief. Malgré la fantaisie de l'interprétation, on y reconnaît le dieu Anubis, patron des embaumeurs, figuré sous l'aspect d'un homme à tête de chien et vêtu du pagne *chendjyt*. Le *némès* qui le coiffe ne figure jamais à l'époque pharaonique parmi les attributs du dieu et il est réservé aux personnages royaux. Quant au charmant oiseau ornant le sommet de son sceptre, c'est une pure création de l'artiste.

C. Z.

328 Scarabée en jaspe rouge

Loussel pour Frédéric Boucheron
1880
Or, jaspe rouge
H. totale : 9,4 cm ; H. du scarabée : 1,4 cm
Paris, musée des Arts décoratifs
Inv. 28869 C

Historique :
Collection du comte Nissim de Camondo ;
donnée en 1933 par le comte Moïse de Camondo
en souvenir de son père.

Par la sobriété de la monture et la matière utilisée, un jaspe rouge qu'affectionnaient les bijoutiers égyptiens, cet exemplaire reste très proche de son modèle antique. Le style égyptisant est accentué par la présence d'une inscription hiéroglyphique gravée sur le plat ; elle reproduit deux des noms d'une des rares pharaonnes, la reine Hatchepsout, qui régna vers 1500 avant J.-C. : « Khénémet-Imen Hatchepsout ». Cependant, la déformation de certains signes – le *n* est interprété comme *3* – et leur disposition inhabituelle invitent à penser qu'il s'agit d'une copie moderne de ce type d'objet dont tous les grands musées conservent des exemplaires[1].

C. Z.

1. Par exemple le scarabée du musée du Louvre (E 3290), acquis en 1857 à la vente Anastasi.

329   Pendentif scarabée

René Lalique
Vers 1899-1901
Or, émail translucide sur or ; sceau en jaspe vert
H. : 3 cm ; l. : 3,8 cm
Fractures colmatées en verre noir
Signé sur la tranche supérieure : « Lalique »
Paris, musée des Arts décoratifs
Inv. 35814

Historique :
Don de Mme Carle Dreyfus en 1947.

Un scarabée de jaspe vert est monté sur un anneau, s'inscrivant fidèlement dans la tradition des bagues pharaoniques à chaton pivotant[1]. Toutefois, la scène gravée sur le plat – un lion dévorant un bouquetin –, ne figure pas dans le répertoire iconographique des scarabées égyptiens, qui portent habituellement des inscriptions hiéroglyphiques, ou bien des décors mettant en scène divinités et pharaons[2]. Détourné de sa fonction, l'anneau lui-même forme le cadre d'un pendentif où s'inscrit un bouquet de lotus, autre thème très égyptisant. Tempérant l'éclat de l'or, des rehauts d'émail translucide, interprétés dans différentes valeurs de vert, composent avec la teinte plus soutenue du jaspe une harmonie printanière et raffinée évoquant le renouveau de la végétation. L'usage des émaux, dont la riche palette restitue les teintes de la nature, la mise en valeur de la structure du bijou ainsi que la prédominance des lignes courbes et des arabesques gracieuses sont caractéristiques de cet Art nouveau dont Lalique fut l'un des créateurs les plus inspirés.

Avec sa prédilection pour la ligne droite et son goût de la symétrie, l'art égyptien était aux antipodes des conceptions esthétiques de l'époque. En dehors du scarabée, il fournit peu de thèmes aux artistes : faucons[3], papyrus et fleurs de lotus[4]. Mais la correspondance de Lalique avec l'un de ses proches, le peintre Georges Clairin, ami de l'égyptologue J. de Morgan, révèle un réel intérêt pour les antiquités pharaoniques[5]. L'artiste ne porta-t-il pas jusqu'à sa mort une bague scarabée ornée de deux lotus d'or ? Parmi les parures de théâtre qu'il composa pour Sarah Bernhardt, Robert de Montesquiou décrit les « lunaires nelumbos de Cléopâtre[6] », et le diadème « égyptien » – réalisé par l'artiste pour Julia Barthet à l'occasion de la reprise de *Bérénice* –, fit grand effet à l'Exposition universelle de 1900 : on y voyait des effigies d'Isis parmi des fleurs et des feuilles de lotus[7].

C. Z.

1. *Cf.* Aldred, 1978, pl. 32, 60, 103.
2. *Cf.* Wiese, 1990.
3. *Cf.* Possémé, 1992, p. 136, voir complément bibliographique.
4. *Cf.* Barten, 1977, p. 167, n° 4, p. 120, pl. n° 69.
5. Conservée à Paris, au musée des Arts décoratifs ; information aimablement communiquée par E. Possémé.
6. Pour la création de la *Cléopâtre* de Sardou en 1890, *cf.* Montesquiou, 1897, chap. VII ; voir aussi un projet de coiffure pour *Théodora*, en 1902, avec cobra-*uraeus* in Possémé et Vanlatum, 1991, p. 79, fig. 13.
7. Conservé à Versailles, musée Lambinet ; *cf.* Possémé et Vanlatum, *in* cat. exp. Paris, 1991, pp. 74-78 et fig. p. 70.

Expositions :
Paris, 1991, p. 203, n° 16, repr. coul. p. 199.

Bibliographie sommaire :
Barten, 1977, n° 853, repr. coul. n° 42.

330 Broche, reine égyptienne

René Lalique
Vers 1898-1899
Or fondu, ciselé et gravé, émail opaque
et translucide sur or, perle de coquille ;
tête de femme sculptée dans un calcaire beige
monté à jour
H. : 6,2 cm ; l. : 4,5 cm
Signée sur la partie inférieure droite du revers :
« Lalique » ; sur l'épingle, tête d'aigle et poinçon
Lalique ; sur le fermoir de la broche, tête d'aigle
Paris, musée des Arts décoratifs
Inv. 20371

Historique :
Don de la marquise Arconati-Visconti en souvenir
de Raoul Duseigneur le 8 mai 1916.

Fig. 1. Profil égyptien
Description de l'Égypte
Paris, 1809-1828, A., pl. 73, fig. 14.

Fig. 2. Pendentif égyptien
Bijou réalisé en or ciselé et émaillé
par Léopold Gautrait en 1901, *in*
Vever, t. III, Paris, 1908, p. 617.

Ce pur profil, encadré d'un plumage bleu et vert, évoque
l'image des reines pharaoniques coiffées d'une dépouille de
vautour, bien que l'oiseau ici représenté soit le paon aux
teintes chères à Lalique[1]. Pour ses contemporains, les visages
de femmes créés par l'artiste rappelaient parfois l'art égyptien (Fig. 1), comme en témoigne ce texte de Jean Lorrain

décrivant un collier orné « d'un délicat profil de reine égyptienne, couronné, envahi, environné, noyé d'une remuante ascension de grenouilles[2]... ». Malgré son mouvement inhabituel, le cobra d'or jaillissant du front du personnage peut être rapproché de l'*uraeus* royal et renforce le caractère égyptisant du bijou. L'association du serpent et de la perle, accrochée aux méandres de la chevelure dorée, suggère qu'il s'agit d'une image de Cléopâtre, pour laquelle une pièce de Sardou, montée en 1890, avait ravivé l'intérêt. Par son thème original, celui de la femme au serpent, on peut rapprocher l'œuvre d'un autre pendentif égyptien Art nouveau, exécuté par Léopold Gautrait en 1901[3] (Fig. 2).

C. Z.

1. Pour une interprétation assez similaire de la dépouille de vautour dans un contexte bien égyptien, comparer avec une garniture de bureau exécutée en 1810 *in* Humbert, 1989, p. 174.
2. Avril 1899, cité par Thiébaut *in* cat. exp. Paris, 1991, p. 37.
3. *Cf.* Vever, 1908, p. 617 ; vente publique, Enghien, 25 mars 1984 (information aimablement communiquée par E. Possémé).

Expositions :
Bruxelles, 1963, n° 432 ; Tokyo, 1975, n° 63 ; Zurich, 1978, n° 27 ; Paris, 1991, n° 16.

Bibliographie sommaire :
Barten, 1977, n° 979, repr. coul. n° 52 ; cat. exp. Paris, 1991, p. 203, repr. coul. p. 199.

331   # Projet de miroir égyptien

Charles Jacqueau pour la maison Cartier
1909
Encre de Chine sur papier calque beige
H. : 22 cm ; l. : 14 cm
France, collection particulière
N° 505

Le projet associe des thèmes purement égyptiens – personnages coiffés du *némès*, scarabée et disques ailés, chapiteau palmiforme – avec des décors inspirés par l'Antiquité classique. Ainsi, le manche orné de draperies évoque par sa forme un Hermès, tandis que de part et d'autre du miroir, les deux personnages à tête d'oiseau s'inspirent de motifs orientalisants, grecs ou étrusques. Un examen plus attentif du décor égyptisant révèle la grande liberté prise par l'artiste par rapport à ses modèles : à l'extrême gauche une tête « pharaonique » est substituée à la représentation traditionnelle du soleil flanqué de deux ailes ; au centre, le même motif est encadré par deux têtes de canard à la place des deux habituels cobras-*uraeus*.

C. Z.

Gustave Doré (1832-1883)
1871
Huile sur toile
H. : 1,30 m ; L. : 1,955 m
Signée et datée en bas à droite : « Gue Doré 1871 ».
Paris, musée d'Orsay
R.F. 1982.68

Historique :
Vente de l'atelier Gustave Doré, Paris, hôtel Drouot, 10-11 avril 1885, n° 9 ; Lasson Gallery, Londres ; acquis en vente publique, Londres, Sotheby's, 15 juin 1982, n° 105.

Homme d'action, qui s'était engagé en 1870 dans la garde nationale, Gustave Doré est très frappé par les ruines et l'état dans lequel il retrouve Paris lorsqu'il y revient après la semaine sanglante : « Notre pauvre capitale est en flammes, écrit-il à Fairless et Beeforth, ses palais détruits, ses plus belles rues et tout ce qui en faisait la beauté. Dans toute l'histoire du monde, je ne pense pas qu'il y ait eu pareil exemple d'un drame si sanguinaire et d'une telle ruine[1]... »

Au-delà de ses sympathies politiques, parfois partagées, qui allaient néanmoins plutôt du côté des Versaillais, Doré exprime l'immense gâchis qui réunit dans la mort civils et militaires, femmes et enfants, tandis que la ville brûle. Ce tableau, d'un profond pessimisme, traduit la détresse du peintre en cette circonstance, qui ne montre du passé qu'un amas de ruines, et ne propose qu'un avenir sombre barré de nuages noirs et des fumées d'une civilisation qui semble disparaître sous nos yeux.

Au moment où l'intégrité du territoire national est menacée, où sa capitale n'est plus que ruines fumantes, où l'on peut même craindre un retour vers des âges barbares, tout portait en effet à l'inquiétude la plus profonde. Gustave Doré écrivait alors à Miss Edwards : « Le poids de tant de peines, l'affliction causée par tous ces dommages nous pèsera longtemps[2]. » La France, passant à côté du sphinx, sera-t-elle capable de répondre à l'énigme qu'il lui pose : « De quoi sera fait demain ? » Sera-t-elle capable de relever le défi implicitement lancé ? Seule et discrète marque d'optimisme, la patte affectueusement posée par le sphinx sur l'épaule de la France endeuillée et son attitude attentive et bienveillante, éclairent ce sombre tableau d'une lueur d'espoir.

Le rôle que fait jouer Gustave Doré à un sphinx vivant – mais bien égyptien puisque coiffé du *némès* –, est un peu inhabituel dans la mesure où il l'assimile au sphinx grec poseur d'énigmes. Il rejoint néanmoins une tradition ancienne qui, depuis Pic de la Mirandole et le sphinx de la Bastie d'Urfé[3] autorise une telle interprétation, alors que le sphinx égyptisant – surtout en décor extérieur –, a essentiellement un rôle d'accueil et de protection. Ce n'est en effet que lorsqu'ils ornent monuments, cénotaphes et tombeaux qu'ils sont chargés de connotations ésotériques plus complexes.

L'élément égyptisant de ce tableau n'est pas un cas isolé et L'Égypte joue un rôle non négligeable dans l'œuvre de Gustave Doré. Elle y est liée essentiellement à une inspiration religieuse, dont l'illustration de la *Bible* éditée à Tours chez Mame et fils en 1866 et les compositions qui en sont dérivées sont les meilleurs exemples. Il a encore peint en 1878 une toile gigantesque, *Le Pharaon*[4], autre illustration de la Bible et, la même année, a créé le bronze *L'Effroi*[5]. On comprend mieux, dans ces conditions, pourquoi Gustave Doré a préféré le sphinx égyptien au sphinx grec comme élément central de sa composition.

J.-M. H.

1. Cité *in* Renonciat, 1983, p. 221.
2. *Ibid.*
3. *Cf.* Humbert, 1989, pp. 198-200.
4. *Cf.* cat. exp. Strasbourg, 1983, p. 55.
5. Humbert, *op. cit.*, p. 202.

Expositions :
Strasbourg/Paris, 1983, n° 101.

Bibliographie sommaire :
Delorme, 1879, pp. 8 et 50 ;
Jerrold, 1891, pp. 292 et 408 ;
Dézé, 1930, p. 126, n° 9 ;
Leblanc, 1931, p. 534, n° 9 ;
Farner, 1963, t. II, n° 234 (réed. Munich, 1975, pp. 306-307) ;
Adhémar, 1979, pp. 61-63 ;
Clapp, *in* cat. exp. Londres, 1983, p. 16 ; Renonciat, 1983, pp. 222-223 ; Humbert, 1989, p. 252.

Une veuve égyptienne

Sir Lawrence Alma-Tadema (1836-1912)
1872
Huile sur panneau
H. : 73,9 cm ; L. : 98,1 cm
Numéro XCIX du cat. des œuvres du peintre
Amsterdam, Rijksmuseum

Historique :
Conservée par le marchand de tableaux du peintre
jusqu'en 1903 (vente publique) ; achetée alors
par J. C. J. Drucker-Fraser qui l'offre au musée
en 1909.

Exposée à Vienne

Huit ans après l'avoir peint, Alma-Tadema considérait ce tableau[1] comme l'une de ses meilleures créations[2]. Musiciens et chanteurs entourent la jeune veuve qui, cheveux défaits, pleure au pied du sarcophage de son époux. La scène semble se dérouler dans un temple, dont le décor est très scrupuleusement reproduit : le décor architectural, la précision des détails, la fidélité de la reproduction des pièces archéologiques créent une impression de profonde authenticité ; mais, derrière les colonnes, un sphinx et une statue – noyés dans une profusion de plantes vertes –, évoquent irrésistiblement l'Egyptian Court du Crystal Palace[3].

Alma-Tadema, peintre hollandais venu s'établir à Londres en 1870, s'est spécialisé dans la représentation de l'Antiquité et notamment de l'Antiquité grecque et romaine ; mais il réalisa également, entre 1859 et 1904, vingt-six compositions égyptisantes qui furent toutes très remarquées, tant en raison de leur qualité technique que de la manière plus scientifique qu'auparavant de traiter ce genre de sujet.

Cherchant à compléter sa documentation, il fait la connaissance dans les années 1860 de Georg Moritz Ebers, professeur à Leipzig, qui fut l'un des initiateurs qui le conduisirent à donner un caractère architectural à son œuvre. Comme Ebers lui demandait pourquoi il avait choisi de peindre l'Égypte ancienne, il répondit : « Où aurais-je dû commencer quand je me familiarisais tout d'abord avec la vie des Anciens ? La première chose que l'enfant apprend des temps anciens le conduit à la cour des pharaons, à Gessen en Égypte, et quand nous retournons à la source de l'art et des sciences des autres nations de l'Antiquité, combien souvent retrouvons-nous l'Égypte[4]. »

Alma-Tadema s'est beaucoup inspiré des ouvrages de Wilkinson, Ancient Egyptians (Fig. 1-2) et de Prisse d'Avennes, Histoire de l'Art égyptien. Il visite pour la première fois le British Museum en 1862, et en devient un habitué après son installation à Londres. C'est là qu'il trouve une bonne part de la documentation qu'il utilise dans ses tableaux. Pour la Veuve égyptienne, il reproduit une momie, un support et des stèles du British Museum, et une harpe conservée au Louvre[5] ; ces reproductions d'une fidélité minutieuse constituent une part importante de l'originalité apportée par Alma-Tadema à ce type de composition, faisant de lui l'archétype des peintres archéologues.

En relation étroite avec la plupart des peintres néo-classiques européens et surtout parisiens, Alma-Tadema n'alla paradoxalement en Égypte qu'en 1902, à l'occasion de l'inauguration du premier barrage d'Assouan ; c'est à son retour qu'il peignit l'une de ses toiles les plus célèbres, Moïse sauvé des eaux[6]. Il a laissé plusieurs carnets de croquis montrant le soin de son travail préparatoire et la précision de ses dessins documentaires[7]. Alma-Tadema est l'un des peintres ayant tout particulièrement inspiré le cinéma, et notamment Cecil B. De Mille[8].

J.-M. H.

Fig. 1. Support en bois. Dessin extrait de Sir Gardner Wilkinson, *The Manners and Customs of the Ancient Egyptians*, Londres, 1847, t. II, p. 216.

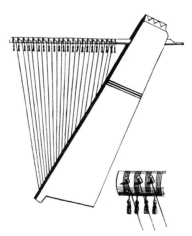

Fig. 2. Harpe. Dessin extrait de Sir Gardner Wilkinson, *The Manners and Customs of the Ancient Egyptians*, Londres, 1847, t. II, p. 282.

1. Ce tableau est connu sous d'autres titres : *Une veuve égyptienne à l'époque de Dioclétien, Momie à l'époque romaine, Une veuve, La Momie 150 ans avant Jésus-Christ, Veuve à l'époque de Dioclétien* (*cf.* Swanson, 1990, p. 165).
2. Cité *in* Swanson, *op. cit.*
3. Le Crystal Palace, clou de l'Exposition universelle de Londres de 1851, fut transporté à Sydenham ; on y aménagea en 1854 l'Egyptian Court, sorte de musée de moulages et de décors réalisés dans un but didactique par Bonomi, d'après les relevés faits en Égypte en 1833 par Jones, et ceux de Wilkinson et Champollion.
4. *Cf.* Swanson, 1977, p. 13.
5. Pour tous les objets égyptiens reproduits dans ce tableau, *cf.* Raven, 1980, pp. 108-109.
6. *Cf.* Humbert, 1989, p. 267.
7. Birmingham University Library, *cf.* Swanson, *op. cit.*, p. 37.
8. « L'accent qu'il met sur la vie personnelle, ses perspectives grand angle et l'échelle grandiose de ses tableaux préparent le terrain à l'industrie du film à grand spectacle » (Mario Amaya, « Le peintre qui a inspiré Hollywood », *Sunday Times*, 1968, cité *in* Swanson, *op. cit.*, p. 43).

Expositions :
Leyde, 1980.

Bibliographie sommaire :
Swanson, 1977, pl. 6 ; Raven, 1980, pp. 107-110 ; Humbert, 1989, pp. 264-265 ; Swanson, 1990, p. 165, n° 141 (importante bibliographie et liste d'expositions) ; De Meulenaere, 1992, pp. 94-95.

334   # Chasse sur le Nil

Hans Makart (1840-1884)
1876
Huile sur toile
H. : 2,70 m ; L. : 4,49 m
Signée en bas à droite : « Hans Makart »
Vienne, Österreichische Galerie
Inv. 5837

Historique :
Collection Clam-Gallas, Vienne 1895 ;
fonds du « Führermuseum », Linz ; inclue en 1945 dans le « Collecting Point », Munich ; depuis 1963 à l'Österreichische Galerie.

Contemporain de Sir Alma-Tadema, l'Autrichien Hans Makart – également spécialisé dans la peinture d'histoire – est certainement le peintre viennois le plus célèbre de son temps. Refusé comme élève à l'Académie de Vienne, il y entre comme professeur vingt ans plus tard, et y aura notamment comme élève Gustav Klimt. L'Empereur le

charge d'organiser les fêtes officielles et de décorer le Kunst-historisches Museum de Vienne. Ses nombreux voyages le mènent à travers l'Europe et jusqu'en Égypte, où il séjourne en 1875-1876 ; Ismaïl Pacha met à sa disposition au Caire une résidence où il installe son atelier. Makart y réalise onze toiles, dont neuf sont exposées à son retour au Glaspalast de Munich[1]. C'est alors qu'il peint en trois semaines, dit-on, cette toile qui sera exposée avec les autres. Le succès de Makart est tel que Georg Ebers reproduit plusieurs de ses œuvres égyptisantes dans son *Aegypten in Bild und Wort*[2], leur donnant ainsi une caution archéologique pourtant sans rapport avec leur style.

Ce tableau s'inspire des innombrables scènes de chasse antiques dans les marais. Sur des embarcations de tailles différentes semblant prêtes à se heurter, de jeunes femmes tirent des flèches sur des volatiles aquatiques, tandis qu'un crocodile vient disputer aux chasseurs ceux qu'ils sont en train de recueillir dans leurs filets.

La mise en volume de ses personnages à l'égyptienne est certainement ce qui sépare le plus Makart de l'Égypte ancienne : les formes féminines sont rondes et opulentes, les muscles des hommes saillants. L'érotisme qui s'en dégage n'est pas nouveau ; Makart avait peint plusieurs

Cléopâtre aux poses lascives chargées de bijoux et de fleurs, où l'on reconnaissait l'actrice viennoise Charlotte Wolter entourée de figurantes tout aussi dévêtues. Dans cette *Chasse sur le Nil*, la présence de nombreuses jeunes femmes à demi nues, sans être surprenante, est non moins efficace.

La composition, au demeurant quelque peu confuse, traduit bien l'intense activité, les mouvements, même les bruits de la scène. Les éléments égyptisants sont légion : chapelles, frises d'*uraeus*, têtes de bélier et de faucon, etc. Les *némès* que portent indifféremment hommes et femmes sont traités de la manière anguleuse qui est propre à Makart et que l'on retrouve, par exemple, sur la tête de sa *Danseuse égyptienne*[3]. La stylisation qui s'annonce ici montre la direction vers laquelle se serait certainement dirigé le peintre si la mort ne l'avait enlevé prématurément.

J.-M. H.

1. *Cf.* ses croquis publiés par Brigitte Heinzl *in* cat. exp. Salzbourg, 1984, pp. 224 et 313.
2. 1878, 2 vol.
3. *Cf.* Frodl, 1974, n° 277.

Expositions :
Munich, 1876 ; Vienne, 1876.

Bibliographie sommaire :
Frodl, 1974, p. 356, n° 273.

335   Les Dieux et leurs créatrices

Edwin Long (1829-1891)
1878
Huile sur toile
H. : 1,422 m ; L. : 2,234 m
Signée et datée en haut à droite
Burnley, Towneley Hall Art Gallery
and Museums
PA / OIL 174

Historique :
Appartenait à Jesse Howarth en 1887 ; achetée à M. Cocker en 1952.

Edwin Long est un contemporain d'Alma-Tadema et a connu comme lui une gloire sans pareille ; mais, contrairement à son confrère, il a fait le voyage d'Égypte dès 1874 et s'est servi de cette expérience pour peindre onze œuvres à l'égyptienne.

L'un de ses biographes, Richard Quick, raconte que l'idée de ce tableau, *The Gods and their Makers*, lui est venue alors que, se promenant à Paris, il fut frappé par la multitude de petites boutiques vendant des statuettes reli-

gieuses en plâtre autour de Saint-Sulpice. En visitant un jour un atelier attenant, il a transposé – grâce à son esprit imprégné d'Égypte – la scène dans l'Antiquité[1]... Des artisans sont en train de fabriquer des objets liés à la religion ou destinés à être déposés dans les tombes : effigies de dieux, vases canopes, *chaouabtis*, amulettes ; une chatte, plus ou moins consentante, maintenue par une Nubienne, sert de modèle à la déesse Bastet, pendant que ses petits jouent avec un morceau de *chaouabti* cassé ; à côté, une jeune ouvrière montre en riant le petit dieu Bès qu'elle vient d'acheter. Contrairement à beaucoup de ses œuvres, où les personnages se caractérisent par des airs de profond ennui, la bonne humeur règne dans cette scène originale pour laquelle le peintre a copié nombre d'objets exposés au British Museum[2].

Au-delà de l'aspect anecdotique de la scène et de son rendu archéologique, ce tableau mêle plusieurs thèmes tout à fait représentatifs de l'art victorien : très didactique, il est l'occasion de montrer une reconstitution de la vie des anciens Égyptiens, leurs meubles, leurs méthodes de travail, en même temps qu'il présente une vision extrême – et extérieure – des cultes païens. Comme le soulignait le cardinal

Wiseman, ces tableaux nous proposent une vision de la morale et des opinions du paganisme, en contraste à ceux du monde chrétien[3]. Mais ces deux thèmes servaient avant tout à justifier la présence de jeunes femmes aussi dévêtues que pouvait l'autoriser la société de l'époque, sous couvert de préoccupations archéologiques ou didactiques...

En 1887, Long peindra un thème d'inspiration voisine : *Callista, The Image Maker*. On y voit des artisans, dans la Grèce antique, fabriquer masques et figurines de Tanagra.

J.-M. H.

1. *Cf.* Quick, 1931/1970, p. 8.
2. Le célèbre tabouret égyptien du British Museum est ici relativement modifié ; il sera plus fidèlement reproduit sept ans plus tard dans *Peines d'amour perdues*.
3. *Cf.* Quick, *op. cit.*, p. 7.

Expositions :
Londres, 1878, n° 129 ;
Manchester, 1887, n° 535 ;
Burnley, 1981.

Bibliographie sommaire :
Blackburn, 1879, p. 20 ; Clayton, 1982, p. 180 ; Humbert, 1989, p. 255 ; De Meulenaere, 1992, p. 108.

Alethe, prêtresse d'Isis

Edwin Long (1829-1891)
1888
Huile sur toile
H. : 1,05 m ; L. : 67 cm
Bournemouth, Russel-Cotes Art Gallery
and Museum

Historique :
Achetée par le musée en 1929 dans le commerce
d'art à Bristol.

Ce tableau, *Alethe, Attendant of the Sacred Ibis in the Great Temple of Isis at Memphis AD 255*, illustre un poème – *Alciphron* – et un roman de Thomas Moore publié en 1827[1] – *L'Épicurien*. Alciphron, jeune philosophe grec, se rend en Égypte en 257 après J.-C. pour y apprendre le secret de la vie éternelle. Il aide une jeune prêtresse égyptienne secrètement chrétienne, Alethe[2], à s'échapper et la convertit. La malheureuse est condamnée au martyr, tandis qu'Alciphron meurt dans les mines.

La composition de cette œuvre est exclusivement centrée sur le personnage féminin : tout le reste n'est qu'anecdote. Car, malgré la volonté de précision archéologique clairement affichée par Edwin Long, que penser du décor approximatif, du sol néo-byzantin et surtout de cette prétendue « prêtresse d'Isis » qui s'est visiblement trompée de temple avec ses volatiles : ne serait-elle pas plutôt prêtresse de Thot ?

Le costume est lui aussi fort peu plausible : l'écharpe nouée à la taille aurait pu être portée par n'importe quelle élégante de la fin du XIXᵉ siècle et la tunique ne constitue qu'une vague évocation des robes de lin plissées de l'Égypte antique ; la seule raison d'être que l'on puisse lui accorder est de laisser deviner, par d'habiles jeux de transparence, les formes de la jeune femme. Le sujet devient vraiment un prétexte, que Long a déjà utilisé dans d'autres œuvres, comme *Le Marché aux esclaves*, pour ne pas effaroucher la pudibonderie victorienne, qui se satisfaisait de cautions aussi vagues.

Pensive et désabusée, hésitant peut-être entre la lascivité et l'extase, cette prêtresse est tout à fait représentative de l'œuvre de Long, ou de la personnalité d'un de ses modèles, que l'on retrouve dans nombre de ses tableaux : *India, Peines d'amour perdues, Moïse sauvé des eaux, The Chosen Five, Anno Domini, In the Wilderness, Diana or Christ ?* Car, quel que soit le sujet du tableau, le personnage prend le pas sur le thème général, contrairement aux œuvres d'Alma-Tadema dans lesquelles l'intégration des personnages à l'action et au décor est totale.

J.-M. H.

1. Cet ouvrage est publié en France la même année sous le titre *L'Épicurien ou la Vierge de Memphis* ; une seconde édition paraît en 1865, avec une traduction des vers par Théophile Gautier et des dessins de Gustave Doré. Renseignements aimablement communiqués par Michael Pantazzi.
2. Le nom d'Alethe est emprunté à celui d'Alethes, ambassadeur d'Égypte à la cour du roi Aladine dans la *Jérusalem délivrée* du Tasse.

Expositions :
Londres, 1889.

Bibliographie sommaire :
Quick, 1931/1970, p. 4 ; Clayton, 1982, p. 180 ; Humbert, 1989, p. 240 ; De Meulenaere, 1992, p. 109.

337 Au temps des pharaons

Georges Antoine Rochegrosse (1859-1938)
1887
Huile sur toile
H. : 58 cm ; L. : 74 cm
Signée et datée en haut à gauche : « 87 »
Gand, musée des Beaux-Arts

Historique :
Léguée par Fernand Scribe en 1913.

Spécialiste de l'Antiquité, Rochegrosse alterne les compositions romaines, grecques, assyriennes et égyptiennes, où l'on
retrouve son sens inné des transparences : transparence des
tentures baignées de soleil, transparence des voiles découvrant des formes alanguies et sensuelles.

Rejoignant dans les années 1880 le cénacle déjà un
peu passéiste des « peintres archéologues », il crée – surtout
dans le domaine égyptien –, des scènes intimistes où meubles, accessoires et décors sont traités avec soin. Ce tableau
se situe parmi ses premières œuvres à l'égyptienne[1].

Au temps des pharaons est la transposition du bonheur de vivre de l'Égypte ancienne, qui a toujours joué un
rôle non négligeable dans le développement de la popularité
de cette époque mythique ; à l'opposé des drames d'Alma-
Tadema ou de Cabanel, des non-dits d'Edwin Long et des
mises en scène spectaculaires de l'École anglaise, elle présente l'Antiquité égyptienne sous un jour paisible et bien-
veillant, sans que transparaisse aucune arrière-pensée ; c'est
une peinture au premier degré, et c'est certainement ce qui
l'a le plus desservie, avant que, depuis peu, on ne la redé-
couvre.

J.-M. H.

1. Rochegrosse a peint notamment, en 1885, une *Cléopâtre*, dite aussi
Égyptienne à l'iris (cadre égyptisant) ; en 1890, *La Nouvelle Venue au
sérail* ; en 1918, *Danse devant le pharaon* ; à des dates inconnues, *Après
le bain, ancienne Égypte* ; *Une beauté égyptienne* dans un cadre égyptisant) ; *Cléopâtre et ses suivantes*, dite aussi *Vieille Égypte*. Aquarel-
liste de talent, il fut également un grand illustrateur et signa entre
autres une édition du *Roman de la momie*.

Bibliographie sommaire :
Foucart-Walter et Rosenberg,
1987, pp. 196-197 ; Humbert,
1989, p. 262 ; De Meulenaere,
1992, p. 92.

La Mort du premier-né

Charles Sprague Pearce (1851-1914)
1877
Huile sur toile
H. : 97,8 cm ; L. : 1,308 m
Signée et datée en bas à gauche : « CHARLES
SPRAGUE PEARCE / PARIS 1877 »
Washington D.C., National Museum of American
Art, Smithsonian Institution
Inv. NC-301

Historique :
Achetée par le musée en 1985.

Exposée à Paris et à Ottawa

Pearce est surtout connu pour ses représentations de sujets champêtres et ses décorations allégoriques à la Library of Congress de Washington. Pourtant, dans sa jeunesse, il nourrissait l'ambition de peindre de grands sujets bibliques. Ce tableau, exposé au Salon de 1877, fait partie des rares œuvres bibliques qu'il a effectivement peintes, probablement en vue de faire une impression favorable sur le jury. Cela ne manquait pas d'audace puisque deux des peintures d'Alma-Tadema qui l'ont sans doute inspiré, la *Veuve égyptienne du règne de Dioclétien* de 1872 et *La Mort du premier-né* du Rijksmuseum d'Amsterdam, avaient été exposées au Salon, respectivement en 1873 et en 1874. Pearce, qui vivait à Paris depuis 1866, aurait eu l'occasion de les étudier à fond. Tout comme chez Alma-Tadema, la recherche de la rigueur archéologique est manifeste, tant pour le traitement de l'arrière-plan que pour les détails, notamment les *chaouabtis* répandus sur le sol. Dans le catalogue du Salon, Pearce cite l'Ancien Testament : « Il n'y avait aucune maison où il n'y eût un mort », laissant entendre qu'il s'agit là d'un couple ordinaire, même si le sarcophage, un peu grand pour un enfant de parents si jeunes, est très travaillé. Soit à dessein, soit par coïncidence, le sarcophage est le même que celui que Cogniet a peint (cat. 201-202) au plafond de la galerie égyptienne du musée Charles X, où Pearce documentait ses peintures.

M. P.

Expositions :
Paris, Salon de 1877, n° 1662 ;
Boston, 1878, n° 112.

Bibliographie sommaire :
Chapman et Perkins, 1888,
vol. II ; Spielmann, vol. XVI,
1893, p. 168 ; Fielding, 1986,
p. 708 ; Fink, 1990, pp. 168-170,
175, 378-379, pl. coul. XI, p. 105.

Luc-Olivier Merson (1846-1920)
1880
Huile sur toile
H. : 77 cm ; L. : 1,33m
Signée et datée en bas a droite : « LVC-OLIVIER-
MERSON MDCCCLXXX »
Nice, musée des Beaux-Arts

Historique :
Legs de Mlle de Saint-Aignan en 1927.

Une brève note dans le journal de Samuel Avery, à la date du 23 juin 1878, « commandé à Merson. Fuite en Égypte », est la première référence connue à un sujet appelé à être un grand succès populaire au Salon de 1879[1]. Des esquisses antérieures se trouvant maintenant à Moulins indiquent que Merson s'essaya tout d'abord à une composition verticale, avec la Sainte Famille placée à l'intérieur des ruines d'un temple égyptien[2]. Dans un second essai, il garda le groupe principal, mais disposa les personnages dans un décor différent, dans les bras du sphinx. Une esquisse préliminaire et un dessin montrant la composition inversée restituent cette phase intermédiaire dans l'évolution du tableau[3]. Dans la composition finale – dont il existe d'autres études –, l'artiste adopta finalement le format horizontal, extrêmement efficace, avec les mêmes éléments répartis de façon asymétrique : le sphinx à l'extrême gauche et Joseph légèrement éloigné vers la droite[4]. Merson réutilisa sa première conception dans une œuvre différente, À l'ombre d'Isis (In the Shadow of Isis), publiée en 1890 sous forme de gravure (Fig. 1) dans le numéro de Noël du Harper's Magazine[5]. La Vierge, l'Enfant dans les bras, contemple un vaste relief d'Isis berçant Horus enfant ; c'est là un essai peu courant de religion comparée, dont on trouve l'équivalent en Angleterre dans l'Anno Domini (La Fuite en Égypte) d'Edwin Long, de 1883.

Lors de l'exposition au Salon de 1879 (n° 2112), la peinture de Merson maintint les foules dans une « irrésistible et inhabituelle fascination » quoique – de l'avis de plusieurs critiques –, les louanges fussent exagérées et que J.K. Huysmans l'ait appelée « La Vierge au sphinx et le

Jésus à la mayonnaise[6] ». Le mysticisme poétique qui se dégage indéniablement de la peinture était d'une nature ingénieuse et neuve à la fois : la lueur pâle de la lune, la sérénité du firmament scintillant d'étoiles au-dessus du Nil que l'on aperçoit au loin, le sphinx touché par la lumière émanant de l'Enfant divin, Joseph dormant, épuisé par le voyage, la dernière petite flamme blanche montant vers le ciel dans l'immobilité parfaite de l'air. La signification de cette étrange rencontre entre l'ordre ancien et le nouveau était laissée, jusqu'à un certain degré, à l'interprétation du spectateur. Pour le poète Adrien Dézamy, en 1879, le Sphinx avec sa tête levée, interroge le firmament sur la nature de la Mère et de l'Enfant qui repose entre ses bras. Plus récemment, Philippe Jullian a vu un « contraste entre l'insensibilité des anciens et la religion d'amour[7] », cependant que Jean Forneris a identifié le sphinx comme une personnification de Rê-Harmakis, l'Horus-de-l'horizon, le dieu du soleil levant, et le sujet du tableau comme étant le temps et le lieu de fusion de deux religions[8].

L'extraordinaire succès du tableau eut pour résultat plusieurs répliques autographes, dont deux versions presque identiques datées de 1879. L'une d'elles, qui était l'œuvre présentée au Salon, partit presque aussitôt pour l'Amérique, comme l'indique une esquisse rapide du sphinx avec la Vierge à l'Enfant portant l'inscription : « Paris le 23 juin 1879, / Adieu, mon vieux Sphinx / Au revoir, Monsieur Avery / Luc Olivier Merson / 23 Juin 1879[9]. » En 1882, elle était dans la collection de S.A. Coale à St. Louis[10] et, grâce à des gravures, on peut l'identifier comme étant l'œuvre de 1879 qui se trouve à présent au Boston Museum of Fine Arts[11]. La seconde version de cette même année a des antécédents obscurs : elle pourrait être une peinture commandée fin 1879 par le marchand d'art américain George Lucas, mais on n'en a pas de traces[12]. La version de 1880 du musée de Nice, exposée ici, est très proche de la peinture de Boston. Une seconde toile datée également de 1880 montre la même composition, mais Joseph y est éveillé, la tête levée, et il regarde la Vierge et l'Enfant[13]. Une autre version plus petite, non signée mais vraisemblablement du même auteur, se trouve dans la collection Hearst où – de façon inattendue –, elle fait pendant à l'Œdipe (Bonaparte devant le Sphinx) de Jean-Léon Gérôme[14].

On peut dire que l'étendue de l'influence du tableau de Merson a eu une portée peu ordinaire. En 1893, le peintre américain Frederick Rape exposa au Salon de la Société nationale des Beaux-Arts Les Deux Ères, une variation sur le même sujet, tandis qu'Agnès Repplier, l'auteur de The Fireside Sphinx (1901), écrivit – inspirée par la peinture de Boston –, le poème repris dans maintes anthologies, « Le Repos en Égypte[15] ». En Russie, le sphinx de Merson fut adapté – de façon incongrue –, pour l'affiche annonçant un bal en 1902[16], tandis que le Polonais Eugeniusz Steinsberg réalisait en 1889 une étonnante paraphrase dédiée à

Fig. 1. À l'ombre d'Isis
Gravure
d'après Luc-Olivier Merson
Ottawa,
Musée des beaux-arts
du Canada.

l'amour profane. L'utilisation qu'en fit George Bernard Shaw dans une scène de son *César et Cléopâtre*, où il substitue Cléopâtre à la Vierge, est encore plus révélatrice de la pérennité de l'influence du tableau. Dans une lettre à Hesketh Pearson en 1918, il écrivit : « La scène du sphinx m'a été suggérée par une peinture française sur la fuite en Égypte. Je n'arrive jamais à me souvenir du nom du peintre ; mais la gravure que j'ai vue dans une vitrine quand j'étais enfant... est restée trente ans dans le grenier de ma mémoire avant que je l'en sorte et l'exploite pour le théâtre[17]. »

M. P.

1. *Cf.* Beaufort, 1979, p. 510.
2. *Cf.* le dessin et l'esquisse du musée des Beaux-Arts de Moulins, inv. 82.5.135 et 82.5.137.
3. *Cf.* vente Sotheby's, Monaco, 17 juin 1989, n° 646, ill. ; huile sur toile (H. : 63,5 cm ; l. : 52,5 cm). Le dessin, signé et daté, est illustré dans « Glimpses of Parisian Art », *Scribner's Monthly*, décembre 1880, p. 171. Un petit tableau de format vertical – huile sur toile (H. : 38 cm ; l. : 32 cm) – passé à la vente Boussaton, Paris, galerie Georges Petit, 5 mai 1891, n° 63, était probablement en rapport avec cette composition.
4. Deux dessins en rapport passés en vente à Paris, le 24 février 1984, n° 76 et le dessin de la collection William Kelly Simpson, *in* cat. exp. Bronxville, 1990, n° 72.
5. *Cf. Harper's New Monthly Magazine*, t. LXXX, décembre 1890, p. 49.
6. *Cf.* par exemple Baignière, 1879, p. 563 ; Huysmans, 1975, p. 39.
7. *Cf.* Jullian, 1977, p. 61.
8. *Cf.* cat. exp. Fukuoka, 1989, n° 120.
9. Illustré *in* Coffin, 1896, p. 231.
10. *Cf.* Strahan, 1882, t. III, pp. 51-52, ill. p. 52.
11. Signée et datée en bas à droite : « LVC OLIVIER-MERSON / MDCCCLXXIX » (H. : 71,8 cm ; l. : 1,284 m), Boston Museum of Fine Arts, don de George Golding Kennedy, 1918, inv. n° 18.652.
12. Signée et datée en bas à droite : « LVC OLIVIER MERSON / MDCCCLXXIX » (H. : 76 cm ; l. : 1,335 m). *Cf.* cat. exp. Dublin/Liverpool, 1988, n° 50, ill. et la vente Christie's, Londres, 18 juin 1993, n° 31, ill. (datée par erreur de 1874). Pour Lucas, *cf.* son journal, au 5 juillet 1879 : « Chez Merson, tableau à faire fin septembre ou début octobre » ; au 2 décembre 1879 : « Chez Merson, doit m'écrire quand tableau est fini » ; au 20 décembre 1879 : « Chez Pottier envoyer chercher le tableau de Merson lundi ». *Cf.* Randall, 1979, t. I, pp. 477, 486, 487.
13. Signée en bas à gauche : « 1880 » ; H. : 72,5 cm ; l. : 1,295 m. Il s'agit du tableau de la collection Arthur Fouques Duparc (vente, Paris, Georges Petit, 8 mai 1919, n° 21, ill.) ; Vivienne Haddard (vente Sotheby's, Londres, 5 novembre 1969, n° 102) et Manoukian (vente Sotheby's, Londres, 25 novembre 1981, n° 45, ill.). Illustré *in* Jullian, 1977, p. 61.
14. Huile sur toile (H. : 63,5 cm ; l. : 1,115 cm) ; *cf.* Fredericksen, 1977, n° 56.
15. *Cf.* Walsh, 1939.
16. *Cf.* Chernevich et Anikst, 1990, p. 51 et la vente Sotheby, New York, 13 octobre 1993, n° 32, ill. coul.
17. *Cf.* Pearson et Shaw, 1961, pp. 223-224 et Meisel, 1964, pp. 62-63. Signalons que *Cléopâtre apportée à César dans un tapis* de Gérôme a suggéré une autre scène de la pièce ; *cf.* Whiting, 1960, pp. 15-17.

Expositions :
Paris, 1883, n° 511 ; Nice, 1919, n° 75, ill. ; Nice, 1979, n° 75, ill. ; Séoul, 1986, n° 7, ill. coul. ; Fukuoka, 1989, n° 120, ill. coul.

Bibliographie sommaire :
Cat. exp. Nice, 1919, pl. XIX ; cat. exp. Nice, 1986, n° 61, ill. coul. ; Daguerre, 1986, n° 96 (avec bibliographie).

Art Egyptien II : Momie et statues

Gustav Klimt (1862-1918)
Pierre noire, plume et encre et traits de crayon
H. : 3,84 m ; l. : 2,03 m
Mis au carreau
Vienne, Historisches Museum der Stadt Wien
Inv. n° 96482/12

Historique :
Collection Erwin Müller ; acquis en 1951.

Dix ans furent nécessaires pour achever la décoration murale du grand escalier du Kunsthistorisches Museum de Vienne. Entre 1881 et 1883, Hans Makart alors au faîte de sa gloire, exécuta la première partie du décor, les douze lunettes du vaste plafond. Après sa mort, en 1884, on demanda à Michael Munkacsy d'exécuter la peinture du plafond et, par la suite, une équipe d'artistes plus jeunes, les frères Gustav et Ernst Klimt, ainsi que leur ami Franz Matsch, se virent confier la décoration des tympans et des espaces entre les colonnes, au-dessous des lunettes peintes par Makart. Le programme prévoyait une série de trente-neuf panneaux allégoriques retraçant l'histoire de l'art de l'Antiquité égyptienne jusqu'au XVIIIe siècle et représentatifs des œuvres abritées par le musée. Onze de ces panneaux furent peints par Gustav Klimt, dont ceux consacrés à l'art grec au-dessus de l'arche centrale menant à l'escalier[1]. La décoration, commencée en 1890, fut achevée en 1891, l'année où les galeries égyptiennes destinées à contenir les antiquités exposées auparavant dans le petit Belvédère furent également inaugurées. L'allégorie égyptienne de Klimt se divise en deux parties complémentaires. La plus vaste – le tympan – personnifie l'Égypte (Fig. 1) sous la forme d'une jeune femme nue tenant dans sa main droite levée la croix ansée, symbole de vie. Le fond plat derrière elle est décoré de scènes de style égyptien dépeignant Horus et Toth avec, au-dessus d'eux, la déesse vautour Nechbet, conçue (comme l'a noté Warlick) à partir d'une représentation similaire se trouvant sur le plafond de la première galerie égyptienne[2]. La section intercolonnaire, plus petite, est différente : représentant essentiellement une nature morte composée d'œuvres d'art égyptiennes, cette partie est dominée par le sarcophage debout d'une femme, le reflet dans l'Au-delà de celle-ci sur un panneau plus grand. Derrière le sarcophage, il y a un chapiteau hathorique et, devant, un fragment du *Livre des Morts*, un sphinx, une statuette d'Isis assise et celle d'un prêtre. Bien que plusieurs dessins exécutés par Klimt pour le projet nous soient parvenus, le carton du tympan semble perdu et seul le dessin mis au carreau, aux dimensions réelles du panneau intercolonnaire, a été conservé. Il est intéressant d'observer qu'il y manque le sphinx existant sur la peinture. Aucune esquisse pour le projet n'étant connue, les sources de Klimt tout comme l'évolution de sa conception restent du domaine de la spéculation. Klimt devait ultérieurement retourner aux sources égyptiennes pour la célèbre frise du palais Stoclet de Bruxelles, décoration très bien documentée, exécutée en 1908-1909[3].

Un problème non résolu nous est posé par la statuette d'Isis assise ; elle apparaît sous le même angle sur une feuille d'études de Hans Makart conservée à l'Albertina[4] (inv. n° 38226). Klimt et Makart ont probablement utilisé la même source, peut-être un livre de Georg Ebers[5]. La feuille des études de Makart appartient à une série qui aurait un lien avec ses peintures de Cléopâtre de 1875 ou avec le groupe de travaux de 1876, peints à la suite de son voyage en Égypte[6]. Cette Isis, toutefois, figure à côté d'une étude de femme faite par Makart pour son *Été (Summer)* de 1880-1881[7], période à laquelle il se lança dans la décoration du musée. Les contacts entre Klimt et Makart datent de 1879 et se poursuivirent de façon intermittente jusqu'à la mort de ce dernier ; Klimt obtint alors les commandes sur lesquelles Makart avait travaillé[8]. On se demande si Makart n'avait pas déjà commencé à rassembler des matériaux pour la décoration qu'il ne réalisa jamais et si Klimt n'était pas au courant.

M. P.

1. Pour la série complète et les peintures de *Art Égyptien I* et *Art Égyptien II*, *cf.* Ilg, 1893, p. 3 ; Hatle, 1955, p. 27 ; Dobay, 1958, p. 128 ; Novotny et Dobay, 1967, p. 293 et Nebehay, 1969, pp. 99-107.
2. *Cf.* Warlick, 1992, p. 117.
3. *Ibid.*, pp. 115-134.
4. *Cf.* cat. exp. Salzbourg, 1984, n° 334, ill.
5. Comme l'a indiqué Warlick, la statuette a été reproduite plusieurs fois dans des livres de Georg Ebers sur l'Égypte ancienne ; *cf.* Warlick, *op. cit.*, p. 117.
6. Par exemple les feuilles qui sont à l'Albertina, inv. n° 38233 et 38271 ; *cf.* cat. exp. Salzbourg, 1984, n°s 217, 218, ill. Pour Ebers et Makart, *cf.* aussi cat. n° 269.
7. Pour *Été*, *cf.* Frodl, 1974, cat. n° 375, ill.
8. *Cf.* Frodl, 1978-1979, pp. 9-36.

Expositions :
Vienne, 1962, n° 11.

Bibliographie sommaire :
Strobl, t. I, 1980, p. 86, n° 240, ill.

Fig. 1. *Art Égyptien I : L'Égypte, Horus et Thot*
Tympan de la décoration murale réalisée
par Gustav Klimt en 1890-1891
Vienne, Kunsthistorisches Museum.

Frantisek Kupka (1871-1957)
1900-1903
Technique mixte avec pastel sur toile
H. : 80 cm ; L. : 90 cm
Signé en bas à droite : « Kupka »
Inscription sur le socle du sphinx à droite :
« QVAM AD CAVSAM / SVMVS » : étiquette collée
sur le châssis : « Frantisek Kupka pa / la Voie
du silence II / Le Chemin à l'infini »
Galerie nationale de Prague
Inv. NG O 12643

Historique :
Hana Borkovkova, Prague, 1971 ; acheté par
le musée en 1972.

Exposé à Ottawa et à Vienne

En un sens, cette composition est une variation sur le thème peint par Vedder (cat. 236) : par une nuit claire et étoilée, un personnage vêtu d'habits modernes – il s'agit d'un autoportrait – marche sur une route infinie et bordée de sphinx. Ce sujet, appelé par Kupka *Quam ad causam sumus* (Pourquoi sommes-nous ici ?), a occupé son esprit pendant de nombreuses années, dès 1892, époque où, jeune homme, il s'est installé à Vienne. Ses premiers contacts avec le spiritualisme, qui avaient eu lieu à Prague, furent à l'origine de son intérêt – jamais démenti – pour la métapsychologie. À Vienne, où il devint médium et étudia la théosophie, il ne cessa de rechercher une méthode de création capable de donner forme à une peinture d'idées qui devait le conduire à l'art abstrait. Comme l'a fait remarquer Markéta Theinhardtova dans le catalogue de l'exposition de 1939 à Paris, Kupka connaissait bien à cette période la revue théosophique *Sphinx*.

Un fusain de 1894 intitulé *L'Énigme de la vie* – l'un des premiers essais sur ce sujet – représente un sphinx entouré de personnages qu'emporte le courant de la vie et de l'histoire. On retrouve cette même inspiration dans un grand dessin fait en 1902 par Frantisek Bilek, *Wie die Zeit uns Runzeln gräbt*[1]. L'exploration de cette question philosophique – mystique pour Kupka – qu'est le sens de la vie a trouvé son expression dans une iconographie différente, plus précise, des chercheurs de connaissance face aux mystères du passé. Durant sa période viennoise, il fit à partir de ce sujet une peinture qui semble aujourd'hui perdue, mais à Paris, au cours des années 1900-1903, il revint de manière quasi obsessionnelle à cette composition et produisit un certain nombre de versions dont la plus grande est *La Voie du silence*. De ce même artiste, la Galerie nationale de Prague possède un pastel sur papier non daté (H. : 58,5 cm ; L. : 65 cm) au thème et à l'inscription identiques. On trouve aussi dans ce musée une huile inachevée de 1903, de dimensions similaires (H. : 58,5 cm ; L. : 69 cm), représentant l'allée de sphinx mais sans personnage. Reprenant la même année cette composition, Kupka la traita à l'aquatinte en couleurs dans une série de quatre gravures sur le cycle de la vie. Parmi celles-ci *L'Entêtement* de l'idole noire, vision encore plus inquiétante du désespoir inspirée par le poème en prose d'Edgar Allan Poe *Terre de songe* montre une terrifiante idole égyptianisante assise sur un trône et levant la tête vers les cieux[2].

M. P.

1. Aujourd'hui à Prague, Galerie der Hauptstadt.
2. Dans la gravure *Quam ad causam sumus*, la composition inversée montre une allée de sphinx barbus quelque peu différents. De même, la version gravée de *L'Entêtement* de l'idole noire est l'image inversée d'une composition également connue sous forme d'un dessin gouaché (vente Sotheby's, Londres, 25 juin 1986, n° 353, ill.) et d'une peinture aujourd'hui perdue.

Expositions :
Prostejov, 1905, n° 5 ; Kolin, 1905, n° 5 ; Prague, 1906, n° 58 ; New York, 1975, n° 2 ; Zurich, 1976, n° 2 ; Paris, 1989, n° 15, ill. coul.

Bibliographie sommaire :
Prague, s.d., 1907 ?, t. I ; Siblik, 1928, p. 16 ; « La Chronique des Arts », supp. à la *Gazette des Beaux-Arts*, n° 1249, février 1973, p. 257, ill. fig. 928 ; Welsh, 1986, p. 26 ; Humbert, 1987, t. II, n° 992.

Paul Lacombe dit Georges (1868-1916)
1895
Bas-relief, acajou en partie polychrome
H. : 1,115 m ; L. : 62 cm ; pr. 10,7 cm
Inscrit à l'encre sur le dos, en bas à gauche :
« Ce bois appartient à ma Dame Gabrielle
Wenger. Georges Lacombe »
Paris, musée d'Orsay
Inv. RF 3627

Historique :
Mme Gabrielle Wenger, belle-mère de l'artiste ;
famille de l'artiste ; collection Robert Walker,
Paris ; don au musée d'Orsay, 1982.

Exposé à Paris

Les données importantes concernant l'origine et l'évolution de cette œuvre ont été réunies par Joëlle Ansieau qui a publié une étude sur la question. On en connaît deux états antérieurs : au moins un dessin – l'esquisse très expressive du musée d'Orsay à Paris – et un pastel achevé, aujourd'hui dans une collection américaine[1]. Le bas-relief lui-même diffère beaucoup dans son exécution de ces deux travaux préparatoires ; il est empreint de primitivisme et porte la marque de l'admiration de Lacombe pour la sculpture de Paul Gauguin.

Ce thème d'Isis en tant qu'incarnation de la Nature et source génératrice de toute vie – ici présenté aussi dans une utilisation antérieure comme monument révolutionnaire (cat. 85) – était représentatif des idées théosophiques qui prévalaient à l'époque dans l'entourage de Lacombe chez les Nabis Paul Sérusier, Paul Ranson et Jean Verkade le « Nabi obéliscal ». Sérusier, alors le meilleur ami de Lacombe, s'intéressait beaucoup à l'art égyptien, tout particulièrement pour ses admirables qualités formelles, ce qui

l'amena par la suite, en 1911-1913, à peindre des symboles d'inspiration égyptienne pour la décoration murale de sa maison à Châteauneuf. Dans l'*Isis* de Lacombe, le sujet est égyptien mais réinterprété à la lumière de la littérature ésotérique moderne[2]. La déesse se tient sur un crâne qui est l'emblème d'Osiris mort et le symbole de la mort et de la régénération. Elle fait jaillir de ses seins le lait rouge de la vie qui se transforme en fleurs tandis que ses cheveux se prolongent en sept arbres, symboles des sept principes sacrés.

Une œuvre plus ancienne de Lacombe, une *Marie-Madeleine* aujourd'hui au musée des Beaux-Arts de Lille, montre clairement que l'artiste avait à l'esprit un modèle égyptien et a été indéniablement inspiré par une statue d'Égyptien agenouillé. À une date ultérieure, Lacombe travaillait à une statuette d'Isis en bois plus petite qui a été perdue mais que l'on connaît grâce à une photographie. Cette dernière, comme l'a observé Joëlle Ansieau, est entièrement dépourvue de signification ésotérique mais suit de près un original égyptien représentant une figure féminine au bras replié sur la poitrine[3].

M. P.

1. *Cf.* Ansieau, 1983, p. 289, fig. 4 et 5.
2. Signalons la publication, à l'automne 1895, d'un article d'A. Gayet intitulé « Le Symbolisme des figures isiaques et les terres cuites égypto-grecques », *Gazette des Beaux-Arts*, 1er novembre 1895, pp. 417-432.
3. *Cf.* Ansieau, *op. cit.*, pp. 294-295, note 26 et fig. 13.

Expositions :
Paris, 1895, n° 810 ; Paris, 1968 ; Paris, 1986, n° 243, ill.

Bibliographie sommaire :
Ansieau, 1968, n° 170 ; Vaizey, 1971, pp. 16-17, ill. fig. 2 ; Ansieau, 1983, pp. 287-295, ill. fig. 6 ; Musée d'Orsay, 1986, p. 182, ill. ; Humbert, 1987, t. II, p. 503, n° 635.

343 Portique de lit

Maurice de Vlaminck (1876-1958)
Vers 1906
Bois pyrogravé et peint
H. : 2,76 m ; L. : 2,03 m ; ép. : 3,5 cm
Chartres, musée des Beaux-Arts

Historique :
Don de Solange Prevel-Vlaminck.

On sait très peu de chose sur plusieurs éléments de mobilier qui ont été dessinés et sculptés par Vlaminck à Chatou aux alentours de 1906 et faisaient partie de deux, ou peut-être même trois, ensembles distincts. Chacune des pièces est en bois sculpté et peint avec dessin pyrogravé. La plus grande de celles-ci est un énorme portique de lit à colonnes égyptiennes (H. : 1,88 m ; L. : 4,45 m) et un long banc en forme d'Anubis fait pour un ami, Lucien Gilbert, fils d'un conseiller municipal de Chatou[1] (Fig. 1). Un ensemble différent, composé d'un lit primitiviste et d'un autre portique de lit aujourd'hui au musée de Chartres, a manifestement été sculpté pour son propre usage et est demeuré dans la famille Vlaminck. Un troisième objet – une petite table – vraisemblablement sculpté pour les demoiselles Angelhard de Croissy, près de Chatou, se différenciait des autres[2]. Enfin, une autre table figurait dans la collection Ambroise Vollard[3].

La date du meuble n'est pas tout à fait établie. À l'époque de la vente, il était admis que la table Angelhard avait été exécutée vers 1905, assignant ainsi une date générale aux autres éléments. Sans que l'on puisse l'affirmer, il semble qu'il conviendrait de lui attribuer une date un peu plus tardive. On date de cette année-là l'intérêt de Vlaminck, de Braque et d'André Lhote pour les sculptures africaines et Vlaminck lui-même déclara plus tard qu'en 1905, il avait reçu en cadeau un grand masque (qu'il vendit cette même année à Derain) et deux statues de Côte-d'Ivoire. Néanmoins, on a de bonnes raisons de penser que Vlaminck s'est trompé d'année et que l'épisode des sculptures africaines n'a eu lieu qu'au printemps 1906[4]. Par ailleurs, la rétrospective des sculptures sur bois de Gauguin exposées au Salon d'Automne en octobre 1906 incita Derain (dont la maison de famille était aussi à Chatou) à sculpter deux panneaux de lit et quelques pierres. Il est donc très probable que Vlaminck se soit lancé dans son projet vers la même date. En outre, Théodore Davis venait de découvrir en 1905 les sépultures de Youya et de Touia – membres de la belle-famille d'Akhénaton – qui contenaient le plus grand ensemble de mobilier égyptien ancien jamais mis au jour avant la découverte ultérieure du tombeau du fils d'Akhénaton, Toutankhamon. Cet événement, dont on avait beaucoup parlé, explique vraisemblablement un tel engouement pour les meubles.

S'il n'existe pas d'autre marque visuelle de l'intérêt de Vlaminck pour l'art égyptien, on a trouvé dans l'un des carnets de Derain de 1904-1906 des preuves de son étude de la sculpture égyptienne au Louvre, particulièrement des croquis faits d'après la tête Salt[5]. Comme l'a montré Philippe Dagen, il ne s'agissait nullement d'un cas isolé : Matisse et Picasso se sont aussi exercés à croquer des sculptures égyptiennes, ce que ne devait pas ignorer Vlaminck[6]. Son lit et son portique pour Lucien Gilbert sont les plus évidemment égyptiens et ont très bien pu avoir été exécutés en dernier. Le mobilier de Chartres, moins linéaire et simple de formes et iconographiquement plus riche, combine des figures égyptiennes et des hiéroglyphes avec des colonnes assez fantaisistes et une architrave résolument non égyptienne. Il est à la fois plus libre et plus proche de l'idéal « primitif » et de ce fait très vraisemblablement le plus ancien des deux.

M. P.

1. *Cf.* ventes, Londres, Christie's, 4 avril 1989, n° 160, ill. coul. et Gien, hôtel des Ventes, 24 mai 1992, n° 79, ill. coul.
2. *Cf.* vente, Paris, Nouveau Drouot, salle 10, 21 mars 1985, n° 137, ill.
3. *Cf.* vente, Paris, galerie Charpentier, 25 juin 1957, n° 141.
4. *Cf.* cat. exp. New York, 1932, t. I, p. 141.
5. *Cf.* cat. exp. Paris, 1991, n° 4.
6. *Cf.* Dagen, 1984, pp. 289-302.

Bibliographie sommaire :
Humbert, 1987, t. II, n° 684.

Fig. 1. Portique et Banquette
Meubles en bois pyrogravé
et peint, exécutés par
Maurice de Vlaminck vers 1905
Collection particulière.

Fig. 2. Tabouret
Meuble en bois pyrogravé
exécuté par Maurice de Vlaminck
Collection particulière.

Les années Toutankhamon

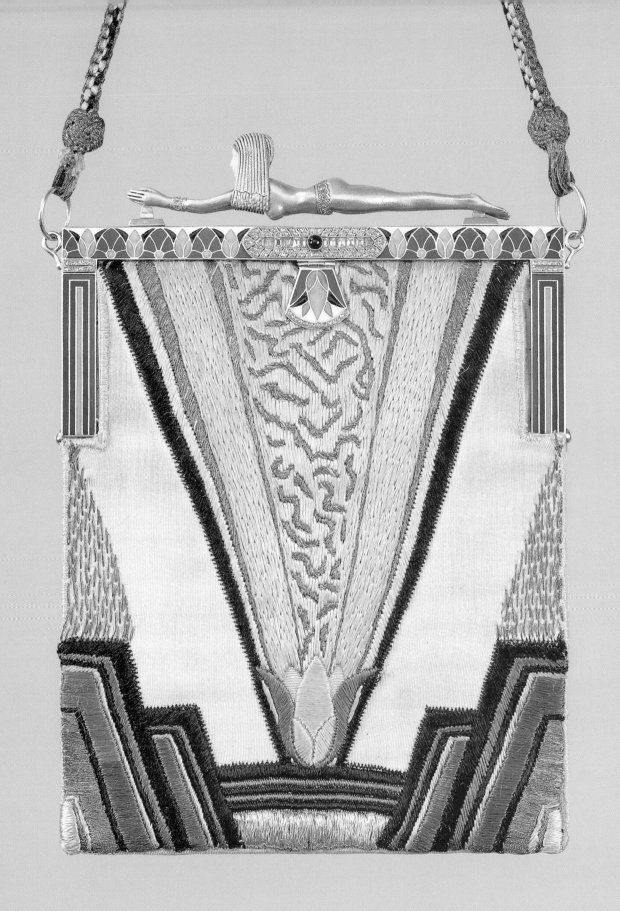

Fig. 1. Elizabeth Wynn Wood avec un étudiant
au Bal des Arts organisé à Toronto en 1923
Collection particulière.

Avec la représentation de *Cléopâtre* en 1909 les Ballets russes prirent une orientation nouvelle mais prévisible : il s'agissait d'une version augmentée des *Nuits égyptiennes*, qui avait été présentée par la même troupe à Saint-Pétersbourg en 1908, et enrichie des merveilleux décors et costumes de Bakst (cat. 303). En 1918, à la suite de la destruction des accessoires lors d'un incendie pendant une tournée en Amérique du Sud, de nouveaux décors et costumes furent créés par Robert et Sonia Delaunay dans un style où l'Égypte et la loi des contrastes simultanés se rencontraient pour la première fois. Or, en 1909, les ballets égyptiens n'étaient déjà plus du tout une nouveauté. Elsa von Carlberg qui, sous l'ancien nom égyptien de Sent M'ahesa interprétait seule sur scène ses recréations de danses de l'Égypte antique, était alors une célébrité internationale jouissant d'une audience considérable. Ruth Saint-Denis, quant à elle, apparemment inspirée par une marque de cigarettes dont les paquets représentaient des « déités égyptiennes », recueillait tout autant la faveur du public grâce à ses spectacles intitulés *Invocation to the Nile* et *The Veil of Isis*. En 1912, Maud Allen commanda à Claude Debussy un ballet égyptien qui resta inachevé et qui avait été précédé par *La Fille d'Isis*, « ballet égyptien avec chœur en deux actes » de Pierre Carolus-Duran, compositeur aujourd'hui oublié. En 1920, Martha Graham, l'élève de Ruth Saint-Denis, se produisait aussi dans des représentations de danses égyptiennes – c'est du reste ainsi qu'elle a été immortalisée dans l'*Encyclopædia Universalis*.

Certains spectacles éphémères plus spontanés – les tableaux vivants égyptiens organisés par les étudiants des écoles d'art pour le « Bal des Arts » annuel ou les innombrables bals masqués – donnent peut-être une meilleure idée de l'état d'esprit qui régnait à cette époque. En 1913, le Tiffany Studio donna une fête égyptienne spectaculaire décrite de façon assez détaillée par Hugh McKean et dont certains éléments de costumes ont été conservés au musée de la Ville de New York[1]. En 1919, Erté dessina de splendides costumes égyptiens pour une scène de « Bal des Arts » dans le film *Restless Sex*. En 1923, l'année qui suivit la découverte du tombeau de Toutankhamon, l'Ontario College of Art de Toronto organisa une parade entièrement égyptienne (Fig. 1) bien que moins ambitieuse qu'« Une réception chez Toutankhamon » donnée au palais d'Egmont à Bruxelles le 14 mars 1926, en liaison avec la Fondation égyptologique Reine Élisabeth, événement qui fut repris au Caire le 10 mars 1927. Les photographies de la fête de Bruxelles sont fascinantes, non pas tant pour le spectacle lui-même que du fait de la présence de celle qui en était la spectatrice principale, la princesse Marie-Josée de Belgique, arborant une version moderne de robe égyptienne, souveraine à l'antique de l'ère du jazz[2].

Il est difficile d'apprécier l'impact sur les arts plastiques de la découverte, en novembre 1922, du tombeau de Toutankhamon en dehors d'un contexte social très élargi. À cette date, le répertoire des manifestations ayant trait à l'Égypte était si étendu en Occident qu'on a quelque peine

Fig. 2. Parfum « Égypte »
Lithographie en couleurs réalisée par George Barbier en 1928
Collection particulière.

à faire la distinction entre ce qui a précédé cette découverte et ce qui l'a suivie. L'aquarelle moderne d'Otto Dix, *Ägyptische Szene*[3], la gravure *Anthony in Egypt* d'Anthony Woolcott[4], la reliure égyptienne sophistiquée de Giovanni Pacchiotti pour *L'Atlantide* de Pierre Benoit[5], la scène égyptienne dessinée par Maxfield Parrish pour une publicité destinée aux lampes Mazda de la General Electric et le cinéma Grauman's Egyptian Theatre à Hollywood datent tous de 1922, mais sont antérieurs à la découverte, ce qui montre à quel point le climat était sensibilisé et prêt à absorber toute nouveauté intéressante provenant d'Égypte. L'effet le plus directement perceptible semble avoir porté sur la mode et la publicité, élaborations par définition éphémères bien qu'ayant leur importance propre, et indéniablement révélatrices de l'ampleur du phénomène dans le grand public. Ronny Cohen qui a dépouillé la presse américaine de 1923, a mis en évidence la dimension commerciale de la question en matière de mode et a signalé le débat ayant eu lieu à New York en 1923 autour de cette vogue qui « va éclipser tout le reste cette année », les réclames de tissus annoncés comme « Un Héritage du Régime de Tut-ankh-amen », les nouvelles sandales égyptiennes, les chemisiers Pharaon et la

« Robe Luxora, brodée des extraordinaires motifs multicolores de Louxor[6] ». La presse du mois d'avril nous apprend que les couturiers de Paris ont présenté une nouvelle ligne de vêtements d'inspiration égyptienne, dont certains furent reproduits dans le numéro de *Vogue* du 15 avril 1923 avec la légende : « Paris Dévoile l'Énigme du Sphinx Égyptien[7] ».

L'effet négatif d'une publicité commerciale immodérée qui exploitait la découverte de Carter pour vanter tout et n'importe quoi, des « Citrons du Roi Tout » aux prouesses de « Carter le Grand », le magicien qui révéla « Les Secrets du Sphinx et les Merveilles du Tombeau du Roi Tout au Monde Moderne[8] », apparaît plus visiblement dans un exemple cité en 1923 par Dudley Corlett à propos de l'exactitude historique au cinéma : pour lui, *Toutankhamen*, de William P.S. Earle, tourné en 1923, était un film documenté à l'extrême et dont le réalisme historique fut salué par les égyptologues ; néanmoins, le scénario dut être changé : « Après bien des vicissitudes, sa sortie ne fut obtenue qu'en transformant le titre, qui devint *La Danseuse du Nil*, et en supprimant de l'action une part importante de ce qui avait trait à Toutankhamon. Pourquoi ? Parce que les distributeurs déclarèrent que le public était franchement las de ce nom et de tout ce qui s'y rattachait. Dans une certaine mesure, cela se comprend, étant donné qu'une publicité vulgaire a beaucoup contribué à ternir la splendeur de la plus merveilleuse découverte archéologique de l'époque[9]. »

Jamais auparavant le domaine artistique n'avait connu de plus grands bouleversements ni une telle variété d'expression que durant la période comprise entre le tournant du siècle et l'apparition du style Art déco. Des peintres traditionnels figuratifs, tels que Georges Rochegrosse en France ou Henry Holyday en Angleterre – dont la carrière s'était déroulée au siècle précédent –, restèrent actifs longtemps après 1900. Rochegrosse illustra en 1920 une édition de luxe du *Roman de la momie* de Théophile Gautier qui forme un intéressant contraste avec les illustrations Art déco de George Barbier pour l'édition de luxe de 1929 (Fig. 3). En 1914-1915, conseillé par l'égyptologue Flinders Petrie, Henry Holyday conçut pour le Household Sciences Building de Toronto trois vitraux sur le thème des « Arts Ménagers dans l'Égypte Ancienne » qui auraient fort bien pu être contemporains de la chaise de Holman Hunt (cat. 204) réalisée soixante ans auparavant. *The Life of Moses*, énorme et très remarquable retable néo-égyptien exécuté par Violet Oakley en 1927-1929, pour le sanctuaire du Samuel S. Fleisher Art Memorial à Philadelphie était de facture plus moderne bien que visiblement empreint d'un esthétisme fin de siècle.

Parmi les symbolistes, l'association de Paul Sérusier avec le groupe d'artistes de Beuron (notamment Jan Verkade – le « Nabi obéliscal » – et Desiderius Lenz, qui s'efforçaient de réformer la peinture religieuse en prenant pour modèle l'art égyptien) le conduisit vers une esthétique dans laquelle l'Égypte était présente à la fois par le style et par analogie. *La Reine égyptienne* et l'allégorie *Les Origines*

Fig. 3. Illustration pour *Le Roman de la momie* de Théophile Gautier
Lithographie en couleurs réalisée par George Barbier en 1929
Collection particulière.

(Fig. 4), aujourd'hui dans des collections privées, datent de 1909 et les décorations murales égyptisantes de sa maison à Châteauneuf, de 1912-1913. Toujours vers 1912, Odilon Redon revint, avec *Le Sphinx rouge* (collection privée), à un thème exploré auparavant autour de *La Tentation de saint Antoine* de Gustave Flaubert. Alfred Kubin utilisa ses fameuses références égyptiennes visionnaires pendant plusieurs décennies ; elles apparaissent, par exemple, dans *La Momie* de 1905, *Le Sphinx qui rit* de 1911 et *Égypte* de 1935[10]. Dans ce contexte de symboles, on pourra remarquer que, dès 1906, l'intérêt de Freud pour l'Égypte avait atteint un sommet – « une intoxication », selon le mot récent de Karl Schorske – et devait mener finalement à la publication de *L'Homme Moïse et la religion monothéiste* en 1939. Son enthousiasme s'appuyait sur *The History of Egypt*, publiée par James Henry Breasted en 1905 et se transmit à Karl Abraham, dont l'étude psychologique sur Akhénaton parut en articles dans la revue *Imago* en 1912[11].

La nouvelle génération d'artistes du début du siècle – les fauves et les cubistes – rompit avec le passé artistique traditionnel. Philippe Dagen a toutefois montré dans quelle mesure ces créateurs s'y enracinaient à propos des sources égyptiennes de Derain, Matisse et Picasso[12]. Un témoin contemporain, Anna Akhmatova, a noté dans ses *Mémoires* qu'en 1911, « Modigliani était éperdument amoureux de

l'Égypte. Il m'amena dans les galeries égyptiennes du Louvre ; il m'assura que rien de tout le reste n'était digne d'attention. Il fit un dessin de ma tête avec une coiffure de princesse égyptienne et un autre avec une coiffure de danseuse. Il était entièrement absorbé par le grand art de l'Égypte : cela devait être évidemment son dernier engagement[13]. » Le tableau de Kees van Dongen *Homme bleu et Femme rouge* (connu aussi sous le titre *Le Couple*) réalisé vers 1918, mariage moderne d'Isis et d'Osiris, figure parmi plusieurs autres œuvres à l'iconographie d'inspiration égyptienne et Bart van der Leck – compatriote de van Dongen – passa en 1917 des scènes de la vie moderne traitées à plat et hautement stylisées (à la manière égyptienne) à des œuvres entièrement abstraites plutôt proches de Mondrian. Max Ernst, qui avait fait en 1913 une affiche pour les spectacles de danse égyptienne de Sent M'ahesa[14], a amalgamé des allusions égyptiennes de façon saisissante dans son roman-collage surréaliste de 1933, *Une semaine de Bonté* (Fig. 5) où figure notamment une impressionnante rencontre entre homme et sphinx. L'analogie entre les sphinx et les femmes fatales célèbres du cinéma, utilisée par la publicité pour Theda Bara (Fig. 6) ou Greta Garbo, fut inversée avec esprit par Salvador Dali à la fin des années trente dans un tableau-collage où Shirley Temple apparaît sous les traits d'un sphinx.

Dans le domaine des arts décoratifs, particulièrement en matière de meubles, les manifestations étaient aussi variées et complexes. Une des caractéristiques de la période fut l'apparition de répliques fidèles d'après des pièces égyptiennes nouvellement découvertes, principalement des fauteuils et des lits de repos. Des copies du mobilier découvert en 1905 dans le tombeau de Youya et Touiou ont été exécutées presque immédiatement et leur fabrication a apparemment continué jusqu'à la découverte des meubles du tombeau de Toutankhamon et pendant les années trente. De

Fig. 4. *Les Origines*
Paul Sérusier, huile sur toile, 1909
Collection particulière.

Fig. 5. *Une semaine de bonté*
Collage réalisé en 1933 par Max Ernst
collection particulière.

Fig. 6. Theda Bara dans *Cléopâtre*
Courtesy of the Academy of Motion Picture Arts and Sciences.

fait, ces répliques ont été si nombreuses qu'il est difficile de leur attribuer date et lieu de fabrication. Les lignes pures des originaux étaient étonnamment congruentes avec la nouvelle esthétique et se prêtaient aisément à leur intégration dans l'idiome Art déco. Les trônes ornés trouvés en 1922 dans le tombeau de Toutankhamon ont été également beaucoup copiés non seulement durant les années vingt, mais aussi à la faveur de chaque regain d'égyptomanie suscité par une exposition sur ce pharaon ; leur richesse intrinsèque les place toutefois dans une catégorie à part.

À l'autre extrême du spectre se situe l'utilisation originale des motifs et des systèmes de décoration égyptiens dans un idiome moderne. Les chaises de Pierre Legrain méritent ici d'être mentionnées, ainsi que les écrans laqués de Dunand au caractère égyptisant moins évident, ou la décoration à lotus conçue par William van Alen pour les portes de l'ascenseur de l'immeuble Chrysler en 1927-1930. La table « aux lotus » d'Eileen Gray – réalisée en 1930 pour cet arbitre du goût que fut Jacques Doucet – en laque vert bronze, bleu nuit et noir, est peut-être le plus admirable des objets Art déco. Il n'est donc pas surprenant qu'elle ait été

copiée en nombre lors d'une nouvelle vague d'égyptomanie en 1978[15].

Il était plus difficile d'adapter les motifs égyptiens à des types de mobilier inconnus dans l'Égypte antique tels que les garnitures, les bureaux, les tables de salle à manger ou les armoires, chose qui était parfois nécessaire pour former des ensembles à partir de copies d'ancien. Ce genre d'exercice s'appuyait fréquemment sur des précédents du XIXe siècle réinterprétés de façon à leur conférer une apparence plus moderne. Parmi les meubles, un bureau exceptionnel (cat. 346) nous donne une idée des problèmes soulevés par l'adaptation de la forme à la fonction ; un fauteuil (cat. 347) qui rappelle les modèles néo-égyptiens typiquement victoriens, fut fabriqué de toute évidence après le début du XXe siècle. Dans la céramique américaine, un bol égyptien moderne, conçu en 1911 par Frederick Hurten Rhead, garde des liens étroits avec des idées de décoration de la fin du XIXe siècle, tandis que le célèbre « vase scarabée » fait par Adelaide Alsop Robineau en 1910-1911 illustre mieux le dilemme auquel était confronté un artiste original cherchant à trouver une nouvelle lecture des motifs égyp-

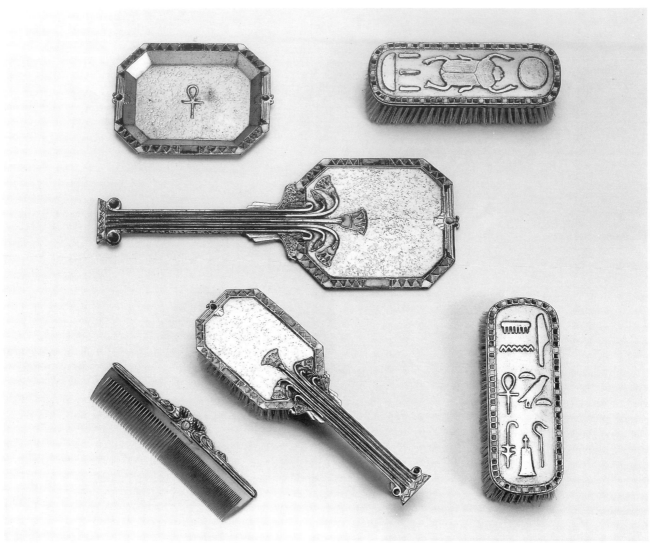

Fig. 7. Nécessaire de toilette
Louis C. Tiffany Inc., argent et émail, vers 1925
collection particulière.

tiens. Une *Garniture de toilette* de Louis C. Tiffany (Fig. 7) en émail et bronze doré, influence directe de la découverte du tombeau de Toutankhamon, intègre avec bonheur de discrets éléments égyptiens mais utilise les cartouches du pharaon pour l'ornementation des deux brosses[16].

La célèbre pendule Cartier (cat. 368), avec son pylône aux lignes aiguës parfaitement adaptées à sa fonction, résume la vision Art déco de l'Égypte tout autant que le film *Cléopâtre* de Cecil B. De Mille (1934). William B. M'Gormic avait écrit en 1924 : « Nous n'avons pas de joyaux qui égalent en excellence ceux de l'Égypte de la XIIᵉ dynastie pour ce qui est de la qualité décorative, la beauté de la forme et l'aptitude de ces objets à être portés », puis a déploré que « bien que de nombreux musées en possèdent des spécimens, les motifs égyptiens n'apparaissent qu'occasionnellement dans les ornements occidentaux ». Il a néanmoins reproduit un remarquable diadème, à grande fleur de lotus

parsemée de pierres et piquée de plumes, typique de ces objets qui apparaissent inévitablement à l'apogée d'une vague d'égyptomanie[17]. Ces bijoux, créés au départ pour une petite élite, allaient par la suite trouver un écho sur la scène, et les dessins d'après Cartier, Lacloche Frères et Van Cleef & Arpels, de style égyptien ou avec des motifs égyptiens incorporés, furent adaptés pour une femme nouvellement émancipée.

Une pratique de l'architecture du XIXᵉ siècle – l'adaptation des formes égyptiennes aux besoins modernes – resta en usage jusqu'à la veille de la Crise de 1929. Ce qui avait changé, c'était le style, grâce à une union heureuse des lignes massives de l'architecture égyptienne et des idéaux Art déco. Ce moment marque l'apparition de certaines des dernières grandes loges maçonniques égyptiennes qui exigeaient une décoration sophistiquée comme dans le cas du temple du rite maçonnique écossais de Washington. Pour celui-ci, David Edstrom produisit des sculptures de divinités tutélaires, une grande *Isis* de pierre et une *Nephtys* qui furent placées de part et d'autre du portail principal[18]. Mais, outre le nombre assez conséquent d'usines et de palais du commerce souvent décorés de reliefs et de motifs égyptiens polychromes, les bâtiments qui ont laissé l'empreinte la plus forte sur l'imagination du public étaient les nouveaux palais démocratiques consacrés au plus récent des arts : le cinéma.

Le Grauman's Egyptian Theatre à Hollywood, la plus célèbre des salles de cinéma, ouvrit ses portes en 1922. Le Louxor, à Paris, reproduit et discuté par Jean-Marcel Humbert, est apparemment le plus ancien édifice de style entièrement égyptien qui ait survécu et fut sans doute construit en 1921[19]. Comme l'a noté Bernadette Siegler, des motifs égyptiens furent incorporés à la décoration du Coliseum Theatre de Seattle, dès 1916 et en 1917, Edward B. Kinsilla publia des dessins pour une salle de spectacle d'inspiration égyptienne dans son livre *Modern Theatre Construction*. Il est significatif que Kinsilla ait fait la distinction entre le public du théâtre et celui du cinéma, – déjà considéré comme un genre de divertissement plus démocratique – et ait recommandé en conséquence des décorations telles que les formes égyptiennes, «plus ornementales que celles d'un théâtre ordinaire, et qui conviennent le mieux au goût du plus grand nombre[20]». Des cinémas de style égyptien ont été construits à Ogden dans l'Utah, en 1924, à Indianapolis en 1925 et dans plusieurs autres villes américaines tandis qu'en Angleterre, le Kensington Cinema de Londres, 1926, le Luxor de Twickenham, 1929, les deux cinémas dessinés par George Coles, l'un à Upton Park, Essex, 1929, l'autre à Islington, 1929-1930, et plusieurs autres dont la liste a été établie par James Curl, attestent l'étendue du genre en Grande-Bretagne[21].

En Amérique du Nord comme en Europe, le terme « atmosphérique » était utilisé pour désigner des cinémas à voûte nuageuse semée d'étoiles, décorés dans des styles exotiques, ordinairement néo-espagnols ou néo-mayas, qui étaient liés à l'histoire des Amériques. L'arche à degrés de la scène du Grauman's Theatre comportait de fait des éléments mayas qui ont également été adaptés ailleurs, par Alfred C. Finn pour une « ambiance » égyptienne à Houston, vers 1926-1927, et par Alcide Chaussé pour le New Empress Theatre de Montréal, ouvert officiellement en mai 1928[22] (Fig. 8). La décoration extérieure, signée Edward Galea, puisait dans le répertoire familier de colonnes, de hiéroglyphes, de disques ailés et de têtes égyptiennes. Les murs de la salle étaient cependant assez différents et décorés de piliers entre lesquels se déployait une vue panoramique de l'Égypte. Le principe, naturellement, était celui qu'avait utilisé Piranèse pour le café des Anglais dans les années 1760,

Fig. 8. Vue de l'intérieur du New Empress Theatre de Montréal, construit en 1928 par Alcide Chaussé (1868-1944) *The Journal of the Royal Architectural Institute of Canada*, 1928, vol. V.

preuve de l'aptitude de l'égyptomanie à se répéter assez indépendamment de toute considération égyptologique. L'année suivante, en avril 1929, fut entreprise, d'après des plans de E.F. Behrens, la construction de l'Egyptian Theatre de De Kalb dans l'Illinois, avec une salle décorée de façon similaire. L'idée d'un intérieur d'ambiance fut également appliquée avec plus ou moins de cohérence à des musées égyptiens, des édifices commerciaux, des lieux de loisirs populaires ou des paquebots assurant en Méditerranée la liaison avec l'Égypte (cat. 349).

Dans le cas des cinémas, il y avait probablement de brefs moments magiques quand la réalité de la décoration murale se dissolvait dans l'illusion projetée sur l'écran. Comme l'a montré Antonia Lant, le lien entre l'Égypte et l'art cinématographique a précédé de loin l'apparition des cinémas de style égyptien et existait déjà dans des formes de spectacle qui s'étaient développées au XIXᵉ siècle[23]. Ainsi, certains films projetés à l'Egyptian Hall de Picadilly avant sa démolition en 1904 et par ailleurs une série de films sur des sujets égyptiens tournés pour la compagnie Edison en 1903 et par la Kalem Film durant les années qui suivirent, surprennent par leur nombre[24]. Ces films anciens utilisaient déjà la plupart des sujets égyptiens qui allaient bientôt devenir classiques, depuis les thèmes bibliques et l'archétype de la momie jusqu'à celui de Cléopâtre, dont cinq versions furent tournées entre 1908 et 1918.

Au début des années vingt, des films où l'on découvrait des tombeaux tels que *The Lure of Egypt* ou *The Fortieth Door*, firent voyager les spectateurs dans le temps et dans l'espace jusqu'au passé pharaonique considéré comme le berceau de la civilisation occidentale. *Das Weib des Pharaohs* d'Ernst Lubitsch, sortit en 1921, juste avant la découverte du tombeau de Toutankhamon. *Les Dix Commandements* (1923) de Cecil B. De Mille, avec d'immenses décors pour les scènes égyptiennes (vingt-quatre sphinx, quatre statues colossales de Ramsès et, au loin, une improbable pyramide) fut le premier grand film sur le sujet à sortir après la découverte. Selon toute vraisemblance, le rapport entre le film et Toutankhamon est de simple concomitance. Du point de vue visuel, les décors égyptiens pour *Les Dix Commandements* et l'une des scènes de cette œuvre sont dérivés de la peinture de Poynter (cat. 238) de même qu'auparavant, en 1902-1903, une scène du film *La Vie et la Passion du Christ* produit par Pathé, était dérivée de la peinture de Merson (cat. 339), cas somme toute peu inhabituels d'égyptomanie s'auto-alimentant. Comme l'a remarqué Bruce Bryon en 1924 : « Il semble que parmi les nations anciennes généralement décrites, l'Égypte occupe une place prépondérante, ce qui, en termes de valeur narrative et exotique, ne semble nullement usurpé. L'Égypte ancienne a été célébrée dans les chansons et dans les histoires depuis que chansons et histoires existent. L'Égypte n'était-elle pas – n'est-elle pas la première des histoires[25] ? »

M. P.

1. *Cf.* McKean, 1980, pp. 255-260.
2. *Cf.* Mekhitarian, *in* cat. exp. Bruxelles, 1991, p. 25 et fig. XIII-XIV.
3. *Cf.* cat. exp. Munich, nᵒ 309.
4. *Cf. The Studio*, t. 83, janvier-juin 1922, repr. à la p. 191.
5. Dans la collection du Museo delle legature Weill Weiss, Biblioteca Trivulziana, Milan.
6. Cohen, 1979, p. 86.
7. *Ibid.*
8. *Cf.* affiches repr. *in* cat. exp. Brookville/New York, 1992, pp. 33, 34, avec une étude de Bob Bryer sur l'égyptomanie et la publicité.
9. *Cf.* Corlett, 1923, p. 239.
10. *La Momie* et *Égypte* sont aujourd'hui conservées au Landesmuseum de Linz, *Le Sphinx qui rit* dans une collection privée.
11. *Cf.* Schorske, 1993, pp. 35-40 ; l'œuvre de Breasted est aussi à l'origine de l'opéra de Philip Glass, *Akhnaten*, de 1984.
12. *Cf.* Dagen, 1984, pp. 289-302. Notons, tard dans la carrière de Picasso, deux dessins datés du même jour, le 14 février 1963, l'un avec un cynocéphale, l'autre avec une femme coiffée d'un *némès* stylisé ; *cf.* Zervos, 1971, t. 23, p. 71, nᵒˢ 131, 133, repr.
13. *Cf.* Akhmatova, 1973, p. 146, cité *in* Balas, 1981, p. 87.
14. *Cf.* Leppien, 1975, p. 104, nᵒ 206, repr.
15. Pour la table d'Eileen Gray, *cf. Femina*, janvier 1925, p. 29 et *L'Illustration*, 3 mai 1930, p. 19 ; pour la réplique de 1978, *cf.* Loring, 1979, p. 120, fig. 8.
16. Ancienne collection Elton John ; *cf.* John, Sotheby's, Londres, 7 septembre 1988, nᵒ 6257, repr. et daté par erreur vers 1900.
17. *Cf.* M'Gormick, t. 79, 1924, p. 45, repr.
18. *Cf.* Christie, t. LXIX, 1920, p. LXXXVII ; Edstrom fut aussi l'auteur d'un *Sphinx* monumental décrit à la même page.
19. *Cf.* Humbert, 1989, pp. 86-88, repr. à la p. 82. *Cf.* aussi Volait, 1991a, t. 1, repr. fig. 20.
20. Siegler, *in* cat. exp. New York, 1990, p. 25.
21. *Cf.* Curl, 1982, pp. 204-207, fig. 12 et pl. 199.
22. *Cf.* Anon, t. V, 1928, pp. 392-396.
23. *Cf.* Lant, 1992, p. 98.
24. *Cf. Ibid.*, p. 101, note 45.
25. *Cf.* Bryan, 1924, pp. 131

Novembre 1922 : découverte de la tombe de Toutankhamon

« *Finalement avons fait découverte merveilleuse dans Vallée ; tombe magnifique avec sceaux intacts ; réenterrée jusqu'à votre arrivée ; congratulations.* » C'est par ce télégramme laconique que l'archéologue Howard Carter prévenait Lord Carnarvon, son mécène anglais, de la plus importante découverte égyptologique du XXe siècle. On connaît bien la suite. C'est une des plus grandes aventures de l'archéologie qui commençait là.

Deux semaines et demie plus tard, le 23 novembre 1922, Lord Carnarvon arrive à Louxor en compagnie de sa fille. Dès le lendemain la fouille reprend. Le 26 novembre, à quatre heures de l'après-midi, les fouilleurs pratiquent la première brèche dans le caveau. « *Au début je ne pouvais rien voir, raconte Carter, l'air chaud s'échappant de la chambre faisait vaciller la flamme de la torche, mais comme mes yeux s'accoutumaient à la lumière, les détails de la chambre émergèrent lentement du brouillard, d'étranges animaux, des statues et de l'or – partout le scintillement de l'or*[1]... »

Tout de suite la presse s'empare de l'événement (Fig. 1) qui suscite pour l'Égypte un engouement nouveau. Non seulement la tombe découverte (Fig. 2) est pratiquement inviolée, mais son propriétaire est un adolescent presque inconnu, Toutankhamon. Tout est en place pour alimenter une nouvelle vague d'égyptomanie : un trésor fabuleux, un roi-enfant emporté dans la fleur de sa jeunesse, la légende fausse et savamment entretenue d'une malédiction poursuivant les fouilleurs... C'est probablement l'accent mis sur l'aura mystérieuse entourant la momie et sa malédiction qui fait l'originalité de ce nouveau courant égyptisant. Certes, comme par le passé, architecture et arts décoratifs traduisent l'influence de la découverte. Un domaine encore neuf, celui de la publicité, compte l'Égypte parmi ses thèmes préférés. Mais, se nourrissant des mêmes matériaux, deux arts nouveaux, le cinéma et la bande dessinée, offrent un support rêvé pour mettre en scène l'étrangeté et le caractère fantastique de cette Égypte imaginaire.

C. Z.

1. Reeves, 1990, p. 54.

Fig. 1. « Le caveau du pharaon a été ouvert »
Article paru dans *Le Parisien* le 18 février 1923.

Fig. 2. Découverte de la tombe de Toutankhamon
ouverture du sarcophage par Howard Carter le 26 novembre 1922.
Reeves, 1990, p. 109.

Amon protégeant Toutankhamon

Karnak, fouilles Mariette, 1857-1858
Fin de la XVIIIe dynastie, règne de
Toutankhamon (vers 1336-1327 avant J.-C.)
Diorite traversée de filons de granite rose
H. : 2,20 m ; l. : 44 cm ; pr. : 78,5 cm
Nombreuses fractures ; la tête, séparée du corps,
a été recollée
Paris, musée du Louvre, département des
Antiquités égyptiennes
Inv. E 11609

Historique :
Collection du prince Napoléon jusqu'en 1868 ;
acquisition Louvre, 1920.

Exposé à Paris

Par sa perfection plastique et la majesté qui s'en dégage, ce groupe est un des exemples les plus achevés des nombreuses compositions figurant Toutankhamon en compagnie des dieux. On connaît le soin qu'apportaient les sculpteurs égyptiens au choix de leur matériau : ici, l'œuvre est sculptée dans un lourd bloc de diorite sombre qu'éclaire un filon de granite rose ; dans certaines zones – la couronne, la barbe et le collier du dieu – le polissage soigneux s'interrompt, suggérant que des placages de métal précieux venaient à l'origine illuminer le visage divin, ses épaules et sa gorge.

Reprenant un thème ancien[1], le groupe montre le roi à petite échelle, debout aux pieds d'Amon. La divinité posait les mains sur les épaules du souverain, semblant le protéger et guider ses pas. Chaussé de sandales, paré d'un large collier, le souverain porte un costume sacerdotal, composé d'un pagne plissé à devanteau et d'une peau de félin dont la tête retombe sur le devant. Selon une tradition bien établie à la XVIIIe dynastie, les ocelles du pelage sont interprétés comme le signe hiéroglyphique des étoiles[2]. De la tête, aujourd'hui disparue, il ne demeure que les deux retombées rayées du *némès*, qui venaient encadrer le visage. La mutilation est sans aucun doute volontaire, tout comme celle des mains d'Amon et le martelage du nom royal apparaissant dans l'inscription du pilier dorsal : privé de son visage et de la protection que véhiculaient les mains du dieu, dépourvu de tout nom, le pharaon se trouve rejeté dans le néant. On a coutume d'attribuer cette vengeance posthume à l'un de ses successeurs, le roi Horemheb, qui aurait agi pour des raisons à la fois politiques et religieuses. Toutefois, les profanateurs ont omis d'effacer le double cartouche enfermant la titulature royale qui figure sur un pendentif ouvragé[3] suspendu du côté droit de la ceinture : « Neb-khépérou-Ré Tout-ankh-Amon. » Quant au visage du roi, nous pouvons aisément l'imaginer, en contemplant les traits d'Amon, maître de Thèbes, sculpté à son image.

Le dieu est assis sur un trône archaïque décoré de simples frises de rectangles. Il apparaît sous l'aspect d'un homme coiffé d'un mortier surmonté de deux hautes plumes, évoquant son aspect aérien. Son costume emprunte de nombreux accessoires à celui des pharaons : la barbe postiche finement tressée, le pagne plissé (*chendjyt*) dont la ceinture est ornée d'un nœud (*tit*), les armilles et les bracelets cloisonnés, enfin le corselet à bretelles complété d'un large collier, dont un exemplaire fastueux, associant l'or, l'ivoire et les incrustations polychromes, a été retrouvé dans la tombe de Toutankhamon (Caire JE 62627). Le visage du dieu reproduit la physionomie caractéristique du souverain, connue par nombre de ses statues : celle d'un adolescent dont les joues rondes et la bouche charnue aux lèvres sinueuses soulignent la jeunesse. Le haut du visage montre par son traitement des particularités propres aux effigies de Toutankhamon : on y note la saillie du front bas qui surplombe les yeux en amande, très écartés et dont seule la partie supérieure est ici cernée d'un bourrelet prolongé sur la tempe par une ligne de fard ; les paupières qui dessinent une courbe concave et ombreuse confèrent une expression quelque peu mélancolique, accentuée par le léger sillon descendant des commissures. On découvre sur ce visage serein un écho affaibli de la sensibilité amarnienne qui contraste avec le poli parfait de la pierre sombre. Cet héritage stylistique se retrouve dans l'interprétation du corps : des épaules légèrement voûtées, une poitrine au galbe presque féminin et un ventre rond dont la ceinture souligne la convexité.

À l'inverse, dans l'inscription du pilier dorsal, rien ne rappelle ces liens étroits avec la période amarnienne. Le souverain se place sous la protection d'Amon et reprend les titulatures de ses ancêtres, faisant intervenir dans la composition de ses noms celui des dieux traditionnels d'Égypte. Ne s'intitule-t-il pas « Image vivante d'Amon », « Souveraines sont les transformations de Ré » ? Cette proclamation officielle du retour à l'orthodoxie fut cependant insuffisante. À l'intérieur des cartouches, on s'acharna à faire disparaître tous les hiéroglyphes, excepté ceux des noms divins. Il est toutefois facile au spécialiste de compléter les lacunes et de rendre au texte sa signification : « Le roi de Haute et Basse-Égypte, le maître des deux terres, maître qui accomplit les rites, Neb-khépérou-Ré, le fils de Ré véritable, son aimé, maître des apparitions, Toutankhamon, aimé d'Amon-Ré, roi de tous les dieux, et maître du ciel. »

Cette œuvre magnifique, fut découverte par Mariette à l'occasion de la préparation d'un voyage que projetait le prince Napoléon (cat. 208). Ce dernier ne vint pas, mais la collection rassemblée pour lui – stèles, statues, sarcophages, bronzes et bijoux – fut transportée en France, venant orner pour dix ans son hôtel particulier de l'avenue Montaigne. Les plus petits objets rejoignirent des œuvres d'art de toutes origines, déjà exposées dans un cadre d'inspiration grecque ; les statues, tel notre exemplaire, prirent place dans le jardin dont le décor antique était digne des villas romaines du XVIIIe siècle[4].

C. Z.

1. *Cf.* Vandersleyen, 1973, pp. 18-25.
2. Un des exemples les plus spectaculaires figure sur la statue d'Anen, second prophète d'Amon et frère de la reine Tiy (Turin, Museo Egizio, n° 5484 ; sur notre statue, certaines étoiles sont placées dans un cercle, reproduisant le hiéroglyphe utilisé pour écrire « l'au-delà »).

3. Pour des représentations d'objets identiques datant de l'époque d'Aménophis III, *cf.* Kozloff, *in* cat. exp. Paris, 1993, pp. 374-375.
4. *Cf.* Ferri-Pisani, 1859, pp. 271 et 280.

Bibliographie sommaire :
Bénédite, 1920, pl. I, pp. 47-68 ;
Porter et Moss, II, 2, 1972, pp. 291-292.

345 ● Amon et Toutankhamon : dieu et roi face à face

XVIIIe dynastie, règne de Toutankhamon,
(vers 1336-1367 avant J.-C.)
Diorite
H. : 1,11 m ; l. max. : 29 cm ; pr. : 70 cm
Nombreuses mutilations ; la tête, détachée du corps, a été recollée
Paris, musée du Louvre, département des Antiquités égyptiennes
Inv. E 11005

Historique :
Don Delort de Gléon, 1903.

Exposé à Ottawa

Comme le groupe qui figure Amon protégeant Toutankh-amon (cat. 344), celui-ci appartient à l'ensemble imposant des monuments que le pharaon fit ériger durant les quelques années de son règne très court. Ce dernier fut en effet marqué par un prodigieux essor de l'activité architecturale et artistique, témoin de sa politique de restauration qui succédait aux dévastations commises par son prédécesseur, Aménophis IV-Akhénaton[1]. C'est la région de Thèbes, capitale traditionnelle du Nouvel Empire et ville sainte du dieu dynastique Amon, qui fut le lieu privilégié de cette volonté[2]. Acquise à l'architecte Delort de Gléon[3], notre statue provient sans doute de l'ensemble des temples de Karnak que le souverain avait embellis par ses effigies monumentales, les groupes le figurant en compagnie des dieux dont il fit restaurer le culte, les statues qu'il leur dédia[4] ou les splendides reliefs, tels ceux de la colonnade de Louxor.

Par sa composition, ce groupe présente d'étroites affinités avec le grand exemplaire du Louvre (cat. 344). Toutankhamon, dont l'image est aujourd'hui fracassée, était représenté devant le dieu Amon assis. Toutefois, l'œuvre ne peut être considérée comme une simple réduction de la précédente, car elle présente des variations significatives. La plus originale est sans aucun doute l'attitude du pharaon : les vestiges infimes de la figure royale ont conservé la trace des talons et l'amorce d'une cheville, ainsi peut-être que l'extrémité de la main gauche. Il se peut que le souverain qui, fait très exceptionnel, se tourne face à son dieu, ait été figuré dans l'attitude de l'offrande. On note également des différences dans le décor du trône dont les flancs portent des plantes de Haute et Basse-Égypte, entrelacées en un bouquet qui symbolise l'unification des deux terres ; à l'avant, du côté droit, se détache en fort relief un signe des millions d'années posé sur un têtard. Enfin, le modelé du corps et du visage d'Amon, sculptés à la ressemblance de son héritier terrestre, sont interprétés avec une sensibilité plus grande, admirablement servie par le grain encore tangible de la pierre. Comme le laisse penser le traitement allusif de la poitrine et du nombril, l'œuvre est sans doute inachevée et n'a pas reçu les derniers détails précédant son polissage final. En dépit des mutilations – épaufrures du côté droit, arrachement de la barbe – le visage montre un subtil dosage intégrant le classicisme des formes et l'expression du sentiment. Si la structure et la rondeur des joues sont bien celles du jeune âge, il exprime, en une complexe alliance, l'affirmation du pouvoir et le frémissement de la mélancolie. C'est l'âme qui affleure : une bouche peu amène, un regard suggéré par la courbe de la paupière, modulé par la saillie de l'arcade. À ce langage plastique hérité de l'époque amarnienne s'ajoutent des critères formels qui composent un portrait véritable, à tel point que les effigies de ce roi ne peuvent être confondues avec aucune autre : une plénitude des volumes reflétant les rondeurs de l'enfance ; des yeux en amande, qui présentent ici un liséré dans leur partie supérieure, très écartés de part et d'autre de la fine racine du nez ; un front étroit en surplomb où seul un léger renflement marque les sourcils. L'inscription du pilier dorsal, elle aussi terriblement mutilée, vient confirmer ces marques d'identité : « [Le roi de Haute-Égypte ?], celui qui frappe son ennemi, le maître des deux terres Neb-khépérou-Ré... le fils de Ré véritable, maître des apparitions, Toutankhamon, aimé d'Amon-Ré, roi de tous les dieux. »

C. Z.

1. *Cf.* Reeves, 1990, pp. 26-29.
2. *Cf.* Eaton-Krauss, 1988, pp. 1-12.
3. *Cf.* Les donateurs du Louvre, 1989, p. 187.
4. *Cf.* Vandier, 1954-1958, t. III, pp. 360-367.

Expositions :
Marcq-en-Barœul, 1977, n° 6.

Bibliographie sommaire :
Vandier, 1954-1958, t. III, pp. 361-362, pl. CXVIII, 3 ; cat. exp. Marcq-en-Barœul, 1977, p. 11.

Madrasa Craft School, Touhk, Égypte
1926
Palissandre avec incrustations d'ivoire, de nacre
et de sycomore ; plateau en verre églomisé
H. : 80 cm ; L. : 1,32 m ; pr. : 70 cm
Paris, collection particulière

Historique :
Ancienne collection de la famille Carnarvon ;
achat en vente publique, Gien, Maître Renard,
6 décembre 1992 (*cf.* aussi, sous les mêmes
références, le catalogue de la vente du 21 juin
1992).

Exposé à Paris

Ce bureau est un exemple de manifestation du *pharaonisme*,
mouvement original d'égyptomanie exclusivement égyptien.
D'une durée relativement courte – de 1922 à 1932 – et non
directement lié à l'égyptomanie occidentale, il est issu du
domaine des idées autant que de celui de la politique et a
touché tous les domaines de l'art[1].

C'est dans ce contexte que, lors de l'Exposition
agricole et industrielle de 1926, on construisit pour la première fois un bâtiment entièrement égyptisant, auquel on
accédait par une allée de sphinx. C'est également à cette
occasion que fut présenté un ensemble de meubles réalisés
par l'école d'artisanat Madrasa ; ces meubles ont été vendus
individuellement après l'exposition et ce bureau est très certainement l'un d'entre eux. En effet, seules deux autres
séries ont été fabriquées : l'une à la demande du roi Farouk,
grand passionné d'égyptomanie[2], et destinée au palais royal ;
l'autre pour le maire d'Alexandrie, dans la famille de qui
elle est restée jusqu'à une vente récente[3].

Le bureau est formé de deux massifs, contenant
chacun des espaces de rangement, dont les faces et les portes
sont décorées de panneaux où figure une représentation de
divinité. Le plateau supérieur est recouvert sur la majeure
partie de sa surface, à l'intérieur d'une frise florale, d'une
plaque en verre églomisé décorée d'une scène polychrome
de psychostasie ou pesée du cœur. Les reproductions sont
assez approximatives et la couleur des bois et des matériaux
utilisés ajoute à l'étrangeté de l'ensemble, qui semble le
résultat du mélange de trois ou quatre styles différents. Ce
meuble constitue néanmoins un exemple exceptionnel de
manifestation d'égyptomanie postérieure à la découverte de
la tombe de Toutankhamon.

J.-M. H.

1. *Cf.* à ce sujet Volait, 1991b, pp. 164-186.
2. *Cf.* Volait, *op. cit.*, pp. 182-183 et Praz, 1988, pp. 226-227.
3. L'ensemble de ce mobilier, qui ne comporte pas moins de treize
   numéros est décrit dans le catalogue de la vente qui a eu lieu à New
   York, chez Christie's, le 24 mai 1984 (n°s 333-345).

Bibliographie sommaire :
Humbert, 1989, p. 145.

347 Fauteuil

Vers 1926
Chêne avec incrustations d'ivoire et de nacre
H. : 93 cm ; l. : 57 cm ; pr. : 53 cm
Paris, collection particulière

Historique :
Ancienne collection de la famille Carnarvon ;
achat en vente publique, Gien, Maître Renard,
6 décembre 1992 (*cf.* aussi, sous les mêmes
références, le catalogue de la vente du 21 juin
1992).

Exposé à Paris

Ce fauteuil n'appartient pas à la même série que le bureau
de la notice précédente. Son décor utilisant la nacre et la
qualité de sa fabrication peuvent toutefois donner à penser
qu'il provient des mêmes ateliers et qu'il a été réalisé à la
même époque.

Il ne reproduit pas un siège antique précis, mais
emprunte des éléments variés à l'art égyptien : pieds à pattes
animales griffues, têtes dégagées à l'avant, jour des accoudoirs occupé par des figures de lions marchant, dossier en
forme de vautour aux ailes déployées.

J.-M. H.

348   Velours d'ameublement

Société Henri Guichet, Fellering, Alsace
1926
Velours de chaîne, soie, impression à la planche
H. : 40 cm ; L. : 43 cm
Mulhouse, musée de l'Impression sur étoffes
Inv. S. 1093 p. 165

Historique :
Anciennes collections de la Société industrielle
de Mulhouse.

Un sphinx dont les yeux fermés accentuent l'aspect mystérieux, des cartouches fantaisistes, des hiéroglyphes et des
fleurs de papyrus stylisés aux couleurs vives sur fond vert
montrent l'influence de la découverte de la tombe de Toutankhamon sur la décoration intérieure à l'époque de la
mode Art déco.

Pourtant, rien dans cette composition n'est emprunté au mobilier funéraire ou au décor de cette tombe
et le sphinx, notamment, du type dit « de Tanis », est très
proche de celui de la reine Hatchepsout[1].

Le mythe de l'Égypte n'est donc pas transmis ici
par une relation étroite avec l'archéologie mais par l'intermédiaire d'une autre de ses constantes, la polychromie. Une
telle richesse de coloris est d'ailleurs caractéristique de la
technique du velours imprimé, dont la texture apporte un
aspect à la fois chatoyant et changeant, propre à animer une
scène au demeurant austère.

J.-M. H.

1. Conservé au Metropolitan Museum of Art de New York.

Expositions :
Mulhouse, 1985 ; Mulhouse,
1987.

Bibliographie sommaire :
Cat. exp. Mulhouse, 1985, p. 20 ;
Humbert, 1989, p. 283.

Statue provenant du paquebot Champollion

Anonyme
1924
Bois sculpté polychrome
Collection particulière

Exposée à Paris

Trois paquebots des Messageries maritimes, le *Champollion* (Fig. 1), le *Mariette Pacha* et le *Théophile Gautier*, lancés entre 1924 et 1926, reçurent un décor à l'égyptienne. Il s'agissait, par une ornementation appropriée, de créer une atmosphère donnant un avant-goût de la destination, en ajoutant une dimension à la fois spectaculaire et confortable susceptible de « fidéliser » la clientèle. Ce décor, pour les voyageurs venant d'Europe, correspondait à la mode née de la découverte de la tombe de Toutankhamon ; pour ceux venus d'Égypte, il rejoignait le *pharaonisme* politique des années 1922-1932[1].

Tous les moyens furent bons pour créer « un ensemble décoratif luxueux sans surcharge, pur sans froideur, et même chaud et riant et d'une séduisante noblesse... né de la fusion de l'Égypte et du style français moderne[2] ». Le mobilier, les tapis, les ferronneries, tout était à l'égyptienne et des tableaux avaient été commandés spécialement à Jean Lefeuvre, le peintre de la compagnie.

C'est dans ce cadre que deux statues en bois peint prennent place dans deux niches de l'escalier des premières classes du *Champollion* (Fig. 2). Leur auteur, dont le nom n'est pas parvenu jusqu'à nous, a visiblement voulu représenter des reines, mais sans souci archéologique, en mélangeant des sources variées : celle de gauche[3] (Fig. 3), coiffée d'une perruque à raie médiane, reproduit la tête de Nefret[4] ; celle de droite, exposée ici, porte une perruque d'une tout autre époque, plus proche de celle de Djéhouti[5] ; toutes deux sont vêtues d'une tunique collante aux ailes enveloppantes et parées de bijoux.

La plupart de ces décors ont disparu lorsque le paquebot s'est échoué et brisé en deux au sud de Beyrouth, le 22 décembre 1952.

J.-M. H.

1. *Cf.* cat. 346.
2. *L'Illustration*, cité in Kjellberg, 1982, pp. 34-35.
3. *Cf.* cat. exp. Paris, 1991-1992, n° 61. Cette statue a également été reproduite par Louis-René Vian, qui nous a aimablement autorisé à utiliser ce document, dans son ouvrage *Arts décoratifs à bord des paquebots français, 1880-1960*, Paris, 1992, p. 93.
4. Musée égyptien du Caire (inv. 4), *cf.* Vandier, 1954-1958, volume d'illustrations, pl. X, n°s 2, 4 et 5.
5. Musée égyptien du Caire (inv. 42123), *cf. Ibid.*, pl. CLXVI, n° 6.

Bibliographie sommaire :
Humbert, 1987-1991, pp. 712-714 ; Humbert, 1989, p. 123.

Fig. 1. *Le Champollion*
Affiche réalisée vers 1924 par Sandy-Hook
pour les Messageries maritimes
Paris, collection particulière.

Fig. 2. *Le Champollion*
Vue de l'escalier des premières classes.

Fig. 3. *Le Champollion*
Statue de gauche
de l'escalier
des premières classes

350-352 Porte-mines

Trois esquisses de Charles Jacqueau (1885-1968)
Vers 1909
Mine de plomb, encre noire et gouache sur calque
beige
350-352 : H. : 9,5 cm ; l. : 2,5 cm
Collection particulière

Vers 1910, l'inspiration égyptienne est sensible jusque dans
les menus objets de la vie quotidienne, tels les porte-mines.
Une série d'esquisses, œuvres du dessinateur Charles Jacqueau, qui fut l'un des collaborateurs préférés de Cartier,
illustre parfaitement cette vogue. Deux d'entre eux sont
ornés d'une tête de pharaon coiffée du *némès* rayé, thème
classique du décor égyptisant ; le troisième montre l'image
de la déesse Hathor dont la perruque, aux extrémités bou-
clées caractéristiques, laisse apparaître deux petites oreilles
de vache, son animal sacré. À la reproduction de modèles
pharaoniques, s'associent des motifs antiques stylisés – la
frise de *khakhérou* pour la tête hathorique – ou étrangers à
l'art pharaonique : perles, zigzags. La verticalité accentuée
des objets – liée à leur fonction mais aussi tendance fondamentale du style Art déco – est soulignée par le traitement
de la chevelure de la déesse Hathor.

C. Z.

Bibliographie sommaire :
Chazal, 1989, p. 118, nᵒˢ 68, 69
et 74.

353 Pendentif « pectoral »

Création Cartier
1913
Brillants et onyx sur monture de platine
H. : 3,7 cm ; l. : 4,5 cm ; ép. : 2 mm
Genève, collection Cartier
Inv. NE01A13

Le motif du pylône, porte monumentale de temple ou image
d'une chapelle, avait déjà été reproduit par les orfèvres
égyptiens pour composer des pendentifs du type dit « pectoral ». À la fin du XIXᵉ siècle, le thème fut popularisé par
les bijoux du Sérapeum, la découverte du trésor de la reine
Iahhotep dont les bijoux vinrent figurer à Paris lors de l'Exposition universelle de 1867[1] et celle de la tombe des princesses de la XIIᵉ dynastie qui livra à Dachour d'admirables
exemplaires[2]. Dès les années 1910, les motifs du pylône et
des fleurs de lotus apparaissent chez Cartier dans les
« cahiers d'idées », en particulier ceux de Charles Jacqueau[3],
dont les études de motifs montrent une excellente connaissance du répertoire décoratif égyptien[4].

Exécuté en 1913, notre pendentif emprunte au pectoral pharaonique sa forme trapézoïdale et sa corniche à
gorge. Le motif central ajouré – un bouquet de lis et de
papyrus s'épanouissant souplement de part et d'autre d'un
vase à pied – s'inspire librement du symbole pharaonique de
l'union des deux terres, le *séma-taouy*. Totalement étrangères au vocabulaire de l'orfèvrerie pharaonique, les trois
pampilles en brillants comportent cependant un thème bien

Fig. 1. *Carquois à flèches*
Dominique-Vivant Denon,
*Voyage dans la Basse
et la Haute Égypte*, **1802,**
pl. 135, nᵒ 13.

égyptien, celui de la fleur de lotus. L'opposition puissante et sobre des matériaux noir et blanc, le serti sur platine, la simplification des formes font de ce bijou, dû au talent de Louis Cartier et du dessinateur Charles Jacqueau, un chef-d'œuvre de modernité, annonçant le style Art déco. Le contraste est grand avec un pendentif de forme analogue, créé la même année et dont les sinuosités sont encore très Art nouveau ; ce dernier associait des motifs égyptisants, sphinx et lotus, traités en arabesques, et ponctuait l'éclat du diamant, de l'onyx et de la perle fine par les couleurs vives du rubis et de l'émeraude. En 1920, le thème fut repris sur une variante moins dépouillée de notre pectoral, enrichie de deux losanges de diamants ronds et suspendue à un ruban de perles[5].

C. Z.

1. *Cf.* Aldred, 1978, pl. 39.
2. *Cf.* Morgan, 1903 ; Aldred, *op. cit.*, pl. 19, 29, 30.
3. *Cf.* Chazal, 1989, n°s 163, 168, 169.
4. *Ibid.*, n°s 144, 145.
5 *Cf.* Nadelhoffer, 1984, p. 64, fig. 32.

Bibliographie sommaire :   Chazal, 1989, n° 170, p. 128 et
Nadelhoffer, 1984, pl. 25 ;   pl. 33.

Fig. 1. *Séma-taouy*
Détail de la statue colossale de Memnon,
XVIIIe dynastie
Description de l'Égypte,
A, vol. II, pl. 22.

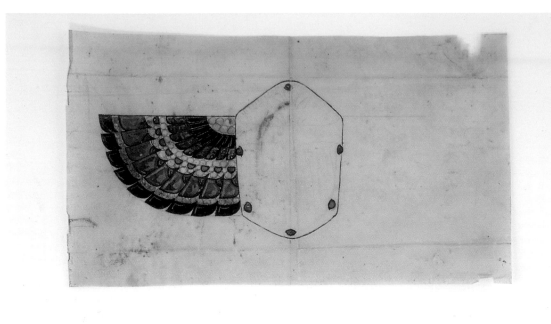

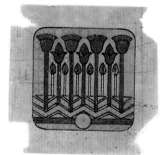

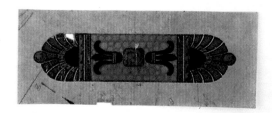

354 Scarabée ailé et motifs floraux

Dessins atelier Cartier-Londres
Vers 1920-1925
Mine de plomb, gouache sur calque beige
Paris, collection Cartier

Exposés à Paris

Ces sept dessins préparatoires[1], minutieusement travaillés, illustrent les étapes menant de la copie à la création. Déjà adapté au travail du joaillier, le plumage du scarabée ailé s'inspire étroitement du modèle pharaonique et les frises de lotus, avec une plus grande liberté d'interprétation, s'inspirent du décor des tombes égyptiennes. Tout en gardant un caractère égyptisant par le choix des végétaux, les deux vases, d'où jaillissent des bouquets de lotus et de papyrus, sont une adaptation du style « guirlande » avec une prédilection pour les lignes verticales qui trahit l'influence Art déco. Ce dernier motif est à rapprocher de celui qui forme le centre du pectoral d'onyx et de diamants (cat. 353).

C. Z.

1. Les bijoux sont dessinés aux dimensions suivantes :
   a. H. : 8,7 cm ; l. : 15 cm ;
   b. H. : 5 cm ; l. : 5 cm ;
   c. H. : 3,7 cm ; l. : 5,5 cm ;
   d. H. : 3,3 cm ; l. : 8,2 cm ;
   e. H. : 4,2 cm ; l. : 5,5 cm ;
   f. H. : 5,4 cm ; l. : 5 cm ;
   g. H. : 4,8 cm ; l. : 5,5 cm.

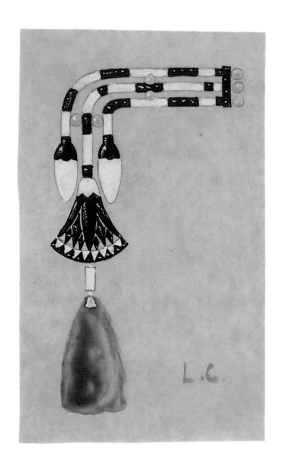

355-356 Broches d'épaule ornées de lotus

Dessins Charles Jacqueau (1885-1968)
1923
Mine de plomb, encre de Chine et gouache sur calque beige
355-356 : H. : 11,8 cm ; l. : 7,2 cm
Paris, collection Cartier

Bijoux créés par Cartier en platine, émail, onyx, diamants et émeraudes

Exposés à Vienne

La fleur épanouie du lotus, encadrée de deux boutons, s'incurve pour former cette broche d'épaule qui, par son thème et son interprétation, s'apparente étroitement aux bijoux précédents (cat. 353-354). Seul le grand pendentif en émeraude apporte une note colorée.

Une seconde broche, exécutée à la même époque et ornée de têtes de canard au col recourbé, offre une autre variante égyptisante qui s'inspire du mobilier du Nouvel Empire (Fig. 1).

C. Z.

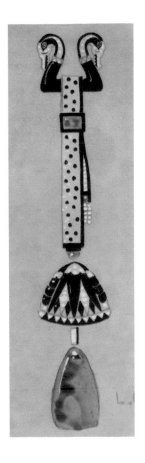

Fig. 1. Broche ornée de têtes de canard au col recourbé
Dessin de Louis Cartier
(mine de plomb, encre de Chine et gouache sur calque beige)
Bijou réalisé par Cartier en platine, émail, onyx, diamants, émeraudes en 1924.

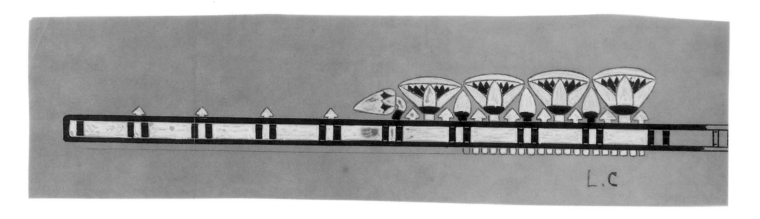

357 Bandeau orné de lotus

Dessin Charles Jacqueau (1885-1968)
1923
Mine de plomb, encre de Chine et gouache sur
calque beige
H. : 22,7 cm ; l. : 6 cm
Paris, collection Cartier

Bijou créé par Cartier en platine, onyx et
diamants

Exposé à Paris

Jouant sur le contraste vigoureux entre onyx et diamants, ce
bandeau, aujourd'hui démonté, s'apparente par la simplicité
de ses lignes au pendentif pectoral (cat. 353). Le motif, une
rangée de fleurs et de boutons de lotus traités à l'égyptienne,
repose sur une frise de rectangles bien attestée dans l'art
pharaonique. Les « cahiers d'idées » de Charles Jacqueau[1]
montrent que pour les parures égyptiennes, le dessinateur a
étudié de près un relief du Musée égyptien du Caire figurant
les filles de Djehoutyhotep[2] (Fig. 1). C'est la couronne de
fleurs portée par les princesses qui, sans nul doute, a inspiré
ce bijou à Louis Cartier (Fig. 2).

C. Z.

1. *Cf.* Chazal, 1989, n° 168.
2. JE 30199, trouvé à El Bercheh en 1892 ; *cf.* Aldred, 1978, pl. 18. Un
   dessin inédit, conservé dans une collection particulière, montre une
   des princesses accompagnée de la mention « pl. 145 Art égyptien de
   Capart ».

Bibliographie sommaire :
Nadelhoffer, 1984, p. 155 et
pl. 16 ; Gabardi, 1986, pp. 24-25.

Fig. 1. Détail d'une peinture
de la chapelle du tombeau du prince Djehoutyhetep
Capart, 1911, pl. 145.

358 Broche ornée d'une tête de faucon

Dessin signé R.R.
1925
Mine de plomb, encre de Chine et gouache sur
calque beige
H. : 8,3 cm ; l. : 11,6 cm
Paris, collection Cartier

Bijou créé par Cartier en platine, onyx, corail,
émail, émeraudes et diamants avec pièce de
« faïence égyptienne » antique

Exposé à Ottawa

Selon une démarche chère à Louis Cartier (cat. 364-365-366-
370), un élément de « faïence égyptienne » datant de la
seconde moitié du premier millénaire avant J.-C. est intégré
dans une monture moderne pour être ici métamorphosé en
broche. Cette tête de faucon, symbole du dieu solaire Horus,
constituait à l'origine une extrémité de collier (cat. 359). Le
dessinateur accentue son caractère égyptien en décorant la

Fig. 2. Bandeau de tête souple à motifs de lotus
Bijou en brillants, onyx et platine, réalisé par Cartier en 1923.

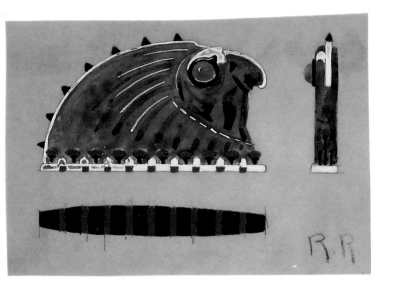

base d'une frise de lotus en fleur et en bouton où le feu des rubis tranche avec l'éclat des brillants. Un œil d'émeraude cerclé de noir vient animer la pièce tandis que des brillants soulignent l'expression sauvage du rapace.

C. Z.

Bibliographie sommaire :
Nadelhoffer, 1984, pl. 16.

359 — Extrémités de « collier-faucon »

Basse Époque d'après le style (seconde moitié du premier millénaire avant J.-C.)
« Faïence égyptienne » vert clair
H. : 3,3 cm ; l. : 3,2 cm ; ép. : 7 mm
Paris, musée du Louvre, département des Antiquités égyptiennes
Inv. E 10908

Historique :
Acquis en 1901.

Exposés à Paris et à Ottawa

Parmi les bijoux égyptiens, le collier « large » ou *ousekh*, occupe une place privilégiée[1]. Composé de multiples rangs de perles couvrant le haut de la poitrine, il était porté indifféremment par les deux sexes. Il est largement attesté dès l'époque des pyramides et son succès ne s'est jamais démenti au cours des millénaires. Dans l'écriture hiéroglyphique, son image est utilisée pour noter les mots « bijou » et « or ». Exécuté en métal précieux, pierres colorées ou « faïence égyptienne », il est toujours muni de larges fermoirs traversés par des cordelettes de lin sur lesquelles sont enfilées

des perles. Les fils ressortant en deux faisceaux sont noués sur la nuque et souvent attachés à un contrepoids.

Ces extrémités de colliers se réduisent parfois à de simples plaques semi-circulaires, mais les artistes se plaisaient à leur donner une silhouette plus décorative, imitant une fleur de lotus ou la tête d'un faucon (Fig. 1), comme sur notre exemplaire. Le revers uni et plat est percé de cinq trous obliques, tandis que sur l'endroit, la tête de l'oiseau se détache en relief ; les détails incisés sont mis en valeur par la teinte foncée de la glaçure dont la couche est plus épaisse. Il est clair qu'il s'agit ici d'une image de divinité hybride, la tête du rapace étant encadrée d'une perruque humaine à longues mèches striées ; le haut du corps est couvert d'un fin quadrillage imitant peut-être un plumage. On a coutume d'identifier ce motif avec le dieu Horus, souvent représenté sous l'aspect d'un faucon. Quant au « collier faucon », il apparaît dans un contexte funéraire[2], par exemple sur le décor des sarcophages.

C. Z.

1. *Cf.* Handoussa, 1981, pp. 143-150.
2. *Cf.* Aldred, 1978, p. 36.

Fig. 1. Collier avec extrémités de faucon de Senebtisi, Licht
Or, pierre et faïence
Aldred, 1971, pl. 7.

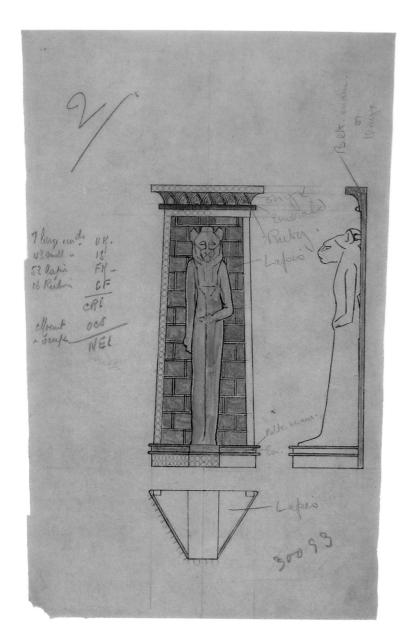

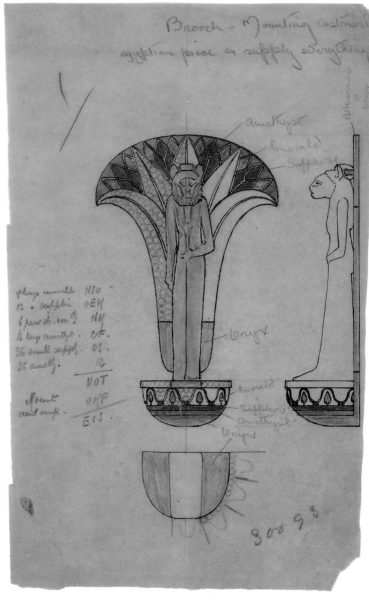

360-361 Broches « à la déesse Sekhmet »

Dessins pour Cartier-Londres
Vers 1925
Mine de plomb, encre noire et gouache sur calque beige
360-361 : H. : 23 cm ; l. : 14 cm
Paris, collection Cartier

Exposés à Ottawa (360) et à Vienne (361)

Dans les années 1920, le thème de la déesse lionne Sekhmet est très prisé par Cartier, qui l'utilise même sur des épingles à chapeau[1] (Fig. 1). Ce goût pour les félins préfigure peut-

Fig. 1. Broche de chapeau « à la déesse Sekhmet »
Bijou en terre émaillée, onyx,
pierres de couleur, brillants et platine,
réalisé par Cartier en 1925.

être la célèbre panthère, figure emblématique du joaillier. Dans la mythologie égyptienne, Sekhmet, « la puissante », est la déesse redoutable par excellence, incarnation de l'œil brûlant du soleil qu'il convient d'apaiser par des rites spécifiques (cat. 38). Son image, une femme à tête de lionne, est représentée dans l'art à toutes les échelles ; des statues monumentales de temples aux innombrables figurines de « faïence » déposées dans les tombes.

C'est une amulette de ce type, datant de la seconde moitié du premier millénaire avant J.-C., qui a été ici intégrée dans une monture moderne, selon une idée originale de Louis Cartier (cat. 364-365-366-370) reprenant la tradition des grands bijoutiers « revivalistes » du XIXe siècle, Castellani et Giuliano[2].

Ces deux études-ci proposent, autour de l'objet antique, un décor égyptisant enrichi de pierres précieuses, dans la gamme des couleurs propres au courant égyptien de l'Art déco.

La première place la divinité dans le strict décor d'une chapelle de culte. Le cadre architectural s'inspire fidèlement du modèle pharaonique, jusque dans le quadrillage évoquant la pierre que l'on trouve dans des pièces d'orfèvrerie tardives[3]. Le choix du lapis bleu foncé contrastant avec la vive couleur de la « faïence » restitue une gamme chromatique bien égyptienne, à laquelle le pavage de brillants, les émeraudes et les baguettes de rubis apportent leur note moderne et précieuse.

Le second projet prend plus de liberté avec ses sources d'inspiration. Imitant quelque relief de temple, Sekhmet est placée sur une corbeille (neb), dont le décor imaginaire évoque les ondulations de l'eau et des lotus en bouton. La même fleur épanouie a été choisie pour le fond sur lequel se détache la déesse. La corolle a perdu la rigidité du modèle pharaonique, pétales et sépales s'incurvant en un gracieux calice. On retrouve le contraste vigoureux entre l'onyx sombre et le pavage de brillants, tandis qu'améthystes, saphirs et émeraudes composent une harmonie de teintes aquatiques.

C. Z.

1. Cf. Nadelhoffer, 1984, p. 153.
2. Cf. Munn, 1984.
3. Cf. Stierlin et Ziegler, 1987, pl. 45.

Expositions :
Paris, 1989, n°s 275-276.

Bibliographie sommaire :
Nadelhoffer, 1984, pl. 16 (devant lotus) et p. 153 ; Chazal, 1989, p. 139, n[os] 275-276.

Fig. 1. Broche « Déesse égyptienne » Bijou en brillants, émeraudes, corail, platine, corps en onyx, embase lapis-lazuli, réalisé par Cartier en 1927.

362 Broche ornée d'une déesse Maât

Dessin
1927
Mine de plomb, encre de chine et gouache sur calque beige
H. : 5,4 cm ; l. : 5,3 cm
Paris, collection Cartier

Bijou créé par Cartier en lapis-lazuli, onyx, émeraude et corail sur platine et or

Exposé à Vienne

Plusieurs études sur le thème de Maât sont conservées dans les archives Cartier. À l'exception des couleurs, pour lesquelles l'artiste a pris des libertés, ce sont des relevés fidèles de motifs pharaoniques, figures ou hiéroglyphes détaillés, tels qu'on pouvait par exemple les voir sur les papyrus et les sarcophages exposés au Louvre. On y retrouve des traits caractéristiques de la peinture égyptienne – l'attitude du personnage, assis sur les talons, un genou relevé – et les conventions propres au dessin figurant le visage de profil et les épaules de face. Tous les attributs de la déesse ont été scrupuleusement notés : la perruque tripartite ceinte d'un bandeau dans lequel est piquée une plume d'autruche, le signe de vie ânkh tenu dans la main droite. Enrichi de teintes plates et contrastées, notre exemplaire représente la déesse assise sur une corniche à gorge égyptienne, avec une chevelure flamboyante et des chairs noires, telle la reine Ahmès-Néfertari divinisée.

C. Z.

Bibliographie sommaire :
Nadelhoffer, 1984, pl. 16.

363 Nécessaire orné d'une déesse Maât

1923
Émail noir sur or jaune ; brillants ronds et
baguettes sur platine
H. : 11,7 cm ; l. : 4,7 cm ; ép. : 1,5 cm
Genève, collection Cartier

Historique :
Vendu à la princesse Amaryt de Kapurthala, 1931.

Exécutée en brillants ronds et baguettes, une broche figurant
Maât, symbole de l'ordre cosmique[1], vint enrichir un sobre
nécessaire d'or émaillé noir. La déesse accroupie, un signe
de vie *ânkh* dans la main, s'inspire fidèlement d'un original
pharaonique dont les cahiers de modèles offrent plusieurs
variantes (cat. 362). Seule la plume d'autruche, emblème de
Maât, a disparu de la coiffure qu'elle surmonte habituellement. Mais le motif a perdu de sa lisibilité, laissant place au
scintillement des pierres qui s'oppose vigoureusement au
noir de la laque ; il est interprété dans ce style « Art déco
noir et blanc » qu'affectionnait Cartier.

C. Z.

1. *Cf.* Assman, 1989.

Expositions :
Paris, 1989, n° 359.

Bibliographie sommaire :
Chazal, 1989, p. 146, n° 359.

364 Boucle de ceinture avec scarabée ailé

Dessin
1926
Mine de plomb, et gouache sur calque beige
H. : 12,5 cm ; l. : 14,7 cm
Paris, collection Cartier

Bijou créé par Cartier en émail, diamants, saphirs,
or et platine avec des fragments antiques en
« faïence égyptienne »

Exposé à Paris

Le thème du scarabée ailé, broche ou boucle de ceinture
(Fig. 1), a beaucoup séduit les ateliers Cartier de Paris et de
Londres, dont les dessins nous montrent les variations iné-
puisables. Elles jouent sur les matières et les couleurs, restituant le chatoiement des ailes par des pierreries ou ajoutant
d'autres éléments égyptisants, cobras-*uraeus*[1] ou lotus. Dans
un tout autre registre, un scarabée antique, ayant appartenu
à l'égyptologue Gaston Maspéro, fut serti de brillants et
cerclé d'émail noir, sur un sautoir de perles, en 1932[2].

C. Z.

1. Cartier-Paris, dessin n° 808.
2. *Cf.* Nadelhoffer, 1984, pl. 16.

Bibliographie sommaire :
Nadelhoffer, 1984, pl. 16.

365 Broche avec scarabée ailé

Atelier Cartier-Londres
1924
« Faïence égyptienne » antique (ailes) ; quartz
fumé (corps) ; brillants, cabochons émeraudes ;
or laqué de noir (bordure)
H. : 5 cm ; l. : 13 cm ; ép. : 2 cm
Genève, collection Cartier
Inv. CL32A24

Cette broche transformable en boucle de ceinture intègre
des fragments antiques dans une composition moderne
(comme cat. 364-366-370). Les deux ailes du coléoptère sont
moulées dans une belle « faïence égyptienne » datant de la
seconde moitié du premier millénaire avant J.-C. Leur bleu
profond est rehaussé de quatre émeraudes cabochons et de
bandes en aplat pavées de brillants qui soulignent le décor,
interprété comme un plumage d'oiseau. Au corps original,
exécuté dans la même matière et sans doute perdu, on a
substitué un bloc de quartz fumé contemporain, animé par
deux yeux d'émeraude. Partant d'éléments anciens sans
grande originalité, et tout en conservant le motif égyptien,
la composition l'épure et le stylise, jouant sur le contraste
entre l'opacité des matériaux et le scintillement des brillants,
totalement inconnus des orfèvres égyptiens. La comparaison
de ce bijou avec une broche réalisée sur le même thème par
Castellani dans la seconde moitié du XIXᵉ siècle est particulièrement démonstrative de l'évolution stylistique (cat. 220).

Symbole du soleil levant, le scarabée ailé est un
thème très prisé par l'orfèvrerie pharaonique. Si de
modestes exemplaires de « faïence » sont déposés sur la poi-

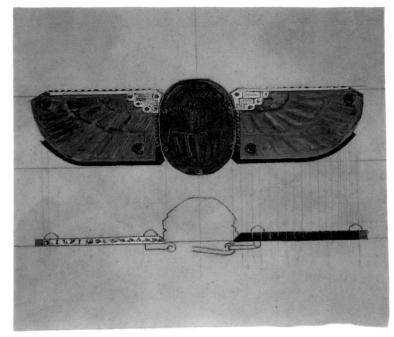

364

Fig. 1. Boucle de ceinture « au scarabée ailé »
Bijou en porcelaine, brillants,
saphirs, émail, platine et or jaune,
réalisé par Cartier en 1926.

365

Fig. 1. Détail du sarcophage de Soutymès
Bois stuqué peint, XXIᵉ dynastie
Musée du Louvre,
département des Antiquités égyptiennes,
N 2611.

trine des momies de la Basse Époque, l'animal sacré figure au centre des magnifiques pendentifs « pectoraux » découverts dans la tombe de Toutankhamon[1] ou dans la nécropole royale de Tanis[2] (Fig. 1). Intégrant le mort dans le cycle éternellement renouvelé du soleil, le scarabée est aussi assimilé au cœur du défunt, dont plusieurs chapitres du *Livre des Morts* garantissent l'intégrité[3] ; il constitue un efficace talisman pour gagner une vie nouvelle.

C. Z.

1. *Cf.* Aldred, 1978, fig. 63, 77, 79, 80, 82.
2. *Cf.* Stierlin et Ziegler, 1987, pp. 162-167, pl. 16, 17, 60, 98.
3. *Cf.* Malaise, 1978.

Bibliographie sommaire :
Nadelhoffer, 1984, pl. 14 ;
Chazal, 1989, p. 136, n° 249 et pl. 40.

366 Broche, « dieu sur une fleur de lotus »

Atelier Cartier
Vers 1925
« Faïence égyptienne » antique (tête) ; brillants, émeraudes, rubis, onyx
H. : 5,5 cm ; l. : 3 cm ; ép. 2 cm
Genève, collection Cartier
Inv. CL161C25

Grand amateur d'art, Louis Cartier fréquente assidûment les marchands et collectionne les objets du Proche et de l'Extrême-Orient ainsi que les antiquités du bassin méditerra-néen. Les antiquaires parisiens Kalebjian et Kélékian le fournissent en pièces rares égyptiennes que l'on peut admirer dans son appartement de la rue Saint-Guillaume. De cette familiarité avec les objets anciens naît l'idée de rassembler, au sein d'un même bijou, des fragments archéologiques et des montures contemporaines. Le propos n'est pas entièrement neuf car, de l'Antiquité pharaonique[1] au XVIIIe siècle, les orfèvres s'y essayèrent quelquefois avec succès. Cependant les synthèses dues à l'inspiration de Cartier en collaboration avec le dessinateur Charles Jacqueau aboutissent à d'éblouissantes reconstructions qui figurent parmi les

Fig. 1. *Néfertoum sur un lotus* Fragment de statuette en bronze Musée du Louvre, département des Antiquités égyptiennes, E 2428.

Fig. 2. Tête de *Toutankhamon enfant émergeant d'un lotus* **Desroches-Noblecourt, 1963, p. 6.**

créations les plus originales du courant Art déco des années 1920.

C'est ainsi qu'une petite tête d'époque saïte, datant du VIe siècle avant J.-C., acquise chez Kélékian, vient s'insérer dans un écrin de pierreries dont l'éclat contraste avec la matité de la « faïence égyptienne ». Placé sur un bouquet de lotus moderne, l'objet prend une signification nouvelle et témoigne d'une réelle science égyptologique. De fragment de statuette funéraire ou divine, la tête se métamorphose en image du dieu Néfertoum, le dieu sur le lotus qui symbolise le soleil levant[2] (Fig. 1). Si la fleur de lotus reste fidèle à son modèle égyptien, le décor de palmettes, la stylisation des tiges et la coiffure divine sont interprétés au goût du jour, tandis que le contraste des couleurs et des matières compose une harmonie étrange et totalement neuve.

C. Z.

1. *Cf.* Stierlin et Ziegler, 1987, pl. 63 et 66.
2. *Cf.* Ryhiner, 1986 ; Schögl, 1977 ; Schögl, *LÄ* 1982, pp. 378-380.

Bibliographie sommaire :
Nadelhoffer, 1984, p. 153 (cité).

367   Broche, « la fille du pharaon »

George Hunt, Birmingham, Angleterre
Vers 1935
Or et argent décoré d'ivoire, émail, nacre, rubis, perles et tourmaline
H. : 8,9 cm ; l. : 6,7 cm
Marque de George Hunt au revers
Londres, Victoria and Albert Museum
Inv. M.41-1971

Historique :
Legs Mme E. D. Amphlett, 1973.

Un pâle visage d'ivoire encadré d'une chevelure d'argent que ceint un diadème polychrome évoque les traits de la princesse Nefret (Fig. 1), dont la statue découverte par Mariette en 1871 est conservée au Musée égyptien du Caire et reproduite dans de nombreux ouvrages d'art[1]. Mais là s'arrête la ressemblance. Le riche décor associe des éléments égyptisants en une composition imaginaire, dense et complexe qui respecte néanmoins la symétrie caractéristique de l'art pharaonique. Au sommet de la couronne, un scarabée déploie ses ailes ; deux cobra-*uraeus* encadrent la coiffure de leurs volutes stylisées. Décoré de filigranes, enrichi d'émaux bleus, blancs et verts que rehaussent des cabochons, le gorgerin s'inspirant du collier *ousekh* (« large ») cher aux Égyptiens s'achève par des pampilles d'opale, de perles et de rubis.

Fig. 1. *Nefret*
Buste en calcaire peint,
IVe dynastie
Musée du Caire
Lange et Hirmer, 1955, pl. 24.

La profusion des thèmes s'inspirant librement de l'art pharaonique, le luxe des matériaux et la variété des couleurs, forment autour du visage féminin une composition riche et étrange, bien propre à évoquer quelque imaginaire princesse des rives du Nil.

C. Z.

1. *Cf.* Saleh et Sourouzian, 1987, n° 27.

Expositions :
Londres, 1935 (d'après une note retrouvée dans l'écrin).

Bibliographie sommaire :
Darby *et al.*, 1983, p. 117.

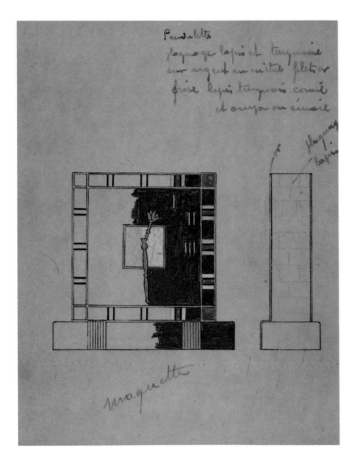

368-369 Pendules égyptiennes

Dessins atelier Cartier
Vers 1925
Mine de plomb, encre et gouache sur calque beige
368-369 : H. : 27,5 cm ; l. : 19,5 cm
Paris, collection Cartier

Exposés à Paris (368) et Ottawa (369)

Cette série d'esquisses précède ce qui est considéré comme le chef-d'œuvre égyptisant de Cartier, une pendule créée en 1927 (Fig. 1), dont le modèle était la porte monumentale du temple de Khonsou à Karnak[1] (Fig. 2). Entièrement revêtue de nacre, elle portait, incrustées en bleu, des scènes de culte accompagnées d'inscriptions hiéroglyphiques. Une déesse ailée à genoux décorait la corniche tandis qu'au bas du cadran, on pouvait admirer un pharaon, suivi d'un Nil agenouillé, offrant des plantes au dieu Osiris. Plus simples, ces esquisses restituent la gamme des couleurs et des matières pharaoniques, le bleu profond du lapis-lazuli et celui, plus clair, de la turquoise dont un liseré d'or exalte les tonalités.

Le premier dessin a la vigueur d'une épure d'architecte. Il reproduit fidèlement un élément très caractéristique de l'art pharaonique, la porte monumentale des temples, identifiable à ses murs talutés et à son sommet couronné d'une corniche à gorge. C'est dans ce cadre rigoureux que vient s'insérer, prenant la place de l'ouverture, un cadran rectangulaire animé d'aiguilles d'or ornées de lotus. Le scarabée ailé figuré sur la corniche prend ici une valeur de document archéologique tout autant que d'ornement.

Le second dessin, d'une sobriété toute moderne, allie la simplicité de la forme carrée à celle du décor, inspiré d'une frise pharaonique où alternent des rectangles colorés. Les joncs d'or striant la base rectangulaire appartiennent également au vocabulaire décoratif égyptien. Par le jeu des

Fig. 1. Pendule en forme de temple égyptien réalisée par Cartier en 1927, en nacre bleue gravée, base et sommet en lapis-lazuli, dont le cadran est encadré de bâtons de corail.

Fig. 2. Pylône du temple de Khonsu *Description de l'Égypte*, A, vol. III, pl. 51.

matières, l'utilisation de la technique du cloisonné, chère à l'orfèvre antique et la sélection de motifs abstraits – le lotus des aiguilles est le seul élément figuratif –, l'artiste réunit en une synthèse vigoureuse la rigueur géométrique d'un des courants Art déco et l'évocation de l'Égypte.

C. Z.

1. *Cf.* Nadelhoffer, 1984, pl. 94.

Expositions :
Paris, 1989, n° 397 (368) ; Rome, 1990, n° 175 (369).

Bibliographie sommaire :
Nadelhoffer, 1984, p. 155 (cité) ; Chazal, 1989, p. 150, n° 397 (368).

370   Nécessaire orné d'une divinité dans sa chapelle

Dessin atelier Cartier
1923
Mine de plomb, encre de Chine et gouache sur calque beige
H. : 20,5 cm ; l. : 11 cm
Paris, collection Cartier

Nécessaire créé par Cartier en or, nacre, corail, onyx, lapis-lazuli et diamants avec une « faïence égyptienne » de la XXVIe dynastie

Exposé à Paris

Créés durant les « années folles », les nécessaires ou *vanity case,* témoignent à leur façon de l'émancipation des femmes, dorénavant nombreuses à mener une vie active. Au temps où les vêtements proposés par Poiret, Chanel ou Patou libèrent leur corps des carcans traditionnels, apparaissent de légers sacs, permettant de transporter les accessoires indispensables au maquillage ainsi que des étuis à cigarettes, symboles de la liberté fraîchement conquise[1]. La variété de leurs décors illustre bien l'extrême fertilité des créateurs Art déco et 1924, année où fut réalisé notre nécessaire, demeure l'une des plus riches en ce domaine. Sur l'objet – qui fut exécuté en or jaune, lapis-lazuli, nacre gravée, onyx, et corail – se lisent des influences bien diverses. La composition, de style égyptisant, s'ordonne autour d'une statuette pharaonique en « faïence », datant de la seconde moitié du premier millénaire avant J.-C. L'amulette, qui figure un joueur de double flûte, est traitée comme une divinité et placée au centre d'une chapelle dont le toit, orné d'une corniche à gorge, est supporté par deux colonnes à chapiteaux papyriformes. D'autres motifs empruntés à l'art pharaonique renforcent le caractère égyptisant de l'objet : le grand lotus plaqué arbitrairement sur la façade, les attaches reprenant le même thème, ainsi que les colonnes symétriques de hiéro-glyphes énonçant avec une exactitude presque parfaite la titulature du pharaon Thoutmosis III. Mais, à l'exception de la plaque de lapis-lazuli sur laquelle se détache la figurine, les matériaux sélectionnés – l'onyx sombre, le vif corail et la nacre gravée – composent une gamme orientale empruntée à des modèles chinois et japonais. Muni d'astucieux compartiments internes, ce nécessaire est caractéristique d'une époque où l'artiste, pour un objet adapté aux nécessités du temps, osait allier à la modernité occidentale les influences pharaoniques et extrême-orientales.

C. Z.

1. *Cf.* Nadelhoffer, 1984, pp. 197-206.

Expositions :
Paris, 1989, n° 313.

Bibliographie sommaire :
Chazal, 1989, p. 142, n° 313 ; Nadelhoffer, 1984, pl. 15 et p. 153 (pour l'objet).

Nécessaire, « Toutankhamon »

Dessin
1923
Mine de plomb et gouache sur calque beige
H. : 19,6 cm ; l. : 5 cm
Paris, collection Cartier

Nécessaire créé par Cartier en émail cloisonné, or, ivoire, onyx, saphirs, émeraudes et diamants (Fig. 1)

Exposé à Paris

Dessiné un an à peine après la découverte du trésor de Toutankhamon, ce nécessaire de style égyptisant se distingue par sa taille et la richesse de son décor. Réinterprété comme un sarcophage, l'objet s'inspire étroitement des coffrets de toilette du Nouvel Empire dont des exemplaires étaient alors exposés dans tous les grands musées[1]. Ce sont de longs coffrets de bois, dont l'intérieur est divisé en compartiments et dont le couvercle bombé est orné d'un décor sculpté, encadré de frises de pétales ou de feuilles. C'est ainsi que se présente notre couvercle d'ivoire. À l'exception de la jeune fille gravée sur la face externe[2], le décor est égyptisant. Le revers du couvercle s'inspire librement des porteuses d'offrandes sculptées dans les tombes de l'Ancien Empire : l'attitude du personnage qui maintient sur sa tête une corbeille débordant de fruits, le bouquet de lotus retombant sur son bras et la grue qui marche à ses côtés sont très proches du modèle ; mais le traitement du corps – dont la tunique inusuelle accentue les rondeurs – et la perruque courte évoquent l'idéal féminin de la Basse Époque[3], alors que les teintes rose et noir de l'oiseau le métamorphosent en ibis :

quant à la représentation de l'être humain en pur profil, elle est totalement étrangère à l'art pharaonique. Le thème du lotus est repris sur la tranche, formant une frise où alternent rosettes et grappes de raisin, imitation à peine stylisée des décors du Nouvel Empire. La frise s'interrompt aux deux extrémités pour laisser place à un sphinx. Son pelage est bizarrement tacheté, évocation de la panthère chère à Cartier et son visage d'émeraude encadré d'un *némès* rayé bleu reproduit le masque d'or de Toutankhamon (Fig. 2), dont les chairs, telles celles du dieu des morts Osiris, se seraient parées du vert de la résurrection ! Acheté en 1925 par Mrs Blumenthal, l'exemplaire fut réalisé en or jaune, ivoire, onyx, saphir, émeraudes et brillants, la frise de lotus étant interprétée en émail cloisonné. Par la richesse de ses matériaux et l'éblouissante gamme de couleurs dont l'esquisse ne donne qu'une faible idée, il rivalisait sans peine avec le trésor qu'Howard Carter venait de découvrir.

C. Z.

1. *Cf.* Vandier d'Abbadie, 1972, n°s 111, 112 et 114.
2. Probablement d'époque moderne et non un travail persan du XVIIIe siècle comme le suggère le catalogue de l'exposition de Los Angeles, 1982, n° 22.
3. Le personnage est très proche d'une porteuse figurée sur le relief du « lirinon » (Fig. 3), Louvre, inv. E 11377, acquis en 1913.

Expositions :
Los Angeles, 1982, n° 22 ; Paris, 1989, n° 314.

Bibliographie sommaire :
Nadelhoffer, 1984, pl. 13 et p. 153 (pour l'objet) ; Chazal, 1989, p. 142, n° 142.

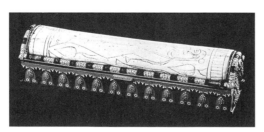

Fig. 1. Nécessaire « Toutankhamon »
Deux détails du nécessaire en forme de sarcophage réalisé par Cartier en 1923 le couvercle est en ivoire ancien gravé, bordé d'émeraudes, d'onyx et de brillants ; les côtés sont ornés d'une frise de fleurs de lotus en émail cloisonné ; le fond en or gravé reproduit le bas-relief d'une tombe égyptienne ; aux extrémités, deux têtes de sphinx taillées dans une émeraude portent un *némès* en or jaune serti de saphirs calibrés. Collection particulière.

Fig. 2. Masque du sarcophage de Toutankhamon
XVIIIe dynastie, or, lapis-lazuli, cornaline, obsidienne, turquoise et verre coloré
Musée du Caire.

Fig. 3. *Porteuse d'offrandes*
Détail du relief du Lirinion
Calcaire,
Basse Époque
Musée du Louvre, département des Antiquités égyptiennes, E 11377

Sac à main « à la nageuse »

France
Vers 1922
Soie avec broderies de soie, argent et or (sac) ; or,
incrustations d'ivoire, émail cloisonné, émeraudes,
brillants (fermoir).
H. : 17 cm ; l. : 12 cm
Deux poinçons « tête d'aigle », sur le fermoir
Karlsruhe, Badisches Landesmuseum
Inv. 72/159

Historique :
D'après le vendeur, l'objet aurait appartenu à un
membre de la famille royale de Grèce.

Exposé à Paris et à Vienne

Gracieuses et féminines, les « cuillers à fard » du Nouvel
Empire semblent avoir particulièrement inspiré les bijoutiers des années 1920[1] (cat. 373). Plusieurs précieux sacs du
soir reprennent ce thème, figuré sur le sac lui-même ou sur
son fermoir[2] (Fig. 1). Si leur vogue doit être mise en relation
avec le regain égyptisant qui a suivi la découverte de la
tombe de Toutankhamon, le trésor découvert par Carter en
1922 ne comportait aucun objet de ce type. En revanche, de
nombreuses cuillers à fard figuraient depuis le milieu du
XIXe siècle dans les grands musées européens et la collection du Louvre était particulièrement riche en ce domaine
(cat. 374-375).

Le poinçon porté par la poignée qui enrichit notre
exemplaire atteste de son origine française. Ce fermoir
fondu dans de l'or massif, reproduit un des sujets favoris des
cuillers à fard, une jeune nageuse allongée, étendant les bras.
L'artiste n'a copié qu'une partie du modèle pharaonique qui
figure la jeune fille poussant devant elle un réceptacle à
onguent, souvent sculpté en forme de canard. Suivant
l'exemple antique, l'adolescente est nue, à l'exception d'une
ceinture et de bracelets incrustés de pierreries. La coiffure
asymétrique, retombant seulement du côté droit du visage,
n'est pas attestée sur les cuillers du Louvre, mais on la
trouve sur un exemplaire acheté en 1926 par le Metropolitan
Museum of Art de New York[3] ; elle était souvent portée par
les filles du pharaon Aménophis III et de son successeur
Akhénaton dont les images figurant dans un recueil d'art
égyptien peuvent avoir suggéré cette variante.

Si la poignée ne s'écarte que fort peu du modèle
antique, les broderies du sac et les incrustations du fermoir
sont caractéristiques du style Art déco. Le décor s'organise
symétriquement autour d'un triangle central qu'illuminent
des fils d'or : évocation de la forme pyramidale ou faisceau
de lumière jaillissant d'un lotus ? Quelques motifs demeurent égyptisants mais la gamme des coloris et la stylisation
sont telles qu'on les reconnaît à peine, comme ce disque
solaire ailé figuré au centre du fermoir, encadré par une frise
de fleurs et de boutons de lotus. Le thème du lotus est repris
par la corolle d'émeraudes, d'émaux et de brillants suspendue au fermoir, à laquelle vient répondre, dans la partie
inférieure, une autre fleur dont la broderie chatoyante
reprend les couleurs. Des décors géométriques, où prédominent les mêmes teintes vives et contrastées, architecturent
une composition riche et forte, où l'Égypte n'intervient plus
qu'en contrepoint.

C. Z.

1. Le thème apparaît déjà vers 1900, par exemple pour un balancier de
pendule attribué à Lalique ; cf. Hughes, 1965, p. 100, pl. 168.
2. Un sac très proche de notre exemplaire est passé en vente publique
il y a quelques années ; cf. Humbert, 1989, fig. p. 279.
3. Cf. Wallert, 1967, taf. 15, n° 12.

Bibliographie sommaire :
Erwerbungsberichte, Jahrbuch der
Staatlichen Kunstsammlungen in
Baden-Württemberg, X, pp. 215-
216, fig. 34. ; cat. exp. Karlsruhe,
1976, n° 381.

Fig. 1. Sac à main du soir à fermoir
en forme de nageuse de palette à fard,
réalisé en 1925
Collection particulière.

Fig. 2. Bouchon de radiateur
d'une Invicta S 100 Torpedo,
Grande-Bretagne, 1933.

373 Sac à main, « jeunes filles cueillant des lotus »

Dessin pour Cartier-Londres
Vers 1925
Gouache sur carton peint en noir
H. : 31,5 cm ; l. : 20,5 cm
Paris, collection Cartier

Exposé à Ottawa

Deux jeunes filles se penchant pour cueillir des lotus, voici un thème bien féminin pour orner la partie supérieure d'un sac en tissu chatoyant. Pour créer ce décor très égyptisant, l'artiste a puisé son inspiration dans des œuvres de la XVIIIᵉ dynastie (vers 1580-1348 avant J.-C.), époque où s'épanouit un art raffiné. Exposées dans tous les grands musées, ce sont les cuillers à fard qui en ont fourni le thème ; nombre d'entre elles montrent une adolescente, voguant en barque dans un fourré de papyrus ou composant un bouquet de fleurs (cat. 375) ; comme pour notre sac, leur décor ajouré ajoute une exquise légèreté à la grâce des lignes. C'est un recueil reproduisant les peintures thébaines qui a suggéré la mise en scène des deux personnages[1]. Des peintures évoquant la vie dans les marais (Fig. 1) figurent souvent le défunt et sa famille, disposés avec la même rigoureuse symétrie de part et d'autre d'un buisson de papyrus dont les ombelles décrivent une courbe convexe. Tout autour voltigent papillons, martins-pêcheurs et quelques-uns de ces canards dont la silhouette, vivement colorée en rouge, se détache sur notre dessin.

Toutefois, si ce décor propose une synthèse assez proche des différents modèles, la mise en page est caractéristique du style Art déco, par la stylisation rythmée des ondulations évoquant l'eau et l'encadrement géométrique que scandent des baguettes de brillants.

C. Z.

1. Les exemples sont nombreux, de J. Cailliaud à N. G. Davies.

Expositions :
Paris, 1989, nº 336.

Bibliographie sommaire :
Nadelhoffer, 1984, pl. 16 ;
Chazal, 1989, p. 144, nº 336.

Fig. 1. *Chasse et pêche au marais*
Fresque de la tombe de Menna,
XVIIIᵉ dynastie
Capart, 1942, pl. 519.

Cuillers à fard

Les jeunes filles délicatement sculptées, les fleurs entrelacées et les animaux élégants qui décorent les « cuillers à fard » du Nouvel Empire ont à juste titre attiré collectionneurs et artistes. Les premiers exemplaires connus apparaissent dans la première moitié du XIXᵉ siècle, à l'époque où les consuls tels Salt, Drovetti ou Anastasi font exécuter des fouilles qui viendront enrichir les principaux musées d'Europe. Édité entre 1835 et 1845, le grand ouvrage illustré de Champollion, Les Monuments de l'Égypte et de la Nubie, *leur consacre pour la première fois une place importante ; le père de l'égyptologie n'était pas peu fier d'en avoir rapporté d'Égypte pour son nouveau département*[1].

Tout comme les « chants d'amour », les scènes de banquet peintes dans les tombes thébaines ou le décor d'autres objets de toilette – manches de miroir, boîtes à onguent – ces images charmantes illustrent-elles simplement les divertissements et les fantasmes de la bonne société de l'époque ? Certains spécialistes le contestent aujourd'hui[2]. Malgré des études récentes, la signification de ce type d'objets n'est pas clairement établie. De la substance contenue dans le récipient, il n'est, à une exception près, semble-t-il rien demeuré. Les inscriptions sont très rares et nomment des reines de la XVIIIe dynastie. Les représentations contemporaines ne donnent que fort peu d'informations décisives. Si quelques exemplaires furent retrouvés dans des tombes, la provenance des cuillers est la plupart du temps inconnue.

Faut-il voir dans ces objets délicats l'élément d'une trousse de maquillage appartenant à quelque élégante ou bien, comme le suggérait déjà Champollion, un offertoire dédié au culte de quelque divinité[3]. Les figures féminines évoquent-elles Nout, divinité céleste ou bien Hathor, déesse de l'amour, de la musique et des danses, protectrice des défunts[4] ? Faute de documents susceptibles de clore le débat, laissons-nous gagner par la pure émotion esthétique et convenons que ce thème raffiné s'accorde merveilleusement à des objets frivoles, tel le fermoir exécuté en 1925 et le projet de sac dessiné pour Cartier (cat. 373).

C. Z.

1. Cf. *Lettre de Champollion à J.-J. Dubois* in Ziegler, 1993, p. 207, n° 34.
2. Cf. *Kozloff*, in cat. exp. Cleveland, 1992, pp. 331-343.
3. Cf. *Wallert*, 1967.
4. Cf. *Kozloff*, op. cit., pp. 332-335.

374 Cuiller « à la nageuse »

Milieu de la XVIIIe dynastie
(vers 1425-1379 avant J.-C.)
Bois de caroubier
L. : 34 cm ; l. : 7 cm
Paris, musée du Louvre, département
des Antiquités égyptiennes
Inv. N 1704

Historique :
Achat, vente Gastard, 1834 .

Exposée à Paris

Une nageuse à la minceur juvénile soutient de ses bras allongés un récipient en forme de cartouche royal, dans lequel sont gravés trois poissons un lotus à la bouche. Pour tout costume, la jeune fille n'a gardé que ses bijoux : une ceinture ornée de perles et un large collier à décor floral. Une perruque aux mèches rayonnantes enveloppe le visage enfantin aux yeux soulignés de fard noir. Cette œuvre gracieuse illustre bien l'idéal féminin du temps d'Aménophis III, celui de beautés adolescentes. L'érotisme discret est accentué par l'emphase accordée à la chevelure dont la symbolique amoureuse est attestée par les textes et les représentations du Nouvel Empire[1].

C. Z.

1. *Cf.* Zivie, 1988, p 191, n° 34.

Expositions :
Cleveland, 1992 ; Paris, 1993.

Bibliographie sommaire :
Vandier d'Abbadie, 1972, p. 13 ; cat. exp. Cleveland, 1992, p. 333, fig. XI.5 ; cat. exp. Paris, 1993, p. 293.

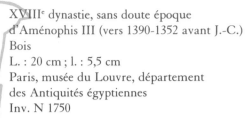

375 Cuiller à fard, « jeune fille cueillant des lotus »

XVIIIe dynastie, sans doute époque
d'Aménophis III (vers 1390-1352 avant J.-C.)
Bois
L. : 20 cm ; l. : 5,5 cm
Paris, musée du Louvre, département
des Antiquités égyptiennes
Inv. N 1750

Historique :
Ancienne collection Salt ; acquisition, 1826.

Exposée à Ottawa

La jeune fille est figurée de profil, cueillant des lotus dont les longues tiges émergent de la surface ondulée d'un marais[1]. Avec un sens du mouvement assez exceptionnel dans l'art égyptien, le sculpteur[2] a saisi l'instant où elle se penche sur le bouquet, l'empoignant à deux mains, le pied gauche soulevé dans son élan. La silhouette gracieuse se détache sur un faisceau de feuilles, de fleurs et de boutons de lotus dont les détails ciselés étaient autrefois rehaussés d'incrustations de pâte colorée. La même délicatesse se retrouve dans le traitement du personnage, vêtu d'un pagne léger que ceint une écharpe flottante. Le visage enfantin, nez court et grands yeux en amande, est paré d'une perruque dont les mèches tressées retombent de chaque côté. La légèreté de cette scène champêtre est accentuée par la technique du bois ajouré et contraste avec la partie supérieure de l'objet aux formes plus massives. Le cuilleron ovale, reproduisant le fruit du perséa, repose sur des lotus accolés et leur association évoque la silhouette du signe *ânkh* qui symbolise la vie[3]. Le petit trou ménagé dans la partie inférieure du réceptacle correspond au tenon autour duquel le couvercle, aujourd'hui disparu, venait pivoter.

Le thème de la jeune fille, ou jeune femme, dans les marais remonte aux temps les plus anciens et se perpétue jusqu'à la Basse Époque. Ainsi, dès l'époque des pyramides, le décor des chapelles funéraires ou *mastabas* montre volontiers la défunte, des parentes ou la personnification des domaines, cueillant des papyrus, revenant des marais les bras chargés de fleurs ou d'oiseaux aquatiques[4]. Seul un nombre très limité de ces scènes a pu être clairement mis en relation avec un rite en l'honneur de la déesse Hathor, le rite de « secouer les papyrus[5] ».

C. Z.

1. Comparer avec le hiéroglyphe, signe M 16, dans Gardiner, 1956, p. 545.
2. *Cf.* Kozloff, 1992, p. 353, n° 80.
3. *Cf.* Gardiner, *op. cit.*, p. 546, signe S 34.
4. *Cf.* Harpur, 1987.
5. *Cf.* Ziegler, 1979, p. 37.

Expositions :
Cleveland, 1992 ; Paris, 1993.

Bibliographie sommaire :
Vandier d'Abbadie, 1972, p. 17 ;
Seipel, 1975, pp. 375-376, fig. 372 b ;
cat. exp. Boston, 1982, p. 208,
n° 3 ; cat. exp. Cleveland, 1992,
p. 353, n° 80 ; cat. exp. Paris,
1993, p. 310.

376 Flacon à parfum Bichara, « Chypre »

Bureau de style de Baccarat
1913
Cristal moulé satiné (bouchon) ; cristal clair taillé
en côtes plates (corps)
H. : 15 cm ; diam. au pied : 5,2 cm
Marque de fabrique au talon
Paris, cristalleries de Baccarat

Depuis 1913, les cristalleries de Baccarat fabriquaient pour la société Bichara plusieurs types de flacons à tête de pharaon, dont la particularité était de reproduire les traits de Monsieur Bichara lui-même[1], confirmant ainsi la permanence des thèmes égyptiens à la mode dans les années qui précédèrent la découverte de la tombe de Toutankhamon.

J.-M. H.

1. *Cf. Baccarat, flacons de parfum*, 1986, p. 84, n° 236 et p. 129, n°s 448 et 451.

Bibliographie sommaire :
Baccarat, flacons de parfum, 1986
(rééd. 1993).

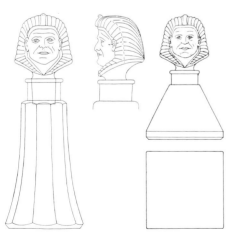

Fig. 1. Flacon à parfum Bichara, 1913
Dessins d'exécution
Baccarat, archives de la compagnie
des Cristalleries.

Fig. 2. Flacon à parfum Bichara, 1913
Cristal de Baccarat
La Rochelle,
musée du Flacon à parfum.

Fig. 3. Flacon à parfum Bichara, 1920
Dessins d'exécution
Baccarat, archives de la compagnie
des Cristalleries.

Flacon à parfum Ramsès, « Le Secret du sphinx »

Bureau de style de Baccarat
1917
Cristal moulé satiné (bouchon) ; cristal soufflé
moulé, retaillé et gravé (corps)
H. : 10,5 cm ; diam : 5,2 cm
Paris, cristalleries de Baccarat

Louis de Bertalot, Grec émigré d'Égypte, s'est fixé en France à la fin de la Première Guerre mondiale. Il a fondé à Paris les parfums Monne remplacés peu après par la marque Ramsès, qui ont eu une existence éphémère de quelque trois à quatre ans.

Le thème du vase canope est utilisé en 1917 par la société Ramsès pour un parfum commercialisé sous le nom « Le Secret du sphinx[1] ». Les flacons à l'égyptienne sont nombreux pendant la période 1913-1927 ; le sphinx est même repris sous forme de flacon en 1927 par Delettrez, à l'enseigne « Parfumerie du Monde élégant[2] ».

J.-M. H.

1. *Cf. Baccarat, flacons de parfum*, 1986, n° 323.
2. *Ibid.*, p. 172, n° 631.

Bibliographie sommaire :
Baccarat, flacons de parfum, 1986
(rééd. 1993).

Fig. 1. Publicités pour les parfums Ramsès, 1919-1920 Paris, collection particulière.

Fig. 2. Flacon à parfum Ramsès, 1917 Dessin d'exécution Baccarat, archives de la compagnie des Cristalleries.

Fig. 3. Flacon à parfum Delettrez, 1927 Dessin d'exécution Baccarat, archives de la compagnie des Cristalleries.

378 Flacon à parfum Ramsès / Monne, « Un Rêve sur le Nil »

Bureau de style de Baccarat
1919
Cristal transparent et dépoli
H. : 12,5 cm ; l. : 6,5 cm
Inscriptions gravées, à la roue en partie basse :
« Parfums de Monne – Un Rêve sur le Nil – Paris/
Le Caire » ; sous la base : « Baccarat 1919 »
Paris, collection J.-M. Martin-Hattemberg

Le corps de ce flacon représente une tête de pharaon, avec ses attributs habituels, *némès* et barbe postiche ; son bouchon est composé des deux plumes d'autruche *maât*. Le même flacon, sous la marque Ramsès, contiendra dans les années 1920-1921 un parfum dénommé « Ramsès IV ». Une version stylisée, de forme déjà Art déco, destinée à contenir le parfum « Lotus sacré », était également commercialisée en 1919.

J.-M. H.

Bibliographie sommaire :
Baccarat, flacons de parfum, 1986,
(rééd. 1993).

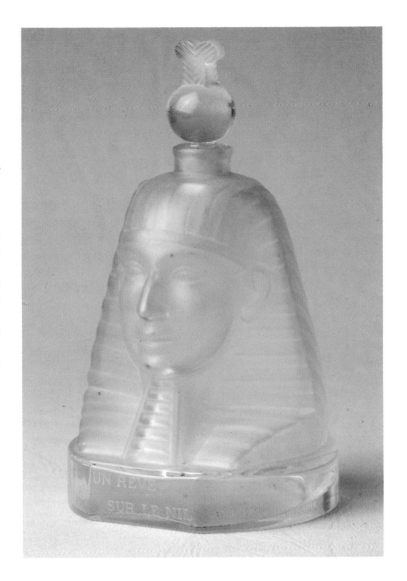

Fig. 1. Flacon à parfum
Ramsès/Monne, 1919
Dessins d'exécution
Baccarat, archives de la
compagnie des Cristalleries.

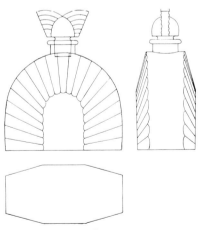

Fig. 2. Flacon à parfum
Ramsès/Monne
« Lotus sacré », 1919
Dessins d'exécution
Baccarat, archives de la compagnie des Cristalleries.

379 Flacon à parfum Bichara et son coffret

Compagnie des cristalleries de Saint-Louis
1928
Cristal gravé à l'acide (flacon) ; carton (coffret)
Flacon : H. : 20 cm ; base : 7,5 × 7,5 cm
Coffret : H. : 25 cm ; base : 9,8 × 9,8 cm
La Tour de Peilz, Suisse, GS Art
et Collections SA

Être à la mode, dans l'industrie des produits de luxe, est un impératif de survie. La société des parfums Bichara a créé plusieurs flacons à l'égyptienne (cat. 376), dont l'un reproduit la forme d'un obélisque égyptien. L'idée n'était pas nouvelle, car un emballage de même inspiration avait été réalisé en Angleterre par Eugène Rimmel en 1878, année de l'érection à Londres de l'obélisque d'Alexandrie (*Cleopatra's Needle*). Mais dans le modèle réalisé pour Bichara, outre le coffret, le flacon lui-même est décoré de hiéroglyphes gravés et dorés[1].

C'est l'obélisque de Louxor, place de la Concorde à Paris, qui a été copié, d'une manière assez lacunaire et imparfaite, il est vrai. Au milieu de formules tronquées rendues incompréhensibles, apparaissent seulement en haut, le premier nom de la titulature royale (Horus-Rê) et ça et là, les cartouches des troisième et quatrième noms (roi de la Haute et de la Basse-Égypte, Ouser-Maât-Rê, Setep-n-Rê ; fils du soleil, Rê-Messou, Mery-Imen).

La reproduction parfaite de certains des signes est certainement d'un luxe superflu, car aucune des élégantes utilisant ce flacon n'allait s'amuser à vérifier l'exactitude des signes gravés. Au moins ajoutaient-ils au produit un aspect de sérieux et d'authenticité à la hauteur de l'image de marque du parfum.

J.-M. H.

1. *Cf.* pièces identiques dans Loring, 1979, p. 121 ; Ingold, 1986, fig. 160 ; Humbert, 1989, p. 192.

Fig. 1. Projet non retenu, non daté
Saint-Louis, archives de la compagnie des Cristalleries.

Fig. 2. Projet définitif,
vue générale
Saint-Louis,
archives de la compagnie
des Cristalleries.

Fig. 3. Dessin d'exécution,
7 février 1928
Saint-Louis,
archives de la compagnie
des Cristalleries.

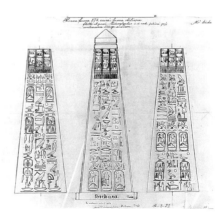

Fig. 4. Dessin d'exécution,
16 mars 1928
Saint-Louis,
archives de la compagnie
des Cristalleries.

Cléopâtre
ou les séductions de l'Orient

Des grandes figures féminines qui peuplèrent l'Égypte pharaonique, l'Occident n'en a retenu que deux : Isis, la déesse universelle et Cléopâtre, la souveraine absolue. Autour de Cléopâtre, personnage historique participant autant des civilisations romaine et hellénistique qu'égyptienne, s'est forgé un mythe durable et singulier, associant le meilleur et le pire : il nous parle de passion et de suicide, de guerre et de volupté, de richesse et de cruauté, de pouvoir et de divinité. Ses figures innombrables ont hanté l'imaginaire des créateurs. La peinture, le dessin et la sculpture nous les restituent, mais aussi la musique, l'opéra et le ballet, sans parler de l'époque contemporaine où le cinéma, la bande dessinée et la publicité se sont emparés du sujet. Nourri par la littérature, le théâtre et la poésie, ce mythe est prétexte et témoin de l'égyptomanie ; il vient éclairer les regards contrastés que l'Occident porta sur la civilisation égyptienne.

Égyptienne, Cléopâtre l'était-elle vraiment ? Que l'Égypte des pharaons soit incarnée par le dernier des héritiers d'Alexandre, une Grecque régnant au Iᵉʳ siècle avant J.-C. dans une Alexandrie cosmopolite, ce n'est pas le moindre des paradoxes. Il faut se rendre à l'évidence : jusqu'au XIXᵉ siècle, de tous les souverains qui régnèrent sur l'Égypte, le plus fameux pour les Européens n'est ni Sésostris ni Aménophis ni même Ramsès, mais bien Cléopâtre. La longue lignée de ses prédécesseurs ne sortit véritablement de l'ombre qu'avec le déchiffrement des hiéroglyphes, en 1822. On peut s'en étonner. C'est oublier que nous sommes héritiers de la civilisation romaine, pour qui Cléopâtre incarna l'Égypte, en un moment crucial où le monde méditerranéen aurait pu basculer sous sa domination. Ce sont les adversaires de ce nouvel ordre du monde, dont les protagonistes furent Marc Antoine et Cléopâtre, qui nous ont transmis l'image de la souveraine, une image qui dès les origines a subi quelques métamorphoses.

Qui était la vraie Cléopâtre ? Les meilleurs historiens renoncent encore à le dire[1]. Nous ne la connaîtrons probablement jamais, car les sources anciennes, fragmentaires, difficiles à interpréter et souvent postérieures à son règne, sont pour la plupart des œuvres de propagande qui nous donnent la version de son vainqueur, le Romain Octave, qui devint empereur sous le nom d'Auguste. Dion Cassius, Lucain, Plutarque, tout comme Virgile, Horace ou Properce[2] nous dépeignent une ennemie de Rome, une étrangère aux mœurs dissolues, souveraine d'un empire oriental, enfin – suprême anomalie dans une société misogyne –, une femme exerçant le pouvoir absolu. On aurait attendu au moins un commentaire favorable dans les écrits de César : il surprend par son laconisme. Une étude critique des sources donne cependant quelques points de repère venant éclairer une destinée qui n'est pas moins exceptionnelle que celle que lui ont forgée les artistes. Avant d'apprécier la richesse de leurs variations, il convient d'apporter quelques lumières sur le modèle.

Née en 70 avant J.-C., Cléopâtre, la septième princesse à porter ce nom, était la dernière descendante de la lignée macédonienne établie en Égypte après la conquête d'Alexandre le Grand. Selon une coutume égyptienne très ancienne, elle épousa successivement deux de ses demi-frères, beaucoup plus jeunes, puis succéda seule à son père Ptolémée Aulète, après la disparition plus ou moins accidentelle des autres candidats au trône. Les querelles fratricides n'étaient pas rares à l'époque et, dès l'âge de vingt et un ans, elle dut recourir à l'appui des Romains pour conserver le pouvoir, comme l'avait fait avant elle son père. C'est ainsi qu'elle rencontra et séduisit César, alors quinquagénaire et dont les conquêtes féminines étaient légendaires. Lui fut-elle apportée clandestinement dans un tapis pour tromper la vigilance des gardes ? La version transmise par Plutarque n'est pas complètement dépourvue de vraisemblance. Leur idylle fut brève – le dictateur séjourna moins de neuf mois en Égypte –, mais la croisière qu'ils effectuèrent sur le Nil frappa les contemporains[3]. (Fig. 1) Puis la reine vint lui rendre visite à Rome, où elle demeura jusqu'à son assassinat, en 44 avant J.-C. Entre-temps, César avait fait élever une statue de la reine dans un temple de Rome, au Forum Julium et un premier fils était né, Césarion, qui semble être le fruit de leurs amours.

Perdant son protecteur, Cléopâtre regagna l'Égypte où, associée à Césarion, elle gouvernait l'un des plus puissants royaumes du monde antique. Sa popularité, dit-on, y était grande car, parlant l'égyptien et soucieuse des cultes pharaoniques[4], elle semble avoir été plus attachée au pays qu'aucun de ses prédécesseurs étrangers. Dans la tourmente des guerres civiles qui succédaient à la disparition de César, pressentait-elle déjà que sa vie dépendrait de deux hommes qui, après s'être partagé le monde romain, allaient s'affronter dans un combat mortel ? Le tout jeune Octave, neveu et héritier de César, conservait l'Occident. À Marc Antoine, épris de culture grecque et militaire de talent, était échu l'Orient. Gouvernant les cinq provinces qui s'étendaient de la Grèce à la Syrie, il nouait des alliances avec les pays voisins. L'imminence d'une offensive contre le royaume parthe rendait vital l'appui de l'Égypte. C'est donc pour obtenir l'assurance d'un support financier et matériel qu'Antoine convia Cléopâtre à venir à Tarse, à l'embouchure de la rivière Cydnus, au sud de la Turquie. Cette rencontre mythique, qui n'était sûrement pas la première – Antoine avait combattu en Égypte et fréquentait César à Rome – semblait avant tout dictée par l'intérêt. Pour sa part, Cléopâtre espérait, au prix d'un marchandage, élargir les limites de son royaume ; elle n'obtint que l'élimination de ses ennemis politiques. De ces négociations, la légende n'a retenu que le faste du décor et la passion soudaine qui aurait embrasé le nouveau Dionysos et la nouvelle Isis. Si les auteurs anciens s'appesantissent sur l'hiver voluptueux que les amants passèrent ensemble à Alexandrie, on oublie un peu vite que, le printemps venu, Antoine partit faire la guerre puis regagna Rome, laissant seule Cléopâtre pour trois ans et demi. Seule, elle ne le demeura pas longtemps, donnant le jour à l'automne 40 aux jumeaux d'Antoine,

Fig. 1. *La Galère de Cléopâtre*
Gravure de Gauthier, réalisée en 1875 d'après Henri Picou (1824-1895)
Bordeaux, musée Goupil.

nommés Alexandre et Cléopâtre. Devenu veuf, leur père ne regagna pas l'Égypte mais, en signe de réconciliation, épousa la belle Octavie, sœur de son rival Octave.

Quelques années plus tard, Antoine rencontrait à nouveau Cléopâtre, à Antioche cette fois, mais toujours en quête de ressources pour ses armées. En cette année 37 avant J.-C., la reine obtint ce qu'elle avait convoité à Tarse : la résurrection de l'empire des premiers Ptolémées, avec l'annexion de territoires considérables dans le Levant et en Asie mineure. Désormais, son sort était lié à celui d'Antoine. En 34, après le triomphe de ce dernier sur les Parthes, une foule assemblée dans le splendide gymnase d'Alexandrie assistait à un événement d'une portée politique décisive. Assis sur un trône d'or, Antoine, accompagné de Cléopâtre et de Césarion, confirmait leurs trois enfants dans leur souveraineté respective : à Alexandre-Hélios était dévolu l'empire parthe ; à sa sœur Cléopâtre-Séléné, la Cyrénaïque ; à Ptolémée-Philadelphe, encore au berceau, la Macédoine. La reine, vêtue en Isis, recevait le titre de « reine des rois » et son associé Césarion, celui de « roi des rois ».

Trois ans à peine séparent ces « donations d'Alexandrie », qui instauraient un nouvel ordre du monde, de la bataille d'Actium, où la flotte d'Octave mit en fuite celle d'Antoine et Cléopâtre. Tous deux repliés à Alexandrie, abandonnés par leurs alliés, sentent en quelques mois venir la défaite. Cléopâtre tente de s'échapper vers les Indes par la mer Rouge ; contrainte d'abandonner le projet, elle demeure confiante. Mais Octave, en route pour l'Égypte, rejette toutes les propositions de paix : argent, retrait d'Antoine de la vie politique, abdication de Cléopâtre en faveur de ses fils. La reine songe-t-elle alors au suicide ? Va-t-elle jusqu'à étudier les différentes façons de mettre fin à ses jours en essayant des poisons sur des condamnés ? C'est semble-t-il pure fiction malveillante forgée à Rome par ses ennemis et à laquelle Octave lui-même ne souscrivit pas[5]. Quand celui-ci entre dans la capitale, Cléopâtre s'enferme dans son mausolée avec tous ses trésors. On connaît la fin tragique. Désespéré par l'annonce, fausse, de la mort de Cléopâtre, Antoine se blesse mortellement d'un coup d'épée. Conduit près de la reine, il expire dans ses bras. Cléopâtre est ramenée de force dans son palais. Rencontra-t-elle alors Octave et tenta-t-elle une négociation ? Il semble que l'épisode soit une invention de pure propagande, destinée à mettre en valeur la mansuétude d'Octave[6]. L'attrait du trésor des Ptolémées, le charisme dangereux de la souveraine, tout plaidait en faveur de sa mort. Mais il importait à Octave de ne pas en assumer la responsabilité. Il lui fit parvenir la nouvelle de son départ imminent : la « reine des rois » et ses enfants, marchant enchaînés dans les rues de Rome, simples figurants dans le défilé triomphal d'Octave ? L'image était insupportable. Elle s'empoisonna. Sur ce sujet, les témoignages anciens sont bien contradictoires ; Strabon, qu'une génération sépare des faits, hésite entre l'emploi d'un onguent empoisonné et le venin d'un serpent[7]. C'est la seconde version qui est entrée dans la légende, nourrie par l'évocation superbe de Plutarque et la confirmation indirecte d'Octave : ce dernier fit savoir qu'à l'instant où il apprit le suicide, il dépêcha vers la reine des charmeurs de serpents, avec pour mission d'aspirer le venin de la plaie[8]. Ils arrivèrent trop tard.

Pour riche et complexe que soit la documentation antique, à aucun moment elle ne laisse le premier rôle à Cléopâtre. Ainsi, dans le récit de Plutarque[9], de loin le plus détaillé, Cléopâtre n'occupe qu'une position subalterne. Le

Fig. 2. *Portrait de Mme Sarah Bernhardt dans le rôle de Cléopâtre*
Gravure anonyme d'après le tableau de G. Clairin
(salon de 1893),
parue dans *L'Illustration* du 29 avril 1893, p. 11.

thème en est la vie de Marc Antoine et la reine n'apparaît que dans la seconde moitié, pour l'entraîner à sa perte. Certains indices suggèrent que la légende d'une grande souveraine existait dès l'Antiquité : Zénobie, qui régna sur Palmyre au IIIe siècle de notre ère aimait, dit-on, se comparer à Cléopâtre[10] ; plus tard, son souvenir resta vivace dans l'Égypte copte[11]. Mais le mythe de la reine, tel que l'avait forgé les partisans d'Auguste, était trop séduisant pour que le monde moderne l'oublie. Il s'en empara et hissa la reine sur le devant de la scène. Bien que notre propos soit d'évoquer brièvement l'image de Cléopâtre à travers les arts plastiques, on ne peut ignorer celle que lui créa une riche littérature[12]. Ainsi, de l'Antiquité tardive à la Renaissance, toute une tradition littéraire présente la séductrice à la beauté fabuleuse, la souveraine fastueuse régnant sur un pays exotique, qui se donna la mort de la façon la plus étrange : par la morsure du serpent[13]. Traduit du grec par Jacques Amyot en 1559, le récit de Plutarque fut largement diffusé en Europe et inspira de nombreux auteurs avant que Shakespeare, à l'aube du XVIIe siècle, ne donne à la légende sa dimension dramatique : celle d'une passion superbe et folle, menant inexorablement les amants à leur perte. Après ce sublime *Antoine et Cléopâtre*, le théâtre occidental donnera nombre d'*Antoine* et de *Cléopâtre*. Bien qu'aucun n'ait été un véritable chef-d'œuvre, certains connurent un vif succès et marquèrent leur époque, telle la *Cléopâtre* de Victorien Sardou, interprétée en 1890 par Sarah Bernhardt (Fig. 2). Tout autant que la version antique, chacune de ces créations littéraires a nourri les arts plastiques, composant une image qui se métamorphose au fil des siècles : symbole

de la beauté éblouissante, elle est souvent prétexte à dévoiler les charmes du corps féminin. Sur la beauté de Cléopâtre, les témoignages de l'Antiquité sont cependant loin d'être unanimes : les monnaies qu'elle fit frapper à son image nous restituent un profil anguleux et le témoignage de Plutarque confirme que son attrait principal était le charme de sa conversation[14]. Les rares reliefs égyptiens la figurant sont très idéalisés et aucune des statues hellénistiques qui lui sont attribuées n'est inscrite à son nom. Il n'en demeure pas moins que, dans l'imaginaire collectif, Cléopâtre rejoignit dès l'époque romaine d'autres séductrices à la beauté fatale, comme Hélène de Troie.

La pièce de Shakespeare fit de Cléopâtre l'une des héroïnes favorites des artistes du XVIIe et du XVIIIe siècle. Les peintres, tout particulièrement ceux de l'Italie du Nord et des Pays-Bas, s'emparèrent d'un thème offrant des scènes spectaculaires, teintées d'un érotisme qu'autorisait l'Histoire. Il est peu de riches demeures dont la salle de réception ne fut alors ornée d'une tapisserie ou d'une fresque à son image. À Versailles comme à Hampton Court, on pouvait admirer ses effigies de bronze. On retrouvait la reine reproduite jusque sur les pots à lait et les tabatières[15] ! Poursuivant une tradition bien établie, le XVIIIe siècle n'associe pas la reine au mystère de l'Orient, mais met en scène une Cléopâtre blonde et pulpeuse répondant aux rêves de l'Europe. La souveraine peinte par Tiepolo[16] ou Natoire[17], auréolée de boucles dorées, parée de rubans et de bijoux, est vêtue au goût du jour : ses toilettes somptueuses dévoilent largement une gorge laiteuse, attribut traditionnel dans les scènes de séduction. Inspirées de l'Antiquité classique, celles de Mengs[18], de Gauffier[19] ou d'Angelica Kauffmann[20] (Fig. 3), sont coiffées d'un chignon sage et se drapent dans une ample tunique, plus appropriée aux épreuves qui l'accablèrent après la mort d'Antoine. La Cléopâtre mourante est le plus souvent prétexte à une étude de nu où le serpent, lové sur la poitrine, met en valeur les rondeurs d'une victime s'abandonnant avec extase à une mort désirable[21] (Fig. 4). Ce dernier thème, en contradiction avec les sources historiques – s'il y eut morsure, elle aurait été faite au bras –, participe d'une iconographie ancienne, que Michel-Ange servit magnifiquement[22] et dont la source est peut-être une statue antique qui proviendrait de la villa d'Hadrien[23].

Le suicide de Cléopâtre laisse alors peu de place au décor égyptisant. Sans doute, le serpent lui-même introduisait un certain exotisme. Il suggérait aussi des rapprochements avec d'autres héroïnes, Eve au jardin d'Eden, ou d'anciennes divinités de la fécondité. Mais le reptile ne joue parfois que le rôle d'accessoire innocent, bracelet ou élément décoratif, comme dans ce tableau de la fin du XVIIIe siècle où Jean-Baptiste Regnault[24] (Fig. 5) le pose près d'une rose, tandis qu'une Cléopâtre d'aspect hellénistique, se penche vers le spectateur, la bouche entrouverte, dévoilant une poitrine généreuse !

La période montre aussi une particulière prédilection pour les scènes improbables représentant en suppliante

Fig. 3. *Cléopâtre sur la tombe d'Antoine*
Angelica Kauffman, huile sur toile, 1770
Burghley House.

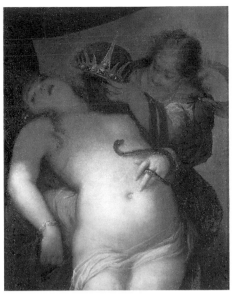

Fig. 4. *La Mort de Cléopâtre*
Mazzoni, huile sur toile
Munich, Bayerische Staatsgemäldesammlungen,

Fig. 5. *Cléopâtre*
Jean-Baptiste Regnault,
huile sur toile, fin du XVIIIᵉ siècle
Collection particulière.

une reine faible, souvent humiliée. Sans doute, comme l'écrit Lucy Hughes-Hallet[25], faut-il y voir le reflet, légèrement teinté de sadisme, de l'idéal féminin qui hantait les hommes de ce temps. Le goût pour les faibles femmes est alors très vif : descendant de son trône, la Cléopâtre du roman de Fielding[26], ne trébuche-t-elle pas pour qu'Antoine ait le loisir de démontrer sa force ! Les peintres du XVIIIᵉ siècle se plaisent à figurer une reine fragile et endeuillée, se penchant avec sollicitude sur le cadavre d'Antoine ou bien ornant de fleurs son tombeau. À la suite du Guerchin, de nombreux artistes illustrent la visite, sans doute imaginaire, qu'Octave rendit à Cléopâtre. Un tableau d'Anton Raphael Mengs nous montre une reine dolente, gisant accablée sur un sopha et plaidant sa cause face au Romain, fièrement calé sur son siège (cat. 384). À travers les esquisses de Cléopâtre agenouillée ou dans une position plus digne, apparaît un des premiers témoignages d'une recherche archéologique, le mobilier de fantaisie disparaît pour des imitations antiques, tandis que la pièce prend un caractère égyptien : vase canope, médaillon inspiré d'une monnaie ptolémaïque et hiéroglyphes sur un pilier. Le voile porté par l'une des suivantes se transforme vaguement en *némès*. Réalisée en 1789, une toile de Gauffier inspirée du même sujet présente un décor égyptisant encore plus riche : Antinoüs et momies

peuplant les niches du mur, sphinx sur le fauteuil, Égyptiens à genoux et frise de hiéroglyphes pour le lit (cat. 385).

Des scènes amoureuses formant le troisième volet du mythe de Cléopâtre, c'est la rencontre de la reine et d'Antoine qui demeure le sujet de prédilection. l'arrivée du bateau royal à Tarse et l'épisode du banquet conjuguent l'évocation de la volupté à une magnificence qui flatte l'amour propre des commanditaires. Exécutées par Tiepolo pour de riches marchands vénitiens, les fresques du palais Labia illustrent avec splendeur la victoire de l'amour sur les armes et mettent en scène une richesse ostentatoire qui renvoie, comme un miroir, celle du propriétaire des lieux : velours et brocarts, étincelante vaisselle d'or, perle mythique. Si le décor, inspiré de Véronèse, est celui d'une grande demeure vénitienne, des serviteurs noirs ou vêtus à la mode turque viennent apporter une touche exotique alors qu'une pyramide imaginaire évoque l'Égypte de façon discrète. Illustrant le même thème, différentes œuvres de Tiepolo témoignent du souci de brosser un cadre véritablement égyptien. La même pyramide se retrouve sur une toile de Moscou, mais un tableau conservé à Melbourne introduit d'autres éléments égyptisants, tout à la fois empruntés au vocabulaire antique et moderne : deux statues d'Isis et de Sérapis, allégories d'Antoine et Cléopâtre, sont copiées dans

Fig. 6. *Cléopâtre*
Hans Makart, huile sur toile, vers 1875
Stuttgart, Staatsgalerie.

un recueil d'antiquités[27] et des sphinx sont ajoutés, si l'on en croit la correspondance d'Algarotti, « pour situer le tableau en Égypte[28] » : ils décorent le fauteuil de la reine, une fontaine et une coupe qui auraient séduit Marie-Antoinette. Une dizaine d'années plus tard, c'est au lion de la Cordonata que Natoire recourt pour donner une touche égyptienne à la rencontre des deux amants ; l'animal, transformé en fontaine, est juché sur un *naos* inscrit de pseudo-hiéroglyphes. La scène, pleine de vivacité, présente un mélange insolite : toge pourpre et casque guerrier pour Antoine, longue robe et couronne médiévale posée sur une chevelure blonde pour la souveraine, qui abrite son teint nacré sous une ombrelle, tandis que le *némès* de ses musiciennes ondule au souffle du vent[29]...

On aurait pu s'attendre à ce que l'Expédition d'Égypte et les progrès rapides de l'égyptologie au début du XIXe siècle contribuent à ressusciter la Cléopâtre historique. Il n'en est rien. La reine hellénistique se voit replacée soit dans le cadre d'une Égypte pharaonique qu'elle n'a jamais connue, soit dans un Orient médiéval, inspiré des *Mille et une nuits*. Les artistes du siècle précédent semblaient peu préoccupés du fait que Cléopâtre soit une étrangère. Le début du XIXe siècle voit fleurir le goût de l'exotisme dont l'Égyptienne devient l'un des symboles ; elle incarne l'Autre : la femme, mais aussi l'orientale, que séparent des millénaires. L'attrait d'un pays que l'on veut mystérieux et d'un lointain passé conjuguent leurs sortilèges, nourrissent un désir d'évasion où les artistes projettent leurs fantasmes. Le voyage en Orient qu'effectuent écrivains et artistes – Gérôme est de ceux là – ne change rien à l'affaire. Le romantisme, la montée de l'impérialisme européen changent le regard que l'Occident porte sur l'Orient. Cléopâtre devient le sujet de tableaux spectaculaires dont le cadre exotique renforce les charmes (Fig. 6). À la magnificence tout européenne des tableaux de Tiepolo, succède l'étalage des richesse d'un Orient imaginaire : le décor est souvent pha-

Fig. 7. *La Mort de Cléopâtre*
John Collier, huile sur toile, 1890
Oldham, Oldham Art Gallery.

Cléopâtre ou les séductions de l'Orient

raonique, inspiré par les publications scientifiques ou les objets de musées et parfois agrémenté d'inscriptions hiéroglyphiques tout à fait correctes. Si les modèles sont souvent reconnaissables, leur emploi est très fantaisiste. En guise de palais, la reine possède un temple qu'embellissent des reliefs et des textes empruntés au rituel divin ; on l'environne de pylônes, d'obélisques et de divinités monstrueuses, peu conciliables avec sa vie privée dont les artistes dépeignent cependant les épisodes les plus invraisemblables. Pour elle sont déployées toutes les richesses de l'Orient et de l'Afrique : perles, damas, mousselines, or, ivoire, ébène, plumes d'autruches, peaux de léopards... parfois une dépouille de tigre nous entraîne vers l'Asie ! La souveraine demeure reconnaissable à sa coiffure en dépouille de vautour, inspirée des modèles pharaoniques ; quelquefois un diadème coiffe sa chevelure, désormais couleur d'ébène, de l'inévitable serpent. Pour le reste, comme ses serviteurs, elle se drape pittoresquement dans des vêtements où l'imitation de l'antique se mêle gaiement à des accessoires évoquant le souk ou le sérail. Les voiles sont transparents, les poses suggestives. La mort de la souveraine devient prétexte à des mises en scène d'un érotisme plus ou moins douteux. Malgré leur cadre pharaonique, celle interprétée par Collier (Fig. 7) et, encore plus, celle de Rixens (cat. 389), sont dignes d'un harem. C'est dans un tout autre registre que se situe la dramatique *Mort de Cléopâtre* peinte par Hans Makart[30] (Fig. 8) : le corps laiteux de la mourante surchargée de bijoux comme une odalisque est modelé par un éclairage théâtral, qui rejette dans l'ombre ses deux suivantes noires. Si les sculpteurs demeurent plus mesurés dans leur interprétation, Clodion avait dès 1780 signé une *Cléopâtre mourante*[31] ; celle créée en 1847 par Ducommun du Locle est allongée à demi nue sur des coussins à décor hiéroglyphique et contemple pensivement le serpent (cat. 386). Le thème est repris en 1858 par l'Américain Wetmore Story qui, aux draperies néo-classiques dénudant largement la poitrine, ajoute un *némès* bien égyptien. Aujourd'hui disparue, une œuvre de Frémiet la figurait renversée sur un siège à pieds de lions, tordant sa chevelure et vêtue de ses seuls bracelets. On s'étonnera moins de cet érotisme pour des œuvres s'inspirant des épisodes de sa vie amoureuse. Exécutée pour la Païva, la *Cléopâtre* de Gérôme dévoile devant un César éberlué les charmes de son corps adolescent (cat. 387). Scandalisant ses contemporains, William Etty symbolise la rencontre de Tarse par un essaim de suivantes dénudées, jaillissant du navire où s'alanguit la reine[32]. Alma-Tadema nous la montre languissante, vêtue d'une peau de félin et dédaignant de lever les yeux sur un Antoine qui surgit dans son navire décoré de guirlandes de roses[33] !

Car à cet Orient mythique, Cléopâtre emprunte aussi la langueur et la cruauté. Dans *Les Princesses* de Banville, elle apparaît, beauté mélancolique et vénéneuse, rayonnant de cet érotisme morbide dont Gustave Moreau fut le magnifique interprète (cat. 391). Dès 1825, la *Cléopâtre* de Pouchkine est symbole d'une violence et d'une cruauté que

Fig. 8. *La Mort de Cléopâtre*
Hans Makart, huile sur toile, 1875
Kassel, Staatliche Museen.

ses amants jugent sublime. Elle incarne pleinement le mythe de la Cléopâtre « femme fatale » dont on peut suivre le cheminement dès l'Antiquité romaine : « Elle était [...] si belle que beaucoup d'hommes payèrent de leur vie pour une nuit passée avec elle » écrivait Sextus Aurelius Victor au IVᵉ siècle de notre ère. Tout au long du siècle lui répondent d'autres créations littéraires. L'héroïne d'une *Nuit de Cléopâtre* que Théophile Gautier, en 1894, nous dépeint rongée par un mortel ennui, se distrait en essayant des poisons et attire pour une nuit de beaux adolescents qu'elle fait mettre à mort dès l'aube. Celle d'un opéra de Massenet apparaît, au lever du rideau, environnée de ses victimes[34]. Celle du roman de Jean Cantel, nonchalamment allongée, est prête à livrer à ses tortionnaires noirs la dernière de ses conquêtes[35]... Comme la plupart des femmes fatales, la carrière de cette Cléopâtre-là, que le cinéma commençait à mettre en scène prit fin avec la Première Guerre mondiale : la réalité l'emporta alors, semble t-il, sur l'imaginaire.

Entre-temps, le thème avait inspiré de nombreux artistes illustrant avec plus ou moins de bonheur la Cléopâtre « femme fatale », telle cette toile fameuse de Cabanel montrant la souveraine en train de tester ses poisons (cat. 390) ou la *Cléopâtre* sculptée par Arcangioli, dont l'attitude un peu vulgaire, la chevelure blonde et bouclée évoquent les vamps du cinéma muet[36].

Il demeure la souveraine, reconnaissable à sa coiffure de vautour, dignement drapée à l'antique mais souvent nue jusqu'à la taille, portant au loin un regard méprisant. C'est ainsi que l'imaginent de nombreux sculpteurs : dès 1868, Henry Weekes la coiffe d'une minuscule couronne hathorique (cat. 388) ; un peu plus tard, Isaac Broome crée pour elle d'étonnants bustes polychromes (Fig. 9) ; Fannière la place dans la cour Carrée du Louvre[37], où elle symbolise l'Égypte éternelle (Fig. 10).

Fig. 9. Buste de *Cléopâtre*
Isaac Broome, 1876 ;
Trenton, New Jersey State Museum.

Fig. 10. *Cléopâtre*
François Fannière,
1902
Cour Carrée du Louvre.

Fig. 11. *Cléopâtre allongée*
Demetre H. Chiparus, bronze, vers 1925
Collection particulière.

Les années Toutankhamon voient naître une autre Cléopâtre, la femme enfant qui doit sans doute beaucoup à la pièce que Bernard Shaw créa à la fin du siècle[38]. Réagissant contre les excès du romantisme, il met en scène une adolescente coquette, frivole et capricieuse, dont l'audace et l'humour correspondent tout à fait à la société née de la Première Guerre mondiale. De délicieuses statuettes de Chiparus nous la montrent court vêtue, coiffée à la garçonne, s'étirant sur un divan encadré de sphinx, seul élément vraiment égyptisant (Fig. 11). Mais alors que les arts tradition-

nels se détournent du sujet, ce sont les modes d'expression modernes qui s'en emparent : le cinéma en 1932, quand Claudette Colbert campe pour la première fois une Cléopâtre moderne, espiègle et amorale ; la publicité qui voit en elle le support idéal pour vanter les produits de beauté ; et même les cabarets, où la souveraine, parée de strass, apparaît montée sur des éléphants.

De telles métamorphoses en témoignent : l'image de Cléopâtre fut, dès les origines, si riche qu'elle en semblait universellement transposable. De tous les éléments que reprendront ces adaptations successives, le plus fascinant est incontestablement son assimilation à la civilisation pharaonique. Malgré la débauche d'accessoires égyptisants ou égyptiens qui l'accompagnent, cette Cléopâtre-là fait-elle encore rêver ? Si la femme a perdu une part de son mystère, elle offre un rêve à la mesure du monde contemporain, associant l'humour et la beauté à la démesure et au fantastique qui demeurent la marque de l'Égypte.

1. On trouvera une bibliographie abondante dans Grant, 1972 et cat. exp. Brooklyn, 1988.
2. *Cf.* Grant, *op. cit.*, p. 201.
3. *Cf.* Suétone, *Divius Julius*, 52 ; Appien, *Guerres civiles*, II, 90.
4. Elle assumait pleinement son assimilation à Isis Hathor et se préoccupa particulièrement des sanctuaires de Haute-Égypte (Denderah, Ermant).
5. *Cf.* Grant, *op. cit.*, p. 227.
6. *Cf.* Tarn, 1934, p. 110.
7. *Cf.* Strabon, XVII, 296.
8. *Cf.* Suétone, *Auguste*, 17, 4.
9. *Cf.* Plutarque., *Vies*, XIII *Antoine*
10. *Cf.* Grant, *op. cit.*, p. 233.
11. *Ibid.*
12. L'ouvrage de référence est aujourd'hui Hughes-Hallet L., *Cleopatra. Histories, Dreams and Distortions*, Londres, 1990 (tout au long de cet essai, nous citons l'éd. Vintage, 1991).
13. *Cf.* Hughes-Hallet, *op. cit.*, p. 88.
14. *Cf.* Plutarque, *Vies*, XIII, *Antoine* 27, 2-5.
15. *Cf.* Hughes-Hallett, *op. cit.*, p. 203.
16. Exécutée vers 1743 ; esquisse à Paris, musée Cognacq-Jay ; tableaux à Melbourne, National Gallery of Victoria et à Archangel, Russie, Musée national.
17. Exécutée en 1756 ; tableau à Nîmes, musée des Beaux-Arts ; esquisse à Rouen, musée des Beaux-Arts.
18. Exécutée vers 1759 ; tableaux à Augsbourg, Städtische Kunstsammlungen (dit « Czernin »), et Stourhead ; nombreuses esquisses, voir cat. 384)
19. Exécutée en 1789 ; tableau à Édimbourg, National Gallery of Scotland.
20. *Cf.* Hughes-Hallet, *op. cit.*, pl. 13.
21. C'est ainsi que la figurent Pietro Ricci ou Guido Reni (*cf.* Hughes-Hallet, *op. cit.*, pl. 11 et 12).
22. Florence, Casa Buonarroti, 2 F.
23. *Cf.* Grenier, 1989b, pp. 10-16.
24. *Cf.* Hughes-Hallett, *op. cit.*, pl. 32.
25. *Ibid.*, pp. 208-209.
26. Fielding, *The Lives of Cleopatra and Octavia*, 1757.
27. *Cf.* Maffei, 1731-1732, cité *in* cat. exp. Melbourne, 1955, p. 132.
28. *Cf.* cat. exp. Melbourne, 1955, p. 132.
29. Peint en 1756, Nîmes, musée des Beaux-Arts, n° 1421.
30. Exécutée en 1875 ; Kassel, Staatliche Sammlung, Neue Galerie.
31. *Cf.* Humbert, 1989, p. 210, note 58.
32. *Cf.* Hughes-Hallett, *op. cit.*, p. 300, pl. 16.
33. *Ibid.*, pl. 33.
34. D'après le livret de Louis Payen paru en 1915.
35. *Cf.* Cantel, 1914.
36. *Cf.* Humbert, *op. cit.*, p.211, note 64.
37. Achevée par Ferdinand Faivre en 1902 ; *cf.* Humbert, *op. cit.*, repr. p. 205.
38. *Cf.* Shaw, 1898.

380 Reine ou déesse ptolémaïque

Edfou, fouilles franco-polonaises, 1939
Époque ptolémaïque, IIIe-Ier siècle avant J.-C.
Calcaire
H. : 8,5 cm ; l. : 12 cm
Paris, musée du Louvre, département
des Antiquités égyptiennes
Inv. E 16603

Faute d'inscriptions, nous ne connaîtrons jamais l'identité du personnage que ce modèle, destiné aux sculpteurs, éternise dans une jeunesse idéale. La pièce fut retrouvée en compagnie d'autres modèles et d'une ébauche de stèle dans ce qui semble être un atelier d'artiste. Nul doute qu'il s'agisse d'une reine ou bien d'une déesse : la jeune femme porte comme coiffure une dépouille de vautour, apanage des divinités féminines et des souveraines. Celle-ci repose sur une longue perruque tripartite, dont les boucles emboîtées évoquent des calices de fleurs. La dame porte un étroit fourreau dont le décor imite le plumage d'un oiseau. On distingue, au niveau de la taille, l'amorce de deux ailes de vautour, qui venaient lui enserrer les hanches, emblème divin ou royal. Les bretelles de la robe dégagent hardiment

Fig. 1.
Description de l'Égypte,
A, vol. V, pl. 73, fig. 14
Paris, musée du Louvre,
bibliothèque centrale
des Musées nationaux.

Fig. 2. et 3. Denderah
Description de l'Égypte,
A, vol. IV, pl. 16, détails
Paris, musée du Louvre,
bibliothèque centrale
des Musées nationaux.

une poitrine voluptueuse, tandis qu'un châle à franges voile l'épaule gauche. Des bijoux rehaussent sa toilette, armilles ornant le haut des bras, et riche collier *ousekh* dont les perles travaillées empruntent des motifs floraux : lotus, marguerites, pétales... Le traitement précis de la coiffure et des détails méticuleux du costume contraste heureusement avec celui du visage, d'une sensibilité exquise, modelé en larges surfaces arrondies, dont la douceur est accentuée par la bouche souriante et la courbe du menton plein. Les rondeurs du corps s'enlèvent nettement du fond, avec un étagement des volumes.

Nous avons là un des exemples les plus achevés de cet art ptolémaïque, où des thèmes anciens sont interprétés avec une sensualité nouvelle et mis au goût du jour, comme en témoigne la notation du châle ou l'interprétation des boucles de la perruque. Faut-il y reconnaître, comme on l'a longtemps affirmé, un art mixte où, tout en conservant les conventions et les thèmes de l'Égypte millénaire, s'exprime l'idéal hellénistique ? On a récemment suggéré d'y voir au contraire l'aboutissement autonome de courants artistiques perceptibles dès les plus anciennes époques[1]. Mais nombre de reliefs de l'Égypte lagide ne montrent pas cette grâce et tombent souvent dans la boursouflure.

Certes, comme l'apprennent les monnaies frappées à son effigie, Cléopâtre VII avait au quotidien une apparence purement hellénique ; mais, ainsi que toutes les reines lagides, elle était figurée dans les scènes religieuses gravées aux murs des temples, perpétuant ainsi les traditions pharaoniques. Ces reliefs sont rares pour notre souveraine. Les mieux conservés, sculptés sur une façade de Denderah[2], nous la montrent vêtue en reine ou déesse égyptienne, accomplissant l'offrande en compagnie de son fils et corégent Césarion, qui porte les attributs des pharaons. C'est sous cet aspect exotique, déjà au temps des Ptolémées, que les artistes modernes se sont plu à la représenter (cat. 390). Dès le XIXᵉ siècle, les grandes publications, à commencer par la *Description de l'Égypte*, popularisaient ce type de représentation féminine que les reliefs des temples ptolémaïques montrent en abondance.

C. Z.

1. *Cf.* Bianchi, 1988, pp. 55-80.
2. *Cf.* Porter et Moss, t. IV, 1939, p. 79 ; illustration *in* Bianchi, p. 56.

Expositions :
Recklinghausen, 1964, nº 64, repr. ; Paris, 1981, nº 324.

Bibliographie sommaire :
Desroches Noblecourt, t. III *Tell Edfou*, 1939, p. 119, Pl. XI, 8 et XII, 1 ; Desroches Noblecourt, 1946, p. 178, Pl. LX ; Desroches Noblecourt, 1961, p. 73, fig. 88 ; Drioton et Du Bourguet, 1965, p. 369, fig. 91 ; cat. exp. Paris, 1981, p. 299.

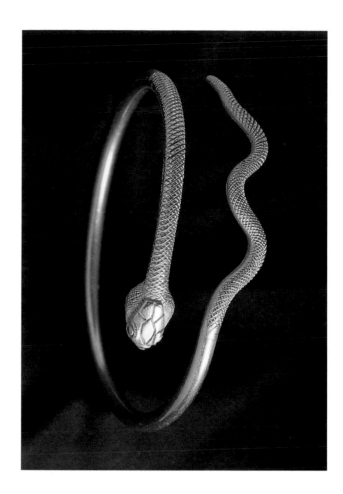

381 Bracelet au serpent

Iᵉʳ siècle avant J.-C.-Iᵉʳ siècle après J.-C. ?
Or massif
Diam. bracelet : 9,8 cm ; L. tête : 1,6 cm ;
l. tête : 1,25 cm ; diam. moyen jonc : 55 mm
Paris, musée du Louvre, département
des Antiquités égyptiennes
Inv. E 27198

Historique :
Collection Parcq léguée en 1978.

Le thème de la vipère, très en vogue dans les bijoux de l'Égypte ptolémaïque et romaine, est une apparition tardive qu'une tradition romanesque associe à la mort de Cléopâtre. Si les Égyptiens s'intéressèrent fort tôt aux reptiles, les adorant en tant qu'images divines, redoutant leur morsure et les classant dans de véritables traités d'ophiologie[1], durant des millénaires seul le cobra-*uraeus* fut reproduit par les orfèvres. Dans les pays voisins, d'autres serpents ornaient avec bonheur les bracelets : on en trouve en Ourartou au IXᵉ siècle avant notre ère[2] et la Grèce en connut dès la période géométrique[3]. À partir du IVᵉ siècle après J.-C.[4], le serpent fait fureur dans tout le monde méditerranéen, constituant une des principales sources d'inspiration de l'orfèvrerie hellénistique : sa plasticité naturelle se prête à de multiples variations et s'adapte idéalement aux bijoux les plus divers. Sur les bagues à spirales, les bracelets, les armilles ou bien les rouelles ouvragées, le reptile dessine ses méandres ou se love, prêt à l'attaque. À l'occasion, il est pourvu de deux têtes affrontées. Sa beauté vénéneuse est souvent rehaussée par le jeu des ciselures, restituant le scintillement des écailles et dessinant avec une précision toute relative les détails anatomiques. On notera ici l'emphase apportée aux écailles de la tête, dont la forme évoque une fleur et qu'on peut rapprocher de la description de l'*echis carinatus*, telle qu'elle apparaît dans un traité d'ophiologie de la Basse Époque égyptienne. Un bracelet similaire, conservé au British Museum, offre un parallèle permettant de proposer une datation, mais il faut garder en mémoire que, comme bien des bijoux antiques, ce type de bracelet fut très souvent copié.

C. Z.

1. *Cf.* Sauneron, 1989.
2. *Cf.* Maxwell-Hyslop, 1971, p. 205.
3. *Cf.* Bianchi, 1988, p. 202, n° 96.
4. *Cf.* Higgins, 1961, p. 172.

382 Cléopâtre : tête antique

Provenance inconnue
30-11 avant J.-C.
Marbre
H. : 28 cm
Berlin, Staatliche Museen Preussischer Kulturbesitz, Antikensammlung (Pergamonmuseum)
Inv. 1976.10

Exposée à Paris

Si l'on excepte le relief très idéalisé de Denderah, montrant une Cléopâtre vêtue à l'égyptienne en compagnie de son fils aîné Césarion (Fig. 1), les seules représentations antiques de la reine munies d'inscriptions permettant de l'identifier sont des pièces de monnaie. Elles montrent un profil féminin, soit seul et portant le diadème des souveraines hellénistiques, soit associé à celui de Marc Antoine (Fig. 2). Dans les soixante émissions qu'on a pu recenser durant le règne, aucune ne figure la reine munie d'attributs pharaoniques. Si toutes n'ont pas valeur de portrait, on y retrouve des caractéristiques physiques correspondant sans doute au véritable visage de Cléopâtre : un nez busqué et une lèvre inférieure arquée, traits proches de ceux de son père Ptolémée Aulète « Dionysos » qui rappellent ceux de leur ancêtre commun Ptolémée Ier Soter, le fondateur de la dynastie. Aussi cruelle que soit la vérité, ces monnaies restituent l'image d'une jeune femme dont la beauté n'a rien d'éblouissant, confirmant la description qu'en faisait Plutarque : « Et de ce fait,

Fig. 1. *Cléopâtre et Césarion représentés en tant qu'Isis et Horus* Denderah, détail du grand temple d'Hathor.

Fig. 2. *Denarius d'Antoine* Monnaie en argent frappée à l'effigie d'Antoine en 34 avant J.-C. Londres, British Museum.

Fig. 3. *Cléopâtre* Tête en pierre Londres, British Museum.

Fig. 4. *Cléopâtre* Tête en marbre trouvée à Cherchell Algérie, Cherchell Museum.

on dit que sa beauté en elle-même n'était pas incomparable ni propre à émerveiller ceux qui la voyaient, mais son commerce familier avait un attrait irrésistible et l'aspect de sa personne, joint à sa conversation séduisante et à la grâce naturelle répandue dans ses paroles, portait en soi une sorte d'aiguillon[1]... »

Toutefois, l'Antiquité a laissé des images plus flatteuses de la reine (Fig. 3), telle cette sculpture magnifique dont l'attribution est fondée sur des similitudes avec la série des monnaies et une tête plus sévère conservée au Vatican[2]. De même qu'une autre tête découverte à Cherchell en Algérie (Fig. 4), l'œuvre a parfois été aussi considérée comme le portrait de la fille de Cléopâtre et d'Antoine, Cléopâtre-Séléné, reine de Maurétanie. La souveraine porte le large diadème hellénistique, ceignant l'habituelle coiffure « en

côte de melon » dont les boucles sont traitées avec une particulière souplesse. Les grands yeux largement ouverts, la courbe pleine du visage composent l'image très classique d'une jeune femme dont la beauté idéale est tempérée par quelques détails réalistes comme la courbe légèrement convexe du nez.

C. Z.

1. Plutarque, *Vies* XIII, *Antoine*, 27, *in* Budé : 3 éd. 1977, pp. 123-124.
2. *Cf.* Kyrieleis, 1975, 185 I N1 I ; Bianchi, 1988, pp. 184-185, cat. 76.

Bibliographie sommaire : Johansen, 1978, pp. 61-62 et fig. 10 ; Grimm, 1979, p. 131 ; Heilmeyer, 1979, pp. 6-7 ; Vierneisel, 1980 ; Altenmüller et Hornbostel, 1982, n° 49 ; Fittschen, 1983, p. 168 ; Maehler, 1983, pp. 95-96 ; Krug, 1984, p. 199 ; Megow, 1985, p. 465 ; Bianchi, 1988, pp. 187-188, cat. 77.

383   Le Banquet de Cléopâtre

Giambattista Tiepolo (1696-1770)
1742-1743
Huile sur toile
H. : 69 cm ; l. : 50,5 cm
Paris, musée Cognacq-Jay
Inv. J. 104

Exposée à Paris

Tiré d'un épisode de la vie de Cléopâtre telle que la raconte Pline l'Ancien[1], le banquet a inspiré de très nombreux artistes[2]. On en connaît le thème : pour éblouir Antoine lors de leur rencontre à Tarse, la souveraine aurait offert le festin le plus coûteux de l'histoire, faisant dissoudre une perle dans un gobelet de vinaigre. Malgré sa totale invraisemblance, la scène symbolise de façon magistrale l'opulence et l'amour. Aux étoffes somptueuses, aux mets délicieux, aux vaisselles précieuses exaltant un luxe suprême et aristocratique, la perle – attribut de Vénus dès l'Antiquité – ajoute sa note d'érotisme.

Tiepolo ne fut pas des moindres à être séduit par le sujet, s'attachant à le servir par des œuvres fort diverses, telles les fresques fameuses du palais Labia ou le grand tableau conservé aujourd'hui à Melbourne (Fig. 1) et dont la toile du musée Cognacq-Jay est une version préparatoire, remarquable par sa spontanéité. La confrontation de ces œuvres met en lumière la distance qui sépare l'image de Cléopâtre de ses modèles antiques, en cette première moitié du XVIIIe siècle qui vit naître les grandes collections archéologiques. Le tableau de Melbourne révèle pour sa part des connaissances égyptologiques chez Tiepolo, dont les contemporains comparent l'érudition avec celle de Raphaël et Poussin[3].

L'artiste a saisi l'instant où la souveraine, sous les yeux fascinés de Marc Antoine et du sénateur Lucius Plan-

cus, présente une perle fabuleuse ; quelques secondes plus tard, elle la fera dissoudre et boira ce breuvage, réalisant ce qui était l'enjeu du pari : dépenser plus de dix millions de sesterces en un seul banquet !

Inspirés de Véronèse, les personnages contrastent sans heurt avec le cadre antique, un décor de palais dont les colonnades s'ouvrent sur un fond d'architecture classique et de cyprès. Environnée de courtisans enturbannés et de serviteurs noirs, une Cléopâtre blonde, parée de moire et de dentelle, fait face à Lucius Plancus, sénateur travesti en potentat à l'allure vaguement orientale. Antoine la contemple, revêtu de son uniforme de général romain : toge pourpre et casque empanaché. De l'anachronisme somptueux des costumes, contrebalancé par la fidélité dans le rendu des monuments antiques, Algarotti, le commanditaire du tableau, s'est expliqué[4]. C'est probablement sur ses conseils que l'artiste modifia le cadre architectural et ajouta un décor égyptisant que l'on peut admirer sur la grande toile de Melbourne : des statues d'Isis et de Sérapis – copies

Fig. 1. *Le Banquet de Cléopâtre*
Giambattista Tiepolo, huile sur toile, 1743-1744
Melbourne, National Gallery of Victoria.

Cléopâtre ou les séductions de l'Orient

d'antique –, dont le couple divin répond à celui des deux amants[5] ; des figures de sphinx, introduites « pour situer la scène en Égypte », ornent une fontaine, les accoudoirs d'un fauteuil et une coupe de fruits, étonnant témoignage d'une égyptomanie qui ajoute son charme discret à cette série d'œuvres admirables.

C. Z.

1. Pline, *Histoire naturelle*, livre IX.
2. Sans atteindre le nombre imposant des *Morts de Cléopâtre*, Pigler ne recense pas moins d'une soixantaine de « banquets » (*cf.* Pigler, 1974, II, pp. 396-398).
3. *Cf.* Algarotti, 1772, pp. 35-36.
4. *Cf.* cat. exp. Melbourne, 1955, p. 132.
5. *Cf.* Maffei, 1731-1732, cité *in* cat. exp. Melbourne, 1955, p. 132.

Expositions :
Paris, 1952, n° 12 ; Venise, 1969, n° 176 ; Paris, 1971, n° 237 ; Rotterdam/Brunswick, décembre 1983-mai 1984.

Bibliographie sommaire :
Molmenti, 1909, p. 206 ; Sack, 1910, pp. 96 et 214, n° 467, pl. 82 ; Molmenti, 1911, p. 199 ; Feuillet, 1925, p. 68 ; Alexandre, 1926, p. 52 ; Seymour de Ricci, *in* cat. exp. Paris, 1929, n° 104 ; Seymour de Ricci, 1929, p. 10 ; Jonas, 1930, n° 104, fig. face p. 36 ; Fry, 1933, p. 132 et p. 133, pl. II ; Vallée, 1948, p. 63 ; cat. exp. Paris, 1952, pl. 20 ; Levey, 1955, pp. 193-203 ; Haskell, 1958, pp. 212-213 et p. 215, fig. 35 ; Knox, 1960, p. 18 ; Hoff, 1961, pp. 125-128 ; Crespelle, 1961, p. 306 et fig. p. 300 ; Cabanne, 1961, p. 115 ; Morassi, 1962, p. 39, fig. 310 ; Pallucchini, 1962, p. 108 ; Haskell, 1963, pp. 352-354, pl. 61, fig. A., éd. italienne 1966 ; Morassi, 1964, p. 103 et p. 216, fig. 80 ; Levey, 1964, p. 33 et p. 133, note 134 ; Levey, 1965, p. 10 et p. 17, note 32 ; Knox, 1965, p. 390 ; Pallucchini et Piovene, 1968, n° 115 A, pl. p. 109 ; Burollet, 1968, p. 33, n° 190 ; Cabanne, 1969, p. 76 et fig. p. 78 ; cat. exp. Venise, 1969, pl. p. 380 et détail p. 381 ; Rosenberg, *in* cat. exp. Paris, 1971, n° 237 ; Vivian, 1971, pp. 40 et 160 ; Bonicatti, 1971, p. 25 et p. 26, fig. 2 ; Cailleux, 1971, p. 100, note 15 ; Burollet, 1972, p. 3241, n° 162 ; Burollet, 1973, p. 3 et pl. p. 5 ; Knox, 1974, pp. 385-386, n° 4 ; Vidal, 1979, p. 4 ; Burollet, 1979, p. 1377 ; Burollet, 1980, pp. 192-196, n° 91 ; Bonnefoy, Palluchini et Le Foll, 1990, fig. p. 110, n° 160 a.

Anton Raphael Mengs (1728-1779)
1759
Huile sur toile
H. : 59,5 cm ; l. : 45 cm
Augsbourg, Städtische Kunstsammlungen,
Barockgalerie im Schaezlerpalais
Inv. n° 12634

Historique :
Dresde, Collection de Charles, comte de
Callenberg, 1784 ; Vienne, collection du comte
Czernin, 1936 ; acquise en 1986 dans le commerce.

Exposée à Paris et à Vienne

C'est sans doute en 1758 qu'Henry Hoare passa commande à Mengs d'une toile figurant Auguste et Cléopâtre, destinée à orner sa splendide demeure de Stourhead où elle ferait pendant à une peinture de Maratti. On en connaît plusieurs versions et notre tableau diffère notablement de celui retenu par le commanditaire, où la souveraine s'agenouille aux pieds de son vainqueur dans une attitude inspirée du Guerchin[1]. Selon S. Röttgen, il faut identifier notre œuvre comme le *modello* d'une première version, sans doute refusée par les agents du commanditaire pour des raisons qu'on ne peut qu'entrevoir à travers la correspondance de l'artiste[2]. Celle-ci nous révèle aussi combien le peintre se préoccupait d'interpréter fidèlement les sources antiques, souci que la fréquentation de Winckelmann arrivé à Rome en 1755 ne pouvait qu'encourager. L'épisode, emprunté au récit de Plutarque et popularisé au début du XVIIIᵉ siècle par Charles Rollin[3], retrace l'entrevue dramatique où Cléopâtre prisonnière aurait plaidé sa cause auprès du futur Auguste : « César laissa passer quelques jours et vint ensuite lui-même pour s'entretenir avec elle et la consoler. Il la trouva misérablement couchée sur un grabat. À son entrée, elle bondit, vêtue d'une simple tunique et se jeta à ses pieds, la tête et le visage affreusement flétris, la voix tremblante et les yeux battus... » Ce n'est pas cet instant que l'artiste avait choisi en premier lieu d'illustrer, mais la suite du récit, au cours duquel Cléopâtre, retrouvant son charme fameux, reprend espoir : « César l'ayant invitée à s'étendre à nouveau et s'étant assis près d'elle, elle entreprit de se justifier en rejetant tout ce qu'elle avait fait sur la fatalité et sur la crainte qu'elle avait d'Antoine[4]. »

Malgré le classicisme de la composition, rappelant tout à la fois les banquets funéraires antiques et un *Moïse* de Poussin[5], l'animation des deux interlocuteurs reflète la tension d'un âpre dialogue. Octave Auguste, sévère et roidement assis, fait face à une Cléopâtre éloquente, invoquant peut-être la protection de Jules César dont la statue domine la scène. À son chevet se tiennent ses deux suivantes, Iras et Charmion, tandis que le traître Séleucos émerge de l'ombre, portant les papyrus qui dénonceront la rouerie de sa maîtresse. L'œuvre, qui eut une influence considérable sur la peinture française néo-classique, présente un double intérêt. Elle s'inspire en partie de modèles gréco-romains que l'artiste avait probablement sous les yeux : les reliefs de la villa Albani pour la composition, calquée sur un banquet funéraire ; ceux de la Galleria Giustiniani pour la table tripode ; une statue de César ornant la villa Borghèse à qui fut ajoutée la pomme, symbole de la gens Julia, pour l'effigie du dictateur[6]. La toile constitue aussi, avec le décor du *café des Anglais* par Piranèse, l'un des exemples les plus précoces de l'égyptomanie dans la Rome du XVIIIᵉ siècle. L'artiste s'est appliqué à reconstituer un intérieur égyptien en puisant à différentes sources : recueils de gravures, pièces de collection ou résultats de fouilles contemporaines. C'est ainsi

Fig. 1. *Cléopâtre devant Antoine*
Le Guerchin, huile sur toile, 1640
Rome, Musée capitolin.

Fig. 2. *Auguste et Cléopâtre*
Dessin préparatoire réalisé vers 1759
du tableau d'Anton Raphael Mengs
conservé à Stourhead House
Museum Boymans-van-Beunigen.

Fig. 3. *Auguste et Cléopâtre*
Anton Raphael Mengs,
huile sur toile destinée à la demeure
de Henry Hoare à Stourhead, 1760-1761
Stourhead National Trust.

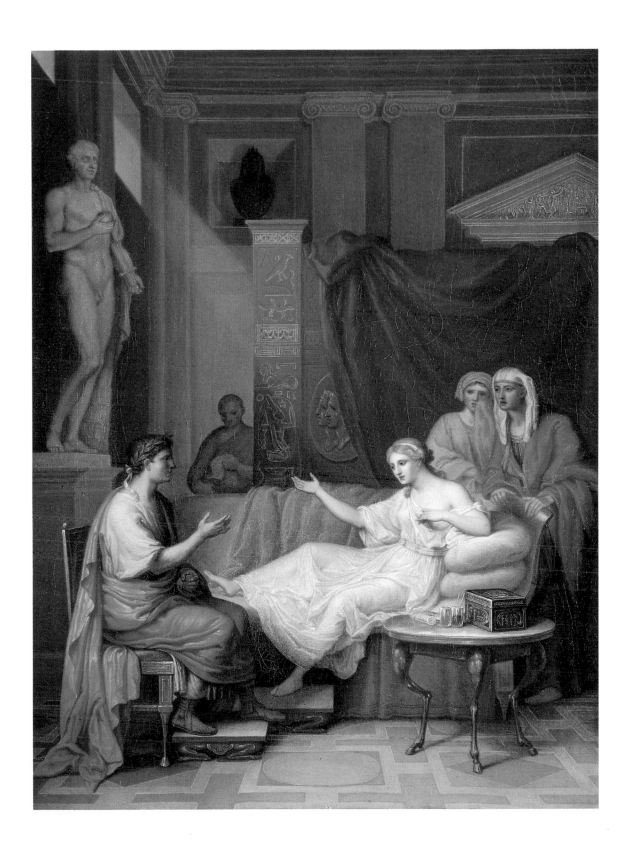

qu'un médaillon imitant une monnaie ptolémaïque[7] se détache sur un petit pylône orné de faux hiéroglyphes. Un coffret posé sur la table basse est décoré de cartouches royaux fantaisistes. Ménagée entre deux pilastres à chapiteau ionique, une petite niche recèle une statue qui, par comparaison avec le tableau conservé à Stourhead, se révèle être un « Osiris-canope[8] ». L'artiste a également apporté un soin tout particulier au personnage de Séleucos dont l'attitude, le crâne rasé et l'ample tunique rappellent les scènes isiaques d'Herculanum publiées en 1760[9], tandis que la coiffure rayée d'une servante évoque le *némès* des pharaons. Les esquisses annonçant le tableau de Stourhead révèlent une même connaissance de l'art égyptien, mettant en scène un Antinoüs et un siège à tête de lion qui, dans la version définitive, ont disparu pour céder la place à une colonnade demandée par le commanditaire[10]. Dans ce souci de renouer avec l'Antiquité qui va bien au-delà de la copie, on peut s'essayer à déceler des influences. Des noms ont été avancés : celui de Winckelmann qui fut l'ami de Mengs, celui de Piranèse avec lequel il eut des affinités artistiques et intellectuelles[11]. Si Mengs ne fut pas le premier à utiliser des éléments égyptiens[12], il n'en demeure pas moins que plusieurs années avant les Cheminées de Piranèse, l'un des plus grands artistes de l'époque affirme un goût archéologique dans lequel l'Égypte tient une place de premier plan.

C. Z.

1. 1760-1761, Stourhead ; reproduction couleur et commentaire les plus récents *in* cat. exp. Londres, 1993, fig. 19, pp. 26-27, n° 48, p. 143, pl. 24 et p. 26.
2. *Cf.* Röttgen, 1977, p. 149 ; Röttgen, *in* cat. exp. Londres, 1993, p. 148, n° 52.
3. *Cf.* Rollin, 1730-1738 ; Rollin, 1738-1741 ; Anonyme, 1967, pp. 123-126.
4. Plutarque, *Vies*, XIII, *in* Budé : éd. 1977, pp. 180-181.
5. *Cf.* Blunt, 1966, p. 14.
6. Pour toutes ces références *cf.* Röttgen, 1977, pp. 148-156.
7. Röttgen, *op. cit.*, p. 154, n° 30.
8. Celui qui figure sur le tableau de Stourhead provient de la villa d'Hadrien, aujourd'hui conservé avec son support au musée du Vatican.
9. *Cf.* Efter, 1760, pl. LX.
10. *Cf.* Röttgen, 1993, p. 116, n° 34.
11. *Ibid.*, p. 26.
12. Outre les recherches de Tiepolo (cat. 383), on connaît un dessin de Jacques-François Martin qui, dès 1750, témoigne de la même érudition, *cf.* cat. exp. Düsseldorf, 1990, p. 178, n° 73, n. 4.

Bibliographie sommaire :
Christoffel, 1918, p. 142 ;
Gerstenberg, 1929, p. 21 ; cat. exp. Madrid, 1929, p. 4 ;
Wilczek, 1936, p. 56, n° 285 ;
Saabye, 1977, pp. 12-38 et fig. 1 ;
Röttgen, 1977, pp. 148-156 ; cat. exp. Düsseldorf, 1990, p. 178, n° 73 ; Röttgen, *in* cat. exp. Londres, 1993, fig. 19, pp. 26-27, n° 48 p. 1.

385 Entrevue d'Auguste et de Cléopâtre après la bataille d'Actium

Louis Gauffier (1762-1801)
1788
Huile sur toile
H. : 83,8 cm ; L. : 1,125 cm
Édimbourg, National Gallery of Scotland
Inv. 2526

Historique :
Commandée par le comte d'Angiviller, 1787 ; Collection Vernier, 1900 ; vente, Paris, galerie Charpentier, 15 juin 1954, n° 64, ill. (David, *Cléopâtre devant Octave après la bataille d'Actium*) ; Achetée par le musée en 1991 avec l'aide du National Arts Collection Fund.

Exposée à Paris et à Ottawa

Bien que documentée au moment de sa commande, l'histoire ultérieure de cette peinture demeure obscure : à une époque ignorée, elle fut faussement signée « L. David » ; la date inscrite – 1788 – quant à elle, était certainement juste, voire authentique. On sait que cette œuvre, identifiée seulement récemment, a été peinte à Rome comme pendant à la version réduite du *Belisarius* de David que possédait le comte d'Angiviller, directeur des Bâtiments[1]. On trouve en effet mention du tableau à partir de 1787 dans la correspondance entre de ce dernier et Ménageot, directeur de l'Académie de France à Rome, qui était à l'origine de la commande et peut-être aussi du sujet[2]. Il est à remarquer que dans sa jeunesse, Mme d'Angiviller avait incarné sur scène, à Versailles, le personnage de Cléopâtre devant Louis XV. Le sujet, décrit par Ménageot comme « l'instant où Cléopâtre, après la mort d'Antoine, reçoit la visite de César-Octavien et cherche encore à le séduire » est issu de l'*Histoire romaine* de Charles Rollin où l'on trouve l'épisode de Cléopâtre montrant à Octave – le futur Auguste – les bustes de César[3]. Il semble que cette composition ait été, en partie au moins, inspirée par le célèbre précédent de Mengs (cat. 383) qui s'est appuyé sur le même texte.

Terminée en 1788, la *Cléopâtre* de Gauffier a rencontré un succès considérable à Rome : si on en croit Ménageot, l'artiste a même reçu des sonnets d'admirateurs[4]. L'œuvre fut remise la même année à d'Angiviller et un an plus tard, le 28 avril 1789, Gauffier quitta Rome pour se rendre à Paris avec la ferme intention de l'exposer au Salon. Elle est répertoriée sous le n° 347 dans le livret du Salon qui fait aussi état de son grand *Alexandre et Ephestion* (n° 345) aujourd'hui perdu, qu'il venait d'achever et du *Jacob venant*

trouver les filles de Laban (n° 346) qui est au Louvre. Le fait que ces peintures aient été consignées dans le supplément au catalogue et accrochées, comme l'a fait remarquer un critique, sans cartouche ni numéro de catalogue, indique qu'elles ont été reçues très tard[5]. Étant donné que de Gauffier, seuls l'*Alexandre* et le *Jacob* sont discutés dans les comptes rendus et que sa *Cléopâtre* n'est jamais mentionnée, il est très probable qu'elle n'ait pas été prêtée par d'Angiviller et n'ait donc jamais figuré au Salon. Cette peinture cependant – la composition historique la plus « égyptienne » à l'époque – a sans doute été vue à Paris à son arrivée en 1788. Certaines œuvres présentées au Prix de Rome de 1789 tendent à prouver que les choses se sont passées ainsi, notamment le *Joseph reconnu par ses frères* de Girodet (Paris, École nationale supérieure des beaux-arts) qui comprend des éléments semblables (cat. 71).

Une petite étude préparatoire à l'huile (Paris, collection particulière) avec des variations dans les personnages et le décor montre que Gauffier a soigneusement mis en scène sa composition ; le mobilier de l'œuvre achevée est plus délibérément égyptien, tout comme la voûte à l'arrière-plan à gauche[6]. Les bandeaux des suivantes de Cléopâtre et, de manière encore plus évidente, sa couche sont décorés de hiéroglyphes fantaisistes inspirés visiblement par l'obélisque de Touthmosis III qui est au Latran. Le trône à sphinx ailés utilisé par Octave est une adaptation d'un siège orné de sphinx grecs qui était jadis à Rome et se trouve aujourd'hui au Louvre. Notons que le trône de Gauffier a été copié à l'identique par Thomas Hope pour quatre sièges de sa maison de Londres. Le lien entre Hope et Gauffier, dont on possède des témoignages depuis environ 1790, a fait l'objet d'une autre notice (cat. 103) mais cette curieuse analogie mériterait d'être plus amplement étudiée[7]. Le lien, voire la source commune, serait Charles Percier, qui séjournait à Rome à la même période que Gauffier et devint plus tard l'un des principaux mentors de Hope.

M. P.

1. La peinture de David, aujourd'hui au Louvre (inv. 3694), a été vendue à une date qui se situe entre le mois d'août 1790 et le mois d'avril 1791 quand il émigra de France. Elle a été acquise par l'État en 1794. *Cf.* Schnapper, *in* cat. exp., 1989, n° 51.
2. *Cf.* Crozet, 1944, pp. 102-103. Ménageot a exposé au Salon de 1785 une *Cléopâtre rendant son dernier hommage au tombeau d'Antoine*, aujourd'hui à Angers.
3. Pour Rollin comme source d'inspiration, *cf.* Walch, 1967, pp. 123-126 et 1968, pp. 20-27.
4. *Cf.* Marmottan, 1926, p. 286.
5. *Cf.* Anonyme, 1798, p. 23 ; au sujet d'*Alexandre* : « Ce tableau, comme les précédents, est anonyme et sans numéro. »
6. Cette étude se trouve aujourd'hui dans une collection privée française. Quand elle faisait encore partie de la collection Gustave Aubry, elle était identifiée comme étant de Gauffier mais avec un titre différent, *Néron et Aggripine*. Elle perdit ensuite cette attribution et figura sous le titre *Antony and Cleopatra*, de David, dans la vente Larache, New York, American Art Association, 21 mars 1929, n° 24, ill. On la retrouva intitulée *Talma et Mlle George dans Britanicus*, de Jean-Baptiste Mallet cette fois, dans deux ventes à Paris : hôtel Drouot, 23 février 1968, n° 55, ill. et hôtel George V, 3 décembre 1981, n° 69, ill.
7. Les sièges de Hope, qui faisaient partie du mobilier de sa galerie de peinture, sont représentés dans son *Household Furniture and Interior Decoration*, 1807, pl. XIX, ill. 6 et 7. Pour d'autres similarités entre le mobilier peint par Gauffier (dans un tableau appartenant à la famille Hope) et le mobilier de la maison de Hope, *cf.* Watkin, 1968, p. 200.

Expositions :
Rome, 1788 ; Paris, Salon de 1789, n° 347.

Bibliographie sommaire :
Marmottan, 1926, pp. 283 et 286 ;
Crozet, 1944, pp. 102-103 et 108 ;

Anonyme, 1991, n.p., ill. coul. ;
Anonyme, 1992, ill. fig. X, p. 564 ; Clifford, 1992, pp. 67 et 74, détail ill. sur la couverture.

386 Cléopâtre

Henri Ducommun du Locle, dit Daniel
(1804-1884)
1852-1853
Bronze
H. : 1,05 m ; L. : 1,80 m
Marseille, musée des Beaux-Arts
Inv. S. 8

Historique :
Commandée le 10 juillet 1852 ; refusée au Salon de 1853 car le marbre original y avait été exposé en 1847 ; présentée à l'Exposition universelle de 1855 (n° 4297) ; placée aux Tuileries ? ; envoyée par l'État au musée de Marseille en 1855.

Exposée à Paris

De la mort de Cléopâtre, le sculpteur Ducommun du Locle nous a légué trois exemplaires, illustrant un passage du récit de Plutarque. Pour tromper la surveillance d'Octave qui veut la voir figurer à son triomphe, la reine utilise un stratagème : « [...] Un homme arriva alors de la campagne, portant un panier. Comme les gardes lui demandaient ce qu'il contenait, il l'ouvrit, écarta les feuilles et montra qu'il était plein de figues. [...] L'aspic, dit-on, fut apporté à Cléopâtre avec ces figues et il avait été caché sous les feuilles, car elle l'avait ainsi ordonné, afin que l'animal l'attaqua sans même qu'elle le sut ; mais, en enlevant des figues, elle le vit et dit : Le voilà donc, puis elle dénuda son bras et l'offrit à la morsure[1]. »

Dès 1844, l'artiste présente au Salon un premier modèle en plâtre, aujourd'hui non localisé (n° 2185). En 1847, un grand marbre traitant le même thème est exposé

387 Cléopâtre et César

Jean-Léon Gérôme (1824-1904)
1865 ?[1]
Esquisse : mine de plomb et fusain sur papier
H. : 17,5 cm ; l. : 13 cm
Vesoul, musée Georges Garret
Inv. 986.3.1

Historique :
Acquis en 1985.

Exposé à Paris

L'épisode de la jeune reine de dix-huit ans, chassée de son palais par les intrigues de son frère et décidée à convaincre César de la rétablir sur le trône, est-il dû à l'imagination de Plutarque ? Son récit ne manque pas de piquant : « Cléopâtre, prenant avec elle un seul de ses amis, le Sicilien Apollodore, monta sur un petit bateau et aborda au palais alors qu'il faisait déjà nuit. N'ayant pas d'autre moyen de passer inaperçue, elle se glissa dans un paquet de couvertures où elle s'étendit de tout son long ; Apollodore lia le paquet avec

une courroie et le porta à l'intérieur jusqu'à César. On dit que celui-ci se laissa prendre par cette première ruse de Cléopâtre. Il la trouva hardie ; captivé ensuite par sa conversation et sa grâce, il la réconcilia avec son frère, dont il lui fit partager la royauté[2]. » Si aucun document historique ne vient la confirmer, cette version romanesque de la rencontre de César et de Cléopâtre continue aujourd'hui à enflammer les imaginations. Bien avant que le cinéma ne s'empare du sujet, les peintres y avaient puisé leur inspiration. Un des tableaux les plus achevés est celui de Gérôme (Fig. 1)[3], exécuté sur une suggestion de Prosper Mérimée. Les dimensions inhabituelles de la toile sont dues à la destination de l'œuvre, conçue pour séparer deux pièces de l'hôtel construit pour la Païva sur les Champs-Élysées. Pour orner la demeure d'une des plus fameuses courtisanes de l'époque, quoi de plus approprié que cette scène mythique de séduction ?

Présenté au Salon de 1866, le tableau suscita des commentaires discordants. Certains critiques sont durs : « Cléopâtre se fait déballer devant César, qui n'a pas l'air très enchanté de ce qu'on lui montre. Et nous non plus. Ni composition, ni style, ni sentiment, ni couleur... Le sujet est bien un peu scabreux, mais que les mères se rassurent. L'auteur s'y est pris de telle sorte que les petits garçons et les petites filles n'y voient que du feu[4]. » Maxime du Camp juge, quant à lui, « cette Cléopâtre bien supérieure à ces douteuses Phryné, à ces Louis XVI étriqués. La reine est... charmante, chaste malgré sa demi-nudité découvrant ses jeunes seins[5] ». Les esquisses – une à l'huile[6] et deux sur papier – récemment retrouvées[7], montrent un César se précipitant pour relever la reine encore à terre. Dans le tableau, les rôles sont inversés : souveraine, Cléopâtre émerge d'un somptueux tapis persan, face au conquérant que la stupéfaction cloue sur son siège ; les secrétaires, à qui il dictait ses *Commentaires*, demeurent pétrifiés. Curieusement, le cadre qui, selon Strahan[8], représente le palais des Ptolémées à

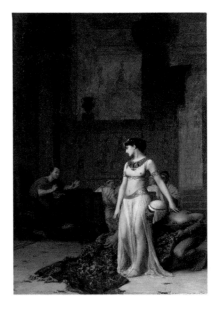

Fig. 1. *Cléopâtre et César*
**Jean-Léon Gérôme,
huile sur toile, 1866
États-Unis,
collection particulière.**

Alexandrie, est également [...] gressivement. D'esquisse [...] disparaissent, en particulie [...] la première composition, [...] métamorphose en sanctua [...] scènes, copie presque conf[...] *tion de l'Égypte* figurant [...] Avec la reine, l'artiste pr[...] aux modèles antiques. Si [...] s'inspirent des monnaie[...] emprunté à l'équipement [...] intermédiaire et l'impalpa[...] tout comme la coiffure de [...] mi-chemin entre le *néme[...]* [...] bédouins ! Éléments pharaoniques, grecs, romains, africains et orientaux composent ainsi le décor d'une Égypte imaginaire pour une Cléopâtre interprétant l'un de ses principaux rôles, celui de la séductrice.

C. Z.

1. Une esquisse du visage de Cléopâtre est datée de 1865 ; *cf.* cat. exp. Vesoul, 1981, n° 72.
2. Plutarque, *Vies*, IX, *Alexandre-César*, in Budé : éd. 1975.
3. *Cléopâtre et César*, huile sur toile datée de 1866 et signée, aujourd'hui aux États-Unis, dans une collection particulière (H. : 1,83 m ; l. 1,295 m).
4. Anonyme, Salon de 1866, Paris.
5. Cité par Guillemin *in* cat. exp. Vesoul, 1981, p. 74.
6. *Cf.* Ackermann, 1986a, p. 218, n° 159 B.
7. Vesoul, inv. 986.3.1 ; cat. vente Paul Prouté, Col. « Domenico », 1980, n° 69.
8. *Cf.* Strahan, 1879-1882, vol. II, pp. 112-114.
9. *Cf. Description de l'Egypte*, A, vol. II, pl. 37.

Expositions :
Vesoul, 1981, n° 74.

Bibliographie sommaire :
Vesoul, 1991, p. 38, n° 38.
Cat. musée.

388 Cléopâtre

Henry Weekes (1807-1877)
1868
Marbre
H. : 1,012 m ; L. : 29,2 cm ; pr. : 38,2 cm ;
H. socle : 47 cm ; L. socle : 28 cm ;
pr. socle : 28 cm
Signée et datée sur le socle, à gauche :
« H. Weekes. R.A. Sc / 1868 »
Ferens Art Gallery, Hull City Museums
and Art Galleries
Inv. S.10

Historique :
Achat M. Simpson (700 livres) et don à une des ventes de la Croix Rouge, Christie's, Londres, 1915-1918 ; achat Sir Jeremiah Colman, BT., pour le Rt. Hon. ; Thomas Robinson Ferens ; don T.R. Ferens, vers 1925.

Sculpteur spécialisé dans les portraits et les monuments, Weekes a réalisé quelques sujets historiques et allégoriques parmi lesquels le *Sardanapale* de 1861 pour l'Egyptian Hall de Mansion House à Londres et le groupe *Le Travail* pour l'Albert Memorial. *Cléopâtre*, l'une des quatre œuvres exposées à la Royal Academy en 1869, est passée relativement inaperçue, éclipsée par la statue qu'il avait faite de la reine Victoria pour Calcutta. Le sujet, inspiré d'*Antoine et Cléopâtre* de Shakespeare représente le moment de la scène du suicide où Cléopâtre profère ces mots : « Approche, mortelle créature, de tes dents acérées tranche à l'instant cet inextricable nœud de vie ; pauvre petite chose venimeuse, mords avec fureur et finissons-en. » L'utilisation de Shakespeare comme source d'inspiration est plutôt inhabituelle, étant donné que cette pièce n'eut guère de succès avant la fin du XIXe siècle. Si ce que rapporte Plutarque sur la reine d'Égypte restait la source principale pour les artistes pendant la plus grande partie du XVIIIe et le début du XIXe siècle – comme le remarque Richard Altick –, l'histoire d'Antoine et Cléopâtre était surtout connue au théâtre grâce à la pièce de Dryden *All for Love*[1].

La Cléopâtre de Weekes est « saisie » au moment où elle est sur le point de poser l'aspic sur son sein. Elle se tient debout, impassible mais se couvrant de son bras droit. Son costume et ses accessoires ne sont que partiellement

égyptiens, mais elle porte sur sa tête la coiffe ornée du vautour reservée aux déesses et aux reines (cat. 379), qui était déjà un accessoire courant dans la sculpture anglaise et américaine des années 1860 : elle figure par exemple sur le buste de 1868 signé James Henry Haseltine[2] (Newark, The Newark Museum). Remarquons au passage qu'à la suite de la construction de l'Egyptian Court au Crystal Palace en 1854, on assista, en Angleterre, à un mouvement en faveur d'une plus grande exactitude historique dans les arts. La première tentative pour recréer sur scène de façon convaincante ce que l'égyptologue Sir J. Wilkinson Gardiner a appelé « cette machinerie compliquée qui tisse pour nous une tapisserie si représentative du passé » fut la mise en scène luxuriante de l'« extraordinaire drame égyptien » d'Edward Fitzball, *Nitocris*, joué à Londres, au théâtre Royal Drury Lane, le 20 octobre 1855[3].

M. P.

1. *Cf.* Altick, 1985, pp. 319-321.
2. *Cf.* Gerdts, 1963, pp. 92, 122.
3. *Cf.* Gardiner, 1856, p. 88.

Expositions :
Londres, 1869, n° 1283 ;
Brighton/Manchester, 1983,
n° 273 ; Hull, 1989, n° 2.

Bibliographie sommaire :
Weekes,1880, ill. ; cat. exp. Hull,
1989, p. 8.

389 La Mort de Cléopâtre

Jean-André Rixens (1846-1924)
1874
Huile sur toile
H. : 1,95 m ; l. : 2,86 m
Toulouse, musée des Augustins
Inv. Ro 239

Souvent illustrée par les peintres du XIXe siècle, la mort de Cléopâtre a donné lieu à de théâtrales mises en scène où le peintre, soucieux de restituer le cadre pharaonique, conjugue les talents du décorateur, de l'accessoiriste et du costumier ! Interprété avec une fidélité plus ou moins scrupuleuse, le thème en est donné par le récit romancé de Plutarque.

La scène se déroule dans le mausolée où la reine s'était réfugiée et avait entassé le trésor des Ptolémées. Faute de témoignages précis, on a reconstitué un monument imaginaire, dont le décor puise à des sources allant du temps des Ramsès à la Basse Époque. À l'arrière-plan, les murs au soubassement orné d'une frise de plantes aquatiques sont couverts de scènes peintes scandées d'inscriptions hiéroglyphiques. Dans la pénombre, on distingue, posée sur un autel à corniche égyptienne, une grande statue de la déesse Isis allaitant l'enfant Horus. Nul doute que l'artiste a puisé

son inspiration dans la riche collection de petits bronzes alors exposés au Louvre, dont il a, par inadvertance, reproduit le caractéristique socle moderne en pierre jaune. À droite, sur une tenture brodée, se détachent des motifs aux vives couleurs : des scarabées ailés ainsi qu'un grand vautour aux ailes déployées, copié sur un bijou également exposé au Louvre (cat. 213). La qualité de la restitution se gâte avec le mobilier, ce qui est pardonnable : il fallut en effet attendre la découverte de la tombe de Toutankhamon pour que des exemplaires en soient popularisés. Dédaignant les modèles proposés par les peintures et les reliefs, Rixens a imaginé, pour le lit et la table basse, un somptueux ensemble d'or aux formes inédites, où quelques palmettes et volutes helléniques se mêlent à un décor très égyptisant emprunté à un ouvrage de Prisse d'Avennes[1] : frise de lotus et de rosettes, disque ailé et grand faucon veillant à la tête du lit. Au pied de celui-ci, gît le panier de figues apporté par un paysan qui, selon le récit, déjoua la vigilance des soldats d'Octave et permit à l'aspic d'entrer clandestinement. Si la peau de félin a pu, à la rigueur, orner un intérieur pharaonique, on est surpris d'y trouver un tapis de haute laine qui nous introduit dans un autre univers, celui de l'Orient du XIXe siècle.

C'est bien à celui-ci qu'appartiennent les trois per-

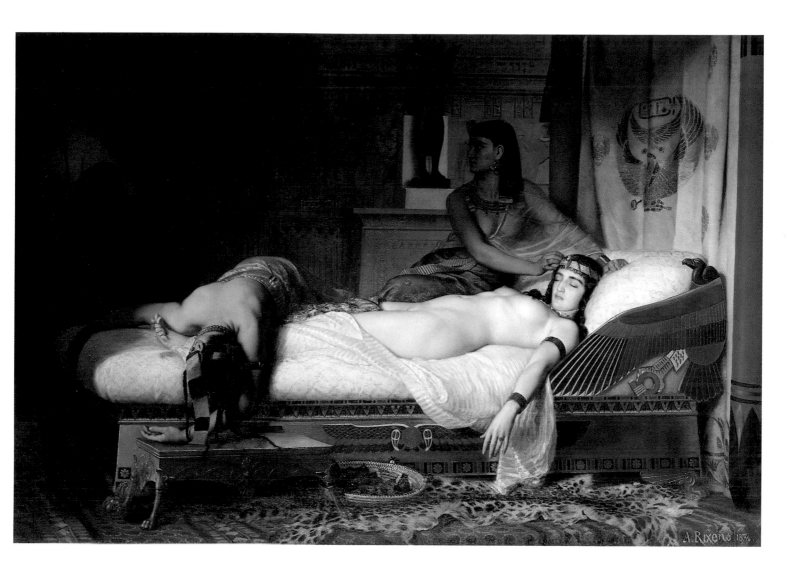

sonnages, la reine entourée de ses fidèles servantes, Charmion et Iras, sa coiffeuse. Certes, la scène est partiellement
fidèle au récit de Plutarque : « Ouvrant la porte, ils trouvèrent Cléopâtre morte, couchée sur un lit d'or et vêtue de ses
habits royaux. L'une de ses suivantes, appelée Iras, expirait
à ses pieds ; l'autre, Charmion, déjà chancelante et appesan-
tie, arrangeait le diadème autour de la tête de la reine[2]. »
Certes, l'attitude de Charmion, visage de profil et épaules de
face, évoque les conventions de l'art pharaonique. Mais les
gazes transparentes et les soieries parant le corps des jeunes
femmes peu vêtues, les voiles plissés et le damas doré sur
lesquels repose la souveraine sont dignes d'une scène de
harem. Le corps offert de la suivante et celui de sa souveraine qui, du costume décrit par Plutarque, n'a gardé que
les bijoux, sont d'un érotisme à peine contenu. La victime,
livide, campée dans un attitude provoquante, n'est pas la

reine d'Égypte mais bien la courtisane dont les charmes
vénéneux captivèrent les deux conquérants de son temps,
César et Marc Antoine. Expression d'un goût qui se forgea
dans le courant du XIXe siècle, l'œuvre continue à réveiller
de vieux fantasmes et jouit d'une popularité certaine : elle
figurait récemment dans le décor d'un film américain, *The
Fantom of the Opera* !

C. Z.

1. *Cf.* Prisse d'Avennes, 1847.
2. Plutarque, *Vies*, XIII, 87, 6-7, éd. 1977, p. 183.

Expositions :
Paris, 1874, n° 1575.

Bibliographie sommaire :
Humbert, 1989, ill. p. 246.

390 Cléopâtre essayant des poisons sur des condamnés à mort

Alexandre Cabanel (1823-1889)
1887
Huile sur toile
H. : 1,65 m ; l. : 2,90 m
Anvers, musée royal des Beaux-Arts
Inv. n° 1505

Largement dévêtue, la reine est alanguie sur un divan que recouvre une dépouille de lion. À ses pieds, un léopard fidèle veille, tel un sphinx. La mine boudeuse, elle balance négligemment un bouquet de lotus. Derrière elle, une servante agite un éventail et se penche, dans une pose étudiée, pour mieux jouir du spectacle. L'un des condamnés vient d'expirer ; on l'emporte. Le second se tord dans des souf-frances indicibles, fixant d'un œil égaré celle qui vient de lui verser le poison fatal. Son gobelet d'argent a roulé à terre.

Si la scène fait aujourd'hui plus sourire que frissonner, on peut encore apprécier le jeu entre la douceur fémi-nine et la férocité, auquel répond le contraste des étoffes légères et du pelage des fauves. On peut tout aussi bien esti-mer le réel souci de reconstitution. Empruntés aux planches de la *Description*[1] (on reconnaît le temple de Philae pour les entrecolonnements et celui d'Edfou pour la porte), les colon-nades au riche décor polychrome et le dossier de l'estrade supportant des colonnes papyriformes brossent un cadre pharaonique que complètent certains éléments du costume : le vautour coiffant la souveraine, ses sandales, ses bijoux s'inspirent étroitement de la documentation de l'époque.

Cléopâtre ou les séductions de l'Orient

Mais les gazes transparentes, les foulards et les longs voiles, tout comme la végétation luxuriante, nous entraînent vers un exotisme plus proche.

Car la Cléopâtre cruelle et nonchalante, prenant plaisir à l'agonie des suppliciés, n'est pas celle des textes antiques. Certes, les assassinats ne manquèrent pas à la cour des Lagides et Plutarque, dans sa vie d'Antoine, consacre tout un chapitre aux expériences auxquelles la reine se serait livrée, après la défaite d'Actium, pour trouver la mort la plus douce[2]. Si cette anecdote est vraie, Cléopâtre est alors animée d'un vif intérêt, purement technique, essayant plusieurs poisons sur des condamnés, avant de tester le venin des serpents !

C'est au XIXe siècle que se forge une autre image, associant aux réminiscences historiques un Orient mythique, celui que content les *Mille et une nuits* dont la publication connaît un grand succès. La reine incarne alors le despotisme à l'orientale, le monarque absolu écrasé par la lassitude du désir assouvi avant même d'être formulé et dont la cruauté capricieuse, superbement négligente, se teinte d'une volupté certaine : les victimes – de très jeunes hommes – sont le plus souvent consentantes. « Viens, murmure la Cléopâtre de Massenet, je suis la mort divine, l'enchanteresse[3]... » Sublime cruauté, délicieux frisson ! La carrière de cette Cléopâtre – femme fatale, qui apparaît très tôt dans la littérature romantique, se poursuivra jusqu'à la Première Guerre mondiale. C'est celle des écrivains et des poètes du XIXe siècle, d'Alexandre Pouchkine, Delphine de Girardin, José Maria de Hérédia, Victorien Sardou ou Jean Cantel. La Cléopâtre de Théophile Gautier, dont la nouvelle fut interprétée en 1908 par les Ballets russes, ressemble comme une sœur à l'héroïne de notre tableau : trompant son ennui par le spectacle de gladiateurs qui affrontent des tigres, elle se complaît aussi à empoisonner les esclaves[4].

C. Z.

1. Entrecolonnements : Philae *cf. Description de l'Égypte*, A, vol. 1, pl. 16 ; Porte : Edfou, élévation du portique du grand temple Edfou, Apollinopolis Magna *cf. Description de l'Égypte*, A, vol I, pl. 53.
2. *Cf.* Plutarque, *Vies*, XIII, *Antoine*, 71, 6-8, Budé : éd. 1977, p. 171.
3. Massenet, *cf.* Hughes-Hallet, n° 110 ; Payen, 1915.
4. « Vous qui voyez avec un sourire sur les lèvres vos esclaves empoisonnés battre du talon et de la tête dans les convulsions de l'agonie, vos beaux pavés de mosaïque et de porphyre » (Gautier, 1894, p. 46).

Expositions :
Paris, Salon de 1887 ; Paris, 1973.

Bibliographie sommaire :
Cat. exp. Paris, Salon de 1887, p. 34, n° 406 ; cat. exp. Paris, 1974, p. 44 (sur Cabanel) ; cat. exp. New York, 1975, pl. 18 ; cat. exp. Anvers, 1977, p. 86, n° 1505 ; cat. exp. New York, 1982, fig. 95.

391   Cléopâtre

Gustave Moreau (1826-1898)
Vers 1887
Aquarelle avec des rehauts de gouache, bordée d'un liseré noir
H. : 40 cm ; l. : 25 cm
Paris, musée du Louvre, département des Arts graphiques
Inv. RF 27900

Historique :
Collection Matthieu Mavrocordato ;
don M. Mavrocordato, 1935.

Exposé à Paris

Les carnets de Gustave Moreau révèlent que dès 1860, l'artiste envisageait de traiter des sujets égyptisants, telle une *Jeune Fille égyptienne nourrissant des ibis*[1]. D'autres œuvres comme *Les Vautours et les Pigeons*[2] ou *Moïse exposé sur le Nil*[3] (Fig. 1) font de larges emprunts aux monuments pharaoniques et s'inspirent peut-être des lithographies de David Roberts[4]. Mais, plus que l'Égypte, c'est la femme fascinante et lointaine, principal thème d'inspiration des années 1880-1890, qu'illustre la série des *Cléopâtre* peintes par Moreau : outre l'aquarelle présentée ici, on connaît deux petites huiles conservées à Paris, au musée Gustave Moreau[5] et une *Cléopâtre sur le Nil*[6].

Pour se donner la mort, la souveraine déchue s'est réfugiée sur une terrasse du palais. Une large baie tendue de rideaux chatoyants encadre une architecture imaginaire, que la lune baigne d'une lumière bleutée : à gauche, la fuite oblique des pylônes, des colonnades et des obélisques évoque quelque temple de la région thébaine, tandis qu'à l'extrême droite un sphinx et deux pyramides font référence au plateau de Gizeh. De grands ibis rouges, chers à l'artiste, veulent accentuer le caractère égyptisant de la scène que renforcent quelques détails supplémentaires : le mufle sombre d'un lion inspiré par les statues de la Cordonata, le lotus rose que tient la souveraine et le cobra royal qui se dresse sur son front.

Les yeux perdus dans un rêve lointain, Cléopâtre nous montre un profil plein de noblesse et se détourne du serpent fatal que l'on devine à peine, blotti sur l'accoudoir gauche de son trône incrusté d'émeraudes. Les tentures exo-

Fig. 1. *Moïse exposé sur le Nil*
Détail de l'œuvre
réalisée par Gustave Moreau vers 1860
Cambridge Mass, Fogg Art.

tiques, les cnémides enrichies de pierreries et l'impalpable drapé, empruntés à l'Antiquité classique, la coiffure et les bijoux, où la richesse rivalise avec l'imagination, mettent en scène la beauté légendaire de la reine d'Égypte qui porte au doigt sa perle fabuleuse. Sans atteindre l'intensité dramatique du *David* de Moreau[7], l'œuvre, servie par un chromatisme subtil, exprime bien la sombre mélancolie de cette ultime nuit d'Orient et fait comme un écho aux vers de Shakespeare : « Finissons, noble dame : l'éclat du jour est mort et nous entrons dans l'obscurité[8]. »

C. Z.

1. Paris, musée Gustave Moreau ; cité par Loyrette, *in* cat. exp., Paris, 1988, p. 97, n° 1 ; comparer avec *La Femme à l'ibis rose*, *in* Mathieu, 1976, n° 407, 1894.
2. *Cf.* Mathieu, *op. cit.*, n° 231, fin 1881.
3. *Ibid.*, n° 172, 1878.
4. *Cf.* Roberts, 1846-1850.
5. *Cf.* cat. exp. Paris, 1974, n°s 659 et 741.
6. *Cf.* Mathieu, *op. cit.*, n° 355, huile sur toile, vers 1887.
7. *Ibid.*, 1976, p. 132.
8. Shakespeare, *Antoine et Cléopâtre*, acte V, scène II.

Expositions :
Paris, 1961, n° 116 ; Tokyo, 1964-1965, n° 110 ; Vienne, 1976-1977, n° 41.

Bibliographie sommaire :
Mathieu, 1976, n° 351, pl. p. 169 et p. 153 ; cat. exp. Vienne, 1976-1977, p. 94.

392 Cléopâtre

Emmanuel Frémiet (1824-1910)
Date inconnue
Bronze
H. : 6,5 cm ; l. : 8,5 cm ; ép. : 3 mm
Signée sur l'avers « E. Frémiet » dans le coin
inférieur gauche de la scène ; inscription
sur la tranche droite : « bronze 167 »
Dijon, musée des Beaux-Arts
Inv. 1885

Historique :
Don Albert Joliet, mai 1907, dans un lot
de médailles.

Si l'on sait peu de chose sur les monnaies et médailles exécutées par Frémiet, l'obscurité est totale sur la date et les circonstances qui présidèrent à l'élaboration de cette *Cléopâtre*, dont les reliefs de cire sur plaque d'ardoise sont conservés au musée d'Orsay (RF 3207 et RF 3208). Peut-être faut-il la mettre en relation avec une statuette du même artiste (Fig. 1), éditée par Sèvres de 1904 à 1910 et figurant la souveraine agonisant. Ici, la reine d'Égypte apparaît en buste, son fin profil encadré d'une dépouille de vautour à la mode pharaonique (cat. 380). Au collier ornant le bas de la plaquette sont suspendues les trois mouches découvertes par Mariette dans le trésor de la reine Iahhotep et qui furent présentées à Paris en 1867, lors de l'Exposition universelle. Les autres éléments décoratifs sont plus énigmatiques : dans le coin droit, deux scarabées et un œil *oudjat* évoquent l'écriture hiéroglyphique, tandis que le monogramme « A.C. » (pour Antoine et Cléopâtre ?) sert de perchoir à deux pigeons (?) symbolisant peut-être la passion qui conduisit les deux amants au trépas ! Sur l'avers, la reine trône sur un éléphant avec les attributs de sa domination : sceptre, lion domestiqué et grand serpent qu'elle foule aux pieds. Deux serviteurs au crâne rasé la suivent sur une monture identique, agitant des éventails pour tempérer l'ardeur du soleil. Les trois personnages et leurs accessoires s'inspirent de scènes du Nouvel Empire et les éléphants, peu représentés dans l'art pharaonique, furent véritablement utilisés dans les armées des Ptolémées. Sans que la scène se réfère à un épisode précis de la vie de Cléopâtre, elle ne manque pas totalement de vraisemblance et offre à Frémiet un prétexte pour déployer ses talents de sculpteur animalier. Il se peut que ce thème lui ait été suggéré par son ami Gérôme, grand admirateur de l'Égypte pharaonique, à qui la souveraine inspira une œuvre fameuse (cat. 387).

C. Z.

Expositions :
Paris, 1967, n° 462 ; Dijon, 1988.

Bibliographie sommaire :
Biez, 1910, p. 283 ; Lami, 1916, p. 416 ; Fauré-Frémiet, 1934, p.147 ; Chevillot, 1988, cat. 142, p. 147.

Fig. 1. Cléopâtre
Statuette en plâtre de Gustave Frémiet
éditée par Sèvres de 1904 à 1910
Sèvres, archives de la manufacture.

Bibliographie

Égyptomanie

Abdoun, Saleh
1971. « Genesi dell'Aida », *Quaderni dell'Istituto di Studi Verdiani*, n° 4, Parme, 1971.

Adam, Jean-Pierre
1988. « L'archéologie travestie », *L'Archéologie et son image*, actes du colloque tenu à Antibes en 1987, Juan-les-Pins, 1988, pp. 185-199.

Allen, Don Cameron
1960. « The Predecessors of Champollion », *Proceedings of the American Philosophical Society*, vol. 104, 1960.
1970. *Mysteriously Meant. The Rediscovery of Pagan Symbolism and Allegorical Interpretation in the Renaissance*, Baltimore-Londres, 1970.

Allen, Harold
1962. « Egyptian influences in Wedgwood Designs », actes du colloque *The Seventh Wedgwood International Seminar*, Chicago, 1962, pp. 65-85.
1981. « Egyptian Wedgwood », actes du colloque *The Twenty-Sixth Wedgwood International Seminar*, Baltimore, 1981, pp. 42-71.

Allroggen-Bedel, Agnès
1982. « Die Antikensammlung in der Villa Albani zur Zeit Winkelmanns », *in* Beck et Bol (éd.), 1982, pp. 301-380.

Anonyme
1868. « Israel in Egypt », *Illustrated London News*, Londres, 25 janvier 1868.
1928. « The New Empress Theatre, Montreal », *Journal of the Royal Architectural Institute of Canada*, t. V, n° 11, novembre 1928, pp. 392-396.
1938. « Au Musée de l'Orangerie : Bonaparte en Égypte », *L'Illustration*, n° 4982, 27 août 1938, pp. 541-543.
1954. « Un style "d'actualité" Le Retour d'Égypte », *Connaissance des Arts*, Paris, n° 33, novembre 1954, pp. 62-67.
1958. « L'Éternelle fascination des obélisques », *Connaissance des Arts*, n° 73, Paris, mars 1958, pp. 36-41.
1982. « L'Égyptomanie », *Gazette des Expositions*, Marseille, 1982, p. 3.
1986. « Le Cimetière de Terre Cabade », *Revue de l'Institut français d'architecture*, numéro spécial sur Toulouse de 1810 à 1860, Paris, 1986, pp. 184-187.

Ansieau, Joëlle
1983. « Deux sculptures de Georges Lacombe : Isis et le Christ », *Revue du Louvre et des Musées de France*, n° 4, 1983, Paris, pp. 287-295.

Arizzoli-Clémentel, Pierre
1972. « Le Mausolée de Turenne aux Invalides », *Revue de la Société des Amis du musée de l'Armée*, n° 76, 1972, pp. 5-12.
1976. « Les Surtouts impériaux en porcelaine de Sèvres, 1804-1814 », *Keramik-Freunde der Schweiz, Mitteilungsblatt*, n° 88, mai 1976, pp. 16-55.
1978. « Charles Percier et la Salle Égyptienne de la Villa Borghèse » *Piranèse et les Français*, colloque tenu à la villa Médicis à Rome en 1976, Rome, 1978, pp. 1-32.

Arnold, Dieter
1985. « Moses und Aida. Das alte Agypten-Dauer und Wandel », *in Agypten-Dauer und Wandel*, actes du colloque tenu au Caire en 1982, Mayence-sur-le-Rhin, 1985, pp. 173-180.

Aufrère, Sydney H.
1990. *La Momie et la Tempête*, Avignon, 1990.

Balas, Édith
1981. « The Art of Egypt as Modigliani's Stylistic Source », *Gazette des Beaux-Arts*, t. XCVII, n° 1345, Paris, février 1981, pp. 87-94.

Baltrusaitis, Jurgis
1967. *La Quête d'Isis : Essai sur la légende d'un mythe. Introduction à l'égyptomanie*, Paris, 1967, rééd. 1985.

Bandiera, John D.
1983. « The City of the Dead : French Eighteenth-Century Designs for Funerary Complexes », *Gazette des Beaux-Arts*, vol. CI, n° 1368, Paris, janvier 1983, pp. 25-32.

Beaucour, Fernand ; Laissus, Yves et Orgogozo, Chantal
1989. *La Découverte de l'Égypte*, Paris, 1989.

Beauthéac, Nadine et Bouchart, François-Xavier
1985. *L'Europe exotique*, Paris, 1985.

Beck, Herbert et Bol, Peter C. (éd.)
1982. *Forschungen zur Villa Albani. Antike Kunst und die Epoche der Aufklärung*, Berlin, 1982.

Beevers, David
1983. « Ancient Egypt and English Furniture », *Antique Collector*, vol. 54, n° 6, juin 1983, pp. 84-89.

Bloemink, Barbara
1990. « Introduction », *in* cat. exp. Yonkers, 1990, pp. 1-4.

Bonser, Kenneth-J.
1960. « Marshall's Mill. Holbeck, Leeds », *Architectural Review*, vol. CXVII, Londres, 1960, pp. 280-282.

Bourrut Lacouture, Annette
1989. « Égyptomanie fin de siècle. Le Typhonium, demeure des peintres Adrien Demont et Virginie Demont-Breton » *Bulletin de la Société de l'Histoire de l'art français*, année 1989, Paris, 1990, pp. 277-296.

Brier, Bob
1990. « Napoleon in Egypt », *in* cat. exp. Brookville, 1990, pp. 3-10.
1992. « Egyptomania », in cat. exp. Brookville, 1992, pp. 3-8.
1993. « Egyptomania, Surveying the Age-Old Fascination with Ancient Egypt », *KMT, A Modern Journal of Ancient Egypt*, vol. 4, n° 1, printemps 1993, pp. 40-51.

Brinks, Jürgen
1973. « Die Ägyptisierenden Nachzeichnungen und Entwürfe des klassizistischen Architekten Georg Ludwig Friedrich Laves », *Niederdeutsche Beiträge zur Kunstgeschichte Wissenschaft*, vol. XII, Munich-Berlin, 1973, pp. 81-116.

Bryan, Bruce
1924. « Movie Realism and Archaeological Fact », *Art and Archaeology*, t. XVIII, n° 4, octobre 1924, pp. 131-144.

Bullock, Edward
1812. *A Companion to Mr. Bullock's London Museum and Pantherion...now open for public inspection in the Egyptian Temple... in Piccadilly*, Londres, 1812.

Caillet, Maurice
1959. « Un rite maçonnique inédit à Toulouse et à Auch en 1806 », *Bulletin de la Société archéologique, historique, littéraire et scientifique du Gers*, L, 1959.

Calderai, Fausto
1985. « Un arredo "totale" », *Domus*, n° 658, février 1985, pp. 42-43.

Calvesi, Maurizio
1988. *Il Mito dell'Egitto nel Rinascimento-Pinturicchio, Piero di Cosimo, Giogione, Francesco Colonna*, Florence, 1988.

Canina, Luigi
1828. *Le Nuove Fabbriche di Villa Borghese denominata Pinciana, dichiarazione dell'architetto Luigi Canina*, Rome, 1828.

Carrott, Richard G.
1961. « The Architect of the Pennsylvania Fire Insurance Building », *Journal of the Society of Architectural Historians*, vol. XX, n° 3, octobre 1961, pp. 138-139.
1966. « The Neo-Egyptian Style in American Architecture », *Antiques*, vol. XC, n° 4, octobre 1966, pp. 482-488.
1978. *The Egyptian Revival. Its Sources, Monuments and Meaning, 1808-1858*, Berkeley, 1978.

Caso, Jacques de
1976. « Venies ad tumulos. Respice sepulcra. Remarques

sur Boullée et l'architecture funéraire à l'âge des Lumières », *Revue de l'Art*, n° 32, 1976, pp. 15-22.

Castelli, Patrizia
1979. *I Geroglifici e il mito dell'Egitto nel Rinascimento*, Florence, 1979.

Celis, Marcel-M.
1984. « De egyptiserende maçonnieke tempels van de Brusselse Loges "Les Amis Philanthropes" en "Les Vrais Amis de l'Union et du Progrès Réunis" », *in M & L (Monumenten en Landschappen)*, n° 3, mai-juin 1984, pp. 25-41.

Chailley, Jacques
1968. *La Flûte enchantée, opéra maçonique*, Paris, 1968, rééd. 1983.

Chappaz, Jean-Luc
1991a. « Mettre en scène Aïda », *L'Egitto fuori dell'Egitto, dalla riscoperta all'Egittologia*, actes du Congrès international tenu à Bologne en 1990, Bologne, pp. 83-87.
1991b. « Petites notes sur Aïda ou l'égyptologie enchantée », *Bulletin du Cercle lyonnais d'égyptologie Victor Loret*, n° 5, 1991, pp. 4-24.

Chellis, Elizabeth
1949. « From the Nile to the Trent, Wedgwood "Egyptian" Wares », *Antiques*, t. LVI, n° 4, octobre 1949, pp. 260-263.

Clayton, Peter A.
1982. *The Rediscovery of Ancient Egypt. Artists and Travellers in the 19th Century*, Londres, 1982.

Coffinier, M.
1978. « Jules Ziegler, 1804-1856, sa vie, son œuvre », *Groupe de recherches et d'études de la céramique du Beauvais*, n° 5, 1978.

Cohen, Ronny H.
1979. « Tut and the 20s : The "Egyptian Look" », *Art in America*, t. 67, n° 2, mars-avril 1979, pp. 86-97.

Coignard, Jérôme
1993. « L'Égypte rêvée ou les tentations de l'Orient », *Beaux Arts*, n° 111, avril 1993, pp. 58-68.

Collectif
1982. *Aida in Cairo*, ouvrage collectif publié par la Banca Nazionale del Lavoro, Le Caire, 1982.
1984a. *Monumenten en Landschappen*, n° 3, mai-juin 1984.
1984b. *Echo van Egypte, Kunstschrift Openbaar Kunstbezit*, n° 5, 1984, pp. 147-179.
1988. *Monumenten en Landschappen*, n° 2, mars-avril 1988, (en flamand).

Conner, Patrick
1985. « Wedding Archaeology to Art : Poynter's Israel in Egypt », Society of Antiquaries, *Influences in Victorian Art and Architecture*, Londres, 1985, pp. 112-120.

Corlett, Dudley S.
1923. « Art on the Screen ; or the Film of Tutankhamen », *Art and Archaeology*, t. XVI, n° 6, décembre 1923, pp. 231-240.

Corteggiani, Jean-Pierre
1990. « Mariette invente Aïda », *in Mémoires d'Égypte*, Paris, 1990, pp. 227-247.

Coulet, Henri
1984. « Quelques aspects du mythe de l'Égypte pharaonique en France au XVIIIe siècle », *Le Miroir égyptien*, Marseille, 1984, pp. 21-28.

Curl, James Stevens
1982. *The Egyptian Revival*, Londres, 1982.
1984. « Egypt in Paris », *Country Life*, vol CLXXVI, n° 4534, 12 juillet 1984, pp. 132-133.
1986. « Du Nil à la Seine », *Connaissance des Arts*, n° 2, Paris, mai 1986, pp. 80-85.
1991. « Aspects of the Egyptian Revival in Architectural Design in the Nineteenth Century : Themes and Motifs », *in L'Egitto fuori dell'Egitto. Dalla riscoperta*

all'Egittologia, actes du Congrès international tenu à Bologne en 1990, Bologne 1991, pp. 89-96.

Curto, Silvio
1985. *Études préliminaires aux religions orientales dans l'Empire romain (EPRO)*, t. 40 : *Le Sculture egizie ed egittizzanti nelle ville Torlonia in Roma*, Leyde, 1985.

Curto, Silvio et Fiora, Elisa
1976. « L'Arte egizia : collezionismo e reviviscenza », *in* cat. exp. Bologne, 1976, pp. 369-376.

Curzon, J. Brian
1981. « The Gods and their Makers – The story of a painting », *Archaeology*, vol. III, n° 1, juillet 1981, pp. 33-36.

Dagen, Philippe
1984. « L'"Exemple égyptien" : Matisse, Derain et Picasso entre fauvisme et cubisme (1905-1908) », *Bulletin de la Société de l'Histoire de l'art français*, 1984, pp. 289-302.

Darby, Michael
1972. « "The Egyptian Spell" : the Legacy of Egypt », *The Sunday Times Magazine*, 19 mars 1972, pp. 19-27 et 26 mars 1972, pp. 22-29.

Dawson, Warren R.
1937. « The First Egyptian Society », *Journal of Egyptian Archeology*, t. XXIII, 1937.

De Felice, Mauro
1982. *Miti ed allegorie egizie in Campidoglio*, Bologne, 1982.

De Meulenaere, Herman
1992. *L'Égypte ancienne dans la peinture du XIXe siècle*, Knokke-Zoute, 1992.

Demey, A.
1983. « Het Lan van Waas, Tien eeuwen Bouwkunst », *Koninkhijke Oudeheidkundige Kring van het Land van Waas, Buitengewone uitgave*, n° 18, 1983, pp. 186-191.

Demisch, Heinz
1977. *Die Sphinx, Geschichte ihrer Darstellung von den Anfängen bis zur Gegenwart*, Stuttgart, 1977.

Dempsey, Charles
1963. « Poussin and Egypt », *The Art Bulletin*, t. XLV, n° 2, New Brunswick, juin 1963, pp. 109-119.

Dessenne, A.
1957. « *Le Sphinx* », *Étude iconographique*, t. I, Paris, 1957.

De Vries, F.B.
1983. « Egypte, bereisd, beroofd, bewaard, beschreven », in Phoenix (Textboek voor de Gelijknamige Leidse tentoonstelling georganiseerd door het genootschap Ex oriente Lux, eveneens zomer 1983), vol. 29, 1983.

Dewulf, M.
1978. « De Egyptische Zaal van het Kasteel Moeland te St.-Niklaas, opgericht als tempel der Rozenkruisers », *Annalen van de koninklijke Oudheidkundige Kring van het Land van Waas*, vol. 81, 1978, pp. 34-43.

Donadoni, Sergio ; Curto, Silvio et Roveri, Anna Maria
1990. *L'Égypte du mythe à l'égyptologie*, Turin 1990.

Dorival, Bernard
1951. « Sources of the art of Gauguin from Java, Egypt and Ancient Greece », *Burlington Magazine*, vol. XCIII, n° 585, avril 1951, pp. 118-122.

Douglas, Ed Polk
1990. « Ancient Egyptian Motifs in Western Decorative Arts : Survival, Revival, and Recreation », *in* cat. exp. Bronxville, 1989, pp. 9-11.

Driault, Édouard
1940. « L'Égypte et Napoléon », *Revue des Études napoléoniennes*, n° 184, mars-avril 1940.

Dubuffet, Jean
1965. « Moindre l'égyptologue », *L'Art Brut*, fascicule 4, Paris, 1965, pp. 101-118.

Dumont, Marie-Jeanne
1988. *Paris Arabesques*, Paris, 1988.

Dunham, Dows
1961. « A Footnote to the History of Egyptology », *American Research Center in Egypt, Inc., Newsletter*, n° 42, New York, juillet 1961.

Durliat, Marcel
1974. « Alexandre Du Mège ou les mythes archéologiques à Toulouse dans le premier tiers du XIXe siècle », *Revue de l'Art*, n° 23, 1974, pp. 30-41.

Eames, Clare
1958-1959. « The Emperor's Cabinet », *Bulletin of the Metropolitan Museum of Art*, vol. XVII, n° 4, New York, décembre 1958-1959, pp. 108-112.

Eckels, Claire Wittler
1950. « The Egyptian revival in America », *Archaeology*, vol. III, septembre 1950, pp. 164-169.

Edmond, Charles
1867. *L'Égypte à l'Exposition universelle de 1867*, Paris, 1867.

Eggebrecht, Eva
1982. *Ägypten : Faszination und Abenteuer*, Mayence-sur-le-Rhin, 1982.

Eloy, Michel
1988. « Archéologie et décors de cinéma. Le forum romain dans "Cléopâtre" », *in L'Archéologie et son image*, actes du colloque tenu à Antibes en 1987, Juan-les-Pins, 1988, pp. 239-259.

Enan, Laïla
1984. « L'Égypte pharaonique : un mythe, des romans français aux ramans égyptiens » *in Le Miroir égyptien*, actes des *Rencontres Méditerranéennes de Provence*, 1983, Marseilles, 1984, pp. 29-39.

Enking, Ragna
1939. « Der Apis-Altar Johann Melchior Dinglingers. Ein Beitrag zur Anseinandersetzung des Abenlandes mit dem alten Ägypten », *Leipziger Ägyptologische Studien*, n° 11, 1939.

Étienne, Bruno
1991. « L'Égyptomanie dans l'hagiographie maçonnique : avatar de l'orientalisme ? », *D'un orient l'autre. Les métamorphoses successives des perceptions et connaissances*, Paris, 1991, pp. 149-180.

Eydoux, Henri-Paul
1974. « L'Égypte à Paris », *Monuments curieux et sites étranges*, Paris, 1974, pp. 341-354.

Fagan, Brian M.
1975a. « Mummies, or the Restless Dead », *Horizon*, vol. XVII, n° 3, été 1975, pp. 64-77.
1975b. *The Rape of the Nile*, New York, 1975.
1977. « Auguste Mariette and Verdi's Aïda », *Antiquity*, LI, 1977.

Fazzini, Richard
1988. « Rêve et réalité. La persistance d'une certaine image de l'Égypte », *Courrier de l'UNESCO*, septembre 1988, pp. 33-35.

Fennimore, D.L.
1990. « Egyptian Influence in Early Nineteenth-Century American Furniture », *Antiques*, vol. CXXXVII, n° 5, mai 1990, pp. 1190-1201.

Fox, Celina
1989. « Kleopatras Nadel in London », *in* cat. exp. Berlin, 1989, pp. 72-83.

Frayling, Christopher
1992. *The Face of Tutankhamon*, Londres, 1992, pp. 10-25, 32-37, 223 et 226.

Gabolde, Marc
1991. « Akoris en Forez (le sphinx de la Bâtie d'Urfé) », *Cercle lyonnais d'égyptologie Victor Loret*, 5, 1991.

Gastineau, Marcel
1933. « Denon et la manufacture de Sèvres sous le Ier Empire », *La Revue de l'Art ancien et moderne*, n° 341, janvier 1933, pp. 21-42.

Gaume, Maxime et Bonnet, Jacques
1980. *Le Sphinx de la Bastie d'Urfé...*, Saint-Étienne, 1980.

Gerdts, William H.
1966. « Egyptian Motifs in Nineteenth-Century American Painting and Sculpture », *Antiques*, vol. XC, n° 4, octobre 1966, pp. 495-501.

Gilbert, Christopher
1971. « Thebes Stool by Liberty and Co. », *Burlington Magazine*, vol. CXIII, n° 825, décembre 1971, p. 741.

Gilet, Annie
1989. « Louis-François Cassas und der Orient », *in* cat. exp. Berlin, 1989, pp. 279-287.

Godwin, Joscelyn
1979. *Athanasius Kircher : A Renaissance Man and the Quest for Lost Knowledge*, Londres, 1979.

González-Palacios, Alvar
1976. « I mani di Piranesi », *Paragone*, vol. XXVII, n° 315, mai 1976, pp. 33-48.
1984. *Il Tempio del Gusto. Le arti decorative in Italia fra classicismi e barocco*. Roma e il Regno delle Due Sicilie, Milan, 1984.

Gordon, Eleanor et Nerenberg, Jean
1979-1980. « Chicago's Colorful Terra Cotta Façades », *Chicago History*, hiver 1979-1980, pp. 224-233.

Graefe, Erhart
1982. « Addendum to W.K. Simpson, "Mariette and Verdi's Aïda" », *Bulletin of the Egiptological Seminar*, vol. 4, 1982, p. 79.

Grafinger, Christine Maria
1990-1991. « Anton Rafael Mengs. Ein Künstler jüdischer Abstammung und das Papyruskabinett der Bibliotheca Apostolica Vaticana », *Jewish Art*, t. XVI/XVII, 1990-1991, pp. 30-45.

Grandjean, Serge
1950. « Le Cabaret égyptien de Napoléon », *Bulletin des Musées de France*, n° III, Paris, avril 1950, pp. 62-65.
1955. « L'Influence égyptienne à Sèvres », *Publicatie van het Genootschap voor Napoleonische Studiân*, n° 8, septembre 1955, pp. 99-105.
1966. *Empire Furniture, 1800 to 1825*, Londres, 1966.
1985. « Musée de la Malmaison, le "cabaret égyptien" de l'Impératrice Joséphine », *Revue du Louvre et des Musées de France*, XXXVe année, n° 2, Paris, 1985, pp. 123-128.

Grant, Éric
1988. « The Sphinx in the North : Egyptian Influences on Landscape, Architecture and Interior Design in Eighteenth- and Nineteenth-Century Scotland », *in Cosgrove, Denis et Daniels, Stephen (éds)*, The Iconography of Landscape, *Cambridge, 1988, pp. 236-253.*

Grognard, François
1792. *À son excellence Madame la Duchesse d'Albe. Songe à réaliser dans la décoration de son palais, Madrid le 10 juillet 1790. Extrait d'un voyage pittoresque en Espagne en 1788, 1789 et 1790. Description d'uen partie des appartements du Palais de son Excellence Monsieur le Duc d'Albe à Madrid. Lettres de François Grognard à son ami NN à Paris. Extraites des son « Voyage Pittoresque en Espagne... »*, Bayonne, 1792.

Guillaume, Jean
1979. « Fontainebleau 1530 : le pavillon des Armes et sa Porte égyptienne », *Bulletin Monumental*, vol. 137, n° 3, 1979, pp. 225-240.

Gunther, Ursula
1973. « Zur Entstehung von Verdis Aida », *Studi Musicali*, vol. II, n° 1, 1973, pp. 15-71.

Hautecœur, Louis
1925. « L'Expédition d'Égypte et l'art français », *Napoléon, Revue des Études napoléoniennes*, janvier-février 1925, pp. 81-87.

Heckscher, William S.
1947. « Bernini's Elephant and Obelisk », *The Art Bulletin*, vol XXIX, n° 3, septembre 1947, pp. 155-182.

Honour, Hugh
1954. « The Curiosities of the Egyptian Hall », *Country Life*, vol. CXV, n° 2973, 7 janvier 1954, pp. 38-39.
1955. « The Egyptian Taste », *The Connoisseur*, vol. CXXXV, n° 456, mai 1955, pp. 242-246.

Howard, Noel
1978. *Hollywood sur Nil*, Paris, 1978.

Hubala, Erich
1956. « Diverse maniere. Bemerkungen zu G.B. Piranesi's ägyptischen Kaminen », *Festgabe für Hans Sedlmayr*, Munich, 1956.
1972. « Das alte Aegypten und die bildende Kunst im 19. Jahrhundert », *in* cat. exp. Munich, 1972, pp. 36-41.

Humbert, Chantal
1983. « L'Égyptomanie au zénith napoléonien », *Gazette de l'hôtel Drouot*, n° 31, 23 septembre 1983, pp. 24-25.

Humbert, Jean-Marcel
1971. « Les Monuments égyptiens et égyptisants de Paris », *Bulletin de la Société française d'égyptologie*, n° 62, octobre 1971.
1974. « Les Obélisques de Paris : projets et réalisations » *Revue de l'Art*, n° 23, 1974, pp. 9-29.
1976. « À propos de l'égyptomanie dans l'œuvre de Verdi. Attribution à Auguste Mariette d'un scénario anonyme de l'Opéra Aïda », *Revue de Musicologie*, LXII, n° 2, Paris, 1976, pp. 229-256.

1979. « L'Obélisque de Louxor », *Paris aux Cent Villages*, n° 47, août 1979, pp. 16-20.

1984. « Hommage à Mariette Pacha », *Programme des spectacles donnés aux Arènes de Nîmes lors du premier festival*, Nîmes, juillet 1984, pp. 16-23.

1984a. « Actualité de l'égyptomanie », *Revue de l'Histoire des religions*, t. CCI n° 1, 1984, pp. 106-108.

1985a. « Mariette Pacha and Verdi's Aida », *Antiquity*, vol. LIX, juillet 1985, pp. 101-104.

1985b. « Présence de l'Égyptomanie dans l'architecture urbaine, thèmes et symboles », actes du *110e Congrès national des Sociétés Savantes* de Montpellier en 1985, *in Études languedociennes*, Paris, 1985, pp. 423-442.

1987a. « L'Égyptomanie dans les collections du musée de l'Armée », *Revue de la Société des Amis du musée de l'Armée*, n° 94, 1987, I, pp. 39-51.

1987b. « Panorama de quatre siècles d'égyptomanie », *Bulletin de la Société française d'égyptologie*, n° 110, octobre 1987, pp. 48-77.

1987/1990. *L'Égyptomanie, sources, thèmes et symboles. Étude de la réutilisation des thèmes décoratifs empruntés à l'Égypte ancienne dans l'art occidental du XVIe siècle à nos jours*, thèse de doctorat d'État, Paris, 1987-Lille, 1990.

1988. « Égyptologie et égyptomanie : imprégnation dans l'art occidental de quatre siècles d'une cohabitation harmonieuse », *Les Collections égyptiennes dans les musées de Saône et Loire*, Autun, 1988, pp. 50-71.

1988a. « Les Pharaons d'Hollywood : archéologie et égyptomanie au cinéma », *L'Archéologie et son image*, actes du colloque tenu à Antibes en 1987, Juan-les-Pins, 1988, pp. 261-274.

1989. *L'Égyptomanie dans l'art occidental*, Paris, 1989.

1990. « Napoléon et l'Égypte ou l'osmose de deux mythes », *in cat. exp. Figeac, 1990*, pp. 31-37.

1990a. « La Réinterprétation de l'Égypte ancienne dans l'architecture du XIXe siècle : un courant original en marge de l'orientalisme », actes du colloque *Pascal-Xavier Coste* tenu à Marseilles en 1987, Paris, 1990, pp. 13-23.

1991. « Égyptomanie et spectacles scéniques du XVIIIe siècle à nos jours », *in Théâtre et spectacles hier et aujourd'hui*, Paris, 1991, pp. 485-495.

1991. « L'Égyptomanie dans la décoration intérieure au XIXe siècle : vers l'universalisation d'un mythe », *in L'Egitto fuori dell'Egitto. Dalla riscoperta all'Egittologia*, actes du Congrès international tenu à Bologne en 1990, Bologne, 1991, pp. 221-231.

1993. « Aïda ou l'archéologie à l'égyptomanie », *Aïda*, L'Avant-Scène Opéra n° 4, nvelle éd. revue et corrigée, avril 1993, pp. 8-15.

à paraître. « La Redécouverte de Denderah et son interprétation dans l'art du XIXe siècle », *in Hommages à Jean Leclant*, Le Caire, 1993, à paraître.

Humbert, Jean-Marcel et Wiegand, Wielfried
1985. « Paris liegt am Nil », *Frankfurter Allgemeine Magazin*, n° 274, Francfort-sur-le-Main, 31 mai 1985, pp. 52-60.

Irace, Fulvio
1985. « Architetture da caffè : Pedrocchi's Coffe House », *Domus*, n° 658, février 1985, pp. 20-23.

Iversen, Erik
1961. *The Myth of Egypt and its Hieroglyphs in European Tradition*, Copenhague, 1961.
1968. *Obelisks in Exile*, vol. 1 : *The Obelisks of Rome*, Copenhague, 1968.
1972. *Obelisks in exile*, vol. II : *The Obelisks of Istanbul and England*, Copenhague, 1972.

Jaeger, Bertrand
1991. « L'Egitto antico alla corte dei Gonzaga (La loggia delle Muse al Palazzo Te ed altre testimonianze) », actes du congrès international tenu à Bologne en 1990 (*L'Egitto fuori dell'Egitto*), Bologne, 26-29 mars 1991, pp. 233-253.

Johnson, J. Stewart
1966. « The Egyptian Revival in the Decorative Arts », *Antiques*, t. XC, n° 4, octobre 1966, pp. 489-494.

Jones, Owen et Bonomi, Joseph
1854. *Description of the Egyptian Court*, Londres, 1854.

Jullian, Philippe
1961. « Napoléon sous l'empire des pharaons », *Connaissance des Arts*, n° 118, Paris, décembre 1961, pp. 124-133.

Kérisel, Jean
1991. *La Pyramide à travers les âges*, Paris, 1991.

Koppelkam, Stefan
1987. *Der imaginäre Orient ; Exotische Bauten des achtzehnten und neunzehnten Jahrhunderts in Europa*, Berlin, 1987.

Lamia, Stephen
1990a. « Egypt : The Source and the Legacy », *in cat. exp. Bronxville, 1989*, pp. 2-3.
1990b. « The Lotus and the Pyramid, the Temple and the Sphinx-I : Painted Themes », *in cat. exp. Bronxville, 1989*, pp. 7-8.
1990c. « The Lotus and the Pyramid, the Temple and the Sphinx-II : Works on Paper », *cat. exp. Bronxville, 1989*, pp. 12-16.

Lancaster, Clay
1947. « Oriental Forms in American Architecture », *Art Bulletin*, vol. XXIX, n° 3, 1947, pp. 183-193.
1950. « The Egyptian Hall and Mrs Trollope's Bazaar », *Magazine of Art*, vol. XLIII, n° 3, 1950, pp. 94-99.

Lant, Antonia
1992. « The Curse of the Pharaoh, or How Cinema Contracted Egyptomania », *October*, n° 59, hiver 1992, pp. 86-112.

Leclant, Jean
1969. « En quête de l'égyptomanie », *Revue de l'art*, n° 5, 1969, pp. 82-88.
1985. « De l'égyptophilie à l'égyptologie : érudits, voyageurs, collectionneurs et mécènes », lecture faite au cours de la séance publique annuelle du 22 novembre 1985, CRAI Institut, 4e fasc., 1985, pp. 630-647.

Ledoux-Lebard, Guy
1991. « Les Modèles en bronze du Temple de Tentyris en Égypte », *Bulletin de la Société des Amis de Malmaison*, 1991.

Lefebvre, Georges
1945. « L'Égypte et le vocabulaire de Balzac et de Théophile Gautier », *Académie des inscriptions et belles lettres*, 1945, pp. 15-16.

Lefuel, Olivier
1970. « L'Influence de la Campagne d'Égypte sur l'art français », *Souvenir Napoléonien*, n° 255, juillet 1970, pp. 26-29.

Leospo, Enrica
1978. *Études préliminaires aux religions orientales dans l'Empire romain*, (EPRO), t. 70 : *La Mensa isiaca di Torino*, Leyde, 1978.
1989. « Athanasius Kircher und das Museo Kircheriano », *in cat. exp. Berlin, 1989*, pp. 58-71.
1991. « Atanasio Kircher e l'Egitto : il formarsi di una collezione egizia nel Museo del Collegio Romano », actes du congrès international tenu à Bologne en 1990 (*L'Egitto fuori dell' Egitto. Dalla riscoperta all'Egittologia*), Bologne, 1991, pp. 269-281.

Liebenwein, Wofgang
1981. « Der Porticus Clemens'XI. und sein Statuenschmuck. Antikenrezeption und Kapitolsidce im frühen 18. Jahrhundert », *in Beck, Bol, Prinz et Steuben éd.*, Berlin, 1981, pp. 73-118.

Loring, John
1979. « Egyptomania : The Nile style », *The Connoisseur*, vol. CC, n° 804, février 1979, pp. 114-121.

Madot, Petra et Warmenbol, Eugène, voir Warmenbol.

Meisel, Martin
1964. « Cleopatra and "The Flight into Egypt" », *The Shaw Review*, vol. VII, 1964, pp. 62-63.

Mekhitarian, Arpag
1991. « L'Aube de la Fondation égyptologique Reine Élizabeth », *in cat. exp.*, Bruxelles, 1991.

Meltzer, Edmund S.
1978. « Mariette and Aida once again », *Antiquity*, vol. LII, 1978, pp. 50-51.

Menu, Bernadette
1987. *L'Obélisque de la Concorde*, Paris, 1987.
1987. « L'Obélisque de la Concorde », *Bulletin de la Société française d'égyptologie*, n° 108, mars 1987, pp. 26-54.

Messina, Maria Grazia
1983. « Piranesi : l'ornato e il gusto egizio », actes du congrès *Piranesi e la cultura antiquaria*, Rome, 1983.

Mitchell, Timothy
1988. *Colonising Egypt*, Berkeley-Los Angeles-Oxford, 1988.

Morenz, Siegfried
1952. « Die Zauberflöte, eine Studie zum Lebenszusammenhang Aegypten-Antike-Abendland », *Münsterische Forschungen*, vol. V, n° 2, 1952.
1968. « Die Begegnung Europas mit Agypten », *Sitzungsberichte der Sächsischen Akademie der Wissenschaften zu Leipzig*, vol. CXIII, n° 5, 1968, pp.152 ff.

Mossakowski, Stanislaw
1976-1980. « Il Mausoleo dei Morstin a Varsavia ed'egittologia' del seicento », *Colloqui del sodalizio*, 2e ser., vol. 6, 1976-1980, pp. 50-59.

Mouilleseaux, Jean-Pierre et Lenoir, Alexandre
1989. « Les Colosses funèbres », *FMR*, vol. VI, n° 21, août 1989, pp. 25-50.

Nilsson, Sten Ake
1964. « Pyramid pa Gustav Adolfs torg. Autecknigar om Carl August Ehrensvärds arkitektur », *Konsthistorisk Tidskrift*, vol. 33, 1964, pp. 1-20.

Novion, Raymond
1955. « Présence de l'Égypte dans la vie française », *Le Musée vivant*, n° 4, janvier 1955, pp. 85-88.

Olausson, Magnus
1985. « Freemasonry, Occultism and the Picturesque Garden Towards the End of the Eighteenth Century », *Art History*, vol. VIII, n° 4, décembre 1985, pp. 418-433.

Ormond, Richard
1965. « Holman Hunt's Egyptian Chairs », *Apollo*, vol. LXXXII, n° 41, juillet 1965, pp. 55-58.

Ottilinger, Eva B.
1989. « Variationen eines altägyptischen Hockens. Eine Rezeptionsgeschichte », *Kunst und Antiquitäten*, n° 3, 1989, pp. 75-84.
1992. « Interiors in Transformation : The Two "Egyptian" Rooms in the Apartment of the Empress Maria Ludovica in the Vienna Hofburg », *Furniture History*, 1992, pp. 137-144.

Parisi, F.
1782. *Descrizione della Stanza Egizia della Villa Pinciana*, Rome, 1782 (texte repr. *in* Arizzoli-Clémentel, 1978).

Parlasca, Klaus
1974. « Motive antiker Stüzfiguren an Kaminen des Frühklassizismus », *Zeitschrift für Kunstgeschichte*, vol. 36, 1974, pp. 276-278.

Pas, J.
1986. « Das ist auferstandes echt ägyptisches Leben ! », *Oud-Egyptische taferelen in het Werk van L. Alma-Tadema en tijdgenoten*, Louvain, 1986.

Peignot, Jérôme
1968. « Du sexe des sphinx », *L'Œil*, n° 161, Paris, mai 1968, pp. 12-21, 82.
1972. « L'Obélisque phare du soleil », *L'Œil*, n° 205, janvier 1972, pp. 18-25.

Pevsner, Nikolaus et Lang, Susan
1956. « The Egyptian Revival », *The Architectural Review*, vol. CXIX, 1956, pp. 242-254, repris *in* Pevsner, Nikolaus, *Studies in Art Architecture and design*, t. I, Londres, 1968, vol. I, pp. 213-235, 245-248.

Pierce, Patricia Dawes
1980. *Deciphering Egypt : Four Studies in the American Sublime*, mémoire de maîtrise, Yale University, 1980.

Pugin, Augustus Welby
1843. *An Apology for the Revival of Christian Architecture in England*, Oxford, 1843.

Quaegebeur, Jan
1988. *Egypte Herkerkend*, Louvain, 1988.

Raven, Maarten
1980. « Alma-Tadema als Amateur-Egyptoloog », *Bulletin van het Rijksmuseum*, vol. XXVIII, n° 3, 1980, pp. 103-117.
1980a. *Twee reconstructies van het oude Egypte*, Leyde, 1980.

Reuterswärd, Oscar
1989. « Nyantikens pyramider i Danmark », *in Pâ Klassisk Grund* (Meddeleser fra Thorvaldsens Museum), Copenhague, 1989, pp. 63-71.

Rockett, William
1982. « The Egyptian Revival », *Aramco World Maga-

zine, vol. XXXIII, n° 1, janvier-février 1982, pp. 12-19.

Roos, Frank J.
1940. « The Egyptian Style », *Magazine of Art*, vol. XXXIII, n° 4, avril 1940, pp. 218-223, 255-256.

Röttgen, Steffi
1980. « Das Papyruskabinett von Mengs in der Biblioteca Vaticana. Ein Beitrag zur Idee und Geschichte des Museo Pio Clementino », *Münchner Jahrbuch der Kunstgeschichte*, 31, 1980, pp. 189-246.

Roullet, Anne
1972. *Études préliminaires aux religions orientales dans l'Empire romain (EPRO)*, t. 20 : *The Egyptian and Egyptianizing Monuments of Imperial Rome*, Leyde, 1972.

Saabye, Marianne
1976. « Augustus og Cleopatra. Dokumentation omkring et malerei af Anton Raphael Mengs », *Kunstmuseets Aarskrift*, vol. LXIII, 1976, Copenhague 1977, pp. 12-38.

Samoyault, Jean-Pierre
1977. « Chefs-d'œuvre en tôle vernie de l'époque consulaire et impériale (1801-1806) », *Revue du Louvre et des musées de France*, n° 5/6, 1977, pp. 322-334.

Sancho, J.L.
1989. « Proyectos de Dugourc para decoraciones arquitectonicas en las casitas de El Pardo y El Escorial », *Reales Sistos*, vol. XXVI, n° 101, automne 1989, pp. 21-31 et n° 102, hiver 1989, pp. 31-36.

Scamuzzi, Ernesto
1939. *La « Mensa Isiaca » del Regio museo di antichità di Torino*, Rome, 1939.

Schmidt, Hans-Werner
1989. « Die Pyramide in der Moderne, Anmerkungen zu einem Architekturmotiv », *Kunst und Antiquitäten*, n° 3, 1989, pp. 85-92.

Schoske, Sylvia
1989. « Ägypten und Rom. Die Kunst des Nillandes in der antiken Metropole », *Kunst und Antiquitäten*, n° 3, 1989, pp. 34-42.

Sewell, Brian
1983. « Israel in Egypt », *Art and Artists*, n° 200, mai 1983.

Siebenmorgen, Harald
1983. *Die Anfänge der "Beuromer Kunstschule", Peter Lenz und Jakob Wüger 1850-1870*, Sigmaringen, 1983, pp. 245-247 et 399-456.

Siegler, Bernadette M.
1990. « The Egyptian Movement in American Decorative Arts 1865-1935 », *in* cat. exp. New York, 1990, pp. 11-30.

Simpson, W. K.
1980. « Mariette and Verdi's Aida », *Bulletin of the Egyptological Seminar*, n° 2, 1980, pp. 111-119.

Sist, Loredana
1991. « Le Collezioni egiziane in Roma », actes du colloque tenu à Bologne en 1990 (*L'Egitto fuori dell'Egitto. Dalla riscoperta all' Egittologia*), Bologne, 1991.

Solé, Jacques
1972. « Un exemple d'archéologie des sciences humaines : l'étude de l'égyptomanie du XVIᵉ au XVIIIᵉ siècles », *Annales, Sociétés, Civilisations*, 1972, pp. 473-482.

Solomon, Jon
1978. *The Ancient World in the Cinema*, Crabury, 1978.

Stayton, Kevin
1990. « Revivalism and the Egyptian Movement », *in* cat. exp. New York, 1990, pp. 5-10.

Stromberg, Kyra
1989. « Die Wege der Sphinx. Zur Geschichte eines Rätselwenses », *Kunst und Antiquitäten*, n° 3, 1989, pp. 44-47.

Syndram, Dirk
1988. « Rätselhafte Hieroglyphen. Porzellane des 18. Jahrhunderts mit ägyptisierendem Dekor », *Jahrbuch des Museums für Kunst und Gewerbe in Hamburg*, vol. 6/7, Hambourg, 1988, pp. 149-162.
1989a. « Das Erbe der Pharaonen. Zur Ikonographie Ägyptens in Europa », *in* cat. exp. Berlin, 1989, pp. 18-55.
1989b. « Die "Urzeit" als Avant-garde », *Kunst & Antiquitäten*, n° 3, 1989, pp. 48-57.
1990. *Ägypten-Faszinationen. Untersuchungen zum Ägyp-*

tenbild im europäischen Klassizismus bis 1800, Francfort-sur-le-Main, 1990.

Taylor, John Russell
1983. « In the Wake of Tutankhamen », *Art and Artists*, n° 200, mai 1983, pp. 9-10.

Thévoz, Michel
1979. « L'Orient : réalité et fantasme », *Silex*, n° 13, septembre 1979, pp. 96-104.

Thomas, Gina
1989. « Das Ägyptische Service in London », *Kunst und Antiquitäten*, n° 3, 1989, pp. 70-73.

Truman, Charles
1979. « Emperor, King and Duke », *The Connoisseur*, vol. CCII, n° 813, novembre 1979, pp. 148-155.
1982. *The Sèvres Egyptian Service*, 1810-1812, Londres, 1982.

Van Rinsveld, Bernard
1991. « Une égyptomanie anti-bonapartiste : le journaliste Jean-Gabriel Peltier », *Chronique d'Égypte*, LXVI, (1991), fasc. 131-132, pp. 5-22.
1993. « Une "Statue-cube" égyptisante aux musées royaux d'art et d'histoire », *in Aegyptus Museis Rediviva, Muscellanea in honorem Hermanni de Meulenaere*, Bruxelles, 1993, pp. 169-184.

Vercoutter, Jean
1986. *À la recherche de l'Égypte oubliée*, Paris, 1986.

Vogel, Hans
1928-1929. « Aegyptisierende Baukust des Klassizismus », *Zeitschrift für Bildende Kunst*, vol. XLII, 1928-1929, pp. 160-165.

Volait, Mercedes
1991a. « Le Caire-Paris », *D'un Orient à l'autre*, Paris, t. 1, 1991, pp. 555-558 et fig. 1-26.
1991b. « Architectures de la décennie pharaonique en Égypte (1922-1932) », *Images d'Égypte, de la fresque à la bande dessinée*, 1991, pp. 163-186.

Warlick, M.E.
1992. « Mythic Rebirth in Gustav Klimt's Stoclet Frieze : New Considerations of Its Egyptianizing Form and Content », *Art Bulletin*, LXXIV, n° 1, mars 1992, pp. 115-134.

Warmenbol, Eugène
1993. « La Description de l'Égypte dans la Belgique napoléonnienne », *in Henri-Joseph Redouté et l'Expédition de Bonaparte en Égypte* (Saint-Hubert en Ardenne, *Art-Histoire-Folklore*, t. 4, 1993), pp. 104-111.

Warmenbol, Eugène et Maclot, Petra
1984. « Twee tempels onder de slopershamer : aantekeningen bij de afbraak van logegebouw van, "Les Amis du Commerce et la Persévérance Réunis" te Antwerpen », *M & L* (*Monumenten en Landschappen*), n° 3, mai-juin 1984, pp. 17-24.
1985. « Bevangen door Egypte : de Egyptische Tempel in de Antwerpse Zoo in Kunsthistorisch perspectief », *in* Cécile Kruyfhooft (éd.), *Zoom op Zoo* (numéro spécial de la revue Zoo Antwerpen), 1985, pp. 359-391.
1988. « Antwerpen aan de Jijl : Aantekeningen bij de bouw van een Egyptische tempel te Antwerpen (1855-1862) », Antwerpen, *Tijdschrift der Stad Antwerpen*, n° 1, 1988, pp. 34-43.

Warmenbol, Eugène et Wasseige, Marie-Noëlle
1990. « À la recherche de l'Égypte perdue : l'égyptomanie en Belgique au XIXᵉ siècle », *Art & Fact*, n° 9, 1990, pp. 105-112.

Wasseige, Marie-Noëlle et Warmenbol, Eugène
1990. voir Warmenbol.

Watkin, David
1968. *Thomas Hope 1769-1831 and the Neo-Classical Idea*, Londres, 1968.

Westcott, W. Wynn
1976. *The Isiac Tablet or the Bembine Table of Isis*, 1887, repris *in* cat. exp. Los Angeles, 1976.

Whitehouse, Helen
1981. « Egypt in Western Art », *in Atlas of Anacient Egypt*, Oxford, 1981, pp. 222-223.
1983. « Egypt on the Grand Tour », *Art and Artists*, n° 200, mai 1983, pp. 23-25.
1992. « Towards a Kind of Egyptology : the Graphic Documentation of Ancient Egypt, 1587-1666 », *Documentary Culture : Florence and Rome from Grand-Duke Ferdinand I to Pope Alexander VII*, Bologne, 1992.

Wilkinson, Sir J. Gardiner
1856. « A Chat about Cleopatra », *in* Cuthbert Bede, (pseud. d'Edward Bradley), *The Shilling Book of Beauty*, Londres, 1856.

Wills, Jesse E.
1952. « An Echo from Egypt. A History of the Building Occupied by the First Presbyterian Church, Nashville, Tenessee », Tenessee Historical Ouarterly, vol. XI, mars 1952, pp. 63-77.

Wilson, Joan
1975. « Little Gifts Keep Friendship Alive – An Historic Sèvres Dessert Service », *Apollo*, CII, n° 161, juillet 1975, pp. 50-60.

Wilson, John-Albert
1964. *Signs and Wonders upon Pharaoh*, Chicago, 1964.

Wischnitzer, Rachel
1951-52. « The Egyptian revival in Synagogue Architecture », *Publications of the American Jewish Historical Society*, vol. XLI, n°ˢ 1-4, 1951-1952, pp. 61-75.

Witt-Dörring, Christian
1989. « Der ägyptische Geschmack in Österreich. Ursprung und Entwicklung einer neuen Mode », *Kunst und Antiquitäten*, n° 3, 1989, pp. 62-69.

Wittkower, Rudolf
1967. « Piranesi e il gusto egiziano » *in* Vittore Branca (éd.), *Civilta europea e civilta veneziana, aspetti e problemi, V : Sensibilità e Razionalità nel Settecento*, vol. II, Venise, 1967, pp. 659-674.
1975. « Piranesi and Eighteenth Century Egyptomania », *Studies in the Italian Baroque*, Cambridge, 1975, pp. 260-273.
1989. « Egypt and Europe », *in* Reynolds, éd., *Selected Lectures of Rudolf Wittkower. The Impact of Non-European Civilizations on the Art of the West*, Cambridge, 1989, pp. 36-59.
1989a. « Piranesi's Contribution to European Egyptomania », *Selected Lectures of Rudolf Wittkower. The Impact of Non-European Civilizations on the Art of the West*, Cambridge, 1989, pp. 127-144.
1989b. « The Obelisk I. Its Role in Architectural Decoration and Urban Organization », *in* Wittkower, Rudolf, *Selected Lectures of Rudolf Wittkower* (éd. Donald Martin Reynolds), Cambridge, 1989, pp. 60-74.
1989c. « The Obelisk II. Its Significance in the Seventeenth and Eighteenth Centuries », *in* Wittkower, Rudolf, *Selected Lectures of Rudolf Wittkower* (éd. Donald Martin Reynolds), Cambridge, 1989, pp. 75-93.
1989d. « Hieroglyphics I. The Conceptual Impact of Egypt from the Fifteenth Century Onward », *in* Wittkower, Rudolf, *Selected Lectures of Rudolf Wittkower* (éd. Donald Martin Reynolds), Cambridge, 1989, pp. 94-112.
1989e. « Hieroglyphics II. Seventeenth and Eighteenth Century Philological Concerns », *in* Wittkower, Rudolf, *Selected Lectures of Rudolf Wittkower* (éd. Donald Martin Reynolds), Cambridge, 1989, pp. 113-126.

Wood, G.-B.
1960. « Egyptian Temple Architecture in Leeds », *Country Life*, vol. CXXVIII, n° 3327, 1ᵉʳ décembre 1960, pp. 1363-1365.

Zick, Gisela
1975. « Amor-Harpokrates. Zur wirkungsgeschichte und ikonographischen herleitung einer Skulptur von Etienne-Maurice Falconet », *Walraf-Richartz-Jahrbuch*, vol. XXXVII, 1975, pp. 215-246.

Ziegler, Christiane
1977-1978. « Égyptomanie », *in* cat. exp. Marcq-en Barœul, octobre 1977-janvier 1978, pp. 38-44.
1990b. « Le Musée égyptien de Champollion », *Revue du Louvre*, t. XL, n° 4, octobre 1990, pp. 264-266.

Ziegler, Christiane et Amann, Armand Henry
1978-1979. « Égyptomanie », *in* cat. exp. Mont-de-Marsan, octobre 1978-janvier 1979, pp. 22-25.

Zivie, Alain-P.
1985. « L'Égypte ancienne ou l'Orient perdu et retrouvé », *in* actes du colloque *D'un orient l'autre. Les métamorphoses successives des perceptions et connaissances*, Le Caire, 1985, vol. I, pp. 35-44.

Zukowsky, John
1976. « Monumental American Obelisks : Centennial vistas », *Art Bulletin*, vol. LVIII, n° 4, 1976, pp. 574-581.

586

Autres références

Aaron, Olivier
1985. *Dessins insolites du XIIIᵉ siècle français*, Paris, 1985.

Ackermann, Gerald M.
1986a. *La Vie et l'œuvre de Jean-Léon Gérôme*, Paris, 1986.
1986b. « Gérôme's Sculpture : The Problems of Realist Sculpture », *Arts Magazine*, vol. 60, février 1986, pp. 82-89.

Adhémar, Jean
1979. *Gustave Doré, peintre et sculpteur*, introduction de Jean Adhémar, Paris, 1979.

Agueda, Mercedes
1980. « Dibujos de Mengs en el Museo del Prado », *Boletín del Museo del Prado*, t. I, n° 2, mai-août 1980, pp. 83-98.

Akhmatova, Anna
1973. « Young in Paris and Headed Toward Fame », *Vogue*, août 1973, p. 146.

Aldred, Cyril
1951. *New Kingdom Art in Ancient Egypt during the Eighteenth Dynasty, 1590 to 1315 B.C.*, Londres, 1951.
1973. *Akhenaton and Nefertiti*, Brooklyn, 1973.
1978. *Jewels of the Pharaohs*, 2ᵉ éd. New York, 1978.

Alexandre, A.
1926. « Un musée unique sur les grands boulevards », *La Renaissance de l'art français et des industries de luxe*, janvier 1926.

Algarotti, Francesco
1765. *Opere del Conte Algarotti*, Livourne, t. VI, 1765.
1772. *Œuvres du comte Algarotti*, Berlin, 1772.
1781. *Opere del Conte Algarotti*, Cremone, t. VII, 1781.

Allemagne, Henry René d'
1900. *Musée retrospectif de la classe 100 de l'Exposition universelle de 1900, à Paris*, Saint-Cloud, Paris, 1900.

Altenmüller, Hartwig et Hornbostel, Wilhelm
1982. *Das Menschenbild im Alten Ägypten. Porträts aus vier Jahrtausenden*, Hambourg, 1982.

Altick, Richard D.
1985. *Paintings from Books. Art and Literature in Britain 1760-1900*, Columbus, Ohio, 1985.

Ampère, Jean-Jacques
1867. *L'Empire romain à Rome*, Paris, 1867.

Anonyme
1751. *Explication des peintures, sculptures, et autres ouvrages de messieurs de l'Académie Royale*, Paris, 1751.
1796. *Sculture del Palazzo della Villa Borghese detta Pinciana*, 1796.
1798. *Observations critiques sur les tableaux du Salon de l'année 1789*. IIIᵉ. *Suite du discours sur la Peinture*, Paris, 1798.
1806. *Athenaeum ou galerie française des productions de tous les arts*, n° 11, 1806.
1832. *Notice des tableaux du Muséum d'Angers*, Angers, 1832.
1897. *Explication des ouvrages de peinture, sculpture, architecture, gravure, et lithographie des artistes vivants*, Paris, 1897.
1921. « Beach House, Worthing, Sussex. The Residence of Mr. Edward Knoblock », *Country Life*, vol. XLIX, n° 1256, 29 janvier 1921, pp. 126-133.
1922. « The Royal Society of Painter-Etchers and Engravers », *The Studio*, t. 83, janvier-juin 1922, pp. 186-194.
1964. « Recent Acquisitions by Canadian Museums », *Canadian Art*, vol. XXI, Ottawa, n° 5, septembre-octobre 1964, pp. 304-307.
1983. « European Painting and Sculpture », *The Art Institut of Chicago Annual Report 1982-1983*, Chicago, 1983, pp. 12-13.
1983. « Keuze uit de aanwinsten van het Rijksprentenkabinet », *Bulletin van het Rijksmuseum*, vol. XXXI, n° 1, Leyde, 1983, pp. 63-83.
1985. *Gazette de l'hôtel Drouot*, t. XIV, n° 36, 18 octobre 1985, p. 27.
1988. « Une Manufacture alsacienne », *Bulletin de la Société Industrielle de Mulhouse*, Mulhouse, n° 810, 1988.
1991. « Cleopatra and Octavian by Louis Gauffier (1762-1801). A New Acquisition at the National Gallery of Scotland », *National Galleries of Scotland (Newsletter)*, Édimbourg, octobre-novembre 1991 [n.p.].
1992. « Recent Acquisitions in Edinburgh Museums », *Burlington Magazine*, vol. CXXXIV, n° 1073, Londres, août 1992, pp. 562-566.

Ansieau, Joëlle
1968. *Catalogue des œuvres de Georges Lacombe*, non publié, 1968.

Arban, Adriana
1970. « Aggiunte alla grafica di Pier Antonio Novelli », *Bollettino dei Musei Civiei Veneziani*, t. XV, n° 1, Venise, 1970.

Argan, Giulio Carlo
1979. « Canova nell'estetica neoclassica », *in* Argan, Romanelli et Scarabello, *Canova, Cigognara*, Venise, 1979.

Ariès, Christian
1969. *Armes blanches militaires françaises*, Nantes, 1966-1990.

Ariès, Maddy
1974. *La Manufacture de Creil, 1797-1895*, Paris, 1974.

Arminjon, Catherine et Blondel, Nicole
1984. *Inventaire général des monuments et des richesses artistiques de la France. Principes d'analyses scientifiques. Objets civils et domestiques : vocabulaire*, Paris, 1984.

Assman, Jan
1989. *Maât, l'Égypte pharaonique et l'idée de justice sociale*, Paris, 1989.

Aubert, Jacques-F. et Liliane
1974. *Statuettes égyptiennes, chaouabtis, ouchebtis*, Paris, 1974.

Augarde, Jean-Dominique
1993. *Les Ouvriers du Temps, la pendule à Paris au XVIIIᵉ siècle*, Genève, 1993.

Aulanier, Christiane
1955. *Histoire du palais et du musée du Louvre, La Petite Galerie, Les Appartements d'Anne d'Autriche, les salles romaines*, Paris, 1955.

Avril, Paul
1929. *L'Ameublement parisien avant, pendant et après la Révolution*, Paris, 1929.

Bacou, Roseline
1976. *Le XVIIIᵉ siècle français*, Paris, 1976.

Baderou, Henri
1955. « Un tombeau de Louis-Jean Desprez au cabinet des dessins du musée de Poitiers », *Dibutade*, t. II, Poitiers, 1955.

Baignière, Arthur
1879. « Le Salon de 1879 », *Gazette des Beaux-Arts*, vol. XIX, Paris, juin 1879, pp. 549-572.

Baker, Hollis S.
1966. *Furniture in the Ancient World*, New York, 1966.

Ballantine, James
1866. *The Life of David Roberts, R.A.*, Édimbourg, 1866.

Balston, Thomas
1954. *John Martin, 1789-1854 : His Life and Works*, Londres, 1954.

Baranova, Olga
1983. *Kuskovo*, Saint-Pétersbourg, 1983.

Bardi, Pietro Maria
1934. *Federico Faruffini*, Rome, 1934.

Baro, Gene
1968. « Romantic Art in Britain : a New Look », *Studio International*, vol. CLXXV, n° 898, mars 1968, pp. 126-131.

Barten, Sigrid
1977. *René Lalique, Schmuck und Objets d'art, 1890-1910*, Munich, 1977.

Bassi, Elena
1943. *Canova*, Bergame, 1943.

Baudi di Vesme, Alessandro
1968. *L'Arte in Piemonte dal XVIᵉ al XVIIIᵉ Secolo*, vol. III, Turin, 1968.

Baulez, Christian
1990a. « Le Goût Turc et la Famille Royale », *L'Objet d'Art*, n° 3, Paris, 1990.
1990b. « Meubles royaux récemment acquis à Versailles (1985-1989)... le "bout du pied" du grand cabinet de Marie-Antoinette », *La Revue du Louvre*, Paris, 1990, n° 2, pp. 94-106.

Baumgarten, Sandor
1958. *Le Crépuscule néo-classique. Thomas Hope*, Paris, 1958.

Beaulieu, Michèle ; Charageat, Marguerite et Hubert, Gerard
1957. *Les Sculptures : Moyen Age, Renaissance, Temps modernes au musée du Louvre*, Paris, 1957.

Beauvallet, Pierre-Nicolas
1804-1807. *Fragmens d'architecture, sculpture et peinture dans le style antique*, Paris, 1804-1807.

Beavers, S. Benson
1964. « Benjamin Lewis Vulliamy », *Antiquarian Horology*, mars 1964, p. 15.

Beck, Herbert et Bol, Peter C. (éd.)
1982. *Forschungen zur Villa Albani. Antike Kunst und die Epoche der Aufklärung*, Berlin, 1982.

Beck, Herbert ; Bol, Peter C. ; Prinz, Wolfram et Steuben, Hans von (éd.)
1981. *Antikensammlungen im 18. Jahrhundert*, Berlin, 1981.

Beckerath, Jürgen von
1984. « Handbuch der Ägyptischen Königsnamen », *MÄS*, t. 20, Berlin, 1984.

Bell, Malcolm
1906. *The Drawings of E.J. Poynter*, Londres, 1905.

Bellancle, Michel
1967. « Hubert Robert peintre des ruines », *Jardin des Arts*, n° 147, Paris, février 1967, pp. 16-23.

Bellier de la Chavignerie, Émile
1882-1885. *Dictionnaire général des artistes de l'École française, depuis l'origine des Arts du dessin jusqu'à nos jours*, continué par Louis Auvray, Paris, 1882-1885.

Bendiner, Kenneth
1983. « David Roberts in the Near East : Social and Religious Themes », *Art History*, vol. VI, n° 1, mars 1983, pp. 67-81.

Bénédite, Georges Aaron
1920. « Amon et Toutankhamon (au sujet d'un groupe acquis par le musée égyptien du Louvre) », *Monuments Piot*, t. 24, Paris, 1920, pp. 47-68.

Bénédite, Léonce
1904. « Les Salons de 1904. La Sculpture », *La Revue de l'art*, vol. XV, Paris, juin 1904, pp. 431-440.
1908. *La Sculpture au Musée national du Luxembourg*, Paris, 1908.

Benoist-Méchain, J.
1966. *Bonaparte en Égypte ou le rêve inassouvi*, Paris, 1966.
1977. *Cléopâtre ou le rêve évanoui*, Paris 1977.

Benoit, François
1897. *L'Art français sous la Révolution et l'Empire*, Paris, 1897.

Béranger, Paul
1819. *Voyage de Paul Béranger dans Paris après 45 ans d'absence*, Paris, 1819.

Berend, William B.
1882. *Firenze*, 1882.

Berezin, Alexandr-Davydovich
1963. *Les Musées de littérature et d'art de Moscou et des environs de Moscou*, Moscou, 1963.

Berlandini, Jocelyne
1982. « Varia Memphitica V », *Bulletin de l'Institut français d'archéologie orientale*, t. 82, Le Caire, 1982.

Bernard, Bruce
1983. *The Bible and its Painters*, Londres, 1983.

Bethe, S.
1976. « Art lorrain à Paris », *La Revue lorraine populaire*, n° 9, Nancy, avril 1976.

Beutler, Christian
1976. *Goethe in der Campagna*, Stuttgart, 1976.

Bianchi, Robert Stephen
1989. *Cleopatra*, 1989.

Biez, Jacques de
1910. *Emmanuel Frémiet*, Paris, 1910.

Bigelow, Jacob
1860. *A History of the Cemetery of Mount Auburn*, Boston et Cambridge, 1860.

Bishop, William Henry
1880. « Elihu Vedder », *The American Art Review*, I, 1880, pp. 325-329, 369-373.

Bissing, Friedrick Wilhelm von
1911-1914. *Denkmäler ägyptischer Skulptur*, Munich, 1911-1914.

Biver, Marie-Louise
1963. *Le Paris de Napoléon*, Paris, 1963.

Biver, Paul
1923. *Histoire du château de Bellevue*, Paris, 1923.

Blackburn, Henry (éd.)
1879. *Academy Pictures*, Londres, 1879.

Bletter, Rosemarie Haag
1977. *El arquitecto Joseph Vilaseca i Casanovas. Sus obras y dibujos. Un catalogo raisonné*, Barcelone 1977.

Bloit, Michel
1988. *Trois siècles de Porcelaine de Paris*, Paris, 1988.

Blondel, Jacques-François
1752-1756. *Architecture françoise*, Paris, 1752-1756.

Blunt, Anthony
1966. *The Paintings of Nicolas Poussin*, Londres, 1966.

Bonicatti, M.
1971. « Il problema dei rapporti fra Domenico e Giovanbattista Tiepolo », actes du congrès international consacré à Tiepolo, Milan, 1971.

Bonnefoy Yves ; Palluchini A. et Le Foll, J.
1990. *Tout l'œuvre peint de Tiepolo*, Paris 1990,

Bonneville, Nicolas de
1791. *De l'esprit des religions...*, Paris, 1791.

Boreux, Charles
1932. *Musée national du Louvre, département des Antiquités égyptiennes catalogue-guide*, Paris, 1932.

Bothmer, Bernard von
1973. *Egyptian Sculpture of the Late Period, 700 B.C. to A.D. 100*, 2ᵉ éd., Brooklyn, 1973.

Botti, Giuseppe et Romanelli, Pietro
1951. *Le Sculture del Museo Gregoriano Egizio*, Le Vatican, 1951.

Boucher, Henri
1926. « Louis-François Cassas », *Gazette des Beaux-Arts*, vol. XIV, nᵒˢ 769-770, Paris, juillet-août et septembre-octobre 1926, pp. 27-53 et 209-230.

Boulée, Étienne Louis
1968. *Essai sur l'art* (textes réunis et présentés par Jean-Marie Pérouse de Montclos), Paris, 1968.

Bourgeois, Émile
1930. *Le Style Empire, ses origines et ses caractères*, Paris, 1930.

Bournon, Fernand
1909. *La Voie publique et son décor*, Paris, 1909.

Boussel, Patrice
1969. *Guide de l'Ile-de-France mystérieuse*, Paris, 1969.

Boyer, François
1965. « Louis XVIII et la restitution des œuvres d'art confisquées sous la Révolution et l'Empire », *Bulletin de la société de l'Histoire de l'art français*, Paris, 1965.
1969. « Napoléon et la restitution par les musées du Louvre et de Versailles des œuvres d'art confisquées sous la Révolution », *Archives de l'art français*, t. XXXIV, Paris, 1969.

Boylan, Patrick
1922. *Thoth, the Hermes of Egypt*, Londres, 1922.

Brédif, Josette
1989. *Toiles de Jouy*, Paris, 1989.

Bresc, Geneviève et Pingeot, Anne
1986. *Sculptures des jardins du Louvre, du Carrousel et des Tuileries*, Paris, 1986.

Brongniart, Alexandre
1877. *Traité des Arts céramiques*, Paris, 1877.

Brongniart, Alexandre et Riocreux, D
1845. *Description méthodique du musée céramique de la manufacture royale de porcelaine de Sèvres*, Paris, 1845.

Brosio, Valentino
1980. *Porcellane e maioliche dell'ottocento*, 2ᵉ éd. revue, Milan, 1980.

Brosses, Charles de
1928. *Lettres d'Italie*, Dijon, 1928.

Brouwet, Émile-P.
1926. « Malmaison et Navarre de 1809 à 1812 : Journal de Piout », *Napoléon, La Revue du XIXᵉ siècle*, XVᵉ année, nᵒˢ 1-3, mai-juin 1926.

Brown, Richard
1842. *Domestic Architecture : Containing a History of the Science, and the Principles of Designing Public Edifices, Private Dwelling Houses, Country Mansions, and Suburban Villas, with Practical Dissertations on every Branch of Building, from the Choice of Site to the Completion of the Appendages*, Londres, 1842.
1845. *Sacred Architecture, its Rise, Progress and Present State Embracing the Babylonian, Indian, Egyptian, Greek and Roman Temples*, Londres, 1845.

Bruce, James
1790. *Travels to Discover the Source of the Nile, in the Years 1768, 1769, 1770, 1771, 1772, and 1773*, Londres, 1790.

Brunhammer, Yvonne et Fayet, Monique de
1965. *Meubles et ensembles, époque Directoire et Empire*, Paris, 1965

Brunet, Marcelle et Préaud, Tamara
1978. *Sèvres des origines à nos jours*, Fribourg, 1978.

Brunner-Traut Emma
1980. *Lexikon der Ägyptologie*, t. III : *Lotus*, Wiesbaden, 1980.

Bryant, Lorinda Muson
1917. *American Pictures and their Painters*, New York, 1917.

Bucarelli, Palma
1973. *La Galleria nazionale d'Arte Moderna*, Rome, 1973.

Bulté, Jeanne
1981. *Catalogue des collections égyptiennes du Musée national de Céramique à Sèvres*, Paris, 1981.

Burda, Hubert
1967. *Die Ruine in den Bildern Hubert Roberts*, Munich, 1967.

Burollet, T.
1968. « Le Musée Cognac-Jay », *Médecine de France*, 1968
1972. « Le Musée Cognac-Jay de Paris », *Les Muses*, 6 décembre 1972.
1973. *Le Musée Cognacq-Jay*, Paris, 1973.
1979. « Musée Cognac-Jay », *Petit Larousse de la peinture*, Paris, 1979.
1980. *Musée Cognacq-Jay, Peintures et dessins*, Paris 1980.

Bury, Shirley
1982. *Victoria and Albert Museum. Jewellery Gallery. Summary Catalogue*, Londres, 1982.
1984. *An Introduction to Rings*, Londres, 1984.

Butler, Joseph Thomas
1970. « The American Way with Art », *The Connoisseur*, t. CLXXIII, nᵒ 696, février 1970, pp. 146-151.

Butlin, Martin et Joll, Evelyn
1977. *The Paintings of J.M.W. Turner*, New Haven/ Londres, 1977.

Cabanne, P.
1961. « Dans le parapluie rouge de M. Cognacq », *Le Roman des grands collectionneurs*, Paris, 1961.
1969. « Grands collectionneurs. Les Cognac », *Jardin des Arts*, Paris, octobre 1969.

Cailleux, Jean
1971. « Tiepolo et Boucher », actes du congrès international consacré à Tiepolo, Milan 1971.
1972. « Hubert Robert, dessinateur de la Rome vivante, 1757-1765 », actes du *XXIᵉ congrès international d'Histoire de l'Art*, Budapest, 1972, pp. 57-71.

Calloway, Stephen
1992. *The House of Liberty, Masters of Style and Decoration*, Londres, 1992.

Cally, P.-J.
1810. *La Superbe Colonne... description historique de ce monument et de celui élevé sur la place des Victoires...*, Paris, 1810.

Calvesi, Maurizio
1990. « L'Elefante con obelisco tra Colonna e Barberini » *Innocenzo X Pamphili, Arte e Potere a Roma nell' Età Barocca*, actes du congrès *Innocenzo X Pamphili. Artisti e committenza a Roma nell'età barocca*, Rome, 1990, pp. 17-25.

Cantel, Jeanne
1914. *La Reine Cléopâtre*, Paris, 1914.

Carrogis, Louis, dit Carmontelle
1779. *Jardin de Monceau*, Paris, 1779.

Cassas, Louis-François
1799-1800. *Voyage pittoresque de la Syrie, de la Phénicie, de la Palestine et de la Basse-Égypte*, Paris, 1799-1800.

Castan, Auguste
1886. *Catalogue des peintures, dessins, sculptures et antiquités*, 7ᵉ éd., Besançon, 1886.

Cavalier, Odile
1992. « La Collection Nani d'antiquités », *L'Anticomanie. La collection d'antiquités aux XVIIIᵉ et XIXᵉ siècles*, actes du colloque de Montpellier-Lattes en 1988, Paris, 1992, pp. 83-95.

Cayeux, Jean de
1963. « Introduction au catalogue critique des Griffonis de Saint-Non », *Bulletin de la société de l'Histoire de l'art français*, 1963.
1985. *Les Hubert Robert de la collection Veyrenc au musée de Valence*, Valence, 1985.
1989. *Hubert Robert*, avec la collaboration de Catherine Boulot, Paris, 1989.

Caylus, A. N. de Tubieres Grimoard de Pestels de Levis, comte de
1752-1767. *Recueil d'antiquités égyptiennes, étrusques, grecques romaines et gauloises*, 7 vol., Paris 1752-1767.

CCA
1984. Centre Canadien d'Architecture / Canadian Centre for Architecture, *Les débuts 1979-1984 / The First Five Years 1979-1984*, Montréal, Canadian Centre for Architecture, 1988.

Ceram, C.W.
1966. *Archéologie du Cinéma*, Paris, 1966.

Champollion, Jean-François
1827. *Notice descriptive des monuments égyptiens du musée Charles X*, Paris, 1827.
1835/1845. *Monuments de l'Égypte et de la Nubie d'après les dessins exécutés sur les lieux sous la direction de Champollion le Jeune et les description autographes qu'il a laissées*, Paris, 1835/1845.
1909. « Lettres », *Bibliothèque Égyptologique*, vol. XXX-XXXI, Paris, 1909.

Chapman, John Denison et Perkins, Charles C.
1888. *Cyclopaedia of Painters and Paintings*, New York, 1888.

Chapman, M.
1985. « Thomas Hope's Vase and Alexis Decais », *The V & A Album*, vol. IV, 1985, pp. 216-228.

Chastel, André et Pérouse de Monclos
1966. « L'Aménagement de l'accès oriental du Louvre », *Les Monuments historiques de la France*, Paris, juillet-septembre 1966.

Chaumeix, André
1904. « Les Salons de 1904 », *Gazette des Beaux-Arts*, vol. XXXII, nᵒ 566, Paris, août 1904, pp. 167-172.

Chernevich, Elena et Anikst, Mikhail
1990. *Russian Graphic Design 1880-1917*, New York, 1990.

Cherpion, Nadine
1992. « Conseils pour photographier un sphinx », *Amosiadès*, Louvain, 1992.

Chevereau, Pierre-Marie
1985. *Prosopographie des cadres militaires égyptiens de la Basse Époque : carrières militaires et carrières sacerdotales en Égypte du XIᵉ au IIᵉ siècle avant J.-C.*, 1985.

Christie, Morris
1920. « David Edstrom : Sculptor », *International Studio*, t. LXIX, nᵒ 275, janvier-février 1920, pp. LXXXVII-XCIII.

Christoffel, Ulrich
1918. *Der schriftliche Nachlaß des Anton Raphael Mengs*, Bâle, 1918.

Clarac, Charles Othon Frédéric Jean Baptiste, comte de
1830. *Description du Musée royal des antiques du Louvre*, Paris, 1830.
1841-1853. *Musée de sculpture antique et moderne*, 5 vol., Paris, 1841-1853.

Clément de Ris, Louis Torterat
1872. *Les Musées de province, histoire et description*, Paris, 1872.

Clifford, Timothy
1990. « Vulliamy Clocks and British Sculpture », *Apollo*, vol. CXXXII, n° 344, octobre 1990, pp. 226-237.
1992a. « Directing National Galleries. Changes and Acquisitions », *Apollo*, vol. CXXXVI, n° 366, août 1992, pp. 72-75.
1992b. « The Plaster Shops of the Rococo and Neo-Classical Era in Britain », *Journal of the History of Collections*, t. 4, n° 1, 1992, pp. 39-65.

Coffin, William Anderson
1896. « Souvenirs of a Veteran Collector », *The Century*, vol. LIII, n° 2, décembre 1896, pp. 228-233.

Colasanti, Arduino
1923. *Esposizione postuma delle opere di Federico Faruffini*, Milan, 1923.

Coleridge, Anthony
1968. *Chippendale Furniture*, Londres, 1968.

Colle, Enrico
1992. *I Mobili di Palazzo Pitti. Il primo periodo lorenese 1737-1799*, Florence, 1992.

Collectif
1760. *Antichità di Ercolano*, vol. II, Naples, 1760.
1806. *Quatrième exposition des produits de l'Industrie française*, Hôtel des Ponts-et-Chaussées, Paris, septembre 1806.
1809-1828. *Description de l'Égypte*, éd. impériale, 9 vol. in-4°, 11 vol. de planches, Paris, 1809-1828.
1820-1830. *Description de l'Égypte*, éd. Panchouke, 26 vol. in-8°, 11 vol. de planches, Paris, 1820-1830.
1822. *Monuments et conquêtes des Français*, Paris, 1822.
1883. *Notice des Tableaux et Objets d'Art*, Valence, musée de Valence, 1883.
1914. *Notice des Tableaux et Objets d'Art*, Valence, musée de Valence, 1914.
1900. *L'Exposition de Paris (1900)*, Paris, 1900.
1932. *Les œuvres de la Manufacture nationale de Sèvres, 1738-1932*, Paris, 1932 ; vol. 1 : *La Sculpture de 1738 à 1815*.
1963. *Enciclopedia universale dell'arte*, vol. X, Rome, 1963.
1973. *Le Nouveau Danckert, Manuel de la porcelaine européenne*, Fribourg, 1973.
1974. *Catalogue Musée Gustave Moreau*, Paris, 1974.
1977. *Musée royal des Beaux-Arts, catalogue*, t. X : *XIXe-XXe siècles*, Anvers, 1977, p. 86.
1983. *Le Victoria and Albert Museum*, ouvrage collectif dirigé par Michael Darby, Paris 1983.

Collins, Michael
1979. « Christopher Dresser », *in* cat. exp. Camden Arts Centre, 1979.

Colombier, Pierre du
1961. « Le Duc d'Aumont, la pointe de l'avant-garde en 1780 », *Connaissance des Arts*, n° 113, Paris, juillet 1961, pp. 24-30.

Colombo, A.
1939. « Federico Faruffini », *Perseo*, 15 juillet 1939, p. 3.

Colvin, Howard Montagu
1978. *A Biographical Dictionary of British Architects 1660-1840*, Londres, 1978.

Colvin, Sir Sidney
1870. « English Painters of the Present Day : Edward J. Poynter, A.R.A. », *Portfolio*, vol. I, 1870, pp. 1-6.

Compin, Isabelle et Roquebert, Anne
1986. *Catalogue sommaire illustré des peintures du musée du Louvre et du musée d'Orsay*, Paris, t. IV, 1986.

Conisbee, Philip
1970. « The Literature of Art. La collection de dessins d'Hubert Robert au musée de Valence. by Margaret Beau », *Burlington Magazine*, vol. CXII, n° 810, septembre 1970, p. 632.

Crespelle J.-P.
1961. *À la découverte de l'art dans les musées de Paris*, Paris 1961.

Croft-Murray, Edward
1970. *Decorative Painting in England 1537-1837*, 2 vol., Feltham, 1962-1970.

Crook, J. Mordaunt
1972. *The Greek Revival*, Londres, 1972.

Cropper, Elizabeth ; Perini, Giovanna et Solinas, Francesco (éd.)
1992. *Documentary Culture : Florence and Rome from Grand-Duke Ferdinand I to Pope Alexander VII*, Bologne, 1992.

Crozet, René
1944. « Louis Gauffier (1762-1801) », *Bulletin de la société de l'Histoire de l'art français. Années 1941-1944*, Paris, 1944, pp. 100-113.

Cuisset, Geneviève
1990. « Jean-Pierre et François Fouquet, artistes modeleurs », *Gazette des beaux-arts*, t. CXV, n°s 1456-1457, Paris, mai-juin 1990, pp. 227-240.

Culme, John
1987. *The Directory of Gold and Silversmiths, Jewellers and Allied Traders 1838-1914*, Woodbridge, 1987.

Curto, Silvio
1967. *Oriens antiquus*, 1967.

Cuzin, Jean-Pierre
1986. « Fragonard dans les musées français : quelques tableaux reconsidérés ou discutés », *La Revue du Louvre*, t. XXXVI, n° 1, 1986, pp. 58-66.
1987. *Fragonard, multiple et cohérent*, Fribourg/Paris, 1987.

Dafforne, J.
1877. « The Works of Edward J. Poynter, R.A. », *The Art Journal*, vol. XXIX, janvier 1877, pp. 17-19.

Daguerre, A.
1986. *Catalogue des peintures du XIXe siècle au musée des Beaux-Arts de Nice*, mémoire de maîtrise, 1986.

David, Louis
s.d. *Rapport fait au nom du Comité d'instruction publique, pour l'explication de la médaille frappée en commémoration de la réunion civique du 10 août 1793*, Paris, sans date.

Dawson, Aileen
1984. *Masterpieces of Wedgwood in the British Museum*, Londres, 1984.

Debenedetti, E.
1978. « Tre tacuini inediti di Giuseppe Valadier », *Quaderni sul neoclassico*, n° 4, Rome, 1978, pp. 147-158.
1979. *Valadier diaro architettonico*, Rome, 1979.

Dehio, Ludwig
1961. *Friedrich Wilhelm IV. von Preussen. Ein Baukünstler der Romantik*, Berlin, 1961.

Della Pergola, Paola
1962. *Villa Borghese*, Rome, 1962.

De Meulenaere, Herman
1966. *Le Surnom égyptien à Basse Époque*, Istanbul, Nederlands historisch-archaeologisch insituut in het Nabije Oosten, 1966.
1972. *Scarabeus Sacer*, 1972.

Delorme, René
1879. *Gustave Doré, peintre, sculpteur, dessinateur et graveur*, Paris, 1879.

Denon, Dominique-Vivant
1802. *Voyage dans la Basse et la Haute Égypte pendant les campagnes du général Bonaparte*, Paris, 1802.
1989. *Voyage dans la Basse et la Haute Égypte*, Paris, 1802, réédité avec une introduction de Jean-Claude Vatin, Le Caire, 1989.

Denvir, Bernard
1952. « Pompier : the Art of the Fireman », *Architectural Review*, vol. CXI, n° 663, Londres, mars 1952, pp. 165-170.

Derchain, Philippe
1972. *Hathor quadrifons ; recherches sur la syntaxe d'un mythe égyptien*, Istanbul, 1972.
1980. « La Mensa isiaca di Torino », *Chronique d'Égypte*, t. LV, 1980.
1987. *Le Dernier Obélisque*, Bruxelles, 1987.

Desroches-Noblecourt, Christiane
1939. *Fouilles franco-polonaises*, t. III : *Tell Edfou*, Le Caire, 1939.
1946. *Le Style égyptien*, Paris, 1946.
1961. *L'Art égyptien*, Paris, 1961.

Détournelle, Athanase
1806. *Collection des prix que l'Académie d'architecture couronnait et proposait tous les ans*, Paris, 1806.

De Vos Mariette
1980. *Études préliminaires aux religions orientales dans l'Empire romain (EPRO)*, t. 84 : *L'Egittomania in Pitture et mosaici Romano campani della prima eta imperiale*, Leyde, 1980.

Dézé, Louis
1930. *Gustave Doré*. Bibliographie et catalogue complets de l'œuvre, Paris, 1930.

Di Gaddo, Beata
1985. *Villa Borghese, il giardino e le architetture*, Rome, 1985.

Dobai, Johannes
1958. *Das Frühwerk Gustav Klimts*, Vienne, 1958.

D'Onofrio, Cesare
1962. *Le Fontane di Roma*, 2e éd., Rome, 1962.
1967. *Gli obelischi di Roma*, Rome, 1967.

Dresser, Christopher
1873. *Principles of Decorative Design*, Londres, 1873.

Dreyfus, Carle
1922. *Musée du Louvre, Mobilier du XVIIe et du XVIIIe siècle*, Paris, 1922.

Driault, Édouard
1927. *L'Hôtel Beauharnais*, Paris, 1927.

Drioton, Étienne et Du Bourguet, Pierre
1965. *Les Pharaons à la conquête de l'Art*, Paris, 1965.

Drumont, Édouard
1879. *Les Fêtes nationales à Paris*, Paris, 1879.

Dubois, Jean-Joseph
1826. *Description des objets d'art qui composent le Cabinet de feu M. le baron Denon*, Paris, 1826.

Duclaux, Lise
1975. *Inventaire général des dessins, École française*, t. XII, Paris, 1975.

Ducrot, Brigitte
1993. *Porcelaines et terres de Sèvres à Compiègne*, Paris, 1993.

Ducuing, François (éd.)
1867. *L'Exposition universelle de 1867 illustrée*, Paris, 1867.

Dulaure, Jacque-Antoine
1856. *Histoire physique, civile et morale de Paris, depuis les premiers temps historiques*, Paris, 1856.

Dumonthier, Ernest
1911. *Les Bronzes du mobilier national. Bronzes d'éclairage et de chauffage*, s.d. [1911].
1921. *Les Sièges de Jacob Frères*, Paris, 1921.

Durand, Jean-Nicolas-Louis
1801. *Recueil et parallèle des édifices de tout genre, anciens et modernes*, Paris, an IX [1801].

Durand-Revillon, Jeannine
1982. « Un promoteur de la sculpture polychrome sous le Second Empire, Charles-Henri-Joseph Cordier (1827-1905) », *Bulletin de la Société de l'Histoire de l'art français*, 1982, pp. 181-198

Duval, Amaury
1812. *Les Fontaines de Paris anciennes et nouvelles*, Paris, 1812.

Eaton-Krauss, Marianne
1988. « Tutankhamun at Karnak », *MDAIK*, vol. 44, Mayence, 1988.

Egorov, Iurii Alekseevich
1969. *The Architectural Planning of St. Petersburg. Its Development in the 18th and 19th Centuries*, Athens, Ohio, 1969.

Enzoli-Vitozzi, S.
1990. *Musei capitolini. La collezione egizia*, Rome, 1990.

Erman, Adolphe
1937. *La Religion des Égyptiens*, Paris, 1937.

Eriksen, Svend
1974. *Early Neo-Classicism in France*, Londres, 1974.

Ernoult-Gandouet, M.
1969. *La Céramique française au XIXe siècle*, Paris, 1969.

Erouard, Gilbert
1982. *L'Architecture au pinceau. Jean-Laurent Legeay. Un piranésien français dans l'Europe des Lumières*, Milan, 1982.

Estignard, Alexandre
1911. *Just Becquet, sa vie, ses œuvres*, Besançon, 1911.

Etlin, Richard A.
1984. *The Architecture of Death. The Transformation of the Cemetery in Eighteenth-Century Paris*, Cambridge, 1984.

Fabry, Phillipe de
1984. « Dessins et dessinateurs de la manufacture Jean Zuber et Cie, 1790-1870 », *Bulletin de la Société industrielle de Mulhouse*, n° 2, 1984, p. 103.

Fagiolo dell'Arco, Maurizio
1977. « La "Religiosa trasmutatione" della piramide de Caio Cestio », *Arte Illustra*, n° 49, juin 1977, pp. 210-217.

Faniel, Stéphane et al.
1960. *Le Dix-neuvième siècle français*, Paris, 1960.

Farner, Konrad
1963. *Gustave Doré, der industrialisierte Romantiker*, Dresde, 1963.

Fauré-Frémiet, P.
1934. *Frémiet*, Paris, 1934.

Feaver, William
1975. *The Art of John Martin*, Oxford, 1975.

Fenaille, Maurice
1903. *État général des tapisseries de la manufacture des Gobelins depuis son origine jusqu'à nos jours, 1600-1900*, Paris, 1903.

Ferri-Pisani, Camille
1859. « Bronzes égyptiens tirés de la collection du Prince Napoléon », *Gazette des Beaux-Arts*, n° 1, Paris, 1859, pp. 270-285.

Feucht-Putz, Erika
1967. *Die königlichen Pektorale*, Bamberg, 1967.

Feuillet, Maurice
1925. « Un musée sur les grands boulevards », *Le Figaro artistique*, 12 novembre 1925.

Ffrench, Yvonne
1958. « Some Unrecorded Haydon Drawings », *Apollo*, vol. LXVIII, n° 405, novembre 1958, pp. 148-152.

Fidell Beaufort, Madeleine ; Kleinfield Herbert L. et Welcher, Jeanne K.
1979. *The Diaries, 1871-1882, of Samuel P. Avery, Art Dealer*, New York, 1979.

Fielding, Mantle
1986. *Dictionary of American Painters, Sculptors and Engravers*, Poughkeepsie, New York, 1986.

Fielding, Sarah
1757/1928. *The Lives of Cleopatra and Octavia*, Londres/Paris, 1757/1928.

Finberg, Alexander J.
1909. *A Complete Inventory of the Drawings of the Turner Bequest*, Londres, 1909.
1911. *J.M.W. Turner's Liber Studiorum*, Londres, 1911.

Fink, Lois Marie
1990. *American Art at the Nineteenth-Century Paris Salons*, Cambridge et New York, 1990.

Fischer, Carlos
1931. *Les Costumes de l'Opéra*, Paris, 1931.

Fischer Henry George
1962. « The Cult and Nome of the Godess Bat », *JARCE*, t. 1, Boston, 1962.

Fischer von Erlach, Johann Bernhard
1721. Entwurff einer Historischen Architektur, Vienne, 1721.

Fittschen, K.
1983. « Zwei Ptolemäerbildnisse in Cherchel », Studi Adriani, vol. I, 1983.

Fitz-Gerald, Desmond
1968. « Irish Gardens of the Eighteenth-Century. I. The Baroque », *Apollo*, t. LXXXVIII, n° 79, septembre 1968.

Fleming, John
1962. *Robert Adam and his Circle*, Londres, 1962.

Focillon, Henri
1964. *Giovanni Battista Piranesi, essai de catalogue raisonné de son œuvre*, Paris, 1964.

Folnesics, Josef et Braun, Edmund Wilhelm
1907. *Geschichte der K.K. Wiener Porzellan-Manufactur*, Vienne, 1907.

Fontaine, André
1930. *Les Collections de l'Académie Royale de peinture et de sculpture*, Paris, 1930.

Fontaine, Pierre-François-Léonard
s.d. *Journal des Monuments de Paris*, s.d.

Foucart-Walter, Élisabeth et Rosenberg, Pierre
1987. *Le Chat et la palette. Le chat dans la peinture occidentale du XVe au XXe siècle*, Paris, 1987.

Foulston, John
1838. *The Public Buildings Erected in the West of England*, Londres, 1838.

Fourier J.-B.
1844. « Préface historique de la Description de l'Égypte », *in* cat. exp. Paris, 1844.

Fournet, Claude
1987. *Musée Masséna, Catalogue-promenade*, Nice, 1987.

Francastel, Pierre
1939. *Le Style Empire*, Paris, 1939.

Fredericksen, Burton P.
1977. *Handbook of the Paintings in the Hearst San Simeon State Historical Monument*, Californie, 1977.

Fremantle, Anne (éd.)
1940. *The Wynne Diaries*, vol. 3, 1940.

French, Calvin L.
1974. *Shiba Kokan. Artist, Innovator, and Pioneer in the Westernization of Japan*, New York/Tokyo, 1974.

Friedländer, Walter et Blunt, Anthony
1974. *The Drawings of Nicolas Poussin*, vol. V, Londres, 1974.

Frodl, Gerbert
1974. *Hans Makart*, Salzbourg, 1974.
1978-1979. « Begegnung im Theater. Hans Makart und Gustav Klimt », *Mitteilungen der österreichischen Galerie*, t. XXII-XXIII, n°s 66-67, 1978-1979, pp. 9-36.

Fry R.
1933. « Cleopatra's Feast by G. B. Tiepolo », *The Burlington Magazine*, septembre 1933.

Fuhring, Peter
1989. *Design into Art. Drawings for Architecture and Ornament. The Lodewijk Houthakker Collection*, t. II, Londres, 1989.

Furtwängler, Adolf
1910. *Beschreibung der Glyptothek König Ludwigs zu München*, 2e éd., Munich, 1910.

Gabardi, M.
1986. *Les Bijoux de l'Art déco aux années 40*, Paris, 1986.

Gabillot, C.
1895. *Hubert Robert et son temps*, Paris, 1895.

Galland, Antoine
1801. *Tableau d'Égypte pendant le séjour de l'armée française*, Paris, an IX [1801].
1803. *Tableau de l'Égypte pendant le séjour de l'armée française...*, Paris, an XI [1803].

Gardiner, Sir Alan H.
1969. *Egyptian Grammar*, Oxford, 1969.

Garlick, Kenneth et MacIntyre, Angus (éd.)
1979. *The Diary of Joseph Farington*, t. VI, New Haven/Londres, 1979.

Garrard & Company
1914. *Descriptive Inventory of the Various Services of Plate, etc.*, Londres, 1914.

Garraud, Joseph-René
1987. *Un artiste dijonnais, Joseph Garraud, statuaire, directeur et inspecteur général des Beaux-Arts, 1807-1880*, Dijon, 1987.

Gaspari, Carlo
1982. « Die Skulpturen der Sammlung Albani in der Zeit Napoleons und der Restauration », in Beck et Bol (éd), Berlin, 1982, pp. 381-435.

Gastinel-Coural, Chantal
1990. « Du nouveau sur les ornemanistes français de la fin du 18e : à propos du palais d'Albe », *L'Objet d'art*, n° 242, décembre 1990, pp. 66-94.

Gauthier, Henri
1916/1917. *Livre des Rois d'Égypte*, t. IV/V, *MIFAO*, XXI, Le Caire, 1916.

Gauthier, Jean-Jacques
1988. « Le goût du Prince », *in La Folie d'Artois*, Paris, 1988., pp. 80-141

Gautier, Théophile
1894. *Une nuit de Cléopâtre*, Paris, 1894.

Gavignet, Jean-Pierre
1992. *Just Becquet au Salon : catalogue raisonné des œuvres présentées par le sculpteur Just Becquet au Salon des Artistes Français de 1853 à 1907*, mémoire de maîtrise, université de Franche-Comté, Besançon, 1992.

Gayet, Albert Jean
1895. « Le Symbolisme des figures isiaques et les terres cuites égypto-grecques », *Gazette des Beaux-Arts*, Paris, 1er novembre 1895, pp. 417-432.

Geminiani, A. ; Laccarini, G. et Macchi, R.
1984. *Federico Faruffini, la vita, le opere, il suo tempo*, Milan, s.d. [1984].

Gerdts, William H.
1963. *American Neo-Classic Sculpture*, New York, 1963.

Gere, Charlotte
1975. *European and American Jewellery, 1830-1914*, Londres, 1975.

Gere, C. ; Rudoe, J. ; Tait, H. et Wilson, T.
1984. *The Art of the Jeweller. A Catalogue of the Hull Grundy Gift to the British Museum : Jewellery, Engraved Gems and Goldsmiths'Work*, Londres, 1984.

Gerstenberg, Kurt
1929. *Johann Joachim Winkelmann und Anton Raphael Mengs*, Halle, 1929.

Gillispie, C.C. et Dewachter, M.
1987/1988. *Monuments de l'Égypte*. rééd. de l'édition impériale de 1809, Princeton, 1987/Paris, 1988.

Goby, Jean-Édouard
1952. « Les 40 éditions, traductions et adaptations du Voyage en Basse et Haute Égypte de Vivant Denon », *in Cahiers d'histoire égyptienne*, t. IV, fascicules 5-6, Héliopolis, décembre 1952, pp. 209-316.
1982. *Travaux essentiels*, Sèvres, 1982.
1987. *Premier Institut d'Égypte, restitution des comptes rendus des séances*, Mémoires de l'Académie des inscriptions et belles-lettres nouvelle série, t. VII, Quétigny-Dijon, 1987

Gomaa, F.
1973. « Chaemwese Sohn Ramses II und Hoherpriester von Memphis », *Ägyptologische Abhandlungen*, n° 27, Wiesbaden, 1973.

Gonse, Louis
1900. *Les Chefs-d'œuvre des musées de France*, Paris, 1900.

Gonzàlez-Palacios, Alvar
1966. *Gli ebanisti del Luigi XVI*, Milan, 1966.
1969. *Il mobile nei secoli*, Milan, 1969.
1971. « La mobilia del Palazzo Pallavicini », *Arte Illustrata*, n°s 37-38, 1971.
1987. « Two Rediscovered Commodes from the Villa Borghese », *Apollo*, vol. CXXVI, n° 306, août 1987, pp. 105-109.

Goulet, Nicolas
1808. *Observations sur les embellissemens de Paris et sur les monumens qui s'y construisent*, Paris, 1808.

Graefe, E.
1986. « Unut », *Lexikon der Ägyptologie*, Wiesbaden, 1986.

Grandjean, Serge
1947. « Les Fournitures de la Manufacture de Sèvres à l'Empereur Napoléon Ier », *Bulletin des Musées de France*, XIIe année, n° 8, septembre-octobre 1947, pp. 32-34.
1962. « Un chef d'œuvre de Sèvres : le service de l'empereur », *Art de France*, n° II, 1962, pp. 170-178.
1964. *Inventaire après décès de l'impératrice Joséphine à Malmaison*, Paris, 1964.

Grant, Michael
1972. *Cleopatra*, Londres, 1972.

Green, R.
1972. « John Martin Reconsidered », *The Connoisseur*, vol. CLXXXI, n° 730, décembre 1972, pp. 247-252.

Gregorietti, Guido
1969. *Il gioiello nei secoli*, Milan, 1969.

Grenier, Jean-Claude
1989a. « La Décoration statuaire du "Serapeum" du "Canope" de la Villa Adriana. Essai de reconstitution et d'interpretation », *MEFRA*, 101, Rome, 1989, pp. 925-1019.
1990. « La Décoration statuaire du "Serapeum" du "Canope" de la Villa Adriana. Essai de reconstitution du », *Monumenti, Musei e gallerie pontifice*, Rome, 1990.

Griffiths, John Gwyn
1975. *Études préliminaires aux religions orientales dans l'Empire romain (EPRO)*, t. 39 : *Apuleius of Madauros. The Isis-Book*, Leyde, 1975.

Grimal, Pierre
1969. *Les Jardins romains à la fin de la République et aux premiers siècles de l'Empire*, Paris, 1969.

Gruber, Alain Charles
1972. *Les Grandes Fêtes et leurs décors à l'époque de Louis XVI*, Genève, 1972.
1973a. « L'œuvre de Pierre-Adrien Pâris à la cour de France », *Bulletin de la Société de l'Histoire de l'art français*, 1973, pp. 213-227.
1973b. « Pierre-Adrien Pâris, un artiste parisien à la cour de Versailles », *Versailles*, n° 50, 1973, pp. 41-53.
1978. « La Villa Albani vue par un artiste du XVIIIᵉ siècle », *Piranèse et les Français*, colloque tenu à la villa Médicis à Rome en 1976, Rome, 1978, pp. 281-292.

Gruyer, Paul
1906. *Napoléon Roi de l'Ile d'Elbe*, Paris, 1906

Guémard, Gabriel
1924/1926. « Essai de bibliographie critique de l'Institut d'Égypte et de la Commission des sciences et des arts (avec suppl. 1798-1801) », *Bulletin de l'Institut d'Égypte*, vol. VI, pp. 135-157 et VIII, pp. 221-249, Le Caire, 1924/1926.

Guérinet, Armand
s.d. *Les Sièges des palais et musées nationaux des arts décoratifs*, Paris, s.d.

Guiterman, Helen
1978. *David Roberts R.A.*, Londres, 1978.

Gutwirth, Madelyn
1992. *The Twilight of the Godesses*, New Brunswick, 1992.

Hahnl, Adolf
1978. « Von Salzburger Tischlerhandwerk und Möbelkunst. Ein kunsthistorischer Überblick », *in* Rupert Oberhofer, *Ein ehrsames Handwerk der Tischler zu Salzburg*, Salzbourg, 1978.

Halén, Widar
1990. *Christopher Dresser*, Oxford, 1990.

Hamel, Maurice
1904. *The Salons of 1904*, Paris, 1904.

Hamerton, Philip
1877. « Edward J. Poynter, R.A. », *Portfolio*, vol. VIII, 1877, pp. 12-13.

Hamilton, George-Heard
1954. *The Art and Architecture of Russia (The Pelican History of Art)*, Harmondsworth, 1954.

Handrak, Alexandra
1990. « Ein Kompendium der Weltkulturen », *Museums Journal*, vol. IV, n° 111, juillet 1990, pp. 10-19.

Handoussa, T.
1981. « Le Collier ousekh », *SAK*, vol. 9, Hambourg, 1981.

Harpur, Yvonne
1987. *Decoration in Egyptian Tombs of the Old Kingdom. Studies in Orientation and Scene Content*, Londres-New York, 1987.

Harris, John
1961. *Regency Furniture Designs*, Londres, 1961.

Hartmann, Simone
1976. *Les Dessins de Jean Démosthène Dugourc dans la collection Tassinari et Châtel à Lyon*, mémoire de maîtrise soutenu à Lyon II, 1976.

Hartleben, Hermine
1906. *Champollion, sein Leben und sein Werk*, Berlin, 1906.

Haskell F.
1958. « Algarotti and Tiepolo's Banquet of Cleopatra », *The Burlington Magazine*, juin 1958.
1963. *Patrons and Painters (A Study in the Relations between Italian Art and Society in the Age of the Baroque)*, Londres, 1963, édition italienne, Florence, 1966.

Hatle, J.
1955. *Gustav Klimt, ein Wiener Maler des Jugendstils*, Graz, 1955.

Haug, Hans
1924. *La Collection de céramiques du musée des Arts décoratifs de Strasbourg*, Strasbourg, 1924.

Hautecœur, Louis
1924. *Le Louvre et les Tuileries*, Paris, 1924.
1943-1957. *Histoire de l'architecture classique en France*, 8 vol. Paris, 1943-1957 ; voir en particulier t. V, pp. 62-67.

Haverkamp-Begemann, Egbert et Logan, Anne-Marie
1970. *European Drawings and Watercolors in the Yale University Art Gallery 1500-1900*, New Haven, 1970.

Hayot, Monelle
1978. « Le musée éphémère », *L'Œil*, n° 278, septembre 1978.

Heckscher, Morrison H.
1967. « Note », *Metropolitan Museum of Art Bulletin*, vol. XXVI, n° 1, été 1967, pp. 35-36.

Heilmeyer, Wolf Dieter
1979. « Augustus und Kleopatra », *Berliner Museen*, n° 16, Berlin, 1979.

Helck, Wolfgang ; Otto, Eberhardt et Westendorf Wolfhardt
1972-1992. *Lexikon der Ägyptologie*, 7 vol., Wiesbaden, 1972-1992.

Herklotz, Ingo
1992. « Das Museo Cartaceo des Cassiano dal Pozzo und seine Stellung in der Antiquarischen Wissenschaft des 17. Jahrhunderts », *in* Cropper, Perini et Solinas (éd.), 1992.

Hernmarck, C.
1985. *The Art of the European Silversmith 1430-1830*, Londres, 1985.

Hérodote
1964. *L'Enquête*, II, 46, coll. « La Pléiade », Paris, 1964.

Herold, J. Christopher
1962. *Bonaparte in Egypt*, New York, 1962.

Herrmann, Luke
1990. *Turner Prints. The Engraved Work of J.M.W. Turner*, New York, 1990.

Higgins, Reynold Alleyne
1961. *Greek and Roman Jewellery*, Londres, 1961.

Hillairet, Jacques
1964. *Dictionnaire historique des rues de Paris*, 2ᵉ éd., t. I, Paris, 1964.

Hinks, Peter
1975. *Nineteen Century Jewellery*, Londres, 1975.

Hoff, U.
1961. *National Gallery of Victoria. Catalogue of European Paintings before Eighteen Hundred*, Melbourne, 1961

Hohenburg, Georg Johann Herwarth von
1620. *Thesaurus Hieroglyphicorum*, 1620.

Holcomb, Adele M.
1974. « The Bridge in the Middle Distance : Symbolic Elements in Romantic Landscape », *The Art Quarterly*, t. XXXVII, n° 1, 1974, pp. 31-58.

Honour, Hugh
1968. *Neo-classicism*, Londres, 1968.
1969. *Cabinet Makers and Furniture Designers*, Londres, 1969.
1989. *L'Image du noir dans l'art occidental*, vol. IV, Paris, 1989.

Hope, Thomas
1807. *Household Furniture and Interior Decoration Executed from Desings by Thomas Hope*, Londres, 1807.

Hornstein-Rabinovitch, Shelley
1981. *Tendances d'architecture Art nouveau à Strasbourg*, thèse de 3ᵉ cycle, 1981.

Hourticq, Louis et Dacier E.
1926. *Le Paysage français de Poussin à Corot à l'exposition du Petit Palais (mai-juin 1925)*, Paris, 1926.

Hubert, Emmanuelle
1972. « Les Mystères de l'Égypte avant Champollion », *Archaeologia*, n° 52, novembre 1972, pp. 46-53.

Hughes, G.
1965. *Modern Jewelry*, 1965.

Hughes-Hallet, Lucy
1991. *Cleopatra. Histories, Dreams and Distortions*, Londres, 1990, rééd. 1991.

Hunt, William Holman
1905. *Pre-Raphaelitism and the Pre-Raphaelite Brotherhood*, Londres, 1905.

Husson, Philippe ; Ponton, Bernard et Charpentier, Françoise
1984. *Musée de l'École de Nancy, la céramique de Gallé*, Nancy, 1984.

Hutchins, John
1813. *The History and Antiquities of the County of Dorset*, 2ᵉ éd., Londres, 1813.

Huysmans, Joris Karl
1975. « Le Salon de 1879 », *L'Art moderne*, Paris, 1975.

Ilg, Albert
1893. *Zwickelbilder im Stiegenhause des K.K. Kunsthistorischen Hof-Museums zu Wien von Ernst und Gustav Klimt und Franz Matsch*, Vienne, 1893.

Ingold, Gérard
1986. *Saint-Louis, de l'art du verre à l'art du cristal, de 1586 à nos jours*, Paris, 1986.

Irace, Fulvio
1991. « Rome : Chamber with double view », *Abitare*, n° 297, juin 1991.

Jacqué, Bernard
1984. « Les Papiers peints panoramiques de Jean Zuber et Cie », *Bulletin de la Société industrielle de Mulhouse*, n° 2, 1984, pp. 89-100.

Jacqué, Jacqueline et Bruignac, Véronique de
1978. *Chefs-d'œuvre du musée de l'Impression sur étoffes de Mulhouse*, Tokyo, 1978.

Jal, Auguste
1828. *Esquisses, croquis, pochades ou tout ce qu'on voudra sur le Salon de 1827*, Paris, 1828.

James, Ralph N.
1897. *Painters and their Works*, Londres, 1897.

James, Thomas Garnet Henry
1981. *The British Museum and Ancient Egypt*, Londres, 1981.

Jaquet, Pierre
1984. « La Manufacture Zuber et Cie », *Bulletin de la société industrielle de Mulhouse*, n° 2, Mulhouse, 1984, pp. 81-85.

Jarves, James Jackson
1960. *The Art-Idea*, Cambridge, 1960.

Jerrold, Blanchard
1891. *Life of Gustave Doré*, Londres, 1891.

Johansen, F.S.
1978. *Antike Portaetter af Kleopatra VII og Marcus Antonius*, Copenhague, 1978.

Johnson, W. McAllister
1968. « From Favereau's *Tableaux des Vertus et des Vices* to Marolles' *Tableaux du Temple des Muses* », *Gazette des beaux-arts*, vol. 72, n° 1195, Paris, 1968, pp. 171-190.

Johnstone, Christopher
1974. *John Martin*, Londres, 1974.

Jollois, Prosper
1904. *Journal d'un ingénieur attaché à l'Expédition d'Égypte ; Bibliothèque égyptologique*, vol. VI, Le Caire, 1904.

Jonas, E.
1930. *Collections léguées à la Ville de Paris par Ernest Cognac*, Paris 1930.

Jones, Barbara
1974. *Follies & Grottoes*, 2ᵉ éd. revue et corrigée, Londres, 1974.

Jones, E.A.
1911. *The Gold and Silver of Windsor Castle*, Letchworth, 1911.

Jouanny, Charles (éd.)
1911. *La Correspondance de Poussin*, Paris, 1911.

Jouin, Henri
1870. *Notice des peintures et sculptures du musée d'Angers*, Angers, 1870.
1885. *Notice des peintures et sculptures du musée d'Angers*, Angers, 1885.

Jullian, Philippe
1977. *Les Orientalistes*, Fribourg, 1977.

Julliot fils, P.F. et Paillet, A. J.
1782. *Catalogue des vases, colonnes, tables de marbres rare, figure de bronze... et autres effets importantes qui composent le cabinet de feu M. le duc d'Aumont*, Paris, 1782.

Junker, Hermann
1951. *Grabungen auf dem friedhof des Alten Reiches bei den Pyramiden von Gîza*, t. X, Vienne 1951.

Kelly, Alison
1965. *Decorative Wedgwood in Architecture and Furniture*, Londres, 1965.

Killen, G.
1980. *Ancient Egyptian Furniture*, vol. I, Warminster, 1980.

Kircher, Athanasius
1652-1654. *Obelisci*, 1652-1654.
1652-1654. *Œdipus Aegiptiacus*, 4. vol., Rome, 1652-1654.

Kitchen, Kenneth Anderson
1989. *Ramesside Inscriptions. Historical and biographical*, t. VII, Oxford, 1989.

Kjellberg, Pierre
1982. « Les "Grands Hommes" des Messageries », *Gazette de l'hôtel Drouot*, n° 26, 25 juin 1982, p. 34.

Knight, Vivien
1986. *The Works of Art of the Corporation of London*, Cambridge, 1986.

Knox, G.
1960. *Tiepolo Drawings in the Victoria and Albert Museum*, Londres, 1960.
1965. « A Group of Tiepolo Drawings Owned and Engraved by Pietro Monaco », *Master Drawings*, 1965.
1974. « Giambattista Tiepolo : Variations on the Theme of Anthony and Cleopatra », *Master Drawings*, hiver 1974.

Koutchoumov, Anatoli Mikhaïlovich
1976. *Pavlovsk, le palais et le parc*, Leningrad, 1976.

Krug, A.
1984. « Ein Bildnis der Arsinoe II. Philadelphos », *Studi Adriani*, vol. 1, 1984.

Kyrieleis, H.
1975. *Bildnisse der Ptolemäer*, Berlin 1975

L.Ä.
1972-1992. voir Helck

Labbé, Sophie
1989. *Les Statues naophores au Nouvel Empire*, mémoire de maîtrise inédit, soutenu en 1989 à l'université de Paris IV, sous la direction de Monsieur le professeur N. Grimal.

Laclotte, Michel et. al.
1989. *Les Donateurs du Louvre*, Paris, 1989.

La Mésangère
1807-1831. *Collection de meubles et objets de goût*, t. I, Paris, 1807-1831.

Lami, Stanislas
1910-1911. *Dictionnaire des sculpteurs de l'école française au XVIIIᵉ siècle*, 2 vol., Paris, 1910-1911.
1916. *Dictionnaire des sculpteurs de l'école française au XIXᵉ siècle*, vol. II, Paris, 1916.

Lanciani, Rodolfo
1883. « L'Iseum e Serapeum della Regione IX », *Bolletino della Commissione Archeologica Comunale*, janvier-décembre 1883, pp. 33-104.
1897. *The Ruins and Excavations of Ancient Rome*, New York, 1897.

Landon, Charles Paul
1808. *Annales du Musée et de l'École moderne des Beaux-Arts*, t. 16, Paris, 1808.

Lange, Kurt et Hirmer, Max
1967. *Ägypten. Architektur, Plastik, Malerei in drei Jahrtausenden*, Munich, 1967.

Lauer, Jean-Philippe
1961. « Mariette à Saqqarah. Du Sérapeum à la direction des antiquités », *Mélanges Mariette. Bibliothèque d'Étude*, t. XXXII, Le Caire, 1961.

Lauer, Jean-Philippe et Picard, C.
1955. *Les Statues ptolémaïques du Sarapeion de Memphis*, Paris, 1955.

Laurens, Henry
1987. *Les Origines intellectuelles de l'Expédition d'Égypte. L'orientalisme islamisant en France (1698-1798)*, Istanbul-Paris, 1987.
1989. *L'Expédition d'Égypte. 1798-1801*, Paris (en collaboration avec C.C. Gillispie, J.C. Golvin et J.C. Traunecker)

Lazard, Lucien
1914. *Deux Jardins disparus*, Paris, 1914.

Leblanc, Henri
1931. *Catalogue de l'œuvre complet de Gustave Doré*, Paris, 1931.

Lechevallier-Chevignard, G.
1908. *La Manufacture de porcelaine de Sèvres*, Paris, 1908.
1932. *Catalogue des biscuits de Sèvres*, Paris, 1932.

Leclant, Jean
1972. *Inventaire bibliographique des isiaca*, vol. I, (A-D), Leyde, 1972.
1974. *Inventaire bibliographique des isiaca*, vol. II, (E-K), Leyde, 1974.

Leclant, Jean et Clerc, Gisèle
1985. *Répertoire analytique des travaux relatifs à la diffusion des cultes isiaques 1940-1969*, Leyde, 1985.

Ledoux-Lebard, Denise
1965. *Les Ébénistes parisiens du XIXᵉ siècle*, Paris, 1965.
1966. « Le bureau de Louis-Philippe », *Connaissance des Arts*, n° 167, Paris, janvier 1966, pp. 40-41.
1975. *Inventaire général du Musée national de Versailles et des Trianons*, t. I : *Le Grand Trianon, meubles et objets d'art*, Paris, 1975.
1977. « Noblesse de la tôle peinte », *Connaissance des Arts*, n° 308, octobre 1977, pp. 70-75.
1984. *Les Ébénistes du XIXᵉ siècle. 1795-1889*, Paris, 1984.

Lefuel, Hector
1923. *Georges Jacob, ébéniste du XVIIIᵉ siècle*, Paris, 1923.
1925. *François-Honoré-Georges Jacob-Desmalter, ébéniste de Napoléon Iᵉʳ et de Louis XVIII*, Paris, 1925.
1934. *Catalogue du Musée Marmottan*, Paris, 1934.

Legrand, Jacque Guillaume et Landon, Charles Paul
1806-1809. *Description de Paris et ses édifices*, Paris, 1806-1809.

Lelièvre, Pierre
1942. *Vivant-Denon, directeur des Beaux-Arts de Napoléon*, Paris, 1942.

Lemus, Vera
1984. *Pushkin, Palaces and Parks*, Leningrad, 1984.

Lenoir, Alexandre
1814. *La Franche-maçonnerie prouvée par l'explication des mystères anciens et modernes*, Paris, 1814.

Lenormand, Charles Edmond
1867. « L'Égypte », tiré à part d'un article sur l'Égypte à l'Exposition universelle de 1867, *in Gazette des Beaux-Arts*, Paris, 1867.

Lenormant, Charles
1847. « François Gérard, peintre d'histoire, essai de biographie et de critique », Paris, 1847.

Leppien, Helmut R.
1975. *Max Ernst. Das graphische Werk*, Cologne, 1975.

Leroi, P.
1904. « Salon de 1904 », *L'Art*, n° 780, octobre 1904.

Le Targat, François
1984. « Kerylos et Ephrussi, le face à face des styles Néo », *Beaux-Arts Magazine*, n° 15, juillet-août 1984, pp. 20-21.

Levey, M.
1955. « Tiepolo's Banquet of Cleopatra at Melbourne », *Arte Veneta*, 1955.
1964. *The Later Italian Pictures in the Collection of Her Majesty the Queen*, Londres, 1964.
1965. *Tiepolo. Banquet of Cleopatra*, University of Newcastle-upon-Tyne, 1965.

Lewcock, Ronald B.
1963. *Early XIX, Century Architecture in South Africa*, Le Cap, 1963.

L'Horange,
1947. *Apotheosis in Ancient Portraiture*, 1947.

Licht, Fred
1983. *Canova*, New York, 1983.

Lindhagen, N.
1952. *Gustaf III, Desprez och Haga, Svenska Kungaslott i skisser oh ritnigar*, Malmö, 1952.

Lossky, Boris
1954. « L'Artiste-archéologue Louis-François Cassas (1756-1827) », *Bulletin de la societé de l'histoire de l'art français*, Paris, 1954, pp. 114-123.
1971. « Contributions à la connaissance des sculptures de Fontainebleau », *Bulletin de la Société de l'histoire de l'art français*, séance du 3 mai 1969, Paris, 1971, pp. 47-61.

Loukomski, G.K. et Nolhac, P. de
1930. *La Rome d'Hubert Robert*, Paris, 1930.

Lozinski, Jerzy Z. et Milobedz, Adam
1967. *Guide to the Architecture of Poland*, Varsovie, 1967.

Lucini, Gian Pietro
1900. « La pittura Lombarda del secolo XIX alla Permanente di Milano », *Emporium*, n° 68, 1900, pp. 83-105.

Lundberg, Gunnar W.
1972. *Swenska och frankst 1700-tal i Institut Tessins samlingar*, Malmö, 1972.

Maas, Jeremy
1978. *Victorian Painters*, éd. revue et corrigée, Londres, 1978.

Maehler, H.G.T.
1983. « Alexandria », *Ancient Centres of Egyptian Civilization*, Londres, 1983.

Maffei, Scipione
1731-1732. *Verona illustrata*, 1731-1732.

Magnusson, Börge
1980. *Svenska Teckningar 1600-talet*, Stockholm, 1980.

Malaise, M.
1972. *Études préliminaires aux religions orientales dans l'Empire romain (EPRO)*, t. 22 : *Les Conditions de pénétration et de diffusion des cultes égyptiens en Italie*, Leyde, 1972.
1978. *Les Scarabées de cœur dans l'Égypte ancienne*, Bruxelles, 1978.

Malek, J.
1983. « Who was the first to identify the Saqqara Serapeum ? », *Chronique d'Égypte*, t. LVIII, Bruxelles, 1983, pp. 65-72.

Malinine, Michel ; Posener, Georges et Vercoutter, Jean
1968. *Catalogue des stèles du Sérapeum de Memphis*, t. I, Paris, 1968.

Marchesini, G.C.
1946. « Roma nell'arte e nella vita di Hubert Robert », *Capitolium*, nᵒˢ 7-9, 1946.

Margaux, Adrian
1905. *The Art of E. J. Poynter*, Londres, 1905.

Mariacher, Giovanni
1964. « Bozzetti inediti di Antonio Canova al museo Correr di Venezia », *Arte neoclassica : Atti del convegno 12-14 ottobre 1957*, Venise, 1964, pp. 185-198.

Mariette, Auguste
1857. *Le Sérapeum de Memphis*, 3ᵉ partie, Paris, 1857.
1867. *Exposition universelle de 1867. Description du Parc égyptien*, Paris, 1867.
1904. « Renseignements sur les soixante-quatre Apis », *Œuvres diverses, Bibliothèque d'études. Institut français d'Archéologie Orientale*, t. XVIII, Le Caire, 1904.

Mariette, Auguste et Maspéro, Gaston
1882. *Le Sérapeum de Memphis*, Paris, 1882.

Marmottan, P.
1926. « Le Peintre Louis Gauffier », *Gazette des Beaux-Arts*, vol. XIII, n° 767, Paris, mai 1926, pp. 281-300.

Martyn, T
1767. *The English Connoisseur : Containing and Account of Whatever is curious in Painting, Sculpture, & c. in the Palaces and Seals of the Nobility and Principal Gentry of England both in Town and Country*, t. II, Dublin, 1767.

Maspéro, Gaston
1884. in Rayet, Olivier, *Monuments de l'art antique*, t. I, Paris, 1884.

Massin, Jean
1967. *Victor Hugo*, Paris, 1967.

Masson, Frédéric
1912. *Napoléon à Sainte-Hélène*, Paris, 1912.

Mathieu, Pierre Louis
1976. *Gustave Moreau, sa vie son œuvre, catalogue raisonné de l'œuvre achevé*, Paris, 1976.

Matteucci, Anna-Maria
1976. « Scenografia e architettura nell'opera di Pelagio Palagi », *in cat. exp. Bologne, 1976*, pp. 105-125.

Maury, Robert
1969. « Théodore Deck, un magicien du feu », dans *ABC Décor*, n° 61, novembre 1969, pp. 35-60.

Maxwell-Hyslop, K.R.
1971. *Western Asiatic Jewellery*, Londres, 1971.

Mayor, A. Hyatt
1957. « The Gifts that Made the Museum », *Bulletin of the Metropolitan Museum of Art*, vol. XVI, New York, novembre 1957, pp. 85-107.

Maze-Sencier, Alphonse
1893. *Les Fournisseurs de Napoléon Iᵉʳ et des deux Impératrices*, Paris, 1893.

Mc Fadzean, Ronald
1979. *The Life and Work of Alexander Thomson*, 1979.

McKean, Hugh F.
1980. *The "Lost" Treasures of Louis Comfort Tiffany*, New York, 1980.

McTighe, Sheila
1987. *The Hieroglyphic Landscape : « Libertinage » and the Late Allegories of Nicolas Poussin*, mémoire de doctorat, université de Yale, 1987.

Meadows, Peter
1988. *Joseph Bonomi Architect 1739-1808*, Londres, 1988.
Meeks, Carroll L.V.
1966. *Italian Architecture*, New Haven et Londres, 1966.
Megow, W.R.
1985. « Zu einigen Kameen späthellenistischer und frü-haugusteischer Zeit », *JDAI*, n° 100.
Meisel, Martin
1983. *Realizations. Narrative, Pictorial, and Theatrical Arts in Nineteenth-Century England*, Princeton, 1983.
Mesplé, Paul
1957. « Musée des Augustins de Toulouse », *Revue des Arts et des musées de France*, 7, n° 1, janvier-février 1957, p. 39.
1960. *Notes et Documents sur le sculpteur Bernard Lange*, Toulouse, 1960.
Messerer, Richard von
1966. « Briefwechsel zwischen Ludwig I. von Bayern und Georg von Dillis », *Bayerischen Akademie der Wissenschaften*, vol. 65, Munich, 1966.
M'Gormick, William B.
1924. « Jewelry and the Orient », *International Studio*, t. 79, avril 1924.
Minieri-Riccio, Camillo
1878. *Delle porcellane della Real Fabrica di Napoli, delle vendite fattene e delle loro tariffe. Memoria letta all'Accademia Pontaniana nella tornata del 7 aprile 1878*, Naples, 1878.
Moffitt, John F.
1983. « The Post and the Painters J.H.W. Tischbein's "Perfect Portrait" of Goethe in the Campagna », *Art Bulletin*, t. LXV, n° 3, septembre 1983.
Molmenti, Pompeo
1909. *Tiepolo*, 1909.
1911. *Tiepolo. La vie et l'œuvre du peintre*, Paris, 1911.
Mongeri, G.
1865. *La Perseveranza*, 31 août 1865.
Monglond, A.
1957. *La France révolutionnaire et impériale. Annales de bibliographie méthodique et description des livres illustré*, t. VIII, Paris, 1957.
Monckhouse, Cosmos
1897. « Sir Edward J. Poynter, P.R.A. », *Scribner's Magazine*, t. XXII, n° 6, Londres, décembre 1897.
1899. *British Contemporary Artists*, Londres, 1899.
Montesquiou, R. de
1897. *Roseaux pensants*, 1897.
Montfaucon, Bernard de
1719-1724. *L'Antiquité expliquée et représentée en figures*, 10 vol., Paris, 1719-1724.
Moore, Thomas
1827. *Landscape Illustrations to the Bible*, Londres, 1827, rééd. 1839.
Morassi, A.
1962. *A Complete Catalogue of Painting of G. B. Tiepolo*, Londres, 1962.
1964. « Tiepolo's Banquet of Antony and Cleopatra », *In Honour of Daryl Lindsay Essais and Studies*, Melbourne, 1964.
Morazzoni, Giuseppe
1935. *Le porcellane italiane*, Milan/Rome, 1935.
Morcelli, Stefano Antonio
1785. *Indicazione antiquaria per la villa suburbana dell'eccellentissima casa Albani*, Rome, 1785.
Morgan, Jacques de
1903. *Fouilles à Dachour, mars-juin 1894*, Vienne, 1903.
Mosser, Monique
1990. « Les architetures paradoxales ou petit traité des fabriques », *Histoires des jardins de la Renaissance à nos jours*, sous la direction de Monique Mosser et Georges Teyssot, Paris, 1990.
Mühlberger, Richard
1991. *The Bible in Art. The Old Testament*, New York, 1991.
Müller, Hans Wolfgang
1969. « Der Isiskult im Antiken Benevent », *Münchner Ägyptologische Studien*, n° 16, Munich, 1969.
1972. *Staatliche Sammlung Ägyptischer Kunst*, Munich, 1972.
1974. « Der Münchner Obelisk », *Abhandlungen der Bayerischen Akademie der Wissenschaften, Philosophisch-Historisches Klasse*, 1974.
1975. « L'obélisque Albani (à Munich) avant son transfert à Paris », *Bulletin de la Société française d'Égyptologie*, 72, Paris, 1975.
Müller Maya
1988. *Die Kunst Amenophis III und Echnatons*, Bâle, 1988.
Munich, Nicole
1984. « Les Plafonds peints du musée du Louvre : inventaire de documents d'archives », Archives de l'Art français, t. XXVI, 1984, pp. 107-163.
Munier, H.
1943. *Tables de la Description de l'Égypte*, suivies d'une bibliographie sur l'Expédition française de Bonaparte, Le Caire, 1943.
Munn, Geoffrey C.
1981. « Jewels by Castellani. Some Sources and Techniques Examined », *The Connoisseur*, Londres, février 1981, pp. 126-131.
1984. *Castellani and Giuliano : Revivalist Jewellers of the 19th Century*, Londres, 1984.
Murphy, Alexandra R.
1985. *European Paintings in the Museum of Fine Arts, Boston : an Illustrated Summary Catalogue*, Boston, 1985.
Musgrave, Clifford
1961. *Regency Furniture 1800-1830*, Londres, 1961.
Mysliwieck, Karol
1988. *Royal Portraiture of the Dynasties XXI-XXX*, Mayence, 1988.
Nadelhoffer, Hans
1984. *Cartier : Jewelers Extraordinary*, Londres, 1984.
Naudin, Yvonne
1980. *Les Faïences de Creil-Choisy-Montereau*, Paris, 1980.
Nebehay, Christian M.
1969. *Gustav Klimt. Dokumentation*, Vienne, 1969.
Neutsch, Bernhard
1963. « Romzeichnungen Goethes », *Mitteilungen des deutschen Archaeologischen Instituts. Römische Abteilung*, t. 70, 1963.
Niehaus, W.
1956. *Die Theatermaler Quaglio*, Munich, 1956.
Noël, François-Joseph
1823. *Dictionnaire de la Fable*, 4e éd., Paris, 1823.
Nolhac, Pierre de
1910. *Hubert Robert 1733-1808*, Paris, 1910
Norden, Frederick Ludwig
1741/1757/1795. *Travels in Egypt and Nubia*, Londres, 1741/1757/1795.
1755. *Voyage d'Égypte et de Nubie*, Copenhague, 1755.
Nota, Maresita
1991. « La Collezione Egizia nel Museo Barracco di Roma. Note d'archivio », actes du congrès international tenu à Bologne en 1990 (*L'Egitto fuori dell'Egitto. Dalla riscoperta all'Egittologia*), Bologne, 1991, pp. 283-300.
Nouvel-Kammerer, Odile
1990. *Papiers peints panoramiques*, Paris, 1990.
Novotny, Fritz et Dobai, Johannes
1967. *Gustav Klimt*, Salzbourg, 1967.
Oberkirch, Henriette Louise de Wadner, baronne d'
1989. *Mémoires de la Baronne d'Oberkirch sur la cour de Louis XVI et la société française avant 1789*, Paris, 1989.
Oechslin, Werner
1982. « Dinokrates - Legende und Mythos megalomaner Arkitekturstiftung », *Daidalos*, n° 4, 1982, pp. 7-26.
Ojetti, Ugo
1929. *La Pittura italiana dell'Ottocento*, Milan / Rome, 1929.
Oppé A.P.
1946-1948. « Memoirs of Thomas Jones », *Walpole Society*, t. XXXII, Oxford, 1946-1948.
Ory, Pascal
1982. *Les Expositions universelles de Paris*, Paris, 1982.
Otto, Eberhard
1954. *Die biographische Inschriften der ägyptischen Spätzeit ; ihre geistesgeschichtliche und literarische Bedeutung*, Leyde, 1954.
Ottomeyer, Hans et Pröschel, Peter
1986. *Vergoldete Bronzen. Die Bronzearbeiten des Spätbarock und Klassizismus*, Munich, 1986.
Padró, Josep
1991. « La découverte d'objets égyptiens dans l'extrême Occident et l'histoire de son étude », actes du congrès international tenu à Bologne en 1990 (*L'Egitto fuori dell'Egitto. Dalla riscoperta all'Egittologia*), Bologne, 1991, pp. 301-310.
Pallucchini, A.
1962. « Un nuovo Banchetto di Cleopatra di Giambattista Tiepolo », *Acropolis*, 1962.
Pallucchini, A. et Piovene, G.
1968. *L'Opera completa di Giambattista Tiepolo*, Milan 1968.
Pariset, P.
1971. « Roma vista di Hubert Robert », *L'Urbe*, vol. XXIV, n° 1, 1971.
Parsons, Merribell
1969. « A Monument of Rome », *The Minneapolis Institute of Arts Bulletin*, t. LVIII, 1969, pp. 47-53.
Paulson, Ronald
1971. *Hogarth : his Life, Art and Times*, New Haven, 1971.
Pavanello, Giuseppe et Praz, Mario
1976. *L'opera completa del Canova*, Milan, 1976.
Payen, Louis
1915. *Cleopatra*, New York, 1915
Pearson, Hesketh
1961. *Bernard Shaw*, Londres, 1961.
Peltier, Yves
1992. « Un vase en grès cérame dit "carafe indienne" », *L'Estampille. l'objet d'art*, n° 258, mai 1992.
1993. « Ziegler, céramiste et peintre d'histoire », *L'Estampille, l'Objet d'art*, n° 274, novembre 1993.
Pendered, Mary Lucy
1924. *John Martin, Painter*, New York, 1924.
Penna, Agostino
1831-1836. *Viaggio pittorico della Villa Adriana*, Rome, 1831-1836.
Penny, Nicholas
1978. *Piranesi*, Londres, 1978.
Percier, Charles
1908. *Le Château de la Malmaison*, Paris, 1908.
Percier, Charles et Fontaine, Pierre-François-Léonard
1801. *Recueil de décorations intérieures*, texte historique et descriptif par Jean Ajalbert et Ernest Dumonthier, Paris, 1801.
Perdu, Olivier
1990. « Neshor à Mendès sous Apriès », *Bulletin de la Société française d'égyptologie*, 118, 1990.
Pérouse de Montclos, Jean-Marie
1966. voir Chastel.
1968. voir Boullée.
1969. *Étienne-Louis Boullée, de l'architecture classique à l'architecture révolutionnaire*, Paris, 1969.
Perrot, Georges et Chipiez, Charles
1882. *Histoire de l'art dans l'Antiquité*, t. I, Paris, 1882.
Perrotti, Angela Carôla
1978. *La Porcellana della Real Fabbrica Ferdinandea (1771-1806)*, Cava dei Tirreni, 1978.
Petit-Radel, Louis
1804. *Les Monumens antiques du Musée Napoléon*, t. IV, Paris, 1804.
Pettenati, Silvana
1980. « Forniture per la corte : vetri, specchi, cristalli, porcellane, carrozze », in Pinto, Sandra (éd.), *Arte di corte a Torino da Carlo Emanuele III a Carlo Felice*, Turin, 1987 pp. 216-248.
Pierret, Paul
1874/1878. « Recueil d'inscriptions inédites du Musée égyptien du Louvre », *Études égyptologiques*, t. II, 1874, t. VIII, 1878.
1882. *Catalogue de la salle historique de la galerie égyptienne*, Paris, 1882.
Pietrangeli, Carlo
1966. « Interno del Museo Capitolino del Hubert Robert », *Capitolium*, février 1966.
Piggott, Stuart
1985. *William Stukeley, an Eighteenth-Century Antiquary*, éd. revue et corrigée, New York, 1985.
Pigler, Andor
1974. *Barockthemen*, éd. revue et corrigée, Budapest, 1974.

Pignorius, Laurentius
1669. *Mensa Isiaca*, Amsterdam, 1669.
Pingeot, Anne ; Le Normand-Romain, Antoinette et Margerie, Laure de
1986. *Musée d'Orsay. Catalogue sommaire illustré des sculptures*, Paris, 1986.
Pinto, Sandra, éd.
1987. voir Pettenati.
Piranesi, Giambattista
1756. *Le Antichità romane*, Rome, 1756.
1769. *Diverse maniere di ardonare i cammini*, Rome, 1769.
Plagemann, Volker
1967. *Das deutsche Kunstmuseum 1790-1870*, Munich, 1967.
Plinval de Guillebon, Régine de
1972. *La Porcelaine de Paris, 1770-1850*, Fribourg, 1972.
Pliukhin, Evgenii et Punin, Andreï Lvovich
1975. *And Bridges Spanned the Waters' Width...*, Leningrad, 1975.
Plutarque
1964-1983. *Vies*, Paris, Édition Les Belles Lettres, 1964-1983.
Pococke, Richard A.
1743. A *Description of the East and Some Other Countries*, t. I : *Observations on Egypt*, Londres, 1743.
Porter, Bertha et Moss, Rosalind L.B.
1934/1988. *Topographical Bibliography of Ancient Egyptian Hieroglyphic Texts, Reliefs, and Paintings*, 8 vol., Oxford, 1934/1988.
Posener-Krieger, P.
1960. « Une statuette de roi-faucon au musée du Louvre », *Revue d'Égyptologie*, t. XII, Paris, 1960.
Possémé, Evelyne
1992. *Épingles de cravates bijoux*, Paris, 1992.
Poyet, Bernard
1811. *Recueil des peintures et sculptures faites au Corps législatif*, Paris, 1811.
Praz, Mario
1969. *On Neoclassicism*, Londres, 1969.
1988. *Le Monde que j'ai vu*, Paris, 1988.
Prisse d'Avennes
1878. *Histoire de l'Art égyptien d'après les monuments, depuis les temps les plus reculés jusqu'à la domination romaine*, texte par P. Marchandon De La Faye d'après les notes de l'auteur, Paris, 1878.
Quatremère de Quincy, Antoine-Chrysostome
1785/1803. *De l'architecture égyptienne...*, Paris, 1785/1803.
1797. *Lettres sur le projet d'enlever les monumens de l'Italie*, Paris, an IV [1797].
1834. *Canova et ses ouvrages, ou Mémoires historiques sur la vie et les travaux de ce célèbre artiste*, Paris, 1834.
Quick, Richard
1931/1970. *The Life and Works of Edwin Long*, Bournemouth, 1931, 2ᵉ éd. 1970.
Rabreau, Daniel
1984. « Un opéra au Louvre », *Beaux-Arts Magazine*, n° 15, Paris, juillet-août 1984.
Radford, E.
1899. « Elihu Vedder », *The Art Journal*, LI, n° 4, avril 1899, pp. 97-103.
Raeder, Joachim
1983. *Die statuarische Ausstattung der Villa Hadriana bei Tivoli*, (Europäische Hochschulschriften, XXX-VIII/4), Francfort-sur-le-Main/Berne, 1983.
Raffei, Stefano
1821. *Dissertazione da servire di supplemento all'opera dei Monumenti antichi di Giovanni Winckelmann*, Rome, 1821.
Rammant-Peeters, A.
1983. *Les Pyramidions égyptiens du Nouvel Empire*, Louvain, 1983.
Ranke et Hermann
1935-1977. *Die ägyptischen Personennamen*, Glückstadt, 1935-1977.
Rapoport, Valeri
1984. *Arkhanguelskoe, a Country Estate of the 18th and 19th Centuries*, Leningrad, 1984.
Ratcliff, Carter
1979. « The Gender of Mystery : Elihu Vedder », *Art in America*, vol. CXVII, n° 7, novembre 1979, pp. 84-92.

Rawlinson, William George
1913. *The Engraved Work of J.M.W. Turner, R.A.*, t. II, Londres, 1913.
Rayet, Olivier
1984. *Monuments de l'art antique*, Paris, 1984.
Réau, Louis
1956. *Fragonard sa vie et son œuvre*, Bruxelles, 1956.
Reeves, Nicholas
1968. *The Register of the Museum of Art, The University of Kansas*, vol. III, n° 10, 1968.
1990. *The Complete Tutankhamun. The King. The Tomb. The Royal Treasure*, Londres, 1990.
Reich, M.
1974. « The Imagination of Elihu Vedder - as Revealed in his Book Illustrations », *The American Art Journal*, vol. VI, n° 1, mai 1974, pp. 63-87.
Reilly, Robin
1989. *Wedgwood*, Londres/New York, 1989.
Reinhard, Marcel
1971. *La Révolution 1789-1799*, Paris, 1971.
1984. *The Religious Souvenir, Christmas, New Year's and Birth Day Present*, Philadelphie, 1834.
Remington, Preston
1926. « Recent Accessions of French Furniture », *Bulletin of the Metropolitan Museum of Art*, vol. XXI, n° 9, septembre 1926, p. 219.
1927. « Martin-Guillaume Biennais », *Bulletin of the Metropolitan Museum of Art*, vol. XXII, n° 4, avril 1927, pp. 122-126.
1954. « The Galleries of European Decorative Arts and Period Rooms », *Bulletin of the Metropolitan Museum of Art*, vol. XIII, New York, n° 3, novembre 1954, pp. 65-137.
Renard, Jean-Claude
1985. *L'Art de la fonte : un art, une industrie, 1800-1914*, Paris, 1985.
Renonciat, Annie
1983. *La Vie et l'œuvre de Gustave Doré*, Paris, 1983.
Renouvier, Jules
1863. *Histoire de l'Art pendant la Révolution*, Paris, 1863.
Rhoné, Arthur
1877. *L'Égypte à petites journées*, Paris, 1877.
Richardson, Edgar
1956. *Painting in America*, New York, 1956.
Richardson, Margaret (éd.)
1976. *Catalogue of the Drawings Collection of the Royal Institute of British Architects*, vol. XIII, Londres, 1976.
Riedley
1984. « Auguste Mariette : One Hundred Years After », *Abr Nahrain*, 1984.
Roberts, David
1846-1850. *Egypt and Nubia*, 3 vol., Londres, 1846-1850.
Robinson, A. Mary F.
1885. « Elihu Vedder », *The Magazine of Art*, vol. VIII, 1885, pp. 120-125.
Robiquet, Jacques
1920-1921. *Vie et œuvre de Pierre Gouthière*, Paris, 1920-1921.
Roche, Denis
1912-1913. *Le Mobilier français en Russie*, Paris, 1912-1913.
Rocheggiani, Lorenzo
s.d. *Raccolta di cento tavole rappresentanti i costumi religiosi degli antichi Egiziani*, Rome, sans date.
Roeder, G.
1941. in *Miscellanea Gregoriana*, 1941.
Roland Michel, Marianne
1978. « De l'illusion à "l'inquiétante étrangeté" ; quelques remarques sur l'évolution du sentiment et de la représentation de la ruine chez des artistes français à partir de 1730 », *Piranèse et les français*, colloque tenu à la villa Médicis à Rome en 1976, Rome, 1978, pp. 475-498.
1981. « Un peintre français nommé Ango... », *Burlington Magazine*, vol. CXXIII, n° 945, décembre 1981, suppl., pp. II-VIII.
1987. *Le Dessin français au XVIIIᵉ siècle*, Fribourg, 1987.
Rollin, Charles
1730-1738. *Histoire ancienne des Égyptiens, des Carthaginois, des Assyriens*, Paris, 1730-1738.

1738-1741. *Histoire romaine depuis la fondation de Rome*, Paris, 1738-1741.
Roncuzzi Roversi-Monaco, V.
1989. « L'Artista e la biblioteca », *L'Ombra di Core : disegni dal fondo Palagi dell Biblioteca dell'Archiginnasio*, Bologne, 1989.
Rosellini, Ippolito
1834. *I Monumenti dell'Egitto e della Nubia*, 11 vol., Pise, 1832-1844.
Rosenblum, Robert
1968. « A Century of British Romantic Painting », *Art in America*, vol. 56, n° 1, janvier-février 1968, pp. 84-91.
Rovani, G.
1865. *La Gazetta di Milano*, 7 septembre 1865.
Röttgen, Steffi
1977. « Mengs sulle orme di Poussin », *Antologia delle Belle Arti*, Rome, 1977.
1982. « Die Villa Albani und ihre Bauten », *in* Beck et Bol éd., Berlin, 1982.
Rouché, J.
1924. *L'Art théâtral moderne*, Paris, 1924.
Rougé, Emmanuel de
1852. *Notice des monuments exposés dans la galerie des antiquités égyptiennes*, Paris, 1852.
Roussel, Jules
s.d. *Le Palais de Fontainebleau. Décorations intérieures et extérieures*, Paris, sans date [1904].
Rudoe, Judy
1991. *Decorative Arts 1850-1950. A Catalogue of the British Museum Collection*, Londres, 1991.
Ryhiner, M. L.
1986. *L'Offrande du lotus dans les temples égyptiens de l'époque tardive*, Bruxelles, 1986.
Sack, E.
1910. *Giambattista und Domenico Tiepolo*, Hambourg, 1910.
Saint-Denis, Louis-Étienne
1926. *Souvenirs du Mameluck Ali*, Paris, 1926.
Saint-Foix, Georges de
1946. *Mozart*, t. V : *Les Dernières Années, 1789-1791*, Paris, 1946
Saint-Girons, Baldine
1990. *Esthétiques du XVIIIᵉ siècle. Le Modèle français*, Paris, 1990.
Saint-Non, abbé de
1781-1786. *Voyage pittoresque ou Description des Royaumes de Naples et de Sicile*, 4 vol., Paris, 1781-1786.
1763. *Recueil de griffonis*, 296 planches, Paris, 1767.
Saleh, Mohamed
1977. *Three Old-Kingdom Tombs at Thebes*, Mayence, 1977.
Saleh, Mohamed et Sourouzian, H.
1987. *Musée égyptien du Caire, catalogue officiel*, Mayence 1987.
Salverte, François de
1927. *Les Ébénistes du XVIIIᵉ siècle*, Paris, 1927.
1934-1935. *Les Ébénistes du XVIIIᵉ siècle*, Paris, 1934-1935.
Salvy, Claude
1966. « Un intérieur Premier Empire », *Jardin des Arts*, n° 134, Paris, janvier 1966, pp. 52-57.
Sapori, Francesco
1923. « La peinture italienne dans la seconde moitié du XIXᵉ siècle », *Revue de l'Art*, vol. XLIII, n° 242, janvier 1923.
Sassoon, Adrian et Wilson, Gillian
1986. *Decorative Arts. A Handbook of the Collections of the J. Paul Getty Museum*, Malibu, 1986.
Sauneron, Serge
1989. *Un traité égyptien d'ophiologie*, IFAO, Le Caire, 1989.
Scharff, A.
1941. in *Miscellanea Gregoriana*, 1941.
Schasler, Max
1855. *Die königlichen Museen zu Berlin*, Berlin, 1855.
Schéfer, Gaston
1913. « Giovanni Battista Piranesi », *Les Arts*, n° 136, avril 1913, pp. 18-25.
Schmidberger, E.
1981. « Keramikmanufakturen in Kassel. Fayence, Porzellan, Steingut », *Keramik an Weser*, Werra/Fulda, 1981.

594

Schmidt, Karl Eugen
s.d. *Album Frantiska Kupky*, Prague, s.d. [1907].
Schneider, Hans D.
1977. *Shabtis*, Leyde, 1977.
Schögl, H.
1977. *Der Sonnengott auf der Blüte*, AH5, Bâles-Genève, 1977.
1982. *Lexikon der Ägyptologie*, t. IV : *Nefertoum*, Wiesbaden, 1982
Schorske, Carl F.
1993. « Freud's Egyptian Dig », *The New York Review of Books*, 27 mai 1993, pp. 35-40.
Schoske, Sylvia et Wildung Dietrich
1985. *ÄgyptischeKunst München. Katalog Handbuch zur Staatlichen Sammlung Ägyptischer Kunst München*, Munich, 1985.
Schroder, T.B.
1988. *The Gilbert Collection of Gold and Silver*, Los Angeles, 1988
Schwaller de Lubicz, R. A.
1985. *Le Temple de l'homme, Apet du sud à Louqsor*, t. II (planches), Paris, 1985.
Scott, Jonathan
1975. *Piranesi*, Londres, 1975.
Scully Jr., Arthur
1973. « James Dakin, Architect : his Career in New York and the South », *Bâton Rouge*, 1973.
Seely, John
1817. *A Description...*, 1817.
Segall, B.
1938. *Museum Benaki Athen. Katalog der Goldschmiede-Arbeiten*, Athènes 1938.
Seguier, F.P.
1870. *A Critical and Commercial Dictionary of the Works of Painters*, Londres, 1870.
Seipel, Wilfried ; Vandersleyen, Claude et Altenmüller, Hartwig
1975. *Das Alte Ägypten*, Berlin, 1975.
Sellier, Charles
1903. *L'Hôtel d'Aumont*, Paris, 1903.
Seymour de Ricci
1929a. « A Museum on the Grands Boulevards, the Musée Cognac-Jay », *The New York Herald*, suppl., juin 1929.
1929b. *Catalogue du musée Cognac-Jay*, Paris 1929
Shaw, George Bernard
1898. *César and Cleopatra*, Londres, 1898.
Siblick, Ł.
1928. *Frantisek Kupka*, Prague, 1928.
Sim, Katharine
1984. *David Roberts R.A. 1796-1864*, Londres, 1984.
Snodin, M.
1973. « J.J. Boileau, a Forgotten Designer », *The Connoisseur*, t. CXCVIII, n° 196, juin 1973.
Soby, J.T. et Miller, D.
1943. *Romantic Painting in America*, New York, 1943.
Somaré, Enrico
1928. *Storia dei pittori italiani dell'Ottocento*, t. I, Milan, 1928.
S[orensen], H[enry]
1981. « Victor Hugo visionnaire », *Connaissance des Arts*, n° 355, Paris, septembre 1981, pp. 31.
Soria, Regina
1963. « Elihu Vedder's Mythical Creatures », *Art Quarterly*, vol. XXVI, n° 2, été 1963.
1970. *Elihu Vedder : American Visionary Artist in Rome (1836-1923)*, Rutherford, N.J., 1970.
Spalding, Frances
1978. *Magnificent Dreams : Burne-Jones and the Late Victorians*, Oxford, 1978.
Spielmann, M.H.
1893. « The Prelude », *Magazine of Art*, vol. XVI, 1893.
Stampfle, Felice
1978. *Giovanni Battista Piranesi, Drawings in the Pierpont Morgan Library*, New York, 1978.
Stanford, W.B. et Finopoulos, E.J.
1984. *The Travels of Lord Charlemont in Greece & Turkey 1749*, Londres, 1984.
Stanislas Delaulnaye, F.H.
1791. *Histoire générale et particulière des religions et des cultes de tous les peuples du monde tant ancien que modernes, ouvrage orné de 300 figures gravées sur les dessins de Moreau le Jeune, Paris : Chez Fournier le jeune*, Paris, 1791.
Starke, Mariana
1834. *Travels in Europe, for the Use of Travellers on the Continent*, Paris, 1834.
Stefani, Ottorino
1984. *La Poetica e l'arte del Canova*, 2e éd., Trévise, 1984.
Stierlin, Henri et Ziegler, Christiane
1987. *Tanis : Trésors des pharaons*, Fribourg, 1987.
Strahan, Edward
1879-1882. *The Art Treasures of America Being the Choiced Works of Art in the Public and Private Collections of North America*, vol. II, Phildelphie, 1879-1882.
Strobl, Alice
1980. *Gustav Klimt, Die Zeichnungen 1878-1903*, Salzbourg, 1980.
Stüller, Friedrich Auguste
1853. *Das Neue Museum in Berlin*, Potsdam, 1853.
Sutton, Denys
1972. « The Paradoxes of Neo-Classicism », *Apollo*, vol. XCVI, n° 128, octobre 1972, pp. 264-275.
Swanson, Vern
1977. *Sir Lawrence Alma-Tadema, un peintre victorien, une évocation de l'Antiquité*, Paris, 1977.
Symonds, R.W.
1957. « Thomas Hope and the Greek Revival », *The Connoisseur*, vol. CXL, n° 566, janvier 1957, pp. 226-230.
Szambien, Werner
1988. *Le Musée d'architecture*, Paris, 1988.
Tafuri, Manfredo
1972. « G.B. Piranesi, l'architettura come "Utopia negativa", actes du congrès *Bernardo Vittone*, Turin, 1972.
Tardy
1969-1974. *La Pendule française*, 3 vol., Paris, 1969-1974.
Tarn, W.W.
1934. *Cambridge Ancient History*, vol. 10, Cambridge, 1934.
Teynac, Françoise, Nolot, Pierre et Vivien, Jean-Denis
1981. *Le Monde du papier peint*, Paris, 1981.
Theunissen, André
1934. *Meubles et sièges du XIIIe siècle*, Paris, 1934.
Thévoz, Michel
1974. *Louis Soutter ou l'écriture du désir*, Lausanne, 1974.
Thiébaut, Phillipe
1983. « Gallé », *Nouvelles Acquisitions du musée d'Orsay 1980-1983*, Paris, 1983.
1993. *Les Dessins de Gallé*, Paris, 1993.
Thiry, baron J.
1873. *Bonaparte en Égypte. Décembre 1797-24 août 1798*, Paris.
Thornton, Alfred Henry Robinson
1935. *Fifty Years of the New English Art Club, 1886-1935*, Londres, 1935.
Thornton, Alfred et Dorey, Helen
1992. *Sir John Soane. The Architect as Collector, 1753-1837*, New York, 1992.
Thornton, Peter et Watkin, David
1987. « New Light on the Hope Mansion in Duchess Street », *Apollo*, vol. CXXVI, n° 307, septembre 1987, pp. 162-177.
Thuillier, Jacques
1967. *Fragonard*, Genève, 1967.
Tietze, Hans
1913. « Die Denkmale des Benediktinerstiftes St. Peter in Salzburg », *Österreichische Kunsttopographie*, t. XII, Vienne, 1913.
Tiradritti, Francesco
1991. « Il cardinale Ricci e l'obelisco di Santa Maria Maggiore », actes du congrès international tenu à Bologne en 1990 (*L'Egitto fuori dell'Egitto. Dalla riscoperta all'Egittologia*), Bologne, 1991, pp. 433-440.
Tisserand, L.-M.
1874-1875. *Les Armoiries de la Ville de Paris*, Paris, 1874-1875.
Toynbee, Paget
1927-1928. voir Oppé.
Tranié, J. et Carmigniani, J. C.
1988. *Bonaparte. La campagne d'Égypte*, avec une préface de Jean Tulard, Paris, 1988.
Tran Tam Tinh, V.
1971. *Études préliminaires aux religions orientales dans l'Empire romain (EPRO)*, t. 17 : *Le Culte des divinités orientales à Herculanum*, Leyde, 1971.
1974. *Catalogue des peintures romaines (Latium et Campanie) du Musée de Louvre*, Paris, 1974.
Traunecker, Claude
1979. « Essai sur l'histoire de la XXIXe dynastie », *Bulletin de l'Institut français d'Archéologie orientale*, t. 79, 1979.
Tuckerman, Henry Theodore
1870. *Book of the Artists*, New York, 1870.
Tulard, Jean
1970. *Nouvelle histoire de Paris, Le Consulat et l'Empire 1800-1815*, Paris, 1970.
1989. *Nouvelle histoire de Paris, La Révolution*, Paris, 1989.
Tumilovich, Evgenï Vladislavovich et Altunin, Sergeï Efimovich
1963. *Mosty i naberezhnye Leningrada*, Moscou, 1963.
Urlichs, L. von
1889. *Beiträge zur Geschicthe der Glyptothek, Zweiundzwanzigstes Programm des von Wagner'schen Kunstinstituts der Universität Würzburg*, Würzbourg, 1889.
Vacquier, Jules
1913-1924. *Les Vieux Hôtels de Paris*, vol. 4 : *Le Faubourg Saint-Germain*, t. 2, Paris, 1913-1924.
1908-1937. *Les Vieux Hôtels de Paris*, vol. 6 : *Le Faubourg Saint-Honoré*, t. I, Paris, 1908-1937.
Vaizey, Marina
1971. « The Robert Walker Collection, Part I », *The Connoisseur*, vol. CLXXVIII, n° 715, septembre 1971, pp. 16-26.
Valbelle, Dominique
1981. *Satis et Anoukis*, Mayence, 1981.
Vallée, R.
1948. *Les Petits Musées de Paris*, Paris 1948.
Vandersleyen, Claude
1973. « Les Proportions relatives des personnages dans les statues groupes », *Chronique d'Égypte*, t. 95, Bruxelles, 1973, pp. 18-25.
Vandier, Jacques
1950. « Musée du louvre. Acquisitions du département des Antiquités égyptiennes », *Bulletin des musées de France*, Paris, avril 1950.
1952. *Musée du Louvre, le département des Antiquités égyptiennes, guide sommaire*, Paris.
1954-1958. *Manuel d'archéologie égyptienne*, Paris, 1954-1958.
Vandier d'Abbadie, J.
1972. *Les Objets de toilette égyptiens au musée du Louvre*, Paris, 1972.
Vatin, Jean-Claude
1989. « Introduction » de la réédition du *Voyage dans la Basse et la Haute Égypte de Denon*, Le Caire, IFAO, 1989, vol. I.
Vedder, Elihu
1910. *Digressions of Vedder*, Boston, 1910.
Venuti, Ridolfino
1766. *Accurata, e succinta descrizione topografica e istorica di Roma moderna*, Rome, 1766.
Verardi, Louis (pseud. Pierre Boitard)
1854. *Manuel de l'architecte des jardins*, Paris, 1854, rééd. Paris, 1979
Vergnet-Ruiz, Jean et Laclotte, Michel
1962. *Petits et grands musées de France*, Paris, 1962.
Verlet, Pierre
1955. *Les Meubles du XVIIIe siècle*, vol. I : *Menuiserie*, Paris, 1955.
1963. *French Royal Furniture*, Londres, 1963.
1987. *Les Bronzes dorés français du XVIIIe siècle*, Paris, 1987.
Verlet, Pierre et Grandjean, Serge
1953. *Sèvres*, Paris, 1953.
Vernus, Pascal
1991. « Une statue de Neshor surnommé Psamétik-menkhib », *Revue d'égyptologie*, 42, Paris, 1991.
Vever, Henri
1908. *La Bijouterie française au XIXe siècle (1800-1900)*, t. II : *Le Second Empire*, Paris, 1908.

1908-1912. *La Bijouterie française au XIXe siècle (1800-1900)*, t. III : *La Troisième République*, Paris, 1908-1912.

Viale Ferrero, Mercedes
1983. *La scenografia della Scala nell'età neoclassica*, Milan, 1983.

Vian, Louis-René
1992. *Arts décoratifs à bord des paquebots français, 1880-1960*, Paris, 1992.

Viator
s.d. *Sur l'emplacement de l'obelisque de Louqsor*, Paris, sans date [décembre 1833].

Vidal, A.
1979. « Le musée Cognac-Jay », *Relations PTT*, juillet 1979.

Viel
1797. *Principes de l'ordonnance et de la construction des bâtiments*, 1797.

Vierneisel, K.
1980. « Der berliner Kleopatra », *J. Berl. Mus*, 22, 1980.

Villiers du Terrage, E.
1899. *Journal et souvenir sur l'Expédition d'Égypte*, Paris, 1899.

Visconti, Ennio-Querino
1831. *Opere Varie*, IV, Milan, 1831.

Visconti, Ennio-Querino et Clarac, Frédéric de
1796. *Sculture del Palazzo della villa Borghese detta Pinciana*, Rome, 1796.
1820. *Description des antiques du Musée Royal*, Paris, 1820.

Vivian, F.
1971. *Il Console Smith mercante e collezionista*, Venise, 1971.

Walch, Peter S.
1967. « Charles Rollin and Early Neoclassicism », *Art Bulletin*, vol. XLIX, n° 2, 1967, pp. 123-126.
1968. « Cleopatra before Augustus », *The Register of the Museum of Art, The University of Kansas*, t. III, 1968.

Walker, David et McWilliam, Colin
1971. « Cairness Aberdeenshire », *Country Life*, t. CXLIX, n° 3842, 28 janvier 1971 et n° 3843, 4 février 1971, pp. 248-251.

Wallert, I.
1967. « Der verzierte Löffel : seine Formgeschichte und Verwendung im alten Ägypten », *Ägyptologische Abhandlungen*, vol. 16, Wiesbaden, 1967.

Walsh, Thomas
1939. *The Catholic Anthology*, New York, 1939.

Warner, Oliver
1960. *The Battle of the Nile*, Londres, 1960.

Watson, F.J.B.
1966. *The Wrightsman Collection*, t. I, New York, 1966.

Watzdorf, Erna von
1962. *Johann Melchior Dinglinger, der Goldschmied des deutschen Baroks*, Berlin, 1962.

Weber, Gerold
1969. « Dessins et maquettes d'Edmé Bouchardon », *Revue de l'art*, n° 6, 1969.

Weekes, Henry
1880. *Lectures on Art*, Londres, 1880.

Weigert, Roger Armand
1950. « Poussin et l'art de la tapisserie. Les Sacrements et l'Histoire de Moïse. Projets et réalisations en France

au XVIIe siècle », *in Société Poussin, troisième cahier, chef-d'œuvres perdus et retrouvés*, mai 1950, pp. 79-85.

Wellensiek, Hertha
1983. *Hundert alte Tassen aus Porzellan*, Munich, 1983.

Welsh, Robert
1986. « Sacred Geometry : French Symbolism and Early Abstraction », *in* cat. exp. Los Angeles, 1986, pp. 63-87.

Westmacott, Charles Molloy
1824. *British Galleries of Painting and Sculpture...*, Londres, 1824.

White, J.W. Gleeson
1909. *The Master Painters of Britain*, New York, 1909.

Whiting, George W.
1960. « The Cleopatra Rug Scene : Another Source », *Shaw Review*, t. III, 1960.

Wiese
1990. *Zum Bild des Königs auf ägyptischen Siegelamuletten*, Fribourg, 1990.

Wilczek, K.
1936. *Katalog der Graf Czernin'schen Gemäldegalerie in Wien*, Vienne, 1936.

Wild, Nicole
1977. « La Recherche de la précision historique chez les décorateurs de l'Opéra de Paris au XIXe siècle », *Report of the Twelfth Congress*, Berkeley 1977.
1987. *Décors et costumes du XIXe siècle*, t. I : *L'Opéra de Paris*, Paris, 1987.
1993. *Décors et costumes du XIXe siècle*, t. II :*Théâtres et déco3rateurs*, Paris, 1993, à paraître.

Wild, Robert Anthony
1981. *Études préliminaires aux religions orientales dans l'Empire romain (EPRO)*, t. 87 : *Water in the Cultic Worship of Isis and Serapis*, Leyde, 1981.

Wildenstein, Georges
1960. *The Paintings of Fragonard*, Londres, 1960.

Wildung, Dietrich
1982. *Lexikon der Ägyptologie*, vol. 4 : *Naophor*, Wiesbaden, 1982.

Wille, Jean-George
1857. *Mémoires et Journal*, Paris, 1857.

Willett, Ralph
1785. *A Description of the Library at Merly in the County of Dorset. Description de la biliothèque de Merly...*, Londres, 1785.

Williamson, Émile
1883. *Catalogue des salles d'exposition du Garde-Meuble*, Paris, 1883.
1897. *Catalogue du Musée du Garde-Meuble*, Paris, 1897.

Wilson, Gillian
1983. *Selections from the Decorative Arts in the J. Paul Getty Museum*, Malibu, 1983.

Wilton-Ely, John
1764. *Geschichte der Kunst der Altertums*, Dresde, 1764.
1978. *The Mind and Art of Giovanni Piranesi*, Londres, 1978.

Winckelmann, Johann Joachim
1764. *Geschichte der Kunst des Altertums*, éd. all., Dresde, 1764.
1767. *Monumenti antichi inediti spiegati ed illustrati*, Rome, 1767.
1779-1783. *Storia delle Arti*, éd. ital., Rome, 1779-1783.
1790. *Histoire de l'art chez les Anciens*, éd. fra., Paris, 1790.

1808-1825. *Werke* (éds. Heinrich Meyer & Johann Schulze), Dresde, 1808-1825.

Winter, Marian Hannah
1974. *The Pre-Romantic Ballet*, Londres, 1974.

Wirth, Irmgard
1979. *Eduard Gaertner, Der Berliner Architekturmaler*, Francfort-sur-le-Main, 1979.

Wit, Constant de
1950. *La Statuaire de Tell el Amarna*, Bruxelles-Anvers, 1950.
1980. *Le Rôle et le sens du lion dans l'Égypte ancienne*, Leyde, 1980.

Wolf, W.
1957. *Die Kunst Ägyptens. Gestalt und Geschichte*, Stuttgart, 1957.

Wollin, Nils Gustaf
1933. *Les Gravures originales de Desprez ou exécutées d'après ses dessins*, Malmö, 1933.
1939. *Desprez en Suède*, Stockholm, 1939.

Wortley Montagu, Mary
1992. *Letters*, New York, 1992.

Wyatt, Matthew Digby
1854. *196 Views of the Crystal Palace and Park, Sydenham, from drawings by Eminent Artists and Photographs by P. H. Delamotte*, Londres, 1854.

Young, Mahonry Sharp
1970. « Napoleon, Trend-setter », *Apollo*, vol. XCI, n° 96, février 1970, pp. 153-157.

Yoyotte, Jean
1954. « Trois généraux de la XIXe dynastie », *Orientalia*, 23, 1954.
1980. « Une monumentale litanie de granit : les Sekhmet d'Aménophis III et la conjuration permanente de la déesse dangereuse », *Bulletin de la Société française d'égyptologie*, 87-88, Paris, 1980.

Zadow, Mario
1980. *Karl Friedrich Schinkel*, Berlin, 1980.

Zervos, Christian
1971. *Pablo Picasso*, vol. 23, Paris, 1971.

Ziegler, Christiane
1979a. *Les Instruments de musique égyptiens au musée du Louvre*, Paris, 1979.
1979b. « À propos du rite des quatre boules », *Bulletin de l'Institut français d'archéologie orientale*, 79, Le Caire, 1979.
1981. « Une découverte inédite d'Auguste Mariette. Les bronzes du Sérapeum », *Bulletin de la Société Française d'Égyptologie*, 90, Paris, 1981, pp. 29-45.
1990a. *Le Louvre. Les antiquités égyptiennes*, Paris, 1990.
1993. « Champollion en Égypte : inventaire des Antiquités rapportées au musée du Louvre », *Mélanges offerts au pr. H. de Meulenaere*, Bruxelles, 1993.

Ziegler, Christiane et Genaille, Nicole
1984. *Lexikon der Ägyptologie*, t. V : *Sistrom*, Wiesbaden, 1984.

Ziegler, Jules Claude
1850. *Études céramiques : recherches des principes du Beau dans l'architecture, l'art céramique et la forme en général ; théorie de la coloration des reliefs*, Paris, 1850.

Zivie, Alain-Pierre
1988. « Portrait de femme », *Revue d'égyptologie*, n° 39, 1988.

Expositions

Égyptomanie

Autun
1988. *Les Collections égyptiennes dans les musées de Saône-et-Loire*, Autun, musée Rolin [cat. 75].
1988. *L'Égypte redécouverte*, Autun, bibliothèque municipale [cat. 75, 134, 137, 169, 225, 226].

Berlin
1989. *Europa und der Orient, 1800-1900*, Berlin, Martin-Gropius-Bau [cat. 14, 15, 16, 100-101, 103, 118-131, 132-133, 134, 169, 174, 175, 176, 206-207, 228, 233, 238].

Besançon
1990. *Loin du Sable : collections égyptiennes du musée des Beaux-Arts et d'Archéologie de Besançon*, Besançon, musée des Beaux-Arts et d'Archéologie [cat. 28, 244, 307].

Brighton/Manchester
1983. *The Inspiration of Egypt. Its Influence on British Artists, Travellers and Designers, 1700-1900*, Brighton, Brighton Museum / Manchester, Manchester City Art Gallery [cat. 14, 15, 97-98, 99, 100-101, 102, 104, 105, 157, 158, 181, 194-196, 204, 222, 232, 238, 241, 245, 248, 249, 255, 304, 308, 311, 312, 320, 322, 325, 388 et pp. 175, 256, 317, 457].

Brookville
1990. *Napoleon in Egypt*, Brookville, État de New York, Hillwood Art Museum.
1992. *Egyptomania*, Brookville, État de New York, Hillwood Art Museum [p. 154].

Bruxelles
1991. *Du Nil à l'Escaut*, Bruxelles, banque Bruxelles Lambert [p. 514].

Burnley
1981. *The Gods and Their Makers, The Victorians and Ancient Egypt*, Burnley [cat. 335].

Figeac
1990. *L'Égypte, Bonaparte et Champollion*, Figeac, hôtel de Balène [cat. 112-115, 137].

Frechen-Bachem
1988. *Pyramiden*, Frechen-Bachem, Galerie Jule Kewenig.

Leyde
1980. *Lourens Alma Tadema, Twee reconstructies van het oude Egypte*, Leyde [cat. 333].

Marcq-en-Barœul
1977. *L'Égypte des Pharaons*, Marcq-en-Barœul [cat. 5, 6-7, 8-9, 203, 208, 209, 345].

Mexico
1991. *El sueño de Egipto. La influencia del arte egipcio en el arte comtemporáneo*, Mexico, Centro Cultural/Arte Contemporáneo.

Mont-de-Marsan
1978-1979. *Bonaparte et l'Égypte*, Mont-de-Marsan, Donjon Lacataye [cat. 137].

Munich
1972. *Weltkulturen und moderne Kunst*, Munich, Haus der Kunst [cat. 154-155, 171, 192, 204].

New York
1979. *Egyptomania*, New York, The Metropolitan Museum of Art [cat. 157].

Paris
1938. *Bonaparte en Égypte*, Paris, musée de l'Orangerie [cat. 110, 132-133, 134, 154-155].
1949. *Égypte-France*, Paris, musée des Arts décoratifs, Pavillon de Marsan [cat. 53, 55, 85, 112-115, 134, 159, 160, 224, 225, 226 et p. 123].

Parme
1983. *Imaggini per Aida*, Parme, Istituto di Studi Verdiani [cat. 273-274, 275-277, 278, 279-287, 296, 297-299, 300, 301, 302].

Strasbourg/Paris/Berlin
1990-1991. *Mémoires d'Égypte*, Strasbourg, église Saint-Paul / Paris, Bibliothèque nationale / Berlin, musée d'Égyptologie [cat. 153-202].

Stuttgart
1987. *Exotische Figuren und Motive in europäischen Theater*, Stuttgart, Kultur Unterturm [cat. 88, 175].
1987a. *Exotische Welten, Europäische Phantasien*, Stuttgart, Würtembergischer Kunstverein und Institut für Auslandsbeziehungen im Kunstgebäude [cat. 175].

Yonkers
1990. *The Sphinx and the Lotus : The Egyptian Movement in American Decorative Arts, 1869-1939*, Yonkers, New York, The Hudson River Museum [cat. 311 et p. 514].

Autres références

Amsterdam
1951. *Het Franse Landschap : van Poussin tot Cézanne*, Amsterdam, Rijksmuseum [cat. 27].

Anvers
1977. Anvers [cat. 590].

Autun
1876. Autun [cat. 75].
1967. *Artistes autonois des XVIIe et XVIIIe siècles*, Autun, musée Rolin [cat. 75].

Autun/Annecy
1978. *Adrien Guignet*, Autun, musée Rolin / Annecy, musée-château [cat. 233, 235].

Berlin
1963. *Jubiläumsausstellung des Kunstgewerbemuseums zum 200. Bestehen der staatlichen Porzellanmanufacture Berlin*, Berlin, Kunstgewerbemuseum [cat. 174].
1968. *Le Salon imaginaire*, Berlin, Akademie der Kunst [cat. 237].
1981. *Karl Friedrich Schinkel, Werke und Wirkungen*, Berlin, Martin-Gropius-Bau [cat. 245-249].

Besançon
1956. *J.H. Fragonard, Peintures et Dessins*, Besançon, musée des Beaux-Arts [cat. 27].
1957. Besançon [cat. 225].

Birmingham/Londres/Paisley/Dundee/Édimbourg
1980-1981. *David Roberts, Artist Adventurer 1796-1864*, Birmingham, Museum and Art Gallery / Londres, Fine Arts Society / Paisley, Paisley Museum, Art Galleries and Observatory / Dundee, City Art Gallery / Édimbourg, City Art Centre [cat. 232].

Bois-le-Duc
1992. *Van Boucher tot Boudin*, Bois-le-Duc, Noordbrabants Museum [cat. 72].

Bologne
1979. *L'Arte del Settecento Emiliano. Architettura, Scenografia, Pittura di paesaggio*, Bologne, Museo Civico [cat. 240].

Boston
1868. *Forty-forth Exhibition of Paintings*, Boston, Boston Athenaeum [cat. 236].
1878. Boston, The Boston Art Club [cat. 338].
1961. *Recent Accessions of the Department of Paintings*, Boston Museum of Fine Arts [cat. 231].
1972. *The Rathbone Years. Masterpieces acquired for the Museum of Fine Arts, Boston, 1955-1972, and for the St. Louis Art Museum, 1940-1955*, Boston, Museum of Fine Arts [cat. 232].

Boston/Houston/Baltimore
1982-1983. *Egypt's Golden Age : The Art of Living in the New Kingdom, 1558-1085 B.C.*, Boston, Museum of Fine Arts / Houston, Museum of Natural Science / Baltimore, Walters Art Gallery [cat. 375].

Boulogne-Billancourt
1990. *Voyage en musique, cent ans d'exotisme*, Boulogne-Billancourt, centre culturel [cat. 243-244, 275-277, 279-287, 294, 295, 334].

Brighton
1990. *The Craces : Royal Decorators 1768-1899*, Brighton, Royal Pavillion [cat. 204].

Brive-la-Gaillarde
1963. *Brune, Maréchal d'Empire*, Brive-la-Gaillarde [cat. 137].
1969. *Napoléon à Brive*, Brive-la-Gaillarde, [cat. 137].

Bronxville
1990. *Egypt : The Source and the Legacy*, Bronxville, Sarah Lawrence College Art Gallery [cat. 339].

Brooklyn/Détroit/Munich
1988-1989. *Cleopatra's Egypt : Age of the Ptolemies*, Brooklyn, Brooklyn Museum / Détroit, Institute of Arts / Munich [cat. 1, II 380, 382 et p. 561].

Bruxelles
1963. *L'Art et la cité*, Bruxelles, Palais des Beaux-Arts [cat. 330].
1975. *De Watteau à David. Peintures et Dessins des musées de province français*, Bruxelles, Palais des Beaux-Arts [cat. 71, 103].

Cambridge
1978. *Glass at the Fitzwilliam Museum*, Cambridge, Fitzwilliam Museum [cat. 320].
1979. Camden, Camden Art Center [p. 457].

Charleroi
1957. *Fragonard-David-Navez*, Charleroi, Palais des Beaux-Arts [cat. 27].

Chicago
1962. *Wedgwood & Bentley*, Chicago, Art Institute [cat. 91].

Cleveland/Fort Worth/Paris
1992-1993. *Egypt's Dazzling Sun. Amenhotep III and his World*, Cleveland, Cleveland Museum of Art / Fort

Worth, Kimbell Museum / Paris, Grand Palais [cat. 38, 208, 337, 374, 375].

Côme
1954. *Pittori Lombardi del secondo Ottocento*, Côme, Villa comunale dell'Olmo-Como, [cat. 237].

Compiègne
1928. Compiègne [cat. 224].

Copenhague
1935. *L'Art français au XVIIIᵉ siècle*, Copenhague, palais de Charlottenborg, [cat. 25].

Des Moines/Houston/New York/Philadelphie
1980-1981. *The Boston Tradition : American paintings from the Museum of Fire Arts*, Des Moines, Des Moines Arts Center / Houston, The Museum of Fine Arts / New York, Whitney Museum of American Art / Philadelphie, Pennsylvania Academy of the Fine Arts [cat. 236].

Détroit/Philadelphie
1968. *Romantic Art in Britain : Paintings and Drawings 1760-1860*, Détroit, Detroit Institute of Arts / Philadelphie, Philadelphia Museum of Art [cat. 231].

Dijon/Grenoble
1988. *Emmanuel Frémiet, 1824-1910. « La Main et son multiple »*, Dijon, musée des Beaux-Arts / Grenoble, musée de Grenoble [cat. 392].

Dublin/Liverpool
1988. *The East Imagined, Experienced, Remembered : Orientalist nineteenth century painting*, Dublin, National Gallery of Ireland / Liverpool, Walker Art Gallery [cat. 238, 274, 339].

Düsseldorf
1990. *Facetten des Barok : Meisterzeichnungen von Gianlorenzo Bernini bis Anton Rapahel Mengs aus dem Kunstmuseum Dusseldorf*, Düsseldorf, Kunstmuseum [cat. 384].

Édimbourg
1830. Édimbourg, Royal Scottish Academy [cat. 232].

Essen
1992. *Metropole London, Macht und Glanz einer Weltstadt 1800-1840*, Essen, villa Hugel [cat. 95, 100-101].

Florence
1973. *French Porcelain in Palazzo Pitti*, Florence [cat. 138-139].

Fontainebleau
1992. *Un ameublement à la mode en 1802. Le mobilier du général Moreau*, Fontainebleau, Musée national du château de Fontainebleau [cat. 162].

Francfort-sur-le-Main
1991. *Die kaiserliche Tafel. Hehemalige Hofsilber und Tafelkammer Wien*, Francfort-sur-le-Main, Museum für Kunsthandwerk [cat. 183].

Fukuoka/Kyoto
1989. *La Tradition et l'innovation dans l'art français par les peintres des Salons*, Fukuoka, musée municipal de Fukuoka / Kyoto, musée national d'Art moderne [cat. 71, 239, 339].

Gateshead
1929. *North-East Coast Exhibition*, Gateshead (Newcastle-upon-Tyne), Palace of Arts [cat. 231].

Glens Falls
1975. *The Art of Elihu Vedder*, Glens Falls, The Hyde Collection [cat. 236].

Hambourg
1989. *Europa 1789 : Aufklärung, Verklärung, Verfall*, Hambourg, Hamburger Kunsthalle [cat. 65-70].

Hampstead
1993. *Anton Raphael Mengs, 1728-1779, and his British Patrons*, Hampstead (Londres) [cat. 384].

Hartford
1933. *Literature and Poetry in Painting since 1850*, Hartford, Wadsworth Atheneum [cat. 236].

Hempstead
1974. Art Pompies : Anti Impressionism, Hempstead, État de New York, The Emily Lowe Gallery, Hofstra University [cat. 390].

Houston/St. Louis/New York/San Francisco
1967-1968. *Visionary Architects*, Houston, University of St.Thomas / St. Louis, City Art Museum / New York, The Metropolitan Museum of Art / San Francisco, M.H. De Young Memorial Museum [cat. 65-70, 76-77, 78-80, 81, 82].

Hull
1989. *Favorites from the Ferens*, Hull, Ferens Art Gallery [cat. 388].

Kansas City
1970. *The Taste of Napoleon*, Kansas City, William Rockhill Nelson Gallery of Art and Mary Atkins Museum of Fine Arts [cat. 26].

Kolín
1905. *Frantisek Kupka*, Kolín [cat. 341].

Londres
1824. Londres, Society of British Artists in Suffolk Street [cat. 231].
1825. Londres, British Institution [cat. 231].
1829. Londres, Society of British Artists [cat. 232].
1867. Londres, Royal Academy [cat. 238].
1869. Londres, Royal Academy [cat. 388].
1871. *International Exhibition*, Londres [cat. 238].
1878. Londres, Royal Academy [cat. 335].
1889. Londres, Royal Academy [cat. 336].
1894. Londres, Guildhall [cat. 238].
1894. *Erard*, Londres [cat. 245, 308].
1908. *Franco-British Exhibition*, Londres, Fine Art Palace [cat. 232].
1932. *French Art, 1200-1900*, Londres, Royal Academy, [cat. 27].
1935. Londres, Royal Academy [cat. 367].
1951. *The First Hundred Years of the Royal Academy, 1769-1868*, Londres, Royal Academy [cat. 238].
1968. *Royal Academy : Bicentenary Exhibition*, Londres, Royal Academy [cat. 238].
1972. *The Age of Neo-Classicism*, Londres, Arts Council of Great Britain [cat. 41, 42, 47, 53, 85, 100-101, 102, 107, 118-131, 228, 245-249].
1977. *Drawings from the Museum of Angers*, Londres, Heim Gallery, 1977 [p. 123].
1978. *Piranesi*, Londres, Arts Council of Great Britain [cat. 17, 18, 102].
1979. *Christopher Dresser, 1839-1904*, Londres, Camden Art Centre / Middlesborough, Dorman Museum [p. 457].
1979. *Trafalgar Galleries at the Royal Academy II*, Londres, Royal Academy [cat. 86].
1983. *Gustave Doré, 1832-1883*, Londres, Hazlitt, Gooden & Fox [cat. 332].
1984. *The City's Pictures : A Collection of Paintings from the Corporation of London*, Londres, Barbican Art Gallery [cat. 238].
1986. *David Roberts*, Londres, Barbican Art Gallery [cat. 232].
1988. *Panoramania : The Art and Entertainement of the All embracing View*, Londres, Barbican Art Gallery [cat. 232].
1989. *Design : Drawings for Architecture, Costume and the Decorative Arts from 1570*, Londres, Hazzlitt, Gooden & Fox [cat. 35, 36, 37].
1989. *Turner : The Second Decade*, Londres, Tate Gallery [cat. 87].
1991-1992. *The Past Glories of George IV's Palace*, Londres, The Queen's Gallery, Buckingham Palace, Carlton House [cat. 179, 180, 181, 182].
1991-1992. *Valadier, Three Generations of Roman Goldsmiths*, Londres, David Carritt Gallery [cat. 41].

Los Angeles
1974. *American Narrative Painting*, Los Angeles, County Museum of Art [cat. 236].
1982-1983. *Rétrospective Louis Cartier. Masterworks of Art Deco*, 1915-1935, Los Angeles, County Museum of Art [cat. 371].

Lyon
1978. *Les Animaux dans l'Égypte ancienne*, Lyon, Museum de Lyon [cat. 3, 33-34].
1990. *De Dugourc à Pernon, nouvelles acquisitions graphiques pour le musée* Lyon, musée historique des Tissus de Lyon [cat. 56, 57, 59].

Madrid
1929. *Anton Raphael Mengs*, Madrid, musée du Prado [cat. 384].

Manchester
1857. *Art Treasures of the United Kingdom, collected at Manchester in 1857*, Manchester [cat. 231].

1887. *Jubilee Exhibition*, Manchester, Royal Academy [cat. 335].

Marcq-en-Barœul
1982. *Napoléon*, Marcq-en-Barœul [cat. 137].

Melbourne
1955. *The Great Eighteenth Century Exhibition*, Melbourne, National Gallery of Victoria [cat. 383 et p. 561].

Milan
1865. *Esposizione delle opere di Belli Arti*, Milan, Palazzo Nazionale di Brera [cat. 237].
1900. *La pittura Lombardo dell secolo XIX*, Milan, Permanente di Milano [cat. 237].
1923. *Esposizione postume delle opere di Federico Faruffini*, Milan, Galeria Pesaro [cat. 237].
1985. *Intorno al Flauto Magico*, Milan [cat. 245-249].
1988. *Il secondo 800 italiano. Le poetiche del vero*, Milan, Palazzo Reale, [cat. 237].

Montréal
1960. *Canada Collects*, Montréal, musée des Beaux-Arts [cat. 26].

Morlaix
1987. *Cinquante dessins du musée des Beaux-Arts de Quimper*, Morlaix, musée des Jacobins [cat. 72].

Mulhouse
1985. *Velours anciens et contemporains*, Mulhouse, musée de l'Impression sur étoffes [cat. 348].
1986. *Impressions d'Égypte*, Mulhouse, musée de l'Impression sur étoffes [cat. 89, 141-144, 348].
1987-1988. *La Manufacture Hausmann du Logelbach près de Colmar, de 1755 à 1830*, Mulhouse, musée de l'Impression sur étoffes [cat. 141-144].

Munich
1876. Munich, Glaspalast [cat. 334].
1980. *Nancy 1900, Jungenstil in Lothringen*, Munich, Stadtmuseum [cat. 318, 319].
1985. *Otto Dix, 1891-1969*, Munich, Museum-Villa Stuck [p. 514].

Nantes
1982. *Orients. Collections du XIXᵉ siècle*, Nantes, musée des Beaux-Arts [cat. 386].

Naples
1979. *Civiltà del '700 a Napoli 1734-1799*, Naples, Museo e Gallerie Nazionale di Capodimonte [cat. 46].

Neuchâtel
1961-1962. *Parures et bijoux dans le monde*, Neuchâtel, musée d'Ethnographie [cat. 219, 220].

New York
1863. *Annual Exhibition*, New York, National Academy of Design [cat. 236].
1943. *Romantic Painting in America*, New York, Museum of Modern Art [cat. 237].
1970. *Nineteenth-Century America : Furniture and other Decorative Arts*, New York, Metropolitan Museum of Art, [cat. 236].
1975. *Frantisek Kupka 1871-1957*, New York, Galerie Denise René [cat. 236, 341].
1978. *The Arts under Napoleon*, New York, The Metropolitan Museum of Art [cat. 42, 107].
1982. *« Primitivism » in 20th Century Art*, New York, Museum of Modern Art [cat. 343].
1989. *« L'Art de vivre ». Decorative Art and Design in France 1789-1989*, New York, Cooper-Hewitt Museum [cat. 323].
1989. *1879 : French Art During the Revolution*, New York, Colnaghi [cat. 103].
1990. *Claude to Corot. The Development of Landscape Painting in France* New York, Colnaghi [cat. 86].
1990. *19th Century European Paintings, Drawings and Sculptures*, New York [cat. 387].

Nice
1979. *Chers Maîtres & Cie*, Nice, galerie des Ponchettes [cat. 339].

Orléans
1990. *Léon Cogniet 1794-1880*, Orléans, musée des Beaux-Arts [cat. 201].

Ottawa
1974. *Le Style de la Grande époque Victorienne*, Ottawa, National Gallery of Canada [cat. 321].

Paris
1789. *Salon de 1789*, Paris [cat. 385].
1801. *Salon de 1801*, Paris [cat. 75].

1806. *Quatrième exposition des produits de l'Industrie française*, Paris, hôtel des Ponts-et-Chaussées [cat. 160].
1819. *Exposition des produits de l'industrie française*, Paris [cat. 186].
1832. *Exposition des Manufactures royales*, Paris [cat. 224].
1841. *Salon de 1841*, Paris [cat. 233].
1845. *Salon de 1845*, Paris [cat. 235].
1866. *Salon de 1866*, Paris [cat. 387].
1867. *Salon de 1867*, Paris [cat. 237].
1869. *Salon de 1869*, Paris [cat. 239].
1874. *Salon de 1874*, Paris [cat. 389].
1877. *Salon de 1877*, Paris [cat. 338].
1878. *Exposition universelle*, Paris [cat. 313].
1883. *Exposition nationale*, Paris [cat. 339].
1887. *Salon de 1887*, Paris [cat. 390].
1895. *Salon des Indépendants*, Paris [cat. 342].
1904. *Salon de 1904*, Paris [cat. 307].
1921. *Fragonard*, Paris, Pavillon de Marsan [cat. 27].
1925. *Le Paysage Français de Poussin à Corot*, Paris, palais des Beaux-Arts, [cat. 27].
1931. *Chefs-d'œuvre des musées de Province*, Paris, musée de l'Orangerie [cat. 27].
1932. *Exposition de sculpture française du XIIe au XIXe siècle*, Paris, galerie André J. Seligmann [cat. 55].
1933. *Exposition Hubert Robert, à l'occasion du deuxième centenaire de sa naissance*, Paris, musée de l'Orangerie [cat. 25].
1934a. *Les Artistes français en Italie de Poussin à Renoir*, Paris, musée des Arts décoratifs [cat. 27, 54, 55].
1934b. *Esquisses, maquettes, projets et ébauches de l'école française du XIIIe siècle, peintures et sculptures*, Paris, galerie Cailleux [cat. 55, 62].
1937. *Chefs-d'œuvre de l'Art Français*, Paris, Palais national des Arts [cat. 27, 154-155, 171].
1945. *Nouvelles Acquisitions des Musées*, Paris, musée de l'Orangerie [cat. 53].
1952. *Tiepolo et Guardi dans les collections françaises*, Paris, galerie Cailleux [cat. 383].
1954. *Napoléon à Sainte-Hélène*, Paris, musée de l'Armée [cat. 137].
1961. *Gustave Moreau*, Paris, musée du Louvre [cat. 391].
1967. *La Médaille de Ponscararé à nos jours*, Paris, hôtel de la Monnaie [cat. 392].
1968. *Lacombe*, Paris [cat. 277].
1968-1969. *Baudelaire*, Paris, Petit Palais [cat. 235].
1969. *Hubert Robert – Les Sanguines du Musée de Valence*, Paris, musée Jacquemart-André [cat. 24, 44].
1969. *Napoléon*, Paris, Grand Palais [cat. 107].
1969. *Napoléon tel qu'en lui-même*, Paris, Archives nationales [cat. 137].
1971. *Venise au XVIIIe siècle*, Paris, musée de l'Orangerie [cat. 383].
1973. *Autour du néoclassicisme*, Paris, Galerie Cailleux [cat. 55, 71].
1973. *Équivoques, peintures françaises du XIXe*, Paris, musée des Arts décoratifs [cat. 390].
1973. *La Statue équestre de Louis XV. Dessins de Bouchardon, sculpteur du Roi*, Paris, musée du Louvre [p. 123].
1974. *Le Musée du Luxembourg en 1874*, Paris, Grand Palais [cat. 390].
1974a. *Louis-Jean Desprez 1743-1804*, Paris, Centre culturel suédois [cat. 65-70].
1974b. *Le Néo-classicisme français. Dessins des musées de province*, Paris [cat. 65-70, 72, 75, 103, 389].
1974-1975. *L'URSS et la France : les grands moments d'une tradition*, Paris, Grand Palais [cat. 116].
1978. *Pont-Neuf 1578-1978*, Paris, 1978 [cat. 112-115].
1978. *Toiles de Nantes, des XVIIIe et XIXe siècles*, Paris, musée des Arts décoratifs [cat. 89].
1978-1979. *De Bagatelle à Monceau*, Paris, domaine de Bagatelle / musée Carnavalet [p. 123].
1979. *Un album de croquis d'Hubert Robert (1733-1808)*, Paris, galerie Cailleux [cat. 44].
1979. *Paris* [cat. 217].
1980. *La Grisaille*, Paris, musée d'Art et d'Essai [cat. 177-178].
1981. *Costumes de l'Opéra de Paris*, Paris, [cat. 288-293].
1981. *Mucha, 1860-1936*, Paris, Grand Palais [p. 457].

1981. *Un siècle de fouilles françaises en Égypte, 1880-1980*, Paris, musée d'Art et d'Essai [cat. 380].
1982. *Naissance de l'écriture*, Paris, Grand Palais [cat. 4, 325].
1982. *La Révolution française - le Premier Empire*, Paris, musée Carnavalet [cat. 112-115].
1983. *Nouvelles acquisitions du musée d'Orsay 1980-1983*, Paris, Palais Tokyo [cat. 318].
1983. *La Place des Victoires et ses abords*, Paris, mairie du Ier arrondissement, [cat. 109, 111].
1983. *Porcelaines parisiennes, 1770-1870*, Paris, mairie annexe des 10e et 16e arrondissements [cat. 173].
1983. *Rome 1760-1770, Fragonard, Hubert Robert et leurs Amis*, Paris, galerie Cailleux [p. 123].
1984. *Côté jardin*, Paris, bibliothèque Forney [cat. 230].
1985-1986. *Gallé*, Paris, Palais de Luxembourg [cat. 318, 319].
1985-1986. *Le Tibre*, Paris, Hôtel de Ville [cat. 43].
1986. *L'Institut de France dans le monde actuel*, Paris, musée Jacquemart-André, [cat. 132-133, 169].
1986. *La Sculpture française au XIXe siècle*, Paris, Grand Palais [cat. 277].
1987. *Aspects de Fragonard*, Paris, galerie Cailleux [p. 123].
1987. *Nouvelles acquisitions du département des Peintures (1983-1986)*, Paris, musée du Louvre [cat. 200, 201].
1988. *Degas*, Paris, Grand Palais [cat. 391].
1989. *L'Art de Cartier*, Paris, Petit Palais [cat. 221, 350-352, 353, 356, 359, 360-361, 363, 368-369, 370, 371, 373].
1989. *Les Donateurs du Louvre*, Paris, musée du Louvre [cat. 345].
1989. *Frantisek Kupka 1871-1957, ou l'invention d'une abstraction*, Paris, musée d'Art moderne [cat. 341].
1989. *Jacques Louis David 1748-1825*, Paris [cat. 385].
1989. *Musée national du château de Fontainebleau. Catalogue des collections de mobilier, t. I : Pendules et bronzes d'ameublement entrés sous le Premier Empire*, Paris, 1989.
1989-1990. *Les Architectes de la liberté* Paris, École nationale supérieure des beaux-arts [cat. 78-80].
1990. *Vienne 1815-1848 à l'Époque Biedermeier*, Paris, château et trianon de Bagatelle [cat. 183].
1991. *Le Cadre et le bois doré à travers le siècle*, Paris, Trianon de Bagatelle [cat. 22].
1991. *René Lalique. Bijoux, verres*, Paris, musée des Arts décoratifs [cat. 329, 330].
1991. *Un age d'or des Arts décoratifs, 1814-1848*, Paris, Grand Palais [cat. 224, 227].
1991-1992. *Un Certain Derain*, Paris, musée de l'Orangerie [cat. 278].
1991-1992. *Paquebots de légende, décors de rêve*, Paris, musée de la Marine [cat. 349].
1992. *Clodion*, Paris, musée du Louvre [cat. 53, 55].
1993. *Aménophis III. Le Pharaon-Soleil*, Paris, Grand Palais [cat. 344, 374, 375].

Paris/Détroit/New York
1974-1975. *De David à Delacroix : la peinture française de 1774 à 1830* Paris, Grand Palais / Détroit, Art Institute / New York, The Metropolitan Museum of Art [cat. 26, 71, 103].
Pittsburgh
1901. *Vedder*, Pittsburgh, Carnegie Institute [cat. 236].
Prague
1906. *Frantisek Kupka*, Prague, Klub Slavia [cat. 341].
Prostějov
1905. *Frantisek Kupka*, Prostějov Sdruženi prokrokorých Lidi [cat. 341].
Recklinghausen
1964. *Torso-das Unvollendete als künstlerische Form*, Recklinghausen, Städtische Kunsthalle [cat. 380].
Rochester
1982. *Orientalism, The Near East in French Painting, 1800-1880*, Rochester, Memorial Art Gallery of the University of Rochester, New York [cat. 390].
Rome
1788. *Académie de France*, Rome [cat. 385].
1883. *Esposizione internazionale di belli arti*, Rome [cat. 237].
1985. *Valadier, segno e architettura*, Rome, Calcographia [cat. 146].
1990. *L'Art de Cartier*, Rome, Accademia Valentino [cat. 368-369].

1990-1991. *J.H. Fragonard e Hubert Robert a Roma*, Rome, villa Medici [cat. 24, 25, 26, 27, 44, 47].
1991. *Fasto Romano*, Rome, Palazzo Sacchetti [cat. 62].
Rome/Dijon/Paris
1976. *Piranèse et les Français*, Rome, villa Medicis / Dijon, Palais des États de Bourgogne / Paris, Hôtel de Sully [cat. 25, 56, 57, 78-80 et p. 123].
Rome/Turin
1961. *L'Italia vista dai pittori francesi del XVIIIe-XIXe secolo*, Rome, Palazzo delle Esposizioni / Turin, Galeria Civica d'Arte Moderna [cat. 44].
Rotterdam/Brunswick
1983-1984. *Les Esquisses du XVIe au XVIIIe siècle*, Rotterdam, Museum Boymans van Beuningen / Brunswick, Herzog Anton Ulzich Museum [cat. 383].
Salzbourg
1982. *St Peter in Salzburg. Schätze europäischer Kunst und Kultur*, Salzbourg, St Peter [cat. 192].
1983. *Wifi Sonderschau, Möbel aus fünf Jahrhunderten in Salzburg*, Salzburg [cat. 192].
1984. *Hans Markart*, Salzbourg, Salzburger Museum Carolino Augusteum [cat. 334, 340].
San Francisco
1949. *Rococo : Masterpieces of XVIIIth Century French Art from the Museums of France*, San Francisco, California Palace of the Legion of Honor, [cat. 27].
Sarasota...
1966-1967. *Masterpieces from Montreal*, Sarasota, John and Mable Ringling Museum of Art / Buffalo, Albright-Knox Art Gallery / Rochester, Memorial Art Gallery / Raleigh, North Carolina Museum of Art / Philadelphie, Museum of Art / Columbus, Gallery of Fine Arts [cat. 26].
Séoul
1986. *Séoul* [cat. 339].
Sèvres
1951. *Les Grands services de Sèvres*, Sèvres, Musée national de céramique [cat. 132-133].
1969. *La Faïence fine française*, Sèvres, Musée national de céramique [cat. 177-178].
1975. *Porcelaines de Sèvres du XIXe siècle*, Sèvres, Musée national de céramique, [cat. 132-133, 169, 224].
Sienne
1992. *Agostino Fantastici, architetto senese 1782-1845*, Sienne, Palazzo Publico [cat. 23].
Spolète
1985. *Federico Faruffini*, Spolète, Rocca Albornoziana [cat. 237].
Stockholm
1982. *Pá Klassisk Mark : Målare i Rom pá 1780-talet*, Stockholm, Nationalmuseum, [cat. 103].
1992. *Louis-Jean Desprez : Tecknare, Teaterkonstnär, Arkitekt*, Stockholm, Nationalmuseum [cat. 65-70].
Strasbourg/Paris
1983. *Gustave Doré*, Strasbourg / Paris, pavillon des Arts, musée Carnavalet [cat. 317, 332].
Sydney
1975. *Victorian Olympians*, Sydney, Art Gallery of New South Wales [cat. 238].
Tokyo
1964-1965. *Gustave Moreau*, Tokyo, musée national d'Art occidental [cat. 391].
1975. *1900-1925, image des années insouciantes*, Tokyo [cat. 330].
1991. *Visages du Louvre, chefs-d'œuvre du portrait dans les collections du Louvre*, Tokyo, musée national d'Art occidental [cat. 234].
Tokyo/Kyoto
1980. *Fragonard*, Tokyo, Musée national d'art occidental / Kyoto, Musée municipal [cat. 27].
Toulouse
1956. *Pierre Henri de Valenciennes*, Toulouse, musée Paul Dupuy [cat. 86].
1969. *Vingt ans d'acquisitions*, Toulouse, musée des Augustins [cat. 152].
1972. *De la Basoche aux Verdets*, Toulouse, musée des Augustins [cat. 152].
1976. *Terre cuite, cinq siècle de sculpture à Toulouse, œuvres du musée des Augustins*, Toulouse, musée des Augustins [cat. 152].

1989. *Toulouse et l'Antiquité retrouvée*, Toulouse, musée Saint-Raymond [cat. 152].

1989-1990. *Toulouse et le néo-classicisme, les artistes toulousains de 1775 à 1830*, Toulouse, musée des Augustins [cat. 152].

Troyes/Nîmes/Rome

1977. *Jean-Joseph Natoire : peintures, dessins, estampes et tapisseries des collections françaises* Troyes, musée des Beaux-Arts / Nîmes, musée des Beaux-Arts / Rome, villa Médicis [cat. 43].

Turin

1976-1977. Pelagio Palagi artista e collezionista, Turin, Palazzo Reale [cat. 279].

1980. *Cultura figurativa e architettonica negli Stati del re di Sardegna, 1773-1861*, Turin, Palazzo Reale, Palazzina della Promotrice et Palazzo Madama, 3 vol. [cat. 241].

1991. *L'Arcano incanto*, Turin, Teatro Regiô [cat. 241].

Venise

1969. *Dal Ricci al Tiepolo. I Pittori di figura del settento a Venezia*, Venise, Palazzo ducale [cat. 383].

1978. *Piranesi : incisioni, rami, legature, architetture*, Venise, Fondazione Giorgio Cini [cat. 14, 16, 18, 21].

Venise/Possagno

1992. *Antonio Canova*, Venise, musée Correr / Possagno, Gipsoteca [cat 47].

Versailles

1989. *Jacques-Louis David 1748-1825*, Versailles, Musée national des châteaux de Versailles et de Trianon [cat. 384].

1993-1994. *Les Tables royales*, Versailles, Musée national des châteaux de Versailles et de Trianon [cat. 116, 117].

Vesoul

1981. *Jean Léon Gérôme 1824-1904. Peintre, sculpteur et graveur. Ses œuvres conservées dans les collections françaises publiques et privées*, Vesoul, musée de Vesoul, [cat. 310, 387].

1991. *Dessins de Jean Léon Gérôme. Acquisitions du musée de Vesoul*, Vesoul, musée de Vesoul [cat. 387].

Vienne

1876. Vienne, Künstlerhaus [cat. 334].

1962. *Gustav Klimt 1862-1918. Zeichnungen, Gedächtnisausstellung*, Vienne, Graphische Sammlung Albertina [cat. 340].

1966. *Kunst und Geist Frankreichs im 19. Jahrhundert*, Vienne, Österreichische Gallerie des neunzehnten Jahrhunderts im Obern Belvedere [cat. 53].

1976-1977. *Von Ingres bis Cézanne. Aquarelle und Zeichnungen aus dem Louvre*, Vienne, Graphische Sammlung Albertina, [cat. 391].

1992. *Gott, Mensch, Pharao*, Vienne, Künstlerhaus [cat. 38].

Vizille

1985. *Premières collections*, Vizille, musée de la Révolution française [cat. 85].

Washington

1966. *Paintings and Drawings by Elihu Vedder*, Wahington, Smithsonian Institution, [cat. 237].

1978. *The Art of Elihu Vedder*, Washington, National Collection of Fine Arts [cat. 236].

1984. *The Orientalists : Delacroix to Matisse*, Washington, National Gallery of Art [cat. 236].

1985. *The Treasure Houses of Britain*, Washington, National Gallery of Art [cat. 100-101].

Washington/Brooklyn

1979. *Perceptions and Evocations : The Art of Elihu Vedder*, Washigton, Smithsonian Institution / Brooklyn, Brooklyn Institute of Arts and Sciences [cat. 236].

Zurich

1976. *Frantisek Kupka 1871-1957*, Zurich, Kunsthaus, [cat. 341].

1978. *René Lalique*, Zurich, Museum Bellerive [cat. 330].

Index des noms de personnes

Crédits photographiques

Les mentions cat. et fig. renvoient aux numéros des objets exposés, sauf lorsqu'elles sont suivies d'une référence de pagination.

Paris, Réunion des musées nationaux, H. Lewandowski, Ch. Larrieu, D. Arnaudet, G. Blot, Chuzeville, C. Rose, M. Coppola, R.G. Ojeda à l'exception de :

Amsterdam, Rijksmuseum-Foundation : cat. 60, cat. 333. Angers, musée des Beaux-Arts : cat. 71. Anvers, musée royal des Beaux-Arts : cat. 390. Augsbourg, Städtische Kunstsammlungen Deutsche Barockgalerie im Schaegler Palais : cat. 384. Autun, musée Rolin : cat. 75, cat. 202, fig. 233.1, fig. 235.1. Barlaston, (Brent Burgess) Wedgwood Museum, avec l'aimable autorisation des Trustees of the Wedgwood Museum : cat. 92, fig. 92.1, cat. 94, cat. 96, cat. 315, fig. 315.1. Bayonne, musée Bonnat : fig. 1 p. 56. Berlin, collection Jürgen Stettgast (Margarete Büsing) : fig. 175.3. Berlin, Plansammlung der Universitätsbibliothek der Technischen Universität (Hermann E. Kiessling) : cat. 206. Berlin, Staatliche Museen Preussicher Kulturbesitz (J. Laurentius) : cat. 382. Berlin, Stefan Koppelkamm : fig. 7 p. 315. Besançon, bibliothèque municipale : fig. 1-2 p. 392. Besançon, musée des Beaux-Arts et d'Archéologie : cat. 28, cat. 307. Beverly Hills, Academy of Motion Picture Arts and Sciences : fig. 6 p. 511. Birmingham, Birmingham City Museum and Art Gallery : cat. 204, cat. 232. Bloomington, Indiana University Art Museum : fig. 3 p. 39. Bologne, Biblioteca communale dell'Archiginnasio : cat. 240. Bordeaux, musée Goupil : fig. 1 p. 555. Boston, Museum of Fine Arts : cat. 231, cat. 236. Bournemouth, Russel-Cotes Art Gallery and Museum : cat. 93, cat. 336. Brighton, The Royal Pavilion Art Gallery and Museums : cat. 102, cat. 308. Brooklyn, The Brooklyn Museum : cat. 91. Cambridge, The Fitzwilliam Museum : cat. 320. Carlsruhe, Badisches Landesmuseum : cat. 372. Cassel, Staatliche Kunstsammlungen, Hessisches Landesmuseum : cat. 176, fig. 8 p. 559. Chalonsur-Saône, musée Denon : fig. 153.2. Chartres, musée des Beaux-Arts : cat. 343. Chicago, Art Institute : cat. 86. Colmar, musée d'Unterlinden (O. Zimmerman) : fig. 141-144.1. Dijon, musée des Beaux-Arts : cat. 392. Dresdes, Grünes Gewölbe, Staatliche Kunstsammlungen (Jürgen Karpinski) : fig. 22.1, fig. 92.2, fig. 163.4, fig. 165.1, fig. 170.2. Edimbourg, National Gallery of Scotland : cat. 304, cat. 385. Florence, Galleria d'Arte Moderna di Palazzo Pitti : cat. 46, cat. 138-139. François-Xavier Bouchart : fig. 158.3. Gand, musée des Beaux-Arts : cat. 337. Genève, Archives Cartier : cat. 353, cat. 354, cat. 363, cat. 365, cat. 366. Genève, Christian Poite : cat. 312. Grenoble, musée des Beaux-Arts : cat. 239. Hull, Ferens Art Gallery : cat. 388. Köln, R. Schlegelmilch : fig. 372.2. La Rochelle, musée du Flacon à parfum : fig. 376.2. La Tour de Peilz, GS ART et Collection SA : cat. 379. Londres, Bridgeman picture library : cat. 238, cat. 335. Londres, British Architectural Library : cat. 106, fig. 2 p. 173. Londres, British Museum : cat. 95, cat. 205, cat. 313, cat. 314, cat. 322, cat. 324, fig. 382.3. Londres, Burghley house collection (Courtauld Institute of Art) : fig. 3 p. 557. Londres, Christie's/Images : fig. 141-144.3. Londres, collection Hazlitt, Gooden and Fax : fig. 5 p. 121. Londres, Francesco Venturi/Kea : fig. 100.1. Londres, Guildhall Art Gallery : fig. 99.1, cat. 238. Londres, National Monuments Record : fig. 2 p. 173. Londres, National Monuments Record : fig. 158.2. Londres, Royal Collection Entreprises Ltd : cat. 179-181. Londres, Sir John Soane's Museum : fig. 3 p. 173. Londres, Sotheby's : fig. 7 p. 454, fig. 4 p. 510, fig. 7 p. 510. Londres, Stourhead House, The National Trust (Courtauld Institute of Art) : fig. 384.3. Londres, The Board of Trustees of the Victoria & Albert Museum : cat. 118-131, cat. 145, cat. 222, cat. 311, cat. 321, cat. 325, cat. 367. Lyon, musée des Arts décoratifs : cat.59. Madrid, musée du Prado : fig. 24.1. Mantoue, archivio dell'Accademia Virgiliana : fig. 9 p. 43. Marseille, musée des Beaux-Arts : cat. 386. Melbourne, National Gallery of Victoria : fig. 383.1. Milan, Museo Teatrale alla Scala : cat. 250-253. Minneapolis, The Minneapolis Institute of Arts : fig. 7 p. 42. Minton, Museum Royal Doulton Company (Northern Couunties Photographers) fig. 313.1. Montréal, Centre Canadien d'Architecture : cat. 56, cat. 189-191, fig. 189-191.1. Montréal, musée des Beaux-Arts (B. Brien) : cat. 26. Moscou, musée de Céramique de Kuskowo (V. D. Nekrassov) : cat. 116-117, fig. 120.1, fig. 121.2, fig. 124.3, fig. 131.13, fig. 132-133.1. Mulhouse, musée de l'Impression sur étoffes (G. Barth) : cat. 89, cat. 141-144, cat. 229, fig. 229.1, cat. 348. Munich Bayerische Staatsgemäldesammlungen/Kunstdia-Archiv. Artothek : fig. 4 p. 557. Munich, Deutsches Theatermuseum : cat. 252-253. Munich, H.W. Müller : fig. 111.5-6. Munich, Wittelsbacher Augleichsfonds : cat. 1. Nancy, musée de l'Ecole de Nancy : fig. 318.1-3, fig. 319.1-2. New York, Cooper-Hewitt Museum, (Ken Pelka) : cat. 65-68. New York, Museum of the city of New York : cat. 197.

New York, Sotheby's Courtesy : cat. 387.1. New York, The Metropolitan Museum of Art : cat. 42, cat. 52, fig. 5-6 p. 175, cat. 107, cat. 157, cat. 193, cat. 198, fig. 309.1. Nice, musée des Beaux-Arts : cat. 339. Oberlin, Allen Art Museum : fig. 12 p. 44. Oldham, Oldham Art Gallery/(The Bridgeman Art Library) : fig. 7 p. 558. Orléans, musée des Beaux-Arts : cat. 201. Ottawa, Michael Pantazzi : fig. 5 p. 511, cat. 196.1. Ottawa, Musée des beaux-arts du Canada : fig. 1 p. 119, fig. 2 p. 509, fig. 3 p. 510, cat. 87, fig. 4 p. 35, fig. 339.1. Oxford, the Griffin Institue Asmolean : fig. 2 p. 515. Paris, Archives Cartier : cat. 221, cat. 355-358, fig. 355.1, fig. 357.2, cat. 360-362, fig. 360-361.1, fig. 362.1, cat. 364, fig. 364.1, cat. 368-371, cat. 373. Paris, Bibliothèque nationale : fig. 3 p. 120, cat. 69-70, fig. 69.1, fig. 70.2, cat. 76-77, fig. 76.1, cat. 78-80, fig. 78-80.1-2, cat. 81-82, fig. 82.1, fig. 85.2, fig. 85.3, cat. 88, fig. 88.1-2, fig. 89.1, fig. 1 p. 202, fig. 108.1, cat. 113, fig. 115.2-4, fig. 118-125.4, fig. 141-144.2, cat. 148-150, fig. 1 p. 312, fig. 10 p. 316, cat. 188, fig. 188.1, fig. 214.1, fig. 3 p. 393, cat. 242-244, fig. 244.1, cat. 245-249, cat. 254-293, fig. 288-293.2, cat. 294-296, fig. 296.1-2, cat. 297-302. Paris, bibliothèque Forney : cat. 99, cat. 230. Paris, Bulloz : fig. 1 p. 38, cat. 27, fig. 37.1, fig. 38.1, fig. 39.1. Paris, caisse nationale des monuments historiques et des sites, © F. Nadar, archives phot. Spadem : fig. 1 p. 423. Paris, collection du Mobiler national : cat. 63, cat. 165, cat. 167, cat. 170, fig. 170.3. Paris, compagnie des cristalleries de Baccarat : cat. 376, fig. 376.1, fig. 376.3, cat. 377, fig. 377.2-3, fig. 378.1-2. Paris, Elisabeth David : fig. 48.2. Paris, Galerie Paul Prouté : cat. 387. Paris, galerie Sabban : fig. 6 p. 454. Paris, Guillemette Andreu : fig. 4 p. 121, fig. 2 p. 253, fig. 147.1, fig. 153.3, fig. 199.1. Paris, Hachette photothèque : fig. 160.1. Paris, Hôtel des Monnaies et Médailles : fig. 111.4. Paris, Jean-Marcel Humbert : cat. 14-21, fig. 22.2, fig. 48.1, fig. 111.3, fig. 115.1, fig. 1 p. 252, fig. 3 p. 253, fig. 5 p. 254, fig. 111.1, fig. 147.2, fig. 153.1, fig. 168.2, fig. 4 p. 313, fig. 5 p. 314, fig. 208.2, fig. 214.2, fig. 216.1, fig. 3 p. 451, fig. 310.1-2, fig. 349.1.2, fig. 11 p. 456, fig. 11 p. 560. Paris, L. Lemoeuf : fig. 151.2. Paris, musée Cognacq-Jay : cat. 383. Paris, musée de l'Armée : cat. 85, cat. 108, fig. 159.1, cat. 184, cat. 185. Paris, musée des Arts décoratifs (L. Sully-Jaulmes) : fig.18.1, fig. 19.1, fig. 85.1, fig. 6 p. 254, fig. 7 p. 254, fig. 165.1, cat. 217-220, cat. 303, cat. 323, fig. 324.2, cat. 326-330. Paris, musée du Louvre, département des antiquités égyptiennes (La Licorne- Ch. Larrieu, J. Galland, Chuzeville) : fig. 5.3, fig. 14.1, fig. 43.2, fig. 90.1, fig. 200.1-2, fig. 202.2.3, fig. 205.1, fig. 220.1, fig. 222.1, fig. 371.2, fig. 11 p. 560. Paris, service culturel du musée du Louvre (E. Revault) : fig. 152.2, fig. 200.3, fig. 201.1. Paris, musée Marmottan : cat. 154-155, cat. 171. Paris, P. Trawinski : cat. 25. Paris, Photothèque des musées de la ville de Paris : cat. 83-84, fig. 85.3, cat. 109, fig. 109.1, cat. 111, fig. 111.2, fig. 112.1, © Spadem cat. 114, cat. 115, cat. 153, cat. 156, cat. 199, cat. 214-215. Paris, Renan Pollès : fig. 313.3. Paris, Sophie Labbé-Toutée : fig. 382.1. Paris, Sotheby's : cat. 372.1. Poitiers, musée des Beaux-Arts (Ch. Vignaud) : cat. 103. Potsdam, Stiftung Schlösser und Gärten : cat. 207. Prague, Galerie nationale : cat. 341. Provins, bibliothèque municipale : cat. 151. Quimper, musée des Beaux-Arts : cat. 72. Rixheim, musée du Papier peint : cat. 186-187. Rome, Biblioteca Nazionale Centrale : cat. 146. Rome, Francesco Venturi : fig. 5 p. 40. Rome, Galleria Nazionale d'Arte Moderna (Vasari) : cat. 237. Rome, musée Capitolin (A. Idini) : fig. 384.1. Rome, musée du Vatican : fig. 1.1, fig. 44.2, fig. 101.2, fig. 208.1. Rotterdam, museum Boymans-van-Beuningen : fig. 384.2. Rouen, musée des Beaux-Arts : cat. 235. Salzbourg, abbaye bénédictine Saint-Pierre (O. Anrather) : cat. 192. Santa Monica, The Getty Center for the Humanities : cat. 35-37. Springfield, museum of Fine Arts : fig. 1 p. 554. Staatliche Museen zu Berlin, Preussischer Kulturbesitz Kunstgewerbemuseum : cat. 174. Strasbourg, musée des Arts décoratifs : cat. 175. Stuttgart, Staatsgalerie : fig. 6 p. 558. Stuttgart, Württembergisches Landesmuseum, Schloß Ludwigsburg : fig. 175.2. Sydney, Powerhouse Museum : cat. 100-101. Toulouse, musée des Augustins : cat. 152, cat. 389. Turin, Biblioteca Civica : cat.241 cat. 241. Valence, musée des Beaux-Arts (Ph. Petiot) : cat. 24, cat. 44. Varsovie, Bibliothèque nationale : fig. 4 p. 40. Venise, Museo Civico Correr : cat. 47. Venise, Palais Labia (Cameraphoto-Arte) : cat. 383.1. Vienne, Bundesmobiliensammlungen : cat. 182-183. Vienne, Historisches Museum der Stadt : cat. 340. Vienne, Kunsthistoriches Museum : cat. 340.1. Vienne, Osterreichisches Galerie : fig. 10 p. 456, cat. 334. Washington D.C., National Museum of American Art, Smithsonian Institution : cat. 338. Windsor, Windsor Castle, collection de Sa Majesté la reine Elizabeth II . fig. 4. p. 174.

Cet ouvrage a été achevé d'imprimer en janvier 1994
sur les presses de l'imprimerie Mame, Tours

Impression de la couverture
Imprimerie Auclair, Bagneux

Coordination éditoriale
Josette Grandazzi
Guénola de Metz

Traduction
Frédéric Illouz

Conception graphique et maquette
Bruno Pfäffli

Fabrication
Jacques Venelli

Le texte a été composé en Granjon
par L'Union Linotypiste, Paris

Les illustrations gravées
par Sept Offset, Champigny

Papier
Job matillant 135 g

Façonnage
Mame, Tours

Dépôt légal : janvier 1994
ISBN 2-7118-2834-4
EK 19 2834